Lena Rudeck
Vergnügen in Besatzungszeiten

Histoire | Band 207

Lena Rudeck, geb. 1988, lebt in Berlin. Ihr Dissertationsprojekt entstand an der Freien Universität Berlin und am Max-Planck-Institut für Bildungsforschung. Ihre Forschungsschwerpunkte sind die westalliierte Besatzung Deutschlands nach dem Zweiten Weltkrieg sowie die Geschlechter- und Emotionsgeschichte.

Lena Rudeck

Vergnügen in Besatzungszeiten

Begegnungen in westalliierten Offiziers- und Soldatenclubs
in Deutschland, 1945-1955

[transcript]

Gedruckt mit der freundlichen Unterstützung der Ernst-Reuther-Gesellschaft der Freunde, Förderer und Ehemaligen der Freien Universität Berlin e.V. (ERG).
Diese Arbeit wurde vom Fachbereich »Geschichts- und Kulturwissenschaften« der Freien Universität Berlin unter dem Titel »Vergnügung im Besatzungsalltag. Begegnungen in westalliierten Offiziers- und Soldatenclubs in Deutschland, 1945-1955« als Dissertation angenommen, von Prof. Dr. Paul Nolte und Prof. Dr. Ute Frevert begutachtet und am 18. Mai 2022 verteidigt.

Bibliografische Information der Deutschen Nationalbibliothek
Die Deutsche Nationalbibliothek verzeichnet diese Publikation in der Deutschen Nationalbibliografie; detaillierte bibliografische Daten sind im Internet über http://dnb.d-nb.de abrufbar.

Umschlaggestaltung: Maria Arndt, Bielefeld
Umschlagabbildung: Aus: Alliierten Museum / Sammlung J. Provan / U.S. Army Photograph.
Lektorat: Volker Manz
Druck: Majuskel Medienproduktion GmbH, Wetzlar
https://doi.org/10.14361/9783839466223
Print-ISBN 978-3-8376-6622-9
PDF-ISBN 978-3-8394-6622-3
Buchreihen-ISSN: 2702-9409
Buchreihen-eISSN: 2702-9417

Gedruckt auf alterungsbeständigem Papier mit chlorfrei gebleichtem Zellstoff.
Besuchen Sie uns im Internet: *https://www.transcript-verlag.de*
Unsere aktuelle Vorschau finden Sie unter *www.transcript-verlag.de/vorschau-download*

Für Frederik, Elisa und Nora

Inhalt

Dank

Ohne den Gang in den Keller des Schöneberg Museums in Berlin im Jahr 2015 wäre diese Arbeit nicht entstanden. Dort stieß ich, dank der Museumsleiterin Dr. Irene von Götz, zum ersten Mal auf einen Bestand zu den amerikanischen Gesellschaftspässen aus der alliierten Besatzungszeit nach dem Zweiten Weltkrieg. Auf dieser Grundlage entstand meine Masterarbeit an der Freien Universität Berlin. Das Thema rund um die westalliierten Clubs als Vergnügungsorte im Besatzungsalltag faszinierte mich, und die Aufnahme in die *International Max Planck Research School for Moral Economies of Modern Societies (IMPRS)* ermöglichte mir das Verfassen dieser Dissertation.

Besonderer Dank gilt meinem Doktorvater Prof. Dr. Paul Nolte, der mich stets unterstützte und mit konstruktiver Kritik begleitete. Auch in herausfordernden Phasen gab er mir das Gefühl, der Aufgabe gewachsen zu sein. Auch Prof. Dr. Ute Frevert danke ich für die Unterstützung und das mir entgegengebrachte Vertrauen. Der inspirierende, aufbauende und unerlässliche Austausch mit Kolleginnen und Kollegen sowohl aus der *IMPRS* und dem Forschungsbereich Geschichte der Gefühle am Max-Planck-Institut für Bildungsforschung als auch aus dem Umfeld der Freien Universität Berlin hat maßgeblich zur Entstehung dieser Arbeit beigetragen. Bei zahlreichen Konferenzen und Workshops zur alliierten Besatzung Deutschlands ergaben sich zudem interessante Gespräche, die den Blickwinkel und die Fragestellung immer wieder auf ein Neues zu schärfen vermochten.

Auch die emotionale Unterstützung, die ich von zahlreichen Menschen während der letzten Jahre erhalten habe, soll nicht unerwähnt bleiben. Sie reichte von inhaltlichen Gesprächen über den Zuspruch und das Vertrauen, diese Arbeit auch mit meinen zwei kleinen Töchtern meistern zu können, die mein Leben seit 2019 und 2021 turbulent und weniger planbar machen. Durch sie lernte ich mit wenig Zeit umzugehen und bei jeder Tages- oder Nachtzeit tragend oder stillend Gedanken zu sortieren. Ich danke insbesondere Julia Lieth, Ann-Kristin Glöckner, Johannes Kuber, Anina Falasca, Julia Wigger, Stefan Zeppenfeld, Anna Borrero, Norma Ladewig, Julia Wambach, Florian Pauls, Bettina Hitzer, Agnes Arndt und Karola Rockmann dafür, mich auf diesem Weg begleitet zu haben. Für den Feinschliff des Manuskriptes danke ich Maren Gouchet.

Dank gebührt auch den Institutionen, die diese Studie ermöglicht haben: der *IMPRS* und dem Max-Planck-Institut für Bildungsforschung, die einen großzügigen Zugriff auf

Ressourcen ermöglichten, sowie der Freien Universität Berlin. Ebenfalls gilt mein Dank den Deutschen Historischen Instituten in London, Paris und Washington D.C., die mir jeweils eine konzentrierte Archivphase vor Ort ermöglichten.

Diese Arbeit schickte mich in zahlreiche unterschiedliche Archive, mal in große Archive wie die *National Archives* in Washington D.C., mal in kleine Archive wie das Jazzinstitut in Darmstadt oder das Archiv des *Royal Air Force* Museum in London. Ich stieß überall auf sehr hilfsbereite, interessierte und engagierte Mitarbeiterinnen und Mitarbeiter, sodass mir die Archiv- und Bibliotheksbesuche große Freude bereiteten. Für diese Erfahrungen bin ich sehr dankbar.

Abschließend danke ich meinen Eltern dafür, dass sie mich immer unterstützen. Frederik danke ich dafür, dass er mich stets motiviert und zum Durchhalten angespornt hat, und dafür, dass er diese *Reise* mit mir gemeinsam bestritten hat.

1. Einleitung

> »On Tuesday, 18 September [1945], 19.00 hours, the Palmgarden Service Club [...] opened its doors to thousands of GIs in the Frankfurt Area. The opening of this famous European pleasure palace has indeed been a milestone in the recreational desires of all American pleasure seekers [...]. For, indeed, the Palmgarden Club affords most everything in the way of entertainment, relaxation and pleasure [...]. Dancing, which takes place in the beautiful spacious ballroom, is the highlight of each evening. To the south of the ballroom is the snack bar with tables arranged on a balcony running the entire length of the building. Beneath the snack bar, in the basement, is the cabaret which is also the scene of much entertainment and pleasure. Here one may guzzle cokes or beer and revel in the jovial atmosphere of this pleasure den.«[1]

Der Alltag der Angehörigen der Besatzungsmächte nach dem Sieg der Alliierten über das nationalsozialistische Deutschland im Zweiten Weltkrieg bestand nicht nur in dem Dienst, den sie zu verrichten hatten.[2] Wie diese anschauliche Beschreibung des amerikanischen Soldatenclubs *Palmgarden* in Frankfurt a.M. aus einer amerikanischen Soldatenzeitung vom Oktober 1945 zeigt, gab es auch einen Aspekt, bei dem das Vergnügen und Wohlergehen der Angehörigen der Besatzungsmächte im Fokus standen: die Offiziers- und Soldatenclubs. Die amerikanische, die britische und die französische Mili-

---

1 Special Service Picture Story of the Palmgarden Club, in: Dog Tag, 5.10.1945, S. 3–6, hier S. 3.

2 Während die Besatzungsmächte und ihre Angehörigen anfangs vor allem damit beschäftigt waren, die deutschen Truppen zu entwaffnen, NS-Gefangene zu befreien und zu versorgen, die öffentliche Ordnung aufrecht zu halten und deutsche Sabotageakte zu verhindern, veränderten sich die Tätigkeiten im Laufe der Besatzungsjahre – auch abhängig vom militärischen Dienstgrad. Für die einfachen amerikanischen Soldaten beschreibt die Historikerin Susan Carruthers »guard duty« als eine Grundaufgabe der Besatzung. Je nach Division der Armee konnten die Aufgaben aber auch mit der Versorgung der Truppen zusammenhängen oder das Musizieren im Militärorchester sein. Andere, oftmals zivile Besatzungsangehörige übernahmen Aufgaben in diversen Verwaltungsbereichen, wie etwa dem Aufbau des Kultursektors. Die Tätigkeiten der Angehörigen der Siegernationen waren so unterschiedlich, dass eine detaillierte Antwort auf die Frage, worin ihr Dienst bestand, ein eigenes Buch füllen könnte. Für einen ersten Überblick siehe Carruthers, Susan, The Good Occupation. American Soldiers and the Hazards of Peace, Cambridge 2016, S. 203ff.

tärregierung[3] betrieben in ihren jeweiligen Besatzungszonen Clubs mit einem breiten Freizeitangebot für die Truppenangehörigen. Ihnen sollten die Clubs Abwechslung im Alltag bieten und ihre Bedürfnisse nach Vergnügung stillen. In einem Handbuch aus dem Jahr 1944 oder 1945 für das Personal des amerikanischen Roten Kreuzes, das einige der amerikanischen Clubs betrieb, hieß es: »It is our task and privilege to fill the home-longing soldiers' leisure hours with something doing or something to do. To make them short pleasant and interesting hours.«[4] Die Angebote waren dabei ausschließlich auf die männlichen und nicht auf die wenigen weiblichen Armee- und Besatzungsangehörigen ausgerichtet.

Die Clubs waren fester Bestandteil der Freizeit- und Unterhaltungsprogramme der westlichen Besatzungsmächte. Die Militärregierungen wollten mit ihnen Räume schaffen, in denen die Offiziere und Soldaten ihre freie Zeit verbringen konnten. Damit sollte auch verhindert werden, dass sie sich bei ihren Freizeitaktivitäten der Kontrolle der jeweiligen Armee gänzlich entzogen, wie etwa bei einem unregulierten Kontakt zur einheimischen Bevölkerung in deutschen Bars, deren Besuch offiziell zwar zunächst vollständig verboten war, die jedoch nach sukzessiver Lockerung der Vorschriften immer zugänglicher wurden. Die Offiziers- und Soldatenclubs sollten »wholesome recreation activities«[5] anbieten, um sowohl die Disziplin[6] der Offiziere und Soldaten als auch ihre allgemeine Stimmung und den Zusammenhalt innerhalb der Besatzungstruppen positiv zu beeinflussen.

Aus Sicht einiger deutscher Zeitgenossinnen und Zeitgenossen waren die Soldatenclubs – insbesondere die Clubs für afroamerikanische Soldaten – jedoch Orte, an denen sittlich-moralisch Anstößiges geschah, wie etwa das gemeinsame Tanzen von deutschen Frauen und Angehörigen der westalliierten Besatzungsmächte zu Swing- und Jazzmusik. Der spätere Filmproduzent und Drehbuchautor Kurt L. Fischer verfasste 1947 einen Artikel im Almanach *So lebten wir… Ein Querschnitt durch 1947*, in dem er das Geschehen in

---

3 Unter dem Begriff der Militärregierung wird fortan die oberste militärische Behörde der Besatzungsmacht sowie ihre Vertreterinnen und Vertreter in verschiedenen Ämtern verstanden, die den Besatzungsalltag formal organisierten. Wird hingegen von den Angehörigen der Besatzungsmacht gesprochen, sind alle Menschen mit amerikanischer, britischer und französischer Staatsangehörigkeit gemeint, die im Zuge der Besatzung in Deutschland lebten.

4 American Red Cross, Program Handbook ACR Clubs, Program Division European Theater, [1944–1945], S. 1, RG 200, National Archives Gift Collection, Records of the American National Red Cross, 1935–1946, Box 1411, Folder: Program Handbook, ARC Club Program Division, NACP.

5 Clay, Lucius D., Schreiben von Lucius D. Clay, Operation of Clubs for US personnel, 26.6.1946, RG 260, Records of U.S. Occupation Headquarters, World War II, 1923–1972, General Correspondence, 1944–1947, Folder: Clubs 1947, NACP.

6 Der Quellenbegriff der *discipline* wird in dieser Arbeit fortan als Disziplin benannt. Hiermit ist die militärische Disziplin gemeint, die als essenziell für eine funktionierende Armee gilt. Selbstdisziplin, Gruppendisziplin und Sorgfalt bei der Ausführung von Befehlen sowie unhinterfragter Gehorsam gegenüber den Vorgesetzten und den von ihnen ausgesprochenen Regeln und Anweisungen sind Grundlage der militärischen Disziplin. Sie ist eine Verhaltensform, die während der militärischen Ausbildung eingeübt wird, um den Zusammenhalt innerhalb der militärischen Einheiten sicherzustellen und das Verhalten zwischen Einzelperson und Gruppe im Sinne des Militärs zu organisieren. Siehe hierzu auch Houghton, Andrew u. Holmes, Richard, Discipline, in: Holmes, Richard u.a. (Hg.), The Oxford Companion to Military History, Oxford (UK) 2001, S. 261–262.

den Clubs der afroamerikanischen Soldaten mit einer eindeutig rassistischen Sprache beschrieb:

> »In einer Vorstadt der großen zerstörten Stadt am Rhein sind die Clubs der N[...].[7] Vor ihnen drängen sich die Mädchen [...]. Die N[...] suchen aus. Nehmen mit in den Club. Die weißen Zähne lachen. Trinken. Gin. Whisky. Auf der Bühne eine Show. Deutsche Artisten singen, tanzen, spielen. Wilder Jubel. Orangen werden geworfen. Zigaretten fliegen auf die Bühne, leere Flaschen, schrilles Pfeifen, Zustimmung, wilde Begeisterung. Die Mädchen trinken mit. Werden mitgerissen. Die Show geht aus. Es wird getanzt [...]. Bis sich die Masse zusammendrängt – eine große Packung Pall Mall, leuchtend im Rot der Übergröße fliegt einem Mädchen zu, vielleicht achtzehn-jährig, das wie besessen tanzt vor den frenetisch Schreienden.«[8]

Diese sowie die eingangs zitierte Beschreibung des *Palmgarden Club* werfen Fragen danach auf, was die Clubs für Räume waren, wer sie aufsuchte und welche sozialen Interaktionen in ihnen stattfanden. Unter den Begriffen der Offiziers- und Soldatenclubs werden in dieser Arbeit alle offiziell von den drei westlichen Besatzungsmächten – den USA, Großbritannien und Frankreich – betriebenen Freizeitorte gefasst, die Teil des Militärs waren oder dem zivilen Bereich der Besatzungsmacht angehörten. Sie wurden entweder von den Armeen selbst geführt oder von Vereinen, wie dem amerikanischen und französischen Roten Kreuz, sowie von kirchlichen Organisationen betrieben, die den Militärregierungen unterstanden. Die amerikanischen, britischen und französischen Clubs waren nach Dienstgrad getrennt. Die amerikanische und die französische Militärregierung unterschied darüber hinaus auch nach ethnischer Zugehörigkeit. Für die afroamerikanischen Truppen und die sogenannten Kolonialsoldaten der französischen Armee richteten sie separate Clubs ein. Nicht eingeschlossen in diese Definition sind deutsche Bars, die vorrangig Offiziere oder Soldaten als Gäste empfingen.

Die westalliierten Offiziers- und Soldatenclubs wurden größtenteils in beschlagnahmten deutschen Bars, Kneipen, Restaurants, Hotels oder weiteren prestigeträchtigen Gebäuden wie Rathäusern oder Opern- und Kurhäusern sowie in den Kasernen selbst eingerichtet. Sehr selten wurden Gebäude eigens zu diesem Zwecke erbaut.[9] Einige große amerikanische Clubs befanden sich zum Beispiel in der Stuttgarter Oper, im Kurhaus in Wiesbaden oder auch im Harnack-Haus in Berlin-Dahlem. Letzteres wurde von 1929 bis zum Beginn der Besatzung als Clubhaus der Kaiser-Wilhelm-Gesellschaft

7 »N[...]« bezieht sich auf das rassistische N-Wort, das hier bewusst nicht ausgeschrieben wird, um Rassismus nicht zu reproduzieren. In der zitierten Quelle ist es im Original ausgeschrieben. Zur Bedeutung rassistischer Sprache und deren Reproduktion siehe beispielsweise Arndt, Susan u. Ofuatey-Alazard, Nadja (Hg.), Wie Rassismus aus Wörtern spricht. (K)Erben des Kolonialismus im Wissensarchiv deutsche Sprache: ein kritisches Nachschlagewerk, Münster 2015; Arndt, Susan u. Hornscheid, Antje (Hg.), Afrika und die deutsche Sprache. Ein kritisches Nachschlagewerk, Münster 2004; Arndt, Susan, AfrikaBilder. Studien zu Rassismus in Deutschland, Münster 2001; Ogette, Tupoka, exit RACISM. Rassismuskritisch denken lernen, Münster 2017.

8 Fischer, Kurt J., US-Zone 1947, in: Rümelin, Hans A. (Hg.), So lebten wir. Ein Querschnitt durch 1947, Willsbach 1947, S. 3–27, hier S. 8.

9 In Berlin wurde beispielsweise ein Gebäude für den *Club 48* errichtet. Vgl. Nightspot Called ›Finest in ETO‹, in: The Grooper, 24.11.1945, S. 4–5.

genutzt und war seither ein Ort des internationalen wissenschaftlichen Austausches. Britische Clubs befanden sich unter anderem im heutigen Deutschlandhaus in Hamburg sowie im Atlantic Hotel an der Außenalster oder auch in Teilen des Hamburger Rathauses. Im französisch besetzten Baden-Baden stach das Kurhaus als Offiziersclub neben zahlreichen kleinen Clubs besonders hervor.

Sowohl zu den westalliierten Besatzungsangehörigen als auch zu den Clubs liegen wenig konkrete Zahlen vor. Festhalten lässt sich, dass in den Jahren 1945 und 1946 bei einer US-Truppenstärke von rund 600.000 (Ende 1945) rund 200 amerikanische Clubs in Deutschland ihre Gäste empfingen.[10] Ein Jahr später waren nur noch 200.000 Besatzungsangehörige in ganz Europa stationiert, Ende 1947 sogar nur noch 120.000.[11] Trotz der kleineren Truppenstärke der britischen und französischen Besatzungsmächte stellte erstere schätzungsweise rund 100, letztere sogar 300 Soldatenclubs in den ersten beiden Jahren nach Kriegsende zur Verfügung.[12] Die französischen Clubs, die zeitgenössisch *foyers* genannt wurden, waren jedoch in der Regel wesentlich kleiner und in die Kasernen oder Militärgebäude integriert, mitunter handelte es sich bei diesen nur um einen einzelnen Raum.

Die Clubs waren ein weitverbreitetes Phänomen. Sie gehörten zu einer typischen Besatzungserfahrung der Westalliierten. Die amerikanische *Special Service Division* der Armee resümierte, dass im November 1946 jeder Soldat durchschnittlich sieben Mal einen amerikanischen *Special Service Club* besucht hatte.[13] Die bei der britischen Militärregierung angestellte Phyll Braithwaite schrieb in Briefen an Freundinnen in Großbritannien, dass sie sogar drei bis vier Mal in der Woche zum Tanzen in britische Clubs im westfälischen Lübbecke und Umgebung ging.[14] Viele der Angehörigen der westalliierten Siegermächte verbrachten ihre freie Zeit in den Clubs, in denen sie essen, trinken, lesen, tanzen, spielen oder sich bei umfangreichen Unterhaltungsprogrammen amüsieren konnten. Auch einige Deutsche hatten Zutritt, sodass die Begegnungen in den Clubs einen Teil ihrer Erfahrungen mit der jeweiligen Besatzungsmacht bildeten. Trotz der Bedeutung, die diese Einrichtungen für den Besatzungsalltag hatten, haben sie bislang in der Forschung kaum Erwähnung gefunden.

---

10 Vgl. Ziemke, Earl Frederick, The U.S. Army in the Occupation of Germany. 1944–1946, Washington D.C. 1990, S. 320, 334.

11 Die Anzahl fiel weiter auf unter 100.000 und stieg dann erst um 1955 im Zuge des Kalten Krieges wieder auf über 300.000 an. Vgl. Kleinschmidt, Johannes, Amerikaner und Deutsche in der Besatzungszeit – Beziehungen und Probleme, in: Haus der Geschichte Baden-Württemberg u. Landeszentrale für politische Bildung Baden-Württemberg (Hg.), Besatzer – Helfer – Vorbilder. Amerikanische Politik und deutscher Alltag in Württemberg-Baden 1945 bis 1949. Dokumentation des Symposiums vom 11.10.1996 im Stuttgarter Rathaus, Stuttgart 1997, S. 35–53, hier S. 44f.

12 Siehe hierzu Kap. 2.1.4.

13 Vgl. Special Service Activities, Consolidated Report, May 1945-August 1947, RG 549, Records of United States Army, Europe, 1942–1991, Headquarters, European Command, General Staff, Special Service Division, Box 2933, NACP.

14 Braithwaite, Phyll, Letter to my Girls, 21.9.1945, Private Papers of Miss Phyll Braithwaite, IWM.

Forschungsfragen und Perspektive

Diese Arbeit analysiert die amerikanischen, britischen und französischen Offiziers- und Soldatenclubs im besetzten Deutschland in der Zeit von 1945 bis 1955 in vergleichender Perspektive als Vergnügungsräume zwischen militärischer und ziviler Sphäre. Sie untersucht ihre Rolle als Freizeit- und Arbeitswelten sowie als Kompensationsräume für sowohl materielle als auch immaterielle Mängel.

Hieran schließen zentrale Forschungsfragen an: Was waren, erstens, die militärischen und gesellschaftlichen Funktionen der Clubs für die westalliierten Siegermächte und deren Besatzungstruppen? Die Militärregierungen setzten sich zum Teil mit Nachdruck für attraktive Freizeitprogramme ein. Sie verfolgten dabei mehrere Ziele, wie diese Studie belegen wird. Die Clubs sollten gemeinschaftsstiftend wirken und die Truppenangehörige an armeeeigene Orte binden. Um genauer auf ihre Bedeutung für die Individuen einzugehen, wird zum einen die Gruppe der Amerikanerinnen untersucht, die in den Soldatenclubs arbeitete. Zum anderen richtet sich der Blick auf die überwiegend männlichen Clubgäste und ihre Erfahrungen. Zweitens wird herausgestellt, welche gesellschaftliche Rolle die Clubs innerhalb der deutschen Bevölkerung einnahmen und welche individuelle Bedeutung sie für einzelne Akteurinnen und Akteure hatten. Hierbei ist zwischen den Deutschen, die in den Clubs arbeiteten oder sie als Gäste besuchten, und der Mehrheit der Deutschen zu unterscheiden, die keine persönlichen Cluberfahrungen hatte. Drittens wird untersucht, wie die verschiedenen Akteursgruppen den Vergnügungsraum konkret gestalteten, nutzten, erlebten, imaginierten und in ihm interagierten. Wie sah der Alltag in den Offiziers- und Soldatenclubs aus und welche Praktiken bildeten sich heraus?

Konzeptionell wird an eine akteurszentrierte Besatzungs- und Militärgeschichte angeknüpft. Das heißt, es werden die Alltagserfahrungen und -praktiken sowie die Begegnungen zwischen Angehörigen der Besatzungsmächte und der besetzten Bevölkerung analysiert. Besatzung wird als ein dynamischer Prozess verstanden, der stetige Aushandlungen hervorruft, bei denen die besetzte Bevölkerung nicht nur Befehle empfängt, sondern aktiv in das Geschehen eingreift.[15] Die Historiker Camilo Erlichmann und Christopher Knowles beschreiben, dass »[this] dynamic power relationship« alle gesellschaftlichen Aspekte einschließt und sich auf unterschiedlichen Ebenen zutrug: »structure of national, regional and local government; the relative status and influence of social, economic, political and generational groups; and the everyday life and personal

15 Siehe hierzu auch das Konzept der *Besatzungsgesellschaft* für die Zeit zwischen 1939 und 1945 von Tatjana Tönsmeyer. In ihrem Konzept geht es darum, die Handlungsoptionen und Handlungszwänge der Unterworfenen unter den Bedingungen von Gewalt herauszuarbeiten und so Alltagshandlungen von Besetzten jenseits der Dichotomie von Kollaboration und Widerstand zu begreifen. Vgl. Tönsmeyer, Tatjana, Besatzungsgesellschaften. Begriffliche und konzeptionelle Überlegungen zur Erfahrungsgeschichte des Alltags unter deutscher Besatzung im Zweiten Weltkrieg, in: Docupedia-Zeitgeschichte (18.12.2015), unter: http://docupedia.de/zg/toensmeyer_besatzungsgesellschaften_v1_de_2015, letzter Zugriff am 23. März 2021.

relationships of individuals.«[16] Der Besatzungszustand beeinflusste die Menschen dabei auf unterschiedliche Art und Weise, abhängig von ihrer Nationalität, ihrer sozialen Herkunft, ihrem Geschlecht, Glauben, Wohnort sowie ihren vorangegangenen Erfahrungen und individuellen Einstellungen.[17] Zwar gilt es, die starre Dichotomie und die damit einhergehende Hierarchie der Kategorien Besatzerinnen und Besatzer einerseits und der besetzten deutschen Bevölkerung andererseits zu hinterfragen. Die Begriffe werden dennoch als Arbeitsbegriffe verwendet. Sie tauchen an unterschiedlichen Stellen in diesem Buch auf und stellen die beiden in sich sehr heterogenen Akteursgruppen aus pragmatischen Gründen einander gegenüber.

Akteurinnen und Akteure

Zur Akteursgruppe der Besatzerinnen und Besatzer gehörten sowohl die offiziellen Vertreterinnen und Vertreter der Militärregierungen und der angegliederten Institutionen, wie etwa führende Personen des Militärs oder der Regierungen als auch die Angestellten der Clubs und alle westalliierten Gäste. Bei den deutschen Akteurinnen und Akteuren ist zwischen solchen, die in den Clubs angestellt waren, und denen, die sie als Gäste besuchten, zu unterscheiden. In den Clubs, so eine These dieses Buches, handelten die Akteurinnen und Akteure untereinander mit materiellen und immateriellen Gütern und Ressourcen, an denen es den Individuen oder Akteursgruppen mangelte.

Anhand dreier knapper Beschreibungen unterschiedlicher Tauschprozesse lässt sich diese These veranschaulichen: In den Clubs waren Frauen der jeweiligen Nation beschäftigt, die sich für diese Art der Arbeit beworben hatten. Im Gegenzug erhielten sie neben einem guten Gehalt zum Beispiel die Möglichkeit zu reisen, sich unabhängig von familiären Strukturen zu bewegen sowie eigenständig zu arbeiten. Außerdem kamen sie durch ihre Tätigkeit in den Clubs mit zahlreichen Offizieren oder Soldaten in Kontakt. Sie gehörten zu den wenigen Frauen der eigenen Nation, nach deren Gesellschaft sich die männlichen Angehörigen der Besatzungsmächte sehnten – ein Zustand, den einige der Frauen als positiv empfanden und im Sinne einer Selbstermächtigung für ihre persönlichen Ziele nutzten, während andere unter der Objektivierung ihrer weiblichen Person litten.

Die westalliierten, zumeist männlichen Gäste suchten die Clubs unter anderem auf, um durch die Unterhaltungsprogramme emotionale Ablenkung und Zerstreuung vom Besatzungsalltag zu finden. Sie wollten ihre Freizeit in möglichst ziviler Umgebung, abseits des militärischen Lebens in der Kaserne verbringen, soziale Beziehungen, insbesondere zu Frauen, pflegen oder neu knüpfen. In den Clubs sollten diese Bedürfnisse befriedigt werden. Daher scheint es auf den ersten Blick, als wären die Gäste nur in der *nehmenden* Position. Die Verantwortlichen der Militärregierungen hofften jedoch, durch

16 Erlichman, Camilo u. Knowles, Christopher, Introduction: Reframing Occupation as a System of Rule, in: dies. (Hg.), Transforming Occupation in the Western Zones of Germany. Politics, Everyday Life and Social Interactions, 1945–55, London 2018, S. 3–24, hier S. 5.

17 Vgl. ebd.

die Etablierung der Clubs die Disziplin und das Gemeinschaftsgefühl fernab der eigenen Familie und der vertrauten Umgebung der Angehörigen der Besatzungsmacht zu stärken, was wiederum den Besatzungszielen zugutekommen sollte.

Die deutschen Akteurinnen und Akteure hatten unterschiedliche Motive, soziale Beziehungen in den Clubs einzugehen. Waren sie angestellt, erhofften sie sich von ihrer Arbeit in den Clubs berufliche Vorteile; das galt vor allem für Musikerinnen und Musiker. Alle drei Besatzungsmächte benötigten die deutschen Arbeitskräfte dringend, besonders die Unterhaltungskünstlerinnen und -künstler, sodass beide Seiten einen Nutzen aus den Kontakten zogen. Die deutschen Gäste genossen es, Teil der exklusiven Gemeinschaft zu sein und dabei die fremde Kultur und das umfangreiche Unterhaltungsprogramm mitzuerleben, während die hauptsächlich deutschen Frauen den gravierenden Mangel an weiblicher Gesellschaft ausgleichen konnten.

Die Bedeutung von Knappheit in der Besatzungszeit

Die Vorgänge in den Clubs, die die sozialen Beziehungen beeinflussten, können als *moralische Ökonomien* begriffen werden. In Annäherung an das Konzept der *Moral Economies* rücken die Praktiken in den Vordergrund, die den Cluballtag zwischen den Angestellten und den westalliierten Gästen zum einen und zwischen den Angehörigen der Besatzungsmacht und den Deutschen zum anderen prägten. Die ursprünglichen Überlegungen zur *Moral Economy* fußen auf den Erkenntnissen des britischen Historikers E.P. Thompson, der die Brotaufstände im England des 18. Jahrhunderts entgegen dem bis dahin allgemeingültigen Narrativ einer spontanen Rebellion als Ausdruck eines moralischen Verständnisses vom ökonomischen Markt interpretierte. Das durch die Industrialisierung vorangetriebene kapitalistische System schloss Menschen ohne ökonomisches Kapital vom Zugang zu Korn aus. Die Protestierenden klagten den neuen Markt an und beriefen sich auf die alte Tradition, die Thompson als *Moral Economy* beschreibt. Seit den 1970er Jahren wurde das Konzept auf unterschiedlichste Bereiche angewandt und ist seither ein wichtiger Impulsgeber für die Forschung.[18] Wird es von dem engen wirtschaftlichen Bezug gelöst, wie es zahlreiche Wissenschaftlerinnen und Wissenschaftler bereits getan haben, etwa Lorraine Daston[19] oder Didier Fassin[20], ergeben sich auch für diese Arbeit fruchtbare Anknüpfungspunkte.

Die Ökonomie wird demnach als Austausch verstanden, der nicht zwangsläufig einen wirtschaftlichen Bezug aufweist. Ihm liegt der Mangel oder die Knappheit bestimmter materieller Güter oder immaterieller Ressourcen, wie etwa sozialer Beziehungen, zugrunde. Der Soziologe Bálint Balla definiert den aus der Ökonomie stammenden Be-

---

18 Siehe hierzu Frevert, Ute, Introduction, in: dies. (Hg.), Moral Economies. Göttingen 2019, S. 7–12, hier besonders S. 7.

19 Siehe Daston, Lorraine, The Moral Economy of Science, in: Osiris, 10 (1995), S. 2–24.

20 Siehe Fassin, Didier, Compassion and Repression. The Moral Economy of Immigration Policies in France, in: Cultural Anthropology, 20, 3 (2005), S. 362–387; Fassin, Didier, Les économies morales revisitées, in: Annales. Histoire, Science Sociales, 64, 6 (2009), S. 1237–1266.

griff der Knappheit als Missverhältnis zwischen Vorrat und Bedürfnis.[21] »Der Mensch ist durch Knappheit, d.h. durch Mängel, Missverhältnisse und Defizite, in seiner Existenz auf vielfältige Art grundlegend betroffen und geprägt.«[22] Besonders die materielle Dimension wird von der Forschung wahrgenommen und ist für die Nachkriegszeit beispielsweise anhand der Ernährungskrise in verschiedenen Untersuchungen betrachtet worden.[23] Doch auch immaterielle Knappheit betraf die Menschen gleichermaßen und beeinflusste ihr Verhalten. Menschen haben, so Balla, auch nichtwirtschaftliche und nichtmaterielle Bedürfnisse, bei denen sich das Problem des Vergleichens und Gegenüberstellens, des Bilanzierens von Bedürfnissen einerseits und Vorräten andererseits stellt.[24]

> »Für das Individuum kann immaterielle Knappheit Unzulänglichkeiten bezüglich diverser Arten von nichtverdinglichten Gütern und Werten – wie z.B. Gesundheit, Sicherheit, Liebe, Einfluß und Macht usw. – bedeuten und je nach Charakter des Mißverhältnisses sowie seiner Dringlichkeit und Komplexität unterschiedliches Verhalten und Handeln bedingen.«[25]

Da Knappheit sowohl materiell als auch immateriell bestehen kann, muss auch der Begriff des Wirtschaftens über die Grenzen der Ökonomie im engeren Sinne hinaus verstanden werden. Die Knappheit und das Wirtschaften beziehen sich demnach auf den gesamtgesellschaftlichen Kontext, wobei Individuen wie auch Kollektive mit einem bestehenden Mangel haushalten müssen. Ziel dabei ist die Knappheitsbekämpfung. Eine Möglichkeit hierfür ist der Austausch, bei dem sich das Individuum, ein Kollektiv oder eine Organisation an seine Mitmenschen wendet.[26] Auch das Helfen stellt ein gängiges Muster sozialer Handlungen in der Knappheitsbekämpfung dar. Hierbei liegt der Fokus weniger auf einem gleichwertigen Austausch als vielmehr auf der Geste der Gabe.[27]

In den Geschichtswissenschaften wurde die Knappheit bislang vor allem im Zusammenhang mit Verteilungskämpfen um Ressourcen sowie in der konsumhistorischen For-

---

21 Vgl. Balla, Bálint, Soziologie der Knappheit. Zum Verständnis individueller und gesellschaftlicher Mängelzustände, Stuttgart 1978, S. 3.

22 Ebd.

23 Siehe hierzu Gries, Rainer, Die Rationen-Gesellschaft. Versorgungskampf und Vergleichsmentalität. Leipzig, München und Köln nach dem Kriege, Münster 1991.

24 Vgl. Balla, Soziologie der Knappheit, S. 4.

25 Ebd., S. 10.

26 Vgl. ebd., S. 42f.

27 Der französische Soziologe Marcel Mauss beschreibt in seinem 1925 in *L'Année Sociologique* erschienen *Essai sur le don* (auf Deutsch unter dem Titel *Die Gabe* veröffentlicht) den Austausch von archaischen Gesellschaften, der für ihn einen umfassenden gesellschaftlichen Charakter hat. Er beschreibt darin die Gabe als Verpflichtung in dreifacher Hinsicht: Geben – Empfangen – Erwidern. Der Akt des Gebens enthalte und entwickle gleichzeitig Verpflichtungen und Erwartungen auf beiden Seiten. Der oder die Gebende übe darüber hinaus eine Macht auf den Empfangenden aus. Denn er oder sie bringt sein oder ihr Gegenüber in die Position, eine erwartete Handlung durchzuführen. Vgl. Mauss, Marcel, The Gift. The Form and Reason for Exchange in Archaic Societies, London 2002, dort besonders das Kapitel *The Exchange of Gifts and Obligation to Reciprocate (Polynesia)*, S. 10–23.

schung behandelt, wie die Historikerin Maren Möhring feststellt.[28] Doch gerade für eine alltagshistorische Untersuchung der westalliierten Offiziers- und Soldatenclubs während der Besatzungszeit in Deutschland eröffnet die Frage nach Knappheit, ihren Auswirkungen und Vermeidungsstrategien neue Forschungshorizonte: Als Schlüsselbegriff erklärt Knappheit die sozialen Phänomene und Handlungen sowohl der Kollektive als auch der Individuen. Sie ist das Bindeglied der Geschichten, die sich in den Clubs ereigneten, und prägte die verschiedenen Verordnungen, Regeln und ihre Änderungen im Verlauf der Besatzungszeit maßgeblich mit, so beispielsweise den Umgang mit deutschen Angestellten oder die Zutrittsmöglichkeiten für deutsche Gäste.

Insbesondere die Frage nach der Zulassung deutscher Gäste in die Clubs wurde dabei auch zu einem moralischen Konflikt. Viele Angehörige der Besatzungsmächte forderten, ihre deutschen Bekannten, zumeist Freundinnen, in die Clubs ausführen zu dürfen, nachdem das Fraternisierungsverbot im Herbst 1945 aufgehoben worden war. Allerdings waren die Deutschen noch immer ehemalige Kriegsfeinde und Angehörige einer besetzten Nation, sodass die Diskussion nach einem angemessenen Umgang mit der Bevölkerung durchaus moralischer Natur war. Die führenden Personen des Militärs und der Regierungen sowie die Angehörigen der Besatzungsmächte rangen kontinuierlich darum, was als ›richtig‹ oder ›falsch‹, als ›gut‹ oder ›schlecht‹ gelten sollte – sowohl in Bezug auf das allgemeine Verhältnis zu Deutschen als auch hinsichtlich spezifischer Entscheidungen über das Clubleben und die deutschen Gäste, Musikerinnen und Musiker sowie Angestellte. Auch der zum Teil großzügige, sogar verschwenderische Umgang mit knappen Gütern wie Lebensmitteln in den Clubs während einer Zeit, in der viele Deutsche hungerten, wurde debattiert und moralische Werte wie Mitleid, Anständigkeit oder Fürsorge wurden verhandelt.

Auch die Begegnungen in den Clubs und die durchgeführten Tauschhandlungen waren beständig von moralischen Fragen begleitet – nicht nur für die Besatzungsmächte, sondern auch für die Besetzten. Die Deutschen verhandelten als Gesellschaft sowie als Individuen über einen ›richtigen‹ und ›sittlich akzeptierten‹ Umgang mit den Angehörigen der Westmächte. Die moralisch aufgeladene Diskussion über die Beziehungen zwischen deutschen Frauen und männlichen Angehörigen der Besatzungsmächte verdeutlicht dies. Ob eine deutsche Frau mit ihrer westalliierten Begleitung tanzen gehen und Geschenke von dieser Person erhalten durfte, wurde zu einem moralischen Streitpunkt. Da Systeme des Austauschs stets von moralischen Werten begleitet werden,[29] waren diese auch während des Cluballtags präsent, wurden immer wieder neu verhandelt und prägten die Handlungen der Akteurinnen und Akteure. Doch woran mangelte es der deutschen Bevölkerung einerseits und den Angehörigen der westlichen Siegermächte andererseits und inwiefern fungierten die Clubs während der Besatzungszeit als Räume, in denen mit Knappheit umgegangen wurde? Nach dem Ende des Zweiten Weltkrieges fehlte es den meisten Deutschen während der ersten Jahre an existentiellen Ressourcen wie Wohnraum, Kleidung und Lebensmitteln. Insbesondere die Ernäh-

---

28 Vgl. Möhring, Maren u.a., Und nicht zu knapp – zur Einführung, in: Zeitschrift für Kulturwissenschaften, 5, 1 (2011), S. 7–17, hier S. 9.

29 Siehe hierzu Frevert, Introduction, in: dies. (Hg.), Moral Economies, S. 8f.

rungsfrage wurde in dieser »Situation akuten Mangels«[30] zur alltagbestimmenden Aufgabe. Städterinnen und Städter unternahmen Hamsterfahrten in das umliegende Land, der Schwarzmarkt blühte auf und das Schlangestehen für Lebensmittel, die nur gegen Essensmarken ausgehändigt wurden, prägte das Tagesgeschehen. Der Historiker Rainer Gries schreibt hierzu: »Der zermürbende Wettlauf um Unterkunft, um Hausbrand, um Nahrungsmittel, kurz, das Ringen ums schiere Überleben raubte alle Kraft.«[31] Neben der Lebensmittelknappheit war auch der Mangel an Wohnraum enorm – in den Städten vielerorts noch gravierender als auf dem Land. Der urbane Raum war häufig eine Trümmerlandschaft, und viele Deutsche lebten ohne Strom, Heizung und fließend Wasser in den Ruinen. Die Soziologin Hilde Thurnwald untersuchte von Februar 1946 bis Sommer 1947 die Verhältnisse von knapp 500 Berliner Familien. Sie kam zu dem Schluss, dass im Winter 1946/47 bei rund 30 Prozent der Familien in den Wohnräumen nicht mehr als fünf Grad herrschte, bei weiteren 30 Prozent nicht mehr als zehn Grad. »Die anhaltende und schwere Kälte des Winters 1946/47 und der entsprechend früher und stärker eingetretene Mangel an Holz und Kohle nötigte viele Familien zur Gewöhnung an Untertemperaturen.«[32]

Der Lebensstandard der Deutschen war auf einen derartigen Tiefpunkt gesunken, dass ausländische Journalistinnen und Journalisten sowie die Angehörigen der Besatzungsmacht immer wieder ihr Erstaunen über das Ausmaß der Zerstörung zum Ausdruck brachten und teilweise Mitleid für die deutsche Bevölkerung empfanden.[33] Neben der materiellen Knappheit mangelte es vielen Deutschen auch an Freude, Lebensmut, sozialen Beziehungen und vertrauten Personen, hatte der Zweite Weltkrieg doch zahlreiche Todesopfer gefordert; viele Menschen hatten Familienangehörige und Bekannte verloren. Vergnügungsmöglichkeiten wie Kino, Theater oder auch Bars und Kneipen wurden schrittweise unter Auflagen und der ständigen Kontrolle durch die Besatzungsmächte wieder geöffnet. Besonders viele der Jugendlichen sowie junge Frauen und Männer wollten ausgehen und wieder Leichtigkeit spüren. Reagierten Zeitgenossinnen und Zeitgenossen hierauf oftmals mit dem Vorwurf der ›Vergnügungssucht‹, sah Hilde Thurnwald dies differenzierter. Sie verknüpfte den Mangel an Freude mit den fehlenden Lebensmitteln und der allgemeinen, von Knappheit geprägten Situation:

> »Auch in den bürgerlichen Familien waren die Mädchen oft unbeaufsichtigt und folgten zum Teil leichtsinnigen Elementen unter ihren Freundinnen, besuchten Tanzkaffees und ließen sich ohne Übersicht mit fremden Soldaten ein. Hierdurch ist das starke Anwachsen der Geschlechtskrankheiten unter den ganz jungen Menschen zu erklären. Es handelt sich zweifellos nicht um moralische Verkommenheit, sondern

30 Frevert, Ute, Frauen-Geschichte. Zwischen bürgerlicher Verbesserung und neuer Weiblichkeit, Frankfurt a.M. 1986, S. 246.

31 Gries, Die Rationen-Gesellschaft, S. 11.

32 Thurnwald, Hilde, Gegenwartsprobleme Berliner Familien. Eine soziologische Untersuchung an 498 Familien, Berlin 1948, S. 44.

33 Der schwedische Journalist Stig Dagerman reiste kurze Zeit nach Kriegsende durch Deutschland und hielt seine Eindrücke in einem Film fest. 1987 veröffentlichte er außerdem ein Buch: Dagerman, Stig, Deutscher Herbst. Reiseschilderung, Frankfurt a.M. 1987.

ursprünglich oft um die Sehnsucht nach Freude, Freundlichkeit und eine mißverstandene Dankbarkeit für gewährte Lebensmittelaufbesserung.«[34]

Wie viele Zeitgenossinnen und Zeitgenossen brachte Thurnwald den Kontakt zu Besatzungssoldaten mit dem Anstieg von Geschlechtskrankheiten und mit sexuellen Handlungen in Verbindung. Die Andeutung von sexuellen Gefälligkeiten als Folge von Verabredungen mit alliierten Soldaten war eine wiederkehrende Argumentation, die den sittlich-moralischen Diskurs um den Verlust der Moral speiste, der von Teilen der deutschen Gesellschaft geführt wurde. Gerade die Clubs rückten hierbei oftmals in den Blick – wie auch in der eingangs zitierten Beschreibung Kurt Fischers –, da sich dort intime Beziehungen zwischen deutschen Frauen und westalliierten Soldaten entwickelten und verfestigten. Diese Studie wird zeigen, dass es sich bei dem Bild der ›schamlosen‹ deutschen Frau und dem Unmoralischen in den Clubs um eine Projektion handelte, die sich in den Quellen der Administration der Clubs sowie in persönlichen Dokumenten nicht wiederfinden lässt. Das Gegenteil war der Fall: Die Clubs sollten die Selbstdisziplin der Soldaten stärken und geregelte Kontakte zu ausgewählten deutschen Frauen ermöglichen. Diese wiederum waren tatsächlich oftmals auf der Suche nach männlicher Begleitung, jedoch lagen die Gründe hierfür nicht ausschließlich im materiellen Profit.

Vielmehr rief ein weiterer Mangel der Nachkriegszeit dieses Handeln hervor: der Mangel an Männern. Im Jahr 1950, so stellt der Historiker Axel Schildt fest, standen 100 Frauen zwischen 25 und 39 Jahren in der Bundesrepublik nur 81 Männer gleichen Alters gegenüber.[35] Viele Frauen blieben ungewollt unverheiratet, und die Sorge, keinen Partner zu finden, war unter jungen Frauen weit verbreitet. Die große Anzahl junger Besatzungsangehöriger vermochte diese Lücke zu schließen. Wenn deutsche Frauen in den westalliierten Clubs gestattet waren, wurden die Räume zu einer sozialen Schnittstelle, die die Geschlechter-Asymmetrie zwischen den westalliierten Männern und den deutschen Frauen nutzte, um den jeweiligen Mangel auszugleichen. Nicht immer ging es dabei darum, eine langfristige (Ehe-)Partnerin oder einen langfristigen (Ehe-)Partner zu finden – weder auf der Seite deutscher Frauen noch auf der Seite westalliierter Männer. Bereits die Anwesenheit von Frauen, die zum Beispiel bei Tanzveranstaltungen mit den Offizieren und Soldaten tanzten, erfüllte den weitverbreiteten Wunsch nach weiblicher Gesellschaft. Viele deutsche Frauen freuten sich wiederum über einige Stunden in einer fremden, exklusiven Umgebung, die nur wenigen Deutschen zugänglich war. Dabei entstanden freundschaftliche, aber auch kurz-, mittel- und langfristige intime Beziehungen.

Obgleich der Mangel, unter dem die amerikanischen, britischen und französischen Besatzerinnen und Besatzer litten, kein existenzieller war, versuchten die Militärregierungen ihn zu minimieren. Die Besatzungsangehörigen sehnten sich nach Vergnügungsmöglichkeiten, Abwechslung im Alltag, (weiblicher) Gesellschaft, sozialer Interaktion, aber auch nach vertrauten Speisen und Getränken. Die Clubs sorgten – je

34 Thurnwald, Gegenwartsprobleme Berliner Familien, S. 146f.

35 Vgl. Schildt, Axel, Die Sozialgeschichte der Bundesrepublik Deutschland bis 1989/90, München 2007, S. 6.

nach den Möglichkeiten der Besatzungsmacht – mit umfangreichen Unterhaltungsprogrammen, Tanzabenden mit weiblichen Gästen und einem Angebot an heimischen Lebensmitteln für die Kompensation dieser Mängel. Geht der Blick in das Innere der Clubs, so wird deutlich, dass die zuständigen Personen bemüht waren, jeglichen Eindruck von Knappheit zu eliminieren – das zeigte sich anhand der Inneneinrichtung und der Dekoration ebenso wie an der Auswahl und Verfügbarkeit von Speisen und Getränken. Nach Möglichkeit sollte Fülle, wenn nicht Überfluss dargestellt werden.

Verschiedene Feste wie Tanzveranstaltungen, Spieleabende, Wettbewerbe oder Verkleidungsfeiern boten ein vielfältiges Unterhaltungsprogramm. Letztere ermöglichten es den Gästen, ihre Uniform zu überdecken und sich temporär beispielsweise in Piraten zu verwandeln. Der Soziologe Balla verknüpft das Spielerische mit der Knappheitskompensation. Er konstatiert, dass das Spielen im Gegensatz zum ›eigentlichen‹ Leben stehe und dass es einen Ausgleich zu realen Knappheitsproblemen schaffe.[36] Denn in der Freizeit könne der Mensch sich vorübergehend von Bedürfnisproblemen lösen und so »handeln, also ob Knappheit nicht bestünde«[37].

Die Veranstaltungsprogramme in den Clubs waren auf die Bedürfnisse der männlichen Gäste abgestimmt, gleichzeitig verfolgten sie die strategischen Ziele der Militärregierungen. Während der amerikanische Soldat bei einem Fest mit deutschen Kindern in die Vaterrolle schlüpfen konnte, die ihm im Besatzungsalltag fernab der Heimat fehlte, sah die Militärregierung darin den Effekt, dass der Soldat vermeintlich weniger Heimweh verspüren und daher fokussierter arbeiten würde. Diese Studie schlägt daher vor, die Clubs als strategisches Mittel der Besatzungsmächte zu begreifen. Die Truppen sollten mit moralisch einwandfreien Vergnügungsprogrammen beschäftigt werden, um sie so in ihrer Disziplin zu stärken. Um dies zu illustrieren, werden die Clubs auch als Grenzräume zwischen dem militärischen und dem zivilen Leben betrachtet, in denen Verbundenheit, Heimatbindung und die Stärkung der nationalen Identität im Mittelpunkt stehen sollten.

Der Raum-Begriff

Der Begriff des Raumes wird mit der Soziologin Martina Löw konstruktivistisch verstanden. Entgegen der alltagssprachlichen Verwendung ist Raum kein starrer Behälter, der unabhängig von sozialen und materiellen Verhältnissen existiert. »[Er] ist eine relationale (An)Ordnung sozialer Güter und Menschen (Lebewesen) an einem Ort.«[38] Der Begriff soziale Güter meint primär materielle Gegenstände, die an einem Ort angeordnet werden; das ist das Besondere an Löws Definition, die für die Betrachtung der Clubs hilfreich ist. Räume sind vom Begriff des Ortes zu unterscheiden, der einen konkreten Platz, meist eine geografisch festgelegte Stelle bezeichnet.[39] Durch die Platzierung sozialer Güter oder Menschen werden Orte kenntlich gemacht. Raum und Ort stehen al-

36 Vgl. Balla, Soziologie der Knappheit, S. 48.

37 Ebd., S. 49.

38 Löw, Martina, Raumsoziologie, Frankfurt a.M. 2001, S. 224.

39 Vgl. ebd.

so in Wechselwirkung. »Die Konstitution von Raum bringt systematisch Orte hervor, so wie Orte die Entstehung von Raum erst möglich machen.«[40] Räume werden demnach immer wieder neu von Menschen und ihrem Handeln (re-)produziert. Ist vom Ort des Soldatenclubs die Rede, geht es also um die geografischen Gegebenheiten. Wird jedoch das Geschehen in den Clubs betrachtet, wird der konstruktivistische Raum-Begriff verwendet, um das Miteinander von Menschen und materiellen Gütern zu beschreiben.

Forschungsfelder und Forschungsstand

Der Zugriff über den Raum der westalliierten Offiziers- und Soldatenclubs lässt die thematische Bündelung von Phänomenen und Diskursen zu. Die Frage nach dem Freizeitverhalten der Besatzungsangehörigen, nach den Interaktionen und Dynamiken zwischen Westalliierten und Deutschen sowie den Geschlechterverhältnissen der Besatzungszeit können aus einer neuen Perspektive betrachtet und zusammengefügt werden. Hierbei schließt die Untersuchung an unterschiedliche Forschungsfelder an:

Sie ist ein Beitrag zur Erforschung der westalliierten Besatzung Deutschlands mit dem Fokus auf Alltags- und Sozialgeschichte und baut auf zahlreichen Werken zur westalliierten Besatzung auf. Zur amerikanischen Präsenz liegen im Vergleich zur britischen und französischen Besatzung deutlich mehr Studien vor. Insbesondere frühe Werke, die die Nachkriegsjahre zwischen dem Ende des Zweiten Weltkrieges und der Aufhebung des Besatzungsstatuts im Jahr 1955 untersuchen, lassen sich hauptsächlich als Überblicksdarstellungen mit einem politikgeschichtlichen Schwerpunkt charakterisieren. Besonders nennenswert sind hier die Studien von Earl F. Ziemke[41] und Klaus-Dietmar Henke[42]. Andere Wissenschaftlerinnen und Wissenschaftler wandten sich eher den Transformations- und Demokratisierungsprozessen während der Besatzungszeit zu. So untersuchte etwa die Soziologin Uta Gerhardt die Demokratisierungsplanungen und ihre Umsetzungen.[43] Mit *Diskussionslust. Eine Kulturgeschichte des »besseren Argumentes« in Westdeutschland* legte die Historikerin Nina Verheyen eine Studie zur praktischen Umsetzung amerikanischer Demokratisierungsversuche vor.[44]

Seit nunmehr zwei Dekaden entstehen immer mehr Werke, die den Blick auf soziale und kulturelle Aspekte der Besatzung richten, wie es auch dieses Buch tut.[45] Die

40 Ebd.

41 Ziemke, The U.S. Army in the Occupation of Germany.

42 Henke, Klaus-Dietmar, Die amerikanische Besetzung Deutschlands, München 1996.

43 Gerhardt, Uta, Soziologie der Stunde Null. Zur Gesellschaftskonzeption des amerikanischen Besatzungsregimes in Deutschland 1944–1945/1946, Frankfurt a.M. 2005.

44 Verheyen, Nina, Diskussionslust. Eine Kulturgeschichte des »besseren Arguments« in Westdeutschland, Göttingen 2010.

45 Siehe hierzu Maulucci, Thomas W. u. Junker, Detlef, GIs in Germany, The Social, Economic Cultural, and Political History of the American Military Presence, Cambridge 2013. Detlef Junker gab 2004 einen lesenswerten Sammelband heraus, der in seiner Ausrichtung auf die internationalen Beziehungen zwischen Deutschland und den USA während des Kalten Krieges zahlreiche Aspekte der amerikanischen Besatzung Deutschlands behandelt und einen guten Überblick gibt. Junker, Detlef u.a. (Hg.), The United States and Germany in the Era of the Cold War, 1945–1990. A Handbook. Volume 1: 1945–1968, Cambridge 2004.

Historikerin Petra Goedde etwa fokussiert sich in ihrem Buch *GIs and Germans. Culture, Gender and Foreign Relations* auf die sozialen Interaktionen zwischen Angehörigen der amerikanischen Besatzungsmacht und der deutschen Bevölkerung. Durch die besondere Beachtung der Kategorie *Gender* gab ihre Studie wichtige Anstöße für weitere sozial- und kulturgeschichtliche Forschungen.[46] Maria Höhns Buch *GIs and Fräuleins* untersucht lokalgeschichtlich ebenfalls das Zusammenleben von Angehörigen der amerikanischen Besatzungstruppen und der deutschen Bevölkerung. Sie leistet damit nicht nur einen wichtigen Beitrag zum Verständnis der Geschlechterverhältnisse und der Transformation Deutschlands zu einer Konsumgesellschaft in den 1950er Jahren, sondern nimmt auch die Kategorie *Race* auf und zeigt, wie afroamerikanische Soldaten innerhalb der eigenen Armee, aber auch von der deutschen Bevölkerung behandelt wurden.[47] Inspiriert durch ihre Forschung, nimmt auch in dieser Studie die Frage nach der Kategorie *Race* einen großen Stellenwert ein, denn der Umgang mit afroamerikanischen Angehörigen der amerikanischen Armee sowie mit den sogenannten Kolonialsoldaten der französischen Armee schlägt sich im Gegenstand der Soldatenclubs nieder und trägt zu einem besseren Verständnis der innermilitärischen Abläufe bei.

Anna-Maria Pedron untersucht in ihrer lokalhistorischen Studie das amerikanisch-deutsche Zusammenleben in Bremen. Sie nähert sich dieser Thematik anhand unterschiedlicher Orte, wie etwa der Straße, des Rathauses, des Gerichts oder auch der Kneipe.[48] Pedron differenziert jedoch nicht klar zwischen deutschen Kneipen und offiziellen amerikanischen Soldatenclubs, sodass ihre Darstellungen Fragen nach den Unterschieden und der Organisation der Clubs aufwerfen, die mit der hier vorliegenden Studie beantwortet werden. 2018 erschien Stefanie Eisenhuths *Die Schutzmacht. Die Amerikaner in Berlin 1945–1994*; es stellt die differenzierteste lokalhistorische Darstellung der amerikanischen Besatzungsmacht über den gesamten Zeitraum der amerikanischen Präsenz in

---

46 Goedde, Petra, GIs and Germans. Culture, Gender and Foreign Relations, 1945–1949, New Haven 2003. Im gleichen Jahr erschien Elizabeth Heinemans Buch *What Difference Does a Husband Make?*, das sowohl für die Zeit des Nationalsozialismus als auch für die Nachkriegszeit herausarbeitet, welchen Vorurteilen und gesellschaftlichen Diskriminierungen unverheiratete Frauen ausgesetzt waren. Hierbei geht sie auch auf Frauen ein, die Beziehungen zu alliierten Offizieren und Soldaten hatten, und leistet somit einen Beitrag zur Erforschung der Begegnungen zwischen Angehörigen der Alliierten und der deutschen Bevölkerung. Heineman, Elizabeth D., What Difference Does a Husband Make? Women and Marital Status in Nazi and Postwar Germany, Berkeley 2003. Atina Grossmann untersuchte 2007 die Begegnungen zwischen Deutschen, Jüdinnen und Juden und den Alliierten im besetzten Deutschland und reiht sich mit ihrem Fokus auf der Kategorie *Gender*, die große Teile des Buches strukturiert, und den entsprechenden Interaktionen in diesen Forschungszweig ein. Grossmann, Atina, Jews, Germans, and Allies. Close Encounters in Occupied Germany, Princeton 2007.

47 Höhn, Maria, GIs and Fräuleins. The German-American Encounter in 1950s West Germany, North Carolina 2002. Im Jahr 2010 schrieb Höhn ein Buch über afroamerikanische Soldaten in Deutschland und die Verbindung zur Bürgerrechtsbewegung in den USA, das 2016 auch auf Deutsch erschien. Höhn, Maria u. Klimke, Martin, A Breath of Freedom. The Civil Rights Struggle, African American GIs, and Germany, New York 2010. In der deutschen Fassung: Höhn, Maria u. Klimke, Martin, Ein Hauch von Freiheit? Afroamerikanische Soldaten, die US-Bürgerbewegung und Deutschland, Bielefeld 2016.

48 Pedron, Anna-Maria, Amerikaner vor Ort. Besatzer und Besetzte in der Enklave Bremen nach dem Zweiten Weltkrieg, Bremen 2010.

Berlin dar.[49] Die Historikerin nennt die Clubs als Teil des Besatzungsalltags. Hinsichtlich des Kontakts zwischen deutschen Frauen und Amerikanern erläutert sie, dass Frauen, die sich in den Clubs oder in ihrem Umfeld aufhielten, zeitgenössisch als Prostituierte gedeutet und dementsprechend behandelt wurden.[50] Sie erwähnt außerdem die Zutrittsregelungen für Deutsche sowie die amerikanischen Gesellschaftspässe, die ein Auswahlinstrument der Militärregierung waren, mit dem ein kontrollierter Kontakt zu deutschen Frauen in den Clubs ermöglicht wurde.[51] Jedoch geht sie nicht genauer auf die Aushandlungsprozesse dieser Regelungen oder die praktische Umsetzung der Gesellschaftspässe ein. Die vorliegende Studie liefert Antworten auf diese offen gebliebenen Fragen.

Die Literatur zur britischen Besatzungsmacht in Deutschland ist weniger umfangreich, ergibt aber ein ähnliches Bild: Zunächst entstanden Studien, die den politischen Kontext, die internationalen Beziehungen und den Kalten Krieg darstellten.[52] Der britische Historiker Christopher Knowles hat mit seiner Dissertation *Winning the Peace* anhand von zwölf britischen Angehörigen der Besatzungsmacht deren persönliche Erfahrungen im besetzten Deutschland dargestellt.[53] Er bemängelt, die Rolle der britischen Besatzungsmacht und ihr Einfluss auf die Entwicklung der Bundesrepublik seien lange Zeit marginalisiert worden. Wenn amerikanische und deutsche Historikerinnen und Historiker auf die alliierte Politik Bezug nähmen, werde der britische Beitrag entweder als identisch mit dem amerikanischen angesehen oder schlicht ignoriert.[54] Doch seit einigen Jahren ist die britische Besatzungsmacht aus dem Schatten der amerikanischen getreten und wird vermehrt auch im Hinblick auf den Besatzungsalltag und soziale Interaktionen untersucht. Auch die vorliegende Studie plädiert für eine sorgfältige Auseinandersetzung und Darstellung der unterschiedlichen Besatzungsmächte und ihrer Besatzungspolitiken. So wird anhand der Offiziers- und Soldatenclubs deutlich, dass die Siegermächte teilweise unabhängig voneinander entschieden und nationale Interessen, Regeln und Verordnungen etwa in der Frage eine Rolle spielten, ob deutsche Gäste zugelassen werden sollten. Lokalhistorische Studien wie Michael Ahrens' *Die Briten in Hamburg*[55] oder Frances Rosenfelds *The Anglo-German Encounter in Occupied Hamburg*[56] reihen sich in die Forschungen ein, die alltägliche Begegnungen abbilden und Fragen nach den Dynamiken der Besatzungszeit zwischen Besatzern und Besetzten stellen. Im Jahr 2019

49 Eisenhuth, Stefanie, Die Schutzmacht. Die Amerikaner in Berlin 1945–1994, Göttingen 2018.

50 Vgl. ebd., S. 94.

51 Vgl. ebd., S. 99–101. An dieser Stelle möchte ich Stefanie Eisenhuth für einen seit der Entstehung meiner Masterarbeit im Jahr 2015 bestehenden Austausch danken.

52 Siehe hierzu Moeller, Robert G., Writing the History of West Germany, in: ders. (Hg.), West Germany under Construction. Politics, Society, and Culture in the Adenauer Era, Ann Arbor 1997, S. 1–30.

53 Knowles, Christopher, Winning the Peace. The British in Occupied Germany, 1945–1948, London 2017.

54 Vgl. ebd., S. 27.

55 Ahrens, Michael, Die Briten in Hamburg. Besatzerleben 1945–1958, Hamburg 2011.

56 Rosenfeld, Frances A., The Anglo-German Encounter in Occupied Hamburg. 1945–1950, Dissertation, Columbia University, 2006.

erschien der Sammelband *Briten in Westfalen*[57], der die sozialen Interaktionen zwischen Angehörigen der Besatzungsmacht und der deutschen Bevölkerung hervorhebt. Christopher Knowles schrieb darin beispielsweise über Liebesbeziehungen und Hochzeiten zwischen Angehörigen der britischen Besatzungsmacht und Deutschen.[58]

Noch immer liegt am wenigsten Literatur zur französischen Besatzungszone vor. Das mag mit den langen Sperrfristen und der französischen Archivstruktur zusammenhängen.[59] Mit der Öffnung des Archivs der französischen Besatzung Deutschlands und Österreichs im Juli 1986 in Colmar ergaben sich neue Möglichkeiten, die Geschichte der französischen Besatzungsmacht zu erforschen.[60] Bis dahin hatte lediglich der Brite F. Roy Willis eine Studie vorgelegt, die noch heute als Standardwerk gilt.[61] Andere Bücher, die vor der Archivöffnung entstanden, erzählen überwiegend die Geschichte einer französischen Besatzungsmacht, die unbarmherzige Revanchepolitik betrieb. Oft fiel das Schlagwort der »düsteren Franzosenzeit«[62]. Mit dem Zugriff auf neue Quellen trat eine revisionistische Wende ein, die die bis dahin getroffenen Aussagen hinterfragte und größtenteils widerlegte. Der Historiker Rainer Hudemann war einer der ersten, der maßgeblich zur Veränderung der Forschung beitrug.[63] Dennoch liegt der Fokus noch immer vor allem auf der Politik- und Strukturgeschichte.[64] Nur vereinzelte Studien nehmen den Alltag und die Interaktionen zwischen den Angehörigen der Besatzungsmacht und der deutschen Bevölkerung in den Blick.[65] Dorothea Führe stellte mit ihrer

---

57 Fäßler, Peter E. u.a. (Hg.), Briten in Westfalen. Besatzer, Verbündete, Freunde?, Paderborn 2019.

58 Knowles, Christopher, Marriage with ›ex-enemy Aliens‹. Marriage between British Servicemen and German Women after the End of the Second World War, in: Fäßler u.a. (Hg.), Briten in Westfalen, S. 217–237.

59 Das dezentrale Ausbildungssystem sieht vor, dass die Archivarinnen und Archivare regelmäßig ihren Arbeitsort wechseln, sodass sie zum Teil wenig Wissen über die Inhalte der einzelnen Bestände haben.

60 Siehe hierzu Hamon, Marie, Les Archives de l'Occupation française en Allemagne et en Autriche à Colmar, in: Francia, 16, 3 (1989), S. 98–99. Seit 2013 befinden sich die Bestände im Archiv des Außenministeriums, dem Centre des Archives diplomatiques de La Courneuve (bei Paris) (CADLC).

61 Willis, F. Roy, The French in Germany, 1945–1949, Stanford 1962.

62 Siehe hierzu den Forschungsüberblick bei Wolfrum, Edgar, Französische Besatzungspolitik in Deutschland nach 1945. Neuere Forschungen über die »vergessene Zone«, in: Neue Politische Literatur, 35 (1990), S. 50–62; Wolfrum, Edgar, Das Bild der »düsteren Franzosenzeit«. Alltagsnot, Meinungsklima und Demokratisierungspolitik in der französischen Besatzungszone nach 1945, in: Martens, Stefan (Hg.), Vom »Erbfeind« zum »Erneuerer«. Aspekte und Motive der französischen Deutschlandpolitik nach dem Zweiten Weltkrieg, Sigmaringen 1993, S. 87–113.

63 Zu nennen ist hier seine Habilitationsschrift: Hudemann, Rainer, Sozialpolitik im deutschen Südwesten zwischen Tradition und Neuordnung 1945–1953. Sozialversicherung und Kriegsopferversorgung im Rahmen französischer Besatzungspolitik, Mainz 1988.

64 Hüser, Dietmar, Frankreichs »doppelte Deutschlandpolitik«. Dynamik aus der Defensive – Planen, Entscheiden, Umsetzen in gesellschaftlichen und wirtschaftlichen, innen- und außenpolitischen Krisenzeiten: 1944–1950, Berlin 1996; Wolfrum, Edgar, Französische Besatzungspolitik und deutsche Sozialdemokratie. Politische Neuansätze in der »vergessene Zone« bis zur Bildung des Südweststaates 1945–1952, Düsseldorf 1991.

65 An dieser Stelle ist auf die entstehende Dissertation »*Das Staunen nahm kein Ende*« – *Begegnungen zwischen Deutschen und Franzosen im Alltag der französischen Besatzungszone (1945–1955)* von Ann-Kristin Glöckner an der Universität Halle hinzuweisen, die mit ihrer Arbeit eine große Lücke in der Forschungsliteratur schließen wird.

Arbeit das Wirken der französischen Besatzungsmacht anhand einer lokalhistorischen Untersuchung in Berlin vor und geht darin phasenweise auch auf persönliche Begegnungen und Aushandlungen ein.[66] Auch Christian Brumter beschreibt in seinem Buch *Les Français à Berlin, 1945–1994* das lokale Wirken der französischen Besatzungsmacht und das Leben innerhalb der französischen Gemeinschaft in Berlin. Da der Untersuchungszeitraum länger ist, schließt der Autor auch das politische Wirken der französischen Regierung auf die geteilte Stadt in die Untersuchung ein.[67] Die Historikerin Karen Adler hat mit ihren beiden Aufsätzen *Selling the French to the French*[68] und *Indigènes after Indigènes. Post-war France and its North African Troops*[69] wichtige Grundlagentexte für den Alltag der französischen Besatzungsangehörigen in Deutschland vorgelegt.[70] Sie beschreibt im erstgenannten Artikel die Konstruktion einer französischen Gemeinschaft in Deutschland, indem sie den Konsum der Französinnen und Franzosen in Deutschland untersucht. Die französischen Kundinnen und Kunden kauften vorwiegend heimische Produkte in den von der Militärregierung betriebenen und ihnen vorbehaltenen Warenhäusern, den *économats*. Durch den Konsum konnte ein neues *Zuhause* für die Angehörigen der französischen Militärregierung definiert werden. Ihre Thesen sind wichtige Anschlusspunkte für die Frage nach der Konstruktion von Heimat und der Rolle von Konsumgütern in den Soldatenclubs. Der zweitgenannte Artikel gibt einen Überblick über die Rolle der sogenannten Kolonialsoldaten innerhalb der französischen Armee und bietet damit eine Grundlage, auf der die vorliegende Untersuchung die Clubs für diesen Teil des Militärs – die *cafés maures* – darstellt.

Vor allem in den letzten Jahren haben Konferenzen und Sammelbände[71] Forschungen zu den einzelnen Besatzungsmächten zusammengetragen, die sich durch eine neue Perspektive vereinen: das Alltagsleben der Angehörigen der Besatzungsmächte und der deutschen Bevölkerung und damit einhergehend die Erfahrungen, Verhaltensmuster,

---

66 Führe, Dorothea, Die französische Besatzungspolitik in Berlin von 1945 bis 1949. Déprussianisation und Décentralisation, Berlin 2001.

67 Brumter, Christian, Les Français à Berlin. 1945–1994, Paris 2015.

68 Adler, Karen, Selling France to the French: The French Zone of Occupation in Western Germany, in: Contemporary European History, 21, 4 (2012), S. 575–595.

69 Adler, Karen, Indigènes after Indigènes. Post-war France and its North African Troops, in: European Review of History: Revue européenne d'histoire, 20, 3 (2013), S. 463–478.

70 Karen Adler arbeitet zurzeit zudem an einem Projekt über die französische Besatzungszone mit dem Arbeitstitel *France in Germany: A Social and Cultural History of Occupation*.

71 Ridder, Peter, Tagungsbericht: Foreign Rule in Western Europe. Towards a Comparative History of Military Occupation 1940–1949, 17.1-18.1.2015 Köln, unter: https://www.hsozkult.de/conferencereport/id/tagungsberichte-5934, letzter Zugriff am 14. Dezember 2020; Eggers, Lena, Tagungsbericht: The Allied Occupation of Germany Revisited. New Research on the Western Zones of Occupation, 1945–49, 29.9.-30.9.2016, London, unter: https://www.hsozkult.de/conferencereport/id/tagungsberichte-6838, letzter Zugriff am 30. März 2021; Klostermann, Anne-Cathrin u. Koc, Sibel, Tagungsbericht: Der Alltag der Ausnahme. Besatzungsregime im 20. Jahrhundert, 7.12.2017-8.12.2017 Köln, unter: https://www.hsozkult.de/conferencereport/id/tagungsberichte-7605, letzter Zugriff am 12. Februar 2019; Cicottini, Gwendoline, Tagungsbericht: Gender Relationships between Occupiers and Occupied during the Allied Occupation of Germany (1945–1955), 6.7.2019-7.7.2019 Freiburg, unter: https://www.hsozkult.de/searching/id/tagungsberichte-8408, letzter Zugriff am 23. März 2021.

Praktiken und Geschlechterbeziehungen, die die Situation der Besatzung hervorbrachte. Fragen danach, wie Besatzungsmächte und Besetzte interagierten und auf welche Art und Weise sie Regeln des Zusammen- oder Nebeneinanderlebens aushandelten, werden dabei gestellt. Besonders der Band *Transforming Occupation in the Western Zones of Germany*[72], herausgegeben von Camilo Erlichmann und Christopher Knowles, repräsentiert diese neuere Perspektive der Besatzungsforschung, der sich auch diese Arbeit zuordnet. Sie zeigt, dass in den Offiziers- und Soldatenclubs soziale Gefüge entstanden, die den dynamischen, wandelbaren Charakter von Besatzung unterstreichen.

Das Forschungsfeld des Freizeitverhaltens der amerikanischen, britischen und französischen Armee hat bislang wenige Studien hervorgebracht. Einzelne Werke, wie die bereits genannten Bücher von Maria Höhn und Petra Goedde, erwähnen die amerikanischen Clubs im Zuge des Narrativs der Annäherung zwischen Deutschen und amerikanischen Besatzungstruppen, beschreiben oder analysieren sie allerdings nicht genauer.[73] Daher wird besonders auf Studien und Chroniken über die Organisationen zurückgegriffen, die die Clubs betrieben und Schriftgut über Freizeitprogramme der Armeen veröffentlichten. Im Jahr 1971 erschien *Service to the Services. The Story of Naafi* von Harry Miller, der die Geschichte der britischen Organisation *Navy, Army, and Air Force Institutes* (*Naafi*) beschreibt, die auch in Deutschland für die Truppenversorgung zuständig war.[74] 2019 veröffentlichte der Journalist Nathan Morley im Selbstverlag ein Buch mit dem Titel *The Naafi Story. Canteen Army*, das jedoch keine neuen Erkenntnisse bereithielt.[75] Es verdeutlicht einmal mehr die Forschungslücke an der Schnittstelle zwischen Militär und Freizeit, die sich auch für die französische Armee im untersuchten Zeitraum feststellen lässt. Obwohl zur amerikanischen Besatzungsmacht am meisten geforscht und veröffentlicht wurde, existiert auch hier keine Literatur zu den Clubs.[76] Die amerikanische Historikerin Kara Dixon Vuic veröffentlichte 2019 ein Buch, in dem sie sich den amerikanischen Frauen widmet, die seit dem Ersten Weltkrieg freiwillig im Ausland amerikanische Soldaten versorgten und in Clubs oder sogenannten *canteen mobiles* arbeiteten. In

---

72 Erlichman u. Knowles (Hg.), Transforming Occupation in the Western Zones of Germany.

73 Auch zu Offiziers- und Soldatenclubs in anderen Ländern zu anderen Zeitpunkten liegt kaum Literatur vor. Eine Ausnahme ist ein Aufsatz der australischen Historikerin Bridget Brooklyn. Sie beschreibt einen Soldatenclub in Bezug auf das Wirken der australischen Aktivisten Mary Booth während des Ersten Weltkrieges in Sydney. Brooklyn, Bridget, The Soldiers' Club, 1915–1923, in: Journal of Australian Studies, 24, 64 (2000), S. 177–186.

74 Miller, Harry, Service to the Services. The Story of Naafi, London 1971.

75 Morley, Nathan, The Naafi Story. Canteen Army, Großbritannien, Selbstverlag 2019.

76 Die Geschichte der *United Service Organisation (USO)*, die während des Zweiten Weltkrieges und an einigen Standorten des amerikanischen Militärs nach dem Ende des Krieges Offiziers- und Soldatenclubs betrieb, ist hingehen besser dokumentiert. In Deutschland war die *USO* jedoch nur für einzelne Unterhaltungsprogramme und Konzerte zuständig, nicht aber für die Clubs. Zur Geschichte der *USO* und ihres Wirkens siehe unter andrem Carson, Julia Margaret Hicks, Home away from Home. The Story of the USO, New York 1946; Coffey, Frank, Always Home. 50 Years of the USO – the Official Photographic History, Washington D.C. 1991; Andrews, Maxene u. Gilbert, Bill, Over Here, over There. The Andrews Sisters and the USO Stars in World War II, New York 1993; Winchell, Meghan K., Good Girls, Good Food, Good Fun. The Story of USO Hostesses during World War II, Chapel Hill, N.C. 2008.

einem Abschnitt geht sie knapp auf die amerikanischen Clubs in Deutschland nach dem Zweiten Weltkrieg ein.[77]

Dies führt schließlich zum Forschungsfeld der Geschlechtergeschichte. Im Zuge der Zuwendung zu kulturellen und sozialen Aspekten der Besatzungszeit rückte die Frage nach der Kategorie *Gender* vermehrt in den Fokus. Petra Goedde und Maria Höhn sind hier wichtige Vorreiterinnen. Insbesondere die Tagung *Gender Relationships between Occupiers and Occupied during the Allied Occupation of Germany (1945–1955)*, die im Juli 2019 stattfand, vereinte Wissenschaftlerinnen und Wissenschaftler, die sich dezidiert mit der Rolle von Geschlecht und daran anschließend mit Fragen nach Machtverhältnissen oder dem Wiederaufbau der deutschen Gesellschaft während der alliierten Besatzung Deutschlands beschäftigten.[78] Frauen innerhalb der Organisationen der Besatzungsmächte, wie der weibliche Teil des Militärs, die Zivilangestellten, Ehefrauen, Freundinnen oder auch jenen Frauen, die für Vereine und Organisationen wie zum Beispiel das Rote Kreuz arbeiteten, werden hierbei als Akteurinnen der Besatzung wahrgenommen. Kara Vuic richtet in ihrem Buch den Blick auf das Verhältnis zwischen Frauen, die für das amerikanische Militär in Übersee mobile Kantinen oder Clubs betrieben, und den weiblichen Angehörigen des amerikanischen Militärs und verbindet so Geschlechter- und Militärgeschichte auf gewinnbringende Weise.[79] Da sie nur ein kurzes Schlaglicht auf die amerikanische Besatzung Deutschlands wirft, setzt die vorliegende Studie dort an und untersucht die zahlreichen amerikanischen Frauen, die in Deutschland Clubs betrieben. Gefragt wird nach ihren Aufgaben, ihren Chancen und den Herausforderungen im Besatzungsalltag. Aber auch die deutschen Frauen erlangen in der Forschung seit einigen Jahren einen neuen Stellenwert. Die Betrachtungen gehen inzwischen über das bekannte und oftmals reproduzierte Bild der materiell bedürftigen deutschen Frau hinaus, die ihren Körper den alliierten Soldaten anbot; mittlerweile wird dieses Bild hinterfragt und seine Entstehung nachgezeichnet.[80] Es wird – wie auch in diesem Buch – genauer nach den multiplen Gründen für soziale, mitunter intime Beziehungen zu Besatzungsangehörigen gefragt. Dabei treten die deutschen Frauen aus ihrer lediglich reagierenden Position heraus und werden als agierende Akteurinnen ernst genommen.

Das vierte Forschungsfeld, dem diese Arbeit neue Erkenntnisse hinzufügt, ist der Vergleich der Besatzungsmächte. Bislang sind erstaunlich wenige Forschungsprojekte unternommen wurden, die alle vier alliierten Besatzungsmächte oder zumindest die drei Westalliierten untersuchen. Die Historikerin Jessica Reinisch veröffentlichte 2013 ein Buch über die Gesundheitspolitik in den vier Besatzungszonen. Sie sieht für das Ausbleiben von vergleichenden Forschungen zum einen methodologische Gründe, denn immer mehr Forschende unternehmen Lokalstudien und untersuchen einzelne

---

77 Vgl. Vuic, Kara Dixon, The Girls Next Door. Bringing Home Front to the Front Lines, Cambridge 2019, besonders, S. 139–150.

78 Siehe hierzu Cicottini, Tagungsbericht: Gender Relationships between Occupiers and Occupied during the Allied Occupation of Germany (1945–1955).

79 Siehe Vuic, The Girls Next Door.

80 Siehe hierzu unter anderem Zur Nieden, Susanne, Erotic Fraternization. The Legend of German Women's Quick Surrender, in: Hagemann, Karen u. Schüler-Springorum, Stefanie (Hg.), Home/Front. The Military, War, and Gender in Twentieth-Century Germany, Oxford (UK) 2002, S. 297–310; Brauerhoch, Annette, »Fräuleins« und GIs. Geschichte und Filmgeschichte, Frankfurt a.M. 2006.

Regionen oder Städte, selten eine gesamte Besatzungszone. Zum anderen führt Reinisch an, dass der Vergleich verschiedener Besatzungszonen einen »vast amounts of often very uneven archival material« mit sich bringe, sodass pragmatische Gründe oft dagegensprechen.[81]

Eine Untersuchung auf lokaler Ebene bietet zweifelsfrei den Vorteil, thematisch umfassendere Darstellungen erarbeiten zu können, als eine Studie wie die vorliegende, die sich auf einen Untersuchungsgegenstand beschränkt. Doch der historische Vergleich[82], der üblicherweise systematisch »zwei oder mehrere historische Einheiten [einander gegenüberstellt], um Gemeinsamkeiten und Unterschiede, Annäherungen und Auseinanderentwicklungen zu erforschen«[83], vermag es, neue Aussagen über die westalliierten Besatzungsmächte, ihre Besatzungspolitiken und -ziele sowie über ihren Umgang mit der deutschen Bevölkerung zu treffen. Es ist hierbei nicht das Ziel, die westalliierten Soldatenclubs auf sämtlichen Ebenen miteinander zu vergleichen. Vielmehr geht es darum, sie als historisches Phänomen der Besatzung Deutschlands mit ihren Gemeinsamkeiten und Unterschieden zu begreifen. Fragen danach, was die Militärregierungen mit ihren Clubs bei den Truppenangehörigen bewirken wollten, können so nicht nur im Zusammenhang von Besatzung, sondern auch von nationaler Identität analysiert werden. Der Vergleich der Clubs zeigt außerdem, dass die westalliierten Besatzungsmächte in vielen Bereichen autonom voneinander agierten. Das stellt die häufig postulierte Dominanz der amerikanischen Besatzungsmacht infrage, die angeblich die britische und französische Besatzungspolitiken entweder einschloss oder maßgeblich den gemeinsam eingeschlagenen Weg beeinflusste.[84]

Oftmals wird sowohl in der Forschung als auch in der erinnerungskulturellen Landschaft zwischen den Westalliierten einerseits und der sowjetischen Besatzungsmacht andererseits unterschieden. Damit wird die Blockbildung zwischen den westlichen Mächten und der Sowjetunion, die insbesondere durch die im März 1948 entstandene Trizone Ausdruck fand, die die amerikanisch-britische Bizone mit der französischen vereinte, retroperspektiv auf die gesamte Besatzungszeit übertragen. Diese Studie untersucht ausschließlich die Offiziers- und Soldatenclubs der westalliierten Besatzungsmächte und folgt damit in gewisser Weise dieser Trennung. Das ergibt sich aus den erörterten Fragestellungen. So bot zwar auch die sowjetische Militärregierung ihren Truppen Orte, an denen sie während ihrer Freizeit zusammenkommen konnten, und auch sie nutzten Wehrmachtskasernen, Schulen, Villen, Kurheime und Kinos.[85] Doch es gab keine vergleichbare Struktur von Offiziers- und Soldatenclubs wie bei den Westalliierten. Auch in Silke Satjukows Buch über die sowjetischen Truppen in Deutschland

81 Vgl. Reinisch, Jessica, The Perils of Peace. The Public Health Crisis in Occupied Germany, Oxford (UK) 2013, S. 15.

82 Zum historischen Vergleichen siehe unter anderem Kaelble, Hartmut, Der historische Vergleich. Eine Einführung zum 19. und 20. Jahrhundert, Frankfurt a.M. 1999.

83 Kaelble, Hartmut, Historischer Vergleich, in: Docupedia-Zeitgeschichte, 14.8.2012, unter: https://doi.org/10.14765/zzf.dok.2.271.v1, letzter Zugriff am 23. März 2021.

84 Siehe hierzu auch den Abschnitt *A comparative approach to the study of military occupation*, in: Erlichman u. Knowles, Introduction, in: dies. (Hg.), Transforming Occupation in the Western Zones of Germany, S. 16–19, besonders S. 17.

85 Vgl. Satjukow, Silke, Besatzer. »Die Russen« in Deutschland 1945–1994, Göttingen 2008, S. 57.

finden sich keine Hinweise auf flächendeckende, strukturierte Freizeitprogramme für die Offiziere und Soldaten. Stattdessen beschreibt sie im Zusammenhang mit dem Kasernenalltag, dass die Militärs sich über »lähmende Langeweile« beklagten, die sie mit »ausgiebigen Trinkgelagen zu ersticken versuchten«[86].

Zum Umgang der Alliierten mit der deutschen Bevölkerung stellt der Historiker Norman M. Naimark fest, dass die sowjetischen Behörden seit Frühjahr 1947 ihre Truppen zunehmend von der deutschen Bevölkerung isolierten, in einer Zeit also, in der sich die Westalliierten öffneten.[87] Auch Satjukow beschreibt, dass im Sommer 1947 die sowjetische Militärregierung die »vollständige räumliche und psychische Isolation der Truppen«[88] befahl. Demnach waren die Freizeitorte der sowjetischen Truppen der deutschen Bevölkerung nicht zugänglich – auch eine Diskussion darüber ist nicht bekannt –, sodass es zu keinen Begegnungen kam, die aber ein wichtiger Aspekt der hier behandelten Forschungsfragen sind. Auch forschungspragmatische Gründe legten den Ausschluss der sowjetischen Besatzungsmacht nahe: Der Zugang zu russischen Archiven ist langwierig und mit zahlreichen Hürden verbunden. Ebenso hätte die vorhandene Sprachbarriere einen Besuch in den Archiven und den Umgang mit Quellen erheblich erschwert.

Quellen

Die Frage nach dem Geschehen und den Tauschprozessen in den Clubs der Westalliierten erfordert einen Quellenkorpus unterschiedlicher Provenienzen aus den USA, Großbritannien, Frankreich und Deutschland. Die Art der Quellen reicht von Anordnungen und Veröffentlichungen der Militärregierungen, offiziellen Schreiben und Korrespondenzen über Zeitungsartikel, Programmhefte und Veranstaltungsankündigungen bis hin zu diversen Ego-Dokumenten wie Briefen, Tagebüchern, Erinnerungsbüchern und Fotografien. Erwähnenswert ist, dass die Quellen aus amerikanischen Provenienzen sowohl im Umfang als auch in ihrer Diversität überwiegen. Die Überlieferung der größten westlichen Besatzungsmacht ist umfassender als die der britischen und französischen. Dieses Verhältnis spiegelt sich auch in den Kapiteln dieses Buches.

Obwohl umfangreiches Material des *Office of Military Government of Germany, United States (OMGUS)* dem Institut für Zeitgeschichte in München und dem Landesarchiv Berlin in Form von Mikrofilmen vorliegt, war ein Besuch im amerikanischen Nationalarchiv, dem *National Archives and Records Administration (NARA)*, erforderlich, um die Ereignisse in den Clubs zu rekonstruieren. Die relevanten Quellenbestände liegen im Nationalarchiv in College Park, Maryland *(NACP)*. Besonders der Bestand des *American Red Cross*[89], der vor einigen Jahren als Schenkung in das Archiv gelangte, bildet einen Eckpfeiler dieser Studie. In diesem Bestand sind insbesondere zwei Arten von Quellen hervorzuheben: zum einen Monatsberichte, die in der Zeit von April 1945 bis März 1948 von den

86 Ebd., S. 54.

87 Vgl. Naimark, Norman M., Die Russen in Deutschland. Die sowjetische Besatzungszone 1945 bis 1949, Berlin 1997, S. 119.

88 Satjukow, Besatzer, S. 62.

89 Überliefert in NACP, RG 200.

Clubleiterinnen verfasst wurden und einen Einblick in die Abläufe, Programme sowie Probleme und Herausforderungen im Cluballtag geben, zum anderen zahlreiche Erinnerungsalben, die von den Angestellten der Clubs erstellt wurden. Sie beschrieben darin einzelne Veranstaltungen, sammelten Programmankündigungen, klebten Fotos ein und zeichneten diverse Clubszenen als kleine Illustrationen. Neben diesen Quellen finden sich im *NACP* Anweisungen der Militärregierung, die die Clubs, aber auch das Freizeitprogramm für Besatzungstruppen und ihre Angehörigen sowie den Umgang mit der deutschen Bevölkerung betrafen. Hilfreich waren ebenfalls einige Veröffentlichungen der *Historical Division* des *European Command*, das mit der Dokumentation der Besatzung betraut war. Hier sind besonders die Publikation *Fraternization with the Germans in World War II*[90] sowie die 1953 entstandene Studie *The American Military Occupation of Germany*[91] hervorzuheben, die inzwischen auch online verfügbar sind.

Im *U.S. Army Heritage and Education Center* in Carlisle, Pennsylvania *(USAHEC)* befindet sich ergänzendes Material in Form von persönlichen Nachlässen von Offizieren und Soldaten, die in Ego-Dokumenten von ihrem Alltag und von Clubbesuchen berichteten oder Programmhefte aufbewahrten. Außerdem konnte eine Reihe von Fotografien gesichtet werden, die entweder durch die Armee selbst oder von Privatpersonen aufgenommen wurden. Zeitungsartikel der Armee-Zeitung *Stars and Stripes*[92] konnten in der *Library of Congress (LoC)* in Washington D.C. eingesehen werden. Sie sind eine wichtige Quelle, da Leserbriefe Auskunft über Meinungsverschiedenheiten und Konflikte geben.

Die Akten der britischen Militärregierung liegen im britischen Nationalarchiv, *The National Archives (TNA)*, im Londoner Kew. Hier waren besonders die Bestände zu Fragen der Fraternisierung und des Umgangs mit der deutschen Bevölkerung im Allgemeinen entscheidende Ausgangspunkte der Recherche. In verschiedenen Beständen konnte Material zu den britischen Offiziers- und Soldatenclubs in Deutschland in Form von Anordnungen, Berichten, Listen und Besprechungsprotokollen gefunden werden. Das Archiv des *Imperial War Museum (IWM)* in London verfügt über zahlreiche Nachlässe und *Oral-History*-Interviews mit ehemaligen Besatzungssoldaten und zivilen Angestellten, die für die Besatzungsmacht in Deutschland tätig waren. Außerdem befindet sich dort die *British Army of Rhine Collection*, die sämtliche *Routine Orders* für die britischen Truppen in Berlin umfasst, die Auskunft über Vergnügungsorte und Clubs geben. Im Archiv des *Royal Air Force Museum (RAFM)* konnten darüber hinaus schwer zugängliche, selten erhaltene lokale Soldatenzeitungen wie etwa die *Tale Spin. The Magazine of RAF Station Lübeck* oder die *Over to You* der in Wahn, nahe Köln, stationierten Einheit der *Royal Air Force* eingesehen werden.

Akten der französischen Militärregierung sind im militärhistorischen Archiv, dem *Service Historique de la Defense (SHD)*, im Schloss von Vincennes zu finden. Hier liegen

---

90 Starr, Joseph R., Fraternization with the Germans in World War II, Frankfurt a.M. 1947.

91 Frederiksen, Oliver J., The American Military Occupation of Germany. 1945–1953, Frankfurt a.M. 1953.

92 Die *Stars and Stripes* wurde abhängig vom Standort in verschiedenen Versionen veröffentlicht. Für diese Arbeit wurde sowohl die *German* als auch die *European Edition* für die Jahrgänge 1945 bis 1948 eingesehen. Die nur einmal die Woche erschienene *Midweek. Southern Germany Edition* ist in der *Library of Congress* nur für den kurzen Zeitraum zwischen August 1945 und Januar 1946 überliefert.

Dokumente, die unmittelbar das Militär betreffen, sowie Armeezeitungen, wie *La revue d'information des force français en Allemagne*, oder Lageberichte, wie das *Journal des marches et opération du commandement supérieur des troupes française d'occupation en Allemagne*. Das Archiv der französischen Besatzung Deutschlands, das noch vor einigen Jahren in Colmar lagerte, befindet sich nun im *Le centre des Archives diplomatiques du ministère des Affaires étrangères (CADLC)* in La Courneuve bei Paris. Die Soldatenzeitung *La Revue de la 5ème Division blindée* lieferte eine wichtige Quelle für das Alltagsleben der französischen Soldaten, und dank ausführlicher, bebilderter Reportagen zu den *foyers* in der französischen Zone lässt sich ein Bild des Inneren dieser Einrichtungen nachzeichnen. Weitere Fotografien konnten im *Établissement de Communication et de Production Audiovisuelle de la Défense (ECPAD)* ausfindig gemacht werden. Das Archiv sammelt Bild- und Filmdokumente zur Militärgeschichte Frankreichs im 20. Jahrhundert und somit auch zur französischen Besatzung Deutschlands.

Auch in deutschen Archiven konnten relevante Quellen gefunden werden. Dazu zählten das Staatsarchiv Bremen, das Stadtarchiv Bremerhaven, das Stadtarchiv Würzburg, das Institut für Stadtgeschichte in Frankfurt a.M. oder auch die Archive der Berliner Bezirke Charlottenburg-Wilmersdorf und Tempelhof-Schöneberg. Besonders hilfreich war der Besuch im Jazzinstitut Darmstadt und im Lippmann + Rau Archiv in Eisenach, um die Geschichten der deutschen Musikerinnen und Musiker zusammenzutragen, die in den westalliierten Clubs auftraten. Die Akteneinsicht in der Behörde des Bundesbeauftragten für die Stasi-Unterlagen (BStU) lieferte mit Berichten und Fotos, angefertigt von Inoffiziellen Mitarbeitern (IM) des Ministeriums für Staatssicherheit (MfS) der Deutschen Demokratischen Republik (DDR), einen zusätzlichen Blickwinkel auf die Clubs und die ihnen vom MfS zugeschriebene Rolle im Kalten Krieg in den 1950er bis 1970er Jahren.

Die gefundenen Quellen lassen sich nicht auf eine Gattung reduzieren. Sie umfassen Monatsberichte, Zeitungsartikel, Berichte der Militärregierungen, private oder offizielle Fotografien sowie Unterlagen der deutschen Stadtverwaltungen. Gerade die Diversität des Materials ermöglicht es, generalisierende Aussagen über Themen zu treffen, die in allen unterschiedlichen Quellengattungen auftauchen. In den meisten Fällen – mit Ausnahme der in der *Stars and Stripes* abgedruckten Leserbriefe – spiegelt sich allerdings eine überwiegende Zufriedenheit mit den Clubs in den Quellen wider. Das mag unter anderem daran liegen, dass zum Beispiel die an vielen Stellen herangezogenen Monatsberichte der amerikanischen Clubleiterinnen ebenso wie die vom Clubpersonal erstellten Erinnerungsbücher auch als Selbstzeugnisse der eigenen Arbeit zu lesen sind. Auffällig ist zudem, dass das Material nicht abbildet, wie viele Offiziere und Soldaten nicht in die Clubs gingen und was die Gründe hierfür waren. Damit gestattet es weniger Einblicke in Widersprüche und Streitpunkte als erhofft. Gleiches gilt für deviantes Verhalten der Clubgäste. Auch hierzu schweigen die gefundenen Quellen größtenteils, sodass der Eindruck entsteht, das Clubleben hätte sich weitgehend ohne größere Konflikte oder Anstößigkeiten abgespielt. Zwar veröffentlichte beispielsweise der amerikanische Fotograf Tony Vaccaro in seinem Bildband *Entering Germany. 1944–1949* zwei Bilder, die aus einem amerikanischen Offiziersclub in Darmstadt aus dem Jahr 1948 stammen und zeigen, wie zwei vollständig entkleidete Stripperinnen für Offiziere tanzen.[93] Dass es ein so offen sexualisiertes Unterhaltungsprogramm in amerikanischen Clubs gegeben hat, findet in den überlieferten Quellen jedoch keine Erwähnung. Der Grund dürfte darin zu suchen sein, dass es den Militärregierungen und letztlich auch den Clubleitungen darum ging, ein Bild der Clubs als ›anständige‹ Orte zu vermitteln.

Aufbau des Buches

Das Buch teilt sich in fünf thematische Kapitel. Kapitel 2 behandelt die Ausgangssituation und die allgemeine Geschichte der Soldatenclubs, bevor die Akteurinnen und Akteure sowie die Praktiken in den Clubs in den Fokus rücken. Hierbei widmet sich Kapitel 3 den Angestellten der Clubs. Sowohl Frauen der jeweiligen Nation als auch Deutsche arbeiteten in den Clubs und übernahmen diverse Aufgaben. In Kapitel 4 stehen die Gäste und ihre Möglichkeiten, die Clubs zu besuchen, im Mittelpunkt. Welche Inklusions- und Exklusionsprozesse lassen sich beschreiben und welche Rolle spielten Merkmale wie militärischer Dienstgrad, Ethnizität, Nationalität und Geschlecht? Während eines Aufenthalts in den Clubs fanden sich die Gäste in zumeist sorgfältig gestalteten und dekorierten Räumen wieder, mit deren Inneneinrichtung bestimmte Zwecke verfolgt wurden, wie Kapitel 5 zeigt. Umfangreiche und vielfältige Unterhaltungsprogramme sollten möglichst viele der Angehörigen der Besatzungstruppen in die Clubs locken. Kapitel 6 widmet sich den unterschiedlichen Bildern und Assoziationen der Clubs innerhalb der deutschen Gesellschaft. Teils galten sie als unmoralische Orte, an denen sich deutsche Frauen den Westalliierten hingaben. Für andere Deutsche, die in den Clubs verkehrten, wie etwa Musikerinnen und Musiker, bedeuteten sie etwas ganz anderes: Räume interkultureller und intellektueller Begegnungen, die ihre berufliche und persönliche Entwicklung positiv beeinflussen konnten. Ein wiederum anderes Bild zeichnete die Staatssicherheit der DDR, die die westalliierten Clubs ausspionierte und in ihnen Treffpunkte der westlichen Geheimdienste sehen wollte. Das Fazit geht noch einmal zur Ausgangsfrage zurück und verortet die Clubs zwischen den Polen der kontrollierten Freizeitorte der Westalliierten und der Projektionsfläche des Diskurses über den sittlich-moralischen Niedergang in der Nachkriegszeit. Gleichzeitig fasst die Schlussbetrachtung sie und ihre Bedeutungen als Arbeits- und Freizeitwelt sowie als Kompensationsräume zusammen und verweist auf ihre Rolle im Laufe der folgenden Jahrzehnte bis zum Abzug der Truppen aus der Bundesrepublik in den 1990er Jahren.

93 Vaccaro, Tony, Entering Germany. 1944–1949, Köln 2001, S. 186f.

2. Kontrolliertes Vergnügen

Die Etablierung von Offiziers- und Soldatenclubs

Mit dem Ende des Zweiten Weltkrieges und dem Beginn der alliierten Besatzung Deutschlands am 8. Mai 1945 veränderte sich der Alltag der Offiziere und Soldaten der alliierten Armeen. Die Kampfhandlungen waren vorbei und aus den Offizieren und Soldaten waren Sieger geworden, die sich als Besatzungsmächte einrichteten. Aus den Kampftruppen wurden Besatzungstruppen, die meist an festen Orten stationiert waren. Einige Offiziere und Soldaten wurden demobilisiert und ausgetauscht, andere blieben auch nach Kriegsende in Deutschland. Die Mobilität nahm im Vergleich zu Kriegszeiten drastisch ab und die Angehörigen der Besatzungsmächte stellten sich auf einen neuen Alltag an einem festen Ort ein. Dennoch war auch die Besatzungszeit ein Ausnahmezustand.[1] Die westalliierten Militärregierungen fürchteten, dass die seit der bedingungslosen Kapitulation verfügbare Freizeit der Offiziere und besonders der Soldaten deren Disziplin[2] negativ beeinflussen und damit die militärischen Ziele der Besatzung gefährden könnte.[3] Als Bedrohung, denen die westalliierten Siegermächte entgegenwirken mussten, galten übermäßiger Alkoholkonsum, Schlägereien, Schwarzmarkthandel sowie die rasche Verbreitung von Geschlechtskrankheiten. Diese Gefahren betrafen nicht nur die körperliche, sondern auch die mentale Verfassung

---

1 Ausnahmezustand meint an dieser Stelle weniger das bloße Ausbleiben des Alltags, sondern, Alf Lüdtkes und Michael Wildts Ansatz folgend, das Nebeneinander von Ausnahme und Alltag. Sie plädieren für die Suche nach Ordnungen in der Ausnahme. Siehe Lüdtke, Alf u. Wildt, Michael, Einleitung, in: dies. (Hg.), Staats-Gewalt: Ausnahmezustand und Sicherheitsregimes. Historische Perspektiven, Göttingen 2008, S. 9–38.

2 Neben dem Quellenbegriff der *discipline* taucht häufig auch der nahezu synonym verwendete Begriff der *morale* auf. Vgl. Harrison, Mark, The British Army and the Problem of Venereal Disease in France and Egypt during the First World War, in: Medical History, 39, 2 (1995), S. 133–158, hier S. 135.

3 Dies galt für die amerikanische, die britische und die französische Besatzungsmacht gleichermaßen. Alle drei Siegermächte brachten den Erfolg der militärischen Ziele mit der militärischen Disziplin der Truppen in Verbindung. Vgl. Frederiksen, The American Military Occupation of Germany, S. 99; Ministre de la Guerre, Instruction provisoire sur l'organisation et le fonctionnement du Service social dans les Grandes Unités, o. D., GR 7 P 72, SHD.

der Truppen. Im Dezember 1945 mahnte das amerikanische *General Board*, das mit der Analyse von Strukturen, Taktiken und administrativen Prozessen der amerikanischen Militärregierung in Europa betraut war:

> »Morale underlies all aspects of military life. It is born of just and fair treatment, thorough training, pride in achievement, and pride in self, organization and country. The establishment and maintenance of good morale, and the prompt elimination at their inception of all conditions tending to produce bad morale constitute a primary function of command.«[4]

Der Aufenthalt in deutschen Bars und der Kontakt zu Deutschen, hauptsächlich zu Frauen, galten als Faktoren, die aus Sicht der Militärregierungen unerwünschtes Verhalten der Soldaten begünstigten.[5] Umfangreiche Freizeitprogramme der Armeen sollten daher dafür sorgen, dass die Angehörigen der Besatzungstruppen möglichst viel Zeit unter der direkten oder indirekten Kontrolle der jeweiligen Militärregierung verbrachten. Die Offiziers- und Soldatenclubs waren feste Bestandteile dieser Programme. Deren Geschichte hatte bereits während des Ersten Weltkrieges begonnen, und sie waren kein ausschließliches Phänomen der westalliierten Besatzung Deutschlands (Kapitel 2.1). In den Clubs konnten die Gäste sich mit diversen Vergnügungsmöglichkeiten von den alltäglichen Aufgaben der Besatzung ablenken. Das Spektrum reichte von einem Aufenthalt in einer Bibliothek über Billard- oder Tischtennisspielen bis hin zu Tanzveranstaltungen und großen Festen (Kapitel 2.2). Dennoch waren auch deutsche Bars und Clubs beliebte Vergnügungsorte. Entsprechend versuchten die Militärregierungen, den Zutritt zu ihnen auf unterschiedliche Art und Weise zu regulieren (Kapitel 2.3).

2.1 Offiziers- und Soldatenclubs als Teil der militärischen Freizeitprogramme

Die westalliierten Militärregierungen strebten nach einer möglichst umfangreichen Kontrolle ihrer Besatzungstruppen – auch in ihrer freien Zeit. Ein abwechslungsreiches Freizeitprogramm sollte das ermöglichen und die Offiziere und Soldaten gleichzeitig davon abhalten, deutsche Bars aufzusuchen und Kontakte zu Deutschen zu pflegen. So hieß es im April 1945 im amerikanischen *Program of Non-Fraternization*:

> »Recreation facilities can be made such as to reduce greatly any desire on the part of occupying forces for fraternization. Again the aim should be to make allied facilities superior to any that could be offered by the Germans. Local theaters, cinemas, clubs etc., should be taken over ›in toto‹ for allied use.«[6]

---

4 Currie, Colonel Walter J., Report of the General Board, Study No. 113, Special Service Organization, December 1945, S. 1.

5 Vgl. OMGBE (US), Report of Venereal D. Control, 21.10.1947, OMGBE (US), STAB.

6 The Program of Non-Fraternization, 29.4.1945, RG 331, Records of Allied Operational and Occupation Headquarters, World War II, 1907–1966, General Staff G-1 Division Administrative Section, Box 12, Folder: 250.1-1 Conduct of Allied Personnel in Germany (General), NACP.

Das Leben im Ausnahmezustand der Besatzung sollte so weit wie möglich »normalisiert«[7] werden. Die Militärregierungen strebten einen Zustand an, der von den Angehörigen der Besatzungsmächte als vertraut empfunden wurde. Die Historiker Alf Lüdtke und Michael Wildt betonen, dass Angehörige der Besatzungsmächte und die lokale Bevölkerung mit Hilfe neuer Praktiken den Bruch des Alltags überwanden und (neue) Normalität herstellten.[8] Durch die angebotenen Vergnügungsmöglichkeiten beeinflussten die Militärregierungen diese neuen Praktiken der Freizeitgestaltung. Neben verschiedenen Sportprogrammen boten Filmvorführungen, Konzerte sowie Varieté- und Theaterveranstaltungen den Soldaten Abwechslung und Ablenkung. Stadtrundgänge und Besichtigungen historischer Bauwerke gehörten ebenfalls zum Alltag, sowohl zu Kriegs- als auch zu Besatzungszeiten. Wie im nächsten Kapitel genauer gezeigt wird, gab es diese Art von Freizeitgestaltung und Unterhaltungsmöglichkeiten auch im Alltag der Angehörigen kolonialer Mächte im 20. Jahrhundert. Das ist insofern relevant, als besonders britische Zeitgenossinnen und Zeitgenossen während der westalliierten Besatzung Deutschlands immer wieder den Vergleich mit den Kolonien anstellten, um einzelne Maßnahmen mit Blick auf den Umgang mit der deutschen Bevölkerung zu begründen.[9]

Die Militärregierungen organisierten die Offiziers- und Soldatenclubs in enger Abstimmung mit den gesamten Freizeitprogrammen.[10] In einer Broschüre der *Public Relations Bremen Port Command* hieß es 1946, dass einer der wichtigsten Beiträge des amerikanischen Roten Kreuzes zur Aufrechterhaltung des Wohlbefindens der Truppen in Übersee die Clubs seien, in denen die Soldaten Kaffee, Doughnuts und persönliche Unterstützung erhielten.[11] Der amerikanische General Floyd Lavinius Parks, der von Juli bis September 1945 das Amt des Militärgouverneurs in Berlin bekleidete, teilte diese Ansicht und sprach sich für ein umfangreiches und vielfältiges Freizeitprogramm und eine Vielzahl von Clubs aus. »I felt that the soldiers and civilians needed an outlet for wholesome relaxation. I have no objection to a generous number of clubs in the district.«[12] Hierfür Sorge zu tragen, wurde als obligatorisch angesehen: In der *Standing Operating Procedure No. 93* mit dem Titel *Operation of Clubs for Occupation Personnel* verankerte die amerikani-

---

7 Für eine Untersuchung des Begriffs der Normalität sowie von dessen Verwendung und Entwicklung siehe die Studie von Jürgen Link. Er unterstreicht, dass es sich bei Normalität nicht um Normativität handelt. Normalität begründet sich vielmehr auf Durchschnittsanalyse und -wertungen. Für Link bildet Émile Durkheims Wert zur Anomie eine wichtige Bezugsgröße. Vgl. Link, Jürgen, Versuch über den Normalismus. Wie Normalität produziert wird, Opladen 1997.

8 Siehe Lüdtke u. Wildt, Einleitung, in: dies. (Hg.), Staats-Gewalt: Ausnahmezustand und Sicherheitsregimes, S. 9–38.

9 Siehe zum Beispiel die in Kap. 4.2.1 beschriebene Diskussion um die Zulassung deutscher Gäste in britische Clubs.

10 Vgl. OMGUS, Standing Operating Procedure, No. 93: Operation of Clubs for Occupation Personnel, 6.11.1946, RG 260, Records of U.S. Occupation Headquarters, World War II, 1923–1972, General Records, 1947–1949, Folder: Clubs 1947, Box 14, NACP.

11 Vgl. Public Relations Office, Bremen Port Command, Bremen Port Command's GI's Paradise, Bremen 1946, S. 22.

12 Parks, Floyd, Tagebucheintrag 8.8.1945, Diary July-August 1945 (2/2), Box 1, Collection Floyd Parks, USAHEC.

sche Militärregierung die Pflicht der Befehlshaber, für angemessene Vergnügungsmöglichkeiten für die Besatzungstruppen zu sorgen.[13]

Auch die französische Militärregierung beauftragte den Oberbefehlshaber der Besatzungsarmee damit, die Infrastruktur für soziale Aktivitäten und Freizeitangebote durch von ihm eingesetztes Personal planen und umsetzen zu lassen. Die Stimmung und das allgemeine Wohlbefinden der Besatzungsangehörigen sollte durch Freizeitaktivitäten verbessert werden.[14] Fehlten diese, kam es schneller zu Fehlverhalten. Das bestätigte auch eine Zeugenaussage des amerikanischen Soldaten Sam C. Smith, der sich zur Trinksucht eines Kollegen äußerte. Smith gab an, dass der nächste Soldatenclub im über 25 Kilometer entfernten Ulm gelegen sei, sodass die Männer nur zu wöchentlichen Filmvorführungen hinführen. Das sei nicht genug und »leaves a man a long weekend with nothing to do«[15]. Viele Soldaten der Truppe seien gelangweilt. Die Einsamkeit und das Nichts-Tun führten dazu, dass sie übermäßig viel Alkohol tränken.[16] Die Soldatenclubs hatten somit eine kontrollierende und eine regulierende Funktion für das soziale Leben der Truppenangehörigen. So formulierte auch die französische Militärregierung den Anspruch, die französischen Soldatenclubs mögen das Zentrum des sozialen Miteinanders der Angehörigen der Besatzungsmacht werden.[17] Die Offiziers- und Soldatenclubs waren Grenzräume zwischen der militärischen Welt und der zivilen Form von Massenvergnügen – sowohl während des Kriegs als auch zu Besatzungszeiten.

2.1.1 Die Tradition der amerikanischen, britischen und französischen Offiziers- und Soldatenclubs

Offiziers- und Soldatenclubs waren nicht erst seit der Besatzung Deutschlands nach 1945 ein Schlüsselelement der Freizeitprogramme der amerikanischen, britischen und französischen Armee. Ihre Geschichte beginnt bereits während des Ersten Weltkrieges und der alliierten Rheinlandbesetzung nach 1918. Aber auch in britischen und französischen Kolonien in der ersten Hälfte des 20. Jahrhunderts waren die Clubs beliebte Treffpunkte und Erholungsorte.

Zu Beginn des Ersten Weltkrieges widmete die französische Armee der Frage nach Freizeitmöglichkeiten für ihre Soldaten zunächst kaum Aufmerksamkeit. Die Initiative ging von einer zivilen Organisation aus, die im Januar 1915 die ersten *foyers de soldat*s in

---

13 Vgl. OMGUS, Standing Operating Procedure, No. 93: Operation of Clubs for Occupation Personnel, 6.11.1946, RG 260, Records of U.S. Occupation Headquarters, World War II, 1923–1972, General Records, 1947–1949, Folder: Clubs 1947, Box 14, NACP.

14 Vgl. Ministre de la Guerre, Instruction provisoire sur l'organisation et le fonctionnement du Service social dans les Grandes Unités, o. D., GR 7 P 72, SHD.

15 Investigation of Alleged Misconduct of Kenneth Mitchell, Zeugenaussage von Sam C. Smith, 9.3.1948, RG 260, Board and Claims Administrative Files of the Personnel and Administrative Division, 1946–1948, Box 301, NACP.

16 Vgl. ebd.

17 Vgl. Ministre de la Guerre, Instruction provisoire sur l'organisation et le fonctionnement du Service social dans les Grandes Unités, o. D., GR 7 P 72, SHD.

unmittelbarer Nähe der Front errichtete: die ersten französischen Soldatenclubs.[18] Erst im September 1916 beschloss das Oberkommando, das *Grand Quartier Général (G.Q.G)*, Freizeitorte für Soldaten systematisch einzurichten. Allerdings dauerte es noch gut ein Jahr, bis tatsächlich mehr *foyers* eröffneten.[19] Diese Entscheidung des *G.Q.G.* fiel in einer Phase des Stellungskrieges, in der die Truppen entmutigt waren und dringend neue Motivation benötigten. Die französische Armee unterstützte die bereits bestehenden *foyers* erstmals finanziell und materiell.[20] Der Kriegseintritt der USA im April 1917 beeinflusste nicht nur den Verlauf des Krieges, sondern auch die Entwicklung der französischen Soldatenclubs. Die *Young Men's Christian Association* (*YMCA*) betrieb Clubs für amerikanische Soldaten und bot mit großzügigen Spenden der amerikanischen Bevölkerung, mit Geldern des Militärs sowie mit ihrem Wissen und ihrer Erfahrung Unterstützung an. Unter dem Namen *Union franco-américaine* vereinigten sich die französische Organisation und das *YMCA*.[21] Besonders durch die finanziellen Mittel aus amerikanischen Quellen konnten auch an den entlegensten Orten *foyers* eingerichtet werden.[22]

Die amerikanische Besatzungsmacht hielt an der im Ersten Weltkrieg erprobten Organisation der Soldatenclubs auch während der Rheinlandbesetzung nach 1918 fest. Neben dem *YMCA* betrieb das amerikanische Rote Kreuz zahlreiche solcher Einrichtungen. Ein Artikel im *Red Cross Bulletin* vom April 1919 beschrieb einen Offiziersclub und dessen soziale Rolle in der Stadt Trier folgendermaßen:

> »The officers' club at Treves occupies a building typically German in architecture, interior decoration and appointments. This is the scene of many a genial and impromptu gathering, and there is a weekly hop attended by all the Red Cross nurses who can get leave from duty, and many English girls [...] who come down from the north sector, which is under British occupancy.«[23]

Laut einer späteren Leitlinie des amerikanischen Roten Kreuzes aus dem Jahr 1944 war die Aufgabe der Clubs weltweit »to bring to the American soldier who is serving at a great distance from his home, family and friends, as much of America as we find humanly possible«[24].

Auch die britischen Truppen sammelten bereits während des Ersten Weltkrieges Erfahrungen mit den Vorzügen von Soldatenclubs: »After the dirt and noise of the trenches, the clubs and rest houses were paradise. There, a man could get a shower, haircut and shave, a game of billiards, books and newspapers [...]. Many of the clubs had pianos,

---

18 Vgl. Hardier, Thierry u. Jagielski, Jean-François, Oublier l'apocalypse? Loisirs et distractions des combattants pendant la Grande Guerre, Paris 2014, S. 110.

19 Vgl. ebd., S. 112.

20 Vgl. Sautter zit. nach ebd., S. 113.

21 Vgl. ebd., S. 112.

22 Vgl. ebd., S. 114.

23 O.A., The Red Cross on the Rhine. Some of the Pleasant Tasks That Are Lighteing in Burdens of Army of Occupation, in: Red Cross Bulletin, 17, 21.4.1919, S. 6–7.

24 American Red Cross, Instructions Governing the Operation of on-post and Camp Clubs on Military Reservations and off-post Clubs in Designated Leave Areas – China-India-Burma Commands, 15.3.1944, RG 200, National Archives Gift Collection, Records of the American National Red Cross, Box 1409, Folder: All Theater Club Manual, NACP.

and singsongs were popular.«[25] In den britischen Kolonien wie etwa Indien und Ägypten standen den britischen Staatsangehörigen seit Beginn des 20. Jahrhunderts bis zur Dekolonisierung gleichartige Orte zur Erholung zur Verfügung. Ähnliche Clubs waren auch in französischen Kolonien wie Algerien zu finden.[26] Die Bindung zur Heimat sollte in den Clubs durch identitäts- und gemeinschaftsstiftende Elemente wie Einrichtung, Dekoration, Konsumgüter und Vergnügungsprogramme erreicht werden. Dies lässt sich auch in den westalliierten Clubs im besetzten Deutschland nach 1945 wiederfinden.[27] Die Vorstellung von der Brücke in die Heimat und die dahinterstehende Auffassung von der Institution des Offiziers- und Soldatenclubs bildeten unabhängig vom geografischen Standort eine Traditionslinie der amerikanischen, britischen und französischen Militärpräsenz weltweit.

Allerdings bestanden erhebliche Unterschiede zwischen den Clubs in den Kolonien, jenen in anderen besetzten Ländern nach dem Zweiten Weltkrieg und den hier im Fokus stehenden Clubs in Deutschland. Sie lassen sich maßgeblich am Umgang mit der lokalen Bevölkerung ausmachen. Das Verhältnis zwischen der Kolonial- bzw. Besatzungsmacht und der Bevölkerung beeinflusste den Cluballtag und die angebotenen Veranstaltungen, wie etwa Tanzabende. Dass sich der Umgang der Westalliierten mit der deutschen Bevölkerung nach dem Nationalsozialismus anders gestaltete als jener mit den Einheimischen in britischen oder französischen Kolonien, zeigt die grundlegend unterschiedliche Wahrnehmung der zu beherrschenden Nation. Obwohl die Alliierten das nationalsozialistische Deutschland mit großer Entschlossenheit bekämpften und schließlich besiegten, beschrieben Vertreter der britischen Besatzungsmacht das deutsche Volk schon drei Jahre nach Kriegsende als »Christian and civilized race«[28] und betonten damit die kulturelle Nähe zwischen den Nationen. Das sei bei der Frage nach dem Umgang mit der deutschen Bevölkerung zu berücksichtigen. Hier zeigte sich eine Abgrenzung von den ›unzivilisierten‹ Völkern unter britischer Kolonialherrschaft. Der Rassismus der Kolonialzeit schlug sich somit auch in der Diskussion um die Beziehung zu Deutschen nieder. In einem Schreiben an den Militärgouverneur der britischen Besatzungszone, General Sir Brian H. Robertson, vom 30. April 1948 sprach sich der im *Foreign Office* arbeitende Lord Pakenham, der *Chancellor of the Duchy*, für einen engeren Kontakt zwischen Deutschen und Britinnen und Briten aus. Das Prestige und die ausgedrückte Überlegenheit der britischen Besatzungsmacht seien in vielen Kolonien notwendig und auch zu Beginn der Besatzung Deutschlands nachvollziehbar gewesen, nun aber sei es an der Zeit, dass Angehörige beider Nationen sich näher kämen, so Pakenham.[29]

Auch ein Blick auf die amerikanische Besatzung Japans und Südkoreas in den späteren 1940er und 1950er Jahren verdeutlicht, dass unterschiedlich mit der deutschen und der asiatischen Bevölkerung umgegangen wurde – hier fand der tief verwurzelte Rassismus seinen Niederschlag. Prostitution und Geschlechtskrankheiten waren, wie auch

25 Miller, Service to the Services, S. 23.

26 Siehe dazu Service social organisation, organisation Service social, Alger, September 1945, GR 7 P 72, SHD.

27 Auf diesen Aspekt wird in Kap. 5 ausführlich eingegangen.

28 Keightley, C. A., Relation with Germans, July 1948, FO 1014/26, TNA.

29 Vgl. Lord Pankenham, Schreiben an General Sir Brian H. Robertson, 30.4.1948, FO 371/70911, TNA.

in Deutschland bis 1946/47, ein großes Problem für das amerikanische Militär. Doch die Handhabung divergierte erheblich. So fasst der Historiker Robert Kramm zusammen, dass trotz der starken Bemühungen der Militärregierung, offenen Rassismus zu unterbinden, koloniale Formen rassistischer und sexistischer Hierarchisierung und Segregation den Besatzungsalltag in Japan zwischen 1945 und 1952 prägten.[30]

Im besetzten Südkorea arbeiteten viele junge Frauen für die amerikanische Militärregierung. Es war ein inoffizielles, aber bekanntes Vorgehen, dass Soldaten diese Frauen für körperliche Gegenleistung zu Tanzveranstaltungen in die Soldatenclubs ausführten, so die Historikerin Sŭng-Suk Moon.[31] Die Clubs seien Orte sexueller Dienstleistungen gewesen: »[L]egitimate recreational facilities such as service clubs and dance halls were commonly used as places of contact between soldiers and sex workers.«[32] In Japan bezahlten amerikanische Soldaten einheimische Frauen, wenn sie mit ihnen in Soldatenclubs tanzten. Im November 1945 bekamen beispielsweise 500 japanische Frauen jeweils eine kleine Menge Geld, wenn sie mit einem amerikanischen Soldaten in einem neu eröffneten Club in Tokyo tanzten.[33]

Diese Beispiele verdeutlichen den Unterschied zur amerikanischen Besatzung Deutschlands. Denn in der amerikanischen Zone unterlag die Auswahl der deutschen Begleitungen der amerikanischen Militärregierung und weisungsbefugten deutschen Stellen. Die amerikanischen Soldaten sollten von Prostituierten und Frauen aus niedrigeren sozialen Schichten ferngehalten werden.[34] Die Clubbetreibenden versuchten daher, amerikanische, britische oder französische Frauen sowie auserlesene deutsche Frauen als Tanzpartnerinnen für die Soldaten zu gewinnen, die vermeintlich weder einen schlechten Einfluss auf die Gesundheit noch auf den seelischen Zustand der Offiziere und Soldaten hatten.[35] Seit 1947 etablierten sich in der amerikanischen Besatzungszone sogar Programme, die freiwillige deutsche Studentinnen als Begleitungen auswählten. Auf diese Weise ermöglichte die Militärregierung ihren Soldaten den Umgang mit jungen gebildeten Frauen.[36] Petra Goedde kommt hinsichtlich der

30 Vgl. Kramm, Robert, Reine Körper. Praktiken der Regulierung von Prostitution, Geschlechtskrankheiten und Intimität während der frühen US-Okkupation Japans, in: Geschichte und Gesellschaft, 40, 4 (2014), S. 493–522, hier S. 496.

31 Vgl. Moon, Sŭng-suk, Regulating Desire, Managing the Empire. U.S. Military Prostitution in South Korea, 1945–1970, in: Höhn, Maria u. Moon, Sŭng-suk (Hg.), Over There. Living with the U.S. Military Empire from World War Two to the Present, Durham 2010, S. 39–77, hier S. 45.

32 Ebd., S. 48.

33 Vgl. Two Yen a Dance, That's What They Pay Them, in: Stars and Stripes (German Edition, Pfungstadt), No. 234, 29.11.1945, S. 8.

34 Anders war es während der Besatzung Japans nach dem Zweiten Weltkrieg, die in der Konstitution eines amerikanischen Empires eine zentrale Rolle einnahm, wie Robert Kramm in seiner Dissertation zeigt. Er legt dar, wie die amerikanische Militärregierung und die japanische Regierung ein System der Sexarbeit schufen, das amerikanische Soldaten mit japanischen Prostituierten unter kontrollierten Voraussetzungen zusammenbrachte. Anhand der drei Themen Sicherheit, Gesundheit und Moral zeigt Kramm, wie die Sexarbeiterinnen als Abgrenzung zwischen den Soldaten und der lokalen Bevölkerung genutzt wurden. Vgl. Kramm, Robert, Sanitized Sex. Regulating Prostitution, Venereal Disease, and Intimacy in Occupied Japan, 1945–1952, Oakland 2017.

35 Siehe hierzu Kap. 4.2.2.

36 Siehe hierzu Kap. 3.3.

amerikanischen Besatzung Deutschlands zu dem Schluss, dass »racial and cultural similarities between Germans and white Americans facilitated exchange, leading to a sense of cultural affinity rather than alienation«[37].

2.1.2 Clubs während des Zweiten Weltkrieges

Auch während des Zweiten Weltkrieges verfügten Truppen verschiedener Nationen über Offiziers- und Soldatenclubs – im eigenen Land, in Ländern der Verbündeten sowie sukzessiv in den vom Nationalsozialismus und Faschismus befreiten Regionen Europas.[38] Für die amerikanischen Soldaten, die weit entfernt ihrer Heimat im Krieg kämpften, richtete die US-Militärregierung beispielsweise Clubs in London und nach der Befreiung Nordfrankreichs auch in Paris ein.[39] In der amerikanischen Soldatenzeitung *Stars and Stripes* hieß es am 14. April 1946: »Busiest ARC [American Red Cross] club of all times was Rainbow Corner in Paris, on some days, nearly 20.000 GIs were entertained.«[40] Der Club hatte 24 Stunden am Tag geöffnet und erstreckte sich über mehrere Stockwerke. Nach dem Ende des Zweiten Weltkrieges im Herbst 1945 betrieb das amerikanische Rote Kreuz über 400 Clubs auf europäischem Gebiet. Zum Erscheinungszeitpunkt des Artikels im April 1946 existierten laut Autor noch circa 200 Clubs.[41] Viele der während des Krieges eröffneten Clubs setzten ihre Arbeit noch einige Jahre nach Kriegsende fort und dienten den Angehörigen der amerikanischen Besatzungsmacht als Unterkünfte und Anlaufstellen bei Reisen innerhalb Europas.

Die Amerikanerin Betty Olson war von März 1943 bis November 1945 Teil des amerikanischen *Women Army Corps (WAC)* in einer Logistikabteilung des amerikanischen Militärs. Nachdem sie bis August 1945 in Paris stationiert war, wurde sie nach Frankfurt a.M. versetzt. In Briefen an ihre Familie beschrieb sie Reisen nach London im August 1945, die sie mit einer befreundeten Soldatin unternahm. Sie übernachteten in einem *American Red Cross Club* und besuchten die dortige Cafeteria:

> »Getting back to London, the first thing we did when we got our room at the Red Cross was go down to the Snack Bar where we had toasted sandwiches! Tomatoes, spam or sardine, coke, cinnamon doughnuts, cake or pie with ice cream and hot waffles with ice cream and maple syrup. Boy, how we enjoyed that.«[42]

---

37 Goedde, GIs and Germans, S. XIX.

38 Auch die deutsche Wehrmacht richtete während des Zweiten Weltkrieges Soldatenheime in besetzten Gebieten ein. In der Forschung besser aufgearbeitet sind hingegen die Wehrmachtsbordelle, in denen einheimische Frauen ausgenutzt und missbraucht wurden. Siehe hierzu Meinen, Insa, Wehrmacht und Prostitution während des Zweiten Weltkriegs im besetzten Frankreich, Bremen 2002; Mühlhäuser, Regina, Eroberungen. Sexuelle Gewalttaten und intime Beziehungen deutscher Soldaten in der Sowjetunion, 1941–1945, Hamburg 2012.

39 O.A., GIs Get Night Club in Paris Cognac 25 Francs a Shot, in: Stars and Stripes (German Edition, Pfungstadt), 78, 21.6.1945, S. 3.

40 Grossman, Max, ARC Service Sets Records, in: Stars and Stripes (German Edition, Pfungstadt), No. 10, 14.4.1946, S. 3.

41 Vgl. ebd.

42 Olson, Betty, Brief an ihre Familie, 4.8.1945, Collection Betty Olson, Folder: Correspondence: Overseas Training and ETO July 8, 1944 to October 1945, USAHEC.

Auch das britische Militär betrieb zu Kriegszeiten Offiziers- und Soldatenclubs auf dem europäischen Kontinent. Der Militärhistoriker Harry Miller resümiert, dass die Erfahrungen des Ersten Weltkrieges gezeigt hätten, dass Truppen neben Nahrung und Kleidung auch Unterhaltung brauchten, um effizient zu sein.[43] Nach den Befreiungen von Paris und Brüssel im August und September 1944 öffneten in beiden Städten rasch Clubs für britische Soldaten.[44] Ein bei den britischen Truppen überaus beliebter Club war außerdem *Prince Umberto's Place* in Neapel.[45]

Die Offiziers- und Soldatenclubs der westalliierten Besatzungsmächte im besetzten Deutschland nach 1945 basierten somit auf bereits erprobten Modellen. Die amerikanische, britische und französische Besatzungsmacht griff auf ihre Erfahrungen aus früheren Kriegen und Besatzungen zurück[46] und passte die Organisation der Clubs den örtlichen Gegebenheiten an.

2.1.3 Die Clubstruktur in den westlichen Besatzungsgebieten Deutschlands

Die Besatzung durch die Alliierten begann in vielen Orten Deutschlands nicht erst mit dem Datum des offiziellen Kriegsendes in Europa am 8. Mai 1945. Seit Beginn des Jahres 1945 besetzten die Alliierten immer mehr Teile des Deutschen Reiches. Im März 1945 gelang es den Truppen im Westen, den Rhein bei Remagen zu überschreiten. Sie rückten schrittweise bis zur bedingungslosen Kapitulation unter Kämpfen voran. Somit begann auch die Geschichte der westalliierten Soldatenclubs im besetzten Deutschland nicht erst im Mai 1945, sondern an vielen Orten bereits in den vorausgegangenen Monaten. Der *Old Heidelberger Club* nahm seinen Betrieb beispielsweise wenige Tage nach der Einnahme Heidelbergs im April 1945 auf und empfing seitdem bis zu 2500 Gäste täglich.[47]

Die westalliierten Siegermächte nutzten unterschiedliche Strukturen für die Gestaltung der Freizeitprogramme und der Soldatenclubs. Im amerikanischen Fall war es zum einen die *Special Service Division* der Armee, die das Freizeit- und Bildungsprogramm für die Truppen konzipierte und umsetzte. Das Programm sollte helfen »to build the physical, mental, or moral stamina of the citizen soldier, and thus increase his military effectiveness«[48]. Zum anderen übernahm das amerikanische Rote Kreuz bereits während des Krieges und der ersten Jahre der Besatzung die Leitung zahlreicher Clubs, die sich aus Spendengeldern finanzierten.

---

43 Vgl. Miller, Service to the Services, S. 74.

44 Vgl. Cole, Lieut. Colonel Howard N., Naafi in Uniform, Hampshire 1982, S. 98.

45 Vgl. Miller, Service to the Services, S. 69.

46 Siehe hierzu Currie, Colonel Walter J., Report of the General Board, Study No. 114, Special Services Companies, December 1945, S. 1.

47 Vgl. Moser, Anona, Monthly Narrative Report, 19.4.1947, RG 200, National Archives Gift Collection, Records of the American National Red Cross, 1946–1964, Box 926, Folder: Old Heidelberger Club, NACP; Moser, Anona, Narrative Report: April 1945 – November 1947, 22.10.1947, RG 200, National Archives Gift Collection, Records of the American National Red Cross, 1946–1964, Box 926, NACP.

48 Army of the United States – The Special Service Division, RG 225, General Subject Files 1942–46, Joint Army and Navy Committee on Welfare and Recreation, Box 44, NACP.

Seit 1905 hatte der amerikanische Kongress das Rote Kreuz mit der Aufgabe betraut, freiwillige Arbeit für die Angehörigen des Militärs in Kriegszeiten zu organisieren.[49] Das *War Department* genehmigte der Hilfsorganisation vorerst und auch für die Zeit nach dem Krieg, Soldatenclubs in Übersee aufzubauen und zu betreiben.[50] Das amerikanische Rote Kreuz arbeitete eigenständig in Kriegs- und Besatzungszeiten, war aber eine »quasi-gouvernementale« Organisation und unterlag der Weisungsbefugnis des amerikanischen Präsidenten.[51] Bis Ende März 1948 betrieb es überall in der amerikanischen Besatzungszone Deutschlands Offiziers- und Soldatenclubs. Anschließend übernahm die *Special Service Division* der Armee den Betrieb und damit die alleinige Verantwortung für alle amerikanischen Clubs. Damit sollte die Notlösung beendet werden, hatte doch das amerikanische Rote Kreuz auf der Grundlage einer provisorischen Regelung aus Kriegszeiten gearbeitet.[52] Bis dahin waren die von der Armee betriebenen *Special Service Clubs* in der Minderheit, da sie nur an Orten eröffnet wurden, an denen das Angebot an *American Red Cross Clubs* nicht ausreichte.[53] Deren Auflösung begann unmittelbar, nachdem das *War Department* im April 1947 diesen Schritt beschlossen hatte.[54]

Einige Clubs wurden im Zuge des Übernahmeprozesses geschlossen, während die meisten den Soldaten fortan als *Special Service Clubs* der Armee erhalten blieben.[55] Die Übernahme stieß sowohl bei den Angestellten des amerikanischen Roten Kreuzes als auch bei einigen Soldaten auf Protest, der jedoch folgenlos blieb.[56] Die Soldaten schätzten den zivilen Charakter, den die Clubs der Hilfsorganisation hatten. Diese von vielen als Privileg empfundenen Räume wollten die Soldaten nicht missen, sodass Gerüchte über eine Auflösung schon im August 1946 zu Unruhe innerhalb der Truppe führten. Angeblich sollte der *Welcome Inn Club* in Frankfurt-Heddernheim durch die Armee übernommen werden. Die Leitung dementierte dies zunächst in einem Aushang und betonte ihre Eigenständigkeit von der Armee:

> »Like most rumors, fellows, none of these are true. The Army has not taken over Welcome Inn and your Red Cross girls are not getting orders from your C.O. or your first

---

49 Vgl. American Red Cross: Services to the Armed Forces, RG 225, General Subject Files 1942–46, Joint Army and Navy Committee on Welfare and Recreation, Box 44, NACP.

50 Vgl. ebd.

51 Vgl. ebd.

52 Vgl. o.A., ARC to Continue EC Field Services, in: Stars and Stripes (European Edition, Pfungstadt), No. 92, 7.3.1948, S. 6.

53 Vgl. Special Services, Berlin District Activities. A Seasonal Bulletin edited by the Special Services Office, U.S. Headquarters, Berlin District, [October 1945], RG 200, National Archives Gift Collection, Records of the American National Red Cross, 1935–1946, Personal Papers Goldye E. Levi.

54 Vgl. o.A., Army to Run Clubs of ARC, in: Stars and Stripes (European Edition, Pfungstadt), No. 146, 1.5.1947, S. 1. Zum damaligen Zeitpunkt waren 96 Clubs in der Hand des *American Red Cross*.

55 Eine Auflistung dieser Clubs findet sich in: American Red Cross General Headquarters, Tentative Schedule for Transferring or Closing ARC Clubs, 28.6.1947, RG 200, National Archives Gift Collection, Records of the American National Red Cross, 1935–1946, Box 1908, Folder: 900616 ETO Recreation, NACP.

56 Siehe hierzu o.A., Others Speak in Opposition to Transfer of Palmgarden, in: Stars and Stripes (European Edition, Pfungstadt), No. 160, 15.5.1947, S. 2.

Sergeants. We are still working for the American Red Cross and don't let anyone try to tell you anything different.«[57]

Doch nur wenige Monate später begann die *Special Service Division* mit der Übernahme aller *American Red Cross Clubs*. Das *Welcome Inn* wurde im Zuge der Umstrukturierung geschlossen. Der *Crown Prince Club* in Berlin war der letzte *American Red Cross Club*, der am 31. März 1948 an die *Special Service Division* übergeben wurde.[58]

Die britische Besatzungsmacht organisierte ihre Clubs auf eine andere Art und Weise. Sie betraute seit 1921 die private Organisation *Naafi* mit der Truppenbetreuung und -unterhaltung. Nach den Erfahrungen des Ersten Weltkrieges hatte sich Winston Churchill, damals *Secretary of State for War*, im März 1920 für eine Neugestaltung der Organisation der *Canteen-Services* engagiert und ein Komitee eingerichtet. Dieses beschloss eine gemeinsame Organisation für alle drei Bereiche des Militärs (*Navy, Army* und *Air Force*). In der Begründung hieß es: »[T]he maintenance of a permanent organisation of the kind is most desirable as a matter of policy, both because of the amenities it affords to members of the Forces and, more particularly, because it provides the nucleus of a service capable of immediate expansion on mobilisation.«[59]

Besonders die Möglichkeit der unmittelbaren Mobilmachung war ausschlaggebend für die Gründung. Denn eine Organisation, die auf spontane feindliche Attacken reagieren konnte, besaß in der Zwischenkriegszeit eine besondere Relevanz. Die *Naafi* sicherte die Versorgung der britischen Truppen auch nach 1945 in Deutschland.[60] Neben ihr betrieben auch kirchliche Organisationen[61] und private Vereine Soldatenclubs in der britischen Besatzungszone Deutschlands. Die größten dieser Organisationen waren unter anderem die *Salvation Army*, das *YMCA* oder die *Malcolm Clubs* der *British Air Force*.[62] Während die gemeinnützigen und kirchlichen Organisationen sich aus Spendengeldern finanzierten, stand die britische *Naafi* vor der Herausforderung, wirtschaftlich arbeiten zu müssen. Sie handelte nicht profitorientiert, musste als private Organisation aber ihre Ausgaben eigenständig decken. Die finanziellen Probleme spitzten sich immer weiter zu, sodass bis Anfang der 1950er Jahre etliche Clubs der *Naafi* aufgrund ihrer Unwirtschaftlichkeit schließen mussten.

---

57 American Red Cross Club Welcome Inn, Attention all GIs!, August 1946, RG 200, National Archives Gift Collection, Records of the American National Red Cross, 1935–1946, Box 1531, Folder: Welcome Inn Heddernheim, NACP.

58 Vgl. Heskeit, Louise, It's Goodbye to Red Cross Clubs after Turnover next Wednesday, in: The Berlin Observer, 26.3.1948, S. 5.

59 Miller, Service to the Services, S. 28f.

60 Vgl. ebd., S. 96.

61 Kirchliche Organisationen wie die *Church of Scotland*, die *YMCA*, die *Salvation Army* oder auch die internationale christliche Bewegung *Toc H (Talbot House)* betrieben eigene Clubs für die Angehörigen der britischen Besatzungsmacht in Deutschland.

62 Zur Geschichte der *Malcolm Clubs* siehe Sir Jock, Kennedy, Malcolm Clubs. R.A.F., o.V. 2004; vgl. Ahrens, Die Briten in Hamburg, S. 186f.

Die französische Besatzungsmacht setzte auf ähnliche Strukturen wie die amerikanische. Der *Service social* der Armee[63] kümmerte sich neben weiteren Belangen[64] um die Soldatenclubs, die *foyers militaires*, *foyers de garnison* oder auch *cercles de soldats* hießen. Er wurde im April 1940 als Teil des *Département de la Guerre* gegründet und unterstand seit März 1945 dem *Chef du Cabinet Militaire*.[65] Die Aufgabe des *Service social* war es, »d'apporter une aide matérielle à tout soldat vivant dans la zone d'occupation. Mais notre [le Service social] premier rôle est de veiller sur son moral.«[66] Die Offiziere verbrachten ihre freie Zeit zumeist in beschlagnahmten Hotels, in denen Offiziersclubs eingerichtet waren, die *cercles d'officiers*. Wie das amerikanische leitete auch das französische Rote Kreuz einige Clubs. Diese hießen *foyer de soldats* und finanzierten sich ebenfalls aus Spenden. Während die amerikanische Besatzungsmacht das Freizeitprogramm und dessen Organisation für die Besatzungszeit bereits während des Krieges plante,[67] spielte dieser Aspekt bei der finanziell und materiell schlechter ausgestatteten Besatzungsmacht Frankreich eine geringere Rolle. Noch im Jahr 1947 waren die französischen Soldaten häufig selbst dafür verantwortlich, ihre *foyers* einzurichten, wie ein Bericht aus Donaueschingen zeigt:

> »Toutes les installations ont été réalisées par les hommes eux-mêmes, sous la direction du Commandant de Bataillon, en dehors de leurs heures de service, avec les matériaux de fortune qu'ils ont pu trouver sur place. Malgré ces moyens assez faibles, ils ont cependant réussi à faire à très peu de frais une œuvre des plus originales.«[68]

So richteten die französischen Soldaten mit geringen Mitteln Räume ein, in denen sie Komfort und Privatsphäre finden konnten. Der Artikel hebt hervor, dass die Soldaten besonderen Wert auf den zivilen Charakter des *foyers* legten, um Abstand vom Militäralltag zu gewinnen.[69]

Die Organisation der französischen *foyers* professionalisierte sich erst zu Beginn der 1950er Jahre allmählich. Im März 1952 entstand die *Commission de Loisirs*, die sich fort-

---

63 Der Oberbefehlshaber der französischen Truppen war dafür zuständig, den *Service social* aufzubauen. Vgl. Le Ministre de la Guerre, Schreiben an M. le General Commandant en Chef français en Allemagne et le Ministre de la Guerre à M. le General Commandant en Chef français en Autriche, 14.9.1945, GR 6 P 3, SHD.

64 Der *Service social* sollte für das Wohl der französischen Besatzungssoldaten und ihrer Angehörigen sorgen. Zu den Aufgabengebieten gehörten unter anderem die Organisation von Kinderfreizeitlagern *(Colonies de Vacances)*, der Bereich der Gesundheit sowie Vergnügungsmöglichkeiten.

65 Vgl. Rapport particulier No. 1 du Controleur Général Bauchard sur l'organisation du Service social, 7.6.1945, GR 9 R 46, SHD.

66 O.A., Le Service social et culturel des T.O.A., in: Revue d'Information des Forces Français d'Allemagne, No. 27, December 1947, S. 27–31, hier S. 27.

67 Die *Special Service Division* begann im Sommer 1944 mit der detaillierten Planung des Freizeit- und Vergnügungsprogrammes für die amerikanischen Truppen nach dem Ende des Krieges. Vgl. Kerr, Colonel, Notizen der Rede von Colonel Kerr vor dem Joint Army-Navy Committee, 15.5.1945, RG 225, Joint Army and Navy Committee on Welfare and Recreation, General Subject Files 1942–46, Box 42, NACP.

68 O.A., Le Foyer du 1er Bataillon du 1er R.I. à Donaueschingen, in: Revue d'Information des Forces Français d'Allemagne, No. 19, April 1947, S. 27–28, hier S. 27.

69 Vgl. ebd.

an mit den Vergnügungs- und Freizeitmöglichkeiten der Truppen beschäftigte.[70] Die Kommission sollte Unterhaltungsmöglichkeiten und Beschäftigungen schaffen, Wettbewerbe sowie kulturelle und musikalische Veranstaltungen und Ausflüge organisieren.[71] Auch die *foyers* wurden von der Kommission berücksichtigt und sollten finanziell gefördert werden. Denn es galt, Alkoholmissbrauch und Konflikte mit Deutschen in deutschen Bars zu vermeiden, so ein Bericht aus dem Frühjahr 1953. Demnach sollten die *foyers* zur ersten Anlaufstelle für Angehörige der französischen Besatzungsmacht werden, zum »centre attractif où le soldat doit trouver des distraction saines, nombreuses et variées«[72] – ein Ziel, das bereits seit Beginn der Besatzung von allen drei westalliierten Mächten verfolgt wurde.

2.1.4 Die Anzahl und Verbreitung der Offiziers- und Soldatenclubs

Es gab zahlreiche Offiziers- und Soldatenclubs, und sie waren überall dort zu finden, wo die Besatzungstruppen sich über einen längeren Zeitraum aufhielten – sowohl in großen Städten als auch auf dem Land.[73] Sie gehörten zum Besatzungsalltag. In einem vom amerikanischen *Special Service Office* herausgegebenen Bulletin hieß es im Oktober 1945 über die amerikanischen Clubs: »Everywhere you go in the U.S. sector you'll find them; in former supper clubs, restaurants, mansions, cafes – The Red Cross has picked the best sites, the most convenient locations (…). There's a Red Cross Club open right around the corner from your outfit's billets.«[74]

Die Militärregierungen versuchten zwar, viele kleine Einrichtungen zu vermeiden und stattdessen größere, zentral gelegene Clubs zu eröffnen,[75] um so die Angehörigen der Truppen möglichst an zentralen Orten zusammenzubringen, aber die Größe der amerikanischen Soldatenclubs variierte dennoch stark. Die Spannweite der täglichen Besucherinnen und Besucher reichte von 100 Personen in kleineren Offiziersclubs, wie dem *Berlin Officers' Club* in der Hauptstraße 41/42 in Berlin-Schöneberg[76], bis zu 3000

70 Vgl. Note de Service, Loisirs, organisation 1952–55, 20.3.1952, GR 3 U 47, SHD.

71 Vgl. Note de Service, Commission des Loisirs, 20.3.1952, GR 3 U 47, SHD.

72 Sommaires: Utilisation sociale du foyer de garnison par la Commission des Loisirs, 26.3.1953, GR 3 U 47, SHD.

73 In einer in den 1960er Jahren erschienen Broschüre über die amerikanischen *Service Clubs* in Europa heißt es, dass ab einer Truppenstärke von 500 ein Club zur Verfügung stehe. Für die 1940er und 1950er Jahre konnten keine konkreten Angaben gefunden werden, aber der Richtwert mag ähnlich gewesen sein. Vgl. United States Army, Europe and Seventh Army. Special Services, An Introduction to the US Army Service Club Program in Europe, [1960er Jahre], S. 8.

74 Special Services, Berlin District Activities.

75 Vgl. OMGUS, Standing Operating Procedure, No. 93: Operation of Clubs for Occupation Personnel, 6.11.1946, RG 260, Records of U.S. Occupation Headquarters, World War II, 1923–1972, General Records, 1947–1949, Folder: Clubs 1947, Box 14, NACP.

76 Vgl. Sturdevant, Helen u. Leonard, Elizabeth, Monthly Narrative Report, 8.1.1946, S. 1, RG 200, National Archives Gift Collection, Records of the American National Red Cross, 1935–1946, Box 1530, Folder: Berlin Officers' Club, NACP.

in großen Einrichtungen, wie dem *Bürgerbräukeller Club* in München[77]. Am Wochenende besuchten sogar bis zu 4000 Personen den *American Red Cross Olympic Club* in Garmisch-Partenkirchen.[78]

Da die Anzahl der Clubs stetig der Truppenstärke und der Stationierung angepasst wurde, lässt sich die exakte Zahl der Offiziers- und Soldatenclubs der drei westlichen Besatzungsmächte in Deutschland kaum angeben. Punktuelle Rekonstruktionen sind jedoch möglich. So hatte in Berlin die amerikanische Besatzungsmacht bereits sechs Wochen nach ihrem Einzug 14 Clubs im amerikanischen Sektor eröffnet.[79] Die britische Besatzungsmacht verfügte im August 1945 über zwölf Clubs in ihrem Sektor der Stadt.[80] 100 bis 1500 Gäste – je nach Größe und Ausstattung – besuchten diese Einrichtungen täglich.[81] Den circa 2600 französischen Offizieren und Soldaten standen lediglich drei Clubs im französischen Sektor Berlins offen.[82] Insgesamt waren durchschnittlich etwa 12.200 westalliierte Soldaten in Berlin stationiert: 2600 französische, 3600 britische und 6000 amerikanische Offiziere und Soldaten zuzüglich ihrer Angehörigen und der Zivilangestellten.[83] In den Jahren 1945 und 1946 existierten jeweils rund 200 amerikanische Clubs in der gesamten amerikanischen Besatzungszone Deutschlands einschließlich des amerikanischen Sektors in Berlin. Zu Anfang Juli 1947 waren es noch 157 Clubs. Ihre Zahl sank aufgrund des Truppenabzugs weiter, und im August 1948 listete die amerikanische Besatzungsmacht noch insgesamt 106 Clubs.[84]

---

77 Vgl. Wattley, Josephine, Monthly Narrative Report (21.5.-20.6.1947), RG 200, National Archives Gift Collection, Records of the American National Red Cross, 1935–1946, Box 1530, Folder: Bürgerbräukeller München, NACP.

78 Vgl. Bagger, Doris Ann, Monthly Narrative Report: March 1947, RG 200, National Archives Gift Collection, Records of the American National Red Cross, 1935–1946, Box 1530, Folder: American Red Cross Olympic Club, Garmisch Partenkirchen, NACP.

79 Vgl. o.A., Seven Clubs Open in Bremen Region, in: Over and Here, 25.8.1945, S. 2–3, hier S. 3.

80 Hierzu gehören neben sieben von kirchlichen Organisationen betriebenen Clubs der durch die *Naafi* bereitgestellte *Embassy Club* in der Brahmsstraße 10, das *Bristol* auf dem Kurfürstendamm 35, der *Winston Club* ebenfalls auf dem Kurfürstendamm im Haus mit der Nummer 156, der *Southend Club* in der Straße am Schildhorn im Grunewald sowie der *Arsenal Club* in der Beseler Kaserne im Askanier Ring in Spandau. Vgl. British Army of the Rhine, Appendix B to Berlin Area Routine Orders, Part I, No. 257, EFI/CVWW Clubs, 25.8.1945, Collection BAOR, Box 3, British Troops Berlin Routine Order, IWM.

81 Vgl. ebd.

82 Einer in der Kaserne in der Hubertus-Schulzdorf-Straße, einer in der Seestraße 44 sowie einer in der Kaserne *Quartier Napoléon*. Bis zum Juli 1947 waren noch drei weitere Clubs hinzugekommen: in der Otawistraße 32, in der Zeltingerstraße 4/6 und in der Benheimer Straße 33a. Vgl. Dr. Stumm, Betreff: Verstärkung der Berliner Polizei durch 3500 Mann Wachpolizei: Anordnung nach der Sitzung des Public Saftey Committee der Alliierten Kommandantur in Berlin, 24.7.1947, C Rep. 303–09 Nr. 44, LAB.

83 Vgl. Brumter, Les Français à Berlin, S. 464.

84 Vgl. EUCOM Directing Hostess (Abernethy, Pat), Notes for Special Services Officers Conference Service Clubs Section, [July 1948], RG 549, Headquarters, European Command, General Staff, Special Service Division, Box 2896, NACP.

Im Juni 1948 konnten Angehörige der britischen Besatzungsmacht 69 Clubs[85] besuchen, zu Beginn des Jahres 1950 waren es noch 58[86]. Jedoch fehlen bei diesen Zahlen die *Service Clubs* der britischen Armee sowie die von privaten und kirchlichen Organisationen betriebenen Einrichtungen, zu denen keine Zahlen vorliegen. Im Laufe des Jahres 1950 schlossen viele Clubs der *Control Commission for Germany (British Element) (CCG)*, da die Anzahl der Mitarbeiterinnen und Mitarbeiter der britischen Besatzungsmacht zurückging. Der Rückgang an Gästen hatte in einigen Fällen zu massiven finanziellen Einbußen geführt. Fortan blieben nur noch Clubs geöffnet, die ihre Ausgaben eigenständig decken konnten. Das konnte nur die Hälfte der bis dahin bestehenden *CCG-Clubs* gewährleisten.[87]

In der französischen Besatzungszone und dem französischen Sektor Berlins gab es im Oktober 1946 insgesamt ungefähr 300 *foyers d'unité*, also Clubs, die lediglich von einer Einheit besucht wurden. Ein Jahr später waren es noch etwa 200, da auch die französische Besatzungsmacht größere *foyers* gegenüber vielen kleinen bevorzugte, um so die Treffpunkte der Soldaten zu konzentrieren.[88] Der *Service social* betrieb zu diesem Zeitpunkt 43 weitere für alle Truppenangehörigen zugängliche *foyers*.[89] Auch das französische Rote Kreuz betrieb einige *foyers*, die Soldaten aller Einheiten offenstanden.[90] In einem Artikel der Soldatenzeitschrift *Revue de la 5ème division blindée* vom 15. Februar 1950 stellten die Autoren 25 verschiedene *foyers* vor. Darin wird ersichtlich, dass unterschiedliche Truppeneinheiten, auch wenn sie in der gleichen Stadt einquartiert waren, über jeweils eigene *foyers* verfügten.[91] Die Clubs als Freizeit- und Vergnügungsorte waren in allen Besatzungszonen der Westalliierten ein weitverbreitetes Phänomen und ein fester Bestandteil der militärischen Präsenz in Deutschland.

2.1.5 Die Beschlagnahmung von Gebäuden zur Einrichtung von Clubs

Die Westalliierten nutzten teilweise Räume in den Kasernen als Clubs. Dies galt besonders für jene, die für die einfachen Soldaten vorgesehen waren. Außerhalb der Kasernengelände beschlagnahmten die amerikanischen, britischen und französischen Truppen Gebäude, die fortan ausschließlich als Vergnügungsorte für Angehörige der Truppen genutzt werden sollten. Die Wahl fiel – insbesondere für Offiziers- und Unteroffiziersclubs – auf prestigeträchtige Häuser. Andrew Clark, Leiter der britischen *Legal Division*, forderte bereits im November 1944: »The general policy should be that Allied personnel will go where they like in Germany and make the fullest possible use of all amenities.

85 Vgl. Six Monthly Moral Reports. Replies to Points Raised in September 1947/March 1948 Morale Reports, 14.6.1948, FO 1012/590, TNA.

86 Vgl. Control Commission for Germany, Monthly Report January 1950, No. 1, Vol. 5, 1950, S. 78.

87 Vgl. Control Commission for Germany, Monthly Report April 1950, No. 4, Vol. 5, S. 87.

88 Limitations du nombre de foyers de soldat, 17.4.1946, GR 3 U 47, SHD.

89 Vgl. Rapports annulées l'action social, 12.11.1947, GR 3 U 47, Rapports annulées l'action social, 1947–1952, SHD.

90 Im Juni 1952 existierten *foyers* in Koblenz, Offenburg, Baden-Baden, Kaiserslautern, Mainz, Bergzabern, Neustadt und Kehl. Vgl. Procès-Verbal de la Réunion tenue FFA à Baden-Oos relative aux attributions de la Croix-Rouge française en Allemagne, 2.7.1952, GR 3 U 47, SHD.

91 Vgl. o.A., Les Foyers de la Division, in: Revue de la 5ème Division blindée, No. 52, 15.2.1950, S. 16–38.

They should be seen at all the best hotels, restaurants, theaters, opera, and other places of recreation and amusement.«[92]

In Frankfurt a.M. besetzte die amerikanische Siegermacht nur wenige Wochen nach dem Einzug in die Stadt den Palmengarten und die sich darin befindende Vergnügungsstätte: das populäre Gesellschaftshaus.[93] Am 15. April 1945 übernahmen die US-Truppen das Gebäude in der Siesmayerstraße, sodass das amerikanische Rote Kreuz einen Club einrichten konnte.[94] Die amerikanische Besatzungsmacht requirierte auch den zum Haus gehörenden Botanischen Garten und verbot den Zutritt für Deutsche. Das führte zu langwierigen Diskussionen zwischen dem Oberbürgermeister sowie dem Magistrat der Stadt Frankfurt auf der einen und der Besatzungsmacht auf der anderen Seite, die den stetigen Aushandlungsprozess zwischen Besetzten und Besatzungsmacht verdeutlichen. Bereits im Mai 1946 versuchte der Oberbürgermeister erfolglos, Teile des Botanischen Gartens der Bevölkerung zugänglich zu machen.[95] Im Februar 1947 argumentierte der Magistrat ebenfalls ohne Erfolg, dass Teile des Botanischen Gartens zur Universität gehörten und die amerikanische Militärregierung ihr die Möglichkeit entzogen habe, den Lehrbetrieb weiterzuführen.[96]

Mit der Übernahme des Palmengartens durch die *Special Service Division* der Militärregierung und dem Abzug des amerikanischen Roten Kreuzes taten sich jedoch für die Vertreter der Stadt Frankfurt im Mai 1947 neue Verhandlungsmöglichkeiten auf. Sie wollten erwirken, dass einige Räume des Gesellschaftshauses für Veranstaltungen für die deutsche Bevölkerung genutzt werden konnten. Im März 1948 räumte die amerikanische Militärregierung Universitätsangehörigen ein, unter Aufsicht jederzeit Zutritt zum Garten zu erhalten. Der kommandierende Offizier beschloss außerdem, dass das Palmengartengelände, die Gewächshäuser und das Palmenhaus jeden Sonntag und an gesetzlichen Feiertagen für die deutsche Bevölkerung geöffnet werden sollten. Auch der Festsaal stand den Frankfurterinnen und Frankfurtern für ausgewählte Konzerte und andere Veranstaltungen zur Verfügung.[97]

Bis zur gänzlichen Freigabe des Palmengartens und des Gesellschaftshauses am 31. Juli 1953 gestattete die amerikanische Besatzungsmacht der deutschen Bevölkerung immer mehr, das Gelände und Teile des Gesellschaftshauses zu nutzen. Für die endgültige Freigabe musste die Stadtverordnetenversammlung Frankfurts jedoch Gelder bereitstellten, um den *Special Service Club Palmgarden* in einem neuen Gebäude in der Friedrich-Ebert-Straße 56 unterzubringen. Zudem befand sich zu diesem Zeitpunkt noch ein französisches *foyer* in den Räumen, das ebenfalls in neue Räumlichkeiten

---

92 Clark, Andres, Fraternisation with Germans, 15.11.1944, FO 1060/874, TNA.

93 Siehe hierzu Börchers, Sabine, Wo Frankfurts Bürger feiern. Das Gesellschaftshaus im Palmengarten, Frankfurt a.M. 2012.

94 Vgl. Headquarters, Frankfurt District, Formal Vacating of Requisitioned Real Estates, 13.7.1953, Palmengarten 15, ISG FFM.

95 Vgl. Oberbürgermeister der Stadt Frankfurt a.M., Schreiben an Wilhelm Bebert, Betreff: Stadt. Palmengarten, 3.5.1945, Magistratsakten 8586, ISG FFM.

96 Vgl. Magistrat, Schreiben an die Militärregierung, Liasion and Security Office, 13.2.1947, Magistratsakten 8586, ISG FFM.

97 Vgl. Duff, R. E., Schreiben an den Oberbürgermeister, Betreff: Freigabe des Palmengartens, 18.3.1948, Magistratsakten 8586, ISG FFM.

umziehen musste.[98] Auch in Karlsruhe nutzten die amerikanische und die französische Besatzungsmacht nacheinander die gleichen Gebäude als Soldatenclubs. Im Juni 1952 sollte ein neues *foyer* in der Leopoldstraße eröffnet werden; bis zu diesem Zeitpunkt führte die amerikanische Militärregierung das Lokal als Soldatenclub.[99] Die schrittweise Rückgabe des Palmengartens und des Gesellschaftshauses in Frankfurt a.M. zeigt exemplarisch den Aushandlungsprozess zwischen den Besetzten und der amerikanischen Besatzungsmacht. Trotz des asymmetrischen Machtgefüges gelang es Vertreterinnen und Vertretern der deutschen Bevölkerung, die Situation aus ihrer Perspektive kontinuierlich zu verbessern.

Ebenso wie die amerikanische Militärregierung zogen auch die französische und die britische Besatzungsmacht auf der Grundlage des Artikels 52 der Haager Landkriegsordnung in Kasernengelände und andere Gebäude ein.[100] Der allgemein formulierte Anspruch in der Landkriegsordnung in der Fassung von 1907 gab jedoch keine Hinweise über den Ablauf der Beschlagnahmung. Der Oberbefehlshaber der französischen Besatzungsmacht legte in dem 1947 veröffentlichten *Circulaire No. 2100* daher eine konkrete Regelung in der französischen Besatzungszone in Deutschland fest. Sie beinhaltete das Recht, Gebäude und Dienstleistungen zu nutzen, die als Unterkünfte, zur Einquartierung und für weitere Sonderausstattungen benötigt wurden.[101] Das schloss Büros, Geschäfte, Lagerräume, Kantinen und Clubs ein. Luxusgegenstände an sich zu nehmen, war hingegen verboten. Um den Prozess überprüfen zu können, schuf die französische Militärregierung die Position des *contrôleur des réquisitions* in der Finanzdirektion.[102]

Beschlagnahmungen waren seit Beginn der Besatzung ein Spannungsfeld zwischen Besatzungsmächten und der deutschen Bevölkerung. Die britische *Royal Air Force* machte sie und die deutschen Reaktionen zum Hauptthema im *Monthly Intelligence Summary* im September 1946: »Requisitioning of houses and furniture for British families in certain areas has resulted in a deputation of protest against this measure.«[103] Die Historikerin

---

98 Vgl. Bau- und Wirtschaftsamt der Stadt Frankfurt a.M., Vortrag des Magistrats an die Stadtverordneten-Versammlung, Betreff: Freigabe des Gesellschaftshauses im Palmengarten, 2.10.1952, Magistratsakten 8586, ISG FFM.

99 Vgl. Colonel Hurstel, Ouverture d'un foyer de garnison à Karlsruhe, 13.6.1952, GR 3 U 47, SHD.

100 Hier heißt es: »Naturalleistungen und Dienstleistungen können von Gemeinden oder Einwohnern nur für die Bedürfnisse des Besetzungsheers gefordert werden. Sie müssen im Verhältnis zu den Hilfsquellen des Landes stehen und solcher Art sein, daß sie nicht für die Bevölkerung die Verpflichtung enthalten, an Kriegsunternehmungen gegen ihr Vaterland teilzunehmen. Derartige Natural- und Dienstleistungen können nur mit Ermächtigung des Befehlshabers der besetzten Örtlichkeit gefordert werden. Die Naturalleistungen sind so viel wie möglich bar zu bezahlen. Andernfalls sind dafür Empfangsbestätigungen auszustellen; die Zahlung der geschuldeten Summen soll möglichst bald bewirkt werden.« Abkommen betreffend die Gesetze und Gebräuche des Landkriegs, 18.10.1907. Haager Landkriegsordnung, unter: https://www.1000dokumente.de/index.html?c=dokument_de&dokument=0201_haa&object=translation&st=&l=de, letzter Zugriff am 23. März 2021.

101 Vgl. Commandement en Chef français en Allemagne, Circulaire portant règlementation du droit de réquisition en zone française d'occupation, No. 2100, Baden-Baden 1947, S. 11.

102 Vgl. ebd., S. 22.

103 British Air Force of Occupation, Monthly Intelligence Summary, Vol. 1, No. 4, September 1946, S. 3.

Bettina Blum weist darauf hin, dass ein Streitpunkt das Verhältnis zwischen der Größe der beschlagnahmten Wohnhäuser und der Anzahl der anschließend darin lebenden Menschen war. Auch wenn nur wenige britische Offiziere und ihre Familien in großen Häusern wohnten[104] – aus Perspektive der Deutschen ähnelte es geradezu einer Plünderung, so Blum: »They felt they were being treated in an unfair und ›uncivilized‹ way, like ›natives‹ in the British colonies [Herv.i.O.].«[105]

Auch wenn die als Clubs genutzten Gebäude keine privaten Häuser waren, wurden sie als Vergnügungsorte der Siegermächte umfunktioniert und symbolisch umgedeutet. Das wurde von der lokalen Bevölkerung wahr- und zwangsläufig hingenommen. Der Historikerin Stefanie Kleinert zufolge sind Besatzungszustände immer auch Schauplätze symbolischer Kämpfe, auf denen Besatzungsmacht und Besetzte um Macht und Ohnmacht ringen.[106] Die Beschlagnahmungen untermauern die Verteilung von Macht und Ohnmacht, sie zeigen aber auch die damit verbundenen Aushandlungsprozesse zwischen den Parteien. Indem die Besatzungsmächte in prestigeträchtige und mitunter in der deutschen Bevölkerung beliebte Gebäude einzogen, entschieden die Westalliierten auch den symbolischen Kampf für sich. Der erwähnte Palmengarten und das dazugehörige Gesellschaftshaus in Frankfurt a.M. waren beispielsweise seit 1871 beliebte Ausflugsziele der Frankfurterinnen und Frankfurter. Nun, nach dem Einzug der amerikanischen Besatzungsmacht, hatten sie keinen Zutritt mehr zu ihnen.[107] Auch das Hotel Atlantic an der Hamburger Außenalster, das 1909 als *Grand Hotel* für die Passagiere der Hamburg-Amerika-Linie eröffnet hatte, war für viele Hamburgerinnen und Hamburger ein Symbol ihrer Freien und Hansestadt, das sie sowohl mit wirtschaftlichem als auch mit gesellschaftlichem Erfolg in Verbindung brachten.[108] Dass die britische Besatzungsmacht dieses vom Luftkrieg fast unbeschädigte Gebäude in der ansonsten zerstörten Hamburger Innenstadt beschlagnahmte und es zu einem Vergnügungsort für die Angehörigen der Besatzungsmacht herrichtete, hatte einen hohen symbolischen Wert – sowohl für die britische Besatzungsmacht als auch für die Hamburgerinnen und Hamburger.

Die Westalliierten richteten Clubs auch in Gebäuden ein, die unmittelbar zuvor von den Nationalsozialisten genutzt worden waren oder eine andere Verbindung zum Nationalsozialismus aufwiesen. Die amerikanische Militärregierung nutzte beispielsweise den Bürgerbräukeller in München für einen Soldatenclub. Der 1885 eröffnete Bürgerbräukeller war im November 1923 Schauplatz des ersten gescheiterten Hitler-Putsches gewesen. Im Februar 1927 erfolgte dort die Wiedergründung der verbotenen NSDAP, und

---

104 Vgl. Blum, Bettina, »My Home, Your Castle«. British Requisitioning of German Homes in Westphalia, in: Erlichman u. Knowles (Hg.), Transforming Occupation in the Western Zones of Germany Politics, S. 115–132, hier S. 115.

105 Ebd., S. 126.

106 Vgl. Kleiner, Stephanie, Klänge von Macht und Ohnmacht. Musikpolitik und die Produktion von Hegemonie während der Rheinlandbesatzung 1918 bis 1930, in: Zalfen, Sarah u. Müller, Sven Oliver (Hg.), Besatzungsmacht Musik. Zur Musik- und Emotionsgeschichte im Zeitalter der Weltkriege (1914–1949), Bielefeld 2012, S. 51–83, hier S. 81.

107 Siehe hierzu Börchers, Wo Frankfurts Bürger feiern.

108 Siehe hierzu Lüth, Erich, Das Atlantic Hotel zu Hamburg, 1909–1984. Ein Augenzeuge berichtet, München 1984. Der Autor spart in seiner Darstellung der Geschichte des Hotels interessanterweise die Zeit der britischen Beschlagnahmung des Gebäudes vollständig aus.

seit 1933 hatte Adolf Hitler jedes Jahr am 8. November anlässlich des Putschversuches dort eine Rede vor seinen Anhängerinnen und Anhängern gehalten. Der Tischler Johann Georg Elser plante im Bürgerbräukeller 1939 einen Sprengstoffanschlag auf Hitler, der nur scheiterte, weil Hitlers Rede kürzer als geplant ausfiel – der Sprengkörper explodierte zu spät.

Das Gebäude des *Wander Inn Club* des amerikanischen Roten Kreuzes im hessischen Bensheim war 1938 als Schulungsheim für Offiziere der NSDAP gebaut worden. Auf der Eingangstür war noch das Emblem des nationalsozialistischen Bildungssystems zu erkennen, wie die *Stars and Stripes* im Januar 1946 berichtete.[109] Mitunter verriet auch der Sprachgebrauch der Besatzungsangehörigen etwas über die Geschichte der Clubgebäude. Die in Lübbecke stationierte Britin Phyll Braithwaite schrieb in ihrem Tagebuch:

> »In the evenings we danced up at Gauleiter Schule – now an officers' club in the side of the hill. It was formerly used a Nazi youth training center with murals of Hitler youth on the walls. The wording has been painted out. It is now a very elegant Club with terrace outside where we sat and drank wine.«[110]

Der britischen Militärregierung missfiel die Bezeichnung des Clubs als »Gauleiter Schule«, sodass sie im November 1945 in einer *Routine Order* diesen Namen verbot. Der Club sollte fortan ausschließlich *The Officers' Club, Lübbecke* genannt werden.[111] Aber nicht nur in persönlichen, sondern auch in offiziellen Club-Broschüren wurde die jeweilige Geschichte und Bedeutung der Gebäude während des Nationalsozialismus hervorgehoben. Mit dem Prozess der Beschlagnahmung und Besatzung deckten die Siegermächte nicht nur ihren Bedarf nach Vergnügungsorten, sondern festigten den Sieg über das nationalsozialistische Deutschland auch symbolisch, indem sie die Hakenkreuzflaggen herunternahmen und die amerikanische, britische oder französische Flagge an einem der Bevölkerung wohlbekannten Gebäude hissten. Zum Teil unterstrichen auch die Namen der Clubs den Sieg, wie beispielsweise der britische *Victory Club* in Hamburg.

Die Wahl der Freizeitorte für die Siegermächte fiel mit Bedacht auf bestimmte Gebäude. Während das bereits genannte Gesellschaftshaus im Palmengarten in Frankfurt a.M. ein Beispiel für die amerikanische Besatzungsmacht darstellt, richtete sich die britische Besatzungsmacht im Hotel Victoria und im Vier Jahreszeiten Hotel in Hamburg direkt an der Alster ein. Die französische Besatzungsmacht bezog beispielsweise das Kurhaus sowie das *Hotel Holland*, heute Hotel am Sophienpark, in Baden-Baden. Peter H.U. Maguire, der von 1947 bis 1949 der *Royal Air Force* diente, berichtete in seinen Memoiren:

> »Our main entertainment was provided by visits to the Vier Jahreszeiten Hotel in Hamburg which had been requisitioned as an officer's club or to the Atlantic Hotel which served as the Control Commission (CCG) club. Not many years previously the

109 Vgl. Seney, Ed, Red Cross Club to Mark Sixth Month, in: Stars and Stripes (German Edition, Pfungstadt), No. 284, 21.1.1946, S. 4.

110 Braithwaite, Phyll, Tagebucheintrag, September 1945, Papers of Miss Phyll Braithwaite, IWM.

111 Vgl. British Army of the Rhine, Routine Order, No. 39, 1.1.1945, FO 1005/1874, TNA.

> Atlantic had been Hitler's favorite watering hole when [he was] in Hamburg, while the more socially conscious Göring had preferred the classier Vier Jahreszeiten.«[112]

Sowohl in privaten Erinnerungen als auch in Zeitungsartikeln wurde die vormalige Nutzung der Offiziers- und Soldatenclubs häufig hervorgehoben – der Hinweis schien für das Selbstverständnis der Siegermächte wichtig gewesen zu sein.

2.2 Freizeitmöglichkeiten in den Clubs

Waren die Gebäude beschlagnahmt und die Clubs in ihnen eröffnet, konnten die Angehörigen der Besatzungsmächte sie nutzen. Hier sollten sie sich gerne aufhalten und möglichst große Teile ihrer Freizeit verbringen. Um das zu erreichen, mussten die Clubleitungen ein vielfältiges Unterhaltungsangebot bieten. Die Angebote variierten und waren nicht überall identisch, wobei die amerikanische Besatzungsmacht ein Minimum an Einrichtungsgegenständen und Programmvielfalt für ihre Clubs definierte. Die Bandbreite sollte demnach mindestens von *Snack Bar* über Spielezimmer, Lounge und Bibliothek bis hin zu Bastel- und Musikräumen reichen.[113] Für die britischen und französischen Clubs lassen sich solche konkreten Vorgaben nicht finden. Die Ausstattung der britischen Clubs variierte. Der *Naafi*-Chronist Harry Miller stellte fest: »[The interiors] varied from the sharp modernity of Catterick and the businesslike blocks in the heart of Glasgow to the Regency flavour of a curved bay at Oswestry and the long low elegance of the Salisbury club looking on to the Cathedral Close.«[114] Gleiches galt für die Einrichtungen der *Naafi* in Deutschland. Auch die Clubs der privaten Organisationen, wie diejenigen kirchlicher Träger oder die *Malcolm Clubs*, unterschieden sich in der Dekoration und dem Raumarrangement. Gleiches lässt sich für die französischen *foyers* festhalten. Doch die Militärregierungen verfolgten mit allen westalliierten Clubs das gleiche Ziel: den Angehörigen der Besatzungsmacht einen Ort zur Verfügung zu stellen, an dem sie sich wohlfühlen konnten. Ob beim Essen, Tanzen, Lesen oder Schreiben, die Clubs sollten Rückzugsorte sein. In den meisten von ihnen war mindestens ein großer Raum vorhanden, in dem gegessen, getrunken und getanzt werden konnte. Ein weiterer Raum, meist eine eingerichtete Bibliothek, war für ruhige Beschäftigungen wie Lesen und Schreiben vorgesehen.

Das Unterhaltungsprogramm eines Clubs war von der jeweiligen Besatzungsmacht abhängig und richtete sich in der amerikanischen, britischen und der französischen Zone nach der jeweiligen Zielgruppe. Offizieren stand in der Regel ein größeres Spektrum an Freizeitmöglichkeiten zur Verfügung als den einfachen Soldaten, denn die Offiziers-

112 Maguire, Peter H.U., Memoir, S. 15, Private Papers of Flying Office Peter H.U. Maguire, IWM.

113 Vgl. Currie, Colonel Walter J. u. Latham, Captain Edward, Report of the General Board Study No. 121, Special Service Clubs, December 1945.

114 Miller, Service to the Services, S. 89.

clubs befanden sich häufig in Gebäuden, zu denen ohnehin ein Schwimmbad oder ein Golfplatz gehörte.[115]

2.2.1 Spiel und Sport

Neben den Sportprogrammen der Armee konnten die Offiziere und Soldaten sich auch in den Clubs körperlich betätigen. Auf Badminton- oder Tennisplätzen, im Kraftraum, auf dem Golfplatz oder im Schwimmbad ließen sich Ablenkung und Erholung finden. In Sporthallen, die an die Clubs angrenzten, wurden Basketball, Fußball und andere Mannschaftssportarten gespielt. Der britische *Blue-White Club* im Berliner Grunewald verfügte über eine großzügige Tennisanlage, die in den Sommermonaten stets ausgelastet war. Im Winter wurden die Plätze mit Wasser geflutet, um sie als Eisbahn zu nutzen.[116]

Im Inneren der Clubs befanden sich häufig Billardtische, Dartscheiben und Tischtennisplatten. Insbesondere Tischtennis war bei den Angehörigen der westalliierten Besatzungsmächte populär, sodass die Clubs regelmäßig Turniere veranstalteten. Bei interalliierten Wettkämpfen traten Angehörige der amerikanischen, britischen und französischen Besatzungsmacht gegeneinander an. Der Berliner *Crown Prince Club* in der damaligen Kronprinzenallee 146, der heutigen Clayallee, war ein beliebter Treffpunkt dieser sportlichen, interalliierten Zusammentreffen: »Ping Pong nights bring noise and fun into the Club when we move a table into the lounge. The International team matches create great interest and excitement.«[117] Der große Ballsaal des *Palmgarden Club* in Frankfurt a.M. war im April 1946 Austragungsort der Tischtennis-Meisterschaft der männlichen Angehörigen der amerikanischen Armee.[118] In Wiesbaden fand Anfang Dezember 1946 im *American Red Cross Eagle Club* das Qualifikationsturnier der weiblichen Armeeangehörigen für die Einzel- und Doppelmeisterschaften statt. Die *Special Service Division* der amerikanischen Armee organisierte das Turnier in Kooperation mit dem *American Red Cross Eagle Club*.[119] Insbesondere für die amerikanische Besatzungsmacht gehörten Tischtennisplatten zur Minimaleinrichtung, weshalb sie nahezu in allen Clubs zu finden waren.[120] Auch die französischen Truppenangehörigen spielten gerne Tischtennis und Billard, allerdings waren Tischtennisplatten und Billardtische aus Mangel an finanziellen und materiellen Möglichkeiten nicht in allen *foyers* verfügbar.[121]

---

115 Wie zum Beispiel der *Country Club* im amerikanisch besetzten Wiesbaden. Vgl. Olson, Betty, Brief an ihre Familie, 25.8.1945, Collection Betty Olson, Folder: Correspondence: Overseas Training and ETO July 8, 1944 to October 1945, USAHEC.

116 Vgl. K.H.S., Life in Berlin. The Embassy and Blue-White Clubs, in: British Zone Review, No. 6, 29.11.1947, S. 18.

117 Turner, Margaret, Report October 1947, RG 200, National Archives Gift Collection, Records of the American National Red Cross, 1946–1964, Box 1925, Folder: 900.11/6161: Crown Prince Club, NACP.

118 Vgl. Fotosammlung Henry Milne, Fotos: 15963 und 15964, Private Collection Henry Milne, Box 53, USAHEC.

119 Vgl. ebd., Fotos 15967 und 15973.

120 Der *Wolves Denn Club* in Bremen, 1946 eröffnet, bot insgesamt 17 verschiedene Räume und 15 Tischtennisplatten. Vgl. Public Relations Office, Bremen Port Command, Bremen Port Command's GI's Paradise, S. 29.

121 Vgl. o.A., Le Foyer du 1er Bataillon du 1er R.I. à Donaueschingen.

Tischtennis-Meisterschaft im Palmengarden Club in Frankfurt a.M. (1946)

Public Relations War Department, Private Collection Henry Milne, Box 53, USAHEC.

Für die deutsche Bevölkerung waren Tischtennisplatten zu Raritäten geworden. Deutsche Angestellte wie beispielsweise die junge Christa Ronke, die seit August 1945 in einem Offiziersclub in Berlin-Dahlem in der Harnackstraße als Kellnerin arbeitete, profitierten teilweise von den Clubausstattungen und durften mitspielen. Das hing jedoch von den anwesenden Offizieren ab und war längst nicht jeden Tag möglich, wie sie in ihrem Tagebuch beschreibt.[122] Auch Billard war bei der deutschen Bevölkerung eine gefragte, aber in den ersten Nachkriegsjahren nahezu unmögliche Freizeitbeschäftigung. Noch im Jahr 1948 berichtete ein Leser der Zeitschrift *Roland von Berlin* über die großen Schwierigkeiten, eine Partie Billard in Berlin spielen zu können:

> »Ich versuchte es zuerst im früheren Café Zielka, später im Mokka Efti. Ich fand nur eine Ruine. Das gleiche passierte mir mit dem Café Woerz, wo wohl die Kaffeehausräume stehen, aber die Billardräume zerstört sind. Dann ging ich zum Café Wien. Da war ein Mordsbetrieb, von den Billards aber keine Spur. Wo um Himmels willen, kann man denn heute in Berlin eine anständige Partie Billard spielen?«[123]

Die Redaktion antwortete, dass diese Not allgemein bekannt sei, viele Tische seien dem Bedarf an Kleinholz zum Heizen zum Opfer gefallen. Einzelne Billardkugeln mögen hier

122 Vgl. Ronke, Christa, Tagebuch von Christa Ronke, Eintrag vom 10.12.1945. Eine Kopie des Tagebuchs ist im Besitz der Autorin.

123 K.B., Franz, Billard, in: Roland von Berlin. Wochenzeitschrift für Kultur, Wirtschaft und Berliner Leben, No. 22, 30.5.1948, S. 20.

und da noch unter dem Schutt begraben sein, aber eine Platte oder einen Queue zu finden sei außerhalb der alliierten Einrichtungen schwierig.[124]

2.2.2 Kreative und intellektuelle Beschäftigungen

Neben verschiedenen Spielen boten die Clubs ein breites Angebot an Weiterbildungsmöglichkeiten und kreativen Beschäftigungen. In einigen amerikanischen Clubs gaben Deutsche beispielsweise wöchentlich Deutschkurse. Diese Angebote waren eng an das Vergnügungsprogramm geknüpft und zählten ebenso wie die Unterhaltung zu den Methoden, Körper und Geist der Truppenangehörigen zu beschäftigen und zu stärken.[125] Fotostudios und Lehrgänge mit Fotografen[126] sowie Werkstätten für Handarbeit und entsprechende Wettbewerbe[127] sollten Anreize schaffen, kreativ zu werden und neue Dinge auszuprobieren. Das *Handcraft*-Programm der amerikanischen Clubs schloss Kunst und Handwerk ein. Die künstlerische Betätigung reichte von Modellieren und Radieren über Drucken auf Linol bis hin zu Zeichnen und Skizzieren, während das Kunsthandwerk Lederarbeiten, Fotografie, Holzschnitzerei, aber auch Puppenhandspiel und Knotentechniken beinhaltete.[128] In Musikräumen wurde gemeinsam musiziert. Das förderte nach Auffassung der Clubdirektionen nicht nur die Kreativität, sondern auch den Zusammenhalt innerhalb der Truppe.

Alle drei Besatzungsmächte legten Wert auf den Zugang zu Büchern, Zeitschriften und Zeitungen, sodass alle Clubs über Bibliotheken oder Lese- und Schreibräume verfügten. In einer Studie über das Verleih- und Bibliothekswesen der amerikanischen Armee aus dem Jahr 1945 hieß es: »The United States Army is the largest distributor of reading material in the world.«[129] Allein im März 1945 soll der Bibliotheksservice der Armee mehr als zehn Millionen Zeitschriften zu den Truppen in Übersee geschickt haben. Hinzu kamen Millionen Bücher, die für die Truppen in den Bibliotheken bereitstanden.[130] Bücher und Magazine seien enorm wichtig, da der Krieg gezeigt habe, dass das Lesen Soldaten selbst an sehr abgeschiedenen Orten mit dem amerikanischen Leben verbinde. Die Armee verschrieb sich dem Leitgedanken »reading as a morale factor«[131].

In den amerikanischen Clubs konnten die Soldaten sich außerdem an kreativen Gruppen beteiligen. Die sogenannten *Soldiers' Shows* wurden von Soldaten für Soldaten

124 Vgl. ebd.

125 Vgl. Ministre de la Guerre, Instruction provisoire sur l'organisation et le fonctionnement du Service social dans les Grandes Unités, o.D., GR 7 P 72, SHD.

126 Im amerikanischen *Tip Top Club* in Freising war im Frühjahr 1948 ein Fotograf fester Bestandteil des Clubprogramms. Er kam einmal die Woche in den Club. Vgl. Program Report 21.2.-25.3.1948, RG 200, National Archives Gift Collection, Records of the American National Red Cross, 1946–1964, Box 1926, Folder: Tip Top Club, NACP.

127 Siehe hierzu o.A., Le Concours de Photographies du Service social, in: Revue d'Information des Forces Français d'Allemagne, No. 40, Octobre 1945, S. 29–30, hier S. 29.

128 Vgl. Currie, Colonel Walter J. u. Lazerow, Captain Samuel, Report of the General Board, Study No. 120, Handicraft, S. 1.

129 Currie, Colonel Walter J. u. Lazerow, Captain Samuel, Report of the General Board, Study No. 118, Library Service, December 1945, S. 1.

130 Vgl. ebd.

131 Ebd.

unter Anleitung und Hilfe des Clubpersonals, der *American Red Cross Girls* oder der bei der Armee angestellten *Special Service Hostessen* konzipiert, geprobt und aufgeführt. Sie bestanden aus Sketchen, kleinen Theaterstücken, Quizshows und Wettbewerben. Um die Hemmschwelle für eine Beteiligung zu senken und den Aufwand niedrig zu halten, veröffentlichte die *Special Service Division* Skripte mit Vorschlägen zu Theaterstücken, Witzen und Quizfragen sowie Kostümbeispielen für die Shows.[132] Zeichnungen und Erklärungen beschrieben, wie etwa der *South American Gaucho* oder das *G.I. South Sea Girl* aussehen könnten und wie diese Kostüme ohne viel Aufwand gebastelt werden konnten.[133] Hierbei bediente sich die *Special Service Division* stereotyper Vorstellungen. Der *South American Gaucho* trug demnach einen großen Sombrero, ein Halstuch, ein enges Hemd und eine Pumphose. Als Accessoire hielt er ein Lasso in den Händen. Das Kostüm für ein *G.I. South Sea Girl* benötigte weniger Material, denn es trug lediglich einen Rock aus Krepppapier und einen BH, der mit Blumen aus Krepppapier verziert werden konnte.[134] Das Konzept der *Soldiers' Shows* wollte das Potenzial an Unterhaltungskünstlern aus den eigenen Reihen ausnutzen, denn »most posts, camps, and stations have the following available talent: A tenor, tap dancer, ballroom dancer, magician, rope twirler, accordionist, guitarist, rumba dancer, Latin-American singer, glee club and guard detachment.«[135]

Auf diese Art profierte die Armee von talentierten Truppenangehörigen und bot ihnen die Möglichkeit, ihren Leidenschaften nachzugehen. Gleichzeitig schaffte die *Special Service Division* ein Unterhaltungsprogramm für ihre Truppen, ohne dass sie externe Künstlerinnen und Künstler anstellen musste. Diese Aufführungen galten als beliebte Ergänzung zu den professionellen Unterhaltungsshows.

2.2.3 Entertainment: Bühnenshows, Musik und Tanz

Prominente wie Marlene Dietrich, Marilyn Monroe, Bob Hope und Frank Sinatra gehörten zu den ersten Künstlerinnen und Künstlern, die amerikanische Truppen außerhalb der USA während und kurz nach dem Zweiten Weltkrieg besuchten, um sie mit musikalischen Darbietungen zu unterhalten. Hinter diesen Auftritten stand die amerikanische *United Service Organizations* (*USO*).[136] Am 4. Februar 1941 auf Initiative des damaligen US-Präsidenten Franklin D. Roosevelt gegründet, setzte sich die gemeinnützige Organi-

---

132 Siehe hierzu Special Service Division, Soldiers Shows. Reception Center Blackouts, Parodies, Revues, Washington D.C. 1944; Special Service Division, Soldier Shows. 26 Weeks Entertainment Program for Service Commands. Part 10, Washington D.C. June 1945; Special Service Division, Soldier Shows. 26 Weeks Entertainment Program for Service Commands. Part 11, Washington D.C. July 1945; Special Service Division, Soldier Shows. Production Ideas for G.I. Variety Shows, Washington D.C. 1945.

133 Vgl. Special Service Division, Soldier Shows, Production Ideas, S. 11–14.

134 Siehe Fig. 10 und 11, in: ebd.

135 Ebd., S. 1.

136 Siehe hierzu Carson, Home away from Home; President of the United Service Organizations (Kimball, L.F.), Five Years of Service. Report of the President, New York 1946; Andrews u. Gilbert, Over Here, over There; Winchell, Good Girls, Good Food, Good Fun; Coffey, Always Home.

sation für das Wohlergehen amerikanischer Soldaten im Einsatz ein.[137] Um eine Doppelung der Unterhaltungsangebote zu vermeiden, teilten sich die *USO* und das amerikanische Rote Kreuz die Zuständigkeiten auf. Da Letzteres vom *War Department* als alleinige nichtmilitärische Organisation berechtigt war, die Expeditionsstreitkräfte zu begleiten, betrieb die *USO* keine Clubs in Afrika, Europa, China, Japan oder anderen Kriegsgebieten. Verantwortlich war sie hingegen für jene in den Vereinigten Staaten sowie auf Hawaii, in Panama, Neufundland, Bermuda, der Karibik, Alaska, Südamerika und seit 1945 auf den Philippinen.[138]

Dennoch war die *USO* auch in Europa und in Deutschland vertreten. Sie betrieb hier die *USO Camp Shows, Inc.*[139] Bereits während des Zweiten Weltkrieges schickte sie ihre Künstlerinnen und Künstler überall dorthin, wo die Soldaten stationiert waren.[140] Die Shows wurden zum Teil nur wenige hundert Meter von der Kampflinie entfernt aufgeführt.[141] Über 4900 Künstlerinnen und Künstler reisten nach Übersee und gaben mehr als 300.000 Aufführungen. 1945 organisierte die *USO* bis zu 700 Shows täglich. Der *USO*-Präsident Lindsley Kimball schrieb in einer Gedenkschrift: »No amusement organization in the world ever produced so many shows so quickly, and sent them with so little loss of time to places where they were so badly needed.«[142]

Auch nach dem Ende des Krieges sank der Bedarf an Unterhaltung keinesfalls, sondern stieg vielmehr rapide an. Aus Sicht der Militärbehörde wäre jegliche Kürzung der *Camp Shows* »a serious blow to troop morale«[143]. Denn der Weg vom Krieg zum Frieden habe erst begonnen und die mentale Einstellung der Truppen sei für die Besatzungsziele elementar. Vergnügung und Ablenkungen durften daher nicht nachlassen, sondern sollten – auch im Sinne einer Belohnung für das bereits Geleistete – möglichst jedem Einzelnen zugänglich sein. Also kamen die *USO-Camp Shows* auch nach Deutschland. Die Clubs des amerikanischen Roten Kreuzes und der Armee zählten zu den wichtigsten

137 Die *USO* bestand aus sechs verschiedenen Vereinigungen: *The Young Men's Christian Associations, The National Catholic Community Service, The Salvation Army, The Young Women's Christian Associations, The Jewish Welfare Board* und *The National Travelers Aid Association*. Vgl. Joint Statement of the American Red Cross and the United Service Organizations, Inc., 2.3.1943, RG 225, Joint Army and Navy Committee on Welfare and Recreation, General Subject Files 1942–46, Box 44, NACP.

138 Vgl. President of the United Service Organizations (Kimball, L.F.), Five Years of Service, S. 4; 11f.; siehe auch Winchell, Good Girls, Good Food, Good Fun. Die Clubs folgten den gleichen Vorgaben wie die *American Red Cross Clubs* und die Clubs des *Special Service*. Es galt, die Soldaten in den Vereinigten Staaten in den *Domestic Clubs* und die Soldaten in den anderen Regionen in *USO-Clubs* zu unterhalten und ihnen möglichst viele Freizeitangebote zu bieten. Mit Sport, Spiel, kreativem Handwerken, Theateraufführungen, Tänzen und Musik sowie diversen weiteren Möglichkeiten sollten die Soldaten ihre freie Zeit gestalten. Der Slogan *Home away from Home* galt auch in diesen Clubs und die ausgebildeten Hostessen sollten für eine angenehme Stimmung sorgen. Vgl. President of the United Service Organizations (Kimball, L.F.), Five Years of Service, S. 7.

139 Die *Camp Shows, Inc.* wurden am 30. Oktober 1941 gegründet. Vgl. Coffey, Always Home, S. 25.

140 Die Shows wurden in Alaska, Australien, Ägypten, auf den Baffininseln, in Belgien, Bermuda, Brasilien, Burma, China, Deutschland, England, Frankreich, Griechenland, Guam, Hawaii, Island, Iran, Irak, Italien, Kanada, in der Karibik, Luxemburg, auf Malta und in den Niederlanden, Neukaledonien, der Sowjetunion, dem Südpazifik sowie in Zentralafrika gezeigt. Vgl. ebd., S. 26.

141 Vgl. President of the United Service Organizations (Kimball, L.F.), Five Years of Service, S. 16.

142 Ebd., S. 18.

143 Zitiert nach ebd., S. 19.

Spielstätten, in denen Sängerinnen und Sänger, Varieté-Künstlerinnen und -Künstler sowie Musical- oder Komödie-Ensembles auftraten. Nur der Unterhaltung durch Spielfilme in beschlagnahmten und ausgewählten Kinos sprachen Berater des Militärs eine größere Relevanz zu als den *USO-Camp Shows*.[144] Der größte Anteil des Unterhaltungsprogramms der amerikanischen Besatzungsmacht lässt sich grob in die *Soldiers' Shows* einerseits und in die professionellen *USO-Shows* andererseits einteilen.[145] Doch bereits zu Beginn des Jahres 1947 stellte die *USO* die Aktivität in Deutschland ein.[146] Grund war, dass die *USO* während des Krieges entstanden und ausdrücklich als eine vorrübergehende Organisation konzipiert worden war.[147]

Das britische Pendant zur *USO* war die zur *Naafi* gehörende *Entertainments National Service Association* (*ENSA*). Sie betrieb Kinos und Theater und organisierte Konzerte für die britischen Besatzungstruppen während des Zweiten Weltkrieges und der ersten Jahre der Besatzung. Britische und internationale Künstlerinnen und Künstler wurden von der *Naafi* bezahlt und traten für die Besatzungstruppen auf. Lieutenant Colonel Howard Cole fasst in seinem 1982 erschienenen Buch über die Geschichte der *Naafi* zusammen, dass mit dem Ausbruch des Zweiten Weltkrieges der zuvor moderate Unterhaltungszweig der *Naafi* geradezu über Nacht zu einer großen Organisation expandierte.[148] Nach dem Zweiten Weltkrieg litt die *Naafi* finanziell als private, nicht staatlich finanzierte Organisation zunehmend unter dem Abzug der Truppen. Die Kundschaft ihrer Einrichtungen verringerte sich stetig.[149] Schließlich stellte *ENSA* die Tätigkeiten in Deutschland bereits zum Herbst 1946 ein. Das britische Militär musste anschließend selbst für Unterhaltungsmöglichkeiten sorgen, schrieb die Soldaten-Zeitung *Air Division* aus Detmold. Weiter hieß es: »This may not be such a serious blow to the service personnel in Detmold and district as several all-services shows are on tour in Germany, and there are also some fine all-German productions which are well worth seeing.«[150]

Schon vor dem Abzug der *USO* und der *ENSA* aus Deutschland waren deutsche Unterhaltungskünstlerinnen und -künstler eine viel genutzte Ressource, um die Truppen mit einem vielfältigen Angebot zu unterhalten. Bereits seit Eröffnung des *Special Service Club* in der Stadthalle in Heidelberg im Oktober 1945 gehörte eine allabendliche Bühnenshow zum Unterhaltungsprogramm, die hauptsächlich von Deutschen aufgeführt wurde: »The floor show will feature a chorus of Heidelberg dancers, and four German

144 Vgl. Currie, Colonel Walter J. u.a., Report of the General Board, Study No. 117, Live Entertainment, December 1945, S. 2.

145 Vgl. Kerr, Colonel, Notizen der Rede von Colonel Kerr vor dem Joint Army-Navy Committee, 15.5.1945, RG 225, Joint Army and Navy Committee on Welfare and Recreation, General Subject Files 1942–46, Box 42, NACP.

146 Vgl. o.A., USO Shows to End in ET before January 1, in: Stars and Stripes (German Edition, Pfungstadt), No. 13, 18.12.1946, S. 4.

147 Vgl. President of the United Service Organizations (Kimball, L.F.), Five Years of Service, S. 31. Allerdings nahm die *USO* ihre Dienste bereits am 1. Januar 1951 im Zuge des Korea-Krieges wieder auf und ist seitdem aktiv.

148 Vgl. Cole, Naafi in Uniform, S. 128.

149 Vgl. Naafi, Celebrating 90 Years of NAAFI Serving the Services, Darlington 2010, S. 45.

150 O.A., ENSA to Finish. Troops Must Find Their own Entertainment, in: Air Division Times, No. 43, 4.5.1946, S. 1.

acts including the Three Kettners, an acrobatic act well known on the American vaudeville circuits. Ray Mack, master of ceremonies will be the only soldier in the show.«[151] Auch im *American Red Cross Club Rainbow Corner* in Berlin beschäftigte die Club-Direktion deutsche Künstlerinnen und Künstler: »In cooperation with Special Service we have, for the past two weeks, been trying out new German floor shows nightly. Other specialties this month were Marvelli, who is Germany's greatest magician [and] the Young Madrigalists in a program of song and dance.«[152]

Neben Deutschen nutzten auch Künstlerinnen und Künstler anderer Nationalitäten die Chance, für die Besatzungsmächte in Deutschland auf der Bühne zu stehen. Die französische Militärregierung, die mit keiner in Größe und Professionalität vergleichbaren Organisation wie der *USO* oder der *ENSA* zusammenarbeitete, engagierte häufig französische und belgische Varieté-Gruppen, die nach Deutschland reisten.[153] Wie ein Schriftwechsel zwischen dem Leiter des Varietés Orion aus Schwenningen im Südwesten Baden-Württembergs und dem Leiter des *Bureau des Spectacles et de la Musique*, das sich im Kurhaus in Baden-Baden niedergelassen hatte, zeigt, bewarben sich auch deutsche Varieté-Gruppen direkt bei dem *Service social* um ein Engagement.[154] Das *Bureau des Spectacles et de la Musique* entschied in diesem Fall positiv und gestattete dem Varieté die Aufführung des Programms.[155]

Neben Bühnen- und Varietéshows gehörten Konzerte und Tanzveranstaltungen zu den Clubprogrammen. Hierfür engagierten die Besatzungsmächte durch die *USO*, *ENSA* oder im französischen Fall durch den direkten Kontakt mit dem *Bureau des Spectacles et de la Musique* Musikerinnen und Musiker für einzelne Veranstaltungen oder Tourneen. Außerdem spielten Armee-Bands bei Paraden und anderen offiziellen Anlässen und gaben Konzerte. In Berlin sorgte die *298th AGF Band* bereits wenige Wochen nach dem Einzug der amerikanischen Siegermacht für musikalische Unterhaltung. Die Einheit gehörte ursprünglich zu den *Headquarters* in England, wo die 50-köpfige Band bei Feierlichkeiten auftrat. Im Juni 1945 schickte die amerikanische Armee sie nach Berlin, wo sie in den *Andrews Barracks* in Lichterfelde einquartiert wurden. Dort spielte sie auch im *Andrews Barracks Service Club*.[156] Die *427th Band* der amerikanischen Armee, auch unter dem Namen *Jazz Pirates* bekannt, war bis 1949 in der Region Frankfurt a.M. und anschließend in Mannheim stationiert. Im August 1946 spielten sie im Ballsaal des *Palmgarden Club* ein Sonderkonzert.[157] Wenige Monate zuvor hatten einige ihrer Mitglieder an einem Sams-

151 Weinberg, Curt, Heidelberg EM Night Club Opens Doors Friday Night, in: Stars and Stripes (German Edition, Pfungstadt), No. 196, 17.10.1945, S. 3.

152 Hughes, Katherine, Program Report February 1946, 2.3.1946, RG 200, National Archives Gift Collection, Records of the American National Red Cross, 1935–1946, Box 1531, Folder: Rainbow Corner Berlin, NACP.

153 Spectacles de variétés et de cabaret, AC 519/1, CADLC.

154 Kobary, Schreiben von Jerom Kobary an den Service social in Baden-Baden, 25.3.1946, AC 500/2, CADLC.

155 Vgl. Le Chef du Bureau des Spectacles et de la Musique, Schreiben an Herrn Kobary, Varieté Orion: Autorisation de donner des representations de variétés, 18.6.1946, AC 500/2, CADLC.

156 Vgl. o.A., 298th Band – Ambassadors of Culture and Enjoyment, in: The Berlin Observer, www.theberlinobserver.com/298band.html, letzter Zugriff am 24.3.2021.

157 Vgl. Palmgarden Weekly, Programm 25.-31. August 1946, 24.8.1946, S3-9137, ISG FFM.

tagabend spontan eine deutsche Band im *Round Up Club* in Frankfurt a.M. auf der Bühne unterstützt, woraus sich ein gemeinsames Konzert entwickelte: »A combined Combo of the Jazz Pirates and the best German jazz players of Frankfurt Radio Station was staged at the Club.«[158]

Die Anzahl der Armee-Bands selbst reichte nicht aus, um den Bedarf der zahlreichen Clubs zu decken. Daher war es seit Beginn der Besatzung üblich, deutsche Bands zu engagieren, um den Mangel zu kompensieren.[159] Die Anlässe, bei denen sie spielten, variierten, sodass Musikerinnen und Musiker unterschiedlicher Richtungen gefragt waren: von deutschen Jazzensembles über Tanzbands bis hin zu klassischen Orchestern. Die Berliner Philharmoniker waren beispielsweise ein gefragtes Orchester, das sowohl für die amerikanische als auch für die britische Besatzungsmacht spielte. Sie tourten durch Deutschland und traten in zahlreichen Städten in den westlichen Besatzungszonen auf.[160] Im September 1945 gab das Orchester ein Konzert für die amerikanischen, britischen, französischen und sowjetischen Besatzungsangehörigen im Steglitzer Titania-Palast in Berlin.[161] Der amerikanische Dirigent Rudolph Dunbar begleitete das Orchester als einziger Ausländer, da der deutsche Dirigent Leo Borchard kurze Zeit zuvor von einem amerikanischen Soldaten während der Ausgangssperre erschossen wurde.[162] Nachdem sein Nachfolger feststand, absolvierte das Orchester bis zum Januar 1947 drei Tourneen,[163] und die amerikanische Besatzungsmacht verpflichtete die Musiker im Frühjahr 1947 für Auftritte in zehn verschiedenen Städten.[164] Das Berliner Orchester bereiste viele Städte im amerikanischen und britischen Besatzungsgebiet. Die Musiker profitierten von ihrer Anstellung bei den Siegermächten und konnten seit Beginn des Engagements Zonengrenzen passieren. Bei den Westalliierten angestellte deutsche Musikerinnen und Musiker verfügten hierfür über Sondergenehmigungen, die ihnen Mobilität und Flexibilität beim Reisen gestatteten.

---

158 Program Report Round Up Club, February 1947, RG 200, National Archives Gift Collection, Records of the American National Red Cross, 1946–1964, Box 1926, Folder: Round Up Club, NACP.

159 Siehe hierzu Kap. 3.2.2.

160 Im Oktober 1945 traten sie in Berlin exklusiv für die britischen Truppen auf, am 9. und 10. Juni 1946 in Celle sowie am 15. Juni 1946 in Detmold. Vgl. Wearmouth, Edna, Brief an Keene, 11.10.1945, Private Papers of Edna Wearmouth, IWM; Berlin Philharmonic, in: Fassberger Wochenblatt, No. 42, S. 1; Berlin Philharmonic, in: Air Division Times, No. 49, 15.6.1946, S. 4.

161 Leiser, Ernest, N[...] Musician Conducts Berlin Symphony Orchestra, in: Stars and Stripes (German Edition, Pfungstadt), No. 152, 3.9.1945, S. 3.

162 Conrad, Andreas, Sechs Schüsse auf den Dirigenten, in: Der Tagesspiegel, 14.5.2015, https://www.tagesspiegel.de/berlin/berliner-philharmoniker-sechs-schuesse-auf-den-dirigenten/11769554.html, letzter Zugriff am 24. März 2021.

163 Vgl. Newell Jenkins, Acting Chief, Theater and Music Control Branch, an Music Officers all outposts, Subject: Berlin Philharmonic Orchestra, 30.1.1947, RG 260, Records of the Education & Cultural Relations Div.: Theater & Music Section: Correspondence and Related Records, 1945–49, Box 927, NACP.

164 Vgl. Newell Jenkins, Acting Chief, Theater and Music Control Branch, an Office of Military Government Berlin District, Information Control Branch: Major Bitter, Subject: Berlin Philharmonic Orchestra, 14.1.1947, RG 260, Records of the Education & Cultural Relations Div.: Theater & Music Section: Correspondence and Related Records, 1945–49, Box 927, NACP.

Die Club-Direktionen aller drei westlichen Mächte benötigten auch für die Tanzabende in den Clubs Bands. Die Tanzveranstaltungen gestalteten sich je nach Club unterschiedlich und reichten von Themenabenden in den amerikanischen Clubs, wie dem *Candlelight Dance*, der *Arabian Night* oder dem *Zebra Dance*,[165] bis zu klassischen Tanzabenden ohne bestimmte Themen, wie es in den britischen Clubs die Regel war. Die Häufigkeit dieser Veranstaltungen ist bemerkenswert, denn die meisten Clubs boten mindestens einmal, viele zweimal die Woche einen Tanz an. Aus den *Program Reports* der *American Red Cross Clubs* ging hervor, dass die Angehörigen der Besatzungsmacht die Tanzveranstaltungen sehr gut annahmen. Ein Terminkalender des in Berlin-Gatow stationierten britischen Air Vice-Marshal B. Yarde aus dem Jahr 1948 zeigt, dass Yarde plante, durchschnittlich zwei Tanzveranstaltungen pro Monat in unterschiedlichen Clubs zu besuchen.[166] Inwiefern dies repräsentativ war, lässt sich schwer beurteilen. Dennoch bleibt festzuhalten, dass das Angebot an Tanzveranstaltungen auch in den britischen Clubs vielfältig und großzügig war. So berichtet die bei der *CCG* angestellte Britin Phyll Braithwaite gleichfalls von regelmäßigen Tanzveranstaltungen: »There is an orchestra, and we usually dance.«[167] Das Tanzen zu Live-Musik war fester Bestandteil des Clublebens.

2.2.4 Verpflegung und weitere Dienstleistungen

Neben den vielfältigen Vergnügungsmöglichkeiten waren auch die angebotenen Speisen und Getränke ausschlaggebend für die Aufenthaltsdauer in den Clubs.[168] Daher war die kulinarische Versorgung der Gäste wichtig und die Militärregierungen bemühten sich, die Clubleitungen bei der Beschaffung von knappen Gütern zu unterstützen. In amerikanischen *Service* und *Red Cross Clubs* in Berlin führte die Ausweitung des kulinarischen Angebots zu einem rapiden Anstieg der Anzahl der Gäste.[169] Die amerikanischen, britischen und französischen Clubs konnten Waren aus der Heimat günstig anbieten, da sie diese direkt von den Versorgungsketten der Armeen bezogen.[170] Teilweise boten kleine, den Clubs angeschlossene Läden neben den dort ausgeschenkten Getränken und servierten Speisen aus der Heimat importierte Lebensmittel zum Verkauf an. In den Soldatenclubs wurden darüber hinaus weitere Dienstleistungen angeboten. In Schneidereien konnten Angehörige der Besatzungsmächte Kleidungsstücke reparieren lassen, ebenso standen ihnen Pediküre- und Maniküre-Möglichkeiten sowie Friseursalons zur Verfügung.

165 Vgl. Department of the Air Force, Personnel Services. The Air Force Service Club Program, Washington D.C. 1954, S. 42f.

166 Vgl. Air Vice-Marshal B.C. Yarde, Terminkalender, 1948, Private Papers of Air Vice-Marshal B C Yarde, IWM.

167 Vgl. Braithwaite, Phyll, Letter to my Girls, 21.9.1945, Private Papers of Miss Phyll Braithwaite, IWM.

168 Siehe hierzu Kap. 5.2.1.

169 Vgl. Club Snack Bars up GI Appetites, in: Stars and Stripes (German Edition, Pfungstadt), No. 300, 6.2.1946, S. 4.

170 Für die amerikanische Besatzungsmacht war es der *Army and Air Force Exchange Service*, für die britische waren es die *Naafi* und die *Expeditionary Force Institutes*, während die französische Besatzungsmacht die Beschaffungen von Waren über den *Service social* abwickelte.

Die amerikanischen, britischen und französischen Clubs bedienten somit eine breite Palette an Bedürfnissen und Wünschen. Die Militärregierungen wollten sicherstellen, dass sie möglichst viele Angehörige der jeweiligen Besatzungsmacht erreichten. Immerhin lockten auch deutsche Clubs, Bars und Kneipen, und die deutschen Wirtinnen und Wirte freuten sich meist über die ausländische Kundschaft, die über finanzielle Mittel verfügte und gerne aß und trank. Das wurde von den Verantwortlichen durchaus als Problem gesehen. Unmittelbar nach dem Ende des Krieges untersagten die Militärregierungen den Besuch deutscher Lokale vollständig und gestatteten den Zugang zu deutschen Bars und Kneipen später nur unter bestimmten Einschränkungen, wie das nächste Kapitel zeigt. Dennoch besuchten einige Angehörige der Besatzungsmächte diese Orte.

2.3 Zutrittsbeschränkungen zu deutschen Lokalen

Die meisten der in Deutschland stationierten Angehörigen der Besatzungsmächte fanden sich in einer neuen, unbekannten Umgebung wieder. Die Truppen der amerikanischen[171] und britischen Siegermächte waren isoliert von der deutschen Bevölkerung untergebracht und die Militärgelände zumeist von der Öffentlichkeit abgeriegelt.[172] Die Angehörigen der französischen Truppen lebten hingegen oft auch in Häusern und Wohnungen, und dies teils gemeinsam mit den deutschen Bewohnerinnen und Bewohnern.[173] Die Kontaktmöglichkeiten zur lokalen Bevölkerung waren für die amerikanischen und britischen Truppen daher geringer und beschränkten sich mitunter auf Gespräche mit den deutschen Angestellten der Militärregierungen, die in unterschiedlichen Tätigkeitsfeldern der Militärverwaltung oder in Haushalten der Angehörigen der Besatzungsmächte arbeiteten.[174] Viele Truppenangehörige waren jedoch daran interessiert, mit Deutschen in Kontakt zu treten, anstatt auch noch ihre freie Zeit in der Kaserne zu verbringen. Eine Besonderheit der deutschen Lokale war daher aus ihrer Sicht, dass hier alle Personengruppen aufeinandertreffen konnten. Es gab weder eine systematische Trennung nach Ethnizität noch nach Nationalität oder Dienstrángen, wie es in den westalliierten Offiziers- und Soldatenclubs der Fall war.[175] Deutsche Bars und Clubs stellten somit die Möglichkeit einer inkludierenden Kontaktzone dar.

171 Das gesamte amerikanische Hauptquartier auf dem Gelände der ehemaligen I.G. Farben in Frankfurt a.M. war beispielsweise eine *restricted area*, die bis Juni 1948 durch Stacheldraht und Mauern abgegrenzt war. Vgl. Headquarters, European Command, Information and Education Section, Military Installations in Frankfurt a.M., S3/244, ISG FFM.

172 Auch die sowjetischen Truppen waren von der deutschen Bevölkerung abgeschottet. Vgl. Satjukow, Besatzer, S. 35f.

173 Vgl. Glöckner, Ann-Kristin, Shared Spaces. Social Encounters between French and Germans in Occupied Freiburg, 1945–55, in: Erlichman u. Knowles (Hg.), Transforming Occupation in the Western Zones of Germany, S. 191–210, hier S. 202.

174 Vgl. Captain Reginald Colby, Tagebucheinträge Juli und August 1945, Private Papers Captain Reginald Colby, Box 10, IWM.

175 Siehe hierzu Kap. 4.1.

2.3.1 Das Fraternisierungsverbot und die schrittweise Lockerung

Die negativen Erfahrungen des Ersten Weltkrieges und der anschließenden Besatzung des Rheinlandes waren der ausschlaggebende Grund für die bereits zu Kriegszeiten festgelegte *Non-Fraternization*-Politik der amerikanischen Regierung, so der Historiker Johannes Kleinschmidt.[176] Zu enger, sogar freundschaftlicher Kontakt zwischen Angehörigen der Besatzungsmacht und der deutschen Bevölkerung galt als Ursache dafür, dass die Deutschen sich nicht länger als Feinde der Besatzungsmacht verstanden und weniger Respekt vor den Besatzungstruppen hatten. Wurden die Besatzungssoldaten nach dem Ersten Weltkrieg noch bei Deutschen einquartiert, sollten nach dem Ende des Zweiten Weltkrieges jegliche Begegnungen zwischen Siegermächten und Deutschen vermieden und freundschaftlichen Kontakten entgegengewirkt werden.[177]

Am 29. April 1944 verabschiedete der vereinte englisch-amerikanische Generalstab, die *Combined Chiefs of Staff*, die an den Oberbefehlshaber der alliierten Expeditionsstreitkräfte, General Dwight D. Eisenhower, gerichtete *Directive CCS 551 – Directive for Military Government in Germany Prior to Defeat or Surrender.*[178] Fortan standen das Händeschütteln, das Begleiten von Deutschen auf der Straße sowie Diskussionen und Freizeitaktivitäten wie gemeinsamer Sport oder das Tanzen und Trinken mit Deutschen unter Strafe. Eheschließungen und das Zusammenleben in einem Haus waren ebenfalls verboten. Neben dem Schutz der eigenen Soldaten vor dem Einfluss der deutschen Bevölkerung sollte das Fraternisierungsverbot dem erwarteten Widerstand und möglichen Versuchen entgegenwirken, die Besatzungsmächte zu unterwandern. Gleichzeitig war es als Strafe für die Deutschen gedacht.[179] Die Deutschen sollten auf dieser Art und Weise an ihre (Mit-)Schuld an den Verbrechen des Nationalsozialismus erinnert werden.[180] Die amerikanische Militärregierung teilte ihren Truppen diese Anweisung unter anderem in Form einer kleinen Broschüre zur Vorbereitung auf die Besetzung Deutschlands mit, des *Pocket Guide to Germany*[181].

Auch das britische *Foreign Office* verteilte im November 1944 ein etwas umfangreicheres Heft mit dem Titel *Instructions for British Servicemen in Germany*. Darin war neben Verhaltensregeln und Informationen zu Klima und Kultur auch das Fraternisierungsverbot

---

176 *Non-Fraternization* bedeutete: »the avoidance of mingling with Germans upon terms of friendliness, familiarity or intimacy, whether individually or in groups, in official or unofficial dealings. However, non-fraternization does not demand rough, undignified or aggressive conduct, nor the insolent overbearance which has characterized Nazi leadership.« Post-Hostilities Handbook Governing Policy and Procedure for the Military Occupation of Western Germany and Norway Following the Surrender of Germany, FO 1038/14, TNA.

177 Vgl. Kleinschmidt, Johannes, »Do not fraternize«. Die schwierigen Anfänge deutsch-amerikanischer Freundschaft 1944–1949, Trier 1997, S. 16–20.

178 Vgl. ebd., S. 36.

179 Vgl. Goedde, GIs and Germans, S. 80f.

180 Vgl. Kleinschmidt, »Do not fraternize«, S. 69.

181 Vgl. Army Information Branch, Army Service Forces United States Army, Pocket Guide to Germany, unter: https://archive.org/details/PocketGuideToGermany/page/n25/mode/2up?view=theater , letzter Zugriff am 24. März 2021. *Der Pocket Guide* ist 2015 auch in einer deutschen Übersetzung erschienen. Siehe Kellerhoff, Sven Felix (Hg.), Handbuch für amerikanische Soldaten in Deutschland 1944, München 2015, unter: www.vlb.de/GetBlob.aspx?strDisposition=a&strIsbn=9783868837018.

beschrieben.[182] Ein Schreiben an alle Angehörigen der britischen Besatzungsmacht klärte zusätzlich über die Anordnung der *Non-Fraternization* auf und stellte den Zusammenhang zu den Besatzungserfahrungen nach dem Ersten Weltkrieg her:

> »Twenty-seven years ago the Allies occupied Germany; but Germany has been in war ever since. Our Army took no revenge in 1918; it was more than considerate, and before a few weeks had passed many soldiers were adopted into German households. The enemy worked hard at being amiable. They believed that the occupation was due to treachery, and that their army had never been beaten.«[183]

Der damalige Oberbefehlshaber der britischen Streitkräfte, Bernard Montgomery, sah darin den Grund, dass die Deutschen die Niederlage nie anerkannt und stattdessen den nächsten Krieg vorbereitet hätten. Systematisch und erfolgreich hätten sie sich die Sympathie der Besatzungsmächte erschlichen und angenommen, dass die britischen Streitkräfte nicht mehr gegen sie kämpfen würden.[184] Das habe Elend, Not und Millionen Todesopfer gefordert. Montgomery plädierte für Vorsicht im Umgang mit den Deutschen und sprach es den Angehörigen der Besatzungsmacht ab, zwischen »good« und »bad Germans« unterscheiden zu können. Die *Non-Fraternization*-Politik unterstreiche außerdem, dass die Besatzung Deutschlands ein »act of war« sei.[185] Die Gefahr von Geschlechtskrankheiten fand in den ersten Anordnungen und Direktiven zur *Non-Fraternization* hingegen noch keine Erwähnung, obwohl Zahlen der Infizierten kurze Zeit später als Beleg für Fraternisierung galten.

Während einer Konferenz mit dem Titel *Relations with the German population, and living conditions in Germany of Control Commission Staffs* im November 1944 sprachen Verantwortliche der britischen Besatzungsmacht bereits über die schwierige Aufgabe der Durchsetzung und Einhaltung der *Non-Fraternization*. Um den Drang nach Fraternisierung abzuschwächen, sollte größtmögliche Aufmerksamkeit auf Vergnügungs- und Freizeiteinrichtungen wie Restaurants, Cafés, Kantinen und Biergärten sowie auf Offiziers- und Soldatenclubs gelegt werden.[186] Immerhin fiel das Ausgehen oder Trinken mit Deutschen sowie das Betreten von deutschen Bars, Clubs und Restaurants in der amerikanischen und der britischen Besatzungszone unter das Fraternisierungsverbot.[187]

Auch die französische Besatzungsmacht unterstand den Vorschriften des Alliierten Oberkommandos, des *Supreme Headquarters, Allied Expeditionary Force (SHAEF)*, das beim

182 Siehe hierzu die Neuauflage des Originals: The Political Warfare Executive, Instructions for British Servicemen in Germany, University of Oxford 2007, S. 8.

183 Montgomery, Bernard L., Letter by the Commander-in-Chief on Non-Fraternisation, March 1945, Papers of Isabelle Robertson Beddington, NAM.

184 Vgl. ebd.

185 Vgl. ebd.

186 Vgl. Control Commission for Germany (British Element), Deputy Commissioners' Weekly Conference, Relations with the German Population, and Living Conditions in Germany of Control Commission Staffs, 1.11.1944, FO 1012/152, TNA.

187 Vgl. Starr, Fraternization with the Germans in World War II, S. 17.

Einmarsch Soldaten aller Nationen verbot, mit Deutschen zu fraternisieren.[188] Doch der Historiker Rainer Hudemann beschreibt, dass der Oberkommandierende de Lattre de Tassigny im April 1945 umfangreiche und konkrete Anweisungen, wie die der amerikanischen Besatzungsmacht, als »unfranzösisch« ablehnte.[189] Seit Beginn der Besatzung wurden Offiziere und Angehörige der französischen Besatzungsmacht bei Deutschen einquartiert, da zu wenig Wohnraum vorhanden war, um eine Trennung einhalten zu können. Dennoch wurden auch in der französischen Besatzungszone Verbote ausgesprochen, die nichtoffizielle Kontakte betrafen und das Händeschütteln, Besuche, Geschenke und Eheschließungen einschlossen.[190] Die Vorgaben zur Fraternisierung waren jedoch weniger ausführlich als in den britischen und amerikanischen Direktiven.

Bereits im Februar 1945 erreichte den britischen Lieutenant Colonel Pete Trench der *21 Army Group*[191] ein Schreiben von Colonel Kottick der *12. Army Division*, in dem die Frage nach einer einheitlichen Bestrafung der Fraternisierung zur Sprache kam. Das Militär rechnete mit Verstößen innerhalb eines Spektrums zwischen dem Heben der Augenbraue über freundschaftliches Schulterklopfen bis hin zu »maudlin enthusiasm of drunken friendship«[192]. Einem Memorandum aus dem Jahr 1945 zufolge sollte allen Vorfällen der Fraternisierung ungeachtet ihrer Schwere nachgegangen werden. Bei kleineren Vergehen verhängte die Militärregierung finanzielle Strafen, beim ersten Vergehen etwa in Höhe von sieben bis 14 und beim zweiten von 21 bis 28 Tagesgehältern. Bei der dritten Straftat sollte das Militärgericht eingeschaltet werden, egal wie trivial das Vergehen erschien. Zu leichten Verstößen gehörten etwa das Scherzen mit Frauen oder das Händeschütteln. Schwerere Formen der Fraternisierung waren das Trinken und Tanzen mit Deutschen, das Begleiten von Deutschen auf der Straße oder die Teilnahme an deutschen Tanzveranstaltungen.[193]

Stefanie Eisenhuth fasst in ihrer Arbeit über die amerikanische Besatzungsmacht in Berlin überzeugend zusammen, dass es schwer ist, betreffende Kontakte zu quantifizieren – und auch damals Schwierigkeiten bereitete. Gelöst haben die Zeitgenossinnen und Zeitgenossen dies oftmals mit dem Griff zu Zahlen und Statistiken der Geschlechtskrankheiten und ihrer Verbreitung, die als Indikatoren dienten.[194] Zahlreiche Quellen belegen, dass die Besatzungstruppen das Fraternisierungsverbot massenhaft missachteten – nicht ausschließlich, aber häufig durch sexuelle Kontakte.[195] Es fraternisierten

188 Vgl. Hudemann, Rainer, Heimliche Liebe. Französische Soldaten und deutsche Frauen, in: Weiß, Florian u. Cohen, Deborah (Hg.), Es begann mit einem Kuß. Deutsch-alliierte Beziehungen nach 1945 = It started with a kiss = Tout a commencé par un baiser, Berlin 2005, S. 28–37, hier S. 28.

189 Vgl. ebd., S. 31.

190 Vgl. ebd., S. 32.

191 Die *21st Army Group* war ein Großverband unter britischem Oberkommando, der an der Westfront kämpfte. Ab Januar 1944 stand er unter dem Kommando des SHAEF. Später wurde die *21st Army Group* zur *British Army of the Rhine* (BAOR) umgewidmet.

192 Letter from Col Kottick (division 12th army) to Pete Trench, 14.2.1945, FO 1038/29, TNA.

193 Vgl. Graham, M., Memorandum of Punishment for Fraternisation, 30.3.1945, FO 1032/1367, TNA.

194 Vgl. Eisenhuth, Die Schutzmacht, S. 95.

195 Den Zeitgenossinnen und Zeitgenossen waren die Plätze, an denen sich Angehörige der Besatzungsmächte und Deutsche trafen, oft bekannt. Die Militärpolizei versuchte, an diesen Orten dem Beisammensein Einhalt zu gewähren. In Hamburg waren besonders der Park Planten und Blomen sowie der Bereich um die Alster ›gefährdet‹, sodass die Militärregierung hier noch im März 1948

ebenso viele Offiziere wie einfache Soldaten, so Maria Höhn.[196] Die meisten Verstöße lagen bei Kontakten zu deutschen Frauen. So ließ der amerikanische General Lucius D. Clay Ende Juni 1945 verlauten: »The only fraternization that really interests the soldiers is going on with the pretty German girl, who is very much in evidence.«[197]

Der Umgang der Militärregierungen mit Verstößen gegen das Fraternisierungsverbot war wenig konsequent.[198] Johannes Kleinschmidt beschreibt die Strafverfolgung als »willkürlich«, und ihre Durchsetzung sei eine lästige Zusatzaufgabe gewesen, für die kein zusätzliches Personal eingesetzt wurde.[199] Zwar hatte auch das amerikanische Militär festgelegt, dass eine Geldstrafe von zehn Dollar bei einem Gespräch auf offener Straße und bis zu 25 Dollar für den Aufenthalt in einer deutschen Wohnung anzuwenden sei (der monatliche Soldatensold betrug ca. 65 Dollar), aber das Militärgericht hatte nicht die Möglichkeit, allen zur Anzeige gebrachten Fällen nachzugehen. Außerdem hätte eine strikte Verfolgung aller Vergehen aufgrund ihrer großen Anzahl zu massiven Problemen in der Armee geführt.[200]

Im Juni 1945 begann bereits die allmähliche Lockerung des Verbots. Zunächst wurde der freundschaftliche Kontakt zu Kindern und seit Juli das Sprechen mit Deutschen in der Öffentlichkeit erlaubt. Letztlich hoben die amerikanische und die britische Besatzungsmacht das Fraternisierungsverbot bereits zum 1. Oktober 1945 mit zwei Einschränkungen auf: Weder die Eheschließung mit Deutschen noch die Einquartierung von Truppen in von Deutschen bewohnten Häusern war gestattet.[201] Damit waren alltägliche oberflächliche Bekanntschaften erlaubt, langfristige und intime Beziehungen hingegen unerwünscht. Bernard Montgomery begründete die Lockerungen mit dem großen Fortschritt der Entnazifizierung der Deutschen, die sich als gehorsam und kooperativ gezeigt hätten.[202]

Die amerikanische und die britische Besatzungsmacht baten die französische im Zuge der geplanten Aufhebung des Verbots um Zustimmung. Der Chef der zivilen Mili-

---

um Mithilfe der deutschen Polizei und Sozialarbeiterinnen bat. Vgl. Minutes of 2nd Regional Inter-Service Meeting, 19.3.1948, FO 1012/157, TNA; siehe hierzu auch Heineman, What Difference Does a Husband Make?, S. 97.

196 Vgl. Höhn, Maria, »You Can't Pin Sergeant's Stripes on an Archangel«. Soldiering, Sexuality, and U.S. Army Policies in Germany, in: Höhn u. Moon (Hg.), Over There, S. 109–145, hier S. 113.

197 General Lucius D. Clay an John J. McCloy, 29.6.1945, in: Smith, Jean Edward (Hg.), The Papers of General Lucius D. Clay, Germany, 1945–1949, Bloomington 1974, hier S. 42.

198 Bei Razzien ging es oft eher darum, geschlechtskranke deutsche Frauen ausfindig zu machen und zu Untersuchungen zu zwingen. In einem Artikel der *Hamburger Volkszeitung* vom 3.8.1946 mit dem Titel *Jagd auf Frauen* schildert der Reporter, »wie ein junger englischer Soldat, dem seine beiden weiblichen Begleiterinnen abgenommen wurden, sich an der nächsten Ecke vertrauensvoll an die nächste wandte und mit ihr lachend über das Erlebte diskutierend, einem vergnügten Abend entgegensah.« Zit. nach Freund-Widder, Michaela, Frauen unter Kontrolle. Prostitution und ihre staatliche Bekämpfung in Hamburg vom Ende des Kaiserreichs bis zu den Anfängen der Bundesrepublik, Münster 2003, S. 196.

199 Vgl. Kleinschmidt, »Do not fraternize«, S. 49.

200 Vgl. ebd., S. 51–53.

201 Vgl. ebd., S. 122.

202 Vgl. Montgomery, Bernard L., Routine Orders, No. 25. Advance Copy of letter No. 3 by the Commander-in-Chief on Non-Fraternisation, 26.7.1945, FO 1005/1874, TNA.

tärverwaltung, Émile Laffon, erhob keine Einwände. Er betonte jedoch, dass die Einschränkung bezüglich der Einquartierung für die französische Zone nicht durchsetzbar sei und daher auch weiterhin viele Angehörige der französischen Militärregierung bei Deutschen leben würden.[203] Aus diesem Dokument geht ebenfalls hervor, dass es bis zu diesem Zeitpunkt keine übergeordnete Anordnungen der *Non-Fraternization* der französischen Militärregierung gegeben hatte: »Jusqu'à ce jour, le Gouvernement Militaire n'avait édicté aucun règlement spécial de non fraternisation en zone Française.«[204]

2.3.2 Off limits oder in bounds? Zutrittsbestimmungen zu deutschen Bars

Die nahezu vollständige Abschaffung des Fraternisierungsverbotes bedeutete jedoch nicht, dass sich seit dem 1. Oktober 1945 alle Angehörigen der westalliierten Besatzungsmächte überall mit Deutschen aufhalten und interagieren konnten. Während es ihnen zuvor grundsätzlich verboten war, deutsche Bars, Kneipen und Gaststätten aufzusuchen, gingen mit der Aufhebung des Fraternisierungsverbotes Sonderregelungen für den Besuch deutscher Lokale einher. Doch auch schon vor dem 1. Oktober 1945 hatten viele Besatzungssoldaten verbotenerweise solche Orte besucht. Die Militärpolizei war gemeinsam mit der deutschen Polizei dafür zuständig, das Verbot durchzusetzen. Das geschah in Form von Razzien und Durchsuchungen der Lokale. Allerdings hatten viele Soldaten Strategien gefunden, sich den Maßnahmen zu entziehen oder es zumindest zu versuchen, wie Eberhard Schönknecht aus seinen Erinnerungen an die Jugendzeit in Berlin-Schöneberg berichtet. Demnach schlüpften die amerikanischen Soldaten durch Hintertüren oder Toilettenfenster, wenn die Militärpolizei die Bars stürmte.[205]

Joseph Starr fasste in seiner 1947 entstandenen Studie, die er für das amerikanische Hauptquartier anfertigte, zusammen, dass der Besuch von deutschen Biergärten, Bars und anderen Vergnügungsstätten verboten war, solange die Regel der *Non-Fraternization* Gültigkeit besaß. Seit der Aufhebung war es den Angehörigen der amerikanischen Truppen gestattet, an öffentlichen Orten mit Deutschen zu reden und Zeit zu verbringen. Es war hingegen unklar, ob Vergnügungsorte als öffentliche Plätze galten und der Zutritt somit erlaubt war oder nicht. Starr resümierte, dass es keine generelle Regelung hierfür gebe und die einzelnen Standorte demnach selbst entschieden, ob es den Truppen erlaubt war, deutsche Bars aufzusuchen. Ob erlaubt oder verboten, die Angehörigen der amerikanischen Truppen besuchten deutsche Bars und Kneipen: »It is well known that Americans flocked to such places, and in almost every locality there were a few German gathering places of this kind which were known to be much frequented by Americans.«[206]

Dennoch belegte die amerikanische Militärregierung ausgewählte deutsche Lokale mit einem Zutrittsverbot für ihre Truppen, wenn ihre Betreiber etwa mit Prostitution oder Schwarzhandel in Verbindung gebracht wurden. Die Bars wurden in diesem Fall

---

203 Vgl. Général Laffon, Schreiben an Général Kœnig von Général Laffon: Fraternisation, September 1945, ADM 66, CADLC.

204 Ebd.

205 Vgl. Schönknecht, Eberhard, Jugend in der Nachkriegszeit. Berlin 1945–1948, in: Zur Nieden, Susanne u. Schönknecht, Helga und Eberhard (Hg.), Weiterleben nach dem Krieg. Schöneberg/Friedenau, Berlin 1992, S. 112–136, hier S. 122.

206 Starr, Fraternization with the Germans in World War II, S. 125f.

out of bounds oder *off limits* für Amerikanerinnen und Amerikaner erklärt. In der Regel freuten sich die Inhaberinnen und Inhaber der deutschen Lokale, die nicht *out of bounds* erklärt waren, über die ausländischen Gäste. Nicht aber der Inhaber des Bräustüble in Frankfurt a.M. im November 1949. Offensichtlich waren es ihm zu viele amerikanische Soldaten in seiner Kneipe, beantragte er doch, dass sein Lokal *off limits* erklärt werde – etwas, vor dem sich andere Barbetreiberinnen und Barbetreiber fürchteten. Der zuständige Provost-Marshall wunderte sich über die Anfrage und schloss daraus, dass es sich um eine eher ruhige Kneipe handeln musste, in der er die Angehörigen seiner Truppe gerne sehen würde. Er erklärte, dass einzig und allein die Besatzungsmacht eine *off limits*-Bestimmung verfügen könne, wenn sie das Betreten eines Lokals durch ihre Angehörigen als unerwünscht erachte.[207] Auf das Bräustüble traf dies nicht zu, und es blieb folglich für die amerikanischen Truppen geöffnet. Anders war es mit der *off limits*-Bar Café Weiss in der Bremer Wischmannstraße. Dort hielten sich verbotenerweise am 17. April 1949 vier Soldaten auf.[208] Sie wurden ebenso verhaftet wie ein weiterer Besatzungsangehöriger, den die Militärpolizei in einer Kneipe namens Puderdose in der Straße vor dem Steintor in Bremen betrunken und unter Drogen stehend aufgefunden hatte.[209]

Nachdem das Fraternisieren mit Deutschen nicht mehr unter Strafe stand, beschäftigte die Sorge vor dem Fehlverhalten der eigenen Truppen in deutschen Lokalen die amerikanische Besatzungsmacht. Oliver Frederiksen, der 1953 die Geschichte der amerikanischen Besatzung Deutschlands von 1945 bis 1953 im Auftrag des amerikanischen *Headquarters* in Europa aufarbeitete, konstatiert, dass deutsche Kneipen nicht nur Zentren der Fraternisierung, sondern auch Orte waren, an denen der Schwarzmarkt florierte und Fehlverhalten sowie Ausschreitungen der Soldaten keine Seltenheit waren.[210] Polizeiberichte aus Würzburg bestätigten dies auch noch für das Jahr 1954. In und vor der Gaststätte Kirschbaum am Galgenberg kam es immer wieder zu Schlägereien unter den Amerikanern, die in der Kneipe getrunken hatten.[211] Am 8. Oktober desselben Jahres vermeldete die Polizei eine Schlägerei in der Gaststätte Kranenklause zwischen amerikanischen Soldaten und Deutschen, die von der Militärpolizei und der deutschen Polizei geschlichtet werden musste.[212] Bestimmte Lokale für die amerikanischen Truppen *off limits* zu erklären, war ein Versuch, derartige Vorfälle zu vermeiden oder zumindest zu reduzieren. Eine andere Möglichkeit sah die amerikanische Militärregierung darin, armeeeigene *Service* und *American Red Cross Clubs* bereitzustellen.[213]

Für Angehörige der britischen Besatzungsmacht stand bereits mit der Veröffentlichung der *Instructions for British Servicemen* im Jahr 1944 fest, dass der Zutritt zu den

207 Vgl. M.O., Off limits, in: Frankfurter Allgemeine Zeitung, 9.11.1949, S. 9.

208 Vgl. Bremen Military Police, Berichte über Festnahmen von amerikanischen Soldaten, 18.4.1949, OMGBE (US), 6100 2 11, STAB.

209 Vgl. Bremen Military Police, Berichte über Festnahmen von amerikanischen Soldaten, 15.1.1949, OMGBE (US), 6100 2 11, STAB.

210 Vgl. Frederiksen, The American Military Occupation of Germany, S. 132.

211 Vgl. Polizeidirektion Würzburg, Sicherheitsstörungen in der Zeit vom 8.4.-14.4.1954; 7.5.-12.5.1954; 20.10.-27.10.1954, M1A, Nr. 5 (1954), StA WÜ.

212 Vgl. Polizeidirektion Würzburg, Sicherheitsstörungen in der Zeit vom 6.10.-13.10.1954, M1A, Nr. 5 (1954), StA WÜ.

213 Vgl. Frederiksen, The American Military Occupation of Germany, S. 132.

meisten deutschen Bars, Kneipen und anderen Vergnügungsstätten für sie verboten sein würden.[214] Das änderte sich auch nach dem 1. Oktober 1945 nicht.[215] Die britische Militärregierung teilte deutsche Bars in *out of bounds*- und *in bounds*-Lokale ein. Der von Juli 1945 bis 1948 in Berlin stationierte Captain Reginald Colby arbeitete für die *Services Control Branch* der Militärregierung und war für die Kontrolle und den Aufbau des kulturellen Lebens in Deutschland zuständig. Seine Arbeit erforderte den Besuch deutscher Vergnügungsstätten, auch wenn diese für britische Truppenangehörige verboten waren. Colby war im Besitz eines Passes, der ihm Zutritt zu allen deutschen Bars und Kneipen gewährte, von dem er aber nie Gebrauch machen musste, wie er berichtete.[216] Dementsprechend ist fraglich, wie konsequent die Verbote eingehalten und überprüft wurden. Dennoch galten in Hamburg seit April 1946 alle Cafés, Bars, Kinos und andere Vergnügungsstätten, die nicht explizit als *in bounds* gekennzeichnet waren, automatisch *out of bounds*.[217] Die Militärregierung veröffentlichte in einer *General Routine Order* eine Liste mit 92 Bars und Cafés, die die Angehörigen der britischen Besatzungsmacht in der Hansestadt besuchen durften. In den Straßen rund um das Zentrum des Rotlichtmilieus, die Herbertstraße und die damalige Löhe- und Winkelstraße, die heute nicht mehr existieren, standen jeweils am Anfang und Ende der Straße Schilder, auf denen *out of bounds* zu lesen war. Somit war nicht nur das Betreten einzelner Lokale, sondern sogar ganzer Straßenzüge verboten.[218] Der Zusammenhang zwischen der Angst vor Geschlechtskrankheiten und Vergnügungsorten wird hier besonders deutlich. Aber auch die Protokolle der *Venereal Diseases Control Meetings* aus dem Herbst 1947 in Berlin belegen diese Kausalität. Das eingesetzte Komitee entschied zum Beispiel auf der Grundlage von Zahlen und Statistiken über die Verbreitung von Geschlechtskrankheiten im französischen Sektor, dass dort deutsche Bars nicht generell *out of bounds* für Britinnen und Briten sein sollten.[219]

Angehörige der britischen Besatzungsmacht, als Einzelpersonen oder Teile der Truppe, konnten deutsche Bars zum Zwecke privater Veranstaltungen mieten. Die deutsche Inhaberin oder der Inhaber erhielt einige Einladungskarten, um diese an Frauen weiterzugeben, damit genügend Tanzpartnerinnen vor Ort waren. Um Getränke und Speisen kümmerte sich der britische Gastgeber selbst. Allerdings war die Militärregierung mit diesen privaten Veranstaltungen aus verschiedenen Gründen nicht

214 Vgl. The Political Warfare Executive, Instructions for British Servicemen in Germany, S. 39.

215 Im Februar 1947 waren im britischen Sektor Berlins unter anderem die Lokale Barberina-Bar (Kurfürstendamm 62), Bardinett-Bar (Kurfürstendamm Ecke Schlüterstraße), das Sanssouci (Kaiser-Friedrich-Straße 11), das Tanzcafé Schick (Pestalozzistraße 10), das Bellevue Hütte (Kirchstraße 8) und die Schankwirtschaft Sorichter (Westfälische Straße 66) für Angehörige der Besatzungsmacht zugänglich. Vgl. Polizei-Inspektion Charlottenburg, Schreiben an den Polizeisektor-Assistent von der Polizei-Inspektion Charlottenburg, Betrifft: Schließung von Luxusgaststätte im britischen Sektor, 28.2.1947, C Rep. 303–09 Nr. 43, LAB.

216 Vgl. Captain Reginald Colby, Colby's Account of His Career in Berlin, Private Papers Captain Reginald Colby, Box 10, IWM.

217 Vgl. Brigadier W.D.C Greenacre, Routine Orders, 63/46, 16.4.1946, WO 171/8810, TNA.

218 Vgl. ebd.

219 Vgl. Minutes on the Second Venereal Disease Watch Committee Meeting, 13.11.1947, FO 1032/1081, TNA; Minutes on the Third Venereal Disease Watch Committee Meeting, 8.12.1947, FO 1032/1081, TNA.

einverstanden: Erstens konnten Deutsche so von der durch die *Naafi* bereitgestellten Verpflegung profitieren. Zweitens ging die Militärregierung davon aus, dass die Veranstaltungen nicht die ›Typen‹ an Frauen anzogen, mit denen sich Offiziere und Soldaten der Besatzungstruppen aus ihrer Sicht umgeben sollten. Drittens besuchten Männer aller militärischen Ränge diese Feiern und es wurde ein Verlust der militärischen Hierarchie befürchtet, da es sich um »parties being of a clandestine nature« handelte. Viertens dauerten die Veranstaltungen die ganze Nacht, sodass die deutschen Gäste die Sperrstunde nicht einhalten konnten. Fünftens sei die Barbesitzerin oder der Barbesitzer in einer ungünstigen Situation, denn der britische Gastgeber beauftragte sie oder ihn, Frauen als Tanzpartnerinnen zu suchen. Das könne als Anwerben »for an immoral purpose« gewertet werden. Käme es zu einem Konflikt, würde ihre oder seine Erklärung dem Ansehen der Besatzungsmacht schaden. Dennoch verbot die britische Militärregierung die privaten Feiern in deutschen Bars nicht, sondern appellierte lediglich, diese Art der Feiern nicht zu veranstalten.[220] Sie prüfte und bestimmte fortlaufend *in bounds-* und *out of bounds-*Kneipen und andere Vergnügungsstätten. Kam es zu einem Vorfall, belegte sie das Lokal mit einem Zutrittsverbot, das jedoch wieder aufgehoben werden konnte.

Die französische Militärregierung beschloss, dass seit dem 1. Oktober 1945 Regelungen zur *Non-Fraternization* galten, die explizit die Bereiche von Tanz und Vergnügung regulierten. Noch im gleichen Monat erlaubte sie den Zugang zu Cafés, Gaststätten, Restaurants, Kinos, Konzertsälen, Theatern und anderen öffentlichen Orten. Bei diesen Gelegenheiten durften sich die Angehörigen der französischen Besatzungsmacht mit deutschen Männern und Frauen treffen, um gemeinsam Zeit zu verbringen. Dennoch galt die Einschränkung, dass »la fréquentation des cafés et établissements similaires n'est admise que par des isolés ou de petits groupes«[221]. Der Zutritt zu öffentlichen deutschen Tanzveranstaltungen jeglicher Art war dem Militär verboten.[222] Zu privaten Tanzveranstaltungen, die von deutschen Zivilisten in ihrem Zuhause veranstaltet wurden, hatten die Soldaten jedoch Zutritt.[223]

Diese Einschränkungen waren noch immer gültig, als es in der deutschen Kneipe Eckartsberg in Breisach am Rhein in der Silvesternacht 1949/50 zu einer gewalttätigen Auseinandersetzung zwischen einem französischen Soldaten und einem 17-jährigen deutschen Landwirt kam. Unter den etwa 250 Gästen der Tanzveranstaltung waren verbotenerweise auch einige französische Soldaten, die sich nach Aussagen deutscher Zeugen betranken. Einer von ihnen forcierte einen Konflikt, der darin gipfelte, dass er den Landwirt nach einer Schlägerei mit einem geladenen Gewehr bedrohte.[224] In der

---

220 Vgl. Control Commission for Germany, Private Entertainment in in bounds cafés, 30.7.1946, FO 1032/1367, TNA.

221 Le Général d'Armée Kœnig, Général Kœnig: Décision: La conduite à tenir par les Troupes vis-à-vis de la population allemande, concernant les règles de Non Fraternisation, 13.10.1945, ADM 66, CADLC.

222 Vgl. ebd.

223 Vgl. Le Général d'Armée Kœnig, Général Kœnig: Décision: La conduite à tenir par les Troupes vis-à-vis de la population allemande, concernant les règles de Non Fraternisation, 13.12.1945, ADM 66, CADLC.

224 Der Vorfall wurde sowohl von der deutschen als auch von der französischen Polizei aufgenommen, bearbeitet und dem Bataillonskommandeur zugetragen, der sich wiederum mit dem Bürgermeis-

Folge dieses Vorfalls erlaubte der Bataillonskommandeur zwar weiterhin den Besuch von Cafés, aber erinnerte mit Nachdruck an das Besuchsverbot deutscher Tanzveranstaltungen. Darüber hinaus drohte er, jede deutsche Kneipe für die Dauer eines Jahres zu schließen, in der sich französische Soldaten betrinken konnten.[225] Gleichzeitig erinnerte auch der Kommandeur der südlichen französischen Besatzungszone unter anderem anlässlich des genannten Vorfalls an die geltenden Regelungen und Vorschriften:

> »Le nombre d'incidents provoqués à la suite de la présence de militaires en uniforme ou en civil dans des bals allemands s'est accru sensiblement au cours des derniers semaines. [...] il est formellement interdit à tous ressortissants français d'assister à des bals publics allemands. Il appartient aux Commandants d'Armes de faire effectuer une surveillance étroite de l'accès de ces bals. A cet effet ils devront se tenir au courant des bals publics qui doivent avoir lieu dans leur garnison.«[226]

Zwei Jahre später, zu Beginn des Jahres 1952, durften Angehörige der französischen Besatzungsmacht schließlich auch öffentliche deutsche Tanzveranstaltungen besuchen, allerdings nur, wenn sie den Veranstaltungsort alleine oder in kleinen Gruppen aufsuchten.[227] Ein Vertreter der französischen Botschaft betonte, dass sich die Situation in Deutschland und die Position Deutschlands in der Welt gewandelt habe und dass nun eine Veränderung der Beziehungen zwischen dem französischen Militär und der deutschen Bevölkerung anzustreben sei, die von beiden Seiten eine hohe Bereitschaft zur Annäherung erfordere.[228] Die stufenweise Lockerung des Fraternisierungsverbotes bzw. der Einschränkungen und Vorschriften durch die französische Besatzungsmacht ging auch mit dem Bewusstwerden einher, dass eines der Hauptziele der Besatzung – die Demokratisierung der Deutschen – nicht nur auf administrativer, sondern auch auf alltäglicher Ebene im Umgang mit der lokalen Bevölkerung erfolgen müsse. Aus diesem Grund seien auch die Haltung und das Benehmen der Besatzungsmacht wichtig. Ein Beispiel hierfür sind die General Laffon zugetragenen Beschwerden über das Verhalten französischer Besatzungssoldaten. Die Einstellung der Truppen sei von einem »esprit colonialiste ou même raciste« geprägt: »Pour trop de Français et de Françaises, les Allemands sont des esclaves qui n'ont même pas droit à la plus élémentaire politesse.«[229] Um

---

ter der Stadt Breisach austauschte. Siehe Le Chef de Bataillon Anglard, Schreiben an den Bürgermeister der Stadt Breisach, 3.1.1950, 1BAD146, CADLC; Polizei Breisach, Dispute violente lors d'un bal dans le restaurant Eckartsberg à Brisach le 1.1.1950 entre un soldat française et un cultivateur, 3.1.1950, 1BAD146, CADLC.

225 Vgl. Le Chef de Bataillon Anglard, Schreiben an den Bürgermeister der Stadt Breisach, 3.1.1950, 1BAD146, CADLC.

226 Commandement Militaire de la Zone d'Occupation Sud, Note de Service: Présence des militaires dans les bals allemands, 11.2.1950, 1BAD146, CADLC.

227 Vgl. Le Général de Corps d'Armée R. Noiret, Note de Service, Objet: Relations entre les militaires français et la population allemande, 9.1.1952, 1BAD146, CADLC.

228 Vgl. Rivain, der französische Botschafter, Schreiben an die Beauftragten der Länder: Rheinland-Pfalz, Württemberg-Hohenzollern, Baden und Hessen, Objet: Relations entre les militaires français et la population allemande, 9.1.1952, 1BAD146, CADLC.

229 Général Laffon, Note 001124/CAB/C de Général Laffon: Atténuation aux règles de la non-fraternisation, 1.2.1947, ADM 66, CADLC.

das Verhältnis zwischen den beiden Nationen zu verbessern, mussten auch die Regeln des gegenseitigen Umgangs den aktuellen Situationen angepasst werden.

Die Entwicklungen der Fraternisierungsverbote und -vorschriften passten sich in den Wandel des Ansehens Deutschlands vom Ende des Krieges bis in die 1950er Jahre ein. Die Westalliierten erkannten, dass das (west-)deutsche Volk zu einem Verbündeten gegen den gemeinsamen Feind im Kalten Krieg werden musste. Sie hatten daher kein Interesse daran, die westlichen Besatzungszonen und nach ihrer Gründung die Bundesrepublik zu isolieren oder gar – so eine Befürchtung der französischen Militärregierung – durch törichtes Handeln ihrerseits oder »des mesures maladroites«[230] an die Gruppe der sowjetischen Satellitenstaaten zu verlieren. Diese Sorge war spätestens mit dem Beitritt der Bundesrepublik Deutschland zur *NATO* am 9. Mai 1955 obsolet geworden.

2.3.3 Die Attraktivität deutscher Bars und Kneipen

Trotz der umfangreichen Unterhaltungsprogramme in den Offiziers- und Soldatenclubs wollten viele Angehörige der Besatzungsmächte in deutsche Bars gehen, obwohl dort Getränke und Speisen teuer, die Auswahl zudem stark eingeschränkt war. In vielen Lokalen konnten die Gäste sogar nur wenig attraktive Ersatzprodukte konsumieren. Dennoch zogen die Bars Angehörige der Besatzungsmächte an.[231] Der Brite Colby beschrieb einen Spaziergang durch das zerstörte Berlin:

> »In the pitch black streets of the Kurfürstendamm you saw a shaft of light gleaming in the darkness as a door opened, and for a moment you would hear blaring of a saxophone or the ripple of music; a Berlin bar! It was a wonderful surprise to come across this light and music in the all pervading gloom and depression. Inside the dancers were crowded together on a very small floor ... or sitting at small tables sipping bright green ›chartreuse‹ or amber coloured ›cognac‹. The drinks were far too bright to be real, I tried the cognac once but never again [Herv.i.O.].«[232]

Seinen Beschreibungen lässt sich eine Faszination für das Berliner Nachtleben entnehmen, das wohl von vielen Angehörigen der Besatzungstruppen mit dem Berlin vor der Zeit des Nationalsozialismus assoziiert wurde: das Berlin der 1920er und der frühen 1930er Jahre mit all seinen Tanzpalästen und Vergnügungsstätten.[233] Der Reiz des Fremden und der Drang nach neuen Erlebnissen, Lebensfreude und Vergnügung nach den Kriegserfahrungen machten deutsche Bars zu attraktiven Orten.[234] Im Ver-

---

230 Relation amicales Germano-américaines, 25.8.1950, GR 3 U 33, SHD.

231 Dies mag nicht auf alle in Deutschland stationierten Truppenangehörigen zutreffen. Aber es traf in so einem großen Umfang zu, dass es von den Militärregierungen thematisiert wurde und Versuche der Regulierung stattfanden.

232 Captain Reginald Colby, Colby's Account of His Career in Berlin, Private Papers Captain Reginald Colby, Box 10, IWM.

233 Siehe Wolffram, Knud, Tanzdielen und Vergnügungspaläste. Berliner Nachtleben in den dreißiger und vierziger Jahren: von der Friedrichstraße bis Berlin W, vom Moka Efti bis zum Delphi, Berlin 2001.

234 Siehe hierzu auch den Aufsatz von Daniel Cowling, der anhand zweier Nachlässe britischer Frauen, die bei der britischen Besatzungsmacht angestellt waren, die subjektiven Besatzungserfahrungen

gleich zu den Offiziers- und Soldatenclubs herrschte dort eine anonyme Atmosphäre. In deutschen Bars konnten auch Kontakte zur deutschen Bevölkerung, insbesondere zu deutschen Frauen, hergestellt werden. Gemeinsames Ausgehen, Tanzen und Trinken war dort möglich, während dies in den Soldatenclubs zunächst gänzlich verboten und später nur unter bestimmten Voraussetzungen erlaubt war.[235] Auch für den in Hamburg stationierten britischen Soldat Adrian Tennant Cooper waren es die deutschen Frauen, die einheimische Bars so attraktiv machten:

> »If one wanted a change from the *NAAFI* beer there was ›Der Fatherland‹ beer hall [in Hamburg] with its listless fruit cider and a cabaret, of sorts. A man and women in worn evening dress entertained with sentimental German songs which none of the troops understood. The real attraction was the opportunity to fraternize with young German women who were not allowed at the *NAAFI*. Many of them spoke passable English, albeit their conversation centered around cigarettes, coffee and nylon [Herv.i.O.].«[236]

In Abgrenzung zu den von den Militärregierungen geschaffenen Vergnügungsorten ermöglichten deutsche Lokale eine freie, ungeplante und anonyme Form des Vergnügens. Aus Sicht der Militärregierungen entstanden so jedoch Probleme wie Schwarzmarkt, Prostitution, ungewollte Fraternisierung, Glücksspiel, Tauschhandel und Schlägereien.

Im Monatsbericht Dezember 1945 des *American Red Cross Club Roosevelt* in der Hauptstraße 122 in Berlin-Schöneberg beschrieb die Direktorin die Herausforderung, die deutsche Bars für das *Roosevelt* bedeuteten: »We are literally surrounded by the Night Clubs and it is most difficult to find programs that have the appeal that drinks and frauleins [sic!] have, however, the floor shows seems to be the best answer so far.«[237] Die Offiziers- und Soldatenclubs mussten also ein attraktives Angebot bieten, um die Angehörigen der Besatzungsmächte als Gäste gewinnen zu können. Berlin war als Großstadt mit einer Vielzahl an Vergnügungsstätten ein besonderes Beispiel.[238] Dennoch beschreibt Maria Höhn in ihrer Studie auch für kleine Städte eine rasche Zunahme an deutschen Kneipen, die von amerikanischen Truppen besucht wurden. Im kleinen Baumholder im Landkreis Birkenfeld in Rheinland-Pfalz, in dem 2500 Deutsche lebten, entstanden in den 1950er Jahren acht neue deutsche Kneipen, deren Kundschaft hauptsächlich amerikanisch war. Einer der größten Truppenübungsplätze Deutschlands lag

---

untersucht. In einem Teil des Aufsatzes beschäftigt er sich mit der Besatzungserfahrung als Reiseerfahrung, die von der Neugierde auf das Unbekannte bestimmt wurde. Vgl. Cowling, Daniel, »Gosh…I think I'm in a Dream!« Subjective Experiences and Daily Life in the British Zone, in: Erlichman u. Knowles (Hg.), Transforming Occupation in the Western Zones of Germany, S. 211–229, hier S. 218–222.

235 Siehe hierzu Kap. 4.2.

236 Cooper, Adrian Tennant, Autobiografische Erinnerungen, 2003–02-331, NAM.

237 Narrative Report December 1945, RG 200, National Archives Gift Collection, Records of the American National Red Cross, 1935–1946, Box 1531, Folder: Roosevelt Club Berlin, NACP.

238 Die Berliner Nachtclubkultur bot eine Vielzahl verschiedener Unterhaltungsmöglichkeiten, die sich mitunter eklatant von den Vergnügungsmöglichkeiten in den Offiziers- und Soldatenclubs unterschieden. Das bekannte Eldorado in der Lutherstraße 28 im Berliner Bezirk Schöneberg lockte beispielsweise ab September 1947 mit Transvestiten-Revuen. Auch die bereits vor dem Krieg im Jahr 1929 eröffnete Femina-Bar in der Nürnbergerstraße 50–52 eröffnete nach Kriegsende wieder und war großer Anziehungspunkt für Angehörige aller vier Besatzungsmächte in Berlin. Die

unmittelbar in der Umgebung und 1950 waren 30.000 Amerikaner in Baumholder stationiert, nachdem die amerikanische die französische Besatzungsmacht in der Region abgelöst hatte.[239]

Im französisch besetzen Baden-Baden war das Café Goldenes Kreuz eine Institution, die in der Bevölkerung als Zentrum der Schwarzhändler aller Nationalitäten und der Prostitution bekannt war. Es war eines der ersten *cafés-mixtes*, in dem sich Deutsche sowie Französinnen und Franzosen treffen konnten. Kontakte zu Prostituierten ließen sich hier problemlos über den Inhaber oder die Kellner herstellen. Nachdem der Sicherheitsbeauftragte Baden-Badens diese Informationen an den Delegierten der Militärregierung weitergegeben hatte, entzog dieser der Bar zum 1. März 1949 die Berechtigung, Französinnen und Franzosen zu bedienen. Fortan war das Goldene Kreuz nur noch für Deutsche zugänglich und stand unter der Kontrolle der deutschen Polizei.[240] Jegliches Fehlverhalten der Besatzungstruppen schädigte, so fürchteten die Militärregierungen, die Disziplin der Besatzungsarmee und sollte vermieden werden.

Bei einer Konferenz der amerikanischen *Service-Club*-Direktorinnen im Juli 1950 war die Konkurrenz zwischen Clubs und deutschen Lokalen noch immer Thema. Colonel M.W. Daniel nutzte die Gelegenheit, um die Bedeutung der Arbeit der Direktorinnen hervorzuheben:

> »You have competition and that makes it hard. Competition of liquor joints, fraeuleins [sic!] and other such interests. Your job is important because you can do so much to keep these enlisted men thinking along the proper lines and nice lines of thoughts, keep them along the straight, correct path. [...] Keep them out of trouble.«[241]

Die Clubs hatten demnach eine bestimmte Aufgabe, diese war aber durch die zunehmende Konkurrenz mit deutschen Bars und Lokalen bestimmt. Denn obgleich die Militärregierungen nicht wollten, dass Truppenangehörige in deutschen Bars verkehrten, war ein generelles Zutrittsverbot nach der Aufhebung des Fraternisierungsverbots erstens nicht durchsetzbar und zweitens entsprach es – insbesondere im fortschreitenden Verlauf der Besatzung – nicht mehr der Besatzungspolitik der Westalliierten. Einschneidende Ereignisse wie die Berliner Luftbrücke, die Gründung der Bundesrepublik Deutschland und der DDR sowie die Aufhebung des Besatzungsstatuts und der Beitritt der Bundesrepublik zur *NATO* veränderten die politische Beziehung hin zu einer Partnerschaft im Kampf gegen den gemeinsamen kommunistischen Feind im Kalten Krieg.

---

britische Militärregierung beschloss im Juli 1945, die Bar für *out of bounds* zu erklären und die britische Militärpolizei führte regelmäßige Razzien durch. Allerdings hob die Militärregierung dies bereits zum 27. September 1945 wieder auf, fortan war die Bar *in bounds*. Vgl. Notorious Night Club in Berlin out of Bounds to British Soldiers, in: Stars and Stripes (German Edition, Pfungstadt), No. 102, 15.7.1945, S. 8; British Army of the Rhine (BAOR), British Troops Berlin Routine Order, No. 71, 28.9.1945, BAOR Collection, Box 22, IWM.

239 Vgl. Höhn, »You Can't Pin Sergeant's Stripes on an Archangel«, in: Höhn u. Moon (Hg.), Over There, S. 126; Höhn, GIs and Fräuleins, S. 6.

240 Vgl. Le Commissaire de Sûreté Chef du District de Baden-Baden, Objet: A/s du café-restaurant Goldenes Kreuz, 9.2.1949, 2BAD305, CADLC.

241 Headquarters, European Command, Office of the Chief of Special Service, Minutes Conference July 1950, 26.-31.7.1950, Reba K. Taylor Papers, USAHEC.

Diese auf politischer Ebene gewünschten positiven und partnerschaftlichen Beziehungen sollten sich konsequenterweise auch auf die alltäglichen Begegnungen zwischen den Angehörigen der Besatzungstruppen und der deutschen Bevölkerung übertragen.

2.4 Zwischenfazit

Die Offiziers- und Soldatenclubs gehörten seit dem Ersten Weltkrieg zum Freizeitprogramm für Truppenangehörige. Die vielfältige Unterhaltung in den Clubs nach dem Zweiten Weltkrieg diente der Aufrechterhaltung der Disziplin, indem sie einem Mangel an Beschäftigungsmöglichkeiten und damit einhergehender Langweile entgegenwirkte. Die Clubs und ihre Angebote sollten die Angehörigen der Besatzungstruppen von den Straßen und aus deutschen Lokalen fernhalten, um so ungewünschte Kontakte mit der deutschen Bevölkerung zu verringern. Insbesondere nach der Aufhebung des Fraternisierungsverbotes im Oktober 1945 gelang das immer seltener, sodass die amerikanische und die britische Militärregierung weitere Regulierungs- und Kontrollmechanismen wie das Klassifizieren in *off limits*- oder *in bounds*-Bars erprobten. Die französische Militärregierung gestattete ihren Truppen erst 1952, in kleinen Gruppen oder als Einzelperson an deutschen Tanzveranstaltungen teilzunehmen.

Da deutsche Lokale für einige Besatzungsangehörige anziehende Vergnügungsorte waren, versuchten die amerikanischen, britischen und französischen Clubs, durch umfangreiche und abwechslungsreiche Freizeitprogramme besonders attraktiv zu sein, um die Gäste an die von den Militärregierungen kontrollierten Orte zu binden. Die angestrebte flächendeckende Verfügbarkeit der Clubs war allen Verantwortlichen ein großes Anliegen, sodass sich überall dort Clubs befanden, wo größere Truppenverbände stationiert waren. Alle drei westalliierten Mächte machten vom Recht der Beschlagnahmung als Siegernation gemäß der Haager Landkriegsordnung Gebrauch und richteten insbesondere die Offiziersclubs in luxuriösen Gebäuden ein.

Die Militärregierungen wollten mit Hilfe der Clubs eine neue Normalität im Ausnahmezustand der Besatzung herstellen. Die Clubs waren ein Mittel, neue und von den Militärregierungen gewünschte Praktiken einzuführen, um den Bruch des Alltags zu überwinden und neue Routinen zu schaffen. Die Militärregierungen versprachen sich von den Vergnügungsprogrammen und den vielfältigen Angeboten in den Clubs, dass Probleme wie übermäßiger Alkoholkonsum und Schlägereien innerhalb der eigenen Truppen zurückgingen. Die in den Clubs erzeugten Praktiken und die Interaktionen der Anwesenden prägten den Cluballtag maßgeblich. Daher stehen in den folgenden Kapiteln sowohl die Akteurinnen und Akteure als auch die Praktiken im Fokus.

3. Reden und zuhören, servieren und musizieren

Die Angestellten

In den Clubs der amerikanischen, britischen und französischen Besatzungsmacht arbeitete eine große Anzahl an Personal, um die Gäste willkommen zu heißen und unterschiedliche Freizeitaktivitäten anzubieten. Möglichst viele Angestellte sollten der jeweiligen Nation der Alliierten angehören. Gemeinnützige Organisationen, wie das *American Red Cross* oder die britische *Salvation Army*, aber auch die Armee selbst entsandten Freiwillige ins besetzte Deutschland, um in den Clubs unterschiedliche Aufgaben zu übernehmen. Es waren junge, gebildete und ungebundene Frauen. Über sie ist wenig bekannt und die Forschung hat sich bislang nur vereinzelt mit ihnen und ihrer Bedeutung während des Krieges und der Besatzung beschäftigt.[1] Harry Miller schreibt in seiner Chronik der *Naafi*, dass während des Zweiten Weltkrieges rund 60.000 Frauen bei dieser beschäftigt waren.[2] Diesen Frauen und ihrer gemeinsamen Aufgabe, für das Wohlbefinden der Offiziere und Soldaten zu sorgen, sei außerhalb der Organisation selbst nie ausreichend Aufmerksamkeit zuteilgeworden.[3] »They peeled potatoes and scrubbed floors, cooked meals for hungry hordes at a moment's notice, served millions of cigarettes, kept their nerve and sense of humor under hardship and bombardment.«[4] Auch nach Kriegsende versorgten die britischen Frauen die Besatzungsangehörigen mit Speisen und Unterhaltung und boten ihnen die Möglichkeit, sich mit weiblicher Gesellschaft aus ihrem Heimatland zu umgeben. Der Chronist Nathan Morley konstatiert, dass *Naafi girls* die

1 Vereinzelt liegen Studien zu amerikanischen Frauen vor, die während des Zweiten Weltkrieges für das amerikanische Rote Kreuz arbeiteten. Siehe hierzu Madison, James H., Slinging Doughnuts for the Boys. An American Woman in World War II, Bloomington 2007; Petesch, Angela, War through the Hole of a Donut, Madison (Wisconsin) 2006; Airy, Helen, Doughnut Dollies. American Red Cross Girls during World War II, Santa Fe 1995.

2 Vgl. Miller, Service to the Services, S. 50.

3 Nicht alle diese Frauen arbeiteten in Clubs. Einige waren beispielsweise auch in Buchhandlungen für die britischen Truppen beschäftigt. Siehe Interview mit E.H., 5.12.1994, Bestand: Ausstellung *Worüber kaum gesprochen wurde*, ACW.

4 Miller, Service to the Services, S. 50.

meistgefragten Frauen gewesen seien und die britischen Soldaten sie überschwänglich empfangen hätten.[5]

Gezielter als die britische nutzte die amerikanische Besatzungsmacht Amerikanerinnen, um die Soldaten an ihre Heimat zu binden. Mit ihnen versuchte sie vertraute Elemente in die Kriegs- und Besatzungsgebiete zu bringen. Die Frauen, die für das *American Red Cross* oder für die Armee als *Service Club Hostesses*[6] arbeiteten, waren weitaus mehr als nur Arbeitskräfte, die einen Club betrieben. Sie repräsentierten das zivile Leben im militärischen Alltag und machten die Clubs zu einem Grenzraum zwischen diesen beiden Welten. Die zeitgenössischen Vorstellungen von Geschlechterbeziehungen und dem Verhältnis von Frauen und Arbeit prägten maßgeblich ihre Aufgaben sowie die Art und Weise, wie sie diese ausführten. Das Konzept der *Emotional Labor* richtet den Blick nicht nur auf die praktischen Aufgaben, sondern auch auf die zwischenmenschlichen beruflichen Beziehungen und die damit verbundenen Schwierigkeiten.

Die amerikanische Regierung setzte die Frauen, die entweder als Clubleiterinnen oder als Hostessen in den Clubs arbeiteten, gezielt ein, um das Verhalten der Soldaten zu regulieren. Während in der französischen Besatzungszone der männliche *Chef de Service social* zugleich Direktor der *foyers de garnison* war[7] und Offiziere die Leitung der kleineren *foyers de corps* übernahmen[8], verfügte jeder amerikanische Club im besetzten Deutschland über weibliches Führungspersonal, an dessen Spitze eine Direktorin stand. Auch die britischen Clubs wurden von Frauen geführt. Den *Malcolm Club* in Blankensee bei Lübeck, der im Juni 1945 eröffnet wurde, leitete beispielsweise die verwitwete Nadja Read; drei Frauen namens Barbara Steel, Diana Roberts und Doreen Douglas unterstützten sie dabei.[9] Die Frauen befanden sich in einer ambivalenten Position. Viele von ihnen changierten zwischen dem Drang nach Eigenständigkeit, Unabhängigkeit und Selbstbestimmung einerseits und der notwendigen Anpassung an die Anforderungen als Mitarbeiterin eines Soldatenclubs andererseits. Als Letztere war es ihre Aufgabe, für die Unterhaltung und das Wohlbefinden der männlichen Truppenangehörigen zu sorgen und damit ein traditionelles Bild der Frau als Fürsorgerin zu verkörpern (Kapitel 3.1).

Obgleich die drei Westmächte versuchten, möglichst viele Angehörige der jeweils eigenen Nation einzustellen, konnte der Bedarf an Arbeitskräften allein durch sie nicht gedeckt werden. Sowohl die amerikanischen als auch die britischen und französischen Clubleitungen griffen auf deutsche Arbeitskräfte zurück, die diverse Tätigkeiten für die Besatzungsmächte ausübten. Deutsche Serviererinnen, Küchenhilfen oder Hausmeister

---

5 Vgl. Morley, The Naafi Story, S. 184.

6 Zeitgenössisch wurden die Frauen *American Red Cross Hostesses*, *American Red Cross Girls* oder *Special Service Hostesses* genannt. In diesem Buch wird aufgrund der Lesefreundlichkeit vorwiegend der deutsche Begriff »Hostessen« genutzt.

7 Zum Beispiel der Direktor des *Service social* Lieutenant-Colonel Bobo, der ebenfalls Direktor des *foyer de garnison* in Hornberg war. Vgl. Le contrôleur Général de 2e Classe de l'administration de l'Armée Limayrac, Rapport particulier No 3 sur le Service social des troupes d'occupation en Allemagne, 11.5.1948, S. 5, GR 9 R 389, SHD.

8 Vgl. Instruction provisoire sur l'organisation et le fonctionnement du Service social dans les Grandes Unités, Ministre de la Guerre, August/September 1945, GR 7 P 72, SHD.

9 Vgl. Gledhill, Ray, Story of the Malcolm Club, in: Tale Spin. The Magazine of RAF Station Lübeck, No. 5, December 1945, S. 16–17, hier S. 16.

waren ebenso wie Unterhaltungskünstlerinnen und -künstler oder Musikerinnen und Musiker notwendig, um die Clubs zu attraktiven Freizeitorten zu machen. Besonders interessant ist hierbei, zu welchen Tauschhandlungen zwischen Deutschen und Angehörigen der Besatzungsmächte es kam und wie sich die Handlungsmacht dadurch zwischen den beiden ungleichen Gruppen verteilte. Ebenso stellt sich die Frage nach den Motivationen, diese Tauschgeschäfte einzugehen. So ließ der Aushandlungsprozess die politisch hergestellte Hierarchie zwischen Besetzenden und Besetzten zumindest teilweise verschwimmen (Kapitel 3.2).

Sowohl die Mitarbeiterinnen der Clubs als auch Frauen, die für einzelne Tanzveranstaltungen ausgewählt und eingeladen wurden, um als Tanzpartnerinnen für Offiziere und Soldaten zu fungieren, nahmen an Tauschprozessen in den Clubs teil. Während das Tanzen mit den Gästen für die Angestellten der Clubs zu ihrer Arbeit gehörte, boten andere alliierte Frauen, Frauen aus nahe gelegenen *DP-Camps* oder auch ausgewählte Gruppen deutscher Frauen ihre Gesellschaft an. Sie erhielten im Gegenzug Einlass in die Clubs und die Möglichkeit, an Tanzveranstaltungen teilzunehmen, bei denen sie soziale Kontakte knüpfen konnten. Die Angestellten der Clubs waren auf solche zusätzlichen Tanzpartnerinnen angewiesen, konnten sie doch alleine die Anforderung nicht erfüllen, jedem Mann die Möglichkeit zu geben, mit einer Frau zu tanzen (Kapitel 3.3).

3.1 Die Club-Direktion und Hostessen des amerikanischen Roten Kreuzes und der *Special Service Division*

Ein Zuhause in der Fremde – »A home away from home« – zu schaffen, das war die Aufgabe des amerikanischen Clubpersonals. Die Leitung und die Angestellten sollten einen Raum kreieren, in dem sich die Besatzungssoldaten so vertraut wie möglich fühlen und Ablenkung in möglichst ziviler Umgebung finden konnten. Diese komplexe Aufgabe übernahmen vorrangig Frauen. Die Anforderungen an sie variierten stark, denn auch die Zusammensetzung der Besatzungstruppen veränderte sich stetig. Waren es unmittelbar nach dem Krieg Männer, die selbst noch gekämpft hatten und nun auf ihre Demobilisierung warteten, so kamen einige Zeit später Besatzungssoldaten nach Deutschland, deren Dienst im Ausland gerade erst begonnen hatte. Das beeinflusste die Bedürfnisse an Unterhaltung und die Anforderungen an das Clubpersonal, das flexibel bleiben musste, um die Wünsche Einzelner erfüllen zu können. »The Red Cross means of meeting the social needs of GIs [...] are destined to play a greater part in GI life than ever before«[10], schrieb das armeeeigene Monatsmagazin *Overseas Women* im Juli 1945 in einem Bericht über die steigende Anzahl der Frauen, die für das Rote Kreuz in Deutschland arbeiteten. Denn während für viele Soldaten nach Kriegsende die Heimreise anstand, begann ihre Tätigkeit im Ausland erst: »Theirs is the task of providing increased recreational facilities for occupation soldiers in Germany, no longer under the strain of combat and with more leisure time on their hands.«[11]

10 O.A., Red Cross – More Arrivals from USA, in: Overseas Women, July 1945, S. 28–29, hier S. 28.

11 Ebd.

Das amerikanische Rote Kreuz plante, Frauen und Männer für verschiedene Positionen einzustellen: eine Clubdirektorin oder einen Clubdirektor, eine Stellvertretung der Direktion, eine Programmdirektorin oder einen Programmdirektor sowie *staff assistants*, die den größten Teil des Personals ausmachten. Im Juli 1944 hieß es in einem internen Dokument des amerikanischen Roten Kreuzes, das die grundsätzlichen Anforderungen und Qualifikationen des Clubpersonals festschrieb, dass so viele Frauen wie möglich für die Positionen gefunden werden sollten. Die Direktion der Clubs sollte hingegen ausschließlich von Männern besetzt werden.[12] Diese Regelung erwies sich wenige Monate später als nicht mehr umsetzbar, da es an Bewerbern mangelte. Daher übernahmen Frauen fortan auch die leitende Funktion. Alle Angestellten mussten in guter körperlicher Verfassung sein und auch unter unkomfortablen Bedingungen arbeiten und leben können. »Adaptability, enthusiasm, dignity, racial and religious tolerance, and an ability to win the liking and respect of Service men«[13] sollten sie mitbringen. Weitaus wichtiger als die Berufserfahrungen der Frauen, die zeitgenössisch als *American Red Cross Girls* bezeichnet wurden, waren »general intelligence, readiness, initiative, personal charm, good health and self-dependence«[14]. Für die Soldaten war, wie ein GI es in einer Umfrage beschrieb, besonders eines wichtig: »There doesn't seem to be any particular qualification necessary except a damn sound head and heart.«[15]

Bewerberinnen, die für das amerikanische Rote Kreuz oder die *Special Services* nach Deutschland gehen wollten, mussten ihre Fähigkeiten in einem Bewerbungsverfahren unter Beweis stellen und anschließend ein mehrwöchiges Training absolvieren. Wie dieses Training sie auf ihre Arbeit in den Offiziers- und Soldatenclubs vorbereitete, war eng mit Geschlechtervorstellungen der damaligen Zeit verknüpft. Die Erwartungen und Erfahrungen dieser Frauen mögen variiert haben, dennoch lassen sich zahlreiche Gemeinsamkeiten ihres Alltags aufzeigen, die im Folgenden genauer erläutert werden.

3.1.1 Clubleiterinnen: Frauen in neuen Führungsrollen

Bei der jährlichen *Service Club Director's Conference* im März 1950 betonte General Roy V. Rickards, damaliger Leiter der *Special Services*, die große Bedeutung der Direktorinnen für das Militär. Niemand sonst sei in der Lage, die Soldaten zu beeinflussen und ihnen bei ihrer persönlichen Entwicklung zu helfen. Die Direktorinnen der Clubs hätten neben dem Kommandanten den engsten Kontakt zu den Soldaten, und wenn es gelinge, auch nur einen zu unterstützen, wäre das gute Arbeit und das Ziel der Clubs. Dass die Direktorinnen ausschließlich positiven Einfluss auf die Soldaten nahmen, war für Rickards

12 Vgl. Basic Staff Requirements and Qualifications, July 1944, RG 200, National Archives Gift Collection, Records of the American National Red Cross, 1935–1946, Box 592, Folder: 300.1. Club Personnel, NACP.

13 Ebd.

14 Ebd.

15 The Recreational Training Staff, Suggestions Regarding Selection of Personnel for Club and Recreation Positions, 15.6.1944, RG 200, National Archives Gift Collection, Records of the American National Red Cross, 1935–1946, Box 592, Folder: 300.1. Club Personnel, NACP.

selbstverständlich: »You will never know exactly how many men you have influenced and put on the right road.«[16]

Während das amerikanische Rote Kreuz noch im Juli 1944 vorschrieb, nur Männer als Clubdirektoren einzustellen, teilte Prue M. Baxter, eine Assistentin der Personalabteilung, James T. Nicholson, dem stellvertretenden Leiter des *Junior Red Cross* und der Abteilung *Personnel Relations*, Anfang November 1944 mit, dass es zunehmend schwieriger werde, Männer für diese Position zu finden. Es sollten mehr Frauen als stellvertretende Direktorinnen eingestellt und Frauen, die sich bereits erfolgreich auf der Position *assistant director* befanden, befördert werden.[17] Der Mangel an männlichen Kandidaten setzte sich fort, sodass die vom amerikanischen Roten Kreuz betriebenen Soldatenclubs im besetzten Deutschland seit Beginn der Besatzung ausschließlich von Frauen geleitet wurden.[18] Obgleich die Verantwortung der *Service Clubs* der Armee offiziell einem Offizier unterlag, wurden auch sie von *Special Service* Hostessen betrieben. Die Berichte der jährlichen Konferenzen zeigen, dass auch hier die Position der Clubdirektion spätestens seit 1950 ausschließlich mit Frauen besetzt war.

Die kriegsbedingte demografische Entwicklung ermöglichte den amerikanischen Frauen einen beruflichen Aufstieg, was wiederum ihr weibliches Selbstverständnis und Selbstbewusstsein beeinflusste.[19] Die amerikanische Historikerin Kathleen McCarthy argumentiert in einem Aufsatz, dass viele Frauen im Freiwilligendienst aktiv waren, um parallele Machtstrukturen aufzubauen und so einen politischen Wandel anzustoßen.[20] Auch die Historikerin Julia A. Ramesy widmet sich dieser Art der Arbeit in ihrer Studie zu weiblichen Angestellten des amerikanischen Roten Kreuzes, die während des Zweiten Weltkrieges die sogenannten *clubmobiles* betrieben und amerikanische Soldaten an der Front in umgebauten LKWs mit Kaffee und Doughnuts versorgten. Sie greift McCarthys These auf und konstatiert, dass die Frauen diese Möglichkeit der Beschäftigung nutzten,

16 Headquarters, European Command, Office of the Chief of Special Service, Minutes Conference March 1950, 6.-8.3.1950, S. 2, Reba K. Taylor Papers, USAHEC.

17 Vgl. Assistant Director Employment (Baxter, Prue M.), Schreiben an Mr. James T. Nicholson, Vice Chairmen in charge of Junior Red Cross and Personnel Relations, 10.11.1944, RG 200, National Archives Gift Collection, Records of the American National Red Cross, 1935–1946, Box 600, NACP. Bereits im Juni 1943 sprach sich der stellvertretende Vorsitzende Richard F. Allen dafür aus, statt unqualifizierter Männer qualifizierte Frauen für den Posten der Direktion einzusetzen. Vgl. Allen, Richard F., Schreiben von Mr. Allen an Mr. Wesselius und Dinsmore, 29.6.1943, RG 200, National Archives Gift Collection, Records of the American National Red Cross, 1935–1946, Box 592, Folder: 300.1 Club Directors & ass Club Dir., NACP.

18 Sie waren dem jeweiligen (männlichen) *field supervisor* des Roten Kreuzes unterstellt.

19 Dies galt nicht nur für die Frauen des amerikanischen Roten Kreuzes in Deutschland. Kara Dixon Vuic beschreibt, dass in Neuguinea im Herbst 1944 ein Mann die Position des Direktors in einem Club übernehmen sollte. Daraufhin schlossen sich die im Club arbeitenden Frauen zusammen und protestierten dagegen mit der Begründung, dass eine Frau mindestens genauso gute Arbeit leisten werde wie ein Mann. Vgl. Vuic, The Girls Next Door, S. 132.

20 Siehe hierzu McCarthy, Kathleen D., Parallel Power Structures: Women and the Voluntary Sphere, in: dies. (Hg.), Lady Bountiful Revisited. Women, Philanthropy, and Power, New Brunswick 1990, S. 248–264.

um in den männlich dominierten Bereich des Militärs vorzudringen.[21] Dennoch erfüllten sie im Rahmen ihrer Tätigkeiten den zeitgenössischen gesellschaftlichen Anspruch an Frauen, der die vorherrschenden Geschlechterstereotype nicht nur bediente, sondern tagtäglich reproduzierte. Das galt ebenso für die Clubleiterinnen und Angestellten der Offiziers- und Soldatenclubs. Sie nahmen die Rolle der Fürsorgerin ein und kümmerten sich um das Wohl und die Verpflegung der Männer sowie darum, dass diese sich mit ihrer Heimat verbunden fühlten.

Die Amerikanerin Janet Carey aus Springfield (Massachusetts) kam im August 1945 nach Berlin und leitete dort den *Midway Club* in der Berliner Straße 15 im Zentrum des Bezirks Zehlendorf. Anschließend löste sie Edith Steiger als Direktorin des *Crown Prince Club* ab, den diese in der Kronprinzenallee 146 (heute Clayallee) in der Nähe des Hüttenweges, also im Zentrum der amerikanischen Besatzungscommunity im Südwesten Berlins, eröffnet hatte.[22]

Der Midway Club in Berlin-Zehlendorf (1945)

RG 200, National Archives Gift Collection, Records of the American National Red Cross, 1935–1946, Person Papers Goldye E. Levi, NACP.

Wie für viele andere Frauen war auch für Carey Berlin nicht der erste Einsatzort im Auftrag des amerikanischen Roten Kreuzes.[23] Sie bewarb sich 1943 bei der Organisation und verbrachte zwei Jahre in Indien, wo sie die Luftwaffe begleitete.[24] Kara Dixon

21 Vgl. Ramsey, Julia A., »Girls« in Name Only. A Study of American Red Cross Volunteers on the Frontlines of World War II, Masterarbeit, Auburn University Alabama, 2011, S. 22.

22 Vgl. Heskeit, It's Goodbye to Red Cross Clubs after Turnover next Wednesday, S. 5.

23 Auch die bereits erwähnte Leiterin des britischen *Malcolm Club* in Blankensee, Nadja Read, arbeitete in einem *Malcolm Club* in Eindhoven und Nimwegen in den Niederlanden, bevor sie nach Deutschland kam. Vgl. Gledhill, Story of the Malcolm Club, S. 17.

24 Vgl. o.A., Know Your ARC Girls #2, in: Red Cross Weekly, No. 2, 22.9.1945, S. 1.

Vuic beschreibt, dass besonders die Arbeit mit den Piloten in nichtwestlichen Gebieten die Frauen emotional stark forderte, denn viele der Piloten, zu denen sie im Rahmen ihrer Tätigkeit für das Rote Kreuz freundschaftliche Beziehungen aufbauten, starben während ihrer Einsätze. Die Frauen bekamen keine psychologische Unterstützung, die ihnen hätte helfen können, mit den Verlusten umzugehen. Eine Frau entschied sich dazu, die Namen der Männer nicht mehr zu lernen, nachdem viele ihr bekannte Piloten gestorben waren. Andere Frauen erlitten Zusammenbrüche und mussten beurlaubt werden, da sie einem »terrible emotional strain«[25] ausgesetzt waren. Denn während sie selbst mit ihrer emotionalen Belastung leben mussten, hatten sie als Teil ihrer Arbeit den Piloten zur Seite zu stehen und Ansprechpartnerinnen bei deren Ängsten oder Trauerbewältigung zu sein.[26]

Die Leitung eines Clubs in Berlin nach dem Krieg war im Vergleich eine ungefährliche und weniger belastende Aufgabe. Janet Careys beste Freundin war Teil des *WAC* und in Berlin stationiert, sodass Carey ebenfalls Berlin als Einsatzort auswählte, nachdem sie aus Indien zurückgekommen war.[27] Die ausgebildete Lehrerin hatte drei Jahre unterrichtet, bevor sie sich dem Roten Kreuz anschloss. Dieser berufliche Hintergrund entsprach den Anforderungen der Organisation an ihre Bewerberinnen.[28] Auch für die Position als *program director* oder *staff assistant* waren ein *College*-Abschluss und Berufserfahrung als Lehrerin sowohl bei den *Special Services* der Armee als auch beim amerikanischen Roten Kreuz gleichermaßen beliebt. Eine Direktorin sollte außerdem eine ansprechende äußere Erscheinung haben: »She should be attractive, neat, and well-groomed.«[29] Auch von ihrer Persönlichkeit hatte das Rote Kreuz eine genaue Vorstellung. Sie sollte »stimulating, sunny, buoyant, charming and gracious, friendly, patient, and cordial«[30] sein. Eine optimistische, ermutigende und sympathische Ausstrahlung sollte den Soldaten das Gefühl geben, mit jedem Anliegen zu ihr kommen zu können.[31] Besondere Fähigkeiten wie guter Gesang oder Klavierspielen wurden als Stärke der Persönlichkeit gewertet. Janet Carey verkörperte viele dieser Eigenschaften, sodass der Autor des Artikels *Know Your ARC Girls* in der *Red Cross Weekly*, einem Informationsblatt des Roten Kreuzes in Berlin, die Leserschaft ermutigte: »Drop in the Midway, and have a talk with Jan, or better yet, get her to play you a few numbers on the piano [...]. Whether you want to talk

25 Vuic, The Girls Next Door, S. 111.

26 Vgl. ebd., S. 109–113.

27 Vgl. o.A., Janet Carey New ARC Director at Kronprince Club, in: The Grooper, No. 11, 6.10.1945, S. 1–2, hier S. 2.

28 Vgl. Basic Staff Requirements and Qualifications, July 1944, RG 200, National Archives Gift Collection, Records of the American National Red Cross, 1935–1946, Box 592, Folder: 300.1. Club Personnel, NACP.

29 Ebd.

30 Ebd.

31 In der französischen Besatzungszone war der Leiter des *Service social* verantwortlich für die Führung der *foyers*. Daher sollte bei der Auswahl ebenfalls große Sorgfalt walten. Er sollte neben Eigeninitiative auch »qualités morales et de coeur« mitbringen. Hierzu zählten Durchhaltevermögen, Geduld, Verständnis, Uneigennützigkeit und Generosität. Familienväter seien besonders geeignet. Vgl. Instruction provisoire sur l'organisation et le fonctionnement du Service social dans les Grandes Unités, Ministre de la Guerre, August/September 1945, GR 7 P 72, SHD.

about the Glamourous East, or Beat-up Berlin; listen to Boogie or Bach; Jan Carey, our gal of many talents can oblige.«[32]

Clubleiterin Janet Carey mit Gästen im Crown Prince Club in Berlin-Dahlem (1945)

RG 200, National Archives Gift Collection, Records of the American National Red Cross, 1935–1946, Personal Papers Goldye E. Levi, NACP.

Carey hatte ihre Arbeit in Berlin wertgeschätzt. In einem Bericht der lokalen Zeitung *Springfield Union* kurz nach ihrer Rückkehr in die USA äußerte sie dennoch Erleichterung darüber, nach zehn Monaten, im Juni 1946, wieder in einer Stadt zu leben, in der die Häuser Dächer hatten, die Fenster Gläser und in der die Menschen gesund und wohlgenährt waren. Sie konnte sich wieder frei bewegen, denn in den USA gab es keine *out of bounds*-Gebiete.[33] Das vom Krieg zerstörte Berlin und die hungernden Menschen hatten tiefe Eindrücke hinterlassen. Und für »warmhearted Americans«[34] sei der Anblick der Hunger leidenden Deutschen und besonders der Anblick der Jugend kaum zu ertragen gewesen, berichtete sie.

Janet Carey versuchte in ihrer Zeit in Berlin, deutschen Jugendlichen zu helfen. Als Direktorin hatte sie Einfluss auf die Programme und Freizeitangebote und somit auch auf die Auswahl von Künstlerinnen und Künstlern. Als ein junger Deutscher, Günter Krenz, sie in ihrem Büro aufsuchte und sich als Manager einer Gruppe von 30 Sängerinnen und Sängern im Alter von 16 bis 18 Jahren, *The Young Madrigalists*, vorstellte, hatte er

32 O.A., Know your ARC Girls #2, S. 1.

33 Vgl. Pearson Rice, Olive, Springfield Red Cross Director Describes Doings in Postwar Berlin, in: The Springfield Union, 16.6.1946, S. 1.

34 Vgl. ebd.

sofort ihre Sympathie gewonnen. Sie hatte in ihrer Zeit als Lehrerin Musik unterrichtet und empfand sie als »universal need and language«[35]. Carey engagierte die Sängerinnen und Sänger für den *Crown Prince Club*. Doch die Beziehung zwischen der Clubleiterin und der Gruppe ging weit über eine einfache Anstellung hinaus. Als Janet Carey im Juni 1946 Berlin verließ, schenkten die Jungen und Mädchen ihr ein Erinnerungsalbum, in dem sie alle Auftritte Revue passieren ließen und mit Fotos, Zeichnungen, Notenblättern und Liedtexten festhielten. Das erste Konzert gaben sie am 28. Oktober 1945, und zur Erleichterung der Jugendlichen wurden sie nicht ausgepfiffen. Stattdessen applaudierten die Soldaten und wünschten sich weitere Konzerte der Gruppe.[36] Die *Young Madrigalists* traten daraufhin am 22. November und am 25. Dezember 1945 erneut auf, sie sangen Weihnachtslieder und deutsche Volkslieder. Über ihren Auftritt an Weihnachten 1945 schrieben sie: »Miss Carey had helped us in our preparations and rehearsals and now she was sitting like a proud mother among their soldiers and was pleased like these.«[37] Janet Carey war ebenfalls nervös, als die Gruppe ihr Debut gab. Sie hielt ihren Atem an und wartete auf die Reaktion der Soldaten, die gespannt zuhörten.[38] »It was a knockout performance.«[39] Das letzte Konzert der Gruppe fand am 10. Februar 1946 statt, allerdings ohne Janet Carey. »At this concert we missed our Janet Carey, and what we regret still more: she soon will leave us and go back to America – but we come to see her off and hope that she will once come to Germany and to us, up till then we say: Good bye!«[40]

Die Direktorinnen der amerikanischen *Red Cross Clubs* hatten weite Handlungsspielräume in der Gestaltung der Unterhaltungsprogramme. Somit konnten sie neben ihrer wichtigsten Aufgabe, den Soldaten ein abwechslungsreiches Angebot zu bieten, eigene Vorlieben verfolgen. Janet Carey war nicht nur eine Angestellte des amerikanischen Roten Kreuzes, sie wurde durch ihr Engagement auch zu einer Vermittlerin zwischen den beiden Nationen. Sie förderte nicht nur die *Young Madrigalists*, sondern gestattete auch den deutschen Kellnerinnen des Clubs, während der Tanzstunden mit den amerikanischen Soldaten zu tanzen, und ermutigte sie darüber hinaus, vor Weihnachten 1945 amerikanische Weihnachtslieder einzustudieren und vorzutragen. Außerdem veranstaltete sie eine gemeinsame Weihnachtsfeier für Kinder von Besatzungsangehörigen und deutschen Angestellten.[41]

---

35 Ebd.

36 Vgl. Young Madrigalists aus Berlin, Erinnerungsbuch der Young Madrigalists für Janet Carey, RG 200, National Archives Gift Collection, Records of the American National Red Cross, 1935–1946, Personal Papers Goldye E. Levi, NACP.

37 Ebd.

38 Zwischen 1000 und 2000 Soldaten nutzten den *Crown Prince Club* täglich. Vgl. Carey, Janet, Report of February 1946, o.D., RG 200, National Archives Gift Collection, Records of the American National Red Cross, 1935–1946, Folder: ETO (Germany) Crown Prince Club, Box 1530, NACP.

39 Pearson Rice, Springfield Red Cross Director Describes Doings in Postwar Berlin, S. 1.

40 Young Madrigalists aus Berlin, Erinnerungsbuch der Young Madrigalists für Janet Carey, RG 200, National Archives Gift Collection, Records of the American National Red Cross, 1935–1946, Personal Papers Goldye E. Levi, NACP.

41 Vgl. Carey, Janet, Program Report November 1945, RG 200, National Archives Gift Collection, Records of the American National Red Cross, 1935–1946, Folder: ETO (Germany) Crown Prince Club, Box 1530, NACP.

Die Clubleiterinnen trugen Verantwortung auf unterschiedlichen Ebenen. Sollten sie einerseits positiv auf die Soldaten einwirken, ihnen ein heimisches Gefühl vermitteln, sie mit einem ansprechenden Unterhaltungsprogramm versorgen und stets ein offenes Ohr für ihre Belange haben, mussten sie sich andererseits auch um ihre Angestellten – Amerikanerinnen, Deutsche und *Displaced Persons (DP)*[42] – kümmern. Janet Carey war die Vorgesetzte von lediglich drei amerikanischen Frauen, aber von über 70 deutschen Angestellten.[43] Viele der Clubleiterinnen waren das erste Mal in einer solchen Position und hatten keine Erfahrung als Führungskraft. Dennoch nahmen sie die Herausforderungen an und gewannen zunehmend an Selbstvertrauen. Die Arbeit der Clubdirektorinnen blieb nicht unbeachtet. Bei regelmäßigen Bewertungen durch *Field Trips* zu verschiedenen Clubs bewerteten ihre Vorgesetzten die Leitung und das Programm der Clubs. Die Beurteilung eines *Special Service Club* in Bamberg 1948 hob das Engagement der Direktorin besonders hervor: »Mrs. Graf is an outstanding club director. She is particularly good in training and inspiring her own hostess personnel.«[44] Aus diesem Grund wurden ihr Hostessen zugeteilt, die besonders angeleitet und kontrolliert werden mussten.[45]

Im *Army-Pamphlet 21–60, In-Service Training Guide for Army Service Club Personnel*, aus dem Jahr 1953 wird eine Praktik erläutert, die auch in den vorherigen Jahren gängig war: Die Clubdirektorinnen der *Special Service Clubs* hatten die Einarbeitung neuer Angestellter zu übernehmen. Sie mussten ihnen im Sinne der amerikanischen Armee nahebringen, dass die Effektivität des Unterhaltungsprogrammes enorm wichtig war, ebenso wie Kompetenz, Höflichkeit, Aussehen, Ordnung und Sauberkeit sowohl der Clubangestellten als auch der Clubs. Die Leiterinnen waren angehalten, die Bedeutung des ersten Eindrucks der Clubs, der Teamarbeit, der Gesundheit und Sicherheit sowie des freundlichen Umgangs mit allen Kolleginnen und Gästen hervorzuheben. In einem Bewertungsbogen sollten die Leiterinnen die neuen Angestellten in diversen Kategorien wie beispielsweise »enthusiasm«, »stability under pressure«, »personal grooming«, »emotional control« oder »meeting and dealing with others« mit ungenügend, durchschnittlich, überdurchschnittlich oder herausragend beurteilen.[46] Sie waren zu Führungskräften geworden und trugen diese Verantwortung. Die Leiterinnen konnten außerdem auf das Verhältnis zwischen den Soldaten, aber auch zwischen den amerikanischen Frauen und Teilen der deutschen Bevölkerung einwirken, etwa durch gemeinsame Feste oder Tanzunterricht. Sie waren durch ihre Position in der Lage, die beiden Gruppen enger zusammenzubringen.[47]

---

42 Die amerikanische Besatzungsmacht stellte auch Menschen ein, die der Kategorie der *Displaced Persons* angehörten.

43 Vgl. Pearson Rice, Springfield Red Cross Director Describes Doings in Postwar Berlin, S. 1.

44 Walsh, Esther M., Letter to the Chief of the Recreation Branch, 11.10.1948, RG 540, Headquarters, European Command, General Staff, Special Service Division, Box 2896, Folder: Book #6, NACP.

45 Vgl. ebd.

46 Vgl. Department of Army, In-Service Training Guide for Army Service Club Personnel. Army Pamphlet PAM 21–60, Washington D.C. 1953.

47 Die Historikerin Donna Alvah erforscht unter anderem die Rolle amerikanischer Ehefrauen als inoffizielle Botschafterinnen im Ausland. Die amerikanischen Frauen in den *Red Cross Clubs*, aber auch in den *Special Service Clubs* hatten eine ähnliche vermittelnde Rolle inne. Siehe Alvah, Donna, Unofficial Ambassadors. American Military Families Overseas and the Cold War, 1946–1965, New

Während die Direktorinnen die Verantwortung für den gesamten Clubbetrieb trugen,[48] war der Großteil der amerikanischen Frauen als *staff assistants* angestellt. Sie verfügten nicht wie die Direktorin über ein Büro, sondern ihr Arbeitsplatz war mitten im Club, wo sie jederzeit sichtbar und ansprechbar waren. Doch bevor sie ihren Aufenthalt in Deutschland begannen und, wie eine Amerikanerin ihre Arbeit und ihr Leben beschrieb, ein »life in a goldfish bowl«[49] führten, durchliefen sie ein Bewerbungsverfahren und absolvierten ein Training, das sie auf ihre Aufgaben in Übersee vorbereiten sollte.

3.1.2 »Social butterflies«[50]: Die Hostessen

> »We are the Seven Red Cross Girls/We wear the Old Smith Grey/We run your club – from 10 to 10/Every single day/We listen to your Corny jokes/And feed you Food and Fun/We dance until our feet gave out/Then our work day is done.
> Monday we play Bingo/The prizes mighty fine/Tuesday night we dance/And Wednesday night we dine/Craft & German classes/Fill Thursday night and so/Friday we serve Pop Corn/As all the G.I.s know.
> Saturday Afternoon we fill the/Men with Tea and snacks/But early Sunday morning/For breakfast they come back/At our weekly meeting we/Plan and plan and then/We start all over again […].«[51]

Dieses Gedicht schrieben Francis Eckard, Alice Loudon, Mary Fitzingo, Eleanore Lofgren, Patricia Latson, Barbara Larson und Florence Gibbons vom *Ansbacher Club* im März 1948. Es war Teil eines Unterhaltungsprogramms: eines ironischen Scheinprozesses gegen die Angestellten des *Red Cross Club*. Den Frauen wurde unter anderem vorgeworfen, dass sie nicht für jeden Soldaten ein passendes Programm zur Verfügung stellten oder etwa die Soldaten belehrten, weil diese ihre Kleidung nicht korrekt an der Garderobe aufhängten. Trotz der Inszenierung und des Zieles, die Soldaten zum Lachen zu bringen, vermittelt das Gedicht einen Eindruck von den Aufgaben und auch den Anforderungen, die an die vielen hundert amerikanischen Frauen in den Clubs gestellt wurden.

Die Anzahl der Frauen, die als Hostessen in *American Red Cross Clubs* und in den *Service Clubs* der Armee arbeiteten, variierte ebenso wie die Anzahl der Clubs selbst. Die *Stars and Stripes* berichtete am 20. August 1945, dass in Berlin bereits elf Clubs eröffnet hatten, die von 40 Amerikanerinnen betrieben wurden.[52] Während Ende März 1946 insgesamt

---

York 2007; Alvah, Donna, U.S. Military Families Abroad in the Post-Cold War ear and the »New Global Posture«, in: Höhn u. Moon (Hg.), Over There, S. 149–175.

48 Vgl. Basic Staff Requirements and Qualifications, July 1944, RG 200, National Archives Gift Collection, Records of the American National Red Cross, 1935–1946, Box 592, Folder: 300.1. Club Personnel, NACP.

49 Vuic, The Girls Next Door, S. 91.

50 Olson, Betty, Brief an ihre Familie, 2.7.1945, Collection Betty Olson, Folder: Correspondence: Overseas Training and ETO July 8, 1944 to October 1945, USAHEC.

51 Red Cross Girls Lament, March 1948, RG 200, National Archives Gift Collection, Records of the American National Red Cross, 1946–1964, Box 1925, Folder: Ansbach Club, NACP.

52 Vgl. o.A., 11 ARC Club Open in Berlin, in: Stars and Stripes (German Edition, Pfungstadt), No. 138, 20.8.1945, S. 2.

98 Hostessen in 53 *Service Clubs* der Armee arbeiteten,[53] waren Ende des Jahres bereits 167 Frauen als *Special Service Hostesses* in Deutschland tätig.[54] Die Aufstockung des Personals war eine positive Entwicklung, denn zum ersten Mal waren ausreichend Angestellte in den Clubs.[55] In allen *Service Clubs* arbeiteten zu diesem Zeitpunkt mindestens zwei Amerikanerinnen. Im November 1948 waren es beispielsweise sechs im *Palmgarden Club* in Frankfurt a.M., während vier Amerikanerinnen im *Crown Prince Club* in Berlin und nur zwei im *Ansbach Service Club* beschäftigt waren.[56] Vor der stufenweisen Übernahme aller *American Red Cross Clubs* durch die *Special Service Division* bis Ende März 1948 waren die Hostessen beim Roten Kreuz angestellt. Im Mai 1947 arbeiteten über 600 Frauen für das amerikanische Rote Kreuz und betrieben 96 Clubs. Im Zuge der Überführung der Clubs an die Armee bot die *Special Service Division* einigen Hostessen und Clubdirektorinnen an, in Deutschland zu bleiben und als *Special Service* Hostessen und Direktorinnen die Clubs weiterhin und bei gleichbleibendem Lohn zu betreuen.[57] Die Direktorin des *American Red Cross Eagles' Roost Club* in Neubiberg nahm dieses Angebot an und blieb in ihrer alten Position.[58] Allerdings schlossen zahlreiche Clubs seit Beginn der Übernahme durch die Armee endgültig, weshalb insgesamt weniger Hostessen gebraucht wurden. Drei Monate nachdem alle Clubs in die Verantwortung der Armee übergegangen waren, arbeiten 347 *Special Service* Hostessen in 97 Clubs.[59] Im Durchschnitt sollten vier Amerikanerinnen pro Club angestellt werden. Personalmangel führte jedoch zur Unterbesetzung. Die Suche nach geeigneten Frauen war eine große Herausforderung, denn zu wenige Hostessen entschieden sich, unter Führung der Armee ihre Arbeit fortzusetzen.[60]

Das amerikanische Rote Kreuz und die *Special Service Division* schalteten Anzeigen in Zeitungen, um auf freie Stellen aufmerksam zu machen.[61] Informationsveranstaltungen

---

53 Vgl. Office of the Theater Chief of Special Services USFET Report of Operations with Supp Docs, 1.1.-31.3.1946, RG 498, OMGUS, Historical Division, Program Files; Special Service, 1945–1946, Box 4287, NACP.

54 Vgl. Office of the Theater Chief of Special Services, Report of Operations, 1.10.-31.12.46, RG 498, OMGUS, Historical Division, Program Files; Special Service, 1945–1946, Box 4287, NACP.

55 Vgl. Office of the Theater Chief of Special Services USFET Report of Operations with Supp Docs, 1.7.-30.9.1946, RG 498, OMGUS, Historical Division, Program Files; Special Service, 1945–1946, Box 4287, NACP.

56 Vgl. Headquarters, European Command, Office of the Chief of Special Service, Service Club Roster, 1.11.1948, RG 549, Headquarters, European Command, General Staff, Special Service Division, Box 2896, NACP.

57 Vgl. o.A., Cos Will Fix ARC Transfer, in: Stars and Stripes (European Edition, Pfungstadt), No. 146, 1.5.1947, S. 3.

58 Vgl. Marchesi, Lee, Field Director's Report, 21.2.1948, RG 200, National Archives Gift Collection, Records of the American National Red Cross, Box 1926, Folder: Eagles' Roost Club, NACP.

59 Bis einschließlich Ende März 1949 waren 325 *Special Service* Hostessen in 100 Clubs angestellt. Die Zahl variierte nur geringfügig im Laufe des Jahres. Vgl. European Command, Narrative Reports, 1949, RG 407, Records of the Adjutant General's Office, Army AG Command Reports – 1949–54, Box 53, NACP.

60 Vgl. EUCOM Directing Hostess (Abernethy, Pat), Notes for Special Services Officers Conference Service Clubs Section, [July 1948], RG 549, Headquarters, European Command, General Staff, Special Service Division, Box 2896, NACP.

61 Vgl. o.A., Army Needs Hostesses and Librarians, in: Chicago Bee Sunday, 16.9.1945.

an amerikanischen *Colleges* waren jedoch die geläufigere Methode, um Frauen zu rekrutieren. Diese Veranstaltungen informierten über die Programme in Übersee und sollten Frauen überzeugen, ihrem Land zu dienen, indem sie die Soldaten in Deutschland oder an anderen Standorten der Armee mit Unterhaltung und Gesellschaft versorgten. Auch private Kontakte vermittelten zwischen Frauen und dem Roten Kreuz oder der Armee.[62] Hostessen am *College* anzuwerben, hing zweifellos mit dem erwünschten Bildungsgrad zusammen. Die Frauen mussten mindestens 25 und durften höchstens 45 Jahre alt sein, obgleich eine Studie der Armee bereits zum Ende des Zweiten Weltkrieges anmahnte, dass das Mindestalter zu hoch sei.[63] Viele der Soldaten waren Anfang 20 und somit jünger als die Hostessen.[64]

Die Frauen sollten *American atmosphere*[65] nach Übersee bringen. Dafür sei es von Bedeutung, ausschließlich Amerikanerinnen einzusetzen, so der Vizevorsitzende des amerikanischen Roten Kreuzes Richard Allen in einem Schreiben an J.J. Waters von der Personalabteilung. »The women personnel we send abroad must be Americans and must be obviously Americans. That is, no women personnel should be selected for service abroad who speaks with foreign accents or who could not be easily recognized as Americans.«[66] Afroamerikanische Hostessen setzten das Rote Kreuz und die Armee dabei nur in Clubs für die afroamerikanischen Truppen ein. Richard Allen betonte, dass das Rote Kreuz auch den afroamerikanischen Truppen die gleichen Angebote wie den weißen Truppen zur Verfügung stellen wollte, allerdings nur im Rahmen ihrer Möglichkeiten, da auch hier Personalmangel herrschte und keine weißen Frauen in Clubs für afroamerikanische Soldaten arbeiten sollten. Das führte teilweise dazu, dass die Hostessen in diesen Clubs weniger Angebote machen konnten. Das Rote Kreuz stützte sich, so Allen, auf die Aussage ihrer Berater die angaben »that generally white and n[...] military personnel preferred to be served by members of their own race«[67]. Damit unterstützte die Politik des Roten Kreuzes die Aufrechterhaltung der Segregation innerhalb der Armee.

Neben diesen Voraussetzungen musste auch die Motivation der Bewerberinnen mit dem Interesse des Roten Kreuzes und der Armee übereinstimmen. Der Wunsch, nach Übersee zu gehen, durfte nicht im Privatleben begründet sein, sondern einzig im Ziel,

62 Vgl. Vuic, The Girls Next Door, S. 71.

63 Vgl. Currie u. Latham, Report of the General Board Study No. 121, Special Service Clubs, S. 7. Es dauerte noch bis Mitte der 1950er Jahre, dass die amerikanische Armee das Mindestalter auf 23 Jahre herabsetzte. Vgl. Vuic, The Girls Next Door, S. 171f.

64 Dennoch nannten die Soldaten sie *Red Cross Girls*. Dies unterstreicht die durch das Geschlecht festgelegte Hierarchie, bei der die Frauen trotz Alter und Ausbildung wenig ernst zu nehmende *Girls* blieben.

65 Auf welche Art und Weise die Angestellten versuchten, eine spezifisch amerikanische Atmosphäre herzustellen, wird in Kap. 5.1.1 erläutert.

66 Allen, Richard F., Schreiben von Mr. Allen an Mr. J.J. Waters, Personnel Service, 2.4.1943, RG 200, National Archives Gift Collection, Records of the American National Red Cross, 1935–1946, Folder: 300.1. Club Personnel, Box 592, NACP.

67 Allen, Richard F., Schreiben an Mr. Harvey D. Gibson, 11.9.1944, RG 200, National Archives Gift Collection, Records of the American National Red Cross, 1935–1946, Folder: N[...] Personnel, Box 1406, NACP.

den Truppen zu dienen.[68] Es ist jedoch fraglich, ob das bei allen Mitarbeiterinnen zutraf, denn auch sie folgten einem persönlichen Antrieb und zogen einen Nutzen aus der Arbeit im Ausland. Sei es die Möglichkeit zu reisen, sich unabhängig von familiären Strukturen zu bewegen oder auch viele junge Männer kennenzulernen; viele Frauen boten ihre Arbeitskraft nicht (nur) aus patriotischen Gründen an, sondern weil sie auf persönlicher Ebene einen Gewinn daraus zogen. Das musste jedoch im Bewerbungsverfahren verborgen bleiben. Auch wenn es nicht explizit genannt wurde, sollte wohl auch die Vergütung kein ausschlaggebender Beweggrund sein. Die Frauen erhielten, je nach Position, etwa 200 Dollar im Monat, was durchaus ein Anreiz gewesen sein mag.[69] Einfache amerikanische Soldaten erhielten im Vergleich hierzu nur um die 70 Dollar monatlich.[70]

Eine weitere Vorgabe für eine Anstellung schloss aus, dass Frauen und ihre Ehemänner oder Verlobten im selben Einsatzgebiet arbeiteten, denn sonst – so die Befürchtung – würden die Frauen sich verschlossener gegenüber den Clubgästen verhalten.[71] Immerhin war neben gutem Aussehen, Charme und einem sonnigen Gemüt die »capacity to like and to be liked by enlisted men« ebenso gefragt wie »a personality that lifts men up but does not tire them«[72]. Die ausgewählten Amerikanerinnen spielten eine wichtige Rolle, denn sie dienten nicht nur ihrem Heimatland, sondern sie begleiteten die Offiziere und Soldaten in der Freizeit und konnten in ziviler Atmosphäre Einfluss auf sie nehmen. So fasst auch Kara Dixon zusammen: »Special Service clubs also helped cultivate moral behavior by enlisting ›carefully selected women recreational directors of mature judgment and responsibility‹ to provide guidance for the men on questions of love and life [Herv.i.O.].«[73]

Die Kriterien waren bekannt, sodass Bewerberinnen in ihren Anschreiben zum Teil besonders ihre Ausbildungen und ihre Erfahrungen als Hostessen betonten. Das taten beispielsweise Helene N. Carlisle und Lorene E. Williams, die bereits als Hostessen für die *USO* in den USA gearbeitet hatten.[74] Auch die ethnische Zugehörigkeit der Bewerberin war aufgrund der Segregation von Bedeutung, sodass diese in den Ausschreibungen sowie in den Bewerbungsanschreiben explizit erwähnt wurde. Lorene E. Williams be-

68 Vgl. Director Personnel Service (Wann, Harry A.), Schreiben an Area Directors of Personnel: Principles Governing the Selection of Overseas Workers, 1.6.1945, RG 200, National Archives Gift Collection, Records of the American National Red Cross, 1935–1946, Box 600, NACP.

69 Vgl. o.A., Women still needed in Armed Services, in: Chicago Bee Newspaper, 16.9.1945.

70 Vgl. Kleinschmidt, »Do not fraternize«, S. 52.

71 Vgl. Director Personnel Service (Wann, Harry A.), Schreiben an Area Directors of Personnel: Principles Governing the Selection of Overseas Workers, 1.6.1945, RG 200, National Archives Gift Collection, Records of the American National Red Cross, 1935–1946, Box 600, NACP.

72 Basic Staff Requirements and Qualifications, July 1944, RG 200, National Archives Gift Collection, Records of the American National Red Cross, 1935–1946, Box 592, Folder: 300.1. Club Personnel, NACP.

73 Vuic, The Girls Next Door, S. 149.

74 Vgl. Bewerbungsschreiben von Helene N. Carlisle, 15.9.1945, RG 107, Secretary of War, Folder: Army Hostesses, NACP; Bewerbungsschreiben von Lorene E. Williams, 15.9.1945, RG 107, Secretary of War, Folder: Army Hostesses, NACP.

ginnt ihr Anschreiben mit »I understand that this offer is allowed for N[...]«[75], während Myrtle M. Gowdy sich mit »I am a N[...] WAC Officer«[76] vorstellte.

Die Aufgaben der Hostessen in den *American Red Cross* und den *Special Service Clubs* umfassten auf praktischer Ebene die Herrichtung und Instandhaltung der Clubs, unter anderem die Dekoration und Möblierung, sowie die Planung und Durchführung der Freizeitmöglichkeiten und des Unterhaltungsprogramms, wie Konzerte, Varieté-Shows und Tanzabende. Außerdem leiteten und kontrollierten sie die deutschen Angestellten.[77] Doch viel wichtiger als diese konkreten Aufgabenbereiche war das Auftreten der Frauen selbst. Denn eine Intention der Militärregierung war es, mit ihrer Präsenz im Besatzungsgebiet die Soldaten zufriedenzustellen. Ein Soldat bezeichnete die Frauen als »recreation to our eyes«[78]. Noch deutlicher beschreibt ein Handbuch des amerikanischen Roten Kreuzes die Rolle der Amerikanerinnen und transportiert das zeitgenössische Verständnis des Auftrags der Frauen: »Our soldiers are hungry. [...] They are hungry for something to do and hungry to see and talk to an American girl. [...] Our soldiers are hungry for your smile and cheery words. It is your stock in trade.«[79] Lächeln, zuhören, reden, immer ansprechbar und freundlich sein, das waren die wichtigsten Aufgaben der vielen hundert Frauen, die in amerikanischen Clubs im besetzten Deutschland arbeiteten. Sie sollten für die Offiziere und Soldaten ständig verfügbar sein. Das bezog sich zwar nicht auf die körperlich-sexuelle Ebene, sondern auf die Funktion als Ansprechpartnerin für jegliche Anliegen. Dennoch beeinflusste der Aspekt der Sexualität den Umgang zwischen den Angestellten und den Clubgästen. Die Frauen hatten einen Spagat zu meistern, der in ihrer symbolischen Repräsentation von »sexual desire and family love«[80] begründet war. Sie sollten die Offiziere und Soldaten, besonders zur Zeit des Fraternisierungsverbotes bis Oktober 1945, vom Kontakt zu einheimischen Frauen abhalten, während zugleich enge Beziehungen oder sexueller Kontakt zwischen den Hostessen und Angehörigen der Besatzungstruppen untersagt waren.[81] Offiziell durften sie nur mit Offizieren und nicht mit einfachen Soldaten ausgehen, da die Frauen selbst einen informellen Offiziersstatus besaßen.[82]

Damit sich die Hostessen den Vorstellungen der Militärregierung entsprechend verhielten, gaben die *Recreation Services* der Armee 1951 einen Ratgeber mit dem Titel *Mother, May I Go Out to Dance?* heraus. Er gab konkrete Anweisungen zum Verhalten der Hostessen, die Soldaten auf Militärstützpunkten in den USA als Tanzpartnerinnen begleiteten.

---

75 Bewerbungsschreiben von Lorene E. Williams, 15.9.1945, RG 107, Secretary of War, Folder: Army Hostesses, NACP.

76 Bewerbungsschreiben von Myrtle M. Gowdy, 4.10.1945, RG 107, Secretary of War, Folder: Army Hostesses, NACP.

77 Vgl. Currie u. Latham, Report of the General Board Study No. 121, Special Service Clubs.

78 Vuic, The Girls Next Door, S. 142.

79 American Red Cross, Program Handbook ACR Clubs, Program Division European Theater, [1944–1945], S. 3–4, RG 200, National Archives Gift Collection, Records of the American National Red Cross, 1935–1946, Box 1411, Folder: Program Handbook, ARC Club Program Division, NACP.

80 Vuic, The Girls Next Door, S. 6.

81 Vgl. o.A., 20 New RC Clubs Expected to Open in Germany Soon, in: Stars and Stripes (German Edition, Pfungstadt), No. 65, 8.6.1945, S. 3.

82 Vgl. Ramsey, »Girls« in Name Only, S. 46.

Darin heißt es, dass die Frauen bei korrektem Verhalten in der Lage seien, jedem Soldaten Mut zuzusprechen. Dabei sollten sie sich bewusst sein, dass sie sich nicht in einer romantischen Verabredung befänden.[83] Sie seien keine potenziellen romantischen Partnerinnen, obwohl sie stellvertretend für diese aufträten. Die Frauen hatten sich stets gut zu kleiden und zu schminken, ohne dabei verführerisch oder aufreizend zu wirken. Die Militärregierung stellte sogar *make-up-artists* und *fashion coordinators* ein, um die Hostessen bei der Wahl der Kleidung und der Schminke zu unterrichten.[84] Die Frauen mussten lernten, wie sie ihre Körper gegenüber den Offizieren und Soldaten präsentieren sollten.[85] Mit Hilfe von Unterrichts- und Übungsstunden zu Körperhygiene, Make-up und Gewichtskontrolle erstrebte die *USO* »a standard beauty of all USO hostesses«[86]. Sie sollten dabei weniger unantastbare Sexsymbole als vielmehr ›attraktive‹ Frauen aus der Nachbarschaft verkörpern, mit denen jeder Mann gerne sprechen oder ausgehen würde. All das galt ebenso für die Hostessen, die in Übersee in den Clubs arbeiteten.

Obwohl die Militärregierung es untersagte, kam es zu sexuellen Kontakten zwischen Hostessen und Soldaten. Nicht immer geschah das im beidseitigen Einvernehmen. Obgleich sexuelle Belästigung zu dieser Zeit als Terminus noch nicht existierte, erlebten einige Angestellte sexuelle Übergriffe, wie Kara Dixon Vuic anhand von Egodokumenten aufzeigt. Sie reichten von verbaler über körperliche Belästigung bis hin zu einigen beschriebenen Vergewaltigungen. Das Militär verfolgte die sexuellen Übergriffe und Vergewaltigungen nicht. Die Frauen mussten alleine mit den Situationen zurechtkommen und versuchen, die Kontrolle zu behalten.[87] Die Hostessen entwickelten daher eigenen Strategien, mit denen sie sich vor aufdringlichen Soldaten und Offizieren zu schützen versuchten. Ein erfundener Verlobter konnte in einigen Fällen Abhilfe schaffen.[88] Kam es doch zu Übergriffen, mussten die Frauen damit rechnen, keine Hilfe oder Unterstützung zu erhalten. Es konnte sogar passieren, dass sie aufgrund des Vorfalls Probleme bekamen. »One person summarized it well, she explained, that if a red Cross girl were raped she would be fired for missing the time at the club.«[89] Das amerikanische Rote Kreuz schickte sogar Frauen zurück in die USA, die sich über unangemessenes Verhalten der Soldaten beschwerten.[90] Demnach ist es nicht verwunderlich, dass es an Aufzeichnungen und Zahlen zu sexuellen Übergriffen fehlt. Vermutlich teilten sehr viele der Angestellten die Erfahrung von sexueller Belästigung in ihren diversen Abstufungen, ohne dass sie es jemals öffentlich gemacht haben.

Das amerikanische Rote Kreuz ›schützte‹ sich außerdem vor einem vermeintlichen Fehlverhalten ihrer Angestellten: »The Red Cross does not undertake to control the private lives of its staff members, but should their conduct at any time become the subject

83 Vgl. Recreation Services (Hg.), Mother, May I Go Out to Dance? Suggestions for Junior Hostesses, Washington D.C. 1951.

84 Vgl. ebd.

85 Vgl. Winchell, Good Girls, Good Food, Good Fun, S. 63.

86 Ebd.

87 Vgl. Vuic, The Girls Next Door, S. 178.

88 Vgl. ebd., S. 97.

89 Kathleen Crandall to Beatrice Lynch, 30.9.1945, zit. nach ebd., S. 98.

90 Vgl. Vuic, The Girls next Door, S. 98

of adverse comment or criticism, the usefulness to the organization reaches an end.«[91] Das unterstreicht die Priorität, die sowohl die Armee als auch das amerikanische Rote Kreuz ihrem Image zukommen ließen. Wären Belästigungen und auch Vergewaltigungen thematisiert worden, hätten sie indirekt zugegeben, dass diese Probleme bestanden. So aber konnten Vorkommnisse als Einzelfälle dargestellt und die Verantwortung für diese den Frauen übertragen werden. In einem aus Kriegszeiten stammenden Schreiben an die *Personnel Training Unit* erläutert Gladys Andrews, die Leiterin des *Club Program and In-Service Trainings*, die Situation auf Hawaii. Dort kamen mitunter 250 Männer auf nur eine Frau, viele der Soldaten hatten monatelang keine (weiße) Frau gesehen und tranken viel Alkohol. »Because girls are far outnumbered here, it takes an unusually stable girl to keep herself within the bounds of good taste. [...] No matter where a girl goes, she is surrounded by anywhere from one to a company of servicemen.«[92] Die Verfasserin kritisierte, dass viele der jungen Frauen mit Offizieren und Soldaten ausgingen und sich ihrer Auffassung nach emotional unreif verhielten, da sie die erforderliche Distanz nicht einhielten, ihre Popularität unter den Soldaten genossen und sexuelle Abenteuer eingingen. Derartiges Verhalten war von der Organisation unerwünscht.

Alle Frauen, die vom amerikanischen Roten Kreuz oder der Armee nach Übersee geschickt wurden, erhielten vorab ein mehrwöchiges standardisiertes Training, in dem sie auf ihre Arbeit und die diversen Aufgaben vorbereitet wurden. Das amerikanische Rote Kreuz schickte alle Angestellten in ihre *National Training School for Services to Armed Forces* in Washington D.C.[93] Das Training diente zum einen zur Orientierung und zum anderen zur Fachausbildung. Abhängig von den zu besetzenden Positionen dauerte es zwischen zwei und sechs Wochen. Die Hostessen übten in vollständig ausgestatteten Clubs.[94] So konnten sie die Arbeit mit dem Militär praktisch erlernen, bevor sie ins Ausland gingen, wo sie, oftmals ohne Anleitung von Vorgesetzten, die Programme in den Soldatenclubs organisieren und durchführen mussten.[95]

Während des Trainings lernten die angehenden Hostessen zunächst die Strukturen und die Organisation des amerikanischen Militärs und des Roten Kreuzes kennen. Lerneinheiten wie *interpretation of recreation* und *understanding club* machten die Frauen mit dem Selbstverständnis des Roten Kreuzes in Zusammenhang mit den Soldatenclubs vertraut. Die Einheiten *dancing, recreational games*, und *program planning* nahmen in den

---

91 American Red Cross, Instructions Governing the Operation of on-post and Camp Clubs on Military Reservations and off-post Clubs in Designated Leave Areas – China-India-Burma Commands, 15.3.1944, RG 200, National Archives Gift Collection, Records of the American National Red Cross, Box 1409, Folder: All Theater Club Manual, NACP.

92 Andrews, Gladys, Schreiben an Mary Settle, Associate Chief American Red Cross, SAF Personnel Training Unit, 31.1.1945, RG 200, National Archives Gift Collection, Records of the American National Red Cross, 1935–1946, Box 608, NACP.

93 *Service Club Hostesses* mussten ein 30-tägiges Training auf dem Militärgelände in Fort Belvoir (Virginia) absolvieren, bevor sie ins Ausland gingen. Vgl. Gibson, Truman K., Schreiben an den Executive Secretary, Mr. Lester B. Granger, 10.7.1945, RG 107, Secretary of War, Folder: Army Hostesses, NACP.

94 Vgl. American Red Cross, Statement by the American Red Cross, August 1944, RG 200, National Archives Gift Collection, Records of the American National Red Cross, 1935–1946, Box 600, NACP.

95 Vgl. American Red Cross Personnel Training Unit. Outline of SAF Club Extension Training Supervisory Program, 1.3.1945, S. 3, RG 200, National Archives Gift Collection, Records of the American National Red Cross, 1935–1946, Box 608, NACP.

Wochenplänen des Trainings eine bedeutende Rolle ein. Zum Teil beschäftigten sich die Hostessen täglich mit diesen jeweils 90-minütigen Lerneinheiten. Hinzu kamen Übungsstunden zu einzelnen Freizeitangeboten wie beispielsweise Handwerken, *drama music*, Fotografie und Brettspiele. Im zeitlichen Umfang begrenzter waren Trainings zu Personalführung, Club-Organisation, Haushaltsführung und *public relations*.

Der Schwerpunkt lag auf den Freizeitangeboten und der Organisation des täglichen Programms. Die Hostessen erhielten jedoch keine Vorbereitung auf die Herausforderung, in ständiger Verfügbarkeit als Ansprechpartnerin und Zuhörerin für die Offiziere und Soldaten zu agieren.[96] Außerdem sollten sie mehrere Rollen gleichzeitig einnehmen. Neben der Rolle der Ehefrau oder Freundin sahen sich die Hostessen vor die Aufgabe gestellte, gleichzeitig auch noch Mutter und Schwester zu repräsentieren. »The boys want a ›mom‹ or a big sister almost as much as they want a sweetheart [Herv.i.O.].«[97] Die Hostessen waren Symbole des Heimischen und Vertrauten, die das militärische Leben ›menschlicher‹ machten. Sie versinnbildlichten nach Auffassung der Militärregierung das Familienleben, das auf die Soldaten daheim wartete. Doch wie die Frauen diese komplexen und vielschichtigen Anforderungen, die das Rote Kreuz, die Armee und die Clubgäste an sie stellten, erfüllen konnten, blieb ihnen überlassen. Hinweise wie »a Red Cross girl is always a hostess whenever and wherever on duty in the club«[98] waren zwar in Handbüchern zu lesen, aber die Belastung, die damit für die Frauen einhergehen konnte, thematisierte weder das Rote Kreuz noch die Armee. Während sie im Training lernten, wie sie mit den Soldaten Karten spielen sollten, bereitete sie niemand darauf vor, eine der wenigen amerikanischen Frauen zu sein, mit denen viele Offiziere und Soldaten sprechen, tanzen oder schlafen wollten. Die Frauen lernten nicht, sich zum Beispiel gegen sexuelle Übergriffe zu schützen, sondern dass es ihre Aufgabe war, immer und zu jedem Soldaten freundlich zu sein und stets zu lächeln.

Um das bewältigen zu können, mussten die Frauen ihre Gefühle kontrollieren. Sie mussten ihr Emotionsmanagement beherrschen und ihre Gefühle durften nicht immer eine Reaktion auf ihr Gegenüber sein. Die Soziologin Arlie Russel Hochschild analysiert in ihrer in den frühen 1980er Jahren erschienenen Studie *Das gekaufte Herz* die Gefühlsarbeit, die Flugbegleiterinnen zu leisten haben. Sie beschreibt mit dem Terminus, wie Frauen im Zuge ihrer Lohnerwerbstätigkeit ihre Gefühle kontrollieren und einsetzen mussten. »[Die Gefühlsarbeit] verlangt das Zeigen oder Unterdrücken von Gefühlen, da-

---

96 Vgl. American Red Cross, Wochenpläne, May-June 1945, RG 200, National Archives Gift Collection, Records of the American National Red Cross, 1935–1946, Box 602, Folder: 330.011 Manuals, Pamphlets, Text Books and Prescribed Readings, NACP.

97 Meyer, Arthur, Schreiben von James T. Nicholson an Mr. Douglass Poteat, das einen Auszug von Arthur Meyers Bericht beinhaltet, 11.9.1945, RG 200, National Archives Gift Collection, Records of the American National Red Cross, 1935–1946, Box 1406, Folder: All Theaters Female Personnel, NACP.

98 American Red Cross Personnel Training Unit. Outline of SAF Club Extension Training Supervisory Program, 1.3.1945, S. 53, RG 200, National Archives Gift Collection, Records of the American National Red Cross, 1935–1946, Box 608, NACP.

mit die äußere Haltung gewahrt bleibt, die bei anderen die erwünschte Wirkung hat.«[99] Der Gesichtsausdruck war zum Tauschwert geworden; das Lächeln und die heiteren Worte waren der »stock in trade«[100] der Hostessen. Wie auch die Flugbegleiterinnen bekamen die Hostessen die Vorgabe, stets freundlich, höflich und zuvorkommend zu sein, denn »we [the hostesses] must always remember that these clubs belong to the soldier, and we, as American Red Cross personnel have been assigned to these On-Post Clubs to assist the servicemen with the entertainment, recreation and relaxation which he is seeking«[101].

Im Umgang mit den Clubgästen sollten die Hostessen sich vorstellen, dass sie selbst oder ihre Mütter im eigenen Zuhause ein Fest feierten.[102] Sie sollten sich nicht nur um einen Gast, sondern um alle gleichermaßen kümmern. »You must be just as friendly to the shy, gangling, private as you are to the self-confident sergeant who acts as if he owns the place.«[103] Die zu leistende Gefühlsarbeit war eng an die zeitgenössischen Genderstereotype geknüpft. Damit scheint die Auffassung einhergegangen zu sein, dass die Hostessen hierfür keine Vorbereitung benötigten.[104] Viele von ihnen ermüdete das permanente Lächeln und Freundlichsein, während andere die Service-Arbeit und die damit verbundene Gefühlsarbeit als erfüllend betrachteten.[105]

Für viele Frauen war die Arbeit für das amerikanische Rote Kreuz oder die *Special Service Division* die Möglichkeit, erstmals selbstbestimmt zu arbeiten. Einige verließen das erste Mal das elterliche Zuhause und fanden sich in verantwortungsvollen Positionen wieder. Dennoch ergab sich ein Widerspruch zwischen dem emanzipatorischen An-

---

99 Hochschild, Arlie Russell, Das gekaufte Herz. Zur Kommerzialisierung der Gefühle, Frankfurt a.M. 1990, S. 30. Erstmals 1983 in englischer Sprache erschienen: Hochschild, Arlie Russell, The Managed Heart. Commercialization of Human Feeling, Berkeley 1983.

100 American Red Cross, Program Handbook ACR Clubs, Program Division European Theater, [1944–1945], S. 3–4, RG 200, National Archives Gift Collection, Records of the American National Red Cross, 1935–1946, Box 1411, Folder: Program Handbook, ARC Club Program Division, NACP.

101 American Red Cross, Instructions Governing the Operation of on-post and Camp Clubs on Military Reservations and off-post Clubs in Designated Leave Areas – China-India-Burma Commands, 15.3.1944, RG 200, National Archives Gift Collection, Records of the American National Red Cross, Box 1409, Folder: All Theater Club Manual, NACP.

102 Diese Analogie findet sich auch im Training der Flugbegleiterinnen wieder. Vgl. Hochschild, Das gekaufte Herz, S. 100.

103 Recreation Services (Hg.), Mother, May I Go Out to Dance?, S. 8.

104 In der soziologischen Studie *Fieldwork on High Heels* über Hostessen auf Automobilmessen im 21. Jahrhundert beschreibt Tanja Kubes, dass auch diese Hostessen keine Schulungen für die zu verrichtende Gefühlsarbeit bekommen, da der normativ vorgeschriebene Gesichtsausdruck angeblich keiner Vorbereitung bedarf. Wie auch die Hostessen in amerikanischen Soldatenclubs in Deutschland müssen Hostessen auf Automobilmessen eigenverantwortlich Strategien entwickeln, um sich vor Annäherungsversuchen zu schützen, die als Teil der Arbeit angesehen wurden. Vgl. Kubes, Tanja, Fieldwork on High Heels. Eine ethnographische Studie über Hostessen auf Automobilmessen, Bielefeld 2018, S. 170, 179.

105 In veröffentlichten Briefen an ihre Familie berichtet die Amerikanerin Angela Petesch, die zwei Jahre im *Clubmobile Program* des amerikanischen Roten Kreuzes in Europa gearbeitet hat: »All the girls who have been here two years and more are pretty much fed up with the job and seem to have lost the spark. And when the girls are tired and unenthusiastic, they aren't good as morale boosters.« Petesch, War through the Hole of a Donut, S. 218.

spruch, den einige – wenn auch sicherlich nicht alle – Frauen an ihren Einsatz in Übersee hatten, und der praktischen Arbeit, die Betty Olson, Teil des *WAC*, in einem abfälligen Ton mit »to make things cheerier for the GIs«[106] beschrieb. Doch in ihren Augen profitierten die Frauen auch: »Actually they seem to be having themselves a time – and if there are officers around, the GIs don't stand a chance.«[107] Trotz des Vorwurfs, die Frauen würden lieber mit Offizieren ausgehen, schenkte der Großteil der einfachen Soldaten den Hostessen viel Aufmerksamkeit und Dankbarkeit. In Leserbriefen an die *Stars and Stripes* drückten beispielsweise Soldaten aus Ansbach ihre Wertschätzung aus: »We want the entire European Command to know that we whole-heartedly appreciate the effort and the results the girls have produced.«[108] Auch der Lieutenant Reuben Abranowitz, der für die Region Ansbach zuständig war, lobte im März 1948 die Arbeit der Frauen:

> »You, of the Ansbach Town Club, Red Cross staff, have done outstanding work. Your devotion to duty – caring for the social needs and morale of the members of this command – has been highly commendable. [...] You have made the absence from home and country a great deal more pleasant. You must be proud of your effort and accomplishments.«[109]

Ein weiterer amerikanischer Soldat erkannte in einer Umfrage die von den Frauen geleistete Arbeit mit den folgenden Worten an: »My admiration is immense for those memorable ones who keep their sense of humor, who remain cheerful and enthusiastic working like a dog, day after day and being propositioned night after night.«[110]

Da die Amerikanerinnen des Roten Kreuzes etwas *Heimisches* und *Ziviles* in die Welt des Militärs brachten, waren sie bei den Soldaten besonders beliebt. Aber auch die *Special Service Hostesses* wurden mit Freude von den Soldaten erwartet. Die *Stars and Stripes* berichtete regelmäßig über Hostessen, die sich auf den Weg nach Deutschland machten[111] oder ihre Arbeit bereits dort begonnen hatten[112].

Trotz des Auswahlverfahrens und des Trainings vor ihrem Einsatz verhielten sich nicht alle Hostessen so, wie das Rote Kreuz oder die *Special Services* es wünschten. Eine junge Amerikanerin, die in Herzogenaurach in Bayern in einem Club arbeitete, wurde

---

106 Olson, Betty, Brief an ihre Familie, 7.8.1945, Collection Betty Olson, Folder: Correspondence: Overseas Training and ETO July 8, 1944 to October 1945, USAHEC.

107 Ebd.

108 O.A., Tribute Paid to ARC Girls, in: Stars and Stripes (European Edition, Pfungstadt), No. 144, 29.4.1947, S. 2.

109 Abranowitz, Reuben, Lt. Col., Letter of Commendation to Miss Alice Loudon, 20.3.1948, RG 200, National Archives Gift Collection, Records of the American National Red Cross, 1935–1946, Box 1925, Folder: 900.11 Ansbach Town Club, NACP.

110 The Recreational Training Staff, Suggestions Regarding Selection of Personnel for Club and Recreation Positions, 15.6.1944, RG 200, National Archives Gift Collection, Records of the American National Red Cross, 1935–1946, Box 592, Folder: 300.1. Club Personnel, NACP.

111 Vgl. o.A., Special Services Hostesses Bound for Germany, in: Stars and Stripes (German Edition, Pfungstadt), No. 59, 3.2.1948, S. 7.

112 Vgl. o.A., New Special Services Hostesses, in: Stars and Stripes (European Edition, Pfungstadt), No. 360, 2.12.1947, S. 5; o.A., New Hostesses Greeted at Bad Nauheim, in: Stars and Stripes (European Edition, Pfungstadt), No. 154, 8.5.1948, S. 5.

nach Bamberg versetzt, denn dort sollte die bereits erwähnte Clubdirektorin Graf sie anleiten. Das Rote Kreuz benötigte »hostesses who are highly discreet and perfect ladies«[113]. Die junge Frau entsprach diesen Ansprüchen nicht. »She is a tomboy and enjoys startling people by word and action. She needs a firm hand and has a great deal to learn about becoming a true hostess.«[114] Doch solche ›Probleme‹ mit dem Personal finden sich nur vereinzelt in den Dokumenten. Das positive Bild der Hostessen überwiegt und formte das Narrativ der Geschichte des Roten Kreuzes. Im internen *Monthly Narrative Report* des *Club Departments* des amerikanischen Roten Kreuzes für den Monat Oktober 1947 heißt es euphorisch:

> »Among the many outstanding contributions made by the Americans during the late war and throughout this period of post-war adjustment, no single group of people has done more to bring America in name and spirit to this command than the American Red Cross Girls. These courageous, unsung heroines may be leaving the command physically, but spiritually they are still with us. Memories of the million unselfish deeds performed by them shall linger forever in the hearts and minds of America's service men and women wherever they may be.«[115]

Bestimmt nicht immer handelten die Frauen so selbstlos, wie das amerikanische Rote Kreuz es wünschte oder es im obigen Zitat dargestellt ist. Denn auch sie erhielten im Gegenzug für ihre Arbeit mehr als nur ein Gehalt. Sie erlangten Unabhängigkeit von ihren Familien in der Heimat, arbeiteten weitgehend selbstständig, konnten reisen und begaben sich in ein Abenteuer, während sie zahlreiche Menschen und besonders Männer kennenlernen konnten. Sie waren demnach nicht nur in der gebenden Position, sondern zogen auch persönlichen Gewinn aus ihrer Tätigkeit. Sie konnten etwas durch ihre Arbeit in den Clubs kompensieren, an dem es ihnen zuvor gemangelt hatte – zum Beispiel der Kontakt zu Männern oder das selbstbestimmte Arbeiten und Reisen. Die Frauen gingen somit einen Tauschhandel ein, der über die Dimension der Bezahlung ihrer Arbeit hinausreichte.

Die amerikanischen Clubangestellten erfüllten eine bedeutsame Funktion im Besatzungsgefüge. Sie gehörten der Besatzungsmacht an und können als Besatzerinnen verstanden werden. Sie waren Teil der Siegernation und kamen ins besiegte Deutschland, um für die Besatzungstruppen zu sorgen. Sie stützten damit die Besatzung und trugen zur Durchführung der Besatzungsziele bei. Und auch wenn die amerikanischen Frauen nicht direkt in die politische Besatzung einbezogen waren, brachte die Arbeit in den Soldatenclubs sie mit Teilen der deutschen Bevölkerung in Kontakt. Im Umgang mit ihnen hatten die Clubleiterinnen Handlungsspielräume, wie das Beispiel der *Young Madrigalists* im Berliner *Crown Prince Club* zeigt. Das unterstreicht zum einen die Führungsposition, in der sich einige Frauen befanden, und zum anderen, dass auch im Besatzungszustand

113 Walsh, Esther M., Letter to the Chief of the Recreation Branch, 11.10.1948, RG 540, Headquarters, European Command, General Staff, Special Service Division, Box 2896, Folder: Book #6, NACP.

114 Ebd.

115 Monthly Narrative Report for Clubs in Occupied Territory, October 1947, RG 200, National Archives Gift Collection, Records of the American National Red Cross, 1946–1964, Box 1896, Folder: 900.118 Club Department Reports, NACP.

Hierarchien dynamisch waren. Die Clubangestellten fungierten insbesondere zwischen Clubgästen und jenen Deutschen, die in den Clubs arbeiteten, als Mittlerinnen.

3.2 Arbeiten für die Siegernationen: Deutsche Angestellte

Die Clubs der amerikanischen, britischen und französischen Besatzungsmächte boten eine Vielzahl an Beschäftigungsmöglichkeiten. Bereits bei ihrem Aufbau nutzten die Siegermächte deutsche Arbeitskräfte: »Local help was used throughout the [Crown Prince] club and POWs restored the second floor of one of the two club buildings which had been shattered by bombs.«[116] Der Brite Colby beschreibt in seinen Erinnerungen, dass britischen Offizieren ein deutscher *Batman* – ein Offiziersbursche – zur Verfügung stand, der sich gänzlich um ihre Belange kümmerte.[117] Im amerikanischen *Berlin Officers' Club* in der Hauptstraße im Bezirk Schöneberg arbeiteten im Oktober 1945 beispielsweise 37 Deutsche.[118] Ob in der Küche, im Garten, im Speisesaal oder auf der Bühne – deutsche Angestellte waren überall in den Clubs zu finden. »The shortage of manpower in the armed forces necessitates the employment of civilians by the Army and by the Control Commission in Germany«, stellte die britische Militärregierung im Februar 1946 fest.[119] Gleiches galt für die amerikanische und die französische Besatzungsmacht. Obgleich besonders die französische Militärregierung die Zahl deutscher Angestellten niedrig halten wollte – vermutlich aus Angst vor Fraternisierung – kam auch sie nicht ohne einheimische Arbeitskräfte aus.[120]

Die amerikanische Besatzungsmacht gestaltete nach der Aufhebung des Fraternisierungsverbotes im Oktober 1945 den Umgang mit deutschen Angestellten freier als zuvor.[121] Fortan war die Besatzungsmacht in der gesamten amerikanischen Zone und im amerikanischen Sektor Berlins ein begehrter Arbeitgeber. Neben Köchinnen und Köchen, Küchenhilfen, Kellnerinnen, Gärtnern, Putzkräften und weiterem Wartungspersonal waren deutsche Unterhaltungskünstlerinnen und -künstler eine große Gruppe der Clubangestellten. Denn der Bedarf an Unterhaltung stieg, aber die Siegermächte, besonders die amerikanische, konnten nicht für ausreichend Künstlerinnen und Künstler der jeweiligen Siegernation sorgen.[122] Insbesondere deutsche Musikerinnen und Musiker hatten somit ein wertvolles Kapital anzubieten: die Fähigkeit zu musizieren. Doch wie gestaltete sich das Verhältnis zwischen den Angehörigen der Besatzungsmächte und

116 Pearson Rice, Springfield Red Cross Director Describes Doings in Postwar Berlin.

117 Vgl. Captain Reginald Colby, Tagebucheinträge Juli und August 1945, Private Papers Captain Reginald Colby, Box 10, IWM.

118 Vgl. Sturdevant, Helen u. Leonard, Elizabeth, Monthly Narrative Report: September 1945, 9.10.1945, RG 200, National Archives Gift Collection, Records of the American National Red Cross, 1935–1946, Box 1530, Folder: Berlin Officers' Club, NACP.

119 Employment of German Labour, 25.2.1946, FO 1038/142, TNA.

120 Vgl. Commandement en Chef français en Allemagne, Circulaire portant réglementation du droit de réquisition en zone française d'occupation, No. 2100, S. 35.

121 Vgl. Starr, Fraternization with the Germans in World War II, S. 36.

122 Vgl. Currie u.a., Report of the General Board, Study No. 117, Live Entertainment, S. 1.

den Deutschen? Blieb die politisch festgelegte Hierarchie bestehen oder verschwammen deren Grenzen im Alltag?

3.2.1 Deutsche Angestellte zur Versorgung und Unterhaltung der Truppen

Die Besatzungsmächte verfügten in den ersten Wochen der Besatzung über keine eindeutigen Anordnungen und Regelungen, was die deutschen Angestellten betraf. Die vorhandene Richtlinie besagte lediglich, dass Arbeitskräfte der feindlichen Nation gemäß der Haager Landkriegsordnung genutzt werden durften. Darüber hinaus sollten zunächst alle Personen, die in die Kategorie *DP*[123] fielen, als freiwillige Arbeitskräfte herangezogen werden. Erst danach sollten Deutsche eingestellt werden. »This was a restrictive policy, apparently contemplating the employment of relatively few Germans«[124], fasste der beim Militär angestellte Historiker Joseph Starr bereits 1947 zusammen. Doch die Besatzungsmächte benötigten zahlreiche Arbeitskräfte, um den Soldaten »an outlet for wholesome relaxation«[125] zu bieten, und so diskutierten die *Supreme Headquarters* schon vor Kriegsende über die Möglichkeit, Deutsche einzustellen. Als im Januar 1944 die *Supreme Headquarters* doch beschlossen, dass Deutsche nicht in alliierten Freizeiteinrichtungen angestellt werden durften, antwortete die *21. Army Group* des britischen Militärs, dass es bereits Pläne gebe, mehr als 20.000 Deutsche im Bereich der Fürsorge und Unterhaltung zu beschäftigen.[126] Eisenhower, damaliger Leiter der *Supreme Headquarters*, ordnete daraufhin an, dass Deutsche eingestellt werden durften, wenn sie keinen direkten Kontakt zu den Truppen hatten. In Einkaufsläden, Clubs, Kantinen oder als Haushaltshilfen bei den Besatzern sah er ein zu hohes Potenzial für Fraternisierung.[127] Doch bereits bevor die Westalliierten das Fraternisierungsverbot aufhoben, lockerte er diese restriktive Politik wieder. Im Juli 1945 stellte die amerikanische Militärregierung bereits eine große Anzahl deutscher Arbeitskräfte ein. Viele davon waren Musikerinnen und Musiker.[128]

Der amerikanische Generalmajor Floyd Parks schrieb am 8. August 1945 in sein Tagebuch, dass er keine Einwände gegen deutsche Unterhaltungskünstlerinnen und -künstler, wie etwa Musikerinnen und Musiker oder Tänzerinnen und Tänzer, habe. »I agreed [...] that there are numerous outstanding musicians in Berlin who could be formed into orchestras, bands etc., and add to the entertainment of our soldiers.«[129] Bereits unmittelbar nach Kriegsende im Mai 1945 hatte Parks festgestellt, dass ihm keine Direktive bekannt war, die deutsche Kellnerinnen in alliierten Clubs verbot. Dennoch ordnete er an,

123 Siehe hierzu besonders Grossmann, Jews, Germans, and Allies.

124 Starr, Fraternization with the Germans in World War II, S. 32f.

125 Parks, Floyd, Tagebucheintrag 8.8.1945, Diary July-August 1945 (2/2), Box 1, Collection Floyd Parks, USAHEC.

126 Vgl. Starr, Fraternization with the Germans in World War II, S. 37.

127 Vgl. ebd., S. 39f.

128 Vgl. ebd., S. 41.

129 Parks, Floyd, Tagebucheintrag 8.8.1945, Diary July-August 1945 (2/2), Box 1, Collection Floyd Parks, USAHEC.

die Anzahl möglichst klein zu halten.[130] Im September wiederholte eine amerikanische Direktive die Regel, *DPs* Deutschen vorzuziehen. Jedoch war offensichtlich, dass die Alliierten auf die verfügbaren Arbeitskräfte in Deutschland angewiesen waren – auch im Bereich der Freizeit und Unterhaltung.[131]

Deutsche Kellnerinnen und Unterhaltungskünstlerinnen und -künstler waren die sichtbarsten Deutschen in den Clubs der Alliierten, jedoch arbeiteten viele andere im Hintergrund. Hausmeister, Pförtner, Reinigungskräfte, Gärtner, Heizer und weiteres Wartungspersonal sorgten für einen reibungslosen Ablauf des Clublebens.[132] Im *Crown Prince Club* in Berlin boten deutsche Angestellte darüber hinaus »a pressing service, laundry, barber, seamstress and complete valet service, a theater and concert ticket agency, shoe shine, and manicurists«[133]. Von einem Zeichner konnten sich die Soldaten malen lassen.[134]

Eine deutsche Kellnerin im Crown Prince Club in Berlin-Dahlem (1945)

RG 200, National Archives Gift Collection, Records of the American National Red Cross, 1935–1946, Personal Papers Goldye E. Levi, NACP.

130 Vgl. Parks, Floyd, Tagebucheintrag 25.5.1945, Diary May-June 1945 (1/2), Box 1, Collection Floyd Parks, USAHEC.

131 Vgl. Starr, Fraternization with the Germans in World War II, S. 43.

132 Vgl. OMGUS, Standing Operating Procedure, No. 93: Operation of Clubs for Occupation Personnel, 6.11.1946, RG 260, Records of U.S. Occupation Headquarters, World War II, 1923–1972, General Records, 1947–1949, Folder: Clubs 1947, Box 14, NACP.

133 Pearson Rice, Springfield Red Cross Director Describes Doings in Postwar Berlin.

134 Vgl. ebd.

In den französischen *foyers* arbeiteten im Mai 1948 weitaus mehr Deutsche als Französinnen und Franzosen. Trotz der ursprünglichen Intention, möglichst wenig Deutsche anzustellen, waren hier insgesamt 463 Deutsche und 118 französische Zivilangestellte tätig.[135] Die Zahl der in britischen und amerikanischen Clubs Angestellten dürfte weitaus größer gewesen sein.[136] Denn erstens verfügten die amerikanische und britische Besatzungsmacht über mehr Truppen und Clubs und zweitens beschäftigten besonders die Amerikaner viele deutsche Unterhaltungskünstlerinnen und -künstler, wenngleich hierzu konkrete Daten fehlen. Die französische Militärregierung engagierte hingegen neben französischen auch andere europäische, zum Beispiel belgische Künstlerinnen und Künstler.[137] Im Frühjahr 1946 stellte auch die britische Militärregierung hauptsächlich britische oder zumindest Künstlerinnen und Künstler ausländischer Herkunft ein, wie der Deutsche Heinz Heimsoth feststellte, der als Angehöriger der ABC-Gastspiele im Auftrag der amerikanischen *Army Welfare Services* das britische Besatzungsgebiet bereiste. Er hatte die Aufgabe, die Programme der englischen Truppenbetreuung anzusehen und der amerikanischen Besatzungsmacht davon zu berichten.[138]

1949 legte dann ein britisches Memorandum den Grundsatz fest, wenn immer möglich Deutsche anstelle von Briten einzustellen, um so britische Arbeitskräfte und Geld zu sparen.[139] Besonders die Arbeit von Kellnerinnen, Küchen- und Instandhaltungspersonal der Clubs konnte von Deutschen übernommen werden. Im Juli 1949 hielt der Militärgouverneur bei einer Konferenz, die das gute Verhältnis zur deutschen Bevölkerung zum Thema hatte, fest, die deutschen Angestellten »form an important potential long-term pro-British element in the population«[140]. Die deutschen Mitarbeiterinnen und Mitarbeiter[141] sollten gut behandelt werden, damit sie zu »advocates for British civilization«[142] wurden. Am 1. Januar 1949 arbeiteten 2214 Deutsche in von der *Naafi* betrieben Clubs oder

135 Vgl. Le contrôleur Général de 2e Classe de l'administration de l'Armée Limayrac, Rapport particulier No 3 sur le Service social des troupes d'occupation en Allemagne, 11.5.1948, S. 7, GR 9 R 389, SHD.

136 Die Summe aller allein bei der amerikanischen Besatzungsmacht in Berlin angestellten Deutschen lag im August 1945 bei 11.088. Allerdings bezieht sich diese Zahl nicht nur auf den Bereich der Clubs, sondern schließt alle Tätigkeiten für die Besatzungsmacht ein. Vgl. US QH Berlin District, 18.8.1945, RG 260, Records of U.S. Occupation Headquarters, World War II, 1923–1972, General Correspondence, 1944–1945, Box 6, Folder: AG 091.4 Peoples, NACP.

137 Siehe hierzu Spectacles de variétés et de cabaret, AC 519/1, CADLC.

138 Vgl. Army Welfare Services, 8.3.1946, RG 260, Records of the Education and Cultural Relations Division, Box 238, NACP.

139 Review of the Employment of German and DP Labour by the Forces of Occupation and the Control Commission for Germany (British Element), [1949], FO 936/388, TNA.

140 Military Governor's Conference with Regional Commissioners Twenty-Sixth Meeting. Administrative Restrictions on Good Relations with the Germans, 27.7.1949, FO 1049/1808, TNA.

141 Am 30. September 1949 arbeiteten insgesamt 76.879 Deutsche für die britische Militärregierung in den unterschiedlichsten Bereichen. Vgl. Control Commission for Germany, Monthly Reports, Report October, No. 10, Vol. 4, 1949, S. 71.

142 Military Governor's Conference with Regional Commissioners Twenty-Sixth Meeting. Administrative Restrictions on Good Relations with the Germans, 27.7.1949, FO 1049/1808, TNA.

Social and Recreation Centers.[143] Diese Zahl blieb auch in den Jahren 1950 und 1951 stabil.[144] In Berlin schätzten die britischen Verantwortlichen die benötigte Anzahl deutscher Angestellten für Januar 1951 auf neun im *Blue and White Club* und auf 101 im *Country & Kingsway Club*. Darunter waren 15 Köche, 20 Kellnerinnen, zwölf Wachmänner und fünf Rezeptionistinnen.[145] Bereits im Dezember 1945 hatte *The British Zone Review* berichtet, dass am *RAF*-Standort Gatow im Westen Berlins zwischen 1300 und 1400 Deutsche arbeiteten, einige von ihnen als Köche und Kellnerinnen im dortigen *Malcolm Club*.[146]

Während im Jahr 1948 die deutschen Arbeitsämter unter anderem Listen mit Berufsmusikerinnen und -musikern führten,[147] die sie an die Besatzungsmächte weitergaben, erfolgte die Anstellung von deutschem Personal in der frühen Phase der Besatzung unstrukturiert. Eine Berlinerin erinnert sich in einem Interview aus dem Jahr 1994 daran, dass sie sich aufgrund eines Hausanschlags bei der britischen Besatzungsmacht vorstellte, um in einer Kantine in der Küche zu arbeiten.[148] Der Musiker Hans Geron wandte sich am 12. Oktober 1946 in einem Brief an William Castello, den Leiter der Abteilung Theater und Musik der *Information Branch* der amerikanischen Armee in Württemberg-Baden:

> »Ich empfehle Ihnen meine ganz erstklass. Konzert- Unterhaltungs- und Tanzkapelle für Veranstaltungen jeder Art, speziell für amerik. Officers Klubs. Wir beherrschen das gesamte amerik. Tanz Repertoire, zumeist auswendig, sodaß eine erstkl. einwandfrei musikalische Wiedergabe auf amerik. Art garantiert wird.«[149]

Viele Deutsche ergriffen auf diese oder ähnliche Weise selbst die Initiative und fragten nach Arbeit oder wurden von Bekannten vermittelt. Die bereits erwähnte Berlinerin Christa Ronke begann im August 1945 als Kellnerin in einem Offiziersclub in Berlin zu arbeiten. In ihrem Tagebuch notierte die damals 15-Jährige: »Mutti ist seit einigen Tagen als Küchenaufsicht in dem amerikanischen Offizierskasino in der Harnack-Straße [...] angestellt, und durch sie habe ich spontan die einmalige Gelegenheit, auch dort zu arbeiten. Tausende warten auf solch eine Chance.«[150] Einen Arbeitsvertrag unterzeichnete sie nicht. Stattdessen wurde mündlich vereinbart, dass die Arbeitszeit von acht Stunden in zwei Schichten, 6–14 Uhr und 14–22 Uhr, aufgeteilt war. Einen freien Tag hatten die Angestellten zu diesem Zeitpunkt nicht.[151]

---

143 Vgl. Analysis of Germans/DPs Directly Employed by the Occupation Authorities, 1.1.1949, FO 936/388, TNA.

144 Vgl. Notes for the First Meeting of the Working Party on Reduction of Directly Employed German/DP Labour Employed by Occupation Forces in the British Zone, 27.1.1950, FO 1065/147, TNA.

145 Vgl. German Labour on Repayment Estimated for 1st January 1951, FO 1065/148, TNA.

146 Vgl. R.A.F. News. Bückeburg Terminal Airport Was Built in Eight Weeks, in: The British Zone Review, No. 6, 8.12.1945, S. 15.

147 Vgl. Amtsblatt Karlsruhe, 10.9.1948, RG 260, General Correspondence, 1946–1948, Box 933, NACP.

148 Vgl. Interview mit I.H., in: Bestand: Ausstellung *Worüber kaum gesprochen wurde*, Ordner: Zeitzeugen, ACW.

149 Schreiben von Hans Geron an William Castello, 12.10.1946, RG 260, Records of U.S. Occupation Headquarters, World War II, 1923–1972, General Correspondence, 1945–1949, Box 931, NACP.

150 Ronke, Christa, Tagebuch von Christa Ronke, Eintrag vom 14.8.1945.

151 Vgl. ebd., Eintrag vom 1.9.1945.

In den *Standing Operating Procedures (SOP)* Nummer 83 und 93 legte die amerikanische Militärregierung im Laufe des Jahres 1946 fest, aus welchen Mitteln deutsche Angestellte zu bezahlen waren und welche Rechte und Pflichten deutsche Unterhaltungskünstlerinnen und -künstler hatten. Die *SOP* Nummer 83 vom 1. Juni beschäftigte sich explizit mit deutschen Unterhaltungskünstlerinnen und -künstlern in den amerikanischen Clubs, während die *SOP* Nummer 93, die erstmals am 6. November 1946 veröffentlicht wurde, sich allgemeiner dem gesamten Ablauf in den Clubs widmete.[152] Die amerikanische Armee war zwar offizieller Arbeitgeber der Deutschen, aber die deutschen Behörden zahlten den Lohn an das Instandhaltungspersonal aus, da dieser als Besatzungskosten abgerechnet wurde.[153] Während die *SOPs* keine Vorgaben über die Höhe dieser Löhne machten, war das Gehalt der *German Nationals as Civilian Entertainers* in der *SOP* 83 festgelegt. Akrobatinnen und Akrobaten, Jongleure, Magier, Komödianten, Tänzerinnen und Tänzer, Sängerinnen und Sänger sowie Musikerinnen und Musiker fielen unter anderem in diese Kategorie. Je nach Qualität galten vier verschiedene Gehaltsgruppen, wobei Frauen generell weniger Geld bekamen als Männer. Sängerinnen erhielten pro Auftritt 150, 80, 50 oder 25 Mark, bei den Sängern waren es 175, 90, 60 oder 30 Mark. Besonders gut bezahlt wurden *concert singers* mit 450, 225, 150 oder 125 Mark Gage. Aber auch ein Jongleur erhielt 175, bzw. 100, 60 oder 30 Reichsmark für einen Auftritt. Musiker bekamen eine stundenweise Bezahlung von sechs, fünf, vier oder drei Mark. Spielten sie mehrere Instrumente, erhielten sie eine Mark für das zweite Instrument und 50 Pfennig für jedes weitere.[154]

Im Gegensatz zu den mündlich vereinbarten Engagements der ersten Monate nach Kriegsende hieß es im April 1946: »No German entertainer should perform without a contract; the contact should indicate date, period or contract type of work, number of performances, meals etc.; it seems desirable to make contracts for periods not less than one month.«[155] Während also in den ersten Monaten nach dem Krieg mündliche Verträge geschlossen und Gagen oftmals in Form von Zigaretten oder Lebensmitteln gezahlt wurden, folgte ein Jahr nach Kriegsende eine organisierte Form der Anstellung.[156] Die Band *Original Rhythm Boys* aus Darmstadt hatte beispielsweise einen Vertrag mit einer zweiwöchigen Laufzeit ab dem 22. September 1947 für den *Zebra Club* in Frankfurt a.M.

---

152 OMGUS, Standing Operating Procedure, No. 93: Operation of Clubs for Occupation Personnel, 6.11.1946, RG 260, Records of U.S. Occupation Headquarters, World War II, 1923–1972, General Records, 1947–1949, Folder: Clubs 1947, Box 14, NACP; Standing Operating Procedure, No. 83: Employment of German Nationals as Civilian Entertainers, 1.6.1946, RG 260, Records of U.S. Occupation Headquarters, World War II, 1923–1972, General Correspondence, 1945–1949, Box 932, NACP.

153 Vgl. OMGUS, Standing Operating Procedure, No. 93: Operation of Clubs for Occupation Personnel, 6.11.1946, RG 260, Records of U.S. Occupation Headquarters, World War II, 1923–1972, General Records, 1947–1949, Folder: Clubs 1947, Box 14, NACP.

154 Vgl. Standing Operating Procedure, No. 83: Employment of German Nationals as Civilian Entertainers, 1.6.1946, RG 260, Records of U.S. Occupation Headquarters, World War II, 1923–1972, General Correspondence, 1945–1949, Box 932, NACP.

155 Wage Scales of German Entertainers, 22.4.1946, RG 260, Records of U.S. Occupation Headquarters, World War II, 1923–1972, Records of the Education and Cultural Relations Division, Box 238, NACP.

156 Vgl. Geisler, Ladi u. Klußmeier, Gerhard, Ladi. Weltstar aus Hamburg. Ladi Geisler in Selbstzeugnissen, Bildern und Dokumenten, Hamburg 2014, S. 6.

mit einem Wochenlohn von 300 Mark für die fünfköpfige Band, inklusive der Sängerin Anny Hostin.[157] Ein weiterer Arbeitsvertrag für ein dreimonatiges Engagement als Teil einer Varieté-Show ab dem 1. August 1947 zeigt, dass die Bands auch verschiedene Engagements gleichzeitig hatten.[158] Entweder waren sie für einen längeren Zeitraum in einem einzelnen Club angestellt oder sie tourten durch verschiedene Clubs und spielten vor unterschiedlichen Truppen, zum Beispiel als Teil von Varieté-Shows.

Durch die Verträge strebte die amerikanische Besatzungsmacht nach mehr Kontrolle über die deutschen Angestellten. Zudem mussten alle Musikerinnen und Musiker sowie Artistinnen und Artisten seit März 1946 registriert sein und über eine Lizenz verfügen. Mit der Einführung dieser Lizenzpflicht wurde jede bereits erteilte Spielberechtigung widerrufen.[159] Für alle deutschen Angestellten, ob Unterhaltungskünstlerin und -künstler, Kellnerin oder Gärtner, galt, dass Mitglieder der NSDAP, der Gestapo, des Sicherheitsdienstes, der Abwehr oder des Forschungsamtes des Reichsluftfahrtministeriums oder solche, die über sechs Monate in einer anderen NS-Organisation waren, nicht eingestellt werden durften.[160] Das war jedoch zumeist lediglich in einem Selbstauskunftsbogen anzugeben. Das Orchester Erik Ackermann aus Sindelfingen, nahe Stuttgart, spielte von April bis Juli 1945 für die französische Armee und anschließend für die amerikanischen Truppen. Die Spielgenehmigung umfasste sieben Auftritte im *NCO Club* der *925th Field Artillery Battalion* und die Musiker erhielten 40 Mark pro Woche pro Person.[161] Als die Mitteilung über die Vergabe von Lizenzen erschien, meldeten sich die Musiker im März 1946 für die Registrierung. Bei einer Überprüfung stellte sich heraus, dass Erik Ackermann und drei Mitglieder seiner Band Mitglieder der SA sowie der NSDAP gewesen waren. Die amerikanische Militärregierung sprach daraufhin ein Spielverbot aus.[162]

Auch ausgehändigte Lizenzen konnten bei Fehlverhalten wieder entzogen werden. Der gelernte Feinmechaniker Theodor Lippmann beispielsweise war vorübergehend in ein Orchester aufgenommen worden, das in Esslingen am Neckar im amerikanischen Club spielte. Dort wurde er am 14. September 1946 von der Clubleitung entlassen. Der Kapellmeister des Orchesters wandte sich drei Tage später an die Militärregierung in Stuttgart und erbat, Lippmann die Lizenz als Musiker zu entziehen, denn er sei

157 Die Band bestand aus Helmut Duyster, Udo Beier, Rolf Schumann, Karl-Heinz Lessing und Anny Hostin. Vgl. Arbeitsvertrag, 1.8.1947, Sammlung Helmut Duyster, JID.

158 Vgl. ebd.

159 Vgl. Chief of Theater and Music Control (Rosenthal, F.D.), Schreiben an den Zirkusbesitzer Adolf Althoff, 3.4.1946, RG 260, Records of U.S. Occupation Headquarters, World War II, 1923–1972, General Correspondence, 1945–1949, Box 931, NACP.

160 Vgl. Schreiben an alle Vorgesetzten deutscher Angestellten: Rescreening Military Government Employees, 5.5.1947, RG 260, Records of U.S. Occupation Headquarters, World War II, 1923–1972, General Records, 1947–1949, Box 14, NACP.

161 Vgl. Schreiben an den Bürgermeister von Sidelfingen, 7.8.1945, RG 260, Records of U.S. Occupation Headquarters, World War II, 1923–1972, General Correspondence, 1945–1949, Box 931, NACP.

162 Vgl. Schreiben an die Militärregierung in Böblingen: Memorandum Working Permit for Kapellenleiter, 10.4.1946, RG 260, Records of U.S. Occupation Headquarters, World War II, 1923–1972, General Correspondence, 1945–1949, Box 931, NACP.

»wiederholt durch sein unmanierliches und freches Betragen nicht nur innerhalb des Orchesters, sondern auch den Amerikanern gegenüber in der unangenehmsten Weise aufgefallen. Durch übermäßigen Alkoholgenuss, hervorgerufen durch seine notorische Trunksucht, hat L. bereits zum 3. Male ohne ersichtlichen Grund mit Orchestermitgliedern sowie mit den Gästen des Clubs Streit angefangen, der jedes Mal in Anwesenheit der Clubgäste in eine wüste Schlägerei ausartete.«[163]

Deutsche Unterhaltungskünstlerinnen und -künstler, die negativ in Erscheinung getreten waren, vermerkte das *Theater and Music Control Office* auf einer Schwarzen Liste. Sie durften ihre künstlerische Tätigkeit fortan in den Clubs nicht mehr ausüben.[164] Um die Bands in amerikanischen Clubs zu kontrollieren, setzte die Besatzungsmacht Deutsche als Kontrolleure ein. Ihnen mussten die Unterhaltungskünstlerinnen und -künstler die entsprechende Lizenz vorlegen. In Böblingen zum Beispiel übernahm diese Aufgabe im März 1947 ein Friedrich Martin, der fortan Clubs, Konzerte, Theater- und Varietéstücke aufsuchte, um die Künstlerinnen und Künstler zu kontrollieren.[165]

3.2.2 Musizieren für die Siegernationen: Der Tausch verschiedener Kapitalsorten

Von den unterschiedlichen Tätigkeiten, die Deutsche in den Clubs der Westalliierten verrichteten, war das Musizieren eine der gefragtesten. Im Monatsbericht Februar 1946 des *American Red Cross Club* in Bad Nauheim hieß es: »American and British personnel have literally ›scrounged‹ for a good German band.«[166] Die Clubleitungen der Siegermächte erwarteten von ihnen einen reibungslosen Ablauf, musikalisches Können und ein zufriedenes Publikum. Für die britischen Clubs war auch eine erschwingliche Bezahlung wichtig, da sie ihre Einnahmen und Ausgaben ausgewogen halten mussten. Die französische Besatzungsmacht hatte wenig finanzielle Mittel zur Verfügung, da das Land und die Armee vom Krieg und von der Zeit unter deutscher Besatzung geschwächt waren. Deutsche Musikerinnen und Musiker konnten daher bei der französischen Besatzungsmacht weniger Gage fordern. In ihren Erzählungen dominieren die Engagements in amerikanischen Clubs, und auch Konzerte in britischen Clubs finden Erwähnung, während über deutsche Musikerinnen und Musiker in französischen *foyers* wenig bekannt ist.

Deutsche Musikerinnen und Musiker[167] hatten seit Beginn der Besatzungszeit Zutritt zu den Clubs, ebenso wie anderes deutsches Personal. Im Gegensatz zu diesem

163 Schreiben vom Kapellmeister an die Militärregierung in Stuttgart, 17.9.1946, RG 260, Records of U.S. Occupation Headquarters, World War II, 1923–1972, General Correspondence, 1946–1947, Box 932, NACP.

164 Vgl. Castello, William, Schreiben an das Arbeitsamt Stuttgart, Betreff: Auftrittsgenehmigung, 18.6.1946, RG 260, Records of U.S. Occupation Headquarters, World War II, 1923–1972, General Correspondence, 1945–1949, Box 931, NACP.

165 Vgl. Castello, William, Schreiben, 7.3.1947, RG 260, Records of U.S. Occupation Headquarters, World War II, 1923–1972, General Correspondence, 1945–1949, Box 933, NACP.

166 Jensen, Kay, Narrative Report February 1946, 1.3.1946, RG 200, National Archives Gift Collection, Records of the American National Red Cross, 1935–1946, Box 1530, Folder: ETO (Germany) Bad Nauheim Club, NACP.

167 Es handelte sich hauptsächlich um Männer. Frauen waren weniger häufig und meistens als Sängerinnen in einer Gruppe vertreten.

prägten sie aber das Vergnügungsprogramm der Siegermächte und die Erlebnisse in den Clubs maßgeblich mit. Die Auftritte verschafften ihnen ein Einkommen,[168] mit dem sie ihren Lebensunterhalt sicherten.[169] Außerdem war es insbesondere jungen Jazzmusikern erstmals möglich, offiziell vor Publikum zu spielen. Während des Nationalsozialismus war der Jazz streng reglementiert oder sogar vollständig verboten gewesen.[170] Die Nationalsozialisten hatten Jazz-Musizierende sowie Jazz-Hörende verfolgt und teilweise inhaftiert, die Musik war als ›entartet‹ eingestuft.[171]

Die Aussicht, gemeinsam mit Angehörigen der Besatzungsmächte zu musizieren, war neben dem Gehalt ein entscheidender Anreiz für deutsche Musikerinnen und Musiker, in den Clubs der Besatzungstruppen zu spielen. Denn so konnten sie auf die umfangreichen Erfahrungen ihrer internationalen Kolleginnen und Kollegen zugreifen – ein lang ersehnter Wunsch, für dessen Erfüllung die Clubs einen Begegnungsraum boten. Die deutschen Bands hatten so wie auch die Besatzungsmächte eigene Vorstellungen, wie die Engagements aussehen und ablaufen sollten. Die Begegnungen fußten auf einem Aushandlungsprozess, bei dem die beiden ungleichen Parteien aufeinander zugingen. Die Deutschen konnten ihre Fähigkeiten anbieten und bekamen dafür eine Entlohnung. Darüber hinaus genossen sie vor, nach und während ihren Auftritten zahlreiche Privilegien. Die *SOP* 83 der amerikanischen Besatzungsmacht legte fest, dass den deutschen Unterhaltungskünstlerinnen und -künstlern jede mögliche Unterstützung zukommen sollte, die sie für einen erfolgreichen Auftritt benötigten. Das schloss die Unterbringung in Hotels und die Verpflegung, auch mit alkoholischen Getränken, ein – oftmals waren sie in Unterkünften einquartiert, die auch von der Besatzungsmacht genutzt wurden. Deren Angehörige waren nicht alle mit diesem Verfahren einverstanden. Der amerikanische Soldat Tim Irons schrieb im Februar 1946 einen Leserbrief an die *Stars and Stripes*, in dem er sich über das Verhalten einer Gruppe deutscher Unterhaltungskünstler beschwerte:

> »Recently I was billeted for a few days at a hotel in southern Germany. A group of German entertainers was brought in to perform in the officers' club. After the program, they were billeted in the hotel and practically took the place over. They had a big whing-ding until nearly five in the morning and kept everyone awake with their singing and shouting.«[172]

Irons sah die Besatzungsziele in Gefahr, wenn Deutschen derartige Privilegien zukamen und sie ohne Konsequenzen Besatzungssoldaten im selben Hotel störten. »Perhaps

---

168 Viele Musikerinnen und Musiker beschreiben in ihren Erinnerungen, dass sie zunächst mit Zigaretten und Nahrungsmitteln bezahlt wurden, die damals mehr wert waren als Geld. Vgl. Allmendinger, Paul, Erwin Lehn. Bandleader. Ein Leben zwischen Jazz und Stars, Ludwigsburg 2001, S. 40.

169 Vgl. Edelhagen, Viola u. Holzt-Edelhagen, Joachim, Die Big-Band-Story. Die Big-Bands nach 1945 in der BRD, Frankfurt a.M. 1988, S. 10.

170 Siehe Schwab, Jürgen u. Hertel, Harald (Hg.), Der Frankfurt-Sound. Eine Stadt und ihre Jazzgeschichte(n), Frankfurt a.M. 2004, S. 30–40.

171 Siehe hierzu Kater, Michael H., Gewagtes Spiel. Jazz im Nationalsozialismus, Köln 2017.

172 Irons, Tim, Occupation Not for Entertaining Germans, in: Stars and Stripes (German Edition, Pfungstadt), No. 300, 6.2.1946, S. 2.

I don't love my enemies enough, but such stuff gives a queer order to our occupation«[173], schrieb er weiter und warnte davor, Deutschen zu freundlich und zu wohlwollend zu begegnen.

Ein weiteres Privileg deutscher Unterhaltungskünstlerinnen und -künstler bestand in der Möglichkeit, mit dem amerikanischen Militär zu reisen.[174] Auch die britische Besatzungsmacht kümmerte sich um den Transport ihrer deutschen Angestellten. Der Musiker Ladi Geisel, der für britische Truppen in Schleswig-Holstein spielte, erinnerte sich: »Einmal wurden wir an eine Nachbareinheit nach Plön ausgeliehen [...]. Der neue Arbeitgeber holte uns mit einem Militärtruck ab und brachte uns in unsere neue Behausung – ins Hotel Parnass, wunderschön auf dem Berg gelegen zwischen den Plöner Seen.«[175]

Den Austausch zwischen Angehörigen der Besatzungsmächte und deutschen Musizierenden lediglich als Arbeitsverhältnis zu verstehen, bei dem Dienstleistung gegen Bezahlung getauscht wurde, greift zu kurz. Es war ein Tauschhandel, der längst nicht nur ökonomische Dimensionen einschloss. Auch die Privilegien, der Zutritt zu den Clubs und die Kontakte zu internationalen Musikerinnen und Musikern motivierten Deutsche, für die Besatzungsmächte, besonders für die amerikanische, zu spielen. Letztlich wurden hier verschiedene »Kapitalsorten« ausgetauscht, um mit Pierre Bourdieu zu sprechen. Die Verkürzung auf das ökonomische Kapital reduziert ihm zufolge »die Gesamtheit der gesellschaftlichen Austauschverhältnisse auf den bloßen Warentausch, der objektiv und subjektiv auf Profitmaximierung ausgerichtet [...] ist«[176]. Kapital sei stattdessen akkumulierte Arbeit in Form von Materie oder in verinnerlichter inkorporierter Form.[177]

Bourdieu unterscheidet in ökonomisches, kulturelles und soziales Kapital. Das ökonomische Kapital definiert er als unmittelbar und direkt in Geld konvertierbar. Kulturelles Kapital sei unter bestimmten Voraussetzungen in ökonomisches Kapital umwandelbar. Bourdieu differenziert hierbei zwischen dem inkorporierten kulturellen Kapital, was sich mit dem Begriff der Bildung beschreiben lässt, dem objektivierten kulturellen Kapital, wie etwa eine Sammlung von Gemälden, und dem institutionalisierten kulturellen Kapital, zum Beispiel ein schulischer Titel. Unter dem sozialen Kapital versteht er die Möglichkeiten, die sich für ein Individuum aufgrund ihres oder seines sozialen Netzes ergeben. Sie basieren auf materiellen und symbolischen Austauschbeziehungen. Und auch das symbolische Kapital – das Ansehen und das Prestige –, das sich aus den verschiedenen Kapitalsorten speist, ist in den gesamtgesellschaftlichen Austausch involviert. Damit ist nach Bourdieu nicht nur die Verfügbarkeit von ökonomischem, sondern eben auch von kulturellem und sozialem Kapital für die Machtverhältnisse und die Position der Individuen innerhalb von Gesellschaften entscheidend.

---

173 Ebd.

174 Vgl. Standing Operating Procedure, No. 83: Employment of German Nationals as Civilian Entertainers, 1.6.1946, RG 260, Records of U.S. Occupation Headquarters, World War II, 1923–1972, General Correspondence, 1945–49, Box 932, NACP.

175 Geisler u. Klußmeier, Ladi. Weltstar aus Hamburg, S. 9.

176 Bourdieu, Pierre, Ökonomisches Kapital, kulturelles Kapital, soziales Kapital, in: Kreckel, Reinhard (Hg.), Soziale Ungleichheiten, Göttingen 1983, S. 183–198, hier S. 184.

177 Vgl. ebd., S. 183.

Die deutschen Musikerinnen und Musiker verfügten Bourdieus Verständnis folgend über kulturelles (inkorporiertes) Kapital – die Fähigkeit auf bestimmte Art und Weise zu musizieren –, auf das die Besatzungsmächte angewiesen waren. Diese gegenseitige Abhängigkeit führte zu Aushandlungsprozessen über angemessene Verhaltensformen und Regeln zwischen den Besatzungsmächten und den Deutschen, auf die Letztere trotz der politischen Situation unter alliierter Besatzung und der asymmetrisch angelegten politischen Machtverhältnisse starken Einfluss nahmen. Die deutschen Musikerinnen und Musiker entwickelten Erwartungen, deren moralische Legimitation sich aus der jeweiligen Situation, den eigenen Bedürfnissen und bewährten Bräuchen und Traditionen speiste.[178]

Der Frankfurter Jazz-Musiker Carlo Bohländer schrieb bereits wenige Tage nach dem offiziellen Kriegsende am 17. Mai 1945 gemeinsam mit Willy Berk, Louis Freichel und Lothar Habermehl einen Brief an die amerikanische Militärregierung mit der Bitte, in der Tanzbar Tivoli in Frankfurt a.M. vor deutschem Publikum Jazz spielen zu dürfen.[179] Zahlreiche Musizierende traten ebenso selbstbewusst und zielstrebig an die Militärregierungen heran, um für die Besatzungstruppen spielen zu können, auch um sich ihren Lebensunterhalt sichern zu können. In dem erwähnten Schreiben an die amerikanische Militärregierung nehmen die vier Männer Bezug auf ihre Erlebnisse und Positionen während des Nationalsozialismus. Lothar Habermehl und Willy Berk betonten, dass sie Halb-Juden seien. Berk gab außerdem an, wegen seiner Nähe zur ›artfremden‹ Musik von der Gestapo festgenommen worden zu sein. Bohländer und Freichel waren Mitglieder des *Harlem Club*, der 1939 von der Gestapo verfolgt und aufgelöst worden war, allerdings im Geheimen fortbestanden hatte.[180] Ihre Kenntnisse über den Jazz hatten sie nach eigenen Angaben über das »dauernde Abhören fremder Sender«[181] erworben. Diese Informationen über ihre Personen und ihre Verstöße gegen das nationalsozialistische Regime[182] nutzten sie, um authentisch und vertrauenswürdig zu wirken und somit ihrem Anliegen Nachdruck zu verleihen, endlich Jazz zu spielen und damit Geld zu verdienen:

---

178 Zur Frage nach den Aushandlungsprozessen zwischen ungleichen Gruppen und deren moralischen Legitimierungsbestrebungen siehe den Grundlagentext des Konzeptes der *Moral Economy* von E.P. Thompson: Thompson, Edward P., The Moral Economy of the English Crowd in the Eighteenth Century, in: Past & Present, 50 (1971), S. 76–136.

179 Vgl. Bohländer, Carlo, Betr.: Einführung amerikanischer Jazzmusik in Frankfurt, 17.5.1945, Sammlung Carlo Bohländer, JID.

180 Der *Harlem-Club* gründete sich etwa in der zweiten Hälfte 1937 und umfasste eine Gruppe von etwa 30 Schülerinnen und Schülern zwischen 15 und 19 Jahren. Es gab weder eine Clubsatzung noch einen Clubbeitrag. Die Gruppe traf sich in verschiedenen Lokalen in Frankfurt a.M. und definierte sich über ihr gemeinsames musikalisches Interesse. Außerdem boykottierten sie die Einführung der Hitlerjugend-Dienstpflicht. Vgl. Schwab u. Hertel, Der Frankfurt-Sound, S. 36f.

181 Bohländer, Carlo, Betr.: Einführung amerikanischer Jazzmusik in Frankfurt, 17.5.1945, Sammlung Carlo Bohländer, JID.

182 Dies wird zudem in einer eidesstattlichen Erklärung deutlich, die beinhaltete, dass sie »in den Jahren der Nazi-Herrschaft durch die Gehstapo [sic!] wegen Abhören feindlicher Sender, Abhalten musikalischer Abende, in deren Verlauf englischer und amerikanische Schlager gesungen und gespielt wurden, verfolgt [wurden].« Bohländer, Carlo, Beglaubige Abschrift. Erklärung, Sammlung Carlo Bohländer, JID.

»Da während der Naziherrschaft amerikanische Tanzmusik in Deutschland verboten war und wir jahrelang auf diesen Zeitpunkt warteten, um endlich spielen zu können, bitten wir um Genehmigung im Tivoli-Casino, Frankfurt, Töpfengasse, musizieren zu dürfen. Während der Nazi-Tyrannei hatten wir nur Gelegenheit dazu, vor Ausländern, in Freundeskreisen, oder wenn wir einmal vor die Öffentlichkeit traten, so wurden die Schlager mit deutschen Decknamen belegt.«[183]

Die Amerikaner hatten keine Einwände und erteilten Carlo Bohländer und seiner Band, der *Hot Club Combo,* ab dem 20. Mai 1945 die erbetene Erlaubnis. Vielleicht stellte dieses selbstbewusste und zielorientierte Handeln unter der Initiative Carlo Bohländers die Weichen für eine folgende Zusammenarbeit und zahlreiche weitere Engagements, die Bohländer mit unterschiedlichen Orchestern in verschiedenen Offiziers- und Soldatenclubs in den 1940er Jahren erhielt. Als Trompeter im *Jazz-Club Ork*[184] spielte er am 8. und 9. September 1945 im *Officer Club Limburg*, ab dem 10. September im *G.I. Country Club*, vom 27. bis 30. September im *Officer Club Sachsenhausen* und am 25. September war das *Jazz-Club Ork* die erste deutsche Band, die im *Palmgarden Club* in Frankfurt a.M. auftrat.[185] Auch der Musiker Hans Otto Jung war ein Vermittler zwischen amerikanischer Besatzungsmacht und Musikern. Er stellte Kontakte zwischen seinen Frankfurter Bekannten und einigen Amerikanern her, die auf dem Weingut von Jungs Eltern in Rüdesheim eine Unteroffiziersschule eingerichtet hatten. Jung spielte den Soldaten auf dem Klavier vor und erzählte von den Bands in Frankfurt. Die Amerikaner engagierten daraufhin die Combo, so Schwab.[186]

Ebenso begann der später als *Bigband-Leader* berühmt gewordene Kurt Edelhagen unmittelbar nach der Kapitulation, für die Besatzungsmacht zu musizieren. Er wuchs in Herne im Ruhrgebiet auf, das unter britischer Besatzung stand. Dort beschlagnahmten die Briten das Café Central und benannten es in *Battle Axe Club* um. In einem Buch über Kurt Edelhagen, das auf persönlichen Gesprächen und geteilten familiären Erinnerungen beruht und daher eher als eine Darstellung der Erinnerung an jene Erlebnisse denn als Abbildung des Geschehenen bewertet werden muss, wird der Beginn des Engagements folgendermaßen nacherzählt:

»Am Eingang des Centralcafés in Herne, in dem englische Besatzungssoldaten ihren Whisky schlürften, traf [Kurt Edelhagen] einen alten Bekannten […] ›Was machst du, alter Junge?‹ wurde Edelhagen gefragt: ›Nichts‹, war die lakonische Antwort. ›Ich will nur spielen. – Gleich wo. Nur spielen.‹ ›Ich habe einen Tip, Junge‹, sagte der Essener Bekannte und deutete mit dem Daumen auf das geöffnete Fenster des Centralcafés,

183 Bohländer, Carlo, Betr.: Einführung amerikanischer Jazzmusik in Frankfurt, 17.5.1945, Sammlung Carlo Bohländer, JID.

184 Das Orchester bestand aus Carlo Bohländer (Trompete), Rudi Thomsen (Trompete und Violine), Paul Martin (Altsaxofon, Violine, Gitarre), Heinz Gietz (Klavier), Louis Freichel (Klavier, Schlagzeug) und Horst Lippmann (Schlagzeug, Bass).

185 Vgl. Lippmann, Horst, Jazz in Groß-Hessen, in: ders. (Hg.), Die Jazz-Club News, Frankfurt a.M., 30.9.1945, S. 11–14, S. 13.

186 Vgl. Schwab u. Hertel, Der Frankfurt-Sound, S. 54.

aus dem laute Schallplattenmusik drang. ›Die suchen hier ein paar Tanzmusiker. Wär das nichts für Dich?‹ [Herv.i.O.].«[187]

Die britischen Truppen engagierten Edelhagen als Musiker. Als Bezahlung einigten sich die Parteien auf Lebensmittel. Edelhagen hatte etwas zu essen und die Soldaten Musik.[188] Auch die junge Rita Paul sang 1947 im Alter von 19 Jahren für britische Truppen.[189] In den 1950er Jahren wurde sie eine berühmte Schlagersängerin. Ein englischer Offizier habe sie kurz nach Kriegsende entdeckt und daraufhin mit nach Hamburg genommen, wo sie in britischen Soldatenclubs auftrat, so der Journalist Paul Allmendinger.[190]

Zunächst gab es kein festes Schema, nach dem die Siegermächte Musikerinnen und Musiker auswählten. Entscheidungen wurden dezentral und situationsabhängig getroffen und die jeweils ausschlaggebenden Argumente konnten variieren.[191] Diese Momente der Interaktion boten Spielräume für Handlungsmacht und Auftreten der Deutschen vor den Besatzungsmächten. Nachdem sich die amerikanische Militärregierung mehrere Wochen nach Kriegsende längerfristig installiert hatte und die neue Ordnung organisierter war als in den Tagen und ersten Wochen nach der Kapitulation, übernahm die *Special Service Branch* die Koordinierung der Musiker für amerikanische Clubs. Hierbei nahmen Personen wie der erwähnte Carlo Bohländer die Rolle von Vermittlern ein, die Kontakte zwischen Bands und der amerikanischen Militärregierung herstellten.

Die sozialen Netzwerke waren demnach für die Engagements von großer Bedeutung, sowohl unmittelbar zu Beginn der Besatzung als auch in der späteren Phase. Ebenfalls wichtig waren die eigene Vergangenheit unter dem Nationalsozialismus sowie deren Interpretation und Darstellung der Musiker vor den Alliierten, die musikalischen Fähigkeiten sowie die Expertise in der amerikanischen Jazzmusik. Theoretisch fassbar werden diese Eigenschaften mit Pierre Bourdieus bereits erörtertem Konzept des Kultur- und Sozialkapitals.

Carlo Bohländer und auch Hans Otto Jung in der Rolle der Vermittler waren Teile eines Netzes von Personen, die untereinander solidarisch handelten und schließlich von ihrer Zugehörigkeit zu dieser Gruppe profitierten. Die verschiedenen Jazz-Orchester, die für die Angehörigen der amerikanischen Besatzungsmacht in Frankfurt a.M. und Umgebung spielten, bestanden zum größten Teil aus solchen miteinander verbundenen Musikern, die in unterschiedlichen Kombinationen auftraten. Das Mitteilungsblatt

187 Holzt-Edelhagen, Joachim, Das Orchester Kurt Edelhagen, Frankfurt a.M. 1990, S. 20f.

188 Vgl. ebd.

189 Vgl. o.A., Bild und Porträt. Rita Paul, in: Melodie, No. 10, 1947.

190 Allmendinger, Erwin Lehn, S. 27.

191 Die deutsche Musikkomödie *Hallo, Fräulein* unter der Regie von Rudolf Jugert mit Margot Hielscher in der Hauptrolle, die am 13. Mai 1949 Premiere feierte, zeigt einen fiktiven, aber an die damaligen Gegebenheiten angelehnten Ablauf der Einstellung von Musikerinnen und Musikern für die amerikanische Besatzungsmacht unmittelbar nach Kriegsende. In einer kleinen Stadt in Süddeutschland versucht ein Kommandant der amerikanischen Truppen, eine Musikshow zu organisieren, und wählt hierzu Musikerinnen und Musiker aus. Im Verlauf des Films wird ein internationales Orchester zusammengestellt, das bei einem großen Fest auch für Deutsche spielt, um so zur Völkerverständigung beizutragen. Vgl. Hallo, Fräulein!, Hamburg/München 1949; Fay, Jennifer, »That's Jazz Made in Germany!«. Hallo, Fräulein! and the Limits of Democratic Pedagogy, in: Cinema Journal, 44, 1 (2004), S. 3–24.

Jazz Club News führte in den ersten Ausgaben bis zum Jahresende 1945 die verschiedenen Bands und ihre Mitglieder namentlich auf. Hierbei wird deutlich, dass die Musiker entweder in verschiedenen Orchestern spielten oder aber von einem in ein anderes wechselten und nach einigen Wochen oder Monaten zurückkamen. Auch die Namen der Bands waren zum Verwechseln ähnlich, sodass Außenstehende sie kaum unterscheiden konnten. So verließ der Trompeten- und Violinen-Spieler Rudi Thomsen[192] am 8. Oktober 1945 die Band *Jazz Club Rhythm* und spielte im *Jazz Club Ork*, bis er bereits im November wieder zur ersten Band zurückkehrte. Gleichzeitig übernahm die Band *Jazz Club Rhythm* den Namen *Jazz Club Ork* und die Mitglieder dieser Band nannten sich fortan *Jazzfreunde Ork*.[193]

Die Auflistung verschiedener Auftritte mit den Besetzungen der Bands zeigen zudem, dass die Musiker sich gegenseitig aushalfen und füreinander einsprangen. Es handelte sich um eine feste, lokal agierende Gruppe, die auch Kontakt zu anderen Jazz-Gruppen in Hamburg oder Berlin pflegte. Der bereits erwähnte Kurt Edelhagen gehörte zu den Personen, die später nach Frankfurt a.M. kamen, aber schon vorher mit den Musikern in Kontakt standen. Carlo Bohländer schrieb, dass Edelhagen 1948 mit seiner neuen Band in die Stadt kam und sich mit der Hilfe des Amerikaners Johnny Vrotsos, der beim *American Forces Network (AFN)* arbeitete und im Kontakt mit Horst Lippmann und Carlo Bohländer stand, ein Engagement in einem Club sichern konnte.[194] Die Frankfurter Musiker institutionalisierten ihre Gruppe unter der Leitung von Günter Boas, Horst Lippmann und Olaf Hudtwalcker im Jahr 1946 im *Hot Club Frankfurt*.[195] »[They] reorganized the Hot Club of Frankfurt – the loose association of local jazz fans – into a real club for the promotion of jazz.«[196]

Bourdieu beschreibt, dass die Profite, die sich aus der Zugehörigkeit zu einer Gruppe ergeben, zugleich Grundlage für die Solidarität seien, die diese Profite ermöglicht. Das bedeute jedoch nicht, dass Profite bewusst angestrebt werden. Dennoch sei es ein Merkmal der Gruppe, die gemeinsames Sozialkapital erarbeitet, dass sie ebenfalls materielle Profite bereithalte, die sich aus Beziehungen ergeben.[197] Das geschah auch im Falle der Frankfurter Jazzmusiker, die für die amerikanischen Besatzungsmächte durch die Soldatenclubs tourten. Die dazu nötigen Fähigkeiten der Musiker können als Kulturkapitel gefasst werden.

---

192 Rudi Thomsen war außerdem Carlo Bohländers zehn Jahre älterer Cousin. Vgl. Bohländer, Carlo, The Evolution of Jazz Culture in Frankfurt, in: Budds, Michael (Hg.), Jazz and the Germans. Essays on the Influence of Hot American Idioms on 20th-Century German Music, Hillsdale, New York 2002, S. 167–178, hier S. 167.

193 Vgl. Lippmann, Jazz in Groß-Hessen, in: ders (Hg.), Die Jazz-Club News, S. 14 und Lippmann, Horst, Jazz in Groß-Hessen, in: ders. (Hg.), Jazz Club News, Oktober/November 1945, S. 27–29, S. 28.

194 Vgl. Bohländer, The Evolution of Jazz Culture in Frankfurt, in: Budds (Hg.), Jazz and the Germans, S. 173.

195 Der Hot Club Frankfurt a.M. wurde allerdings erst am 1. August 1954 zu einem offiziell eingetragenen Verein (e.V.) »zur Pflege künstlerisch wertvoller Jazz-Musik und zur Förderung all dessen, was zu ihrer Anerkennung beitragen kann«. Hot Club Frankfurt e.V., Gründungsprotokoll, 1.8.1954, Sammlung Erwin Glier, JID.

196 Bohländer, The Evolution of Jazz Culture in Frankfurt, in: Budds (Hg.), Jazz and the Germans, S. 173.

197 Vgl. Bourdieu, Ökonomisches Kapital, kulturelles Kapital, soziales Kapital, in: Kreckel (Hg.), Soziale Ungleichheiten, S. 192.

Bourdieu differenziert noch genauer zwischen dem institutionalisierten, dem objektivierten und dem inkorporierten Kulturkapital. Letzteres ist an den Körper des Menschen gebunden und wird durch investierte Zeit erworben.[198] Das Musizieren sowie die Kenntnisse der amerikanischen Jazzstücke hatten die Frankfurter Musiker über einen längeren Zeitraum – auch unter dem Nationalsozialismus – erlernt und sich zu eigen gemacht. Das Abhören amerikanischer und britischer Sender sowie geheime Treffen, Proben und Konzerte halfen ihnen dabei, sich trotz der Restriktionen musikalisch weiterzuentwickeln. Sie hatten Kulturkapital aufgebaut, das ihnen nach dem Ende des Krieges und mit dem Beginn der Besatzung einen »Seltenheitswert«[199] einräumte. Das führte dazu, dass die Machtpositionen und Erwartungen sich nicht zwangsläufig entsprechend der politischen Hierarchie zwischen Besetzenden und Besetzten etablierten. Auch Bourdieu merkte an, dass es zu einer Verschiebung der Macht zwischen den Inhabern eines ökonomischen Kapitals und des Kulturkapitals kommen kann.[200] Die Musiker besaßen Handlungsmacht, da sie über ein inkorporiertes Kulturkapital verfügten, das die amerikanische Besatzungsmacht benötigte und entsprechend erwarb. Diese bestimmte zwar die Orte, an denen gespielt wurde, und stellte zum Teil auch die Instrumente zur Verfügung, aber Musizieren, also das inkorporierte Kulturkapital, konnten allein die deutschen Musiker.

Der große Mangel an Bands, die in den Clubs spielen konnten, schlägt sich in zahlreichen Monatsberichten aus verschiedenen *American Red Cross Clubs* nieder. So heißt es im Bericht für den Monat Oktober 1945 des Clubs *Hav-a-Dunk House* in Neckarstadt: »During October, our big problem in program planning has been securing bands.«[201] Auch in Mannheim im Februar 1946 konnte der Bedarf nicht gedeckt werden, sodass die Clubleiterinnen und die Hostessen vor der schwierigen Aufgabe standen, ausreichend musikalische Unterhaltung zu finden. Eine amerikanische Mitarbeiterin des *Rubble Haven Club* schilderte, dass eine deutsche Band am Samstagabend spielen sollte. Am Samstagmittag kam der Manager der Band zu ihr und beschwerte sich über das inadäquate Gehalt für den Auftritt. Er teilte der Angestellten mit, dass seine Männer nicht spielen würden, wenn sie nicht besser bezahlt würden. Da sie wusste, dass es keine Alternative gab, redete sie auf den Manager ein. »It took an hour of my best and my worst German combined to convince the man that he had made a bargain and that he could not disappoint us. When he left we weren't quite certain. But we scheduled the truck to pick them up at 6.30.«[202] Die Knappheit der deutschen Bands kehrte die Hierarchie zwischen Besetzenden und Besetzten mitunter um. Die Besatzungsmächte waren auf die Bands angewiesen, denn sie waren oftmals eine »drawing card«, um das Interesse der Truppenange-

---

198 Vgl. ebd., S. 186.

199 Ebd., S. 187.

200 Bourdieu reißt dies am Beispiel der Kaderkräfte kurz an, führt es jedoch nicht weiter aus. Vgl. ebd.

201 Narrative Report Neckarstadt, 1.11.1945, RG 200, National Archives Gift Collection, Records of the American National Red Cross, 1935–1946, Box 1531, Folder: Neckarstadt Club (Hav-a Dunk House), NACP.

202 Narrative Report, 3.2.1946, RG 200, National Archives Gift Collection, Records of the American National Red Cross, 1935–1946, Box 1531, Folder: Rubble Haven Mannheim, NACP.

hörigen zu wecken, wie die Clubleiterin des *Wander Inns* in Bensheim schrieb.[203] Diese Abhängigkeit spiegelte sich im Umgang mit den Musikerinnen und Musikern wider. Der Orchesterleiter Joe Wick, der im Dritten Reich das Ufa-Tanzorchester für Auslandstourneen geleitet hatte,[204] war auf der britischen Kanalinsel Jersey in Kriegsgefangenschaft geraten, auf der er mit seinem Orchester für die deutschen Truppen gespielt hatte. Die Engländer brachten ihn und sein Orchester zunächst nach Glasgow und anschließend nach London. »Am 6. Februar 1946 reiste Joe Wick [...] nach Deutschland zurück – nicht auf einem Frachter oder Truppentransporter, sondern auf einem englischen Urlaubsschiff; jeder hatte sein eigenes Bett.«[205] Ziel der Reise war das Hauptquartier der englischen Truppenbetreuung auf der Alexanderhöhe im (nordrhein-)westfälischen Iserlohn. Dort angekommen, stellte die britische Besatzungsmacht dem Orchester frei, zu gehen oder sich vertraglich zur Unterhaltung der englischen Truppen zu verpflichten.[206] Wick entschied sich für einen Einjahresvertrag und baute sein Orchester mit all den Mitteln, die ihm die britischen Besatzer zur Verfügung stellten, auf: »Ich kriegte alles, was ich brauchte, Noten, Pulte, Instrumente, Uniformen, alles. Die konnten ja bezahlen. Kein Mensch hatte was – wir hatten alles, sogar dieselben Rationen wie die Engländer.«[207]

Aber auch die Besatzungsmächte hatten ihre Ansprüche an die deutschen Bands. Rekonstruieren lässt sich dies aus Empfehlungsschreiben, die in der Regel von Offizieren nach einem Engagement ausgestellt wurden. So empfahl ein amerikanischer Offizier die Darmstädter Band *The Rhythm Boys*: »It is a pleasure to recommend this band. Their performance, cooperation and musical ability has at all times been superior. It is my desire to have them in our club again for a return engagement.«[208] Neben der musikalischen Leistung, dem Auftreten allgemein und dem Verhältnis zum amerikanischen Arbeitgeber war die Meinung der amerikanischen Soldaten wichtig. Waren sie zufrieden, versuchte die Clubleitung, die Bands erneut anzuheuern.[209] Schließlich sollte die musikalische Unterhaltung dazu beitragen, die Angehörigen der Besatzungsmächte in den Clubs an ihre Heimat zu erinnern. Es sollten Rückzugsorte geschaffen werden, an denen die Unterhaltung im Mittelpunkt stand. Eine gewisse Beständigkeit bei der Auswahl der Bands wurde ebenfalls angestrebt. Meist sollten sie zudem bei Tanzveranstaltungen ebenso wie beim täglichen Essen eingesetzt werden können. Auch die britische Besatzungsmacht folgte diesen Zielen. Die Clubleiterin Mrs. Hill suchte für den *Malcolm Club* im britisch besetzten Bückeburg eine Band. Diese durfte jedoch nicht zu teuer sein, da die privat betriebenen *Malcolm Clubs* ihre Ausgaben eigenständig decken mussten.

203 Narrative Report for November, RG 200, National Archives Gift Collection, Records of the American National Red Cross, 1935–1946, Box 1531, Folder: Wander Inn, Bensheim, NACP.

204 Vgl. o.A., Musik mit Sonnenbrille. Notenmappen bleiben geschlossen, in: Der Spiegel, Nr. 23, 5.6.1948, S. 29.

205 Wick, Joe u.a., Die Joe-Wick-Story. Von ihm selbst erzählt, Menden 1987, S. 16.

206 Vgl. ebd.

207 Ebd.

208 Mannig, M.H., Empfehlungsschreiben vom Zebra Club, Non-Commissioned Officers Club, Frankfurt Military Post, für den Zeitraum vom 15. September 1947 bis zum 2. November 1947, 5.11.1947, Sammlung Helmut Duyster, JID.

209 Vgl. Ousley, Everet L., Recommendation for the Rhythm Boys, 22.4.1947, Sammlung Helmut Duyster, JID.

> »Mrs. Hill [Club director] replied [to a request for music] they were trying out a new German band, that they hoped would be able to supply music, both for the dances and the canteen. If this did no answer, they would experiment with other available orchestras, until the cheapest and best combination was found.«[210]

Auch im britisch besetzten Bünde freuten sich die Angehörigen der britischen Besatzungsmacht im August 1945 über eine neue deutsche Band: »A number of excellent German musicians have been found and a new band formed, which will perform tonight for the first time at the Officers' Club. This band will eventually be permanently employed at the new Club premises.«[211] Der erste Auftritt der Band war ein Erfolg: »[A]lthough it had not been intended to start a dance on that occasion, the music proved irresistible and couples soon took the floor.«[212] Anschließend trat sie regelmäßig in Bünde auf.

Während die Clubleitungen von den Bands gute Musik und Unterhaltung forderten, erwarteten die deutschen Musikerinnen und Musiker neben einer guten Bezahlung auch Privilegien wie Verpflegung und Unterkunft. Die Band *Jazz Club Rhythm* hatte bereits im September 1945 feste Vorstellungen vom Ablauf ihrer Tour. Bandmitglied Fred Noll schrieb über die Ankunft im amerikanisch besetzten Lohr am Main: »Von liebevollen Händen betreut, wurden selbstverständlich wie immer ›Goldene Tage‹ verbracht [Herv.i.O.].«[213] Der Musikermangel führte dazu, dass die Deutschen äußerst begehrt waren und Forderungen zum Beispiel nach mehr Gehalt oder einer besseren Verpflegung stellen konnten. Dennoch galten auch für sie bestimmte Verhaltensregeln. Übermäßige Trunkenheit und Schlägereien tolerierten die Militärregierungen nicht und entzogen daraufhin Lizenzen.

In den Clubs galten demnach eigene moralische Ökonomien: Ordnungssysteme aus Normen, Werten und Verboten, auf deren Aushandlungsprozesse die beiden Akteursgruppen Einfluss nahmen. Diese waren geprägt von Reziprozität, von einem Geben und Nehmen immaterieller und materieller Güter und Ressourcen, deren Austausch sich nicht an einem zwangsläufig gleichen Wert, sondern am jeweiligen Bedarf orientierte. Den Militärregierungen mangelte es an Arbeitskräften sowie Unterhaltungsangeboten, während die Deutschen die Knappheit an materiellen Gütern wie Lebens- oder Genussmittelns zu kompensieren versuchten oder vom Fachwissen ausländischer Kolleginnen und Kollegen profitieren wollten. In den Clubs selbst standen die Zufriedenheit der Gäste und der Unterhaltungsaspekt im Vordergrund. Damit gerieten hier die von den Besatzungsmächten zu lösenden Probleme und Aufgaben in der deutschen Gesellschaft nach dem Nationalsozialismus in den Hintergrund. Die deutschen Musikerinnen und Musiker traten als selbstbewusste Künstlerinnen und Künstler auf, die sich ihres Wertes bewusst waren. Oftmals agierten sie innerhalb eines Netzwerks deutscher Musikerinnen und Musiker, das ihnen Sicherheit gab und materielle Profite bereithielt.

---

210 Malcolm Club, Malcolm Club Airmen's Committee, 20.8.1946, K 13/1342, IWM.

211 CCG Gazette Germany, Produced under the direction of the Welfare Officers, No. 10, 8.8.1945, S. 2, 2005–05-12, NAM.

212 CCG Gazette Germany, Produced under the direction of the Welfare Officers, No. 11, 9.8.1945, S. 2, 2005–05-12, NAM.

213 Noll, Fred, Bilanz. Auf Show mit dem Jazz-Club-Rhythm, in: Lippmann, Horst (Hg.), Die Jazz-Club News 1945, S. 4–6, hier S. 5.

3.2.3 Das Verhältnis zwischen deutschen Angestellten und den Besatzungsmächten

Die Knappheit an Musikerinnen und Musiker, die in westalliierten Clubs auftreten konnten, und die sich daraus ergebende Möglichkeit für deutsche Bands sind ein Beispiel für die Wechselseitigkeit zwischen deutschen Angestellten und den Angehörigen der Besatzungsmächte. Die Austauschprozesse und deren Aushandlungen prägten deren Verhältnis in den Clubs. Außerordentlich bedeutsam waren hierbei die Themen Verpflegung sowie Respekt und Anerkennung.

Der Fall eines klassischen Orchesters, das im amerikanischen *Palmgarden Club* in Frankfurt a.M. am 26. Januar 1948 auftrat, unterstreicht die Bedeutung der Verköstigung für die deutschen Angestellten. Die Musiker waren davon ausgegangen, nach dem geplanten Konzert eine warme Mahlzeit zu erhalten. Doch als sie am Morgen des Auftritts erfuhren, dass sie lediglich Kaffee und Kuchen bekommen würden, drohten sie, nicht zu spielen. Diese Drohung hatte Erfolg und ihnen wurde umgehend eine warme Mahlzeit serviert. Dass das Orchester auch weiterhin engagiert wurde, deutet daraufhin, dass die *Special Service Branch* kaum über Alternativen verfügte. Ein britischer Soldat brachte in einem Leserbrief an eine Soldatenzeitung, in dem er sich für mehr Konzerte deutscher Orchester für die Truppen einsetzte, auf den Punkt, was viele Briten äußerten: »There are not many amenities that the Germans can offer us [...]. The only exception is music.«[214]

Aber nicht nur deutsche Musikerinnen und Musiker forderten ihre Verpflegung ein. Die *Stars and Stripes* titelte am 10. Januar 1947: »100 Germans quit in Snackbar Walkout«. Einhundert Angestellte des *American Red Cross Club* namens *Journey Inn* in Frankfurt a.M. streikten, da ihnen nicht länger gestattet wurde, sich bei Kaffee und Doughnuts zu bedienen. Die *Headquarters* der *US Forces, European Theater (USFET)* hatten beschlossen, dass keine Lebensmittel, auch keine Reste, mehr von den Angestellten gegessen werden durften. Bis zu diesem Beschluss erhielten die deutschen Angestellten des Clubs täglich eine Tasse Kaffee, Sandwiches und eine Mahlzeit in der für sie vorgesehenen Kantine. Die Streikenden hatten in diesem Fall jedoch das Nachsehen, denn die amerikanische Armee entließ sie unverzüglich.[215] Deutsche Angestellte aus anderen Frankfurter Clubs wurden daraufhin kurzfristig in das *Journey Inn* gebracht, um ein Minimum an Service aufrechterhalten zu können. Küchenpersonal und Kellnerinnen waren wesentlich leichter zu ersetzen als Musikerinnen und Musiker, daher befanden sie sich in einer schwächeren Verhandlungsposition.

Eine andere Möglichkeit, die deutsche Angestellte an den Rationen der Besatzerinnen und Besatzer teilhaben ließ, waren Geschenke der Offiziere und Soldaten. Sie spendierten den Deutschen zum Beispiel Getränke, insbesondere alkoholische. Die amerikanische Militärregierung bemängelte dies am 18. Februar 1947: »In purchasing liquor for indigenous employees, you serve to deplete the stocks of liquor which are issued on

---

214 CCG Gazette Germany, Produced under the direction of the Welfare Officer, No. 219, 12.4.1946, 2005–05-12, NAM.

215 Vgl. Rodgers, Robert R., 100 Germans Quit in Snackbar Walkout by Robert R. Rodgers, in: Stars and Stripes (European Edition, Pfungstadt), No. 35, 10.1.1947, S. 12.

ration for American and allied personnel.«[216] Und obgleich bereits das Rundschreiben Nummer 162 vom 23. Juli 1946 festgelegt hatte, dass weder Clubs noch Einheiten oder Einzelpersonen berechtigt waren, deutschen Unterhaltungskünstlerinnen und -künstlern Lebensmittel oder Zigaretten zu schenken,[217] behielten viele Clubleitungen und Soldaten dieses Verhalten aus den ersten Monaten der Besatzungszeit bei. Der Musiker Ernst Mosch spielte Ende 1945 in Bayern in unterschiedlichen amerikanischen Clubs, »wo [...] [ihm] das eine oder andere Mal in den Offizierskantine auch ein Schlag Essen gereicht [wurde]«[218].

Ähnliche Erfahrungen machte auch eine junge Berlinerin. Sie arbeitete gemeinsam mit ihrem Vater für die britische Militärregierung in Berlin. Sie fuhren Busse, mit denen die Angehörigen der britischen Besatzungsmacht Ausflüge machten. Vater und Tochter konnten die Soldaten in die Kaserne nach Kladow begleiten, wo diese speisten. Sie durften zwar mit herein, aber mussten im hinteren Bereich des Speisesaals sitzen. Sie bekamen heißen Tee mit Milch und Honig. Und manchmal, obwohl es offiziell nicht gestattet war, kam »dann so heimlich still und leise ein Pudding«[219] bei ihnen an.[220] Deutsches Küchenpersonal oder Kellnerinnen schmuggelten mitunter Essen unter der Kleidung aus den Clubs. Doch das war ein Kündigungsgrund; einige Clubs führten sogar Leibesvisitationen beim Personal durch.[221]

Die amerikanische *SOP* Nummer 83 schrieb hingegen seit Juni 1946 vor, dass alle deutschen Unterhaltungskünstlerinnen und -künstler ein Mittagessen bekommen sollten.[222] Die britische Militärregierung entschied sich im Mai 1947 ebenfalls dafür, allen *German Entertainers* eine Mahlzeit zu gestatten.[223] Der britische Captain Colby schrieb in seinen Erinnerungen hierzu sarkastisch, »if wars were still wars and the conquered paid the bill, that would have been so, but in actual fact the Embassy [club in Berlin] was run

---

216 Minutes of Meeting of OMGB Officers' Club Council, 18.2.1947, RG 260, Records of U.S. Occupation Headquarters, World War II, 1923–1972, Board and Claims Administrative Files of the Personnel and Administrative Division, 1946–1948, NACP.

217 Headquarters Berlin District United States Army, Auszug aus: Circular No. 162 vom 23.7.1946: Supplying and Payment of German Entertainers, RG 260, Records of U.S. Occupation Headquarters, World War II, 1923–1972, Allied Kommandatura, Records Relating to Labor Meeting, Box 228, NACP.

218 Allmendinger, Erwin Lehn, S. 40.

219 Interview mit M.E., Bestand: Ausstellung *Worüber kaum gesprochen wurde*, Ordner: Zeitzeugen, ACW.

220 Die britische *Routine Order* vom 29. Mai 1948 ließ einen Handlungsspielraum zu. Es hieß, dass kleine Geschenke, die keinen großen Wert auf dem Schwarzmarkt besaßen, von Britinnen und Briten an deutsche Angestellte verschenkt werden durften. Eine Definition über den Wert der Geschenkte gab die *Routine Order* nicht. Vgl. Routine Order, Relation between Members of the C.C.G. and Germans, 29.5.1948, FO 936/693, TNA.

221 Vgl. Ronke, Christa, Tagebuch von Christa Ronke, Eintrag vom 10. Dezember 1945.

222 Vgl. Standing Operating Procedure, No. 83: Employment of German Nationals as Civilian Entertainers, 1.6.1946, RG 260, Records of U.S. Occupation Headquarters, World War II, 1923–1972, General Correspondence, 1945–49, Box 932, NACP.

223 Vgl. Humphreys, S., Rations for Official German Entertainment, 6.5.1947, FO 1012/157, TNA.

without any suffering whatsoever to the Germans. On the contrary, they enjoyed it. It meant meals for hundreds of employees.«[224]

Die britische Besatzungsmacht knüpfte dieses Privileg an die schlechte Versorgungslage der Deutschen in den ersten Jahren nach Kriegsende. Seit dem 1. November 1949 erhielten deutsche Angestellte kein Mittagessen mehr, da sich die Lebensmittelversorgung deutlich verbessert hatte.[225] Doch auch zuvor bekamen längst nicht alle deutschen Angestellten eine ihnen eigentlich zugesicherte Mahlzeit. Oft mussten sie diese einfordern und versuchen, sich gegen die Besatzungsmacht durchzusetzen. So zeigte sich, dass die Militärregierungen zwar Anordnungen darüber verabschiedeten, wie deutsche Angestellte zu verpflegen seien, aber sowohl die Deutschen als auch die Angehörigen der Besatzungsmächte selbst nahmen Einfluss bei der Umsetzung. Daraus entstanden an die jeweilige Situation geknüpfte Praktiken. Ähnliches lässt sich für den Umgang miteinander ausmachen. Anordnungen, wie beispielsweise das Fraternisierungsverbot, schrieben bestimmte Verhaltensweisen vor oder verboten sie. Doch die Besatzerinnen und Besatzer interpretierten sie im Besatzungsalltag und im täglichen Miteinander unterschiedlich. Waren die deutschen Angestellten Teil der Gemeinschaft in den Clubs geworden, so trat die noch nicht lange zurückliegende Kriegsfeindschaft oftmals in den Hintergrund. Schon im Dezember 1945 veranstaltete die Clubleitung des *Starnberg Club* in Bayern etwa eine Weihnachtsfeier für die deutschen Angestellten: »In appreciation for all the work and added cooperation and spirit they had shown in trying to make this as nice a Christmas as possible for the American soldier in this area. I'm very proud of our staff in that they all are very eager and willing to do the best in their jobs.«[226]

Auch die Clubleitung des *American Red Cross Club Big Wheel* in Weiden in der Oberpfalz bedankte sich vor der Übernahme durch die *Special Service Division* im März 1948 mit einer Feier beim deutschen Personal, bei der neben Kaffee und Kuchen auch kleine Geschenke ausgeteilt wurden.[227] Bereits im Dezember 1947 hatte der *Big Wheel Club* eine »indigenous personnel party« veranstaltet, bei der die Deutschen von den amerikanischen Hostessen bedient wurden.[228] Das deutsche Orchester Hans Deutzer hatte in diesem Club gespielt und verabschiedete sich im März 1948 mit einem Brief an die Clubleitung:

> »The members of the Orchestra [...] beg to present you, in the moment of your departure, their gratitude for your kindness, and all wish you the best for your future,

224 Captain Reginald Colby, Tagebucheinträge Juli und August 1945, Private Papers Captain Reginald Colby, Box 10, IWM.

225 Vgl. Control Commission for Germany, Monthly Reports, Report August, No. 8, Vol. 4, 1949.

226 Mallory, Jane H., Narrative Report December 1945, RG 200, National Archives Gift Collection, Records of the American National Red Cross, 1935–1946, Box 1531, Folder: Starnberg Club, NACP.

227 Vgl. Monthly Report February-March 1948, RG 200, National Archives Gift Collection, Records of the American National Red Cross, 1946–1964, Box 1925, Folder: 900.11/6161, Big Wheel Club Weiden, NACP.

228 Vgl. Monthly Report December 1947, 20.12.1947, RG 200, National Archives Gift Collection, Records of the American National Red Cross, 1946–1964, Box 1925, Folder: 900.11/6161, Big Wheel Club Weiden, NACP.

assuring you, all members will remember with pleasure their time and hours spent in the Red Cross Club of Weiden for general entertainment.«[229]

Einen respektvollen Umgang miteinander gab es sicherlich nicht in allen Clubs und zu jedem Zeitpunkt der Besatzung, in Weiden aber schätzten sich die deutschen Angestellten und die Clubleitung. Als Arbeitgeberin war diese zwar nicht für die Bezahlung der Unterhaltungskünstlerinnen und -künstler, wohl aber für die der Kellnerinnen und des Küchenpersonals zuständig. Mit dieser Zuständigkeit wuchs auch die Verantwortung gegenüber den Angestellten. Im März 1946 berichtete die Leiterin des amerikanischen Clubs im Frankfurter Stadtteil Höchst, ihre größte Sorge sei in diesem Monat die Bezahlung der deutschen Angestellten gewesen. Sie mussten auf eine Genehmigung der Militärregierung warten, was dazu führte, dass das deutsche Personal seit drei Monaten kein Gehalt bezogen hatte. Die Angestellten erzählten der Leiterin, dass sie ihre Miete nicht mehr zahlen könnten oder kein Geld mehr für die Straßenbahn besäßen. »It really is a critical situation and I think warrants further investigation, otherwise we may be faced with a walkout of employees«, schrieb sie in ihrem Monatsbericht.[230] Einerseits wollte sie einen Streik der Angestellten vermeiden, andererseits war sie aber auch vom Schicksal der Einzelnen betroffen. Der Leiter der *Theater and Music Control Information*, F.D. Rosenthal, setzte sich ebenfalls für einige deutsche Angestellte ein. Der Betreiber des Ensembles der Olympia Revue Wolfgang Astfalk bat Rosenthal im April 1946 »so liebenswürdig [zu] sein und an das Military Gouvernement [zu] schreiben, dass [s]ein Haus einen besonderen Schutz geniesst und dass [ihm] die Möglichkeit gegeben wird, dort wieder selbst einzuziehen«[231]. Sein Haus im Bachstelzenweg in Berlin-Dahlem war zu diesem Zeitpunkt von vier amerikanischen Offizieren bewohnt und es drohte ihm die Enteignung. Rosenthal leitete Astfalks Bitte an den Leiter der *Theater and Music Control Division* in Berlin in einem persönlichen Schreiben weiter.[232] Andere Privilegien wie die Genehmigung von Sonn- und Feiertagsfahrt mit Astfalks Auto waren ihm bereits mit Hilfe seines Vorgesetzten gewährt worden.[233]

Die Besatzungsmächte, insbesondere die amerikanische, übertrugen schrittweise Verantwortung an die deutschen Angestellten. So übernahmen zum Beispiel in der

229 Orchester Hans Deutzer, Dankesbrief vom Hans Deutzer Orchester, 12.3.1948, RG 200, National Archives Gift Collection, Records of the American National Red Cross, 1946–1964, Box 1925, Folder: 900.11/6161, Big Wheel Club Weiden, NACP.

230 Cox, Elizabeth, Program Report February-March 1946, RG 200, National Archives Gift Collection, Records of the American National Red Cross, 1935–1946, Box 1530, Folder: ETO (Germany) Höchst Club, NACP.

231 Astfalck, Wolfgang, Schreiben von Wolfgang Astfalck an F. Rosenthal, 26.4.1946, RG 260, Records of U.S. Occupation Headquarters, World War II, 1923–1972, General Correspondence, 1945–1949, Box 931, NACP.

232 Vgl. Rosenthal, F.D., Schreiben an Mr. Hogan, Theatre and Music Officer Berlin, 27.5.1946, RG 260, Records of U.S. Occupation Headquarters, World War II, 1923–1972, General Correspondence, 1945–1949, Box 931, NACP.

233 Vgl. Castello, William, Schreiben an das Straßenverkehrsamt: Sondergenehmigung für Sonntags-Fahrten, 5.6.1946, RG 260, Records of U.S. Occupation Headquarters, World War II, 1923–1972, General Correspondence, 1945–1949, Box 931, NACP.

Küche eines Clubs deutsche Köchinnen und Köche die Arbeit der amerikanischen Köche. Nach einiger Zeit, so ein Leserbrief von 30 Soldaten des 542. *Antiaircraft Artillery Battalions* an die *Stars and Stripes* am 23. November 1945, übernahm eine deutsche Frau zunächst die Verantwortung für den Ablauf in der Küche und anschließend sogar die Personalführung. Das schloss ein, deutsche Angestellte einzustellen oder zu entlassen. Als einer von diesen Schmalz klaute und von Soldaten erwischt wurde, fühlten sich die Amerikaner machtlos: »When we tried to get rid of him we found ourselves in the embarrassing position of now not being allowed in our own kitchen at any time. The young lady makes the menus, has the key to the storeroom and we must dance to her music.«[234]

Maden Lorei und Richard Kirn schreiben in ihrem Buch über Frankfurt a.M. in den Jahren 1945 bis 1948, dass sich auch in den amerikanischen Läden des *Army & Air Force Exchange Service*[235] eine eigene Dynamik herausbildete, was die Verteilung der Handlungsmacht zwischen deutschen Angestellten und Soldaten betraf. Die Angestellten entschieden darüber, wer welche Zigarettensorte und Süßigkeiten bekam, so berichtete eine Zeitzeugin. »Wenn uns […], die Nase eines GIs nicht paßte, wenn er sich uns gegenüber aufspielte, […] dann konnte er auf die Liste für spärlich eintrudelnde [Ware] […] ganz oben stehen, er mußte warten, bis es uns gefiel, ihn nicht mehr warten zu lassen.«[236] Lorei und Kirn zufolge waren die Angehörigen der Siegermächte gerade an den Orten, an denen sie sich versorgten, von den Besiegten abhängig.[237] Und wenn sich die Soldaten beschwerten, hielten die Vorgesetzten meist zu den deutschen Angestellten, die ihnen oftmals näherstanden als die Soldaten.[238] Ob es sich tatsächlich so abspielte, ist schwer zu rekonstruieren. Dennoch befanden sich die deutschen Angestellten auch in den Clubs nicht nur in der unterwürfigen Rolle der Besetzten – immerhin füllten sie mit ihrer Arbeitskraft und im Falle der Unterhaltungskünstlerinnen und -künstler mit ihrem inkorporiertem Kulturkapital eine Lücke, die für das erfolgreiche Unterhaltungsprogramm der Soldaten unerlässlich war.

Dennoch behandelten einige Soldaten und Offiziere deutsche Angestellte herablassend. So stritten beispielsweise Offiziere um deutsche Musiker, die sich anschließend in Loyalitätskonflikten wiederfanden. Ladi Geisler spielte beispielsweise seit dem 1. Januar 1946 in der kleinen Stadt Preetz in Schleswig-Holstein für die britischen Truppen. Einmal wurden sie an eine Einheit nach Plön ausgeliehen. Der dortige Offizier wollte die Band anstellen und holte sie mit einem Militärtruck aus Preetz ab. Als der kommandierende Offizier in Preetz merkte, dass die Musiker gegangen waren, folgte eine Militäraktion, bei der die Musiker in Plön mitgenommen und ins Gefängnis gebracht wurden.

> »Nach einem Tag fragte man uns, ob wir wieder in Preetz spielen wollen – natürlich haben wir uns der Gewalt gebeugt und landeten wieder an alter Stelle. Am gleichen Tag

234 O.A., Off Limits for Americans, in: Stars and Stripes (German Edition, Pfungstadt), No. 229, 23.11.1945, S. 2.

235 Diese Läden sind in Deutschland auch unter der Abkürzung *PX-Läden* bekannt geworden.

236 Lorei, Madlen u. Kirn, Richard, Frankfurt und die drei wilden Jahre. Ein Bericht, Frankfurt a.M. 1962, S. 145.

237 Vgl. ebd., S. 144.

238 Vgl. ebd., S. 145.

> noch fuhren Horst und ich per Anhalter nach Plön, erzählten alles unserem dortigen Captain, der den ganzen Streich aufs schärfste verurteilte.«[239]

Da der Offizier in Plön in der Hierarchie eine höhere Position bekleidete als jener in Preetz, fanden sich die Musiker am nächsten Tag in Plön wieder. Die Band war der Spielball zweier Offiziere geworden. Dennoch schalteten sich die Musiker in das Geschehen ein und erzielten das von ihnen erwünschte Ergebnis. Auch die deutsche Band unter der Leitung von Rolf Rabald befand sich im Konflikt zwischen zwei Offizieren. Die Kapelle arbeitete seit dem 2. Juni 1946 im *American Red Cross Club* in Ludwigsburg und hatte sich zu drei Vorstellungen pro Woche verpflichtet. Für die restlichen Abende suchte sie weitere Spielorte. Sie spielte sowohl in einem Offiziersclub als auch in einem *NCO Club* vor und entschied sich dann für ein Engagement in Letzterem. Der Manager der Kapelle sagte daraufhin dem Offiziersclub ab. Doch der zuständige Captain Broody akzeptierte dies nicht und drohte dem Manager mit einer Gefängnisstrafe, wenn die Kapelle abends nicht spiele. Der Manager holte sich daraufhin den Rat der *Special Service Division* in Stuttgart, die ihm sagte, er solle es darauf ankommen lassen. Als die Kapelle im *NCO Club* spielte, erschien gegen 21.30 Uhr Captain Broody und brachte den Leiter der Kapelle und ihren Manager ins Gefängnis, da sie angeblich gegen einen mündlichen Vertrag verstoßen hätten.[240]

Das Ensemble der Olympia Revue unter der Leitung Wolfgang Astfalks machte ebenfalls negative Erfahrungen mit der Besatzungsmacht, als es bei einer Verabredung mit der *Special Service Division* in Nürnberg zu Unstimmigkeiten kam. Das aus 35 Personen bestehende Ensemble sollte vom 5. bis zum 20. Mai 1946 jeden Abend auftreten. Als alle Artistinnen und Artisten abreisefertig waren, erhielt Astfalk ein Telegramm: Es sei den *Special Services* unmöglich, sie am 5. Mai zu buchen; die Auftritte müssten verschoben werden und sie würden nur Gagen für die tatsächlichen Auftritte erhalten. Astfalk, der als Leiter die Verantwortung trug, empfand die Behandlung als ungerecht und suchte Unterstützung beim Leiter der *Music and Control Division*, F.D. Rosenthal. Auf dessen Einwirken hin konnte das Ensemble am 8. Mai 1946 erstmals auftreten.[241]

Die Verhältnisse zwischen deutschen Angestellten und den Besatzungsmächten wiesen demnach diverse Facetten auf, und es kam bisweilen zu Konflikten in unterschiedlichen Konstellationen. Die gegenseitige Abhängigkeit führt jedoch überwiegend zu einem respektvollen Umgang miteinander, obgleich sowohl die deutschen Angestellten als auch die Vertreterinnen und Vertreter der Besatzungsmächte ihre jeweiligen Vorstellungen durchzusetzen versuchten.

239 Geisler u. Klußmeier, Ladi. Weltstar aus Hamburg, S. 9.

240 Vgl. Eidesstattliche Erklärung der Kapelle an die Information Control Division Stuttgart, 17.6.1946, RG 260, Records of U.S. Occupation Headquarters, World War II, 1923–1972, General Correspondence, 1945–1949, Box 931, NACP.

241 Vgl. Astfalck, Wolfgang, Erklärung, 16.5.1946, RG 260, Records of U.S. Occupation Headquarters, World War II, 1923–1972, General Correspondence, 1945–1949, Box 931, NACP.

3.3 Tanzpartnerinnen: Westalliierte Frauen, *Displaced Persons* und deutsche Frauen

Hatten die Clubleitungen erfolgreich Musikerinnen und Musiker für Tanzveranstaltungen engagieren können, standen sie vor der nächsten Herausforderung. Die Offiziere und Soldaten wollten mit Frauen tanzen, die weiblichen Angestellten der Clubs waren jedoch zu wenige, um den Bedarf zu decken. Daher suchten die amerikanischen und britischen Clubleitungen nach Frauen, die den westalliierten Siegernationen angehörten und zu einzelnen Veranstaltungen kamen. Zu Beginn der Besatzungszeit zogen die Militärregierungen noch keine deutschen Frauen in Betracht. Stattdessen versuchten die Clubleitungen, alle verfügbaren Frauen – weibliche Angestellte bei den Militärregierungen, Krankenschwestern, die wenigen weiblichen Mitglieder der Armeen oder Angehörige der Besatzungssoldaten – als Tanzpartnerinnen für die Veranstaltungen zu gewinnen.[242] Im Monatsbericht Dezember 1945 schrieb die Leiterin des *Lichtenau Club* im amerikanisch besetzten Hessen: »We invited Red Cross girls from surrounding towns, and British and French girls from the nearby Ministerial Collection center. The evening began with a total of 22 Allied girls attending the dance and our usual crowd of several hundred GI's.«[243] Trotz der wenigen Frauen waren die Soldaten begeistert. Auch in Bad Nauheim tanzten beim ersten *Thanksgiving*-Fest der Besatzungszeit erstmals 50 britische und amerikanische Frauen mit den amerikanischen Soldaten.[244] Bis dahin hatte die Clubleiterin keine Tanzpartnerinnen finden können, da in der Gegend nur vereinzelt amerikanische, britische oder französische Frauen lebten.[245] Der *Roosevelt Club* in Berlin-Schöneberg veranstaltete zwar Tänze, aber bis Januar 1946 ohne Erfolg: »Our dances have been practically total flops due to the scarcity of girls, so we have quit scheduling more than one dance each week and are trying to get a few WACs and a few French girls in for that night.«[246]

Ebenso wie bei interalliierten Sportturnieren, zum Beispiel den Tischtennis-Wettkämpfen im *Crown Prince Club* in Berlin oder im *Palmgarden Club* in Frankfurt a.M., trafen auch amerikanische, britische und französische Frauen in den Clubs aufeinander. Die Clubs wurden so zu interalliierten Begegnungsstätten. Die Machtverhältnisse während dieser Begegnungen orientierten sich am Geschlecht der Anwesenden. Die weibli-

242 Vgl. Sturdevant, Helen u. Leonard, Elizabeth, Monthly Narrative Report: September 1945, 9.10.1945, RG 200, National Archives Gift Collection, Records of the American National Red Cross, 1935–1946, Box 1530, Folder: Berlin Officers' Club, NACP.

243 Monthly Report December, 31.12.1945, RG 200, National Archives Gift Collection, Records of the American National Red Cross, 1935–1946, Box 1530, Folder: ETO (Germany) Hess Lichtenau Club, NACP.

244 Vgl. Dierkes, Eileen, Narrative Report November 1945, 4.12.1945, RG 200, National Archives Gift Collection, Records of the American National Red Cross, 1935–1946, Box 1530, Folder: ETO (Germany) Bad Nauheim Club, NACP.

245 Vgl. Dierkes, Eileen, Narrative Report October 1945, 4.11.1945, RG 200, National Archives Gift Collection, Records of the American National Red Cross, 1935–1946, Box 1530, Folder: ETO (Germany) Bad Nauheim Club, NACP.

246 Narrative Report December 1945, RG 200, National Archives Gift Collection, Records of the American National Red Cross, 1935–1946, Box 1531, Folder: Roosevelt Club Berlin, NACP.

chen Offiziere der amerikanischen Armee standen hierarchisch bemerkenswerterweise auf einer Ebene mit den Angestellten der Clubs oder auch Krankenschwestern. Daher waren auch sie in den Clubs primär in der Funktion von Tanzpartnerinnen für Offiziere und Soldaten und nicht als leitendes Personal der Armee.[247] Auch die Nationalität schien keine Bedeutung zu haben; es zählte das Geschlecht.

In Berlin und Frankfurt a.M. formten sich durch die gemeinsame amerikanische, britische und französische Präsenz *hostess groups*, die nicht nur in den Clubs der eigenen Nation tanzten, sondern auch amerikanische Clubs wie den Berliner *Crown Prince Club* besuchten: »Our hostess group from the British sector is growing and the girls have so thoroughly enjoyed our dance that they bring additional girls to each succeeding dance.«[248] Die westalliierten Frauen waren äußerst beliebte Gäste und für erfolgreiche Tanzabende unerlässlich. Doch sie waren nicht zahlreich genug, um allen Soldaten eine Tanzpartnerin zu bieten. Daher gestatteten die amerikanische und die britische Militärregierung unter anderem polnischen Frauen, die als *DPs* eingestuft waren, den Zutritt zu den Clubs. Bereits im Oktober 1945 berichtete die Leiterin des amerikanischen *Fürstenfeldbruck Club*, Mary Wattles, dass sie den Frauenmangel gelöst habe, indem sie Frauen aus nahe gelegenen *DP-Camps* zu wöchentlichen Tänzen in die Clubs kommen ließ.[249] Zwei Monate später hatten die Tanzabende so an Popularität gewonnen, dass immer mehr Soldaten in den Club kamen. Das Verhältnis zwischen Frauen und Männern lag zwar nur bei eins zu fünf, aber die Soldaten kamen dennoch weiterhin.[250] In einem amerikanischen Offiziersclub in Mannheim durften die weiblichen *DPs*, die im Club arbeiteten, an den Tanzveranstaltungen teilnehmen.[251] In Mülheim an der Ruhr verbrachte die Britin Miss Braithwait, die für die Militärregierung arbeitete, einen Abend mit einem Offizier im Offiziersclub. Dort waren zu ihrem Erstaunen auch *DPs* anwesend, mit denen die Offiziere tanzen konnten. Einmal besuchte sie den Club in ziviler Kleidung und wurde selbst für eine *DP* gehalten.[252] Der *RAF Malcolm Club* in Wahn bei Köln veranstaltete ebenfalls regelmäßig Tänze mit weiblichen *DPs*. Trotz der Sprachbarriere war der Tanz ein Erfolg.[253] Einen Monat später, im Mai 1946, folgte die zweite Veranstaltung, zu der nicht nur 80 wie beim ersten Tanz, sondern 100 Frauen erschienen, die mit den rund 150 britischen Soldaten der *Royal Air Force (RAF)* tanzten.

---

247 Ob und wie weibliche Angestellte der Militärregierungen oder Angehörige der Armeen die Clubs besuchten und ihre Wünsche für den Aufenthalt berücksichtigt wurden, wird in Kap. 4.1.4 erläutert.

248 Turner, Margaret, Report October 1947, RG 200, National Archives Gift Collection, Records of the American National Red Cross, 1946–1964, Box 1925, Folder: 900.11/6161: Crown Prince Club, NACP.

249 Vgl. Wattles, Mary, Program Report, 31.10.1945, RG 200, National Archives Gift Collection, Records of the American National Red Cross, 1935–1946, Box 1530, Folder: ETO (Germany) Fürstenfeldbruck Club, NACP.

250 Vgl. Program Report, RG 200, National Archives Gift Collection, Records of the American National Red Cross, 1935–1946, Box 1530, Folder: ETO (Germany) Fürstenfeldbruck Club, NACP.

251 Vgl. Program Report for February 1946, RG 200, National Archives Gift Collection, Records of the American National Red Cross, 1935–1946, Box 1531, Folder: Rubble Haven Mannheim, NACP.

252 Vgl. Braithwaite, Phyll, Letter to my Girls, 21.9.1945, Private Papers of Miss Phyll Braithwaite, IWM.

253 Vgl. Malcolm Club Dance, in: Over to You. RAF Wahn, No. 40, 27.4.1946, S. 1.

»At eleven o'clock a tired and happy collection of girls were shepherded on to the lorries to bring the ride back to their camp. We have heard that there are already several requests for a liberty wagon to the camp some evenings a week, and now the applications should be doubled.«[254]

Auch die Hilfsorganisation *United Nations Relief and Rehabilitation Administration (UNRRA)* stellte Kontakte zu Frauen her, und so tanzten im Januar 1946 ebenfalls polnische Frauen mit amerikanischen Soldaten auch im *Ratskeller Club* in Schwäbisch Hall.[255]

Trotz dieser Bemühungen forderten viele Soldaten, dass auch deutsche Frauen in die Clubs zum Tanzen kommen sollten.[256] Der amerikanische *Raiders Club* in Dachau hatte Probleme, die Soldaten mit seinem Angebot zu erreichen: »The situation here is certainly such that dances will never be successful unless some physically attractive girls with some dancing ability can be secured and we can't see them coming from the D.P. camps in this vicinity!«[257] Die Militärregierungen mussten eine weitere Lösung für den Frauenmangel finden. Die amerikanische entschied sich für deutsche Frauen. Am 22. Februar 1947 titelte die *Stars and Stripes*: »Frauleins may be ARC hostesses«, und berichtete über ein amerikanisch-deutsches Komitee, das darüber beriet, deutsche Frauen als Begleitungen für Offiziere und Soldaten im *Palmgarden Club* in Frankfurt a.M. zu gestatten. Das amerikanische Rote Kreuz habe den Plänen zugestimmt, obgleich die Umsetzung noch einige Monate dauern werde.[258] Schon im November 1945 warnte der Vorsitzende des amerikanischen Roten Kreuzes, Basil O'Connor, dass durch die voranschreitende Demobilisierung die westalliierten Frauen immer weniger werden würden, während die Aktivitäten der Offiziers- und Soldatenclubs stiegen. Daher müsse über die Möglichkeit, deutsche Frauen als Tanzpartnerinnen zu gewinnen, nachgedacht werden.[259] Ein Telegramm hielt folglich am 29. Januar 1947 fest, dass auch deutsche Frauen, die über 18 Jahre alt waren, als *hostesses* eingesetzt werden dürften, wenn nicht genügend westalliierte oder ›neutrale‹ Frauen gefunden werden konnten.[260] Im März 1947 nutzten zunächst nur zehn amerikanische Clubs diese Möglichkeit.[261] Die deutschen Frauen sollten durch ein Komitee sorgfältig ausgewählt werden, das sich aus Vertretern der Militärregierung,

---

254 Malcolm Club Palais de Dance, in: Over to You. RAF Wahn, No. 44, 25.5.1946, S. 1.

255 Vgl. Lazaunik, Mary, Narrative Report January 1946, 31.1.1946, RG 200, National Archives Gift Collection, Records of the American National Red Cross, 1935–1946, Box 1531, Folder: Ratskeller Club, NACP.

256 Vgl. Pryor, Vivian, Narrative Report, 1.2.1946, RG 200, National Archives Gift Collection, Records of the American National Red Cross, 1935–1946, Box 1531, Folder: Raiders Club, Dachau, NACP.

257 Ebd.

258 O.A., Frauleins May Be ARC Hostesses, in: Stars and Stripes (European Edition, Pfungstadt), No. 78, 22.2.1947, S. 4.

259 Vgl. o.A., Army May Let German Girls on ARC Clubs, in: Stars and Stripes (German Edition, Pfungstadt), No. 220, 13.11.1945, S. 3.

260 Vgl. Whiteman, Schreiben von Mr. Whiteman (Central chapter of Queens, New York) and Mr. Carman, 5.5.1947, RG 200, National Archives Gift Collection, Records of the American National Red Cross, 1935–1946, Box 1908, Folder: 900616 ETO Recreation, NACP.

261 Vgl. Monthly Narrative Report for Clubs in Occupied Territory, March 1947, RG 200, National Archives Gift Collection, Records of the American National Red Cross, 1935–1946, Box 1896, Folder: 900.118 Club Department Reports, NACP.

der lokalen Militärkommandantur, des amerikanischen Roten Kreuzes sowie ein oder zwei deutschen Frauen zusammensetzte, die der Bürgermeister und die Militärregierung aussuchen sollte.[262]

Der *American Red Cross Club* in Marburg, das *Corner House*, war einer der ersten Clubs, der eine »German hostess group« ins Leben rief.[263] Nachdem der Antrag bei der Militärregierung gestellt war, nahmen die amerikanischen Angestellten des Clubs Kontakt zu jungen deutschen Frauen auf, die sie auf Feiern an der Marburger Universität kennenlernten. So konnten sie ihre Pläne den deutschen Studentinnen persönlich erläutern. Anschließend wurde ein Auswahl- und Kontrollkomitee gegründet, das aus dem Armee-Pfarrer, einem Vertreter der Militärregierung, dem städtischen protestantischen Pfarrer, dem studentischen katholischen Kaplan, der Frau des Universitätspräsidenten, der Vorsitzenden und drei Mitgliedern einer Frauenvereinigung und den Angestellten des *Corner Houses* bestand. Das Komitee sollte Namen von Frauen sammeln, die anschließend von ihnen interviewt und deren Charakter sowie politischer und sozialer Hintergrund vom Komitee geprüft werden sollte. Die Frauen sollten ausschließlich unter Marburger Studentinnen rekrutiert werden und mussten englisch sprechen können. Etwa 30 Studentinnen wurden eingeladen, von denen alle zum Informationsnachmittag bei Tee und Keksen erschienen. »As the tea ended each girl signed her name and was given a numbered membership pass. They signed the pass and each Sunday it is turned in before they receive their hostess badge.«[264]

Zum ersten Tanz lud die Clubleitung den Universitätspräsidenten und seine Frau sowie einen Englischprofessor, den Präsidenten des deutschen Frauenklubs und den Armee-Pfarrer ein, der mit seiner Frau wöchentlich an der Veranstaltung teilnahm. Auch die Eltern der deutschen Studentinnen sollten gelegentlich eingeladen werden.[265] Die Angestellten des *Red Cross Club* setzten alles daran, den moralisch einwandfreien Charakter ihres Vorhabens und der Tanzveranstaltung zu betonen: »We are trying to give the American soldiers a chance to meet nice German and Austrian girls under desirable conditions, and have fun at a dance.«[266] Dabei sollte den deutschen Frauen bewusst sein, dass sie sich in der Rolle offizieller Tanzpartnerinnen befanden und nicht primär zu

262 Vgl. Whiteman, Schreiben von Mr. Whiteman (Central chapter of Queens, New York) and Mr. Carman, 5.5.1947, RG 200, National Archives Gift Collection, Records of the American National Red Cross, 1935–1946, Box 1908, Folder: 900616 ETO Recreation, NACP.

263 Neben dem *Corner House Club* nutzten beispielsweise auch der *Tip Top Club* in Freising und der *Schwabach Club* deutsche Hostessen. Vgl. Program Report 21.2.-25.3.1948, RG 200, National Archives Gift Collection, Records of the American National Red Cross, 1946–1964, Box 1926, Folder: Tip Top Club, NACP; Walsh, Esther M., Letter to the Chief of the Recreation Branch, 11.10.1948, RG 540, Headquarters, European Command, General Staff, Special Service Division, Box 2896, Folder: Book #6, NACP.

264 Leigh, Margaret, Report of Hostess Dances. Corner House Club Marburg, RG 200, National Archives Gift Collection, Records of the American National Red Cross, 1946–1964, Box 1925, Folder: 900.11/6161, Corner House Club, NACP.

265 Vgl. ebd.

266 Monthly Narrative Report for Clubs in Occupied Territory, March 1947, RG 200, National Archives Gift Collection, Records of the American National Red Cross, 1935–1946, Box 1896, Folder: 900.118 Club Department Reports, NACP.

ihrem eigenen Vergnügen in die Clubs gingen.[267] Sie mussten, ebenso wie die *American Red Cross Hostesses*, dafür sorgen, dass es den Soldaten gut ging und diese einen schönen Abend verbrachten.[268] Die Ansprüche, die an die amerikanischen Hostessen gestellt wurden, übertrugen sich so auch auf die deutschen Frauen. Gleiches galt für die Qualifikationen der »women of culture and refinement«[269].

Dennoch profitierten auch die deutschen Studentinnen von ihrem Engagement als Tanzpartnerinnen. Sie erhielten als wenige deutsche Frauen Zutritt zu den Clubs, konnten tanzen, feiern und Bekanntschaft mit amerikanischen Soldaten, aber auch mit den weiblichen Angestellten des Clubs machen. Die Arbeit als Hostessen verschaffte ihnen die Möglichkeit, in einen kulturellen Austausch mit Angehörigen der amerikanischen Besatzungsmacht zu treten. Obgleich keine Informationen über die Motive der deutschen Frauen überliefert sind, lässt sich doch vermuten, dass sie – wie auch die amerikanischen Hostessen – aus dieser Arbeit einen persönlichen Gewinn zogen. Dieser bestand etwa darin, eine der wenigen von vielen Männern begehrten Tanzpartnerinnen zu sein oder die Freiheit und Unabhängigkeit zu genießen, in den Clubs tanzen zu gehen. Eine materielle Entlohnung erhielten sie nicht. Für die Clubleitung handelte es sich bei den Frauen um »a very attractive group of girls who have had almost no contact with Americans and are as proud as can be to think they are learning to jitterbug«[270]. Für den *Corner House Club* waren die Tänze große Erfolge, und die deutschen Frauen forderten beim »girls' choice« auch den schüchternsten GI erfolgreich zum Tanzen auf.[271]

Die Clubleitung und die amerikanischen Angestellten schätzten die Loyalität der Gruppe. In Marburg trafen sich die deutschen Studentinnen und die Amerikanerinnen zweimal im Monat, um sich über ihre Lebenswelten auszutauschen. Bei dem ersten Treffen sprachen sie über das amerikanische und das deutsche Universitätsleben.[272] Diese Art des interkulturellen Austausches war eine Form der *Re-Education*, da Diskussionskultur und Gemeinschaftssinn neu definiert und eingeübt wurden.[273] Die Leitung des *Corner Club* formulierte darüber hinaus das Ziel, der Gruppe zu helfen, sich selbst zu organisieren, ihren eigenen Vorstand zu bilden sowie Regeln und Bestimmungen auszuarbeiten, die Maßstäbe zur Anwesenheit, zum Verhalten und zur Disziplin während der Tanzveranstaltung festlegen sollten.[274] Die Möglichkeit, dass sich zwischen den

---

267 Vgl. ebd.

268 Vgl. ebd.

269 Basic Staff Requirements and Qualifications, July 1944, RG 200, National Archives Gift Collection, Records of the American National Red Cross, 1935–1946, Box 592, Folder: 300.1. Club Personnel, NACP.

270 Leigh, Margaret, Narrative Report, March 1947, RG 200, National Archives Gift Collection, Records of the American National Red Cross, 1946–1964, Box 1925, Folder: 900.11/6161, Corner House Club, NACP.

271 Vgl. Leigh, Margaret, Narrative Report, May 1947, RG 200, National Archives Gift Collection, Records of the American National Red Cross, 1946–1964, Box 1925, Folder: 900.11/6161, Corner House Club, NACP.

272 Vgl. ebd.

273 Siehe Verheyen, Diskussionslust.

274 Vgl. Leigh, Margaret, Report of Hostess Dances. Corner House Club Marburg, RG 200, National Archives Gift Collection, Records of the American National Red Cross, 1946–1964, Box 1925, Folder: 900.11/6161, Corner House Club, NACP.

Studentinnen und amerikanischen Soldaten intime Liebesbeziehungen oder sexuelle Kontakte entwickeln konnten, wurde in den Unterlagen nicht dokumentiert. Eventuell ignorierten die Angestellten des *Corner House* diese Möglichkeit oder hofften, mit der Anwesenheit von leitenden Universitätsangehörigen und dem Armee-Pfarrer bei den Tänzen die Studentinnen von engeren zwischenmenschlichen Bindungen zu den Clubgästen abzuhalten. Allerdings vermerkten die Angestellten des *Corner House*, dass die deutschen Studentinnen »object strenuously to being called frauleins [sic!], as that word has taken on a new undesirable [sexual] meaning since it has been linked with the occupation«[275].

Aus Sicht der Militärregierung stützten die deutschen Tanzpartnerinnen nicht nur die Disziplin der Truppenangehörigen, sondern wirkten sich zudem positiv auf die Besatzungsziele der Westalliierten aus. Sie profitierte somit in zweifacher Hinsicht von den deutschen Frauen, denn »a successful hostess group will further the occupation mission by providing opportunity for US Military personnel to meet local civilians in attractive, normal, social surroundings and at the same time enhance the club program«[276]. Alle Tanzpartnerinnen – alliierte Frauen, *DPs* oder die deutschen Hostessen – machten die Tanzveranstaltungen in den Clubs attraktiver und waren daher für die Clubleitungen äußerst wertvoll. Sie erhielten im Gegenzug Zutritt zu den Clubs und konnten in ihnen tanzen; besonders für *DPs* und die deutschen Frauen war das eine willkommene Abwechslung zum Alltag in der deutschen Nachkriegszeit. Die männlichen Clubgäste konnten ihrerseits Frauen kennenlernen und mit ihnen tanzen. Alle Beteiligten zogen einen Nutzen aus der Vereinbarung.

3.4 Zwischenfazit

Lächeln, zuhören und reden, servieren, musizieren und tanzen – das waren die Hauptaufgaben der Angestellten der Offiziers- und Soldatenclubs. Besonders die amerikanischen Frauen, die als Clubleiterinnen und Hostessen in Deutschland arbeiteten, demonstrierten die Rolle der weiblichen Besatzerinnen, die nicht unmittelbar in die politische Besatzung und deren Ziele eingebunden waren. Dennoch gehörten sie der Siegermacht an und erfüllten ihre Aufgabe, den Offizieren und Soldaten Freizeit und Vergnügung in möglichst ziviler Umgebung zu bieten, damit diese wiederum ihre Aufträge im Sinne der Militärregierung ausführen konnten. Doch die Frauen nahmen noch auf andere Art und Weise Einfluss auf die Besatzungssituation in Deutschland. Wie das Beispiel Janet Careys zeigt, konnten Clubleiterinnen im Rahmen ihrer Tätigkeiten deutsche Künstlerinnen und Künstler fördern, Kontakte zwischen deutschem Personal und amerikanischen Soldaten herstellen und Feiern für deutsche Kinder veranstalten. Sie agierten täglich mit Deutschen und beeinflussten deren Lebensalltag nach dem

275 Ebd.

276 American Red Cross Headquarters US Forces, European Theater, Schreiben der Headquarters US Forces, European Theater, Subject: Hostesses for Recreational and Social Events, 23.1.1947, RG 200, National Archives Gift Collection, Records of the American National Red Cross, 1935–1946, Box 1908, Folder: 900616 ETO Recreation, NACP.

Krieg. Die Frauen waren dabei in verantwortungsvollen Positionen. Sie leiteten die Hostessen an und fanden sich in Führungspositionen wieder, auf die sie nicht umfassend vorbereitet waren. Die emotionalen und praktischen Anforderungen an sie waren hoch. Sie mussten Eigeninitiative zeigen, kreative Lösungen für alltäglich auftretende Probleme finden, stets ein Lächeln auf den Lippen tragen und jedem Offizier oder Soldaten zuvorkommend, freundlich und hilfsbereit entgegentreten. Sie hatten *Emotional Labor* zu verrichten.

Die Frauen – ob Clubleiterinnen oder Hostessen – befanden sich hierbei in einer ambivalenten Situation. Zum einen erlangten sie durch ihre Arbeit in den Offiziers- und Soldatenclubs in Übersee ein für viele bis dahin unbekanntes Maß an Eigenständigkeit und Unabhängigkeit. Zum anderen repräsentierten und verfestigten sie jedoch das Bild der Frau, die sich um die Verpflegung und das Wohl der Männer kümmerte und deren Bedürfnisse stets den eigenen vorzog, indem sie dieses Geschlechterverhältnis täglich in den Clubs praktizierten. Aus diesem Grund stellten die weiblichen Angestellten der Clubs die Geschlechtervorstellungen vordergründig nicht infrage, obgleich sie sich zum Beispiel von familiären Strukturen in der Heimat emanzipierten und allein in ein fremdes Land gingen. Auch die zeitgenössische Sprache unterstreicht die Geschlechterrolle, die den Frauen zugesprochen wurden. So war von den *American Red Cross Girls* die Rede, obgleich sie oftmals älter waren als die Soldaten selbst, während weibliche Armeeangehörige als *women* beschrieben wurden. Julia Ramsey kommt zu dem Schluss, dass die Bezeichnung als *girls* »helped maintain their non-threatening status and set them apart from the *women* of the WAC [Herv.i.O.]«[277]. Die Frauen bewegten sich auf einem schmalen Grat zwischen Emanzipation und Selbstbestimmung einerseits und der Verkörperung eines traditionellen Frauenbildes andererseits.

Ihre Motive für die Tätigkeiten in den Clubs waren vielfältig: Pflichtgefühl gegenüber der eigenen Nation, Abenteuerlust, Unabhängigkeit und auch Neugierde. Ihre Beweggründe waren so unterschiedlich wie die Frauen selbst. Fest steht hingegen, dass sie nicht nur in der gebenden Rolle agierten, sondern auf unterschiedliche Weisen von der Arbeit profitierten. Die Clubleiterinnen verfügten über Handlungs- und Gestaltungsspielräume bei den Clubprogrammen, aber auch hinsichtlich des Umgangs mit der deutschen Bevölkerung. Dadurch nahmen sie Einfluss auf deutsch-amerikanische Annäherungen. Die Hostessen erlangten neben einem guten Gehalt die Möglichkeit zu reisen, viele junge Männer kennenzulernen und eigenverantwortlich zu arbeiten.

Für die deutschen Angestellten war das Gehalt hingegen weit mehr als ein bloßer Anreiz, es war in den ersten Jahren nach Kriegsende lebensnotwendig. Sie hatten wertvolles Kapital im Tausch anzubieten: ihre individuellen Fähigkeiten. Ob Servieren, Kochen oder Musizieren, in den Clubs waren die deutschen Angestellten unentbehrlich, um die Versorgung zu sichern und ein abwechslungsreiches Programm zusammenzustellen. Diese gegenseitige Abhängigkeit eröffnete Handlungsspielräume innerhalb der Besatzungshierarchie zwischen Angehörigen der Siegernationen und Besiegten. Die Knappheit an benötigtem Personal führte dazu, dass die Deutschen Forderungen stellten und selbstbewusst auftraten, um für ihre Bedürfnisse und Wünsche einzustehen.

---

277 Ramsey, »Girls« in Name Only, S. 43.

Besonders deutsche Musikerinnen und Musiker waren zur Unterhaltung der Truppen gefragt. Für viele von ihnen war die Arbeit für die Siegermächte nicht nur Lebensgrundlage, sondern bot auch die Möglichkeit, neue Kontakte zu knüpfen, um ihre Karriere voranzutreiben, wie die Beispiele von Carlo Bohländer oder Kurt Edelhagen zeigen. Die Knappheitssituation veränderte sich im Laufe der Besatzung, denn zum Ende der 1940er Jahre waren die Clubs der Westalliierten nicht mehr die einzigen Auftritts- und Verdienstmöglichkeiten, da immer mehr deutsche Bars und Kneipen öffneten, die einen entsprechenden Bedarf an Musikerinnen und Musikern hatten.

Auch Tanzpartnerinnen für die Offiziere und Soldaten waren schwer zu finden, aber notwendig für die in den Club äußerst beliebten Tanzveranstaltungen. Das Clubpersonal versuchte, möglichst viele alliierte Frauen und weibliche *DPs* zu den Tänzen einzuladen. Doch diese genügten nicht, um die benötigte Anzahl von Frauen akquirieren zu können. Um den Frauenmangel zu kompensieren, stellten einzelne amerikanische Clubs Hostessen-Gruppen zusammen, die aus deutschen Studentinnen bestanden. Die deutschen Frauen erhielten so Zugang zu den Clubs der amerikanischen Besatzungsmacht. Dort tanzten sie und machten Bekanntschaft mit jungen amerikanischen Männern, aber auch mit den weiblichen Angestellten der Clubs. Sie boten sich als Tanzpartnerin an und konnten als Gegenleistung in amerikanischer Gesellschaft verkehren. So profitierten alle Beteiligten von den Arrangements.

4. Einlasskriterien und Zutrittsverbote

Die Gemeinschaften im Inneren der Clubs

Die Offiziers- und Soldatenclubs der amerikanischen, britischen und französischen Streitkräfte waren militärisches Hoheitsgebiet und unterlagen den Zutrittsbestimmungen der jeweiligen Militärregierung. Sie bilden damit Armeestrukturen ab und ermöglichen so Einblicke in die von den Militärregierungen angestrebten Ordnungen innerhalb der Besatzungstruppen (Kapitel 4.1). Strikte Hierarchien und die Trennung verschiedener Gruppen – insbesondere der Truppenangehörigen mit unterschiedlichen militärischen Dienstgraden oder unterschiedlicher Ethnizität[1] – zeigten sich sowohl im Dienst als auch in der Freizeit. Eine Durchmischung fand in den Clubs kaum statt, vielmehr verfestigten die Einlasskriterien und die Zutrittsverbote bestehende Inklusions- und Exklusionsprozesse. Die Offiziere und Soldaten sollten sich in den Clubs wohlfühlen und einen Rückzugsort vorfinden, an dem sie sich mit anderen Angehörigen der Besatzungsmacht austauschen konnten. Insbesondere die Offiziersclubs waren Räume, in denen sich eine sozial gehobene Gemeinschaft herausbildete, die einige einfache Soldaten mit Missgunst beäugten. Andere wiederum befürworteten die Trennung, da sie ihre Freizeit nicht mit ihren Vorgesetzten an einem Ort verbringen wollten. Die Zutrittsverbote brachten immer wieder Konflikte hervor, wenn beispielsweise Soldaten aufgrund ihres Dienstgrades oder ihrer Ethnizität an der Tür abgewiesen wurden.

Die Gemeinschaften im Inneren der Clubs sollten außerdem vor möglichen Gefahren von außen geschützt werden. Hiermit meinten die Militärregierungen in erster Linie deutsche Frauen, aber auch deutsche Männer und andere Personen, die etwa durch aktiven Schwarzhandel negativen Einfluss auf die Besatzungstruppen nehmen konnten. In einem Schreiben an die *Special Service Section* des amerikanischen Militärs, in dem es um die Sicherheit des *Round-Up Service Club* in Frankfurt a.M. im Jahr 1949 geht, beschreibt

1 Laut dem stellvertretenden Vorsitzenden des amerikanischen Roten Kreuzes bevorzugten afroamerikanische Soldaten angeblich die Trennung der Clubs und wollten außerdem lieber von afroamerikanischem Personal bedient werden. Diese Erklärung erscheint jedoch eher als ein Versuch, die Segregation in den Clubs zu verteidigen – ein Beleg für die Aussage fehlt. Vgl. Allen, Richard F., Schreiben an Mr. Harvey D. Gibson, 11.9.1944, RG 200, National Archives Gift Collection, Records of the American National Red Cross, 1935–1946, Folder: N[...] Personnel, Box 1406, NACP.

der Verfasser, dass die geografische Lage des Clubs ein Sicherheitsproblem darstelle, »since it was situated in an area of black market activity and in an area where a considerable amount of soliciting was prevalent«[2]. Um dem entgegenzuwirken, wurde vermehrt Sicherheitspersonal eingestellt, das die Umgebung des Clubs und den Club selbst bewachen sollte.[3]

Eines der größten Probleme der Westmächte während der ersten Jahre der Besatzung Deutschlands war neben dem Schwarzmarkt die rasante Verbreitung von Geschlechtskrankheiten.[4] Die Militärregierungen bewerteten die Umgebung der Clubs oftmals als Gefahrenzone, in der sich vermehrt mit Geschlechtskrankheiten infizierte Prostituierte und andere deutsche Frauen aufhielten, um Bekanntschaft mit Soldaten zu machen. Der britische Major Kay erklärte zum Beispiel, die drei gefährdetsten Plätze in Hamburg seien der Stephansplatz, der Valentinskamp – beides Orte in der Innenstadt mit vielen Soldatenclubs – sowie die direkte Umgebung des *Victory Club* am Gänsemarkt. Er ermahnte deutsche Sozialarbeiterinnen, diesen Straßen und Plätzen besondere Aufmerksamkeit zu schenken und die sich dort aufhaltenden Frauen genau zu beobachten.[5] Ein Leutnant der britischen Luftwaffe formulierte die Befürchtungen des Militärs zugespitzt: »RAF personnel were getting infection from girls loitering in the neighborhood of clubs.«[6] Die Kommunikationspolitik der Militärregierungen pflegte damit das Narrativ, dass Geschlechtskrankheiten sich von deutschen Frauen auf Besatzungssoldaten und nicht umgekehrt übertrugen. Dies machte die Offiziere und Soldaten im Rahmen dieser Erzählung zu ›Opfern‹ der deutschen Frauen.[7] Die Clubs waren vermeintlich geschützte Räume, in denen sich die Truppen unbesorgt bewegen konnten, denn den potenziellen ›Gefahrenquellen‹, den vermeintlich mit Geschlechtskrankheiten infizierten Frauen, war der Zutritt untersagt.[8] Zunächst durften deutsche Gäste die Clubs generell nicht besuchen. Doch sowohl einige Deutsche als auch ihre westalliierten Bekannten strebten nach einer Veränderung dieser Regel. Auf Dauer ließ sich das komplette Zutrittsverbot für Deutsche in der amerikanischen Zone nicht durchsetzen. Die britische Militärregie-

---

2 Schreiben von Rudolph E. Hegdahl an die Special Service Section, US Army, Round-Up Service Club, Security Conditions, 14.9.1949, RG 549, Records of United States Army, Europe, 1942–1991, Headquarters, European, Box 2897, NACP.

3 Vgl. ebd.

4 Siehe hierzu Reinisch, The Perils of Peace; Saryusz-Wolska, Magdalena u. Labentz, Anna, Bilder der Normalisierung. Gesundheit, Ernährung und Haushalt in der visuellen Kultur Deutschlands 1945–1948, Bielefeld 2017, S. 136f.

5 Vgl. Notes on First Regional Inter-Services VD Working Party Meeting, 12.12.1947, FO 1032/1082, TNA.

6 Minutes on 3rd Regional Inter-Services VD Committee, 1.7.1948, FO 1032/1082, TNA.

7 Exemplarisch dafür ist auch die Cartoon-Serie *Veronikas Dankeschön* in der amerikanischen Soldatenzeitung *Stars and Stripes* oder auch die großen Plakatkampagnen der amerikanischen Militärregierung im Kampf gegen Geschlechtskrankheiten. Abgedruckt in Vaccaro, Entering Germany, S. 108f.

8 Diese Schuldzuschreibung der Verbreitung von Geschlechtskrankheiten ging dabei auf ein verfestigtes Bild der Frau, insbesondere der Prostituierten, als Überträgerin der Krankheiten zurück, das sich seit Jahrhunderten hartknäckig hält. Vgl. Saryusz-Wolska u. Labentz, Bilder der Normalisierung, S. 130f.

rung insistierte hingegen länger darauf, während die französische Militärregierung am Verbot festhielt (Kapitel 4.2).

4.1 In- und Exklusion der Angehörigen der Besatzungsmächte

Die westalliierten Besatzungsmächte setzten mit ihren Zutrittskriterien und Einlassverboten unterschiedliche Akzente. Gemein war ihnen, dass nicht alle Angehörigen der Truppen jeden Club besuchen durften. Offiziere und Soldaten kamen nur selten in einem Club zusammen, sodass die militärische Hierarchie auch in den Clubs eingehalten wurde. Lediglich die britische Besatzungsmacht löste sich mit der Zeit von der strikten hierarchischen Trennung nach militärischem Dienstgrad. Anhand der Kategorien *Race*, militärischer Dienstgrad und Nationalität lassen sich die Inklusions- und Exklusionsprozesse innerhalb der Armeen aufzeigen. Diese spiegeln nationale Fragen, die während der Besatzung im internationalen Kontext erschienen. Beispielsweise diskutierten Angehörige des amerikanischen Militärs die Frage ihrer segregierten Bevölkerung im besetzten Deutschland nicht nur, aber auch anhand der Einlasspolitik der Clubs.

4.1.1 Die amerikanische Besatzungsmacht

In Heidelberg eröffnete am 19. Oktober 1945 der *Stardust Club*. Er bot bis zu 2200 Soldaten sowie ihren Gästen abwechslungsreiche Unterhaltung, diverse Bands luden zum Tanzen ein. Er war der größte amerikanische Club im europäischen Besatzungsgebiet, doch nicht alle Angehörigen der Besatzungsarmee waren willkommen: »Off limits to Officers«[9] war auf einem Schild zu lesen. Der *Stardust Club*, in dem unter anderem Django Reinhardt[10], Margot Hielscher und Kurt Edelhagen auftraten, war den Soldaten ohne Offiziersstatus vorbehalten.[11]

Die amerikanische Militärregierung unterschied allgemein in Clubs für Offiziere, für Unteroffiziere und für alle *enlisted men* unterhalb dieses Dienstgrads. Nicht alle hatten dieselbe Ausstattung. Während den Offizieren häufig aufwändig hergerichtete Räumlichkeiten zur Verfügung standen, freuten sich einfache Soldaten in einigen Orten bereits über ein kleines beschlagnahmtes deutsches Lokal, das als Club diente. Der *Stardust Club* war insofern eine populäre Ausnahme. Das Gefälle zwischen dem Komfort der Offiziere und dem der Soldaten brachte Spannungen hervor. In Wiesbaden konnten sich beispielsweise einfache Soldaten bis Ende 1946 im *Park Café* treffen, um dort gemeinsam

---

9 Vgl. o.A., The Stardust Club – Except for the Tab, Just Like Downtown, in: Stars and Stripes (German Edition, Pfungstadt), No. 201, 22.10.1945, S. 3.

10 Django Reinhardt spielte im Juli 1947 gemeinsam mit dem Schlagzeuger Jacques Martinon und dem Pianisten Eddie Bernard für die Soldaten im *Stardust Club*. Vgl. Dregni, Michael, Django. The Life and Music of a Gypsy Legend, Oxford (UK) 2010, S. 236.

11 Die amerikanische Besatzungsmacht gab die Stadthalle, in der der Club sich befand, am 1. Dezember 1951 an die Stadt Heidelberg zurück und der *Stardust Club* zog aus. Vgl. Heidelberger Geschichtsverein e.V., Zeittafel zur Heidelberger Geschichte ab 1945, unter: www.s197410804.online.de/Zeiten/1945.htm, letzter Zugriff am 6. April 2021.

Bier zu trinken und ihre Freizeit zu verbringen. Dann aber entschied die Militärregierung, aus dem Café einen Club für die oberen Ränge zu machen. Daraufhin druckte die *Stars and Stripes* am 10. Januar 1947 einen Leserbrief, unterschrieben von 41 Soldaten, die ihren Unmut über diesen Schritt kundtaten:

> »Here in Wiesbaden they have a nice setup where an undergrader could go to meet his friends [...]. But what happened? Bang! It is made into a first graders' club. What in h– did we fight the war for anyhow – was it for democracy or was it to be dictated to as Hitler had done to his underdogs? Was it to give the first three graders and officers all of the pleasures to be had while we sat back and sucked our thumbs?«[12]

Der Konflikt zwischen den verschiedenen Dienstgraden in der amerikanischen Besatzungsarmee schwelte bereits seit den Kriegstagen und spiegelte sich unter anderem im ungleichen Zugang zu Vergnügungsmöglichkeiten. Einfache Soldaten hatten weniger Möglichkeiten als Offiziere. Im südbayrischen Landshut beklagten sie sich im März 1948 in Form eines Leserbriefes an die *Stars and Stripes* über zu wenig Angebote für ihre Freizeitgestaltung: »What can a fellow do or where can he go after duty hours? There are two clubs in town – one for officers and the other for first three graders, none for the lower class [...]. I've always liked the Army, but I do wish that some people would realize that we enlisted men are human.«[13]

Die meisten Offiziere hatten kein Interesse daran, ihre Clubs mit den Soldaten zu teilen. Ein in Berlin stationierter Oberstleutnant begründete seine persönliche Haltung gegenüber der *Chicago Sunday* am 6. Januar 1947 wie folgt: »There are 10 per cent enlisted men who do not know who to behave. We don't want these enlisted barbarians with officers and ladies.«[14] Der Offiziersclub im Harnack-Haus in Berlin-Dahlem, auf den sich die Aussage bezog, gewährte jedoch einer anderen Gruppe einmal pro Woche Einlass: deutschen Frauen.[15] Aus Sicht der einfachen Soldaten wurden sie so in mehrfacher Weise ausgegrenzt und degradiert: Sie durften nicht von den Vergnügungsorten der Offiziere profitieren, aber deutsche Frauen konnten als Gäste in den Clubs essen, trinken und tanzen. Bei diesem Konflikt ging es nicht nur um die Clubs für Offiziere, sondern auch um die für Unteroffiziere, zu denen einfache Soldaten ebenfalls keinen Zutritt hatten – deutsche Frauen in vielen Fällen seit einem gewissen Zeitpunkt, der je nach Militärstützpunkt variierte, hingegen schon.[16] Ein Beitrag in der *Stars and Stripes* mit dem Titel *Frauleins vs. Soldiers* formulierte Kritik an dieser Praktik. Verwiesen wurde dabei auf die Kriegsfeindschaft und die noch nicht lange zurückliegenden Kriegshandlungen: »Men who gave their blood and years of lives to whip these Germans now stand outside the clubs drooling while the maidens troop blithely inside.«[17] Viele einfache Soldaten setz-

12 Bang! It's a First Three Grader's Club, in: Stars and Stripes (European Edition, Pfungstadt), No. 35, 10.1.1947, S. 2.

13 Constabulary EM Complain of Recreational Facilities, in: Stars and Stripes (European Edition, Pfungstadt), No. 92, 7.3.1948, S. 2.

14 O.A., Officers Club Bars GIs, OKs Frauleins, in: Chicago Sunday, 6.1.1947.

15 Siehe Kap. 4.2.

16 Siehe hierzu die ausführliche Erläuterung in Kap. 4.2.1.

17 O.A., Frauleins vs. Soldiers, in: Stars and Stripes (German Edition, Pfungstadt), No. 186, 7.10.1945, S. 2.

ten so die Trennung der Clubs und somit die Ausgrenzung von bestimmten Räumen mit einer Missachtung ihrer Kriegsleistungen gleich. Dass dann auch noch der Feind als Gast empfangen wurde, empörte viele noch mehr. Allerdings blieb dies ohne Konsequenz.

Während einige Offiziersclubs, wie beispielsweise der *Lakeside Club* am Berliner Wannsee[18], eine Mitgliedschaft verlangten, genügte den meisten Clubs die Zugehörigkeit zum amerikanischen Militär, ohne dass ein Eintrittsgeld anfiel.[19] Angehörige konnten nach vorheriger Ankündigung als Gäste mit in die Clubs genommen werden.[20] Das amerikanische Rote Kreuz vertrat außerdem die Richtlinie, dass ihre Clubs allen uniformierten alliierten Streitkräften, bis Ende 1945 auch den sowjetischen Streitkräften, offenstanden – der Dienstgrad entschied darüber, welcher konkrete Club besucht werden konnte.[21] Der amerikanische *Crown Prince Club* in Berlin war ein beliebter Begegnungsort verschiedener Nationen: »Our Snack Bar and programs are most cosmopolitan, including French, British, Dutch, Danes, civilians and dependents, beside our GI's«, schrieb eine Angestellte.[22] Im *Rainbow Corner Club* in Berlin führte die Gastfreundschaft allerdings zu einem Problem: Besonders am Wochenende kamen Angehörige der britischen und französischen Besatzungstruppen in großer Zahl und blieben über mehrere Stunden, sodass die amerikanischen Soldaten keinen Platz fanden. Seit Januar 1946 akzeptierte der Club samstags und sonntags daher diese Gäste nur noch in Begleitung eines Angehörigen der amerikanischen Besatzungsmacht.[23] Amerikanische Offiziersclubs, die eine Mitgliedschaft voraussetzten, vergaben teilweise Ehrenmitgliedschaften an britische Offiziere.[24] So wurde der interalliierte Austausch gefördert, die Trennung von Offizieren und einfachen Soldaten aber aufrechterhalten.

Neben der Differenzierung verschiedener militärischer Dienstgrade grenzte die amerikanische Militärregierung den Anteil von ca. zehn bis 13 Prozent an afroamerikanischen Truppenangehörigen systematisch aus.[25] Die Segregation betraf nicht nur

18 Der Club nahm nur 175 Offiziere als Mitglieder auf. Vgl. Constitution and By-Laws of the Lakeside Club, RG 260, Records of U.S. Occupation Headquarters, World War II, 1923–1972, Records Relating to the Functions of the Governmental Affairs Advisor, Folder: Lakeside Club, NACP.

19 Vgl. Public Relations Office, Bremen Port Command, Bremen Port Command's GI's Paradise, S. 12.

20 Vgl. Peters, Peter, Use of Special Service Facilities by Dependents, 21.5.1946, RG 498, OMGUS, Historical Division, Program Files; Special Service, 1945–1946, Box 4287, NACP.

21 Vgl. USFET, Moral Branch, Red Cross Clubs, in: Stars and Stripes (German Edition, Pfungstadt), No. 236, 2.12.1945, S. 2.

22 Report February 1947: Crown Prince Club, RG 200, National Archives Gift Collection, Records of the American National Red Cross, 1946–1964, Box 1925, Folder: 900.11/6161: Crown Prince Club, NACP.

23 Vgl. Voegthen, Natalie, Narrative Report, 2.1.1946, RG 200, National Archives Gift Collection, Records of the American National Red Cross, 1935–1946, Box 1531, Folder: Rainbow Corner Berlin, NACP.

24 Vgl. Headquarters CCG (BE), Honorary Membership of U.S. Clubs in Berlin, 13.3.1947, FO 1032/2583, TNA.

25 Während im Jahr 1945 circa 10 Prozent der Truppen afroamerikanisch waren, macht Maria Höhn für die Zeit bis 1974 einen Anteil von 13 Prozent aus. Vgl. Höhn, »You Can't Pin Sergeant's Stripes on an Archangel«, in: Höhn u. Moon (Hg.), Over there, S. 132; Höhn, Maria, »The American Soldier Dances, the German Soldier Marches«. The Transformation of German Views on GIs, Masculinity, and Militarism, in: Höhn u. Moon (Hg.), Over There, S. 258–279, hier S. 269f.

die Unterkünfte und Einsatzorte, sondern auch die Freizeitmöglichkeiten der Truppen. Gemischte Einheiten gab es nicht.[26] In München informierte die Militärpolizei beispielsweise einen Soldaten, der einen *enlisted men's club* besuchen wollte, über die Anweisung, dass sie keine Afroamerikaner in den Club lassen durfte. Der Betroffene wandte sich, wie viele andere, an die *Stars and Stripes* und klagte an: »What is America doing over here – building or tearing down democracy? It certainly doesn't give the Germans a very favorable impression of democracy.«[27]

1948 verabschiedete der damalige Präsident Harry S. Truman die Direktive zur Integration der Armee. Es dauerte aber bis in die frühen 1950er Jahre, dass das Europäische Kommando der amerikanischen Streitkraft sie durchführte. Maria Höhn zufolge war im November 1953 die offizielle Integration zwar abgeschlossen, die Segregation blieb auf praktischer Ebene jedoch bestehen.[28] Weiße und afroamerikanische Truppen besuchten auch anschließend nur sehr selten dieselben Clubs. In den ersten Jahren der Besatzung wurden die afroamerikanischen Truppen außerdem vielerorts abseits der Innenstädte oder belebteren Gegenden stationiert. In Frankfurt a.M. waren sie daher nahezu unsichtbar, wie ein Bericht der *N[...] Newspaper Publisher* im Juli 1947 feststellte.[29] In Bremen waren sie unter anderem in der kleinen, 25 Kilometer entfernten Gemeinde Schwanewede stationiert. In einer Broschüre für Besatzungssoldaten in Bremen und Umgebung wurde Schwanewede als »extremely remote, out-of-the-way place«[30] beschrieben. Das war ein Versuch, die afroamerikanischen Soldaten zu isolieren und somit auch die Annäherung zwischen ihnen und deutschen Frauen zu erschweren.[31] Denn auch im besetzten Deutschland sollte die *color line* nicht überschritten werden, und viele weiße Offiziere und Soldaten wollten keine deutschen Frauen treffen, die Kontakt zu Afroamerikanern pflegten.[32] Jedoch zeigten Vorkommnisse aus dem südlichen Bremer Stadtteil Huckelriede, in dem im Sommer 1946 eine Kaserne von afroamerikanischen Soldaten bewohnt wurde, dass die Abschottungsversuche zumindest an diesem Standort erfolglos waren. Das sehr freizügige Verhalten zwischen Soldaten und deutschen Frauen, bis hin zum Geschlechtsverkehr auf dem Deich und in den Wiesen in der Nähe der Kaserne, stieß auf großen Protest der Besitzerinnen und Besitzer einer benachbarten Parzellenanlage. Die

---

26 Vgl. President, N[...] Newspaper Publishers Ass'n (Stanley, Frank L.), Report of the N[...] Newspaper Publishers Association to the Honorable Secretary of War, Jude Robert T. Patterson, on Troops and Conditions in Europe, 18.7.1947, S. 3, Policy Files on Discrimination in the Army, Box 34, Folder 1: Reports of N[...] Newspaper Publisher ›Troops and conditions in Europe‹, USAHEC.

27 Anonymer Leserbrief, in: Stars and Stripes (European Edition, Pfungstadt), No. 180, 5.6.1947, S. 2.

28 Vgl. Höhn, »You Can't Pin Sergeant's Stripes on an Archangel«, in: Höhn u. Moon (Hg.), Over there, S. 130.

29 Vgl. President, N[...] Newspaper Publishers Ass'n (Stanley, Frank L.), Report of the N[...] Newspaper Publishers Association to the Honorable Secretary of War, Jude Robert T. Patterson, on Troops and Conditions in Europe, 18.7.1947, S. 7, Policy Files on Discrimination in the Army, Box 34, Folder 1: Reports of N[...] Newspaper Publisher ›Troops and conditions in Europe‹, USAHEC.

30 Public Relations Office, Bremen Port Command, Bremen Port Command's GI's Paradise, S. 35.

31 Siehe zu dieser Thematik auch die an der Freien Universität Berlin entstandene, bislang unveröffentlichte Dissertation von Nadja Klopprogge *Intimate Histories: African Americans and Germany since 1933*.

32 Vgl. Höhn, Maria u. Moon, Seungsook, The Politics of Gender, Sexuality, Race, and Class in the U.S. Military Empire, in: Höhn u. Moon (Hg.), Over There, S. 1–36, hier S. 22.

deutsche Polizei sah sich der Situation machtlos gegenüber, da sie die Angelegenheit der Militärpolizei überlassen mussten.[33]

Afroamerikanische Soldaten im Club in Schwanewede nahe Bremen (1945 oder 1946)

U.S. Army Signal Corps, Public Relations Office, Bremen Port Command, Bremen Port Command's GI's Paradise, Bremen 1946

Immer wieder kam es zu Konflikten, wenn afroamerikanische Offiziere und Soldaten Clubs besuchen wollten, die ihnen den Zutritt verwehrten. In einem Bericht über Diskriminierung in der Armee schrieb der Verfasser noch zu Kriegszeiten im März 1945, dass laut einigen Offizieren jeglicher Kontakt zu afroamerikanischen Offizieren unterbunden werden sollte. »One Captain stated that he had taken two N[…] Officers into an officers' Club reserved for white officers'; the N[…] officers were asked to leave, and he was officially reprimanded for having ›an improper social attitude‹ [Herv.i.O.].«[34] Es sollte stattdessen ein separater Club für afroamerikanische Truppen eingerichtet werden, »because of [the] inability to control the officers in the units attached to the division and that a fight or unpleasant incident might result from the presence of colored officers in a club used by all«[35], so die Begründung. Der Club für afroamerikanische Truppen entstand direkt gegenüber dem Offiziersclub für Weiße, in dem Musikerinnen und Mu-

33 Vgl. Obermeister Vogdt, Vorgänge bei der von afroamerikanischen Soldaten bewohnten Kaserne Huckelriede, 26.6.1946, 3-J.4, 280, STAB.

34 Headquarters Mediterranean Theater of Operations, Report on Visit to 92nd Division (N[…] Troops), 31.3.1945, Policy Files on Discrimination in the Army, Box 12, Folder 7: Official Papers – File on Race and Discrimination in the Army, USAHEC.

35 Ebd.

siker auftraten und Frauen als Tanzpartnerinnen zugelassen waren.[36] Der Verfasser des Berichts empfahl, den Club für afroamerikanische Truppen schnellstmöglich aufzugeben, da er exemplarisch für die Ungleichbehandlung zwischen weißen und afroamerikanischen Offizieren und Soldaten stehe.[37] Zu Zwischenfällen sei es außerdem nur sehr selten gekommen, und »many of the enlisted men feel that the command is not interested in the success of the division and that decisions have been made so as to purposely reflect discredit on N[...] officers and enlisted men«[38].

Zahlreiche Berichte über die afroamerikanischen Truppen und ihre Lebensbedingungen im besetzten Deutschland zeigen, dass die in den USA geführte Bürgerrechtsbewegung die Besatzung Deutschlands argumentativ als Beispiel für die systematische Diskriminierung anführte.[39] Es wurde berichtet, dass Clubs wie auch der *Palmgarden Club* in Frankfurt a.M. Afroamerikanern den Zutritt verwehrten.[40] Auch die *Re-Education* der Deutschen und die vermeintlich moralische Überlegenheit der amerikanischen Besatzungsmacht blieben von kritischen Stimmen nicht unreflektiert: »The very people whom the Army of occupation seeks to democratize are aware of the Army's policy of separation of N[...] and white, and they, both our allies and the natives of occupied countries, question us strongly for seeking to teach what we fail to practice, both at home and abroad.«[41] Die Historikerin Nadja Kloppogge beschreibt eindrücklich, wie afroamerikanische Journalistinnen und Journalisten sowie Aktivistinnen und Aktivisten in den USA die Segregation innerhalb der Besatzungsarmee thematisierten. So wurden beispielweise Bilder von afroamerikanischen Soldaten und weißen deutschen Frauen am Berliner Wannsee zu einem Mittel im Kampf für die Gleichberechtigung in den USA.[42] Die Segregation innerhalb der amerikanischen Besatzungsarmee hatte sowohl in Deutschland als auch in den USA Wirkungskraft.

Nicht alle weißen Soldaten unterstützten den Ausschluss ihrer afroamerikanischen Kollegen. Als besonders erschütternd empfand Vito Lukauskas, ein weißer Soldat, dass

---

36 Vgl. ebd.

37 Vgl. ebd.

38 Ebd.

39 Siehe hierzu besonders das Kapitel *»We will never go back to the old way again«: African American GIs and the occupation of Germany* in Höhn u. Klimke, A Breath of Freedom, S. 39–62. Gleichzeitig berichtete die *Stars and Stripes* in Deutschland auch über Zwischenfälle in den USA. Auf dem Militärstützpunkt Freeman Field, Seymour in Indiana hatte ein afroamerikanischer Offizier einem Militärpolizisten mit Gewalt gedroht, da er keinen Zugang zu einem Club erhielt, der nur für weiße Offiziere vorgesehen war. Vgl. o.A., N[...] Officer Fined in Row over Club Rights, in: Stars and Stripes (German Edition, Pfungstadt), No. 93, 6.7.1945, S. 4.

40 Vgl. Ray, Marcus H., Report of Tour of European Installations, S. 2, Policy Files on Discrimination in the Army, Box 34, Folder 1: Reports of N[...] Newspaper Publisher ›Troops and conditions in Europe‹, USAHEC.

41 President, N[...] Newspaper Publishers Ass'n (Stanley, Frank L.), Report of the N[...] Newspaper Publishers Association to the Honorable Secretary of War, Jude Robert T. Patterson, on Troops and Conditions in Europe, 18.7.1947, S. 5, Policy Files on Discrimination in the Army, Box 34, Folder 1: Reports of N[...] Newspaper Publisher ›Troops and conditions in Europe‹, USAHEC.

42 Vgl. Kloppogge, Nadja, The Sexualized Landscape of Post-War Germany and the Politics of Cross-Racial Intimacy in the US Zone, in: Erlichman u. Knowles (Hg.), Transforming Occupation in the Western Zones of Germany, S. 171–189, hier S. 176–180.

einem Afroamerikaner der Zutritt verwehrt wurde, aber vier deutsche Kriegsgefangene Einlass erhielten und bedient wurden, wie er der *Stars and Stripes* im Mai 1945 berichtete.[43] Auch wenn es sich bei diesem Vorfall wahrscheinlich um eine Ausnahme handelte oder die Kriegsgefangenen eventuell Angestellte des Clubs waren und es nur den Anschein machte, als seien sie Gäste, so zeigt die Empörung die Sprengkraft des Konflikts und die Sensibilität der amerikanischen Soldaten dafür, wer die Offiziers- und Soldatenclubs besuchen konnte und wer nicht. Aber trotz der zahlreichen Leserbriefe, die an den Ordnungspraktiken und der Diskriminierung der Militärregierung Anstoß nahmen, änderte sich an der Aufteilung der Clubs nach militärischen Rängen nichts, und auch die Segregation begleitete den Alltag der Besatzungstruppen zunächst formal und später performativ.

4.1.2 Die britische Besatzungsmacht

Die britische Besatzungsmacht betrieb sowohl Offiziersclubs als auch *Other Rank Clubs*, die allen Angehörigen des Militärs ohne Offiziersstatus offenstanden. Offiziere konnten sowohl britische Gäste ohne militärischen Status, die zu Gast in der britischen Besatzungszone waren, als auch ihre Ehefrauen in die Clubs einladen.[44] Der britischen Besatzungsmacht war die Gastfreundschaft wichtig. In Begleitung eines britischen Offiziers konnten daher auch amerikanische und französische Offiziere die britischen Offiziersclubs besuchen.[45] Aufgrund der knappen Versorgungslage waren jedoch keine gesonderten Rationen für diese Gäste möglich.[46]

Die von kirchlichen und privaten Organisationen betriebenen Clubs waren für alle Angehörige der britischen Besatzungsmacht offen. Während die militärischen Mitarbeiterinnen und Mitarbeiter in der britischen Militärregierung zunächst überwogen, stieg die Zahl ziviler Mitarbeiterinnen und Mitarbeiter stetig. Zunächst konnten auch sie, die Uniformen gemäß ihren soldatischen Rängen trugen, die entsprechenden Clubs besuchen. Doch der Druck stieg, Clubs speziell für die zivilen Mitarbeiterinnen und Mitarbeiter einzurichten, sogenannte *CCG Clubs*. Anfang 1947 eröffneten in Minden und Detmold die ersten von ihnen.[47] Viele weitere folgten in der gesamten britischen Besatzungszone und im britischen Sektor Berlins. Der Eintritt betrug einmalig ein britisches Pfund und ermöglichte den Zugang zu allen *CCG Clubs* in der britischen Besatzungszone.[48] Einige Clubs verlangten zudem einen monatlichen Mitgliedsbeitrag, dessen Höhe sich an der Ausstattung und dem Service orientierte.

Die Entwicklung der Militärregierung hin zu einem zivilen Verwaltungsapparat beeinflusste die britische Clublandschaft. Die Trennung zwischen Offizieren, Soldaten so-

---

43 Vgl. A white soldier (Vito Lukauskas), Discrimination, in: Stars and Stripes (German Edition, Pfungstadt), No. 37, 11.5.1945, S. 2.

44 Vgl. Berlin Clubs, 8.5.1946, FO 1032/1410, TNA; Vgl. Berlin Clubs, 10.5.1946, FO 1032/1410, TNA.

45 Vgl. Letter to the Secretariat of Liaison Section Berlin, 10.4.1946, FO 1032/2582, TNA.

46 Vgl. Darley, F.T.R., President, Officers' Club Committee, Blue White Officers' Club, April 1946, FO 1032/1410, TNA.

47 Vgl. Ahrens, Die Briten in Hamburg, S. 305.

48 Vgl. Six Monthly Moral Reports. Replies to Points Raised in September 1947/March 1948 Morale Reports, 14.6.1948, FO 1012/590, TNA.

wie Zivilistinnen und Zivilisten weichte im Laufe der Besatzungszeit immer weiter auf. Die kirchlichen und privat betriebenen Clubs förderten die Durchmischung der Gäste bereits seit Beginn der Besatzung. In Krefeld gestattete der *Diabolo Club* den Soldaten bereits im Dezember 1945, jeden Montag und Mittwoch einen zivilen Gast mitzubringen.[49] Und nachdem der Offiziersclub in Berlin-Gatow im Sommer 1948 geschlossen hatte, besuchten die Offiziere vermehrt den *Robertson House Country Club*, der zu den privat organisierten *Malcolm Clubs* gehörte, deren Zielgruppe vorrangig Soldaten der *Royal Air Force* waren. Der Club freute sich über den Zulauf und den ökonomischen Gewinn, den die zusätzlichen Gäste einbrachten.[50]

Bereits einige Zeit zuvor verloren andere britische Offiziersclubs ihre Exklusivität. Das Konzept der eigenen Clubs für Offiziere löste sich schleichend im Besatzungsalltag auf. In Berlin übertrug die Armee im April 1947 zwei Offiziersclubs der zivilen Militärverwaltung, der *CCG*, womit sie fortan allen Angehörigen der britischen Besatzungsmacht zugänglich waren.[51] Während einige Angehörige der Militärregierung sich negativ über diese Entwicklung aussprachen, argumentierten die Befürworter mit der britischen Tradition der *public houses*, den Pubs. So schrieb der in Bünde stationierte F.N. Soulsby am 28. Juni 1947 einen Leserbrief an die *The British Zone Review*, in dem er die Geschichte der Institution unterstrich und betonte: »The standard club in Great Britain today is undoubtedly the British public house, an institution peculiarly British and patronised by all classes of the community.«[52] Der Pub in Großbritannien symbolisierte einen Ort des Austauschs, an dem Menschen unterschiedlicher sozialer Milieus sowie unterschiedlichen Alters zusammenkamen und ihre sozialen Unterschiede vergessen konnten.[53] Jedoch zeigen soziologische Untersuchungen, dass bestimmte Pubs oft eine homogene Kundschaft hatten, sodass die Durchmischung in der Praxis begrenzt war.[54] Der Brite Soulsby führte in seinem Leserbrief außerdem an, dass sonst lediglich in der Armee, im ausländischen Regierungsdienst und in wenigen ausgewählten Clubs in Großbritannien eine Diskriminierung aufgrund des militärischen Dienstgrads herrsche.[55] Die Militärregierung orientierte sich mit der Auflösung der Offiziersclubs am Modell der Pubs in der Heimat und brachte mit der Frage, die Clubs für alle Britinnen und Briten unabhängig vom Dienstgrad zu öffnen, eine nationale Diskussion ins besetzte Deutschland.

---

49 Vgl. o.A., Gen On Joe's Drive, in: Garrison Guardian Krefeld, 12.12.1945, S. 34.

50 Vgl. Half Year Morale Report, 1.10.1948, FO 1012/590, TNA.

51 Vgl. CCG Clubs in Berlin Taking over Embassy & Blue-White, 28.4.1947, FO 1032/2583, TNA.

52 Soulsby, F.N., Leserbrief an die British Zone Review: C.C.G. Clubs, in: The British Zone Review No. 2, 28.6.1947, S. 18.

53 Zur Geschichte englischer Pubs siehe unter anderem Monckton, Herbert Anthony, A History of the English Public House, London 1969; Brandwood, Geoffrey K. u.a., Licensed to Sell. The History and Heritage of the Public House, Swindon 2004.

54 Vgl. Hunt, Geoff u. Satterlee, Saundra, The Pub, the Village and the People, in: Human Organization, 1 (1986), S. 62–74, hier S. 66.

55 Vgl. Soulsby, Leserbrief an die British Zone Review: C.C.G. Clubs, 28.6.1947.

4.1.3 Die französische Besatzungsmacht

Die französische Militärregierung regulierte den Zugang zu den Clubs ebenso wie die amerikanische während der gesamten Besatzungszeit nach dem militärischen Dienstgrad.[56] In den *foyers* konnten sich die einfachen Soldaten während ihrer Freizeit aufhalten, während den Offizieren und Unteroffizieren in den *cercles d'officiers et sous-officiers* Unterhaltungsprogramme geboten wurden. Nur mit Sondergenehmigungen oder zu besonderen Anlässen durften auch einfache Soldaten diese Orte besuchen.[57]

Die *foyers* waren einzelnen Militäreinheiten zugeordnet. Somit bildeten die Gäste eine relativ konstante Personengruppe. Das beeinflusste besonders die Gestaltung der *foyers*, da die Dekoration und Inneneinrichtung mitunter an die Aufgaben der Einheit angepasst wurden, um das Identifikationspotenzial zu erhöhen. So wurde beispielsweise die Bar im *foyer* einer Einheit des Jägerbataillons einem Schießstand ähnelnd eingerichtet und auch die restliche Dekoration des *foyers* erinnerte an einen Wald.[58]

Die Segregation innerhalb der französischen Besatzungsarmee wurde bislang in der Forschung wenig beachtet. Das mag in der schwierigen Quellenlage begründet sein. Die Betrachtung der *foyers* gibt einen kleinen Einblick in die Ausgrenzung der sogenannten Kolonialsoldaten der französischen Armee.[59] Sie konnten Orte mit dem Namen *café maure* aufsuchen. Diese Bezeichnung geht auf die Bevölkerungsgruppe der *Maures* in Algerien im 17. Jahrhundert zurück. Diese umfasste die ›nicht-weiße‹ Elite der Städte und Neuankömmlingen, die der *Reconquista*, der Entstehung und Ausdehnung des Herrschaftsbereiches der christlichen Reiche unter Zurückdrängung des muslimischen Machtbereiches, entflohen waren, so der Historiker Omar Carlier.[60] »The Maures formed an intellectual elite, and it was they who established the spaces – run in line with Muslim dietary and leisure requirements, and often in the vicinity of the mosque – in which debate and discussion could take place.«[61] Auch nach der französischen Invasion 1830 blieb diese Tradition bestehen und wurde zu einem wichtigen Element der französischen Armee. Als das französische Militär die Macht übernahm, verbreitete es die *cafés maures* im Land und brachte die neue Form des sozialen Zusammenkommens das erste Mal in ländliche Gebiete. Auch zur Zeit des Ersten Weltkrieges waren die *cafés maures* ein weitverbreitetes Phänomen der französischen Armee geworden.[62] Die *cafés maures* im besetzten Deutsch-

56 Vgl. Sevez, Le Général de Corps d'Armée, Brief an le Général Commandant de la Zone territorial nord Bad-Kreuznach, Objet: Foyers militaires, November 1946, GR 9 R 389, SHD.

57 Siehe Le Ministre de la Defense, Cercles et foyers, dispositions générales, unter: https://www.codes-et-lois.fr/code-de-la-defense/toc-ministere-defense-organismes-tutelle-etablissements-publics-b87d43f-texte-integral, letzter Zugriff am 6. April 2021.

58 Siehe hierzu Kap. 5.1.3.

59 Zum Umgang des französischen Militärs mit den sogenannten Kolonialtruppen seit Mitte des 19. Jahrhunderts siehe Miot, Claire, The Officer for Muslim Military Affairs in the First French Army, 1944–45. An Agent of Control or an Intermediary?, in: Bougarel, Xavier u.a. (Hg.), Combatants of Muslim Origin in European Armies in the Twentieth Century. Far From Jihad, London 2017, S. 161–181.

60 Vgl. Carlier, Omar, Le café maure. Sociabilité masculine et effervescence citoyenne; (Algérie XVIIe – XXe siècles), in: Annales: histoire, sciences sociales, 45 (1990), S. 975–1003, hier S. 980.

61 Adler, Indigènes after Indigènes, S. 470.

62 Vgl. ebd., S. 471.

land nach 1945 boten Tee, Kaffee und andere alkoholfreie Getränke, Obst, Gebäck, Gesellschaftsspiele und Musik.[63] In diesem »segregated space«[64] konnten die sogenannten Kolonialsoldaten ihre freie Zeit verbringen. Hatten die kolonialen Einheiten aus Afrika und Indochina während des Krieges und für dessen Ausgang eine wesentliche Rolle gespielt, zeichnete sich der quasi-koloniale Herrschaftsstil des Oberkommandierenden der 1. Französischen Armee, General Jean de Lattre de Tassignys, anschließend besonders durch das *Blanchiment* aus, so Lothar Burchardt in seiner Studie über Konstanz in der Nachkriegszeit.[65] Hierunter versteht er unter anderem den raschen Abzug der sogenannten Kolonialsoldaten aus Deutschland nach dem Krieg sowie das Verschweigen der Relevanz dieser Truppen während des Krieges.[66]

Die in Deutschland verbliebenen stationierten sogenannten Kolonialsoldaten waren sowohl einem strukturellen als auch einem alltäglichen Rassismus durch ihre weißen Kameraden und die Armee ausgesetzt, der auch für die Deutschen sichtbar war. Sie trugen im Gegensatz zur restlichen französischen Armee zum Teil Uniformen, die an traditionelle nordafrikanische Kleidung angelehnt waren.[67] Burchardt beschreibt, dass die deutsche Bevölkerung die Menschen der kolonialen Einheit mit großem Staunen wahrnahm. Nicht nur Nordafrikaner, sondern auch Vietnamesen aus Indochina, Zentralafrikaner aus den Kolonien oder Inder gehörten den Truppen an.[68] Einige von ihnen waren öffentlichen Schikanen durch weiße französische Soldaten ausgesetzt. So gruben französische Soldaten in Konstanz einige ihrer nordafrikanischen Kollegen als Disziplinarmaßnahme bis zum Hals in die Erde ein.[69] Das französische Militär diskutierte außerdem noch während des Krieges im Januar und Februar 1945, ob den aus den französischen Kolonien stammenden Soldaten das Trinken von Alkohol in den Kasernen verboten werden sollte.[70] Doch die Offiziere der sogenannten Kolonialtruppen argumentierten, dass die Soldaten sich den Alkohol bei einem Verbot auf dem Schwarzmarkt besorgen würden. Außerdem kamen die Entscheidungsträger zu der Einsicht, dass die Religion, die als Begründung angeführt wurde, eine individuelle Entscheidung sei und die christlichen Soldaten auch nicht zum Fasten an Freitagen verpflichtete.[71]

---

63 Vgl. ebd.

64 Ebd.

65 Vgl. Burchardt, Lothar, Konstanz zwischen Kriegsende und Universitätsgründung. Hungerjahre, »Wirtschaftswunder«, Strukturwandel, Konstanz 1996, S. 37.

66 Siehe hierzu den Dokumentarfilm *Le Blanchiment des troupes coloniales* von Jean-Baptiste Dusséaux. Hier zeigt der Regisseur, wie die sogenannten Kolonialtruppen seit August 1944 systematisch nach gewonnenen Schlachten durch weiße Soldaten der französischen Armee ersetzt wurden, um so den Eindruck einer erfolgreichen weißen Armee entstehen zu lassen. Vgl. Le Blanchiment des troupes coloniales. Dusséaux, Jean-Baptiste, France Télévisions Chengyu Prod, Frankreich 2016.

67 Siehe hierzu Forces Françaises en Allemagne, Concours des plus beaux foyers des F.F.A., 9.12.1951, Foto 1509, 51.A.120, ECPAD.

68 Vgl. Burchardt, Konstanz zwischen Kriegsende und Universitätsgründung, S. 37.

69 Vgl. ebd., S. 38.

70 Vgl. Schreiben: Consumation du vin de la troupe musulmane, GR 6 P 3, SHD.

71 Vgl. ebd.

4.1.4 Ein Vergnügungsort nur für Männer?

Der größte Teil der Angehörigen des Militärs und der Militärregierungen der Westalliierten waren Männer. Dennoch gehörte beispielsweise auch die weibliche Einheit des *WAC* zur amerikanischen Armee.[72] Der Historiker Daniel Cowling schätzt außerdem, dass im Jahre 1947 26.000 britische Frauen für die britische Militärregierung in Deutschland arbeiteten,[73] und auch die britische *Air Force* verfügte über einen militärischen Einsatzdienst für Frauen, die *Women's Auxiliary Air Force*. Weitere Frauen kamen als Ehefrauen durch den Familiennachzug ins besetzte Deutschland. Neben einigen wenigen französischen Frauen, die in den weiblichen Einheiten der Armee eingesetzt waren, bildeten auch hier die Ehefrauen die größte Gruppe an Besatzerinnen.[74]

Trotz der Präsenz westalliierter Frauen in Deutschland richteten sich die Freizeitangebote und die Unterhaltungsprogramme in den Clubs primär an männliche Gäste. Zu Tanzabenden versuchten die amerikanischen Clubleitungen zwar Frauen des *WAC* als Tanzpartnerinnen zu rekrutieren, aber nicht vorrangig, damit die Frauen einen unterhaltsamen Abend verbringen konnten, sondern damit den Soldaten ausreichend Tanzpartnerinnen gegenüberstanden.[75] Dieser Haltung liegen die zeitgenössischen Männlichkeits- und Weiblichkeitsbilder zugrunde. Frauen traten als Fürsorgerinnen auf, während die Männer kämpften. Dass Frauen in der Armee dienten, widersprach diesem Rollenverständnis, sodass Soldatinnen stets um Anerkennung ringen mussten.

In den *USO*-Clubs[76] in den USA während des Zweiten Weltkrieges wurden Soldatinnen zwar nicht generell ausgeschlossen, aber die *USO* hatte kein Interesse daran, Mitgliedern des *WAC* ein Unterhaltungsprogramm zu bieten. Sie konnten sich als Hostessen bewerben und so an Tänzen teilnehmen – aber nicht in ihrer Funktion als *WAC*, sondern als Tanzpartnerin.[77] Die *WACs* hatten demnach nur die Möglichkeiten, sich entweder den Geschlechterzuschreibungen zu beugen und als Tanzpartnerinnen zu agieren oder die Clubs zu meiden. Einige Amerikanerinnen waren frustriert und richteten ihre Wut gegen jene Frauen, die für das *American Red Cross* arbeiteten. Die bereits in vorherigen Kapiteln erwähnte Betty Olson schrieb am 7. August 1945 an ihre Eltern: »I guess it's perhaps just jealousy on our part. They get the gravy and we get the knocks. An enlisted woman

---

72 Zu Höchstzeiten während des Zweiten Weltkrieges waren 100.000 Frauen Teil des WAC. Vgl. Green, Anne Bosanko, One Woman's War. Letters Home from the Women's Army Corps, 1944–1946, St. Paul 1989, S. X. Laut einer Studie aus dem Jahr 1953 waren zum Beginn der Besatzung Deutschlands im Mai 1945 7530 Amerikanerinnen als Teil der Armee in Europa. Bis Dezember 1946 verringerte sich die Anzahl durch die Demobilisierung auf 2140. Wie viele davon in Deutschland stationiert waren, lässt sich der Studie nicht entnehmen. Vgl. Treadwell, Mattie E., The Women's Army Corps, Washington D.C. 1954, S. 772f. Zur Rolle der afroamerikanischen WACs siehe Putney, Martha S., When the Nation Was in Need. Blacks in the Women's Army Corps during World War II, Metuchen, N.J. 1992.

73 Vgl. Cowling, »Gosh…I think I'm in a Dream!«, in: Erlichman u. Knowles (Hg.), Transforming Occupation in the Western Zones of Germany, S. 211.

74 Vgl. Adler, Selling France to the French, S. 591.

75 Vgl. o.A., Army may let German girls on ARC clubs.

76 Siehe hierzu Kap. 2.2.3.

77 Vgl. Winchell, Good Girls, Good Food, Good Fun, S. 60f.

isn't really a person, you know.«[78] Olson fehlte es an Wertschätzung, und bei dem Vergleich ihrer Arbeit mit der Tätigkeit der Frauen des amerikanischen Roten Kreuzes fand sie deutliche Worte:

> »Don't let a WAC hear anyone say they're going up there [to Germany] to boost the GIs morale. We resent that. As one WAC said: ›I'll go to Germany if I have to do my job but I'll be darned if I'll go up to be a social butterfly.‹ That's my sentiments, too. Let the Red Cross girls do that.«[79]

Während Zivilistinnen als Gäste von Soldaten und Offizieren die Clubs besuchen konnten, spielte für die *WACs* der militärische Dienstgrad wiederum eine bedeutende Rolle. Einfache Soldatinnen hatten keinen Zutritt zu Offiziersclubs und durften nicht mit Offizieren ausgehen.[80] Betty Olson empfand auch dies als ungerecht. Darüber hinaus befürchten sie und ihre Kameradin Berta, dass, wie sie es bereits in Frankreich erlebt hatten, auch in Deutschland deutsche Frauen als Begleitungen erlaubt sein würden, rangniedrigere Amerikanerinnen hingegen nicht: »It's bad enough to be told one can't sit in the officers' section of a movie or go to an officers' club in Paris when one can see any of the French girls of the Champs Elysees – the most disreputable girls – sitting in officers' sections or in the officers' night club [...].«[81]

Amerikanischen Offizieren war es seit Frühjahr 1946 gestattet, ihre Ehefrauen und Familien nach Deutschland zu holen.[82] Maria Höhn spricht von etwa 30.000 Frauen und Kindern, die so nach Deutschland kamen.[83] Dieser strukturelle Wandel wirkte sich teilweise auch auf die Clubs aus. Die Leiterin des *Ansbach Town Club* beschrieb im Februar 1947, dass sich der Club immer mehr zu einem »community center« entwickelt habe. Kinder von Angehörigen nutzten den Handwerksraum und Ehefrauen trafen ihre Männer nach dem Einkaufen im Geschäft nebenan.[84] Dennoch blieben die Clubs Orte, an denen vorrangig Männer ihre Freizeit verbrachten. Wenn amerikanische Frauen in ihnen anzutreffen waren, dann meist als Ehefrau, Begleitung oder Tanzpartnerin, sehr selten als Offizierin oder Soldatin.

Auch in der britischen Besatzungszone richtete sich das Programm vorrangig an Männer, obgleich Frauen hier häufiger anzutreffen waren als in amerikanischen Clubs. Das mag daran gelegen haben, dass mehr Frauen für die britische als für die amerikanische Besatzungsmacht arbeiteten. Zu Beginn der Besatzung im September 1945 muss-

---

78 Olson, Betty, Brief an ihre Familie, 7.8.1945, Collection Betty Olson, Folder: Correspondence: Overseas Training and ETO July 8, 1944 to October 1945, USAHEC.

79 Olson, Betty, Brief an ihre Familie, 2.7.1945, Collection Betty Olson, Folder: Correspondence: Overseas Training and ETO July 8, 1944 to October 1945, USAHEC.

80 Vgl. Olson, Betty, Brief an ihre Familie, 7.8.1945, Collection Betty Olson, Folder: Correspondence: Overseas Training and ETO July 8, 1944 to October 1945, USAHEC.

81 Olson, Betty, Brief an ihre Familie, 9.8.1945, Collection Betty Olson, Folder: Correspondence: Overseas Training and ETO July 8, 1944 to October 1945, USAHEC.

82 Vgl. Alvah, Unofficial Ambassadors, S. 132.

83 Vgl. Höhn, »You Can't Pin Sergeant's Stripes on an Archangel«, in: Höhn u. Moon (Hg.), Over there, S. 123f.

84 Vgl. Monthly Report, February 1947, RG 200, National Archives Gift Collection, Records of the American National Red Cross, 1946–1964, Box 1925, Folder: 900.11 Ansbach Town Club, NACP.

ten Britinnen, die den britischen *Berlin Officers' Club* besuchen wollten, ihre Uniform tragen.[85] Doch mit dem Beginn der *Operation Union*, dem Familiennachzug, im September 1946 zogen immer mehr Frauen und Kinder in die britische Besatzungszone und in den britischen Sektor Berlins.[86] Auch sie wollten einen Teil ihrer Freizeit in den Offiziers- und Soldatenclubs verbringen.

Die Britin Mary Bouman stellte am 10. Oktober 1946 fest, dass die Ehefrauen in den Offiziersclubs »very out of place« wirkten, besonders wenn sie ihre Kinder mitbrachten.[87] Aber sie wollten die Clubs besuchen und diese passten sich den neuen Gegebenheiten der Besatzung an. So beschloss das Komitee des britischen Offiziersclubs in Berlin am 3. Oktober 1946, dass deutsche Dienstmädchen, die auf britische Kinder aufpassten, die Clubs betreten durften, obwohl bis dahin der Zutritt von Deutschen, mit Ausnahme der Angestellten, untersagt war.[88] Mary Bouman schrieb drei Jahre später, am 26. Oktober 1949, in einem Brief an ihre Eltern, dass zu ihrem Missfallen der Club in Herford am Nachmittag einem Kindergarten ähnelte. »I must say I do resent several children taking up the best and most comfortable seats in a place where officers are supposed to take tea. Much as I like children I think they are out of place there.«[89] Boumans Beschreibungen zeigen, dass sie, wie viele andere Britinnen auch, die Clubs seit Beginn der Besatzung nutzte. Französische Frauen traten in den französischen Clubs nicht in Erscheinung, höchstens wenn der *économat* sich in den *foyers* befand und die Frauen einkauften[90] oder sie ihre Ehemänner zu Tanzveranstaltungen begleiteten. Besonders die französischen Clubs waren somit männlich dominierte Orte.

4.2 Flucht aus dem Nachkriegsalltag: Deutsche Gäste

Der Mangel an Wohnraum, Lebensmitteln, Strom und sauberem Wasser prägte den Alltag der Deutschen in den ersten Jahren nach Kriegsende. Die meisten mussten hart arbeiten, um ihr eigenes und das Überleben ihrer Familie zu sichern. Am Wunsch nach Vergnügung mangelte es dennoch nicht. Trotz oder vielleicht wegen der schwierigen Lebensbedingungen nach dem Krieg war das Bedürfnis nach Zerstreuung groß. Die Kinos spielten zum Teil den ganzen Tag und boten Stehplätze an, um den Andrang bewältigen zu können.[91] Der Historiker Lothar Burchardt attestiert den Bewohnerinnen und Bewohnern der Stadt Konstanz einen Nachholbedarf an Tanzveranstaltungen, der sich auf die gesamte deutsche Gesellschaft übertragen lässt.[92] Das Nebeneinander von Elend

85 Vgl. British Troops Berlin Routine Order, No. 52, 2.9.1945, BAOR Collection, IWM.

86 Siehe hierzu Paterson, Sarah, The Children of Operation Union. Setting up the Initial Infrastructure for British Families in Germany, 1946–1949, in: Fäßler u.a. (Hg.), Briten in Westfalen, S. 197–214.

87 Vgl. Bouman, Mary, Brief an ihre Eltern, Herford, 10.10.1946, Private Papers Miss Mary Bouman, IWM.

88 Vgl. Komitee Protokoll der Sitzung vom 3.10.1946, FO 1032/1410, TNA.

89 Bouman, Mary, Brief an ihre Eltern, Herford, 26.10.1949, Private Papers Miss Mary Bouman, IWM.

90 Siehe hierzu Kap. 5.2.

91 Vgl. Dagerman, Deutscher Herbst, S. 72.

92 Vgl. Burchardt, Konstanz zwischen Kriegsende und Universitätsgründung, S. 151.

und Hilflosigkeit auf der einen, Tatendrang und Daseinsfreude auf der anderen Seite war charakteristisch für die Nachkriegsjahre.

Die Offiziers- und Soldatenclubs der Westalliierten versprühten inmitten dieser deutschen Gesellschaft, die buchstäblich vielerorts in Ruinen lag, das Gefühl von Leichtigkeit und Lebensfreude, von Überfluss und Luxus. Die Amerikanerin Lelah Berry, die als Ehefrau eines Soldaten nach Deutschland kam, beschrieb, dass sie den hohen Lebensstandard genoss. Er sei aber im Vergleich zu den Verhältnissen der Deutschen »beschämend luxuriös«[93] gewesen. Die Britin Mary Bouman nahm mit Erstaunen die Gegensätze zwischen der Lebenswelt der Besatzungsangehörigen und ihren Familien und jener der Deutschen wahr. Es sei ein merkwürdiges Gefühl gewesen, von der vollkommenen Verwüstung der Städte hinein in Clubs zu gehen, die mit weichem Teppich, bequemen Stühlen und guter Küche ausgestattet waren.[94]

Die Freizeitorte der Besatzungsmächte waren eigene Welten zwischen Bergen aus Schutt und Trümmern. Sie bargen eine Anziehungskraft für Teile der deutschen, meist weiblichen Gesellschaft, die nach Vergnügung und Abwechslung suchten. Die selbstverwaltete Zeitschrift *Courage* der links-feministischen Szene, die zwischen 1976 und 1984 in West-Berlin erschien, veröffentlichte im Jahr 1982 eine Reportage über die Nachkriegsjahre mit dem Titel *Sie tanzt. Will vergessen.* Darin heißt es, dass »Frauen oft leuchtende Augen [bekamen], wenn es um die Feste der Lebensfreude [ging], die trotz Not und Trümmerwelt gefeiert wurden«[95]. Hierbei ist zu berücksichtigen, dass die *Courage* in ihren Texten das emanzipierte Frauenbild der Herausgeberinnen bediente und somit lediglich die positiven Aspekte betonte, die jene Jahre für manche Frauen bedeutet hatten. In der kurzen Phase, in der die alten Machtverhältnisse zerschlagen und die neuen noch nicht bestimmt waren, tat sich für einige Frauen ein Spielraum an gesellschaftlichen Wertvorstellungen mit bisher unbekannten Freiheiten auf; einige gingen kurzzeitige Liebesbeziehungen ein oder besuchten Tanzlokale, Varietés und Kabaretts, um sich zu amüsieren.[96] Dies sind Facetten einer Erzählung über die Nachkriegszeit jenseits vom Mythos der *Trümmerfrauen* und den Ehefrauen, die auf ihre verschollenen Ehemänner warteten.[97] Die Autorin des oben genannten Artikels beschreibt weiter, dass die Frauen die kalten Zimmer, die ausgemergelten Gesichter, Wörter wie Rationierung, Entnazifizierung und Kollektivschuld nur für einen kurzen Moment vergessen wollten. Die amerikanischen, britischen und französischen Clubs boten hierfür eine Möglichkeit, denn dort konnten sie »in eine Welt ohne Lebensmittelkarten, Bezugsscheine und Stromsperren flüchten«[98].

---

93 Zit. nach Alvah, Unofficial Ambassadors, S. 131.

94 Zit. nach Cowling, »Gosh…I think I'm in a Dream!«, in: Erlichman u. Knowles (Hg.), Transforming Occupation in the Western Zones of Germany, S. 213f.

95 O.A., Sie tanzt. Will vergessen, in: Courage, Juli 1982, S. 52.

96 Viele Frauen lebten und genossen diese Freiheit, obgleich viele Deutsche die Entwicklung auch als Verrohung der Sexualität, Mangel an Moral und als Verlust der Romantik erlebten. Vgl. ebd.

97 Zur Entstehung des Mythos der *Trümmerfrauen* siehe Treber, Leonie, Mythos Trümmerfrauen. Von der Trümmerbeseitigung in der Kriegs- und Nachkriegszeit und der Entstehung eines deutschen Erinnerungsortes, Bonn 2015.

98 O.A., Sie tanzt. Will vergessen, S. 52.

Die Clubs lockten mit ihrer Leichtigkeit – eine Leichtigkeit, die viele Deutsche seit Beginn des Krieges nicht mehr gespürt hatten. Die Jüngeren kamen das erste Mal mit ihr in Berührung. »Frauleins who haven't danced in a Coburg night club since 1939 are carried away by the gaiety«, schrieb auch die amerikanische Soldatenzeitung *Stars and Stripes* am 7. November 1945 in einem Artikel über den *Brown Derby Club* in Coburg.[99] Die Clubs funktionierten als Räume, die die Soziologin Martina Löw in Anlehnung an Michel Foucaults Konzept der Heterotopien als Illusions- und Kompensationsräume beschreibt.[100] In den Clubs konnten deutsche Gäste die Knappheiten des Nachkriegsalltags kompensieren, sich kurzzeitig der Illusion von Sorglosigkeit und Unbeschwertheit hingeben. Allerdings war es nur wenigen Deutschen erlaubt, die Clubs zu besuchen. Umso mehr war, wie dieses Kapitel im Folgenden zeigen wird, der Zutritt etwas Besonderes. Das gilt nicht spezifisch für die westalliierten Clubs in Deutschland, denn auch im amerikanisch besetzten Japan nach dem Zweiten Weltkrieg durften nur wenige Japanerinnen in die Clubs der amerikanischen Besatzungsmacht. Eine Japanerin erinnert sich an die Exklusivität des Zutrittsrechts:

> »[...] that going to a place where other Japanese were forbidden to enter, escorted by a men (conqueror), listening to jazz, drinking alcohol not available to other Japanese, eating beefsteak while others were starving, and receiving special treatment by a waiter made [me] feel above other Japanese, privileged, and like a princess.«[101]

Musik und Tanz waren neben Nahrungsmitteln und Alkohol auch in Deutschland starke Motive, die Clubs aufzusuchen. Die Jazzmusik spielte dabei für manche eine besonders wichtige Rolle. So vereinbarte der amerikanische *Stardust Club* in Heidelberg mit der Jazzvereinigung *Hot Club Heidelberg (HCH)*[102], dass dessen Mitglieder seit Juli 1947 von Freitag bis Sonntag die musikalischen Auftritte im *Stardust Club* von der Galerie aus verfolgen durften. Daraufhin stieg die Zahl der Mitglieder rasch an, und auch junge Frauen traten dem *HCH* bei, deren ernsthaftes Interesse am Jazz jedoch bezweifelt wurde. »Daß ein großer Teil keine Jazzfans waren und auch nie werden können, dürfte sich von selbst verstehen«, hieß es in der Vereinszeitschrift aller *Hot Clubs* in Deutschland.[103] Selbst die Treffen des *HCH* fanden in der Musikergarderobe des *Stardust Club* statt, bis der Manager und Betreuungsoffizier abgezogen wurde und der neue Amtsinhaber sich als Jazzkritiker entpuppte.

Die Motivation der Deutschen, westalliierte Clubs aufsuchen zu wollen, lässt sich nicht eindeutig rekonstruieren und basierte vermutlich stets auf mehreren Faktoren.

---

99 O.A., Beer or Coke? The Brown Derby Dispenses Great Quantities of Both, in: Stars and Stripes (Midweek. Southern Germany Edition), No. 12, 7.11.1945, S. 6.

100 Vgl. Löw, Raumsoziologie, S. 165.

101 Takeuchi, Michiko, »Pan-Pan Girls« Performing and Resisting Neocolonialism(s) in the Pacific Theater. U.S. Military Prostitution in Occupied Japan, 1945–1952, in: Höhn u. Moon (Hg.), Over There, S. 78–108, hier S. 93.

102 In zahlreichen deutschen Städten gründeten sich nach dem Ende des Krieges sogenannte *Hot Clubs* neu oder wurden in der Tradition älterer Jazzvereine, die die Zeit des Nationalsozialismus überdauert hatten, weitergeführt. Aus den *Hot Clubs* in Deutschland wurde in den 1950er Jahren die Deutsche Jazz Föderation. Ziel der Clubs war die Förderung der Jazzmusik.

103 O.A., Hot Club Heidelberg, in: Lippmann, Horst (Hg.), Hot-Club News Juli/1947, S. 25.

Materielle Bedürfnisse, die zeitgenössisch oft als Ziel deutsch-amerikanischer Liebesbeziehungen benannt wurden, waren mit großer Wahrscheinlichkeit ein Beweggrund, ebenso die Suche nach (männlicher) Gesellschaft, das Tanzen, die Musik oder auch die exklusive Gesellschaft.[104] Wie wichtig die Gesellschaft in den Clubs gewesen sein mag, lässt sich aus einem Schriftwechsel erahnen, der im Rahmen einer Studie zu den afroamerikanischen Truppen in Deutschland im August 1946 entstand. Darin heißt es, dass in Clubs der afroamerikanischen Truppen mitunter zwei oder drei Frauen auf einen Mann kämen, während in den Clubs der weißen Truppen das Gegenteil der Fall sei. Die befragten deutschen Frauen gaben als Grund an, dass sie die Afroamerikaner als korrekter empfanden.[105] Auch der deutsche Jazzmusiker Benno Walldorf beschrieb in einem unveröffentlichten Manuskript, dass sich im ehemaligen *Hotel Prinz Carl* in der Hauptstraße in Gießen ein Club der afroamerikanischen Truppen befand, in dem Mädchen aus allen gesellschaftlichen Schichten anzutreffen waren, die sich amüsieren wollten.[106]

Obgleich die Gründe schwer zu belegen sind, steht fest, dass einige Deutsche – Frauen und auch Männer – Zutritt zu den Clubs erlangen wollten. Doch zunächst waren die Clubs ausschließlich den Besatzungstruppen vorbehalten. Im *American Red Cross Club* in Bad Orb missinterpretierte die deutsche Bevölkerung im Dezember 1945 jedoch ein Schild mit der Aufschrift »Kommensie Inn«, das lediglich den Namen des Clubs wiedergab, das die Deutschen aber als Einladung verstanden, das neue Lokal zu besuchen. Die Leiterin des Clubs vermerkte diesen aus ihrer Sicht lustigen Vorfall in ihrem Monatsbericht mit dem Zusatz, dass es nicht einfach gewesen sei, den Deutschen das Zutrittsverbot zu erklären.[107] Doch der generelle Ausschluss der deutschen Bevölkerung veränderte sich in Teilen der amerikanischen Besatzungszone schon bald. Eine einheitliche Regelung gab es nach der Aufhebung des Fraternisierungsverbotes im Oktober 1945 für die amerikanischen Clubs hingegen nicht.

Die Diskussion um deutsche Gäste und die unterschiedlichen Anordnungen in Bezug auf die amerikanischen, britischen und französischen Clubs verdeutlichen, dass die Umsetzung der Besatzungspolitiken stets an lokale Umstände des Besatzungsalltags angepasst wurde. So spricht auch Nina Verheyen in ihrer Studie, in der sie sich dem von der amerikanischen Besatzungsmacht eingeleiteten Wandel der Diskussionskultur nach 1945 in Deutschland widmet, mit Blick auf die Umsetzung der Besatzungspolitik

104 Siehe hierzu Heineman, What Difference Does a Husband Make?, S. 96; Henke, Die amerikanische Besetzung Deutschlands, S. 196–200; Domentat, Tamara, »Hallo Fräulein«. Deutsche Frauen und amerikanische Soldaten, Berlin 1998.

105 Vgl. Price, John L., Schreiben an Mr. Jesse Thomas, Assistant to Vice Chairman, 20.8.1946, RG 200, National Archives Gift Collection, Records of the American National Red Cross, 1935–1946, Box 1406, Folder: N[...] Personnel, NACP.

106 Vgl. Walldorf, Benno, Unveröffentlichtes Manuskript, ca. 1980, S. 13, Sammlung Benno Walldorf, LRMA.

107 Vgl. Atkinson, Catherine, Monthly Report Club Bad Orb, 31.1.1946, RG 200, National Archives Gift Collection, Records of the American National Red Cross, 1935–1946, Box 1530, Folder: ETO (Germany) Bad Orb Club, NACP.

von einem Learning by Doing.[108] David Welch beschreibt die britische Besatzungspolitik generell als

> »a gradual process that emerged, on the one hand, from certain premises that had been formulated during the inter-war period based around an historicist interpretation of German national character traits and, on the other hand, as a result of pragmatic short-term improvisations in response to changing political circumstances.«[109]

Am Beispiel der Frage nach deutschen Gästen in westalliierten Clubs und des damit verbundenen ständigen Abwägens zwischen verschiedenen Interessengruppen und ihren Bedürfnissen wird der dynamische Charakter der Besatzung deutlich. Die drei westlichen Besatzungsmächte diskutierten und regelten den Einlass von deutschen Gästen im Verlauf der Besatzungszeit unterschiedlich. Die amerikanische Besatzungsmacht setzte stets auf Kontrolle und erprobte unterschiedliche Regulierungsmaßnahmen, seitdem sie Deutsche in ihren Clubs willkommen hieß. Eine davon war der sogenannte Gesellschaftspass, der Deutschen in Begleitung einer oder eines Angehörigen der amerikanischen Armee Zutritt ermöglichte. Für die britische und französische Besatzungszone sind derartig formalisierte Auswahlprozesse bislang nicht bekannt. Die britische Besatzungsmacht öffnete ihre Clubs zögerlich, während die französische Militärregierung den Zutritt von deutschen Gästen bis 1952 nicht erlaubte und auch anschließend nur für ausgewählte Veranstaltungen gestattete.

4.2.1 Kontrollierte Kontakte: Die amerikanische Besatzungsmacht und deutsche Gäste

Zu Beginn der Besatzung galt das Fraternisierungsverbot, das Deutschen den Zutritt zu allen westalliierten Clubs verbot. Doch die überwiegend männlichen Streitkräfte vermissten weibliche Gesellschaft, und die amerikanischen Hostessen waren nicht zahlreich genug, um jedem Clubgast die Aufmerksamkeit zukommen zu lassen, die er einforderte. Es herrschte Frauenmangel. Daher fürchtete die amerikanische Militärregierung nicht ohne Grund, dass die Offiziere und Soldaten mit deutschen Frauen ausgehen und zur Verbreitung von Geschlechtskrankheiten beitragen würden. Um dem entgegenzuwirken und die Kontakte möglichst kontrollieren zu können, diskutierten amerikanische Generäle schon im August 1945 über die Möglichkeit, deutsche Frauen als Gäste in Offiziers- und Soldatenclubs zu erlauben.[110] Zwar fiel zu diesem Zeitpunkt das Gegenargument, nach dem Deutsche (noch) keinen sozial gleichwertigen Status erreicht hätten, schwerer ins Gewicht als die potenziellen Vorteile.[111] Doch bereits zum Ende des

108 Vgl. Verheyen, Diskussionslust, S. 64.

109 Welch, David, Priming the Pump of German Democracy. British »Re-education« Policy in Germany after the Second World War, in: Turner, Ian D. (Hg.), Reconstruction in Post-war Germany. British Occupation Policy and the Western Zones, 1945–55, Oxford (UK) 1989, S. 215–238, hier S. 216.

110 Vgl. Parks, Floyd, Tagebucheintrag 20.8.1945, Collection Floyd Parks, Box 1, Diary July-August 1945 (2/2), USAHEC.

111 Vgl. Parks, Floyd, Notes at Commanders' Meeting, 27.8.1945, Collection Floyd Parks, Box 1, Diary July-August 1945 (2/2), USAHEC.

Jahres 1945 äußerten immer mehr Angehörige der Besatzungsmacht den Wunsch, ihre deutschen Begleitungen in die Clubs zu bringen, wie die Leiterin des *Officers Clubs* in München im Dezember 1945 festhielt.[112] Auch die Besucher des *Raiders Club* in Dachau gingen immer wieder auf die Mitarbeiterinnen des amerikanischen Roten Kreuzes zu und fragten, wieso sie keine deutschen Frauen zu Tanzveranstaltungen einladen durften. Die Mitarbeiterinnen konnten den Wunsch der Soldaten nachvollziehen und hofften außerdem, dass deutsche Tanzpartnerinnen ihre Tanzveranstaltungen populärer machen würden.[113] Denn immer mehr Offiziere und Soldaten verbrachten ihre freien Abende in *Special Service Clubs*, in denen deutsche Begleitungen teilweise bereits willkommen waren.[114] In den armeegeführten Clubs einzelner Militärstützpunkte war dies seit Ende 1945 der Fall.[115]

Doch nicht alle Angehörigen der amerikanischen Besatzungsmacht befürworteten diese Vorstöße. Im *Raiders'Roos* in Büdingen besprachen die Soldaten im August 1946 während einer Diskussionsrunde die Frage »Should Frauleins be allowed in Red Cross Clubs for dances«. Die Anwesenden sprachen sich einstimmig dagegen aus.[116] Alle Clubs des amerikanischen Roten Kreuzes schlossen bis Januar 1947 deutsche Gäste grundsätzlich aus. Meinungen des weiblichen Teils der Armee waren in den öffentlichen Diskussionen, die sich hauptsächlich anhand von Leserbriefen und Notizen der Clubleitungen nachvollziehen lassen, nicht zu finden. In einem Brief an ihre Eltern aber echauffierte sich die bereits erwähnte Amerikanerin Betty Olson am 8. August 1945 darüber, dass sie als *WAC* nicht das Recht habe, mit einem Offizier in einen Offiziersclub zu gehen, die Besatzungstruppen aber davon ausgingen, dass bald deutsche Frauen als Begleitungen erlaubt sein würden:

> »If I can't go with an officer into an officer's club and I see a German girl go in, [...] there are going to be fireworks. But plenty. I might even write Pres. Truman. [...] [My friend] Berta and I say if we see German girls in officers' clubs in Frankfurt we're going to score the town for the biggest SS trooper we can find – then see what the Army says. We're so burned up about the whole thing we'd like to write the Congress!«[117]

Die Meinungen des *WAC* scheinen kein Gehör bei der Militärregierung gefunden zu haben oder die Wut blieb im Privaten verborgen, und der Vorsatz, dem Kongress oder sogar dem Präsidenten zu schreiben, dürfte nicht ausgeführt worden sein. In jedem Fall wog

112 Vgl. Narrative Report for December 1945, 11.1.1945, RG 200, National Archives Gift Collection, Records of the American National Red Cross, 1935–1946, Box 1531, Folder: Munich Officers Club, NACP.

113 Vgl. Pryor, Vivian, Narrative Report, 1.2.1946, RG 200, National Archives Gift Collection, Records of the American National Red Cross, 1935–1946, Box 1531, Folder: Raiders Club, Dachau, NACP.

114 Vgl. Eberhardt, W. H., Narrative Report, 31.1.1946, RG 200, National Archives Gift Collection, Records of the American National Red Cross, 1935–1946, Box 1531, Folder: Sports Park Nürnberg, NACP.

115 Vgl. Starr, Fraternization with the Germans in World War II, S. 131.

116 Vgl. Narrative Report August, RG 200, National Archives Gift Collection, Records of the American National Red Cross, 1935–1946, Box 1531, Folder: Raiders' Roos Büdingen, NACP.

117 Olson, Betty, Brief an ihre Familie, 9.8.1945, Collection Betty Olson, Folder: Correspondence: Overseas Training and ETO July 8, 1944 to October 1945, USAHEC.

die amerikanische Militärregierung zwischen verschiedenen Argumenten ab. Einerseits herrschte Mangel an weiblicher Gesellschaft in den Clubs, nach der sich ein großer Teil der Offiziere und Soldaten sehnte. Anderseits waren deutsche Frauen Kriegsfeinde gewesen. Die Angst vor dem Kontrollverlust war groß, wenn Offiziere und insbesondere einfache Soldaten sich mit deutschen Frauen in deutschen Bars trafen. Die amerikanische Militärregierung strebte danach, ein gewisses Maß an Kontrolle zu behalten und die sozialen Kontakte zu Deutschen zu regulieren. Daraus resultierte, dass ein grundsätzliches Zutrittsverbot für Deutsche nach kurzer Zeit infrage gestellt wurde.

Seit Beginn des Jahres 1946 erprobten einige Militärstützpunkte die sogenannten Gesellschaftspässe als Auswahlinstrument für deutsche Frauen und auch Männer.[118] Ausgehend von der Region Nürnberg-Fürth schlossen sich immer mehr Stützpunkte in amerikanisch besetzten Regionen an. Seit 1947 mussten auch die *American Red Cross Clubs* in den jeweiligen Regionen ausgewählte deutsche Passinhaberinnen und -inhaber hereinlassen. Eine einheitliche Direktive, die die Pässe für alle Clubs der gesamten amerikanischen Zone und des amerikanischen Sektor Berlins anordnete, blieb jedoch aus. Stattdessen entschieden die amerikanischen Befehlshaber vor Ort.[119]

General Lucius D. Clay reagierte als Militärgouverneur der amerikanischen Besatzungszone mit der Einführung der Gesellschaftspässe und der damit verbunden Öffnung der Clubs für Deutsche zum einen auf die Bedürfnisse der Offiziere und Soldaten. Zum anderen hoffte er so, exzessives Trinken und die Verbreitung von Geschlechtskrankheiten eindämmen zu können. Konnten Offiziere und Soldaten mit ihren deutschen Begleitungen in amerikanische Clubs gehen, blieben sie noch immer in der Obhut des Militärs und somit zu einem gewissen Grad kontrollierbar. In Bayern galt außerdem, dass einzelne Räume in den Clubs für Amerikaner und ihre weiblichen Gäste – von männlichen war nicht die Rede – reserviert werden sollten. Amerikaner ohne Begleitung konnten diese Teile der Clubs nicht nutzen.[120]

Die Reaktionen der Offiziere und Soldaten fielen unterschiedlich aus. Ein Soldat schrieb erbost an die *Stars and Stripes*, dass er lieber in einem Club mit nur einer amerikanischen Frau sei, mit der er wohl nie sprechen könne, anstatt in einem Raum voll mit deutschen Frauen.[121] Andere empfanden es sogar als »the final insult to American intelligence«[122]. Der *American Red Cross Lucky Rear Club* in München nahm sich dieser wütenden Stimmen an, indem die Clubdirektorin das Programm im Januar 1946 an jenes des *Special Service Division Club*, in dem deutsche Begleitungen erlaubt waren,

---

118 Deutsche Männer waren in der Minderheit und spielten in der öffentlichen Diskussion um deutsche Gäste keine Rolle. Dennoch konnten auch sie einen Gesellschaftspass beantragen und taten dies vereinzelt auch. Siehe hierzu Kap. 4.2.2.

119 Vgl. Geis, Margaret L. u. Gray, George J., The Relations of Occupation Personnel with the Civil Population, 1946–1948, Karlsruhe, 1951, S. 17.

120 Vgl. Office of Military Government for Bavaria, By-Laws NCO Clubs, 11.12.1946, RG 260, Board and Claims Administrative Files of the Personnel and Administrative Division, 1946–1948, Box 301, NACP.

121 Vgl. Pandl, George, Would Bar Frauleins, in: Stars and Stripes (German Edition, Pfungstadt), No. 243, 9.12.1945, S. 2.

122 Vgl. Stogsdill, Don A., Handout to Frauleins, in: Stars and Stripes (German Edition, Pfungstadt), No. 323, 1.3.1946, S. 2.

anpasste. Nicht im Sinne eines Wettbewerbs, wie sie schrieb, sondern aus der Notwendigkeit heraus, Soldaten Unterhaltung zu bieten, die nicht mit deutschen Frauen tanzen wollten, bot der Club zeitgleich zu Tanzveranstaltungen abwechslungsreiche Unterhaltungsprogramme. Die Clubleiterin betonte, dass noch immer eine große Nachfrage nach einem Club nur für Amerikaner bestand.[123]

Die Angestellten des *American Red Cross River Club* in Bremen hörten im Gegensatz dazu mit Freude im Mai 1947, dass ihr Club für deutsche Gäste geöffnet werden sollte: »For a long time we have thought that this is how our boys could meet nicer girls in a congenial atmosphere, it would do a lot for them.«[124] Seit dem 29. April 1947 sollte jeder Militärstützpunkt mindestens einen Club der Streitkräfte für deutsche Gäste öffnen.[125] Das war ein deutlicher Wandel der Besatzungspolitik und repräsentierte die sich verändernde Einstellung gegenüber der deutschen Bevölkerung. Die Mehrheit der Offiziere und Soldaten begrüßten diesen Schritt, nicht wenige hatten sich seit der Aufhebung des Fraternisierungsverbotes immer wieder dafür eingesetzt.[126] Einige taten dies aus persönlichen Gründen, während andere sich um die Disziplin der Besatzungsarmee sorgten. Ein Kommandant gratulierte General Clay zu dieser Entscheidung:

> »It is now right to say that our Army is on the right path to combating V[enereal] D[isease] and excessive drinking. The idea of giving the GIs plenty of recreational facilities is one of the best weapons we have against VD [...]. By giving the frauleins the opportunity to accompany their GI boy friends to the snack bars, theaters, and Red-Cross-sponsored programs, the Army will be cutting down on the VD rate and excessive drinking.«[127]

Die amerikanische Militärregierung sah in den deutschen Gästen ein Mittel, die Offiziere und Soldaten an die Clubs zu binden und sie zu kontrollieren. Insofern ging es nicht darum, Deutschen einen Clubaufenthalt zu ermöglichen. Dennoch profitierten auch sie von den Besuchen. Einige Clubleiterinnen sahen außerdem die Chance, die anwesenden deutschen Gäste positiv zu beeinflussen: »ARC personnel in such clubs have a unique opportunity of making a significant contribution to German Youth outlook on American life, and all the energy and imagination of program directors and their staffs must be directed to the accomplishment of this end.«[128]

---

123 Vgl. Narrative Club Report, January 1946, RG 200, National Archives Gift Collection, Records of the American National Red Cross, 1935–1946, Box 1531, Folder: Lucky Rear Club München, NACP.

124 Narrative Report, May 1947, RG 200, National Archives Gift Collection, Records of the American National Red Cross, 1935–1946, Box 1531, Folder: River Club Bremen, NACP.

125 Vgl. o.A., Frauleins Get Snack Bar ok, in: Stars and Stripes (European Edition, Pfungstadt), No. 145, 30.4.1947, S. 1; Frederiksen, The American Military Occupation of Germany, S. 132.

126 Vgl. Peel, Harris, Fraulein Ban in ARC Clubs Being Eased, in: Stars and Stripes (European Edition, Pfungstadt), No. 31, 6.1.1974, S. 1, 12.

127 Capt. O.B., Snack Bar OK Praised, in: Stars and Stripes (European Edition, Pfungstadt), No. 151, 6.5.1947, S. 2.

128 Monthly Narrative Report for Clubs in Occupied Territory, May 1947, RG 200, National Archives Gift Collection, Records of the American National Red Cross, 1946–1964, Box 1896, Folder: 900.118 Club Department Reports, NACP.

Mildred Hendry, Clubdirektorin des *Wolven Den Club* in Bremen, fasste im Juni 1947 die ersten Erfahrungen mit deutschen Gästen zusammen. Die deutschen Frauen seien demnach nicht so hungrig gewesen, wie sie befürchtet hätten, und auch die Anzahl der deutschen Gäste sei mit ungefähr zehn Personen pro Abend wesentlich kleiner gewesen als erwartet. Laut dem Monatsbericht besuchten rund 1500 Soldaten den Club über den Tag verteilt. Auch das Verhalten der deutschen Begleitungen gefiel: »They have all been very pleased and well behaved and very much on the shy side.«[129] Hendry hoffte sogar, die deutschen Frauen könnten ihre amerikanischen Bekannten dazu bewegen, öfter an den Symphoniekonzerten teilzunehmen. Der *American Red Cross Club Bürgerbräukeller* in München öffnete seine Türen im Sommer 1947 für Deutsche, und auch hier war die Clubleitung sehr zufrieden. »The presence of the men with their girl friends provides a very normal social atmosphere, which I like. They have been participating in Bingo, Dances, and Dancing classes.«[130] Die Erfahrung dieser beiden Clubdirektorinnen deckte sich mit dem Resümee, das im Juni 1947 im *Monthly Report for Clubs in Occupied Territory* gezogen wurde:

> »Reports from all supervisors indicate that civilian attendance in snack bars officially designated for their use has posed no problem. Rather the type of girl brought into the club has been constantly high and the presence of the girls is adding to the variety and enjoying of program offerings.«[131]

Diese ersten Erfahrungen müssen die amerikanische Militärregierung positiv gestimmt haben, strebte diese doch die Normalisierung des Besatzungsalltags an. Aber nicht überall funktionierte die Umsetzung der Einlassbestimmungen problemlos. Ein in Frankfurt a.M. stationierter Soldat schrieb im Juli 1947 an die *Stars and Stripes* und berichtete von seinen Erfahrungen im *Palmgarden Club*. Nachdem er im Radio *(AFN)* gehört und in der Zeitung gelesen hatte, dass der Club für Deutsche geöffnet wurde, beschloss er, seine deutsche Freundin dorthin auszuführen. Schon am Eingang stand ein großes Schild mit der Aufschrift »Deutsche verboten«. Nach kurzer Rücksprache erklärte ein Polizist der amerikanischen Militärpolizei, dass es jeden Dienstag und Donnerstag gestattet sei, Deutsche mitzubringen. Es war Donnerstag, sodass der Soldat und seine Freundin in den Club gingen, um anschließend festzustellen, dass sie die Bar nicht betreten durfte, tanzen konnten sie aber in einem anderen Raum. Der Soldat ärgerte sich über die missverständlichen Aussagen: »After all, [...] we get in the club so if they say the place is open to German guests, let's stop it for that purpose, or, if it's not open to German guests,

129 Hendry, Mildred, Narrative Report, June 1947, RG 200, National Archives Gift Collection, Records of the American National Red Cross, 1935–1946, Box 1531, Folder: Wolves Den, Camp Grohn, NACP.

130 Wattley, Josephine, Monthly Narrative Report (21.5.-20.6.1947), RG 200, National Archives Gift Collection, Records of the American National Red Cross, 1935–1946, Box 1530, Folder: Bürgerbräukeller München, NACP.

131 Monthly Narrative Report for Clubs in Occupied Territory, June 1947, RG 200, National Archives Gift Collection, Records of the American National Red Cross, 1946–1964, Box 1896, Folder: 900.118 Club Department Reports, NACP.

let's stop the radio announcements that it is.«[132] Die Clubs passten sich allmählich den neuen Richtlinien an und auch der *Palmgarden Club* entfernte die besagten Schilder.

Deutsche Begleitungen wurden im Laufe der Jahre immer geläufiger. Weniger als zwei Jahre nach dem Beginn der Besatzung Deutschlands konnten Amerikaner in fast allen Regionen der amerikanischen Besatzungszone deutsche Gäste in Offiziers- und Soldatenclubs ausführen. Die Regelung der Gesellschaftspässe, die lediglich einem ausgewählten Teil der deutschen Bevölkerung Zutritt erlaubte, war nur bis Ende Juli 1948 gültig. Anschließend waren die Pässe nicht mehr notwendig, und das *Office of Military Government for Bavaria* legte für Bayern fest, dass sowohl alliierte als auch zivile und deutsche Gäste in die Clubs eingeladen werden durften. Die Amerikaner seien verantwortlich für das Verhalten ihrer Gäste, das stets »in accordance with the customs and usages of the service«[133] sein sollte. Zwar entschieden noch immer die einzelnen Befehlshaber der Militärstützpunkte über deutsche Gäste, aber seit dem Sommer 1948 waren kritische Stimmen nahezu verstummt, und eingeladene deutsche Clubgäste gehörten inzwischen zum Besatzungsalltag.

4.2.2 Der Gesellschaftspass als Auswahlinstrument in der amerikanischen Besatzungszone und im amerikanischen Sektor Berlins

Das anfängliche generelle Zutrittsverbot für Deutsche war, wie bereits beschrieben, nicht lange umsetzbar, da amerikanische Offiziere und Soldaten deutsche Begleitungen forderten und Tanzveranstaltungen nur mit mehr weiblicher Gesellschaft durchführbar waren. Die amerikanische Militärregierung erprobte daher ein neues Instrument der Regulierung: den *social pass*, der in der deutschen Übersetzung Gesellschaftspass hieß. Die Pässe waren jedoch nicht verbindlich, sondern die kommandierenden Offiziere der unterschiedlichen Militärstützpunkte konnten entscheiden, ob sie deutsche Gäste erlaubten und dann das System der *social passes* nutzen wollten. Für die lokalen Befehlshaber war die größte Herausforderung, die letztlich nicht zu verhindernde Fraternisierung zu kontrollieren, um so die Verbreitung von Geschlechtskrankheiten einzudämmen. Viele Truppenführer versprachen sich eine positive Entwicklung, wenn die Begegnung nicht im Verborgenen, sondern in den Clubs stattfinden würde. Die Offiziere und Soldaten sollten die Möglichkeit bekommen, soziale Kontakte zu ausgewählten deutschen Frauen und auch Männern zu pflegen. Durch einen solchen kontrollierten Umgang würden die Angehörigen der amerikanischen Besatzungsmacht vor Deutschen geschützt, die einen negativen Einfluss auf die körperliche oder geistige Gesundheit nehmen konnten.

Bereits im Sommer 1945 erwogen einige Mitglieder der amerikanischen Militärregierung ein Auswahlsystem, denn »this would enable the soldier to meet a higher type [of

---

132 Admission of Frauleins to Palmgarden Club, in: Stars and Stripes (European Edition, Pfungstadt), No. 226, 21.7.1947, S. 2.

133 Office of Military Government for Bavaria, New Constitution and By-Laws OMGB Officers and DA Civilian Club, 20.7.1948, RG 260, General Records, 1947–1950, Box 77, NACP.

German women]«[134], wie der Kommandant des amerikanischen Sektors in Berlin, Floyd Parks, annahm. Im Januar 1946 vergab die amerikanische Militärregierung in der Region Nürnberg-Fürth bereits Gesellschaftspässe. Die Grundidee war, dass nur ausgewählte Deutsche[135] einen Pass bekamen, der ihnen in Begleitung einer oder eines Angehörigen der Besatzungsmacht Zugang zu den Clubs gestattete. Ursprünglich sollten besonders die politisch unerwünschten Deutschen herausgefiltert werden, jedoch zeigte sich rasch, dass vielmehr Deutsche mit einem unerwünschten sozialen Hintergrund abgelehnt und so (vermeintlich) von den Offizieren und Soldaten ferngehalten werden konnten. Ein unsauberes Aussehen, falsche Angaben im Antrag auf einen Gesellschaftspass oder während des Auswahlgesprächs, eine unerwünschte politische Gesinnung oder soziale Herkunft, Einträge im Strafregister, Geschlechtskrankheiten, ein Alter unter 18 Jahren oder der Familienstatus »verheiratet« waren Ausschlusskriterien. Mit dem Kriterium »undesirable political background« war die politische Aktivität während des Nationalsozialismus gemeint. Alle Personen, die eine höhere Position in unterschiedlichsten Organisationen der NSDAP bekleidet hatten, durften keinen Pass erhalten. Auch Personen, die vor 1937 der NSDAP beigetreten oder im Anschluss an vier Jahre Hitlerjugend in die NSDAP aufgenommen worden waren, wurden ausgeschlossen.[136] Im Gegensatz dazu ordnete die amerikanische Militärregierung am 1. April 1947 an, dass Opfer des Nationalsozialismus ohne weitere Untersuchungen einen Pass erhalten sollten, wenn sie dies wünschten. Die Vergabe sollte unkompliziert und ohne Unannehmlichkeiten für diese Antragstellenden sein.[137]

In der Region Nürnberg stellten 4762 Deutsche in den ersten Monaten einen Antrag. 1333 davon wurden abgelehnt: 30 Prozent waren verheiratet und hatten Kinder, 20 Prozent waren politisch unerwünscht, weitere 20 Prozent hatten ein schlechtes Auftreten, und die Gruppen von Schwangeren, Vorbestraften und Personen, die falsche Angaben machten, betrug jeweils 10 Prozent.[138] Zu diesem Zeitpunkt nahmen die Kommissionen für Gesellschaftspässe noch Einsicht in die Akten der Gesundheitsämter und konn-

---

134 Parks, Floyd, Tagebucheintrag 28.8.1945, Collection Floyd Parks, Box 1, Diary July-August 1945 (2/2), USAHEC.

135 Sowohl Frauen als auch Männer konnten einen Pass beantragen. Daher wird im Folgenden von Antragstellerinnen und Antragstellern der Gesellschaftspässe gesprochen, ohne dass verschleiert werden soll, dass hauptsächlich Frauen sich um einen Pass bemühten.

136 Jede Person, die sich in einer Offiziers- oder Unteroffiziersposition innerhalb der NSDAP, der SS, SA, der Hitlerjugend, dem Bund Deutscher Mädel, dem NSD-Studentenbund, der NS-Frauenschaft, der Deutschen Arbeiterfront oder dem Reichsarbeitsdienst befand, galt als politisch belastet. Auch Geschäftsmänner, die Ehrungen der Nationalsozialisten entgegengenommen hatten, fielen in diese Kategorie. Die Auflistung fand auch bei der Vergabe der Gesellschaftspässe Anwendung. Vgl. OMGUS, Public Safety-Special Branch, Common Mandatory Cases, 19.12.1946, RG 260, Records of the U.S. Occupation Headquarters, World War II, Records Pertaining to Youth Activities and Organizations, 1945–1949, Box 143, NACP.

137 Vgl. OMGUS, Issuance of Social Passes, 1.4.1947, RG 260, Records of the U.S. Occupation Headquarters, World War II, Records Pertaining to Youth Activities and Organizations, 1945–1949, Box 143, NACP.

138 Vgl. Headquarters, European Command, Control of Fraternization, 11.7.1946, RG 260, Records of U.S. Occupation Headquarters, World War II, 1923–1972, General Correspondence, 1944–1945, Box 16, NACP.

ten körperliche Untersuchungen anordnen. Als das Verfahren im Verlauf des Jahres 1946 und besonders seit Januar 1947 weiträumig eingesetzt wurde, war dies nicht mehr zulässig. Denn zum einen mahnte die Abteilung *Public Health and Welfare* der Militärregierung, dass die Einsichtnahme in die Akten die Bemühungen zur Eindämmung der Geschlechtskrankheiten konterkariere, da so suggeriert werde, dass Personen ohne Einträge frei von Krankheiten seien. Zum anderen zweifelte der Befehlshaber der 3. Armee an der Kooperation zwischen den deutschen Behörden und der amerikanischen Militärregierung.[139] Seit dem 1. Januar 1947 waren die Gesellschaftspässe das verpflichtende Auswahlinstrument, wenn Deutsche Zutritt zu amerikanischen Clubs bekommen sollten.[140]

Nach den positiven Erfahrungen der Region Nürnberg schlossen sich weitere Militärstützpunkte an – aber nicht alle mit dem gleichen Erfolg. In einigen Regionen beantragten kaum Deutsche einen Pass, da das Verfahren zu sehr an die Vergabe von Pässen für Prostituierte erinnerte. Außerdem wären viele Frauen negativer Kritik durch ihr Umfeld ausgesetzt gewesen.[141] Zeitgenossinnen und Zeitgenossen bezeichneten den Pass mitunter als »Bettkarte«[142]. Noch im Juli 1947 schrieb ein Soldat in einem Leserbrief an die *Stars and Stripes*, dass ein Großteil des Umfeldes die Gesellschaftspässe als Registrierung zur Prostitution verstehe. In der Konsequenz fragt dieser Soldat: »How do you expect a girl from a decent family to lower herself to such an extent?«[143] Die amerikanische Militärregierung wollte gerade Frauen aus ›guten‹ Familien mit den Soldaten zusammenbringen, jedoch gelang es in einigen Regionen nicht, die neue Maßnahme entsprechend zu kommunizieren. Ein weiterer Kritikpunkt war, dass die ausgestellten Pässe nicht in der gesamten amerikanischen Besatzungszone Geltung hatten, sondern an die jeweiligen Standorte gebunden waren.[144] Ende Juni 1948 verloren die Gesellschaftspässe schließlich ihre Funktion. Fortan genügte die Einladung einer oder eines Angehörigen der Besatzungsmacht, um die Clubs zu besuchen.

Wie lief das Verfahren in der Praxis ab? Um in Besitz eines Passes zu kommen, musste ein Antrag bei der je nach Wohnort zuständigen Kommission für Gesellschaftspässe in der Verwaltung gestellt werden. Dieser Antrag enthielt Fragen zum sozialen, kulturellen und politischen Leben der Antragstellerinnen und Antragsteller. Außerdem mussten sie mindestens zwei Personen angeben, die »eine kurze Schilderung ihrer Persönlichkeit und ihres Charakters«[145], also ein Leumundszeugnis, vorlegen konnten. Die Kommission für Gesellschaftspässe verlangte ebenfalls den Entnazifizierungsbogen,

---

139 Vgl. Deputy Director OMGUS (Pence, William P.), Control of Fraternization, 7.10.1946, RG 260, Records of U.S. Occupation Headquarters, World War II, 1923–1972, General Correspondence, 1944–1945, Box 16, Folder: Control of Fraternization, NACP.

140 Vgl. Headquarters, European Command, Control of Fraternization, 5.11.1946, RG 260, Records of U.S. Occupation Headquarters, World War II, 1923–1972, General Correspondence, 1944–1945, Box 16, NACP.

141 Vgl. Starr, Fraternization with the Germans in World War II, S. 138.

142 OMGBE (US), Report of Venereal D. Control, 21.10.1947, OMGBE (US), STAB.

143 Issue of Social Pass, in: Stars and Stripes (European Edition, Pfungstadt), No. 227, 22.7.1947, S. 2.

144 Vgl. Social Pass Not Valid outside Post by Which Issued, in: Stars and Stripes (European Edition, Pfungstadt), No. 33, 7.1.1948, S. 2.

145 Eschert, Schreiben von Eschert an Frieda M. zur Auskunft über Marianne K., 29.1.1947, Bestand: Nachkriegsgeschichte in Schöneberg, Ordner 1: Schriftwechsel Gesellschaftspässe, ATS.

falls dieser vorlag, sowie ein polizeiliches Führungszeugnis. Die Antragstellerinnen und Antragsteller reichten die geforderten Unterlagen und ein Passbild bei den Kommissionen ein. Im nächsten Schritt stellten sich die Deutschen einer Befragung durch die jeweilige Kommission, in der persönliche Dokumente, wie Personalausweise und in einigen Fällen auch Arbeitsbücher, angesehen wurden und im Gespräch mehr über den sozialen und politischen Hintergrund herausgefunden werden sollte. Eine Woche später konnten die Antragstellerinnen und Antragsteller ihren Pass abholen, wenn er genehmigt wurde. In der Zwischenzeit überprüfte die Kommission Einträge im Strafregister oder fragte bis 1947 beim Gesundheitsamt nach Eintragungen.

In Berlin konnten seit Januar 1947 Gesellschaftspässe beantragt werden: »In order that some control may be established over German civilians to be admitted to American social installations, passes will be required in the future«, verkündete der Direktor der *OMGUS* in Berlin, Frank L. Howley, im Dezember 1946.[146] Auf jedem Pass waren der Name der Inhaberin oder des Inhabers, Adresse, Unterschrift, Passnummer, Größe, Gewicht, Augen- und Haarfarbe sowie Geburtsdatum zu vermerken.[147] In den sechs amerikanisch besetzten Bezirken – Kreuzberg, Neukölln, Tempelhof, Schöneberg, Steglitz und Zehlendorf – stellten die Bezirksbürgermeister im Volksbildungsamt *Kommissionen für Gesellschaftspässe* zusammen, die aus drei bis fünf Deutschen bestehen sollten. Die Mitglieder hatten der gesellschaftlich führenden Schicht anzugehören und eine gute Reputation zu besitzen: »a committee of civic leaders, including ministers, teachers, musicians, artists etc., but not including doctors, or lawyers.«[148] In allen sechs Komitees saßen vorwiegend Bezirksräte, Schulleiter, Lehrer, Politikerinnen und Politiker, aber auch Ingenieure, Fürsorgerinnen und Sachbearbeiterinnen. Die amerikanische Militärregierung suchte nach loyalen und vertrauenswürdigen Deutschen, die in ihrem Sinne und nach ihren Vorgaben die Anträge auf Gesellschaftspässe bearbeiteten, um zukünftige Begleitungen der amerikanischen Offiziere und Soldaten auszuwählen. Obwohl auch Frauen in den Kommissionen saßen, waren sie stets in der Minderheit.

Die Arbeit in einem solchen Gremium wurde auf freiwilliger Basis ohne monetäre Gegenleistung erbracht. Jedoch erhielten die Mitglieder eine Lebensmittelkarte mit einem höheren Wert, als ihnen eigentlich zustand.[149] Besonders der kalte Winter 1946/47 brachte Versorgungsprobleme mit sich, sodass in einer Zeit, in der Hunger als beherrschendes Lebensgefühl beschrieben wird,[150] die Aussicht auf mehr Nahrung ein Anreiz gewesen sein könnte, sich in der Kommission zu engagieren. Doch vielleicht war es auch

146 Howley, Frank L., Review Committee, 6.12.1946, RG 260, Records of the U.S. Occupation Headquarters, World War II, Records Pertaining to Youth Activities and Organizations, 1945–1949, Box 143, NACP.

147 Vgl. Fleming, Joseph B., Berlin to Institute New Social Passes after Jan. 1, in: Stars and Stripes (European Edition, Pfungstadt), No. 14, 20.12.1946, S. 12.

148 OMGUS, Social Passes, 7.12.1946, RG 260, Records of the U.S. Occupation Headquarters, World War II, Records Pertaining to Youth Activities and Organizations, 1945–1949, Box 143, NACP.

149 Howley, Frank L., Schreiben an den Bürgermeister und VBK Schöneberg, Subject: Review Committee, 19.12.1946, Bestand: Nachkriegsgeschichte in Schöneberg, Ordner 1: Schriftwechsel Gesellschaftspässe, ATS.

150 Vgl. Schultchen, Heinz, Hunger! Hunger! Hunger!, in: Bezirksamt Neukölln (Hg.), Mit Kohldampf auf den Trümmerberg. Die Nachkriegszeit in Berlin-Neukölln, Berlin 1990, S. 29–40, hier S. 32.

die verantwortungsvolle Aufgabe sowie die Zusammenarbeit mit der amerikanischen Besatzungsmacht, die den Kommissionsmitgliedern wichtig war. Der Großteil von ihnen war am Wiederaufbau des politischen, sozialen und kulturellen Lebens in Deutschland beteiligt. Die Kommissionsmitglieder nahmen im Prozess der Gesellschaftspässe die Rolle von Expertinnen und Experten ein, die die Gesellschaft ordneten.[151] In der Neuköllner und Tempelhofer Kommission hatten die jeweiligen Bezirksräte Kulisch und Dr. Wilhelm Gedigk den Vorsitz inne, in der Steglitzer Kommission die SPD-Politikerin Meta Kaasch, die sich als Fürsorgerin in der Nachkriegszeit engagierte. Sie war ebenfalls Teil der bezirklichen Entnazifizierungskommission und leitete den Frauenausschuss in Steglitz.[152] In Schöneberg war der SPD-Politiker Dr. Reinhard Langer Vorsitzender. Er trat bereits im September 1945 die Stelle des Bezirksrates der Abteilung Finanzen im Bezirksamt Schöneberg an und engagierte sich so rasch nach Kriegsende in der Bezirkspolitik, nachdem er während des Nationalsozialismus unter Repressalien gelitten hatte. Nach dem 20. Oktober 1946 übernahm er das Dezernat Personal und Verwaltung. Mehr als ein Jahrzehnt amtierte er zudem als Vorsteher der Schöneberger Bezirksverordnetenversammlung.[153] In Zehlendorf übernahm ein Dr. Paul Kuhn den Vorsitz. Unter den Kommissionsmitgliedern waren zahlreiche weitere promovierte Männer und Frauen, was die Relevanz der Bildung und den Status der Expertinnen und Experten untermauert. Ihre Aufgabe war es, die Tauglichkeit der Antragstellerinnen und Antragsteller zu bewerten, Gesellschaftspässe auszugeben und Anträge abzulehnen. Hierbei handelten sie im Auftrag der amerikanischen Militärregierung und mussten Leitlinien einhalten, in deren Rahmen sie eigenverantwortlich handelten. Die Kommissionen hatten jeden Monat einen Bericht über die ausgegebenen und abgelehnten Pässe sowie über Auffälligkeiten oder Sonderfälle einzureichen. Außerdem waren alle Anträge von Antragstellerinnen und Antragstellern, die bereits einen Entnazifizierungsbogen ausgefüllt hatten, durch die *Special Branch* des *Office of Military Gouvernment Berlin Sector (OMGBS)* zu bearbeiten.[154] Wenn demnach eine Person angab, bereits einen Fragebogen ausgefüllt zu haben, fragten die Kommissionen in der *Special Branch* nach, ob Bedenken bezüglich der Ausstellung eines Passes bestünden. Erst nach einer Rückmeldung wurde der Antrag weiterbearbeitet. Die Vertreter der amerikanischen Besatzungsmacht behielten sich außerdem vor, ohne die Kommission über Anträge zu entscheiden.

151 Das Prinzip des *Social Engineerings* nach Thomas Etzemüller beschreibt die soziale Steuerung von Gesellschaften durch Expertinnen und Experten. Dieses transnationale Phänomen bildete sich nicht erst in der Nachkriegszeit heraus, sondern ist eine Kontinuität der Moderne, die sich von der Mitte des 19. bis in die zweite Hälfte des 20. Jahrhunderts zog. Siehe hierzu Etzemüller, Thomas, Social Engineering als Verhaltenslehre des kühlen Kopfes. Eine einleitende Skizze, in: ders. (Hg.), Die Ordnung der Moderne. Social Engineering im 20. Jahrhundert, Bielefeld 2009, S. 11–40, hier besonders S. 18.

152 Vgl. Michalski, Bettina, Louise Schroeders Schwestern. Berliner Sozialdemokratinnen der Nachkriegszeit, Bonn 1996, S. 130f.

153 Zu seiner Biografie siehe Onur Özturan, Dr. Reinhold Lange, unter: www.spd.berlin/landesverband/unsere-geschichte/personen-1/l-z/lange-dr-reinhold, letzter Zugriff am 8. Januar 2016.

154 Vgl. Issuance of Social Passes in the US Sector of Berlin, 9.3.1948, Bestand: Nachkriegsgeschichte in Schöneberg, Ordner 1: Schriftwechsel Gesellschaftspässe, ATS.

Die Anzahl der Anträge und damit auch die Anzahl der in den sechs Berliner Bezirken ausgegebenen Pässe variierte von Bezirk zu Bezirk, aber auch von Monat zu Monat. Bis zum 1. März 1947 hatte die Neuköllner Kommission 133 Pässe ausgegeben, die Tempelhofer 95, die Schöneberger 134 und die Steglitzer bereits 284.[155] Besonders in Steglitz gingen viele Anträge ein. Allein im Februar erhielt die Kommission 553 Anträge. Einen Monat später waren es noch 213, im April 202, im Mai und Juni sank die Nachfrage etwas und 175 bzw. 176 Anträge erreichten die Kommission, bis dann im August und September die Anzahl zurückging (101 und 50 Anträge). In den weiteren Bezirken reichten bis zum Herbst 1947 durchschnittlich ca. 50 Personen pro Monat einen Antrag ein. Im zweiten Monat der Regelung, im Februar 1947, stellten Deutsche bei allen sechs Kommissionen überdurchschnittlich viele Anträge. Die Regelungen zur Vergabe der Gesellschaftspässe mussten erst einmal bei der Bevölkerung bekannt werden. Wandzeitungen in den Bezirksverwaltungen und die Presse informierten über die Pässe und die Auswahlkriterien.[156] Lediglich für den Bezirk Schöneberg lassen sich Aussagen für das Jahr 1948 treffen. Während im Januar noch 39 Personen einen Antrag stellten, waren es von Februar bis zum Ende der Regelung im Juli 1948 durchschnittlich 18 Anträge pro Monat. Von Januar 1947 bis Ende Juni 1948 beantragten insgesamt 714 Personen einen Gesellschaftspass, von denen die Kommission nur 29 ablehnte.[157] Vermutlich waren das Sozialprofil der gewünschten Personen sowie die Auswahlkriterien bekannt, sodass sich fast nur ›passende‹ Personen um einen Pass bemühten.

Anhand von Antragsformularen, die den gesamten Zeitraum von Januar 1947 bis Juli 1948 einschließen, können erstmals differenzierte Informationen über die Antragstellerinnen und Antragsteller aus dem Berliner Bezirk Schöneberg gewonnen werden.[158] Wer waren die Personen, die einen Pass beantragten? Waren es ausschließlich junge, ledige Frauen, wie das durch Literatur und Film geprägte Bild der Soldatenclubs oft vermuten lässt?[159] Insbesondere Frauen, die engeren Kontakt zu Amerikanern pflegten, litten häufig unter Anfeindungen ihrer Zeitgenossinnen und Zeitgenossen. Tamara Domentat fasst die Reihe der unlauteren Motive, die den Frauen unterstellt wurden, wie folgt zusammen:

155 Am 4. März 1947 verzeichnete die *Stars and Stripes* 750 ausgegebene Pässe an Berlinerinnen und Berliner. Vgl. o.A., 750 Germans Get Passes to Berlin American Clubs, in: Stars and Stripes (European Edition, Pfungstadt), No. 88, 4.3.1947, S. 4.

156 Vgl. Mitteilung an die Pressestelle, 24.1.1947, F Rep. 280 – LAZ-Sammlung 8306, LAB.

157 Für die fünf weiteren Berliner Bezirke liegen nur lückenhafte Daten für das Jahr 1947 vor. Aus den vorhandenen Monatsberichten geht hervor, dass auf ungefähr 81 ausgegebene Pässe eine Ablehnung kam (diese Zahl ermittelt sich auf der Grundlage folgender Monatsberichte: Kreuzberg: März bis September 1947, Neukölln: Januar bis März 1947, Schöneberg: Januar 1947 bis Juni 1948, Steglitz: Februar bis September 1947, Tempelhof: März bis Juni 1947 und Zehlendorf: Januar bis Juni 1947).

158 Der folgende Abschnitt basiert auf den Ergebnissen meiner Masterarbeit, die in gekürzter Fassung 2019 als Aufsatz erschienen: Rudeck, Lena, Zutritt nur für Ausgewählte. Amerikanische Soldatenclubs und der Gesellschaftspass in Berlin am Beispiel der Schöneberger Antragstellerinnen und Antragsteller, 1947–1948, in: Hochmuth, Hanno u. Nolte, Paul (Hg.), Stadtgeschichte als Zeitgeschichte. Berlin im 20. Jahrhundert, Göttingen 2019, S. 143–167.

159 Siehe hierzu unter anderem die Studie über die Darstellung deutscher Frauen und Soldaten nach dem Zweiten Weltkrieg in Deutschland: Brauerhoch, »Fräuleins« und GIs.

> »Mal waren sie abgebrühte ›material girls‹ und weibliche Wendehälse, die die Zeichen der Zeit für sich zu nutzen wußten, indem sie sich der Konsumgüter aus dem PX [Post Exchange] wegen an die meist großzügigen Besatzer heranmachten. Dann wieder wurden sie (insbesondere die mittellosen Flüchtlingsfrauen) als Bodensatz der Gesellschaft diffamiert oder als bedauernswerte Mauerblümchen auf der glücklosen Pirsch nach einem Ehemann [Herv.i.O.].«[160]

Die Vorwürfe zeichnen das klischeehafte Bild eines ökonomisch verzweifelten Menschen, der auf Zuwendungen der amerikanischen Besatzer hoffte. Tatsächlich sollten die Gesellschaftspässe aber gerade vermeiden, dass Personen, wie sie im Zitat umrissen werden, Bekanntschaft mit Soldaten machen konnten. Nur »desirable types of individuals«[161] sollten einen Pass bekommen. Aber was machte Antragstellerinnen und Antragsteller zu den erwünschten »higher types«, deren Gesellschaft die amerikanische Militärregierung für ihre Soldaten wünschte? Was lässt sich über ihr Geschlecht, ihr Alter, ihren Familienstand, ihren Beruf und ihre soziale Herkunft festhalten?

In Berlin-Schöneberg stellten 704 Frauen und zehn Männer einen Antrag. Wenig überraschend waren hauptsächlich Frauen an einem Gesellschaftspass interessiert. Doch auch Männer durften sich bei der Kommission vorstellen und taten dies vereinzelt auch. Im ersten Monatsbericht fragte die Kommission für Gesellschaftspässe in Berlin-Neukölln bei der amerikanischen Militärregierung an: »Is it permissible to issue passes to unmarried gentlemen?«[162] Anscheinend hatten sich auch in diesem Stadtteil bereits im Januar 1947 Männer für einen Pass beworben. Ein Artikel der *Stars and Stripes* vom 4. März 1947 hält ebenfalls fest, dass von 750 in Berlin ausgegebenen Pässen 25 an Männern ausgehändigt wurden.[163] In Berlin-Schöneberg waren die männlichen Antragsteller zwischen 18 und 73 Jahre alt. Ein 61- und ein 73-Jähriger hoben sich deutlich von den anderen Jahrgängen ab. Sieben Männer waren zwischen 18 und 22 Jahre alt und ein Mann war 27. Die Alterspanne der Frauen lag zwischen 17 und 54 Jahren. Die Geburtsjahrgänge 1925 bis 1929 waren besonders häufig vertreten. Demnach waren rund 54 Prozent zwischen 18 und 22 Jahre alt. 58 von 704 Frauen waren zwischen 35 und 50 und lediglich zwei Frauen waren über 50 Jahre alt. Über 90 Prozent aller Antragstellerinnen waren unter 35. Ein kleiner Bestand von 20 Antragsformularen aus dem württembergischen Bad Mergentheim zeichnet ein ähnliches Bild; hier waren sogar alle Antragstellerinnen unter 35.[164] Von 14 Frauen, die sich im September und Oktober 1947

160 Domentat, Tamara, Foreign Affairs. Deutsch-amerikanische Liebesgeschichten zwischen Fraternisierungsverbot und Hochzeitsstreß, in: dies. (Hg.), Coca-Cola, Jazz & AFN. Berlin und die Amerikaner, Berlin 1995, S. 153–166, hier S. 155.

161 Starr, Fraternization with the Germans in World War II, S. 136.

162 Kommission für Gesellschaftspässe Berlin Neukölln, Monthly Report on the Issue of Social Passes – January 1947, RG 260, Records of the U.S. Occupation Headquarters, World War II, Records Pertaining to Youth Activities and Organizations, 1945–1949, Box 143, NACP.

163 Vgl. o.A., 750 Germans Get Passes to Berlin American Clubs.

164 Vgl. Social Passes Mergentheim/Württemberg, RG 260, Records of U.S. Occupation Headquarters, World War II, 1923–1972, General Records, 1946–1949, Box 663, NACP.

in Esslingen am Neckar für einen Gesellschaftspass bewarben, waren elf unter 35; die drei anderen Frauen waren 1905, 1908 und 1912 geboren.[165]

Längst nicht alle Antragstellerinnen waren ledig, wie es das Bild des jungen deutschen Fräuleins vermuten lässt. Die Angaben zum Familienstand der Bewerberinnen schlossen alle Möglichkeiten ein: ledig, geschieden, verwitwet und sogar verheiratet. Obgleich der Status verheiratet ein Ausschlusskriterium war, bewarben sich elf verheiratete Schönebergerinnen, von denen fünf sogar einen Pass erhielten, da sie der Kommission durch Schreiben ihrer Anwälte beweisen konnten, dass sie in Scheidung lebten. 73 der 704 Frauen in Schöneberg waren bereits geschieden.

Dem ausgeübten Beruf und der Erwerbstätigkeit widmeten die Kommissionen für Gesellschaftspässe viel Aufmerksamkeit. Die amerikanische Militärregierung wollte vermeiden, dass ihre Offiziere und Soldaten sich mit Deutschen trafen, die ihren Lebensunterhalt aus unbekannten Quellen bezogen. In solchen Fällen schloss die Militärregierung stets auf Prostitution oder Schwarzmarktaktivitäten. Auf den Fragebögen mussten Antragstellerinnen und Antragsteller daher ihre Arbeitsstelle und ihren Arbeitgeber eintragen. Taten sie dies nicht, ergänzte die Kommission während des persönlichen Gesprächs die Informationen. Mitunter ergab sich der ausgeübte Beruf auch aus den Leumundszeugnissen.[166] Von 704 Frauen arbeiteten 441 außerhalb des eigenen Haushalts oder befanden sich in einer Ausbildung. Die anderen Antragstellerinnen waren entweder ohne Beschäftigung, arbeitsunfähig oder im eigenen Haushalt tätig. 62 Prozent gingen einer Bandbreite von Beschäftigungen nach, die von Anstellungen in fremden Haushalten als Haushaltshilfe über selbstständige oder angestellte Arbeit in kleinen Betrieben, besonders häufig in Friseur-, Kosmetik- und Modesalons, Schneidereien und weiteren Geschäften im Einzelhandel, bis zur Arbeit im Krankenhaus, in Arztpraxen und in Kultureinrichtungen reichte. Ein Arbeitgeber stach besonders hervor: die amerikanische Militärregierung selbst. 172 Frauen waren zum Zeitpunkt der Antragstellung in amerikanischen Einrichtungen beschäftigt. Sie arbeiteten an den großen Standorten der Militärregierung, des Alliierten Kontrollrats, im Militärkrankenhaus in Lichterfelde, bei der Militärpolizei in der Kaiserallee, in den *McNair Barracks* auf dem Gelände der alten AEG/Telefunken-Fabrik, in den Einrichtungen der Militärregierung auf dem Flughafen Tempelhof oder in amerikanischen Haushalten. Sie waren als Sekretärin, Serviererin, Küchenhilfe, als Übersetzerin, Dolmetscherin oder auch als Journalistin der *Stars and Stripes* tätig. Hierdurch hatten sie bereits einen Einblick in die Welt der Amerikanerinnen und Amerikaner, ihre Arbeitsweise und ihren Lebensstil erhalten. Gleichzeitig konnten sie Kontakte knüpfen, Fremdsprachenkenntnisse verbessern und persönliche Beziehungen zu den Besatzerinnen und Besatzern aufbauen, die ihnen auch bei dem Antrag auf ei-

165 Dem Anschein der Akte nach war dies nur ein Teil aller Anträge. Es handelte sich um die Anträge von bei der amerikanischen Militärregierung Angestellten. Weitere Anträge sind nicht überliefert. Vgl. Social Passes Esslingen-Mettingen/Neckar, RG 260, Records of U.S. Occupation Headquarters, World War II, 1923–1972, General Records, 1946–1949, Box 432, NACP.

166 Die Eintragungen in den Anträgen variieren stark in der Fülle an Informationen. Daher kann keine verlässliche Aussage über alle konkret ausgeübten Berufe getroffen werden. Aber es lässt sich eine klare Tendenz erkennen, die für die Einordung der Frauen in die Sozialstruktur der Nachkriegszeit unerlässlich ist.

nen Gesellschaftspass hilfreich sein konnten – einige Antragstellerinnen ließen sich von ihren Vorgesetzten die benötigten Leumundszeugnisse ausstellen.

Über Kontakte zu amerikanischen Soldaten verfügten auch die 25 Frauen, die als Kellnerinnen, Künstlerinnen oder Artistinnen in amerikanischen Soldatenclubs arbeiteten. Sie waren unter anderem im *Storch-Club*, im *Starlight Grove Club*, im Titania-Palast, im *American Club* 48 oder auch im *New All American Club*, im *Officers' Club* im Harnack-Haus oder im *Club Melodie* angestellt. Sie waren bereits zum Zeitpunkt der Antragstellung dort beschäftigt. Für eine Anstellung war auch nach der Einführung der Gesellschaftspässe nur ein Entnazifizierungsbogen, aber kein Pass notwendig. Wollten sie jedoch während ihrer Freizeit einen amerikanischen Club besuchen, benötigten sie, wie alle anderen Deutschen, einen Gesellschaftspass.

Sie alle arbeiteten vorwiegend in Bereichen des Dienstleistungssektors, die oftmals Organisationstalent, seriöses und sicheres Auftreten, sprachliches Geschick und zum Teil Fremdsprachenkenntnisse voraussetzen. Sekretärinnen, Journalistinnen, Übersetzerinnen und Dolmetscherinnen, aber auch Fremdsprachen-Lehrerinnen und Telefonistinnen mussten diese Qualifikationen mitbringen, die Rückschlüsse auf ihre soziale Herkunft zulassen.[167] Durch ein geregeltes Einkommen konnten die Antragstellerinnen und Antragsteller ihren Lebensunterhalt eigenständig bestreiten und waren, so dachte die Militärregierung, nicht auf mögliche Zuwendungen angewiesen.[168] Allerdings forderten einige Soldaten ihre deutschen Freundinnen auf, die Arbeit niederzulegen, da sie für ihren Lebensunterhalt aufkommen wollten, stellte die Kommission für Gesellschaftspässe in Steglitz im Juni 1947 fest. Aus Sicht der Kommissionsmitglieder entzogen sich die Frauen ohne Arbeit dem Aufbau und der Wiedergutmachung, sodass sie als gefährdet galten, auf die schiefe Bahn zu geraten. Daher lehnte die Kommission diese Anträge ab. Oftmals stellten sich die gleichen Frauen schon eine Woche später mit einer Bescheinigung über eine Arbeitsstelle erneut vor, und auch die amerikanischen Soldaten zeigten sich verständnisvoll und akzeptierten die Richtlinien der Passvergabe.[169]

Neben den ausgeübten Berufen und den dafür erforderlichen Qualifikationen diente auch der Wohnort als Anhaltspunkt für die soziale Herkunft der Antragstellerinnen und Antragsteller. Sie lebten vermehrt im Südwesten und Südosten Schönebergs, weniger im Nordwesten. Es fällt auf, dass im 1,7 Quadratkilometer großen Ortsteil Friedenau etwa 40 Prozent aller Antragstellenden wohnten.[170] Friedenau war im Krieg weniger als andere Stadtteile zerstört worden und bot eine hohe Anzahl an intakten Wohnungen, sodass dort viele Menschen zusammenfanden. Das traditionell bürgerliche Viertel war in den

167 Die Journalistin Dorothea Klein berichtete im Gespräch mit William L. White im Jahr 1947, dass besonders die Frauen aus der Mittel- und Oberschicht eine Anstellung als Serviererin oder Ähnliches fänden, während die auf der Straße arbeitenden Frauen häufig aus ausgebombten Arbeiterhaushalten kämen. Vgl. White, William Lindsay, Report of the Germans, New York 1947, S. 148f.

168 In elf Fällen wurden Antragstellerinnen aus Schöneberg abgelehnt, da sie keinen Nachweis darüber vorlegen konnten, wie sie ihren Lebensunterhalt finanzierten.

169 Vgl. Kommission für Gesellschaftspässe Berlin Steglitz, Monatsbericht Juni 1947, RG 260, Records of the U.S. Occupation Headquarters, World War II, Records Pertaining to Youth Activities and Organizations, 1945–1949, Box 143, NACP.

170 Der gesamte Bezirk Schöneberg hat eine Größe von 12,8 Quadratkilometer.

1870er Jahren als Villenvorort englischen Stils angelegt worden und diente einer Vielzahl an Intellektuellen sowie Künstlerinnen und Künstlern als Wohnort.[171]

Die Gegend um den Bayerischen Platz im Nordwesten Schönebergs war hingegen massiv zerstört. Dortige Anschriften wurden nur von wenigen Antragstellerinnen und Antragstellern angegeben. In der Mitte des Bezirks, rund um die Apostel-Paulus-Kirche, sowie in der damaligen Bahnstraße (heute Crellestraße), Helmstraße und Erdmannstraße ist eine höhere Konzentration festzustellen als beispielweise auf der sogenannten Roten Insel (Cheruskerstraße bis Naumannstraße), auf der traditionell vor allem Arbeiterinnen und Arbeiter wohnten und selten Angehörige der bürgerlichen Schicht Schönebergs anzutreffen waren.[172]

Der Vergleich der Wohnorte mit einer Übersichtskarte der beschädigten und bewohnbaren Gebäude in Schöneberg um 1947[173] zeigt, dass die große Mehrheit der Antragstellerinnen und Antragstellern in als *bewohnbar* gekennzeichneten Häusern lebte. Lediglich ein Haus, das eine Antragstellerin als Adresse angab, war als *total beschädigt* gekennzeichnet. Acht Gebäude, deren Abriss laut der Schadenskarte empfohlen wurde, beherbergten Antragstellende. Sie lebten demnach nahezu alle in Häusern, die von den Behörden als *bewohnbar* oder *teilweise beschädigt*, aber wiederherzustellend eingestuft wurden. Hierbei muss beachtet werden, dass nicht mehr nachvollzogen werden kann, ob und wer durch die Zerstörung des eigenen Wohnhauses hatte umziehen müssen.

Unter den Antragstellerinnen und Antragstellern waren etliche Personen, die im selben Wohnhaus lebten oder denselben Arbeitgeber angaben. Auch Schwestern stellten Anträge auf Gesellschaftspässe. Nicht wenige der Schöneberger Antragstellenden kannten sich und gaben sich mitunter sogar gegenseitig ein Leumundszeugnis. Sie gingen beim Antrag auf einen Gesellschaftspass wohlüberlegt und selbstbewusst vor. Obwohl die Kriterien bekannt waren, beantragten auch Frauen, die diesen nicht entsprachen, einen Pass – nicht selten sogar mit Erfolg. Elf unter 18-jährige Frauen stellten beispielsweise einen Antrag. Hierbei betonten sechs von ihnen die Verlobung mit einem Amerikaner, der in einigen Fällen auch als Leumund auftrat. Fünf 17-Jährige erhielten nach Rücksprache mit der amerikanischen Militärbehörde einen Gesellschaftspass. Aber nicht nur die minderjährigen Frauen selbst zogen ihre amerikanischen Verlobten heran, um Einfluss auf die Entscheidung des Komitees zu nehmen. Auch dem Verfasser des Leumundszeugnisses für Irene K. war wohl bewusst, dass sich die Verlobung mit einem Amerikaner positiv auf die Entscheidung der Kommission auswirken konnte, und schrieb: »Da ihre [Irene K.s] Eheschließung mit einem amerikanischen Zivilangestellten bevorsteht, sollten gegen Erteilung des Gesellschaftspasses keine Bedenken bestehen.«[174] Der amerikanische Verlobte von Ursula R. schrieb in einem Brief an die Kommission: »I have known the girl who presents this statement for the last ten months and at the termination of my

171 Vgl. Blankenburg, Gudrun, Friedenau – Künstlerort und Wohnidyll. Die Geschichte eines Berliner Stadtteils, Berlin 2006.

172 Siehe hierzu Berliner Geschichtswerkstatt (Hg.), Die Rote Insel. Berlin-Schöneberg, Bruchstücke zur Stadtgeschichte, Berlin 2008.

173 Vgl. Übersichtskarte der beschädigten und bewohnbaren Gebäude in Schöneberg um 1946, Stadtentwicklungsamt Tempelhof-Schöneberg, Fachbereich Vermessung und Geoinformation.

174 K., Alfred, Leumundszeugnis für Irene K., 28.5.1947, Bestand: Nachkriegsgeschichte in Schöneberg, Ordner 2: Gesellschaftspässe, ATS.

duties here in occupation I intend to make this girl my wife.«[175] Er setzte sich dafür ein, mit seiner Verlobten in amerikanischen Clubs ausgehen zu können.

Das gezielte Vorgehen der noch verheirateten Ilse S. steht ebenfalls beispielhaft für das selbstbewusste Handeln der Frauen. Sie legte – ohne Aufforderung – bereits beim ersten Termin ein Schreiben ihres Rechtsanwalts vor, das die Kommission über den Stand des Scheidungsprozesses informierte und so die Ausstellung eines Passes ermöglichte.[176] Die verheiratete Margarete W. ging anders, aber nicht weniger geplant vor: Sie verheimlichte ihren Ehemann schlichtweg. Die selbstständige Fotogeschäftsinhaberin erhielt am 20. Februar 1947 einen Gesellschaftspass. Am 22. August desselben Jahres meldete sich ihr Ehemann bei der Kommission für Gesellschaftspässe mit der Bitte, den Pass einzuziehen:

> »Wie ich [Alfred W.] unterrichtet bin, sollen an verheiratete Frauen keine social-Pässe ausgegeben werden. Da meine Frau diesen Pass benutzt, um häufig mit amerik. Soldaten die Clubs zu besuchen, bitte ich, ihr den Pass wieder abzunehmen, ohne dass meine Frau erfährt, dass ich die Meldung abgegeben habe.«[177]

Die Kommission handelte prompt und verschickte am gleichen Tag einen Brief an Margarete W., in dem sie angehalten wurde, am 26. August 1947 um 15 Uhr zwecks einer Nachtragung die Kommission aufzusuchen.[178] Dieser Aufforderung kam sie jedoch nicht nach und entzog sich damit der Autorität der Kommission. Auf ein erneutes Schreiben der Kommission für Gesellschaftspässe vom 1. September 1947 teilte sie mit, sie habe ihren Pass verloren.[179] Die Akten zeigen keine weiteren Versuche seitens der Kommission, den Pass einzuziehen.

Auch durch die Wahl des Leumunds nahmen die Antragstellerinnen Einfluss darauf, wie das Leumundszeugnis auf die Kommission für Gesellschaftspässe und somit auf die Aussichten, den Antrag bewilligt zu bekommen, einwirkten.[180] Marlies L. bat den Vorsitzenden der Schöneberger Kommission, Dr. Langer, selbst um ein Leumundszeugnis. Andere Antragstellerinnen nannten vermehrt Ärzte, Rechtsanwälte, Notare und Vorgesetzte bei der Arbeit, aber auch Polizisten, Schulleiter und Behördenangestellte. Viele der Frauen, die bei der amerikanischen Militärbehörde angestellt waren, gaben eine Amerikanerin oder einen Amerikaner als auskunftsgebende Personen an. In all diesen Beispie-

---

175 Schreiben von Pierrie D. im Antrag von Ursula R., 14.4.1947, Bestand: Nachkriegsgeschichte in Schöneberg, Ordner 2: Gesellschaftspässe, ATS.

176 Vgl. Schreiben des Rechtsanwalts Dr. H.F. im Antrag von Ilse S., 5.6.1947, Bestand: Nachkriegsgeschichte in Schöneberg, Ordner 5: Gesellschaftspässe, ATS.

177 Protokoll des Gesprächs mit Alfred W. im Antrag von Margarete W., 22.8.1947, Bestand: Nachkriegsgeschichte in Schöneberg, Ordner 6: Gesellschaftspässe, ATS.

178 Vgl. Brief an Margarete W. im Antrag von Margarete W., 22.8.1947, Bestand: Nachkriegsgeschichte in Schöneberg, Ordner 6: Gesellschaftspässe, ATS.

179 Vgl. Handschriftliche Notiz auf dem Brief an Margarete W. im Antrag von Margarete W., 1.9.1947, Bestand: Nachkriegsgeschichte in Schöneberg, Ordner 6: Gesellschaftspässe, ATS.

180 Dieser Aspekt gibt einen interessanten Einblick in die Werte der Nachkriegsgesellschaft. Es ist auffällig, dass besonders Personen einer höheren Schicht oder Autoritätspersonen als Leumund angefragt wurden. Sie schienen aufgrund ihres sozialen Status als glaubwürdige Menschen gegolten zu haben.

len ergriffen die Antragstellerinnen die Initiative, um die Zutrittsberechtigung zu den amerikanischen Clubs zu erlangen.

All das deckt sich nicht mit dem Bild der materiell bedürftigen Personen, die oftmals aus Not (sexuelle) Kontakte im Tausch gegen Konsumgüter eingingen – nicht mit dem, was Tamara Domentat zufolge gemeinhin als »Bodensatz der Gesellschaft [...] oder als bedauernswerte Mauerblümchen auf der glücklosen Pirsch nach einem Ehemann«[181] angesehen wurde. In der Mehrheit stellten junge, gut gebildete Frauen mit eigenem Einkommen in Berlin-Schöneberg einen Antrag auf Gesellschaftspässe. Damit entsprachen sie der Zielgruppe, die die amerikanische Militärregierung als Begleitungen und soziale Kontakte für die Soldaten vorsah. Die in Schöneberg abgelehnten Anträge unterstreichen die Prioritäten bei der Auswahl. Von 29 abgelehnten Anträgen begründete die Kommission in elf Fällen, dass kein Nachweis über die Finanzierung des Lebensunterhaltes vorlag, acht Frauen galten noch als verheiratet, vier waren minderjährig, in zwei Fällen war die nationalsozialistische Vergangenheit der Ablehnungsgrund, zweimal ein schlechter Leumund und jeweils einmal eine Strafe vom Militärgericht und der Wohnsitz im sowjetischen Sektor Berlins.

Ein eigenes Einkommen sowie die politische Vergangenheit und die soziale Herkunft, die aus dem Beruf, dem Ausbildungsweg, aber auch aus dem Wohnort und den Kontakten zu bestimmten gesellschaftlichen Schichten zum Beispiel über die Leumundszeugnisse sichtbar wurde, waren die entscheidenden Faktoren zur Vergabe eines Passes. Letztlich waren die Gesellschaftspässe eine Maßnahme, um den Offizieren und Soldaten den Umgang mit Deutschen in einer kontrollierten Weise zu gestattet und sie dabei ausreichend sowohl vor körperlichen Schäden als auch vor finanzieller Ausnutzung zu schützen. Allerdings lässt sich nicht ausschließen, dass die Antragstellerinnen Interesse an materiellen Zuwendungen hatten oder intime Beziehungen zu Amerikanern mit diesem Ziel eingingen.

4.2.3 Zögerliche Annäherung: Die britische Besatzungsmacht und deutsche Gäste

Die britische Besatzungsmacht öffnete die Türen ihrer Clubs für Deutsche zögerlicher als die amerikanische.[182] Bis Anfang 1947 waren deutsche Gäste nur unter außergewöhnlichen Umständen, die nicht genauer definiert wurden, in britischen Clubs willkommen.[183] Noch im Mai 1948 schrieb der Verbindungsoffizier Clegg, dass deutsche Gäste in britischen Clubs ein hoch kontroverses Thema seien. Als Argumente dagegen führte er zum einen das Versorgungsproblem an. Die britische Militärregierung befürchtete, dass deutsche Gäste die Rationen der britischen Besatzerinnen und Besatzer

181 Domentat, Foreign Affairs, in: dies. (Hg.), Coca-Cola, Jazz & AFN, S. 155.

182 Die britische Besatzungsmacht bewertete seit 1946 zwar auch persönlichen Kontakt zu Deutschen als ein wichtiges Mittel, um die deutsche Bevölkerung zu demokratisieren. Gemeint waren jedoch weder Fraternisierung noch gemeinsames Feiern, sondern vielmehr regelmäßig Treffen und Diskussionsgruppen. In *Anglo-German-Clubs* trafen sich Offiziere (einfache Soldaten konnten nicht teilnehmen) und Deutsche, um sich auszutauschen. Die Clubs waren elitäre Einrichtungen, die zudem Frauen ausschlossen. Siehe hierzu Kap. 6.2.2.

183 Vgl. Staff Standard Dist. Subject, 1.10.1945, FO 1038/14, TNA.

aufbrauchen würden und nicht genügend Lebensmittel für die eigenen Landsleute blieben. Zum anderen wollte auch die britische Besatzungsmacht nicht riskieren, dass unerwünschte Deutsche, besonders deutsche Frauen, in die Clubs kamen und die Britinnen und Briten negativ beeinflussen konnten.[184] Viele Angehörige der britischen Besatzungsmacht sahen in der deutschen Bevölkerung den Kriegsfeind, sodass der Gedanke an eine gleichwertige Begegnung unangemessen erschien. Der Brite Captain Colby schrieb in seinem Tagebuch im Sommer 1945: »The sight of a German on an equal footstep with a British, or worse, the admission of a German into a mess, would have had the same effect in these people as if the sun had not risen that day.«[185]

Doch die weltpolitische Lage und die damit verbundene Beziehung zwischen Großbritannien und Deutschland veränderten sich. Der Zusammenschluss mit der amerikanischen Besatzungszone zur Bizone am 1. Januar 1947 nahm ebenfalls Einfluss auf die Besatzungspolitik, da die amerikanische und britische Militärregierung fortan gemeinsam Lösungen suchten, um die deutsche Wirtschaft aufzubauen und zu stabilisieren. Seit dem Frühjahr 1947 konnten Deutsche zu besonderen Veranstaltungen, wie beispielsweise ausgewählten Tanzveranstaltungen, eingeladen werden.[186] Es sollte aber in keinem Fall »casual entertainment or regular ›fratting‹ [Herv.i.O.]«[187] stattfinden. Die *Special Routine Order* 263 vom 30. Mai 1947 legte hierfür den Grundstein. Die Sorge um eine ausreichende Ernährung schloss deutsche Gäste im Tagesgeschäft der Clubs weiterhin aus, aber zu ausgewählten Veranstaltungen konnten sie nach Rücksprache mit regionalen Clubkomitees, die für die Entscheidung verantwortlich waren, eingeladen werden. Die Verpflegung setzte sich entweder aus verbliebenen Rationen zusammen oder stammte von externen Lieferanten.[188] Falls britische oder alliierte Frauen ebenfalls zu den Veranstaltungen eingeladen werden sollten, waren diese vorab zu informieren, dass deutsche Gäste anwesend sein könnten.[189] Die Militärregierung befürchtete, dass es zu Konflikten zwischen deutschen und britischen Frauen kommen konnte. Jedoch lassen sich derartige Auseinandersetzungen in den Quellen nicht ausmachen.

Wie in der amerikanischen Besatzungszone entschieden auch in der britischen Zone lokal agierende Clubkomitees über die Zulassung deutscher Gäste. Sie setzten sich aus den Clubleitungen und Offizieren zusammen. Die Manager der *Naafi* entzogen sich der Diskussion, indem sie darauf verwiesen, dass es sich um eine politische Entscheidung handle, die daher von der *Welfare Branch* der Armee getroffen werden müsse. Bedarf bestehe besonders für Britinnen und Briten, die mit deutschen Männern beruflich zu tun

184 Vgl. Clegg, Colonel, Final Report on BAOR/German Relations Written by Liaison Officer Colonel Clegg, 31.5.1948, FO 1014/26, TNA.

185 Captain Reginald Colby, Tagebucheinträge Juli und August 1945, Private Papers Captain Reginald Colby, Box 10, IWM.

186 Vgl. Regulations Governing the Relations between the Forces of Occupation and the Germans, Note by the Secretariat, 3.2.1947, FO 936/693, TNA.

187 Minutes of the 1st Meeting of the CCG Clubs Central Committee, 1.7.1947, FO 1068/23, TNA.

188 Vgl. Minutes of the 4th Meeting of the CCG Clubs Central Committee, 24.1.1949, FO 1068/23, TNA; CCG Clubs Regional Committee Meeting, 21.4.1949, FO 1068/28, TNA.

189 Vgl. Special Routine Order 263, 30.5.1947, FO 1012/157, TNA.

hatten, stellte die *Naafi* fest – von deutschen Frauen war nicht die Rede.[190] Doch diverse Leserbriefe verschiedener Soldatenzeitungen zeigen, dass die Soldaten hauptsächlich deutsche Frauen in die Clubs bringen wollten. Die Zeitschrift *Air Line* druckte im Dezember 1945 und im Januar 1946 eine Diskussion zum Thema *Frauleins vs. WAAF* ab. Eine Britin hatte sich an die Zeitung gewandt und beschrieben, wie im *Malcolm Club* in Berlin-Gatow zwei Soldaten lauthals über den Charme deutscher Frauen sprachen und dabei die britischen Frauen beleidigten, die ebenfalls in Deutschland arbeiteten. Sie würden lieber Zeit mit deutschen Frauen verbringen als mit Frauen, die für die *Women's Auxiliary Air Force (WWAF)* arbeiteten. In fünf Beiträgen stritten sich Leserinnen und Leser darüber, ob die Soldaten deutsche Frauen bevorzugten und ob die Britinnen nicht selbst lieber mit Amerikanern als mit Briten ausgingen.[191]

Besonders in Berlin nahmen britische Truppenangehörige, die sich für eine Öffnung der Clubs aussprachen, Bezug auf die amerikanischen Gesellschaftspässe und die positiven ersten Erfahrungen mit diesem Auswahlinstrument. Ein Soldat argumentierte, dass die britische Militärregierung die Begleitungen auswähle und daher unerwünschte Personen ausschließen könne. So würden weniger britische Soldaten nachts durch Berlin ziehen. Zwar würden den britischen Truppen weniger Nahrungsmittel und Getränke zur Verfügung stehen, aber die positiven Konsequenzen würden überwiegen, so der Soldat im Juli 1947.[192] Zu diesem Zeitpunkt waren Deutsche nur zu besonderen Veranstaltungen erlaubt. Im britischen Sektor Berlins hatte Mitte Juni 1947 der erste »Frat Dance« im *Cumberland House* am Fehrbelliner Platz stattgefunden. Über 50 deutsche Frauen waren der Einladung gefolgt und tanzten mit britischen Besatzern. Mr. Davies, der Leiter des *Cumberland House*, und die Mitglieder des Clubkomitees hatten sich für die Veranstaltung eingesetzt.[193] Einen Monat später folgte die zweite Veranstaltung, die mit über 100 deutschen Gästen ebenfalls als großer Erfolg gefeiert wurde.[194] In die *Lagoon Dance Hall* im *Naafi Southend Club* in Berlin-Grunewald konnten Mitglieder der britischen Besatzungstruppe seit Januar 1948 mittwochs, samstags und sonntags einen deutschen Gast mitbringen. Dieser musste einen Ausweis vorzeigen und sich in ein Gästebuch eintragen. Eine Schwarze Liste schloss Deutsche aus, die unangenehm aufgefallen waren.[195]

Seit Mai 1948 wandelte sich die Ausrichtung der britischen Besatzungspolitik in ihren Grundsätzen. Deutschland sollte als ein selbstständiger Staat in die westliche Demokratiegemeinschaft eingebunden werden. Dieser Wandel verstärkte sich noch durch die Ereignisse der Berliner Luftbrücke und der damit einhergehenden Zuspitzung des

---

190 Vgl. Letter from Chairman (WHJ Sale aus Kiel) to the Welfare Service Directorate, 15.7.1947, FO 1035/16, TNA.

191 Vgl. A Thoroughly Sickened WAAF, Frauleins vs. WAAF, in: Air Line (Berlin Gatow), No. 7, 28.12.1945, S. 2; Averagely Repulsive, Frauleins vs. WAAF, in: Air Line (Berlin Gatow), No. 8, 4.1.1946, S. 2; Five Happy Gatow WAAF, Frauleins vs. WAAF, in: Air Line (Berlin Gatow), No. 8, 4.1.1946, S. 2; Woollett, Bill, Frauleins vs. WAAF, in: Air Line (Berlin Gatow), No. 8, 4.1.1946, S. 2; WAAF Type, Frauleins vs. WAAF, in: Air Line (Berlin Gatow), No. 9, 11.1.1946, S. 2.

192 Vgl. Leserbrief, in: Air Line (Berlin Gatow), No. 85, 4.7.1947, S. 3.

193 Vgl. o.A., First Frat Dance, in: Air Line (Berlin Gatow), No. 83, 20.6.1947, S. 2.

194 Vgl. o.A., Lambeth Walk Revised at Gay Evening Dance, in: Air Line (Berlin Gatow), No. 86, 11.7.1947, S. 6.

195 Vgl. o.A., Lagoon Dance Hall. 17.1.1948, in: Berlin Bulletin, 17.1.1948.

Konflikts zwischen den Westalliierten und der Sowjetunion. Deutschland sollte zu einem Partner im Kampf gegen den Kommunismus werden und »should join with the Western democracies in a common effort for the reconstruction and rehabilitation of Europe«[196]. Das sollte sich auch in der Beziehung der britischen Besatzungsmacht zur deutschen Bevölkerung widerspiegeln. Doch der britischen Militärregierung war bewusst, dass sie als Besatzungsmacht im Vergleich zur amerikanischen unbeliebter war und dass es wenig persönlichen Kontakt mit der deutschen Bevölkerung gab.[197] Sir Robert Birley, *Educational Adviser* und Leiter der *Education Branch* der britischen Militärregierung von April 1947 bis Ende 1948, begründete das hauptsächlich mit der Demontage im britischen Sektor[198] und dem fehlenden persönlichen Kontakt zur deutschen Bevölkerung.[199] Die Clubs konnten dem durch soziale Kontakte entgegenwirken. Dennoch blieb die Öffnung für deutsche Gäste vorerst aus, obwohl der Verbindungsoffizier Clegg betonte, dass es im Mai 1948 für Offiziere und Soldaten nahezu unmöglich sei, »moral social relations« mit Deutschen, besonders deutschen Frauen, zu unterhalten. Die genutzte Alternative sei unkontrollierte Fraternisierung an armeefernen Orten. Daher müsse die Militärregierung Orte und Gelegenheiten schaffen, an denen sich Briten mit ihren deutschen Begleitungen treffen könnten, ohne der ungewünschten Fraternisierung beschuldigt zu werden.[200]

Im Dezember 1948 forderte das regionale Clubkomitee aus dem nördlichen Rheinland und Westfalen, dass im Hinblick auf die wichtigen britisch-deutschen Beziehungen die generellen Regeln der Clubs und der Zulassung deutscher Gäste zu überarbeiten sei. Ziel müsse es sein, dass deutsche ebenso wie britische und alliierte Gäste die Clubs besuchen könnten.[201] Ein *Morale Report* vom 14. März 1949 aus Berlin forderte erneut Orte, an denen Britinnen, Briten und Deutsche gemeinsam essen, trinken und reden konnten, um das gegenseitige Vertrauen aufzubauen.[202] Doch die britische Besatzungsmacht fürchtete, dass zum größten Teil deutsche Frauen mit Offizieren und Soldaten die Clubs besuchen würden. Das aber sei der Grund für die große Empörung unter den britischen Ehefrauen gewesen, die diese Bestrebungen nachweislich zumindest in Frankfurt a.M. entschieden ablehnten.[203]

Im Juli 1949 beschloss der britische Militärgouverneur bei einer Konferenz mit dem Titel *Administrative Restrictions on Good Relations with the Germans* richtungsweisende Maßnahmen für den zukünftigen Umgang mit der deutschen Bevölkerung. Alle Schilder mit

---

196 Military Governor's Conference with Regional Commissioners Sixteenth Meeting Relations between Members of the C.C.G. and Germans, 7.5.1948, FO 936/693, TNA.

197 Vgl. Letter from Henry Berry to Sir Robert Birley, 23.8.1948, FO 1014/26, TNA.

198 Siehe Tollefsen, Trond Ove, The British-German Fight over Dismantling. The Removal of Industrial Plants as Reparations after the Second World War and Its Political Repercussions, Dissertation, Universität Florenz, 2016.

199 Vgl. Letter from Sir Robert Birley, Educational Adviser, to Henry Berry, Regional Commissioner, 31.8.1948, FO 1014/26, TNA.

200 Vgl. Minutes of the 3rd Meeting of the CCG Clubs Central Committee, 8.12.1948, FO 1068/23, TNA.

201 Vgl. ebd.

202 Vgl. Morale Report Berlin, 14.3.1949, FO 1012/590, TNA; Letter to Colonel J.P.C. Mackinely from Sgd. G. Gleton, 8.4.1949, FO 1012/590, TNA.

203 Vgl. Reaction to the Topic of the DEPCO by Sd. Stee, 22.2.1949, FO 1049/1808, TNA.

den Aufschriften »Kein Zutritt für Deutsche« oder »Für Zivilisten verboten« sollten durch neutralere Formulierungen wie »Zutritt nur für Befugte« ersetzt werden.[204] Außerdem konnten beschlagnahmte Hotels, die keine repräsentativen Zwecke erfüllten, wieder ihren alten deutschen Namen tragen. Mit Blick auf die Offiziers- und Soldatenclubs stellten die Teilnehmenden fest, dass die lokalen Clubkomitees den Einlass deutscher Gäste sehr unterschiedlich regelten:

> »At one end of the scale Germans are, as a matter of course, invited into some messes for a casual meal or (by a standing special administrative dispensation) to stay the night. At the other, a member of CCG was recently excluded from membership of a mess by vote of the members, on the ground that she might want to entertain Germans. Half way between these two extremes is the practice of having separate rooms or special hours or days in messes and CCG Clubs for the entertainment of Germans.«[205]

Während der Konferenz, die noch vor der Gründung der Bundesrepublik Deutschland stattfand, betonten die Anwesenden, dass eine neue Phase der Besatzung begonnen habe und dass die Deutschen nun durch persönlichen Kontakt zu einem demokratischen Verhalten gebracht werden und dabei die Ziele der britischen Besatzungspolitik schätzen lernen sollten.[206] Somit überwog der Nutzen, den die Militärregierung in deutschen Clubgästen sah.

Auch die *Malcolm Clubs* der *RAF* reihten sich in diese Entwicklung ein, wie das Beispiel des Clubs in Wunstorf zeigt. Während deutsche Frauen als Gäste im Februar 1949 noch verboten waren, stieß die Clubleiterin Mrs. Ramsay im April 1949 noch einmal eine Neuausrichtung an. Sie trug die Bitte der Offiziere und Soldaten, deutsche Freundinnen zum Tanzen in die Clubs zu lassen, an Lady Tedder heran, die sich als Frau des Gründers um den Betrieb der *Malcolm Clubs* kümmerte. Die Anzahl der weiblichen Armeeangehörigen sei viel zu gering, viele Soldaten könnten nur miteinander oder gar nicht tanzen. »I feel that the keen dancers are now going into Wunstorf to rather undesirable places where German liquor is consumed and the wrong type of girls picked up.«[207] Sie schlug vor, dass jede Deutsche ein Formular ausfüllen und zwei Leumundszeugnisse vorlegen sollte; zudem sollten Eintragungen bei der Polizei geprüft werden. Erst dann sollte die Frau eine Erlaubnis erhalten, die jedoch bei schlechtem Verhalten entzogen werden konnte. Nach einem Schriftwechsel stimmte Lady Tedder am 23. Mai 1949 schließlich zu und die *Malcolm Clubs* konnten den Zutritt deutscher Frauen vorbereiten.[208]

Der Hochkommissar der britischen Besatzungsmacht, Sir Ivone Kirkpatrick, ordnete im Februar 1950 an, die bestehenden Regeln im Sinne der Richtlinien zur Entste-

---

204 Vgl. Military Governor's Conference with Regional Commissioners Twenty-Sixth Meeting. Administrative Restrictions on Good relations with the Germans, 27.7.1949, FO 1049/1808, TNA.

205 Ebd.

206 Vgl. ebd.

207 Mrs. Ramsey, Schreiben von Mrs. Ramsey an Lady Tedder, 25.4.1949, Malcolm Club Policy, Sept. 1948-Sept. 1955, X 005–0936/018, RAFM.

208 Vgl. Area Director: Malcolm Club, RAF, NW Europe & Austria, Schreiben an den Malcolm Club in Wunstorf, 23.5.1949, Malcolm Club Policy, Sept. 1948-Sept. 1955, X 005–0936/018, RAFM.

hung von »normal social relations with the Germans«[209] zu überarbeiten. Während einer Pressekonferenz im März 1950 antwortete er auf die Frage, ob er Deutsche in britischen Clubs befürworte: »I am very strongly in favour of British clubs having facilities for the entertainment and admission of Germans. It is very much my wish and desire that all clubs should make arrangements to have German guests to be entertained.«[210] Eine Anordnung, Deutschen den Zutritt zu gewähren, sprach er jedoch nicht aus, da dies keiner demokratischen Praxis entsprochen hätte. Vielmehr erwartete er, dass die Clubkomitees selbstständig darüber entschieden. Beim *Central Committee Meeting* sprachen sich die Vertreter Frankfurts, Hamburgs und Bonns für deutsche Gäste aus. In Hamburg beschränkte das Komitee die Anzahl der Gäste jedoch aus Platzgründen auf einen pro Abend.[211] Für die Versorgung deutscher Gäste konnte die *Naafi* seit dem 24. März 1950 Lebensmittel beziehen.[212] Im November 1950 beschlossen unterschiedliche Clubkomitees, dass deutsche Gäste in britische Clubs eingeladen werden konnten, wenn die Clubmitglieder zustimmten. Die verschiedenen Komitees sollten individuelle Regeln ausarbeiten, die den Zutritt regulierten.[213]

Die britische Besatzungsmacht ließ sich stärker von den internationalen Beziehungen und den als notwendig erachteten sozialen Kontakten zwischen Angehörigen der Besatzungsmacht und der deutschen Bevölkerung leiten als von dem Wunsch männlicher Soldaten, mit deutschen Frauen auszugehen. Erst als der Zusammenschluss zur Bizone erfolgte und die sich in der Gründung befindende Bundesrepublik in die Staatengemeinschaft aufgenommen werden sollte, rückte die britische Besatzungsmacht von ihrem eigentlichen Besatzungsstil ab, der die Trennung zwischen den Angehörigen der Besatzungsmacht und der deutschen Bevölkerung betonte. Zu Beginn des Jahres 1950 hießen mehr und mehr britische Clubs Deutsche willkommen.

4.2.4 Zutritt verboten: Die französische Besatzungsmacht und deutsche Gäste

Die *foyers* der französischen Besatzungsmacht befanden sich fast ausschließlich auf den Kasernengeländen oder in anderen vom Militär genutzten Gebäuden, zu denen Deutsche, abgesehen von den Angestellten, prinzipiell während der gesamten Besatzungszeit keinen Zutritt hatten. Daher durften deutsche Männer und Frauen bis Januar 1952 weder die *foyers* der einfachen Soldaten noch die Offiziersclubs besuchen. Am 9. Januar 1952 hieß es schließlich: »Les invitations d'Allemands dans les popotes, cercles, messes et foyers demeurent en principe interdites. Des dérogations à cette mesure pourront cepen-

209 Extract for Chief of Staff's Conference with R.A.O.'s and Admin. Commandants, 13.2.1950, FO 1012/152, TNA.

210 Extract Question and Answer at the Press Conference by the U.K. Commissioners, 7.3.1950, FO 936/987, TNA.

211 Vgl. Rough Notes, Clubs Central Committee Meeting, 13.3.1950, FO 1068/25, TNA.

212 Vgl. Extract from Minutes of Meeting of the Land Commissioners Held at Düsseldorf, 24.3.1950, FO 936/987, TNA.

213 Vgl. Minutes on Land Clubs Committee Fund, 25.11.1950, FO 1035/24, TNA.

dant être accordées par les Commandants d'Armées dans certains cas particuliers.«[214] Es entstand ein Spielraum, deutsche Gäste auch zu Tanzveranstaltungen in die *foyers* einzuladen. Unterlagen sind hierzu jedoch nicht überliefert. Deutsche Frauen – Männer wurden nicht erwähnt – konnten hingegen seit November 1946 Tanzveranstaltungen außerhalb der Kasernen besuchen, die von den Streitkräften organisiert wurden. Sie mussten hierfür allerdings eingeladen worden sein und über eine »bonne moralité reconnue«[215] verfügen.

Diese Anordnungen passten sich in den Herrschaftsstil der französischen Besatzungsmacht ein, der auf Umerziehung setzte und die Machtverhältnisse zwischen den Besatzungstruppen und der deutschen Bevölkerung deutlicher herausstellte als die amerikanische und britische Besatzungsmacht.[216] Der Historiker Burchardt nimmt an, dass die breite Bevölkerung eher ablehnend auf die Französinnen und Franzosen reagierte, sodass der Wunsch, sich in ihren Clubs aufzuhalten, im Vergleich zu den britischen und amerikanischen Clubs wohl geringer ausgeprägt war.[217] Ob dies tatsächlich der Fall war, ist schwer zu beurteilen. Wahrscheinlich ist, dass die Haltung der deutschen Bevölkerung gegenüber der französischen Besatzungsmacht ganz unterschiedlich war und sich sehr wohl einige Deutsche für engere Kontakte interessierten. Wie in der amerikanischen und britischen Besatzungszone kam es auch in der französischen zu Liebesbeziehungen, Freundschaften und Verbundenheit.

Innerhalb der französischen Besatzungstruppen bestand durchaus der Wunsch, Unterhaltung und Vergnügung in weiblicher Gesellschaft genießen zu können, auch in ihren *foyers*. Der Direktor des *Service social* schlug daher am 6. Oktober 1948 trotz der damals gültigen Verordnungen vor, eine begrenzte Anzahl an Tanzveranstaltungen für die Truppe in den *foyers* zu veranstalten, zu denen jeder Soldat eine Begleitung seiner Wahl mitbringen durfte. Er argumentierte, dass viele Tanzveranstaltungen von den Truppenmitgliedern selbst organisiert wurden und daher nur in militärisch genutzten Gebäuden wie der Kaserne, der Kantine oder den *foyers* stattfinden konnten, sodass keine Deutschen teilnehmen durften. Besonders den alleinstehenden Soldaten müsse jedoch eine Möglichkeit geboten werden, mit Frauen in Kontakt zu kommen, sonst würden sie diese Bekanntschaften anderweitig suchen und dabei eventuell ihre Gesundheit riskieren. Das würde sich dann wiederum auf die Verfassung der Truppe niederschlagen. Der Direktor schlug daher vor, deutsche Frauen zu ausgewählten Veranstaltungen einzuladen. Konkret sollte jeder Soldat eine Eintrittskarte für sich selbst und eine Begleitperson erhalten. Alle Anwesenden müssten sich korrekt verhalten und Vertreter der Militärregierung oder der Militärpolizei sollten die Veranstaltung überwachen. Darüber hinaus sollte jede Veranstaltung einzeln genehmigt werden müssen. Französische Frauen, so seine Ausführungen, waren von den Veranstaltungen ausgenommen, wenn deutsche Frau-

---

214 Rivain, der französische Botschafter, Schreiben an die Beauftragten der Länder: Rheinland-Pfalz, Württemberg-Hohenzollern, Baden und Hessen, Objet: Relations entre les militaires français et la population allemande, 9.1.1952, 1BAD146, CADLC.

215 Le Général d'Armée Kœnig, Atténuation aux règles de la non-fraternisation, 1.11.1946, ADM 66, CADLC.

216 Zur französischen Deutschlandpolitik siehe Martens (Hg.), Vom »Erbfeind« zum »Erneuerer«; Hüser, Frankreichs »doppelte Deutschlandpolitik«.

217 Vgl. Burchardt, Konstanz zwischen Kriegsende und Universitätsgründung, S. 50–51.

en als Begleitungen zu erwarten waren.[218] Anscheinend schätzten die Verantwortlichen das Zusammentreffen von deutschen und französischen Frauen, ähnlich wie innerhalb der britischen Militärregierung, als Risiko ein und befürchteten Eifersucht zwischen den Gruppen und daraus resultierende Streitigkeiten.

Obgleich der Direktor des *Service social* explizite Handlungsanweisungen zur Umsetzung machte und seinen Vorstoß mit zahlreichen Argumenten unterlegte, lehnte die Militärregierung in den überlieferten Akten den Vorschlag ohne weitere Diskussion ab. Es könnte zu einem Sicherheitsrisiko werden, wenn Deutsche militärische Einrichtungen betreten dürften. Außerdem würde es einer Schikane gleichen, wenn Französinnen nicht in die *foyers* dürften, während deutsche Frauen anwesend seien. Und letztendlich sahen die Verantwortlichen darin den ersten Schritt hin zu einer Diskussion über den von ihnen unerwünschten Zutritt von Deutschen in Offiziers- und Unteroffiziersclubs.[219] So blieb Deutschen der Zutritt zu den französischen Clubs bis Januar 1952 vollständig untersagt, und auch anschließend konnten sie nur vereinzelt in die *foyers* eingeladen werden.[220] Dieses Zugeständnis gründete unter anderem in der im Jahr 1952 veränderten Besatzungssituation, so der französische Botschafter Rivain: Fortan sollte ein »climat de confiance«[221] zwischen Deutschen sowie Französinnen und Franzosen entstehen.

Die Diskussion innerhalb der französischen Militärregierung zu der Frage deutscher Gäste scheint, soweit sie sich rekonstruieren lässt, eindimensional und ohne Spielraum gewesen zu sein. Die Forschungen zur französischen Besatzungszone deuten jedoch seit Mitte der 1990er Jahre immer wieder auf die Vielschichtigkeit und die Ambivalenzen der französischen Besatzungspolitik hin. So stellt Martina Kessel fest, dass es nicht nur Divergenzen zwischen der Pariser Zentrale und den einzelnen Dienststellen in der Besatzungszone gegeben hat, sondern auch zwischen den verschiedenen Ebenen in Paris.[222] Auch die Streitigkeiten zwischen dem Leiter des zivilen Verwaltungsapparates, Émile Laffon, und dem Militärgouverneur General Kœnig zeugen von unterschiedlichen Auffassungen bezüglich der französischen Besatzungspolitik.[223] Laffon sprach sich im Herbst 1945 für ein Ende der Politik des Zwanges und der Unterwerfung aus. An ihre Stelle sollte eine »politique d'humanité« treten, so Edgar Wolfrum[224] – ein Richtungswechsel, der nicht von allen Verantwortlichen der Militärregierung mitgetragen wurde. Doch die Vielfalt zeigt, dass es zur Frage nach deutschen Gästen in französischen *foyers*

---

218 Vgl. Lettre du Directeur du Service social des TOA au sujet de l'atténuation des règles de non-fraternisation, 6.10.1948, GR 3 U 39, SHD.

219 Vgl. Fiche à l'attention de Monsieur le General du CIA Command Supérieur des troupes d'occupation, Objet: Demande du Directeur du Service social des TOA au sujet de l'atténuation des règles de non-fraternisation, 25.10.1948, GR 3 U 39, SHD.

220 Vgl. Rivain, der französische Botschafter, Schreiben an die Beauftragten der Länder: Rheinland-Pfalz, Württemberg-Hohenzollern, Baden und Hessen, Objet: Relations entre les militaires français et la population allemande, 9.1.1952, 1BAD146, CADLC.

221 Ebd.

222 Vgl. Kessel, Martina, L'empêcheur de la danse en ronde. Französische Deutschlandpolitik 1945–1947, in: Martens (Hg.), Vom »Erbfeind« zum »Erneuerer«, S. 65–85, hier S. 65.

223 Siehe Lattard, Alain, Zielkonflikte Französischer Besatzungspolitik in Deutschland. Der Streit Laffon-Kœnig 1945–1947, in: Vierteljahrshefte für Zeitgeschichte, 39, 1 (1991), S. 1–35.

224 Vgl. Wolfrum, Das Bild der »düsteren Franzosenzeit«, in: Martens (Hg.), Vom »Erbfeind« zum »Erneuerer«, S. 87–113, S. 93f.

durchaus unterschiedliche Meinungen geben konnte, wenngleich sie von den eingesehenen Quellen nicht abgebildet werden.

4.3 Zwischenfazit

Durch Einlasskriterien und Zutrittsverbote ordneten die Militärregierungen die Angehörigen der Besatzungsmächte sowie deren Gäste. Außerdem führte die Verknappung in Form eines eingeschränkten Einlasses dazu, dass der Zutritt ein Distinktionsmittel war, was wiederum Auswirkungen auf das Selbstverständnis der Gemeinschaften in den Clubs hatte.[225] Diese Ordnungspraktiken verfestigten bestehende Inklusions- und Exklusionsprozesse, die zum Teil nationale Fragen in den internationalen Kontext transportierten. Der Ausschluss der afroamerikanischen Offiziere und Soldaten war ein Konfliktherd, doch die amerikanische Militärregierung hielt bis in die frühen 1950er Jahre auf der praktischen Ebene an der Segregation fest, die auch anschließend performativ weiterbestand. Die Gemeinschaft in den Clubs sollte exklusiv sein und allen Anwesenden den höchstmöglichen Komfort bieten. Aus Sicht der Militärregierung waren die ersten Besatzungsjahre nicht der richtige Zeitpunkt, die Segregation in Deutschland zu diskutieren und nachhaltig abzuschaffen. Die britische Militärregierung löste sich langsam von einer strikten Trennung der unterschiedlichen militärischen Dienstränge und öffnete ihre Clubs für alle Angehörigen der britischen Besatzungsmacht. Die amerikanische und die französische Besatzungsmacht hielten hingegen an einer Trennung fest. Die französische Militärregierung grenzte außerdem ihre sogenannten Kolonialtruppen ab. Die *cafés maures* verdeutlichen die strukturelle Isolation dieser soldatischen Gruppe.

Die Unterhaltungsprogramme in den Clubs richteten sich primär an Männer. Weibliche Angehörige der Besatzungsmächte wurden zunächst als Zielgruppe ignoriert. Dass änderte sich allmählich durch den Familiennachzug, der viele Ehefrauen der Besatzungsangehörigen in die Clubs brachte. Die Clubleitungen mussten sich auf die neue Situation einlassen und ihre Angebote anpassen. Dennoch dominierte das Verständnis von den Frauen als Fürsorgerinnen, die für die Unterhaltung der Männer zu sorgen hatten, und nicht als Gäste, die ebenfalls unterhalten werden wollten.

Viele westalliierte Männer wünschten weibliche Begleitung in den Clubs. Die Anzahl der Clubangestellten und anderer alliierter Frauen genügte jedoch nicht, um den Bedarf zu decken. Der Mangel an weiblicher Gesellschaft führte dazu, dass die amerikanische, die britische und die französische Besatzungsmacht über deutsche Gäste in ihren Clubs diskutierten. Während die französische Militärregierung eine entsprechende Anfrage des Direktors des *Service social* im Oktober 1948 ablehnte und die in den Quellen überlieferte Diskussion damit sehr kurz schien, waren die Meinungen innerhalb der britischen Militärregierung kontroverser. Diese Frage beschäftigte die Verantwortlichen seit

---

225 Zur Frage von In- und Exklusion als Distinktionsmittel und zum Einfluss auf das Selbstverständnis der exklusiven Gruppe siehe Derix, Simone, Die Knappheit der Vermögenden. Ökonomische Perspektiven auf den Familiennamen, in: Zeitschrift für Kulturwissenschaften, 1 (2011), S. 35–43, hier S. 37.

Beginn der Besatzung. Gegenargumente waren die Kriegsfeindschaft, aber auch die Versorgungslage innerhalb der britischen Besatzungszone. Zu den Argumenten für deutsche Gäste zählten der Mangel an weiblicher Gesellschaft ebenso wie die weltpolitische Neuausrichtung im Lauf der Besatzungszeit, die Deutschland als Partner im Kampf gegen den Kommunismus vorsah. Das forderte auch ein Umdenken auf der individuellen Beziehungs- und Kontaktebene. Die amerikanische Militärregierung ging am liberalsten mit der Frage nach deutschen Gästen um. Die Entscheidungsträger hofften, mit einer kontrollierten Zulassung deutscher Gäste gewisse Probleme der Besatzungsmacht, wie die Verbreitung von Geschlechtskrankheiten und Alkoholismus, teilweise lösen zu können. Kontrolle war das höchste Gebot, sodass einige Stützpunkte der amerikanischen Besatzungszone auf Gesellschaftspässe zurückgriffen, die im Rahmen eines Auswahlsystems vergeben wurden.

5. Ein Stück ziviles Leben im Militäralltag

Der Aufenthalt in den Clubs

Die Offiziers- und Soldatenclubs sollten einen Ausgleich zum Arbeitsalltag der Angehörigen der Besatzungsmächte schaffen. Dennoch waren sie politisch motivierte Freizeitorte, an denen die Clubleitungen und Angestellten konkreten Vorstellungen und Anweisungen der Militärregierungen folgten und diese umsetzten. Denn erstens sollten die Heimatbindung und die Identifikation mit der eigenen Nation gefestigt werden – die Clubs sollten ein Zuhause in der Fremde symbolisieren. Zweitens strebten die Militärregierungen danach, das Gemeinschaftsgefühl der Angehörigen der Besatzungsmächte in den Clubs zu stärken. Drittens war es die Aufgabe der Clubs, den Offizieren und Soldaten die Möglichkeit zu bieten, die unterschiedlichsten Bedürfnisse zu befriedigen und so einen möglichen Mangel beispielsweise an Tanzveranstaltungen, Feiern und Musik sowie an informeller Geselligkeit und Familie, aber auch an vertrauten Speisen, Getränken und anderen Konsumprodukten auszugleichen.

Das Arrangement der Möbel und die Dekoration in den Clubs sollten diese Ziele unterstützen. Durch nationale oder vertraute Symbole versuchten die Angestellten eine vermeintlich *heimische* Atmosphäre zu schaffen, um sicherzustellen, dass die Offiziere und Soldaten sich wohlfühlten. Ein amerikanischer Soldat schrieb im Zuge einer Umfrage über die Bedeutung der Clubs, die bereits während des Zweiten Weltkrieges erhoben wurde: »I myself whenever I enter the Red Cross [Club] have the feeling of being back at home with folks and friends of long ago.«[1] Diese von einigen Gästen als vertraut und heimisch empfundene Stimmung nahm Einfluss auf ihr Verhalten. Denn sowohl die Atmosphäre als auch das materielle Arrangement, wie etwa die Platzierung von Sitzgruppen und Wanddekorationen, gaben die Bewegungen der Menschen in den Clubräumen vor und beeinflussten auf diese Weise Praktiken und Rituale, wie Gesprächssituationen oder das gemeinsame Essen und Trinken. So waren beispielsweise nicht alle Bars mit

1 Special Service Survey, What the Soldiers Think about the Red Cross in ETO, 17.2.1943, RG 200, National Archives Gift Collection, Records of the American National Red Cross, 1935–1946, Box 1411, Folder: Special Service Survey, NACP.

Sitzmöglichkeiten ausgestattet; an einigen gaben die Gäste lediglich ihre Bestellung ab und kehrten anschließend an einen Tisch zurück, anstatt an der Bar selbst zu sitzen.[2]

In fast allen Clubs der Westalliierten standen den Gästen mehrere Zimmer zur Verfügung, die durch bestimmte Sitzarrangements, Raumaufteilungen und Dekorationen wie etwa Zeichnungen an den Wänden zum geselligen Miteinander oder zum ruhigen Lesen einluden (Kapitel 5.1). Konsumgüter wie Speisen und Getränke, aber auch andere heimische Produkte, wie zum Beispiel Seife oder Schokolade, untermauerten einerseits die angestrebte Heimatbindung und die Identifikation mit der eigenen Nation. Andererseits waren sie in der Lage, die Stimmung der Angehörigen der Besatzungsmächte zu beeinflussen. Denn besonders knappe Lebens- und Genussmittel, die für die deutsche Bevölkerung kaum zugänglich waren, sollten den Besatzungsangehörigen in den Clubs nach Möglichkeit immer zur Verfügung stehen. Die Militärregierungen wollten ihnen einen hohen Lebensstandard bieten, und genau diesen sollten die Clubs repräsentieren (Kapitel 5.2). Letztlich zielte auch das umfangreiche Unterhaltungsprogramm darauf ab, die Heimatbindung und das Gemeinschaftsgefühl zu stärken sowie für Abwechslung im Besatzungsalltag zu sorgen, damit die Motivation der Truppenangehörigen über einen längeren Zeitraum erhalten blieb. Die Veranstaltungen und deren Ablauf strukturierten den Aufenthalt in den Clubs, festigten soziale Praktiken und Rituale, während sie auf diverse Bedürfnisse der Offiziere und Soldaten einzugehen versuchten. Sie folgten dabei unterschiedlichen *Emotional Styles*[3], denn während der Veranstaltungen galten spezifische »emotional patterns and practices«[4]. Je nach Thema konnten Gefühle wie zum Beispiel Sehnsucht nach der Familie und Vaterstolz bei der einen und Patriotismus bei der anderen Veranstaltung ausgedrückt werden. Die Clubgäste passten ihr Verhalten und den Ausdruck ihrer Gefühle dem emotionalen Stil entsprechend an (Kapitel 5.3).

Neben schriftlichen wurden für dieses Kapitel insbesondere visuelle Quellen genutzt.[5] Zahlreiche Fotos, die entweder von der Armee in Auftrag gegeben oder von den Clubangestellten oder Gästen selbst aufgenommen wurden, bilden die amerikanischen Clubs ab. Auch Erinnerungsbücher und Fotoalben liefern wertvolle Einblicke in das Innere der amerikanischen Clubs. Für einige liegen *Souvenir Booklets* vor, die von den Angestellten erstellt wurden. So schrieb die Leiterin des *Big Wheel Club* im bayrischen Weiden im monatlichen Bericht im Frühjahr 1948, dass die Idee, ein *Souvenir Booklet* zu gestalten, bei einer Besprechung aufkam. Sie übernahm die Leitung des Projekts

2 Siehe zum Beispiel das französische *foyer* in Landau: o.A., Le Gagnant du concours des foyers des T.O.A., Foyer du II/24 R.A., in: Revue de la 5ème Division blindée, No. 52, S. 15–16.

3 Siehe Gammerl, Benno, Emotional Styles: Concepts and Challenges, in: Rethinking History, 16, 2 (2012), S. 161–175.

4 Ebd., S. 164.

5 Zur Verwendung von Fotografien als historische Quellen und zur Bedeutung der Fotografie für die Geschichtswissenschaft siehe das Standardwerk zur *Visual History*: Paul, Gerhard, Das visuelle Zeitalter. Punkt und Pixel, Göttingen 2016. Die Historikerin Annette Vowinckel widmet sich in ihrem Buch *Agenten der Bilder* in einem Unterkapitel speziell der Armeefotografie. Sie zeichnet die Geschichte und Bedeutung der amerikanischen Armeefotografie von der Gründung des *Signal Corps* im Jahr 1860 über die beiden Weltkriege bis zu *Signal Corps*-Fotografen im Vietnamkrieg nach. Leider geht sie nicht auf die Besatzungszeit nach 1945 in Deutschland ein. Siehe Vowinckel, Annette, Agenten der Bilder. Fotografisches Handeln im 20. Jahrhundert, Göttingen 2016, S. 146–202.

und sammelte die privaten Aufnahmen der Angestellten, die sie nach Datum und Veranstaltung sortierte. Die fertigen Booklets übergaben die Angestellten den Soldaten oder verschickten sie an die bereits Demobilisierten. Die Booklets bilden demnach eine Auswahl an Fotografien ab, die zu Erinnerungszwecken erstellt wurden.[6] Sie zeigen eine Vielzahl an unterschiedlichen Räumen und deren Ausstattungen. Für die Analyse der französischen *foyers* wurde eine Reihe von Artikeln in einer Soldatenzeitschrift ausgewertet, die sowohl zahlreiche Fotos als auch Text und Bildunterschriften beinhalten. Für die britische Besatzungsmacht liegt am wenigsten visuelles Material vor. Hier werden vor allem offizielle Bilder auf Postkarten oder Broschüren, aber auch schriftliche Aufzeichnungen aus Egodokumenten und einige Fotografien aus privatem Besitz ausgewertet.

5.1 Gemeinschaftsstiftende Atmosphäre: Verbundenheit durch Raumarrangement und Dekoration

Ein vertrauter Ort in der fremden Umgebung, das sollten die Offiziers- und Soldatenclubs den Angehörigen der Truppen bieten – einen Raum, in dem sie sich geborgen und in die Gemeinschaft integriert fühlten. Die Clubleitungen und die Angestellten der Clubs hatten die Aufgabe, eine *heimische* und *gemütliche* Atmosphäre zu schaffen, die möglichst viele der Angehörigen der Besatzungstruppen erreichen sollte.[7] Der Begriff der Atmosphäre wird in Anlehnung an Gernot Böhmes Definition verwendet. Der Philosoph versteht »atmospheres as spaces. […] they are spaces with a mood, or emotionally felt spaces.«[8] Dabei betont Böhme die Intersubjektivität der Atmosphäre, indem er sie als »common reality of the perceiver and the perceived«[9] beschreibt. Sie lässt sich demnach bewusst durch das Arrangement von Objekten herstellen.[10] Obgleich bedacht werden muss, dass Atmosphäre von Menschen je nach kultureller Prägung und Sozialisation unterschiedlich wahrgenommen werden kann,[11] wurde in den Clubs

---

6 Vgl. Monthly Report February-March 1948, RG 200, National Archives Gift Collection, Records of the American National Red Cross, 1946–1964, Box 1925, Folder: 900.11/6161, Big Wheel Club Weiden, NACP.

7 Für das Zusammenspiel zwischen Architektur, Atmosphäre und Emotionen siehe den Sammelband Großmann, Till u. Nielsen, Philipp (Hg.), Architecture, Democracy, and Emotions. The Politics of Feeling since 1945, London 2019. Insbesondere der Historiker Philipp Nielsen beschreibt in seinem Beitrag eindrücklich, wie sich das Demokratieverständnis nach der Gründung der Bundesrepublik im Bonner Bundeshaus durch Architektur und Raumarrangement widerspiegeln sollte. Siehe Nielsen, Philipp, Building Bonn. Affects, Politics, and Architecture in Postwar West Germany, in: Großmann u. Nielsen (Hg.), Architecture, Democracy, and Emotions, S. 39–57.

8 Böhme, Gernot u.a., Atmospheres, Art, Architecture. A Conversation between Gernot Böhme, Christian Borch, Olafur Eliasson & Juhani Pallasmaa, in: Borch, Christian (Hg.), Architectural Atmospheres, Berlin 2014, S. 90–106, hier S. 96.

9 Böhme, Gernot u. Thibaud, Jean-Paul, The Aesthetics of Atmospheres, London 2017, S. 20.

10 Vgl. ebd., S. 26.

11 Siehe hierzu besonders Pernau, Margrit, Space and Emotion. Building to Feel, in: History Compass, 12, 7 (2014), S. 541–549; Reckwitz, Andreas, Affective Spaces. A Praxeological Outlook, in: Rethinking History, 16, 2 (2012), S. 241–258.

versucht, eine intersubjektive Atmosphäre zu schaffen. Auch die Soziologin Martina Löw weist darauf hin, dass die (An-)Ordnungen von Menschen und materiellen Gütern, die einen Raum konstituieren, auf der Wahrnehmungsebene häufig als »atmosphärische Qualität« eines Raumes wahrgenommen werden. Sie beschreibt, dass in der »Wechselwirkung zwischen konstruierend-wahrnehmendem Menschen und der symbolisch-materiellen Wirkung des Wahrgenommenen« etwas entsteht, das Atmosphäre genannt werden sollte.[12] Da das Wahrgenommene in der Regel für die Wahrnehmung inszeniert wurde, sind Atmosphären sozial produziert und versuchen das individuelle Befinden zu beeinflussen.[13] Denn auf sie, so Löw, »wird Wohlbefinden und Ablehnung, Zugehörigkeit und Fremdheit subjektiv bezogen«[14].

In den amerikanischen Clubs dominierten plakative amerikanische Symbole wie die Landesflagge, Amerikakarten oder auch Kulturprodukte wie bekannte Zeichentrickfiguren, die für viele Angehörige der sonst sehr heterogenen Gruppe der amerikanischen Besatzungstruppe vertraut waren. Die Clubleiterin des *Eagle Club* in Wiesbaden beschrieb im Oktober 1947 beispielsweise ihren Eindruck des Frankfurter *Round Up Club.*

> »Whether it was the sheer determination of a club director and her girls, or just that usual Red Cross spirit, the Round up Club is a classic example of what can be done to provide the GI with a pleasant homey atmosphere [...]. The club walls are painted in pastels with large framed oil paintings providing the theme atmosphere for the rooms [...].«[15]

Sie berichtete zum einen von dem »usual Red Cross spirit« und zum anderen von der »pleasant homey atmosphere«, was die Frage aufwirft, welche Raum- und Dekorationselemente diesen Eindruck erzeugten. Die Westalliierten richteten ihre Clubs fast ausschließlich in beschlagnahmten Gebäuden oder in den Kasernen ein. Sie nutzten die vorhandenen Räume und versuchten, durch bestimmte Raumaufteilungen, Dekorationen, Wandbemalungen und Möblierungen die gewünschte Atmosphäre herzustellen. Auch die unterschiedlichen Bedürfnisse nach Geselligkeit oder Ruhe und Rückzugsmöglichkeiten sollten befriedigt werden. Hierzu standen in den Clubs unterschiedliche Räumlichkeiten zur Verfügung, die in ihrer Ausstattung, Dekoration und damit auch in der von ihnen transportierten Stimmung variierten.

Nicht nur in der unmittelbaren Nachkriegszeit, sondern bis in die 1950er Jahre hinein herrschte in der deutschen Gesellschaft materielle Knappheit an Lebens- und Genussmitteln ebenso wie an Möbeln und anderen Gütern des täglichen Bedarfs. Auch den westalliierten Besatzungstruppen, besonders den Angehörigen der britischen und der französischen Besatzungsmacht, standen Güter nur in Rationen zur Verfügung. Dieser Mangel prägte das Verhältnis der Truppenangehörigen zu jenen Gegenständen, die sie in den Clubs vorfanden. Gepolsterte Ledersessel oder Dekoration etwa durch Blumen wurden als Besonderheit geschätzt, insbesondere vor dem Hintergrund der massiv

12 Vgl. Löw, Raumsoziologie, S. 229.

13 Vgl. ebd.

14 Ebd.

15 Club Narrative Report: Bye Boys, 12.10.1947, RG 200, National Archives Gift Collection, Records of the American National Red Cross, 1946–1964, Box 1926, Folder: Round Up Club, NACP.

zerstörten deutschen Städte und dem damit einhergehenden Bild der Zerstörung und des Elends auf den Straßen. Dieses Kapitel zeichnet nach, wie die amerikanischen, britischen und französischen Clubs eingerichtet waren, welche Dekorationselemente herausstachen und wie die Clubs zu gemeinschaftsstiftenden Räumen wurden, die gleichzeitig die Heimatbindung stärkten.

5.1.1 A Home away from Home: Amerikanische Clubs

Die bereits erwähnte Clubleiterin des Berliner *Crown Prince Club*, Janet Carey, beschrieb die Aufgabe der amerikanischen Offiziers- und Soldatenclubs im Allgemeinen darin, »a real all-American homelike setting and atmosphere«[16] herzustellen. Bei offiziellen Besichtigungen durch Vertreterinnen und Vertreter der Armee im Oktober 1948 wurden die Clubs nicht zuletzt unter diesem Gesichtspunkt geprüft und bewertet. Die beim Besuch empfundene Atmosphäre war maßgeblich für den Gesamteindruck. Der *Fürth Service Club* in Bayern schnitt bei der Bewertung sehr gut ab. Im Bericht hieß es knapp: »The club is homelike and attractive.«[17] Sowohl in den offiziellen Dokumenten der Armee oder des Roten Kreuzes als auch in den monatlichen Berichten der Clubleiterinnen und Angestellten finden sich vermehrt Beschreibungen wie »homelike atmosphere«, »stateside atmosphere«, »home town atmosphere« oder »friendly spot«, wenn die gewünschte Stimmung der Clubs beschrieben wurde.

Die Angestellten versuchten, diesen Anforderungen nachzukommen, ohne dass die Armee oder das Rote Kreuz je exakt definierten, was eine *wohnliche*, *heimische* und besonders auch eine *amerikanische* Atmosphäre ausmachte. Die Angehörigen der amerikanischen Besatzungstruppen waren eine sehr heterogene Gruppe, die ihre Gemeinsamkeit teilweise lediglich in der Zugehörigkeit zur Armee fand. *Home* bedeutete wohl auch zahlreiche unterschiedliche Dinge für die Offiziere und Soldaten. Und doch mussten die Clubs ein Bild vom *amerikanischen*, vom *vertrauten* Heim schaffen, das für möglichst viele der Angehörigen der Besatzungsmacht anschlussfähig war.[18] Die *New York Times* behauptete »›home‹ for the soldiers meant a place where there are chocolate milk shakes, cokes, iced beer, and girls [Herv.i.O.]«[19]. Das Zuhause wurde durch amerikanische ›Ideale‹ definiert, die sich aus Nostalgie, Patriotismus und oftmals ›amerikanischem‹ Humor zusammensetzten.[20] Das galt nicht nur im besetzten Deutschland, sondern an allen militärischen Standorten weltweit. Auch die amerikanischen Frauen, die in anderen Ländern außerhalb Deutschlands für die *USO* zur Truppenunterhaltung arbeiteten, wurden als Verbindungselement zur Heimat gesehen: »As individuals as well as actors they [the

16 Pearson Rice, Springfield Red Cross Director Describes Doings in Postwar Berlin.

17 Walsh, Esther M., Letter to the Chief of the Recreation Branch, 11.10.1948, RG 540, Headquarters, European Command, General Staff, Special Service Division, Box 2896, Folder: Book #6, NACP.

18 Zum Aspekt der Heterogenität der Soldaten und den Unterhaltungsprogrammen der amerikanischen *USO* siehe Pearlman, Samantha Joy, »Something for the Boys«. An Analysis of the Women of the USO Camp Shows, Inc. and Their Performed Gender, Bachelorarbeit, Wesleyan University 2011, S. 30ff.

19 Zit. nach Blum, John Morton, V was for Victory. Politics and American Culture during World War II, San Diego 1977, S. 66.

20 Vgl. Pearlman, »Something for the Boys«, S. 31.

female performers of *USO* Camp Shows] are a link with home. Their conversations with the men are an important part of their service as are their [...] news, their stories, their cheerfulness, the simple fact for their Americanism.«[21]

Gleiches galt für die in Deutschland eingesetzten Frauen, die für das Rote Kreuz oder die *Service Clubs* arbeiteten. Der Bezug auf die amerikanische Nationalität war in den Clubs allgegenwärtig. Rot-weiß-blaue Farben, die amerikanische Flagge und Symbole betonten ebenso wie die Raumaufteilung, die Dekoration und die Möblierung das ›Amerikanische‹ in den Clubs. Die unterschiedlichen Räume sollten zudem verschiedene Stimmungen transportieren, um den verschiedenen Wünschen, etwa nach Ruhe und Rückzug oder Geselligkeit und Ausgelassenheit, nachkommen zu können. Nahezu alle Clubs bestanden aus einer *Snack Bar*, also einer Cafeteria, einer Bier- und Wein-Bar, einer Lounge, einer Bibliothek, einem Lese- und Schreibraum, einem *Information Desk* sowie einem Musikraum und einem Spielzimmer.[22] Je nach der gewünschten sozialen, aber auch der praktischen Funktion der Räume unterschieden sich Raumarrangement und Dekoration. Das wurde ebenfalls durch die unterschiedlichen Ausstattungen der beschlagnahmten Gebäude beeinflusst. Während kleinere Clubs eher Holzmöbel zur Verfügung hatten, bemühte sich die amerikanische Besatzungsmacht bei größeren, repräsentativeren Clubs um eine aufwendigere Ausstattung, zum Beispiel durch gepolsterte Sessel. Das waren nicht immer, aber häufig Clubs für die Offiziere oder Unteroffiziere.

Die *Snack Bar*, in der die Offiziere und Soldaten aßen und tranken, war der wohl am meisten genutzte Raum in den Clubs. Die Clubleitungen legten besonders hier Wert auf eine ansprechende Dekoration, zum Beispiel durch Wandbemalungen. Im *American Red Cross Club* in Bamberg waren verschiedene Szenen des soldatischen Freizeitlebens fernab von Kampfhandlungen und dem militärischen Alltag an die Wände gemalt: Soldaten beim Verzehr von Doughnuts und Kaffee oder beim Kartenspielen. Auf einem anderen Bild trug ein Soldat seine vollgepackte Tasche in die Kaserne, und wiederum eine andere Szene zeigte Soldaten, die an einem Hafen auf ihre Heimreise warten. In der Ferne waren die Freiheitsstatue und die New Yorker *Skyline* zu sehen.[23] Auch im *Service Club* in Hersfeld und im Club in der *Henry Kaserne* in München war die *Skyline* New Yorks an die Wand gemalt.[24] Dieses Motiv sprach die geteilte Sehnsucht der Soldaten an, möglichst bald in die USA zurückzukehren. So sollte ein Gefühl von Vertrautheit und Verbundenheit entstehen. Hierbei einte sie der gemeinsame Alltag, die Erinnerung an das Heimatland und der Wunsch, möglichst bald dorthin zurückzukehren.

Den Soldatenalltag kannte auch die Comicfigur *Sad Sack*, die vom Unteroffizier George Baker während des Zweiten Weltkrieges geschaffen wurde. *Sad Sack* war ein Zivi-

---

21 Carson, Home away from Home, S. 133. Zur Geschichte der *USO* während des Zweiten Weltkriegs und der Verbindung zum amerikanischen Roten Kreuz siehe Kap. 2.2.3.

22 Vgl. Currie u. Latham, Report of the General Board Study No. 121, Special Service Clubs.

23 Vgl. Cote, Jeanette, Narrative Report February 1946, 1.3.1946, RG 200, National Archives Gift Collection, Records of the American National Red Cross, 1935–1946, Box 1530, Folder: Bamberg, NACP.

24 Vgl. Laninghan, Ina, Monthly Narrative Report, January 1946, RG 200, National Archives Gift Collection, Records of the American National Red Cross, 1935–1946, Box 1530, Folder: Club Hersfeld, NACP; Souvenir Booklet Henry Kaserne München, RG 200, National Archives Gift Collection, Records of the American National Red Cross, 1946–1964, Box 1926, Folder: Henry Kaserne Club, Munich, NACP.

list, der versuchte, seine Rolle in der Armee zu finden, und dabei die kleinen und großen Hürden des soldatischen Alltags erlebte.[25] Im *Club Fürstenfeldbruck* in Bayern waren einige der *Sad-Sack*-Comicstreifen, die das Clubleben thematisierten, auf Wunsch der Clubleitung an die Wände gemalt worden.[26] Neben dieser durch das Militär ebenso wie durch die amerikanische Nationalität geprägten Figur hingen bayrische Gemälde an den Wänden, die, so die Clubleiterin, »lend atmosphere to the snack bar«[27]. Im *Club Bürgerbräukeller* in München bedienten die deutschen Kellnerinnen in traditioneller bayrischer Tracht. Neben einem Symbol für die bayrische Kultur ist das Dirndl auch ein erotisches Bild, und so standen die deutschen Kellnerinnen auch für erotische Sehnsüchte der Clubgäste. Auch im *Club Bürgerbräukeller* hingen »Bavarian murals« an den Wänden, wie es im Monatsbericht Oktober 1945 hieß, ohne dass der Inhalt der Gemälde genauer beschrieben wurde.[28] Die Fotografie eines Fechtturniers im *Crossroads Club* in Stuttgart zeigt sehr anschaulich das Nebeneinander von amerikanischen und deutschen Elementen in den Clubs. Der amerikanische Schiedsrichter trug eine gestreifte Hose und einen Hut mit den *Stars and Stripes* der amerikanischen Flagge. An den Wänden hingen neben der amerikanischen Flagge alte Wandgemälde, die Marktszenen aus der deutschen Region zeigten.[29] Die Kombination aus vertrauten amerikanischen und bayrischen Elementen schien den Gästen zu gefallen. Denn auch die deutschen Elemente trugen zu einer gemütlichen Atmosphäre bei.

Die Möblierung in den *Snack Bars* der Clubs variierte. Die Clubleitungen nutzten entweder die bereits vorhandenen Möbel oder jene, die die Armee ihnen zur Verfügung stellte. Im Stuttgarter *Crossroads Club*, der in der Staatsoper eingerichtet war, wurde die dortige Cafeteria als *Snack Bar* genutzt.[30] In einigen Offiziersclubs wie dem *Palmgarden Club* in Frankfurt a.M. waren die Tische elegant entlang des Balkons oder der Außenterrasse arrangiert.[31] Viele kleinere Clubs nutzten Holztische und Stühle. Andere wie das *Starduster's Augen Inn* in Nordholz bei Bremen konnten die *Snack Bar* mit dunklen Marmorplatten schmücken und sorgten so für eine edle Ausstrahlung.[32] In Hersfeld beschaffte die Clubleitung über die Armee dunkelrote Lederimitation, die sie über die Tische ziehen ließ. Dies sah hochwertig aus und war leicht zu reinigen, so die Leiterin[33] – eine einfache und günstige Lösung, die Tische besser aussehen zu lassen. Auf diese Art und Weise versuchten die Clubleitungen im Rahmen der unterschiedlichen Möglichkeiten, die *Snack*

25 Sieh hierzu Harvey, Alan, Official Sad Sack Website, unter: http://sadsack.net/, letzter Zugriff am 7. April 2021.

26 Vgl. Program Report, 31.10.1945, RG 200, National Archives Gift Collection, Records of the American National Red Cross, 1935–1946, Box 1530, Folder: ETO (Germany) Fürstenfeldbruck Club, NACP.

27 Ebd.

28 Vgl. ebd.

29 Siehe Crossroads Club in Stuttgart, in: Fotosammlung, RG 200, National Archives Gift Collection, Records of the American National Red Cross, 1935–1946, Ann Arnold Citron, Personal Papers and Photographs, 1942–1945, Box 1, NACP.

30 Vgl. Crossroads News. Weekly Red Cross Events, No. 37, 15.6.1946.

31 Vgl. Special Service Picture Story of the Palmgarden Club, S. 3.

32 Vgl. Public Relations Office, Bremen Port Command, Bremen Port Command's GI's Paradise, S. 24.

33 Vgl. Laninghan, Ina, Monthly Narrative Report, January 1946, RG 200, National Archives Gift Collection, Records of the American National Red Cross, 1935–1946, Box 1530, Folder: Club Hersfeld, NACP.

Bars zu attraktiven Orten zu machen. Obgleich der amerikanischen Besatzungsmacht im Vergleich zur britischen und französischen mehr Material zur Verfügung stand, mussten auch ihre Angestellten in den Clubs sorgsam mit den knappen Ressourcen umgehen.

In den *Snack Bars* standen nicht nur die Speisen und Getränke im Mittelpunkt, sondern auch das gesellige Miteinander. Nicht zufällig formulierten amerikanische Soldaten explizit den Wunsch, ihre deutschen Begleitungen in die *Snack Bars* mitnehmen zu dürfen. Einige Stützpunkte reagierten darauf, indem sie zunächst nur die *Snack Bar* und keine weiteren Räume für deutsche Gäste öffneten.[34] Das gemeinsame Essen im amerikanischen Club stand so beispielhaft für die sich wandelnden Beziehungen zwischen der Besatzungsmacht und der deutschen Bevölkerung. Die *Snack Bars* wirkten demnach nicht nur auf die amerikanischen Soldaten und Offiziere, sondern auch auf die deutschen Gäste. Die Clubleitungen glaubten, dass die Soldaten viel Wert auf die Meinungen ihrer deutschen Begleitungen legten, sodass die *Snack Bar* zu einem repräsentativen Ort wurde. So sah das auch

> »the soldier who [...] is bringing a girl friend of his choice, who speaks a different language and has a different way of life into a club sponsored by his own country and directed and hostessed by girls of his own nationality. He wants to show off his ›family‹; he wants his ›girl‹ to like American girls; he wants her to feel at ease and her enjoyment will be reflected in his own [Herv.i.O.].«[35]

Ein anderer viel genutzter und für die Unterhaltung der Truppenangehörigen wichtiger Raum war die Lounge. Oft befand sich hier eine Bühne, falls sie nicht in der *Snack Bar* eingerichtet war. Der *Crossroads Club* nutzte die Lounge für die tägliche *Classical Coffee Hour*. Die deutschen Musiker des Opern-Orchesters spielten in einem von hohen Säulen durchzogenen Raum für die amerikanischen Gäste. Die Tische und Sessel waren mit etwas Abstand zur Bühne aufgestellt, sodass die Soldaten auf die Musiker blicken konnten, während sie Kaffee tranken.[36] Im Berliner *Club 48* war eine große Tanzfläche in der Mitte des Raums. An den Seiten standen zur Tanzfläche gerichtete Tische und Stühle. Mittig über der großen Bühne hing eine Amerikaflagge.[37] Hinter der Bühne im *Club Kaiserhof Hotel* in Bad Nauheim dekorierte eine große Wandbemalung den Raum, die fünf Musiker und eine Sängerin abbildete.[38]

Neben Wandbemalungen war ein wichtiges Raumelement in der Lounge der Kamin. Wenn ein Kamin vorhanden war, nutzten die Angestellten ihn, um ringsum Sitzmöglichkeiten zu schaffen. Der *Continental Red Cross Club* in Bad Nauheim verfügte sogar über

34 Vgl. o.A., Frauleins Get Snack Bar ok.

35 Monthly Narrative Report for Clubs in Occupied Territory, May 1947, RG 200, National Archives Gift Collection, Records of the American National Red Cross, 1946–1964, Box 1896, Folder: 900.118 Club Department Reports, NACP.

36 Vgl. Monthly Narrative Report, 20.2.-20.3.1946, RG 200, National Archives Gift Collection, Records of the American National Red Cross, 1935–1946, Box 1530, Folder: ETO (Germany) Crossroads Club, NACP.

37 Foto 15863 und 15864, Club 48 Berlin, in: Fotosammlung Henry Milne, Private Collection Henry Milne, Box 53, USAHEC.

38 Fotos 16091 und 16092, Kaiserhof Hotel Bad Nauheim, in: ebd.

einen Kamin mit einer aufwendigen Steinverzierung.[39] Aber auch ein einfacher Kamin aus Backstein, wie im *Nordholz Service Club* nur wenige Kilometer vom Bremer Flughafen entfernt, war bei den Soldaten beliebt und die Sessel um den Kamin waren begehrte Plätze. »It's warm and cheery inside«[40], hieß es in einer Broschüre, die alle amerikanischen Clubs in und um Bremen beschrieb und mit Fotos illustrierte. In der ehemaligen Zitadelle, in der der *Nord Club* in der Nähe von Bremen eingerichtet war, lud sogar eine gemauerte Feuerstelle in der Mitte des Raumes die Soldaten ein, sich auf den um sie gruppierten Sofas niederzulassen.[41] Das Arrangement der Sessel und Sofas um die Feuerstellen herum sollte an das eigene Wohnzimmer daheim, vermutlich eher mit einem Tisch in der Mitte, erinnern.

Der River Club in Bremen (1945 oder 1946)

U.S. Army Signal Corps, Public Relations Office, Bremen Port Command, Bremen Port Command's GI's Paradise, Bremen 1946.

Der *River Club* in Bremen, der einfache Soldaten willkommen hieß, war in den ehemaligen Weser-Terrassen am Ostdeich eingerichtet. Das Haus war erst 1933/34 als gastronomischer Betrieb erbaut worden und unbeschädigt geblieben.[42] Über den Club hieß

39 Foto 15869, *Continental Club* in Bad Nauheim, in: ebd.

40 Public Relations Office, Bremen Port Command, Bremen Port Command's GI's Paradise, S. 34.

41 Siehe das Foto des *Nord Club*, in: ebd., S. 26.

42 Vgl. Peter Strotmann, Aus den Weserterrassen wurde der *River Club*, unter: https://wkgeschichte.weser-kurier.de/aus-den-weserterrassen-wurde-der-river-club/, letzter Zugriff am 7. April 2021.

es in einer Broschüre: »›Atmosphere‹ makes a club and the River Club has it. Its beautiful, glassed-in terrace, modern furniture, and soft lighting effects combine to form a restful, refreshing environment in which you can eat or drink or read or dance or talk, while watching the Weser roll gently by [Herv.i.O.].«[43]

In den hellen, hohen Räumen, in denen viele verschiedene Pflanzen zu finden waren, luden zahlreiche Sitzgruppen zum Verweilen ein. Große Kronleuchter an der Decke schmückten den Raum. Auch hier ließen sich die Soldaten in großen offenen Sitzgruppen nieder, um miteinander ins Gespräch zu kommen. Der Offiziersclub in Bremen war wiederum im Bremer Rathaus untergebracht. Die Offiziere konnten in der Lounge die jahrhundertealte Kunst an den Wänden, die die Geschichte des Hafens darstellte, sowie französische Gemälde aus dem 17. Jahrhundert betrachten, während sie auf Möbeln saßen, die bis zu 500 Jahre alt waren. Der Club war »one if not the most splendid und luxurious clubs of its type«[44].

Die Bibliotheken und Leseräume der amerikanischen Clubs zogen Offiziere und Soldaten an, die einen ruhigen Ort suchten. Große Sofas und Schreibtische standen den Gästen zur Verfügung, die in Bücherregalen stöbern und lesen konnten.[45] Oft lag in diesen Räumen Teppich auf dem Boden, um die ruhige Stimmung zu unterstreichen. Ein weitverbreitetes Dekorationselement war hier der Globus, der als Stellvertreter für Weitsicht und Bildung verstanden werden kann. Außerdem symbolisierte er zum einen die Überbrückung einer räumlichen Distanz in die Heimat und diente zum anderen den Offizieren und Soldaten zur Orientierung in der Welt. In vielen Bibliotheken und Leseräumen stand er prominent in der Mitte des Tisches oder am Rand des Raumes.[46]

Auch Land- und Weltkarten fanden sich in einigen Bibliotheken oder anderen Räumen. Amerikakarten waren ein Symbol der Heimat und ein Mittel, die Verbundenheit zwischen den amerikanischen Gästen zu stärken. Sie sollten einen »touch of home«[47] versprühen. Aber auch Kalender der Marke Coca-Cola[48] sowie die bekannten Coca-Cola-Flaschen waren Symbole, die an das eigene Land sowie die eigene Kultur erinnerten und es gegenüber deutschen Gästen repräsentierten. In einigen Clubs gab es Schaukästen, in denen Postkarten und Fotos aus den Heimatorten ausgestellt werden konnten. Sie vermochten den Gemeinschaftssinn der Angehörigen der Besatzungstruppe zu stärken. Denn so konnten sie sich untereinander bekannt machen, während das *Zuhause* stets präsent war. Die Frage nach der Heimatstadt war eine gute Möglichkeit, ein Gespräch zu beginnen. Das lernten auch die amerikanischen Hostessen während ihrer Ausbildung durch das amerikanische Rote Kreuz. In einem Handbuch hieß es:

---

43 Public Relations Office, Bremen Port Command, Bremen Port Command's GI's Paradise, S. 22.

44 Ebd., S. 28.

45 Foto 15327, *Club 48* in Berchtesgaden, in: Fotosammlung Henry Milne, Private Collection Henry Milne, Box 53, USAHEC.

46 Siehe zum Beispiel die Bibliothek des Clubs *At Ease* in Bremen, in: Public Relations Office, Bremen Port Command, Bremen Port Command's GI's Paradise, S. 45.

47 So die Bildunterschrift eines Fotos aus dem *Take A Brake Club*. Vgl. ebd., S. 25.

48 Foto 16307, *The Flaming Club* in Nürnberg, in: Fotosammlung Henry Milne, Private Collection of Henry Milne, Box 53, USAHEC.

»There are several easy ways to get acquainted or to open a friendly conversation. One way is to go to where the soldier is sitting, or to a table where three or four are gathered and say ›I'm looking for someone from my home State. Are you from Kansas?‹ If he is not he will give you his State, you can then ask him what town and from then on the job is easy.«[49]

Karten deutscher Städte, die sich in den Clubs befanden, sollten vor allem geografische Orientierung bieten. Im Berliner *Crown Prince Club* hing hinter dem *Information Desk* eine Karte Berlins. Die Hostessen gaben Auskünfte und unterstützten die Soldaten bei Fragen rund um die Stadt. Neben der Karte hing ein großes Werbeplakat, das das aktuelle Programm des Clubs zeigte.[50] Die meisten Clubs hatten Pinnwände, an denen Programme aufgehängt und Informationen mitgeteilt wurden.

Der Music Room in einem Red Cross Club in Heidelberg (1946)

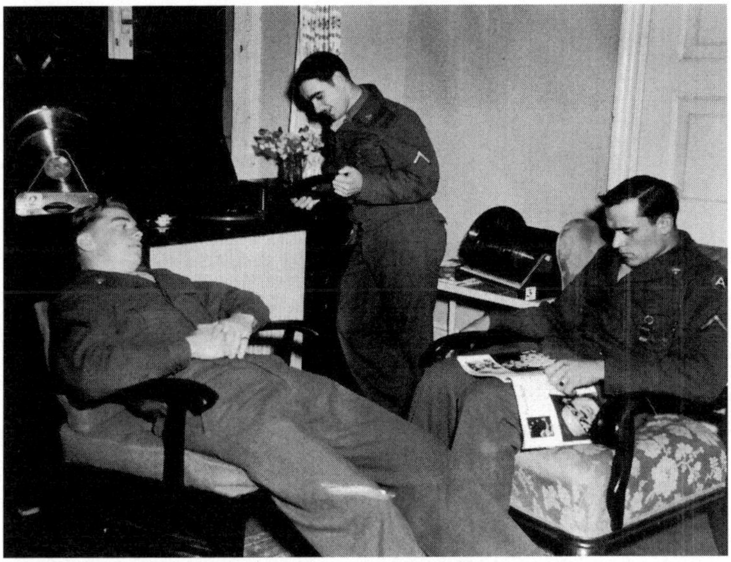

Public Relation War Department, Private Collection Henry Milne, Box 53, USAHEC.

In den *Game Rooms* konnten die Offiziere und Soldaten eine Partie Billard, Tischtennis oder Schach spielen oder an anderen Gesellschafts- und Kartenspielen teilnehmen. Die Räume waren funktional eingerichtet. Um die Tischtennisplatten war viel Platz für

49 American Red Cross, Program Handbook ACR Clubs, Program Division European Theater, [1944–1945], S. 3–4, RG 200, National Archives Gift Collection, Records of the American National Red Cross, 1935–1946, Box 1411, Folder: Program Handbook, ARC Club Program Division, NACP.

50 Foto 15873, *Crown Prince Club* in Berlin, in: Fotosammlung Henry Milne, Private Collection Henry Milne, Box 53, USAHEC.

die notwendige Bewegungsfreiheit; waren die Räumlichkeiten großzügig genug, befanden sie sich sogar in einem eigenen Raum. Die Dekoration in den *Game Rooms* sollte gemütlich wirken und die Gäste einladen, längere Zeit zu bleiben. Im *Tip Top Club* im bayrischen Freising befand sich der *Game Room* im Dachgeschoss und die Wände waren mit Holz vertäfelt. An Holztischen spielten die Gäste Karten und in einer Ecke stand ein Billardtisch. An einer Bar, deren Front mit Blumen bemalt war, versorgte ein Barmann die Soldaten mit Getränken.[51] Während sich in den *Game Rooms* viele Gäste gleichzeitig aufhalten konnten, waren die Musikräume eher kleinere Zimmer, in denen gemeinsam Schallplatten gehört werden konnten.[52]

Militärische Symbole waren – bis auf die Truppenangehörigen in Uniform – in den Clubs nicht zu finden und die Gäste schätzten den zivilen Charakter der Clubs. Somit waren die Clubs Grenzräume zwischen dem Militärischen und dem Zivilen. Das änderte sich auch mit der Übernahme aller Clubs durch die *Special Services* im Frühjahr 1948 nicht. Ein Wandel in der Innenausstattung und -gestaltung der Clubs im Laufe der Zeit lässt sich aber auch sonst kaum feststellen. Die Möbel wurden zum Teil ausgetauscht und modernen Kollektionen angepasst, grundsätzlich änderten sich jedoch weder die thematischen Zuschnitte der Räume noch das Ziel, eine heimische und gemütliche Atmosphäre herzustellen. In einem Handbuch der *Air Force Service Clubs* hieß es 1954 noch immer: »The mission of the service club is to assist in sustaining and improving morale and in increasing the efficiency of airmen by providing during off-duty hours a friendly, homelike atmosphere and wholesome social and recreational activities.«[53]

5.1.2 Belle Vue, Bristol oder der Victory Club: Britische Clubs

Am 13. Juli 1946 erschien in der lokalen Soldatenzeitung *Park Parade* im niedersächsischen Varel der Artikel *Cafe Blighty*, der sich mit den Namen verschiedener *Naafi*-Clubs im besetzen Deutschland beschäftigte. Das Wort »blighty« steht hierbei für eine Bezeichnung Großbritanniens, die eng mit dem Ersten Weltkrieg und dem Gefühl des Heimwehs, der Heimat und dem Wunsch, nach Hause zurückzukehren, verbunden war.[54] Der Autor des Artikels kam zu dem Schluss, dass mindestens 50 der Clubs in Westeuropa Namen trugen, die die Soldaten selbst ausgewählt hatten, um damit an die Heimat und ihre Beständigkeit erinnert zu werden: »The soldier habit of giving some appropriate nicknames to people, places, and things which form a part of his everyday life will never pass away.«[55] Clubs mit den Namen *Marble Arches*, *Hellfire Corners* oder auch *Pigs and Whistles* reisten mit

51 Vgl. Program Report 21.2.-25.3.1948, RG 200, National Archives Gift Collection, Records of the American National Red Cross, 1946–1964, Box 1926, Folder: Tip Top Club, NACP.

52 Foto 15870, in: Fotosammlung Henry Milne, Private Collection Henry Milne, Box 53, USAHEC.

53 Department of the Air Force, Personnel Services, S. 4.

54 Arthur J. Mills, Fred Godfrey und Bennett Scott veröffentlichten 1916 das Lied »Take Me Back to Dear Old Blighty«, das von drei Soldaten an der Westfront handelte, die von Heimweh und ihrer Sehnsucht, nach Hause zu kehren, geprägt waren. Siehe den Liedtext: Mills, A.J. u.a., Take Me Back to Dear Old Blighty, unter: https://www.firstworldwar.com/audio/takemebacktodearoldblighty.htm, letzter Zugriff am 7. April 2021.

55 O.A., Café Blighty, in: Park Parade, No. 5, 13.7.1946, S. 7.

den Soldaten, wo auch immer sie waren. Mit diesen gleichbleibenden Namen entstand das Gefühl, der Heimat näher zu sein.

Im besetzten Deutschland sollten das *Southend* in Berlin-Grunewald und das *Belle Vue* im schleswig-holsteinischen Kiel den Wunsch nach Frieden widerspiegeln, während das *Old Vic* in Bad Oeynhausen Britinnen und Briten unweigerlich an das gleichnamige Theater nahe des Bahnhofs Waterloo in London erinnerte. Die Namen waren oft gewöhnlich, aber dennoch oder gerade deshalb bedeutsam für die Truppenangehörigen. Der Autor des genannten Artikels nannte weitere Namen wie *Bristol*, *Embassy* und den *Blue and White Club* in Berlin, *The Bath* in Bad Salzuflen, das *Meteor* in Celle, die *Marlborough's* in vielen Städten und schließlich auch den *Victory Club* in Hamburg, »whose triumphant title is understood by all men and women in the Army of Occupation«[56]. Die durch die Namen der Clubs hervorgerufenen Assoziationen verbanden die britischen Truppenangehörigen.

Postkarte mit Fotos des Victory Club in Hamburg (Ende der 1940er Jahre)

Agfa/Arkivi-Bildagentur.

Die Größe der Clubs changierte zwischen kleineren Einrichtungen wie etwa dem *Malcolm Club* im friesländischen Jever, der aus zwei kleinen Räumen bestand,[57] und dem achtstöckigen *Victory Club* in Hamburg, dessen Größe eine ehemalige britische Kellnerin in einem Interview Jahre später noch immer so faszinierte, dass sie mehrfach betonte, der Club sei »huge« gewesen. Allein im Barbereich hätten sechs gewöhnliche britische Pubs Platz gefunden.[58] Bis zu 20.000 Soldaten besuchten den Club im heutigen

56 Ebd.

57 Siehe Sir Jock, Malcolm Clubs, S. 55.

58 King, Joan, Oral History Interview. Abschnitt 4, IWM.

Deutschlandhaus täglich. Die britische Besatzungsmacht nutzte das ursprüngliche Kontor-Haus an der Dammtorstraße, Ecke Valentinskamp, nach der Besatzung als Unterkunft und als Freizeitort. Umbaupläne aus dem Jahr 1947 verdeutlichen die räumliche Dimension und die Ausstattung des *Victory Club*. Es sollten weitere Bäder eingebaut und das Treppenhaus erweitert werden, eine Wäscherei, weitere Tavernen, ein Fischrestaurant und ein Tanzsaal sollten ebenfalls hinzukommen.[59] Im *Victory Club* herrschte kein Mangel und die Soldaten sollten alles bekommen, was sie wünschten. Die Umbaupläne verärgerten jedoch den Hamburger Senat, und die dafür zuständigen Deutschen bewerteten die Pläne als zu luxuriös und überflüssig. Dennoch wurde das Haus bis in die 1950er Jahre hinein immer weiter aus- und umgebaut.[60]

Nur einige Straßen weiter im Hamburger Rathaus hatte die britische Besatzungsmacht einen weiteren Club eingerichtet, den *Ship and Dragon Club* für Unteroffiziere. In verschiedenen Räumen aßen und tranken sie im historischen Ratsgebäude. Die aufwendig bemalten Wände und Decken sowie die Holztreppen mit edlen Schnitzereien und die großen Kerzenleuchter an der Decke gaben den Räumen einen herrschaftlichen Charakter. Auf den Tischen mit weißen Tischdecken standen frische Schnittblumen. Maritime Dekorationselemente wie Modellschiffe, die von der Decke hingen, verwiesen auf den Hamburger Hafen und seine Rolle als Tor zur Welt.[61]

Auch in Berlin beschlagnahmten die Briten ein herrschaftliches Haus in der Brahmsstraße 10 im Stadtteil Grunewald, das über eine bemerkenswerte Inneneinreichung verfügte. In der ehemaligen Botschaft des Unabhängigen Staates Kroatien, einem Vasallenstaat der Achsenmächte während des Zweiten Weltkriegs, in dem bis 1943 deutsche und italienische Besatzungstruppen stationiert waren, richteten die Briten den *Embassy Club* ein. Die bereits vorhandene luxuriöse Ausstattung beeindruckte viele der Besatzungsangehörigen.

> »Our own mess was luxuriously enough, but the Embassy eclipsed everything in Berlin, if not in Germany. I had heard tales if the famous Atlantic Hotel in Hamburg which was to young officers Babylonias in its splendour, but visitors from Hamburg said it could not compare with the Embassy Club.«[62]

Der britische Besatzungsangehörige Colby schrieb in seinen Erinnerungen, dass einer der deutschen Barkeeper, der früher auf einem Luxusschiff gearbeitet hatte, den großen und prächtigen Speisesaal des Clubs mit jenem des Schiffes verglich: »There was the same impermanent atmosphere about it, with the accompanying hectic gaiety.«[63] Die Architektur und die Dekoration im *Embassy* folgten dem Rokokostil. Im Inneren des Clubs gab es viele goldene Verzierungen und Kronleuchter hingen von den Decken.[64]

---

59 Vgl. Ahrens, Die Briten in Hamburg, S. 195.

60 Vgl. ebd., S. 194–200.

61 Vgl. Kummer, Edmund, PO's, WO's & Serg's Club Naafi Hamburg, LBY K. 13/1340, IWM.

62 Captain Reginald Colby, Buchmanuskript. Kap. 3: Berlin under Four Flags, Private Papers Captain Reginald Colby, Box 10, IWM.

63 Ebd.

64 Vgl. Captain Reginald Colby, Tagebucheinträge undatiert zwischen dem 15. September 1945 und 30. April 1946, Private Papers Captain Reginald Colby, Box 10, IWM.

Ein ähnliches Raumarrangement stellte die Britin Phyll Braithwaite im *Yacht Club* in Düsseldorf fest. In der Mitte des Speisesaals war eine Tanzfläche und ein Orchester spielte auf einer Bühne. Im hinteren Teil des Raums konnten die Gäste Sitzecken nutzen, in denen niedrige Tische aus Mahagoniholz und bequeme Sessel standen.[65] Der Offiziersclub in Düsseldorf, den Braithwaite ebenfalls besuchte, war in einer deutschen Bar eingerichtet. Es war eine elegante Bar mit Wandmalereien, die die junge Frau faszinierten.[66]

Der Offiziersclub im Hotel Niedersachsen in Goslar bot seinen Gästen einen hochwertig eingerichteten Tanzsaal. Holztische mit weißen Tischdecken und Blumen standen an den Wänden, sodass die Mitte des Raums und der Platz vor der Bühne zum Tanzen genutzt werden konnten. Zimmerpflanzen schmückten den Raum und die großen Fenster waren mit dünnen Vorhängen versehen, sodass viel Licht hindurchfiel, aber dennoch ein gewisser Sichtschutz bestand. In der Lounge des Clubs lag Teppich auf dem Boden und gepolsterte Lehnsessel waren in Sitzgruppen für zwei bis drei Personen angeordnet.[67] Hier waren demnach eher kleine Gruppen anwesend, die sich in geringer Lautstärke unterhalten konnten. Das förderte die Intimität der Gespräche.

Nicht alle britischen Clubs waren derart luxuriös. So zeigen beispielsweise Fotos aus dem *Malcolm Club* auf dem Flugplatz in Berlin-Gatow einen schlicht eingerichteten Raum mit Holzstühlen und Tischen, an denen mehrere Soldaten saßen und sich in einer größeren Gruppe unterhielten.[68] Auch der 1949 eröffnete *Naafi Club* ebenfalls auf dem Flugplatz Gatow war schlicht dekoriert. Holztische, die jeweils für vier Stühle ausreichten, waren in einem großen Raum arrangiert. An der Längsseite gegenüber den Fenstern war ein Buffet aufgebaut. Einige Pflanzen verschönerten den Raum und die ansonsten leeren Wände.[69]

Der *Malcolm Club* in Gütersloh war in einem kleinen einstöckigen Holzhaus untergebracht. Die Wände waren vollständig holzvertäfelt und der Raum mit einer Bar und circa zwölf Tischen mit jeweils vier Stühlen war schlicht eingerichtet. Weder Tischdecken noch Blumen waren zu finden, lediglich einige Plakate hingen an den Wänden. Dennoch wirkte der Raum nicht karg, da das Holz für eine wohnliche Atmosphäre sorgte.[70] Auch der eingangs erwähnte Club im friesischen Jever war schlicht eingerichtet. In einem kleinen Raum standen vier Tische mit jeweils drei bis vier Stühlen. Am Ende des Raumes befand sich die Bar. Die Wände waren weiß gekachelt und nur das dezente Blumenmuster der Kacheln bot einen gewissen Schmuck.[71]

---

65 Vgl. Braithwaite, Phyll, Tagebucheintrag, September 1945, Papers of Miss Phyll Braithwaite, IWM.

66 Vgl. ebd.

67 Siehe die Fotos in der Broschüre 13 Infantry Brigade, Officer's Club Goslar, Hotel Niedersachsen, K08/840, IWM.

68 British Official Photographer, Berlin Airlift 1948–1949, Malcolm Club RAF Gatow, D 44296, IWM.

69 British Army Official Photographer, British Forces in Berlin, Germany 1949–1960, New Naafi Club in Gatow, 1949, BER 49–166-004, IWM.

70 Siehe hierzu die Fotos des Clubs in Gütersloh in Sir Jock, Malcolm Clubs, S. 15.

71 Siehe hierzu die Fotos des Clubs in Jever, in: ebd., S. 17.

Malcolm Club in Berlin-Gatow zur Zeit der Berliner Luftbrücke (1948/49)

IWM (D 44296).

Viele der Fotografien, die von professionellen Fotografinnen und Fotografen beispielsweise für Broschüren aufgenommen wurden, bilden keine oder nur wenige Menschen ab, sodass es schwerfällt, anhand dieser Bilder Aussagen über die Bewegungen im Raum zu treffen. Ein privates Fotoalbum des britischen Ehepaares Khuner mit 40 unbeschrifteten Bildern, die allem Anschein nach chronologisch angeordnet wurden, ergibt hingegen eine ergänzende Perspektive. Das Album dokumentiert eine Feier im *Blue and White Club* in Berlin am 10. September 1946. Die ersten Fotos zeigen eine lange Tafel, an der die Gäste, vermutlich Offiziere und ihre Ehefrauen oder Begleitungen, sitzen, lachen, essen und trinken – es wurde Wein getrunken und die Männer rauchten Zigarren. Die Gäste waren keine jungen Truppenangehörigen, sondern eher um die 40 Jahre und älter. Auf späteren Fotos sind tanzende Paare in einem großen Raum zu sehen, vermutlich ein anderer Raum als der, in dem gegessen wurde. Einige wenige Sessel stehen am Rand des Raums mit Blick auf die Tanzfläche. Das Ganze macht einen ausgelassenen Eindruck. Weitere Fotos bilden Gäste ab, die dicht gedrängt auf zwei Sofas sitzen und etwas (vermutlich Schnaps) aus kleinen Gläsern trinken. Das letzte Foto des Albums zeigt eine Frau, die mit zugehaltener Nase den Inhalt eines Schnapsglases leert.

Auch im *Blue and White Club* in Berlin war die Tanzfläche ein zentrales Raumelement, um das einzelne Sitzgelegenheiten arrangiert waren. Obgleich auf den Fotos nicht viel von den einzelnen Räumlichkeiten zu sehen ist, sind sie eine wertvolle Quelle, da sie im Sinne Martina Löws durch die Anordnung der Körper im Raum eine gelassene Stimmung und eine gewisse Intimität transportieren. Bereits während des gemeinsamen Essens saßen die Gäste dicht beieinander. Das Foto der Tanzfläche zeigt ebenfalls dicht gedrängte tanzende Paare. Auch die letzten Fotos, die in einer Sitzecke mit zwei Sofas entstanden, bilden eine physische Nähe zwischen den Gästen ab. Sie saßen eng beieinander, selbst auf den seitlichen Lehnen des Sofas saßen links und rechts Personen. Möglicherweise kannten sich die Gäste untereinander bereits, oder aber die Feier und die Räumlichkeiten schufen eine Atmosphäre von Vertrautheit und Intimität, die sie auch physisch zusammenrücken ließen.

Auffällig ist, dass die meisten Fotos der Clubs, ob klein oder groß und luxuriös, keine militärischen Symbole als Dekoration abbilden. Auch der *Union Jack* erschien nur auf einem Foto, das eine Tanzveranstaltung in der Kaserne im niedersächsischen Bückeburg zeigt.[72] Ansonsten finden sich kaum Hinweise auf die einzelnen Einheiten, ihre Geschichte oder die Tradition der britischen Armee im Allgemein. In den für die zivilen Mitarbeiterinnen und Mitarbeiter eingerichteten Clubs verwundert das nicht. Die Abwesenheit in den armeeeigenen Clubs ist hingegen durchaus erwähnenswert.

Die britische Militärregierung nutzte die Offiziers- und Soldatenclubs, um den Besatzungstruppen sowie den zivilen Angestellten und deren Angehörigen das höchstmögliche Maß an Luxus zukommen zu lassen, das entsprechend dem Dienstgrad geboten werden konnte – möglicherweise sowohl als Belohnung als auch als Motivation. Die bei der Militärregierung angestellte Edna Wearmounth reflektierte in ihrem Manuskript einer Autobiografie den Lebensstandard der Britinnen und Briten in Deutschland: »Of course I knew that most of us were living far removed from our previous standards in UK. To begin with CCG personnel living in large, requisitioned houses with gardens and swimming pools and German servants who worked for the conquerors for the sake of their subsistence.«[73]

Ein Heimatgefühl entstand demnach für die wenigsten Britinnen und Briten aufgrund der Möblierung oder Dekoration, da auch die Clubs zumeist weitaus besser ausgestattet waren als die Pubs in der Heimat. Dennoch waren es Räume, in denen ein Gemeinschaftsgefühl und eine Zugehörigkeit zur britischen Nation entstanden, zum Beispiel durch die Namensgebung einzelner Clubs. Sie wurden mit Bedeutung aufgeladen, die sich durch das Zusammentreffen der Gäste verfestigte. Die Clubs wurden zu einem vertrauten Ort weit entfernt der Heimat.

---

72 Siehe hierzu die Fotos des Clubs in Bückeberg in: ebd., S. 13.

73 Wearmouth, Edna, Manuskript der Autobiografie *Bound for Germany*, o. D., Private Papers of Edna Wearmouth, IWM.

5.1.3 »Le foyer doit être coquet, confortable, attirant, en un mot, avoir un caractère familial«[74]: Französische Clubs

Die französische Besatzungsmacht verfügte über weniger finanzielle und materielle Mittel, um die *foyers* der einfachen Soldaten auszustatten, als die amerikanische und die britische, die auch für diese Gruppe einen relativ hohen Komfort bereitstellen konnten. Für die französischen Offiziere und Unteroffiziere richtete die Militärregierung jeweils eigene Clubs ein. Sie befanden sich oftmals in gut ausgestatteten Gebäuden wie dem Kurhaus oder dem Hotel Holland in Baden-Baden. Bei der Einrichtung konnte auf bereits vorhandene hochwertige Möbel und Dekorationselemente zurückgegriffen werden. Die einfachen Soldaten waren hingegen oftmals selbst für die Einrichtung und Dekoration ihrer *foyers* zuständig. Die französische Militärregierung nahm nur wenig Einfluss auf das Raumarrangement im Vergleich zur amerikanischen und britischen, die ihre Vorstellungen an die Angestellten des Roten Kreuzes, der *Special Service Division* bzw. der *Naafi* kommunizierten.

Das französische Militär hielt bereits während des Krieges im Dezember 1940 fest, dass die *foyers* nicht dem »caractère caserne« gleichen dürften, sondern einen Raum bieten sollten, in dem sich die Soldaten wie zuhause fühlten,[75] einen Ort, der ihnen »chaleur de bienséante intimité«[76] – die Wärme der Privatsphäre – bot. Im Januar 1941 hieß es, dass Tische und Stühle in den Aufenthaltsräumen aus aktuellen Kollektionen stammen sollten, Zeichnungen und Gemälde an den Wänden hätten den positiven und gemütlichen Eindruck der Räume zu verstärken.[77] »Le foyer doit être coquet, confortable, attirant, en un mot, avoir un caractère familial pour que l'homme le fréquente avec plaisir.«[78]

Die *foyers* der französischen Soldaten verfügten häufig über mehrere Räume. Das Militär wünschte, dass mindestens eine *salle de consommation* – ein Speiseraum –, ein Leseraum oder eine Bibliothek und mindestens eine *salle de jeux* eingerichtet wurden.[79] Je nach Möglichkeiten vor Ort gab es noch weitere Räumlichkeiten, wie etwa eine *salle de spectacle*, eine *salle de sports*, einen Wintergarten, ein Fotostudio, einen Frisör oder sogar ein Zimmer, das als Zahnarztpraxis genutzt wurde.[80] Seit Beginn des Familiennachzugs im Herbst 1945[81] erhöhte sich der Bedarf an einer zusätzlichen Räumlichkeit für Famili-

---

74 Ory, A. General, Compte-Rendu sur l'organisation des foyers militaires dans les 7ème et 14ème divisions militaires, 13.1.1941, GR 9 R 25, SHD.

75 Vgl. Huntziger, Général, Note relative aux foyer militaires, 20.12.1940, GR 9 R 25, SHD.

76 O.A., À Landau. Le ii/24ème reçoit la coupe du plus beau foyer, in: Revue d'Information des Forces Français d'Allemagne, No. 2, Februar 1950, S. 94.

77 Vgl. Note relative aux foyer militaires, 10.1.1941, GR 9 R 25, SHD.

78 Ory, A. General, Compte-Rendu sur l'organisation des foyer militaires dans les 7ème et 14ème divisions militaires, 13.1.1941, GR 9 R 25, SHD.

79 Vgl. Huntziger, Général, Note relative aux foyers militaires, 20.12.1940, GR 9 R 25, SHD.

80 Das *foyer* der 24ème R.A. in Reutlingen hatte ein Zimmer als Zahnarztpraxis eingerichtet und ermöglichte den Soldaten kostenlose Behandlungen.

81 Zum Familiennachzug siehe Adler, Selling France to the French, S. 580f.

enangehörige.[82] In einem Verkaufsraum, dem *économat*, konnten Offiziere und Soldaten sowie ihre Familienangehörigen französische Produkte kaufen. Nicht immer, aber doch in einigen *foyers* befanden sich die *économats* im gleichen Gebäude.[83]

Die sogenannte *salle d'information* erfuhr im Laufe der 1940er Jahre einen Bedeutungszuwachs, sodass sie in immer mehr *foyers* zu finden war. Sie war in den meisten Fällen ein Informationsbereich, der nahe am Eingang eingerichtet war, um das Interesse der Soldaten für das *foyer* zu wecken.[84] Dort konnten Zeitungen und Mitteilungen der Militärregierung oder auch Freizeit- und Unterhaltungsprogramme eingesehen werden. Bei einem Wettbewerb im Jahr 1951, der das beste *foyer* in der französischen Besatzungszone kürte, war die *salle d'information* ein wichtiges Bewertungskriterium der Jury. Letztere bestand aus Vertretern der Militärregierung, sodass die militärischen Ziele stets im Blick waren:

> »L'intérêt des salles d'information est très grand. Elles font partie du programme d'ensemble visant à protéger le moral des troupes […]. L'existence, l'organisation et la vie de ces salles, constitueront un des éléments principaux d'appréciation sur le fonctionnement des Foyers pour le concours du meilleur Foyer des Force Françaises en Allemagne (FFA).«[85]

Im Zuge des Wettbewerbs *Concours des plus beaux foyers des FFA*, der nachweislich in den Jahren 1950, 1951 und 1952 stattfand, dokumentierte die Jury die Besichtigungen der *foyers*. Diese für den Wettbewerb aufgenommenen Fotos sind im Fotoarchiv *ECPAD* bei Paris archiviert und liefern über die in Textform vorhandenen Beschreibungen hinaus erkenntnisreiche Informationen. Die Soldatenzeitschrift *La Revue de la 5ème Division blindée* veröffentlichte im Februar 1950 eine umfangreiche Fotoreportage mit Bildbeschreibungen von über 20 verschiedenen *foyers*, die am Wettbewerb teilnahmen. Auch in den Jahren 1951 und 1952 druckte die Zeitschrift Fotos einzelner *foyers*. Die Bilder zeigen, dass die Räumlichkeiten innerhalb der *foyers* mitunter sehr unterschiedlich eingerichtet waren, um die verschiedenen Funktionen und die darin erwünschten Atmosphären zu unterstreichen.

Die französischen Soldaten nutzten in ihren *foyers* vermehrt variable Trennwände oder andere Raumteiler, um verschiedene Raumelemente herstellen zu können, wenn nicht genügend Zimmer vorhanden waren. Im *foyer* der Einheit II/24 R.A. in Landau trennte beispielsweise eine halbhohe Steinmauer einen Teil des Speisesaals ab, in dem sich tiefe Sessel und eine Stehlampe befanden, eine Insel der Ruhe inmitten des Tumults.[86] In einem weiteren *foyer* in Landau, welches die *Compagnie de Circulation Routière* leitete, diente eine Trennwand dazu, den Speisesaal von der *salle de jeux* zu trennen, da nur ein großer Raum vorhanden war.[87]

---

82 Vgl. Sevez, Le Général de Corps d'Armée, Brief an le Général Commandant de la Zone territoriale nord Bad-Kreuznach, Objet: Foyers militaires, November 1946, GR 9 R 389, SHD.

83 Vgl. Note de Service; Objet: Mess, 10.6.1952, AB 90/1, CADLC.

84 Vgl. Guillaume, C.A., Commandant en Chef des Force Françaises en Allemagne, Note sur la Salles d'Information, 13.2.1951, GR 3 U 39, SHD.

85 Ebd.

86 Siehe o.A., Le gagnant du concours des foyers des T.O.A., Foyer du II/24 R.A.

87 Siehe o.A., Les foyers de la Division, S. 29.

Die *salle de consommation* war das Herzstück der *foyers*. Hier trafen sich die Gäste, um zu essen, zu trinken und sich zu unterhalten. Die Bar war der Bezugspunkt des Raumes und der wohl am meisten frequentierte Teil. Wenn eine Bühne oder eine Leinwand vorhanden war, stellte sie ebenfalls ein Raumelement dar, an dem sich die weitere Inneneinrichtung orientierte. In der *salle de consommation* herrschte ein »brouhaha général«[88] – ein allgemeiner Trubel und ein ständiges Getöse. Es war ein Ort der Kommunikation und des Miteinanders, daher sollten die Räume freundlich, offen und hell sein.[89] Sie sollten die Gäste zum Verweilen einladen.

Besonders häufig druckte die Zeitschrift *La Revue de la 5ème Division blindée* Fotos von den Bars in den *foyers*. Auch die Bilder, die im Zuge der Wettbewerbe entstanden, zeigen fast immer auch die Bars. Die meisten boten Sitzmöglichkeiten am Tresen. Nur in einigen wenigen *foyers* wie im oben erwähnten *foyer* der II/24 R.A. Landau konnten die Soldaten lediglich Getränke am Tresen kaufen, die sie dann bei den zu Vierer-Sitzgruppen arrangierten Tischen und Stühlen trinken konnten. In anderen *foyers* hielten sich Soldaten länger an der Bar auf. Dort war sie ein Raumelement, dessen Gestaltung über einen längeren Zeitraum wahrgenommen wurde. Die detaillierten Beschreibungen der Bars in Artikeln der *Revue* unterstreichen ihre Relevanz. In Sigmaringen hatte das *foyer* auf der einen Seite der *salle de consommation* eine große Bühne und auf der anderen eine große Bar aus Backstein und Holz.[90] Im *foyer* der *385ème Groupe de Transport* in Kaiserslautern beschrieb der Autor der Bildunterschriften in der Fotoreportage die große, glänzende Bar als das »pièce maîtresse de la décoration«[91] – das Herzstück der Dekoration. In anderen *foyers* wiederum improvisierten die Soldaten Bars mit vorhandenen Materialien.[92] Viele waren aus Holz gefertigt oder verfügten über eine Holzvertäfelung, einige waren aus rotem Backstein gemauert.

Hinter den Bars standen offene Regale oder Buffetschränke mit Glastüren, in denen Flaschen und Gläser zu sehen waren. Das war funktional und dekorativ zugleich: funktional, weil an der Bar Gläser und Getränke benötigt wurden, und dekorativ, weil besonders die Flaschen auch als Gestaltungselement genutzt wurden. Im *foyer du CCR 285* in Landau waren die Flaschen beispielsweise auf einem pyramidenförmigen Regal drapiert.[93] Die *foyers* zeigten, *was* sie anbieten konnten, und vor allen Dingen, *dass* sie etwas anbieten konnten. Der Mangel an Lebensmitteln und Versorgungsgütern sollte verborgen bleiben. Die vielen aufgereihten Flaschen im Regal suggerierten eher Überfluss als Knappheit.

Im *foyer* des *20ème bataillon de chasseurs à pied* im württembergischen Freudenstadt repräsentierte die Bar die raumübergreifende Dekoration, die sich in Anlehnung an der militärischen Einheit am Wald und an der Jagd orientierte. Eine kleine rustikale, holzvertäfelte Bar war mit einem Strohdach bedeckt, sodass sie einem Schießstand ähnel-

---

88 Foyer du 385ème Groupe de Transport, Kaiserslautern, in: ebd., S. 21.

89 Vgl. Foyer du 6 RC, Speyer, in: ebd., S. 27.

90 Siehe Foyer, Sigmaringen, in: ebd., S. 18.

91 Foyer der 385. Groupe de Transport, Kaiserslautern, in: ebd., S. 22.

92 Siehe etwa zu Karlsruhe: Foyer der 485ème GAA, Foto 1492, in: Forces Françaises en Allemagne, Concours des plus beaux foyers des F.F.A., 9.12.1951, 51.A.120, ECPAD.

93 Foto 1520, in: ebd.

te.[94] Das *foyer* der *381ème Compagnie du QG* in Speyer war hingegen maritim eingerichtet: In der *salle de consommation* schmückten große Zeichnungen von Segelschiffen und Bilder vom Meer die Wände. Über der Bar hing das alte Steuerrad eines Segelschiffs. Vor und um die Bar herum waren geflochtene Taue gebunden.[95]

Oft fanden sich besonders hinter der Bar größere Wandzeichnungen, die eine bestimmte Stimmung transportieren sollten. Im *foyer* der *101ème Compagnie du QG* in Freiburg war der Schriftzug »Détente et Gourmandise« – Entspannung und Genuss – zu lesen, eine indirekte Aufforderung, wie die Soldaten sich in diesem Raum fühlen sollten.[96] Auch in den *salles de consommation* der französischen *foyers* waren generell zahlreiche Wandzeichnungen zu finden. Im *foyer* der Luftstaffel in Tübingen sollten die »peintures humoristiques« für eine ausgelassene Stimmung sorgen. Abgebildet waren eine Frau und ein Soldat. Die gemalte Frau trägt schwarze Absatzsandalen, einen kurzen Rock und ein knappes Oberteil, das ihre Brust gerade eben bedeckt. Die schulterlangen Haare sind offen und auf ihren Kopf hat sie schräg eine Soldatenmütze gesetzt. Sie blickt nach vorne in den Raum und ihr geschminktes Gesicht lächelt. Der Soldat auf der anderen Seite klettert über den Türrahmen und seine Zunge hängt aus dem Mund. Er hat seinen Blick starr auf die Frau gerichtet.[97] So wurde das Verlangen vieler Soldaten nach weiblicher Begleitung humoristisch thematisiert. Die Zeichnung kann auch ein Versuch gewesen sein, wenigstens auf visueller Ebene dieses Bedürfnis zu befriedigen. Im männlich dominierten Raum der *foyers* wurde die Darstellung wohl weitgehend als belustigend empfunden, jedenfalls sind keine Beschwerden über diese Wandzeichnung überliefert.

Alkoholkonsum war ebenfalls ein beliebtes Thema der Wandbemalungen. Im *foyer* der *12ème R.A.* in Reutlingen zierte eine große Malerei, die die Szene eines Trinkgelages abbildete, die Wand in der *salle de consommation*. Die acht dargestellten Männer sitzen um einen Tisch herum versammelt und trinken. Einige sitzen und unterhalten sich, andere liegen bereits mit dem Gesicht auf der Tischplatte oder rutschen unter den Tisch. Ein Mann steht am Kopfende des Tisches und hebt sein Glas. Eine zerbrochene Flasche am Boden unterstreicht die Stimmung von Sorglosigkeit und Geselligkeit unter Männern – Frauen sind nicht abgebildet.[98] Auch über der Bar des *foyers* befand sich eine Zeichnung. Sie zeigte einen Mann, der verwundert in sein leeres Glas schaut. Die Platzierung direkt über der Bar deutet abermals auf das Thema Knappheit und Überfluss, denn blickte der Soldat in sein leeres Glas, konnte er zur Bar gehen, um es wieder befüllen zu lassen.[99]

Neben Ausgelassenheit, Geselligkeit, Sorglosigkeit, Entspannung und Genuss stellte die Wanddekoration in einigen *foyers* auch das Thema Arbeit dar. In Kaiserlautern im *foyer* der 351ème BRM hing ein großes Bild von zwei Männern bei der körperlich anstren-

---

94 Siehe *foyer* in Freudenstadt, in: o.A., Les foyers de la Division, S. 32.

95 Foto 1518, Foyer 381ème Compagnie du QG, Speyer: in: Forces Françaises en Allemagne, Concours des plus beaux foyers des F.F.A., 9.12.1951, 51.A.120, ECPAD.

96 Foto 1537, Foyer de la 101ème Compagnie du QG, Freiburg, in: ebd.

97 Siehe *foyer* der Luftstaffel in Tübingen, in: o.A., Les foyers de la Division, S. 34.

98 Foto 1527, *foyer* der 12ème RA, Reutlingen, in: Forces Françaises en Allemagne, Concours des plus beaux foyers des F.F.A., 9.12.1951, 51.A.120, ECPAD.

99 Foto 1526, *foyer* der 12ème RA, Reutlingen, in: ebd.

genden Schmiedearbeit. Darüber war »Par Saint Eloi vive le matériel« zu lesen.[100] Saint-Eloi ist der Schutzpatron der Metallverarbeitung, aber auch der Waffen und Ausrüstung. Die Auswahl des Bildes geht auf die Division zurück, denn es handelte sich um das Materialverteilungsbataillon. Die Szene einte die französischen Soldaten dieses Bataillons und bekräftigte ihren Zusammenhalt, ohne direkten Bezug auf das Militär zu nehmen.

Ähnlich wie in den *salles de consommation* sollte auch in den *salles de jeux* ausgelassene Stimmung herrschen. Im Zentrum standen in diesen Räumen die Tischtennisplatten und die Billardtische, wenn sie vorhanden waren. An Tischen ringsherum konnten die Soldaten Karten und Schach spielen. Helle Farben an den Wänden sollten Leichtigkeit versprühen, wie etwa im *foyer* der *II/24 RA* in Landau: »Un coin de la salle de jeux, très fraîche, très jeune, tout entière en blanc et vert.«[101]

Ein französischer Soldat im foyer der 381ème Compagnie du Q.G. in Speyer (1951)

Unbekannter Fotograf/SCA/ECPAD/Défense/FFA 51 A 120 1519.

100 Foto 1513, *foyer* der 351ème BRM, Kaiserslautern, in: Forces Françaises en Allemagne, Concours des plus beaux foyers des F.F.A., 9.12.1951, 51.A.120, ECPAD.

101 O.A., Le gagnant du concours des foyers des T.O.A., Foyer du II/24 R.A., S. 16.

In einem anderen *foyer* waren die Wände mit Elementen bekannter Spiele versehen: Würfel, Schachfiguren sowie den Symbolen Kreuz, Herz, Pik und Karo. Im bereits erwähnten maritim eingerichteten *foyer* in Speyer hingen Bilder von Stränden an den Wänden. Über der Eingangstür war eine Markise angebracht, die wohl für Urlaubsstimmung sorgen sollte. Die *salle de jeux* im *foyer* der *Chasseur du 24 BCP* verband den Anspruch, einen attraktiven Raum zu gestalten, mit der Tradition der Division:

> »Tous les jeux, depuis les échecs jusqu'aux petits chevaux et au jacquet, sont à la disposition des chasseurs, ainsi que deux tables de ping-pong. Gravures ›chasseur‹ encadrées, plantes vertes sur étagères murales, appliques électriques, tables basses rondes et fauteuils dans les angles, panneaux muraux humoristiques, forment une décoration qui s'améliore chaque jour. Le ton général de la salle est ›vert et jonquille‹, couleurs traditionnelles du Bataillon de la Garde Impériale dont le 24 BCP héritier direct [Herv.i.O.].«[102]

Neben der *salle de jeux* in diesem *foyer* befand sich die *salle de lecture*, der Leseraum, und die Bibliothek. Hier konnten die Soldaten dem Getöse der eben genannten Räume entfliehen. Die *salle de lecture* wurde als »intime« und »confortable«[103] beschrieben. Sie war ein Rückzugsort der Ruhe: »C'est le endroit rêvé pour se reposer le soir des agitations de la journée, s'instruire ou se distraire par la lecture, ou encore se laisser bercer par la musique qu'une radio dissimulée diffuse doucement.«[104]

Die Möbel hier schienen einen höheren Stellenwert zu haben als in den *salles de consommation*, in denen oft einfache Tische und Stühle standen. In den *salles de lecture* wurde auf bequeme Sessel – zum Teil gepolstert oder aus Leder – geachtet, sodass die Gäste sich in die Lektüre vertiefen konnten. Auf dem Boden lag häufig Teppich, was die erwünschte Ruhe und die Gemütlichkeit des Raums verstärkte. Während im Speisesaal vermehrt eckige Tische standen, zeigen die Fotos in den *salles de lecture* hauptsächlich runde Tische, auf denen Zeitungen und Bücher lagen. In Regalen standen Bücher und an einigen Stehpulten waren Zeitungen seitenweise unter eine Glasscheibe gelegt, sodass möglichst viele Soldaten gleichzeitig lesen konnten.[105] Wenn ein Kamin vorhanden war, wurde er als Zentrum der Leseecken genutzt. Im *foyer* des *46ème Régiment des transmissions* in Koblenz zum Beispiel diente der Kamin als strukturierendes Raumelement. Über ihm hing ein Gemälde, das einen Hirsch, zwei Jagdhunde sowie einen Reiter in der Ferne zeigte[106] – ein Motiv, das der französischen Bourgeoisie weitaus geläufiger war als dem Rest der französischen Gesellschaft. Die *101ème Compagnie du QG* in Freiburg verfügte sogar über ein Klavier in der *salle de lecture*.[107] *La Revue de la 5ème Division blindée* beschrieb das *foyer* der Luftstaffel in Tübingen als »un Escadron-Foyer où chaque pièce, décorée avec soin, est cirée en permanence comme dans la meilleure maison bourgeoise«[108]. Wie in

102 Foyer du Casseur du 24e BCP, in: o.A., Les foyers de la Division, S. 23.

103 Foyer du Casseur du 24e BCP, in: ebd.

104 O.A., Le foyer du 1er Bataillon du 1er R.I. à Donaueschingen.

105 Foto 1494, in: Forces Françaises en Allemagne, Concours des plus beaux foyers des F.F.A., 9.12.1951, 51.A.120, ECPAD.

106 Foto 1507, *foyer* in Koblenze, in: ebd.

107 Foto 1535, *foyer* der 101ème Compagnie du QG, Freiburg, in: ebd.

108 *Foyer* 185. Escadron, Tübingen, in: o.A., Les foyers de la Division, S. 22.

einem gutbürgerlichen Zuhause sollten die Gäste sich in einigen *foyers* fühlen. Soldaten, die nicht der Bourgeoisie angehörten – und das waren vermutlich nahezu alle –, konnten mit der Atmosphäre eines solchen Zuhauses in Berührung kommen, etwa durch ein Klavier, gepolsterte Sessel vor einem Kamin und Wandgemälden, die Jagdszenen oder Landschaftsaufnahmen zeigten. Und auch wenn nicht alle *foyers* den Anschein der Bourgeoisie machten, bestand doch der übergreifende Anspruch, etwas Heimisches und Gemütliches herzurichten. Das *foyer* der 3. Luftstaffel ähnelte »à un appartement privé, très soigné, très fini«[109]. Auch das bereits erwähnte *foyer* der *Chasseur* war weit entfernt von einem bourgeoisen Haushalt. Dennoch sollte es Gemütlichkeit ausstrahlen und den Soldaten ein Gefühl von Vertrautheit vermitteln.

Zwar wollte die Militärregierung, dass die *foyers* so wenig wie möglich an die Kaserne erinnerten, aber dennoch waren in nahezu allen *foyers* militärische Abzeichen der einzelnen Divisionen oder des französischen Militärs allgemein zu finden. An den Wänden hingen die entsprechenden Symbole, Wimpel oder Porträts leitender Offiziere. Das Militär und damit auch die militärischen Aufgaben der Soldaten waren präsent. Im *foyer* der *110. RIC* in Konstanz zeigte eine Auflistung an der Wand die erfolgreichen Schlachten der Truppe, angefangen im Jahr 1794 in Fleurus bis zur Schlacht an der Marne im Jahr 1918. Die Tradition der Einheit lebte in den *foyers* weiter und stiftete Verbundenheit zwischen den Soldaten. Im *foyer* der *I/24 R.A.* in Landau hing eine Illustration der Szene *Artilleurs de Metz* an der Wand. Die populäre Figur des *Artilleur de Metz* hat bis heute den Ruf eines bemerkenswerten, aber auch frechen und schlecht gelaunten Soldaten. Zahlreiche Geschichten kursieren noch immer um die bekannte Figur. Ein Lied vom *Artilleur* wird sogar als »hymne militaire non-officiel« bezeichnet. Der Refrain »Artilleurs, mes chers frères, à ta santé, buvons un verre, [...] vivent les artilleurs, les femmes et le bon vin«[110] bot Anschlussfähigkeit für die Soldaten. Die Illustration im *foyer* in Landau vereinte den Anspruch an einen guten Soldaten mit anderen Aspekten des Militärlebens wie etwa der Trinklust. Im *foyer* der *110. Compagnie du QG* in Konstanz zeigte eine große Wandzeichnung den Oberkörper Charles de Gaulles, der in ein *V* (wahrscheinlich für das Wort *victoire*) eingefasst war. Im Hintergrund waren zwei Soldaten in einer Kriegssituation zu sehen. Der eine versteckt sich hinter einem Baum, während der andere, das Gewehr auf dem Rücken, die rechte Hand hebt und mit einer entschiedenen Körperhaltung Stärke und Willenskraft ausdrückt. Darunter standen zwei Sätze aus de Gaulles berühmtem Appell zum Widerstand und Kampf gegen die Besatzung durch das nationalsozialistische Deutschland vom 18. Juni 1940: »La France a perdu une bataille mais n'a pas perdu la guerre. Soldats de France, où que vous soyez, debout!«[111] Dieser Appell gilt bis heute als Gründungsakt der *Résistance* in Frankreich, die gegen das Vichy-Regime unter Maréchal Pétain kämpfte. De Gaulles Worte mögen sich tief in das Selbstverständnis von Teilen der französischen Armee eingeprägt hatten, obgleich viele Offiziere und Soldaten

109 Ebd., S. 24.

110 Für den Liedtext siehe: L'artilleur de Metz, unter: https://tout-metz.com/artilleur-de-metz.php, letzter Zugriff am 7. April 2021.

111 Foto 1535, *foyer* der 101 RIC in Konstanz, in: Forces Françaises en Allemagne, Concours des plus beaux foyers des F.F.A., 9.12.1951, 51.A.120, ECPAD.

der französischen Besatzungsmacht auch im Vichy-Regime mitgewirkt hatten.[112] Dennoch sollte die Zeichnung als vereinendes Element fungieren. Ein gemeinsamer Feind war ausgerufen worden, der schließlich besiegt und besetzt worden war. Dieses Beispiel zeigt einmal mehr, wie Zusammenhalt innerhalb der einzelnen Divisionen hergestellt werden sollte. Gleichzeitig sollte an den vergangenen Krieg und die Aufgabe der Besatzung Deutschlands erinnert werden.

Die Bedeutung der französischen Streitkräfte für Frankreich als eine der großen Kolonialmächte der Welt war ebenfalls ein Thema, das sich in zahlreichen *foyers* anhand von Wandzeichnungen oder Welt- und Landkarten wiederfinden lässt. Im *foyer* der *1. Cuirassiers* in Neustadt zeigte etwa die Wand hinter einer langen Bar eine Weltkarte mit kleinen Zeichnungen, die die verschiedenen Teile der Welt und ihre Bewohnerinnen und Bewohner repräsentieren sollten und sie in stereotyper Weise illustrierten.[113] Zu sehen war zum Beispiel ein auf seinem Land sitzender Madagasse, der nur mit einer Krone auf seinem Kopf bekleidet war. Seine Lippen waren übertrieben groß und voll gezeichnet – ein Motiv, das bis heute in rassistischen Darstellungen von Afrikanerinnen und Afrikanern zu finden ist. Asien wurde durch die Zeichnung eines Mannes dargestellt, der einen langen geflochtenen Zopf und einen kleinen Bart am Kinn trägt. Traditionell gekleidet, hat er auf dem Kopf einen Kegelhut und über den Schultern ein Joch. In der einen Schale liegt eine Kaffeemühle und in der anderen eine Teekanne sowie einige Uhren.[114] Diese stereotypischen und rassistischen Darstellungen bestimmter Bevölkerungsgruppen sind im Zusammenhang mit rassistischer Ideologie und kolonialer Eroberung zu lesen. Sie deklarieren Andersartigkeit und Unterlegenheit der kolonialisierten Gesellschaften durch weiße, europäische Kolonialmächte, wie Frankreich eine war. Die Zeichnungen unterstreichen das Überlegenheitsgefühl der Kolonialherren, auch indem sie die Mission der ›Zivilisierung‹ als notwendig, mindestens aber als nachvollziehbar darzustellen suchen. In Bezug auf Deutschland lassen sich derartige Darstellungen nicht finden. Die kulturelle Nähe zwischen der Siegernation und den besiegten Deutschen war zu groß, als dass solche kolonialen Deutungsmuster Wirkmächtigkeit hätten entfalten können.

Neben Zeichnungen dienten auch Weltkarten und Fotos in den *foyers* dazu, das Selbstverständnis der französischen Soldaten sowie ihre Positionierung als Teil des französischen Militärs in der Welt zu bilden und zu festigen. In Konstanz im *foyer* der *101ème RIC* hingen eine Deutschlandkarte sowie Fotos von Panzerfahrzeugen, Soldaten und anderen Fahrzeugen des Militärs in einem Rahmen an der Wand. Ein Schaukasten hatte zudem Indochina und den dortigen Krieg, der von 1946 bis 1954 andauerte, zum Schwerpunkt. Auch der Globus war ein weitverbreitetes Dekorationselement in den französischen *foyers*. Er kann wie die Weltkarten als Gegenstand verstanden werden, der die Soldaten an ihre Aufgabe und Position sowohl innerhalb des Militärs als auch innerhalb der Weltordnung erinnerte. Sie waren als Besatzungsmacht in Deutschland, ebenso wie die amerikanischen, britischen und sowjetischen Streitkräfte. Gleichzeitig kämpften andere französische Truppen zum Beispiel im Indochina-Krieg.

---

112 Siehe Wambach, Julia, Vichy in Baden-Baden: The Personnel of the French Occupation in Germany after 1945, in: Contemporary European History, 28, 3 (2019), S. 319–341.

113 Siehe *foyer* in Neustadt, in: o.A., Les foyers de la Division, S. 25.

114 Europa ist auf den vorhandenen Fotos nicht zu erkennen.

Trotz all dieser Bezüge zur französischen Armee sollten die *foyers* möglichst wenig an den militärischen Dienstalltag erinnern. Ein *foyer* im heute baden-württembergischen Donaueschingen entfernte nach einer Renovierung im Frühjahr 1947 sogar sämtliche militärischen Wappen und Zeichen, um einen möglichst zivilen Charakter des Clubs herzustellen. Die Soldaten sollten hier ihre »préoccupation militaire« vergessen können. Sie fertigten alle Möbel und Dekorationen eigenhändig an. Das Resultat überzeugte die *Revue d'Information des Forces Française d'Allemagne*, die im April 1947 zu dem Schluss kam: »Tel se présente donc le nouveau foyer de Donaueschingen avec son caractère chaud et intime, comme un succès de l'artisanat militaire.«[115]

Ein café maure und seine Gäste in Koblenz (1951)

Unbekannter Fotograf/SCA/ECPAD/Défense/FFA 51 A 118 R1455.

Die bereits in Kapitel 4.1.3 erwähnten *cafés maures*, die den sogenannten Kolonialtruppen der französischen Besatzungsarmee zur Verfügung standen, unterschieden sich in ihrer Inneneinrichtung von den bislang beschriebenen *foyers*. Die Cafés waren im vermeintlich orientalischen Stil eingerichtet. So sollten sich die Männer an die ihnen zugeschriebene Heimat und Religion, den Islam, erinnert fühlen, ungeachtet der Tatsache, dass ihr Zuhause überall in den französischen Kolonien sein konnte und nicht alle dem Islam angehörten. Die Gestaltung der *cafés maures* war generisch.[116] Fotos eines Cafés

115 O.A., Le foyer du 1er Bataillon du 1er R.I. à Donaueschingen.

116 Vgl. Adler, Indigènes after Indigènes, S. 470.

in Koblenz bilden Soldaten des 7. *Régiment des tirailleurs algériens* ab. Die Bilder zeigen, wie Männer beisammensitzen, musizieren – ein Mann spielt Mandoline – oder Karten spielen. Sie sitzen auf niedrigen Hockern und trinken Tee, Kaffee und Kakao aus kleinen Tassen.[117] Die Tapete im Hintergrund zeigt die Silhouetten von Moscheetürmen und Palmen. Fast alle Soldaten, die auf den Fotos zu sehen sind, tragen einen traditionellen Turban.[118] Ob die Soldaten der sogenannten Kolonialtruppen die Gestaltung der *cafés maures* selbst übernahmen, ist fraglich, da diese in ihrer Erscheinung, wie in Kapitel 4.1.3 beschrieben, einer langen Tradition der französischen Armee folgten. Während also die *foyers* der französischen Truppen teilweise zu deren zentralem Treffpunkt im besetzten Deutschland wurden, existierten parallel dazu Orte, die nach derzeitigem Quellenstand nur die sogenannten Kolonialsoldaten aufsuchten.

Von den Offiziers- oder Unteroffiziersclub der französischen Besatzungsmacht ist bedauerlicherweise kaum Material vorhanden. Es ist davon auszugehen, dass die Einrichtung sich an den bereits vorhandenen Raumaufteilungen und Möbeln orientierte. Den Gästen sollten – je nach Möglichkeiten vor Ort – eine *salle d'études*, eine Bibliothek, eine *salle de consommation* und eine *salle de réunion* zur Verfügung stehen.[119] Auf einigen wenigen Fotos, die während Tanzveranstaltungen im Hotel Holland und im Kurhaus in Baden-Baden aufgenommen wurden, ist zu sehen, dass die beiden Clubs für Offiziere über große Bühnen und eine Tanzfläche verfügten. An den Wänden waren teilweise Frankreichflaggen und militärische Wappen angebracht.[120] Auch wenn über die Offiziersclubs im Detail wenig bekannt ist, wird angenommen, dass auch diese Räume einerseits Ausgelassenheit, Geselligkeit, Sorglosigkeit, Entspannung und Genuss transportieren sollten und andererseits auch für die Offiziere oder Unteroffiziere die Bibliothek sowie die Schreib- und Leseräume Orte der Ruhe waren. Die *foyers* wie auch die Offiziersclubs sollten das Gefühl von Zusammenhalt, einer gemeinsamen Aufgabe sowie Vertrauen und Heimat vermitteln. Einige *foyers* waren so erfolgreich, dass die Militärregierung im Mai 1948 feststellte, dass sie sich mancherorts zum zentralen Treffpunkt entwickelt hätten.[121]

Die Clubs aller westalliierten Besatzungsmächte sollten das Gemeinschaftsgefühl innerhalb der Truppen stärken und eine vertraute, an die jeweilige Heimat erinnernde Atmosphäre schaffen. Das sollte zum einen durch unterschiedliche Dekorationselemente wie Flaggen, Karten oder Zeichnungen und zum anderen durch das Raumarrangement erreicht werden. In den amerikanischen Clubs dominierten *heimische, amerikanische* Symbole, die die heterogene Besatzungstruppe im Gedanken an das Heimatland und die baldige Rückreise zu vereinen versuchten. Die britischen Clubs lockten ihre Gäste mit einem hohen Komfort – wenn die Ressourcen es zuließen, durchaus auch für einfache

117 Siehe hierzu die Fotos 1455–1458 in: Forces Françaises en Allemagne, Café maure au 7éme RTA (Régiment de tirailleurs marocains) et prise de commandement au 7ème RCA (Régiment de chasseurs d'Afrique), Koblenz, 7.12.1951, 51.A.118, ECPAD.

118 Siehe ebd.

119 Vgl. Note de Service, Objet: Mess, 10.6.1952, AB 90/1, CADLC.

120 Vgl. Forces Françaises en Allemagne, Bal de la FNSO à l'hôtel Holland, 2.3.1952, 52.A.22, ECPAD.

121 Le contrôleur Général de 2e Classe de l'administration de l'Armée Limayrac, Rapport Particulier No 3 sur le Service social des Troupes d'occupation en Allemagne, 11.5.1948, S. 15, GR 9 R 389, SHD.

Soldaten. Die britische Militärregierung wollte ihren Angehörigen einen hohen Lebensstandard in Deutschland ermöglichen, der den bekannten Standard aus Großbritannien übertraf. Die Ausstattung der französischen *foyers* variierte am stärksten aufgrund der knappen Ressourcen. Obgleich auch in ihnen die Gäste Abstand und Ablenkung von militärischen Aufgaben finden sollten, waren das militärische Leben und die Ziele des französischen Militärs in der Welt im Vergleich zu den amerikanischen und britischen Clubs deutlich präsenter.

5.2 Konsum

Der Soziologe Zygmunt Bauman beschreibt in seiner 2007 erschienen Studie *Leben als Konsum* die Ziele des Konsumierens als Befriedigung der Bedürfnisse, als Freizeitvergnügen und als Bedingung für die Teilnahme an einer Gesellschaft.[122] Damit gibt er einen wichtigen Denkanstoß für den Konsum in den Offiziers- und Soldatenclubs. Denn besonders in den Clubs verschmolzen die grundlegenden Bedürfnisse nach Speisen und Getränken mit Aspekten des Freizeitvergnügens, wie beispielsweise gemeinsames Essen, Trinken oder Einkaufen. Konsum wird als »Nutzung von Leistungen knapper Güter zum Zwecke der [...] Befriedigung der Bedürfnisse«[123] verstanden. Hierzu werden sowohl die primären Bedürfnisse als auch die sekundären gezählt, die jenseits elementarer Lebensnotwendigkeiten stehen.[124]

Konsumverhalten kann das Gefühl der Gruppenzugehörigkeit fördern, besonders wenn alle die gleichen, vertrauten Waren konsumieren. Daher versuchten die drei Militärregierungen, das Konsumangebot entsprechend den nationalen Gewohnheiten zu gestalten. Zum einen wollten sie den Patriotismus der Besatzerinnen und Besatzer stärken, zum anderen waren Konsumgüter in einer Zeit der permanenten Knappheit ein Luxusgut. Das Wohlbefinden der Besatzungsangehörigen konnte durch die Verfügbarkeit von Mangelware gesteigert werden.

Der Zugang der westalliierten Besatzungstruppen zu knappen Gütern wie Lebensmitteln, Alkohol sowie Seife, Kleidung und weiteren Dingen des täglichen Bedarfs unterstrich die Machtverteilung zwischen den Siegernationen und den Verlierern des Krieges. Viele Deutsche hungerten zu Beginn der Besatzung und verfügten nicht über ausreichend Grundnahrungsmittel und Bekleidung.[125] Hilfsprogramme der Westalliierten, insbesondere der amerikanischen Besatzungsmacht etwa im Rahmen der *CARE*-Pakete, mit denen seit März 1946 die private amerikanische Hilfsorganisation *Cooperative for American Remittances to Europe (CARE)* Deutsche mit Lebensmitteln, Kleidung und Werkzeug

122 Siehe Bauman, Zygmunt, Leben als Konsum, Hamburg 2007.

123 Hellmann, Kai-Uwe, Zur Historie und Soziologie des Markenwesens, in: Jäckel, Michael (Hg.), Ambivalenzen des Konsums und der werblichen Kommunikation, Wiesbaden 2007, S. 53–71, hier S. 67.

124 Vgl. ebd., S. 67f.

125 Zur Ernährungssituation der deutschen Bevölkerung in den ersten Jahren der Nachkriegszeit siehe Trittel, Günter J., Hunger und Politik, Frankfurt a.M. 1990; Gries, Die Rationen-Gesellschaft; Stüber, Gabriele, Der Kampf gegen den Hunger 1945–1950. Die Ernährungslage in der britischen Zone Deutschlands, insbesondere in Schleswig-Holstein und Hamburg, Neumünster 1984.

versorgte, sollten die Versorgungslage verbessern.[126] Doch die Unterstützung durch die Westalliierten benötigte einige Monate, um ihre Wirkung zu entfalten. Die Deutschen in den westlichen Besatzungszonen erhielten laut einem im Juni 1946 entstandenen Bericht noch immer zu wenig Lebensmittel, um den empfohlenen Kalorienbedarf zu decken. In der amerikanischen Zone bekam ein Erwachsener, der keine schwere körperliche Arbeit zu verrichten hatte, 1275 Kalorien pro Tag, in der britischen 1050 und in der französischen Zone in Württemberg lediglich 926, im Saargebiet 1202 und im rheinischen Gebiet 915 Kalorien. Das *Combined Nutrition Committee* hatte im August 1945 hingegen mindestens 1550 Kalorien für einen Erwachsenen empfohlen.[127] Während die amerikanische und die britische Besatzungsmacht im Februar 1948 die Versorgung mit 1509 Kalorien pro Tag gewährleisten konnten, mussten die Deutschen in der französischen Besatzungszone mit 1387 Kalorien bzw. im Saarland mit 1452 Kalorien auskommen.[128]

Gleichzeitig nahm die deutsche Bevölkerung die Versorgungslage der westalliierten Besatzungstruppen wahr. Doch auch diese unterschieden sich stark voneinander. Die ersten Besatzungstruppen der französischen Armee waren so schlecht ausgestattet, dass sie sich in den ersten Monaten sogar Uniformen bei der amerikanischen und britischen Armee leihen mussten.[129] Die amerikanischen und britischen Streitkräfte waren seit Beginn der Besatzung besser aufgestellt, und in den Clubs konnten die Offiziere und Soldaten zusätzlich zu ihren eigentlichen Rationen essen und trinken. Einzelne Stimmen mahnten diesen Umgang mit den knappen Lebensmitteln in Anbetracht der schwierigen Ernährungssituation in Deutschland an. Ein anonymer Leser der *British Zone Review* schrieb im November 1946 in einem Leserbrief:

> »I would like to repeat a suggestion [...] that, in view of the seriousness of the food situation in the Zone, food should no longer be served in British clubs over here. We all here have perfectly adequate rations (in some respects higher than those in England) and there is no necessity for making any extra food available to us. The main reason for the provision in clubs is, of course, entertainment, but surely we can make the small sacrifice of foregoing this pleasure when the gravity of the conditions around us is so appalling.«[130]

Diesem Vorschlag widersprach der britische Soldaten Woking W. Hugonin ebenfalls in einem Leserbrief. Er argumentierte, dass Deutsche ihre Arbeit verlieren könnten, wenn keine Speisen mehr angeboten würden. Außerdem würde, so Hugonin, die Menge an eingesparten Lebensmitteln keinen großen Unterschied machen. Er führte weiter aus,

---

126 Zur Geschichte der *CARE* siehe Weyerer, Godehard, CARE Packages: Gifts from Overseas to a Defeated and Debilitated Nation, in: Junker u.a. (Hg.), The United States and Germany in the Era of the Cold War, 1945–1990, Volume 1, S. 522–527.

127 Vgl. British/American/French Nutrition Survey Committee, Nutrition Survey of Western Germany, May 1946, in: Monthly Report of the Control Commission for Germany (British Element) 1946, S. 51–53, hier S. 52.

128 Vgl. Control Commission for Germany, Appendix 10a: Official Ration Scales for February 1948, in: Control Commission for Germany February 1948 – Monthly Report of the Control 1948.

129 Vgl. Adler, Selling France to the French, S. 590.

130 Letter to the Editor, in: The British Zone Review, No. 31, 23.11.1946, S. 18.

dass die Deutschen die britische Besatzungsmacht auch akzeptieren müssten, wenn diese jeden Abend ein Viergängemenü essen würden.[131] Doch was konsumierten die Angehörigen der Besatzungsmächte in den Clubs, und wie prägte dies das Clubleben?

5.2.1 Speisen und Getränke als Brücke in die Heimat

Das Thema Essen ist eng mit der kulturellen Prägung verbunden. Das betonen sowohl soziologische, historische und anthropologische als auch ernährungswissenschaftliche Studien.[132] Der Germanist Gerhard Neumann nennt das Essen einen eminent kulturschöpferischen Akt.[133] Und der Ernährungswissenschaftler Christoph Klotter beschreibt Essen als »primäre Sprache kultureller Identität, der Zugehörigkeit und Abgrenzung«[134]. Essen ist demnach Bestandteil einer kulturellen Identität. Maren Möhring fasst zusammen: »Eating is an incorporation of what is considered as ›the (kn)own‹ and ›the other‹. And thus functions as a primary means of producing ethnic identities [Herv.i.O.].«[135]

Vertraute Speisen können, besonders in der Fremde, das Gruppengefühl intensivieren und Heimatgefühle evozieren. Hierbei geht es weniger um die Nahrungszufuhr an sich als um die soziale Situation der Mahlzeit, wie auch Jakob Tanner in einem Aufsatz über »italienische Makkaroni-Esser« in der Schweiz herausarbeitet.[136] Obgleich zahlreiche Studien über Kochpraktiken, Nahrungsmittelverzehr, Konsum und Mahlzeiten die Existenz von spezifischen nationalen Küchen bezweifeln, wie Tanner feststellt,[137] ist es doch bemerkenswert, dass einzelne Lebensmittel und die mit ihnen verbundenen Praktiken in der Fremde eine derart hohe Bedeutung erlangen können, wie dieses Kapitel zeigen wird.

Die westalliierten Militärregierungen strebten danach, ihren Truppenangehörigen vertraute Speisen und Getränke zu servieren. Die Britinnen und Briten in Deutschland sollten nicht auf die beliebte *teatime* am Nachmittag verzichten, die Französinnen und Franzosen nicht auf ihren Wein und die amerikanischen Besatzerinnen und Besatzer weder auf Sandwiches und Doughnuts noch auf *ice cream* und besonders nicht auf Coca-Cola.[138] In jedem Club konnten die amerikanischen Offiziere und Soldaten das belieb-

---

131 Vgl. Hugonin, Woking W., Letters to the Editor, in: The British Zone Review, No. 37, 15.2.1947, S. 19.

132 Siehe zum Beispiel die Beiträge in Wierlacher, Alois u.a. (Hg.), Kulturthema Essen. Ansichten und Problemfelder, Berlin 1993.

133 Vgl. Neumann, Gerhard, Jede Nahrung ist Symbol. Umrisse einer Kulturwissenschaft des Essens, in: Wierlacher u.a. (Hg.), Kulturthema Essen, S. 347–444, hier S. 392.

134 Klotter, Christoph, Identitätsbildung über Essen. Ein Essay über »normale« und alternative Esser, Wiesbaden 2016, S. 1f.

135 Möhring, Maren, Transnational Food Migration and the Internalization of Food Consumption. Ethnic Cuisine in West Germany, in: Trentmann, Frank u. Nützenadel, Alexander (Hg.), Food and Globalization: Consumption, Markets and Politics in the Modern World, Oxford (UK) 2008, S. 129–150, hier S. 138.

136 Vgl. Tanner, Jakob, Italienische »Makkaroni-Esser« in der Schweiz. Migration von Arbeitskräften und kulinarische Traditionen, in: Wierlacher u.a. (Hg.), Kulturthema Essen, S. 473–497, hier S. 475.

137 Vgl. ebd., S. 489.

138 Heimische Speisen und Getränke können ein orientierender Kulturfaktor in der Fremde sein, wie die Herausgeber des Sammelbandes *Essen und kulturelle Identität* in einem gleichnamigen Abschnitt des Buches anhand unterschiedlicher Aufsätze verdeutlichen. Siehe hierzu Abschnitt 6:

te Getränk kaufen. Die Clubs verfügten teilweise über eine *soda fountain*[139]: »a uniquely American phenomenon«[140], wie der Journalist Mark Pendergrast in seinem Buch über die Geschichte der *Coca-Cola Company* schreibt.

Bereits vor dem Beginn des Zweiten Weltkrieges war Coca-Cola so beliebt geworden und so fest in die amerikanische Ernährungskultur integriert, dass das Getränk auch als »the sublimated essence of America«[141] bezeichnet wurde. Während des Krieges eroberte sich die Firma mit ihrem Produkt eine unvergleichbare Stellung auf dem Getränkemarkt, auch indem sie eine Zusammenarbeit mit dem amerikanischen Militär einging. Der Historiker Mark Weiner konstatiert, dass Coca-Cola gerade während des Krieges und der damit verbundenen kulturellen und psychologischen Umstände zur Ikone der amerikanischen Nation wurde.[142] Er resümiert, dass das süße Getränk, »more than any other food, [...] has come to symbolize the American nation«[143].

Kurz nach dem japanischen Angriff auf Pearl Harbor verkündete der damalige Präsident der *Coca-Cola Company*, Robert Woodruff: »We will see that every man in uniform gets a bottle of Coca-Cola for five cents, wherever he is and whatever it costs our company.«[144] Als patriotischer Ausruf gefeiert, hatte Woodruff das Ziel der Firma vor Augen, ihr Produkt zu vermarkten und zu verkaufen. Mitarbeiter der *Coca-Cola Company* wirkten massiv auf die amerikanische Regierung ein, indem sie beispielsweise Marktanalysen, die den hohen Coca-Cola-Konsum auf Armeestützpunkten zeigten, in Kombination mit hunderten Briefen von Soldaten oder aus der Abteilung der *USO* und des *American Red Cross* weiterleiteten, die alle die Relevanz des Produktes betonten. Aus Sicht der *Coca-Cola Company* zahlte sich das Engagement aus, denn Coca-Cola wurde zu Beginn des Jahres 1942 von der Rationierung von Zucker ausgenommen, wenn das Getränk an das Militär oder an Soldaten verkauft wurde.[145] »While the rest of the soft drink industry suffered from an 80 percent quota (based on prewar figures), Coca-Cola readied for an all-out effort to send its sweet beverage fizzing down as many GI throats as possible.«[146] Coca-Cola wurde für die amerikanische Armee zum ständigen Begleiter. Abfüllstationen wurden in unmittelbarer Nähe der Frontlinien aufgebaut. 148 Zivilisten der *Coca-Cola Company* erhielten den Titel *technical observers* und begleiteten – in Uniformen – die Truppen, um die Offiziere und Soldaten mit dem süßen Getränk zu versorgen.[147]

Gezielte Werbekampagnen der *Coca-Cola Company* betteten das Getränk in die nationale Kultur ein, indem das Produkt Coca-Cola zum einen mit patriotischer Sprache auf-

---

Die heimische Kochkunst als orientierender Kulturfaktor in der Fremde, in: Wierlacher u.a. (Hg.), Kulturthema Essen, S. 457–510.

139 Vgl. Public Relations Office, Bremen Port Command, Bremen Port Command's GI's Paradise, S. 29.

140 Pendergrast, Mark, For God, Country and Coca-Cola. The Definitive History of the Great American Soft Drink and the Company That Makes It, New York 2013, S. 28.

141 Ebd., S. 21.

142 Vgl. Weiner, Mark, Consumer Culture and Participatory Democracy. The Story of Coca-Cola during World War II, in: Food and Foodways, 6, 2 (1996), S. 109–129, hier S. 110.

143 Ebd., S. 109.

144 Woodruff, Robert, zit.n. ebd., S. 113.

145 Vgl. Pendergrast, For God, Country and Coca-Cola, S. 247–248.

146 Ebd., S. 248.

147 Vgl. Weiner, Consumer Culture and Participatory Democracy, S. 114.

geladen und zum anderen als verbindendes Element amerikanischer Identität konstruiert wurde, so Weiner.[148] Eine Werbeanzeige aus dem Jahr 1942 behauptete zum Beispiel, dass unter den »homely fragments of daily life«[149], für die die amerikanischen Soldaten kämpften, auch ein Flasche Coca-Cola sei. Weiner kommt zu dem Schluss, dass die Soldaten während des Zweiten Weltkrieges Coca-Cola als das Symbol Amerikas annahmen. In einer Vielzahl an Briefen an die *Coca-Cola Company* baten die Soldaten um die Versorgung mit dem Getränk und verbanden es mit der Motivation, im Krieg zu kämpfen. Ein Soldat berichtete: »If anyone were to ask us what we are fighting for, we think half of us would answer the right to buy Coca-Cola again.«[150] Weiner verweist als Erklärung auf die Einsamkeit der Soldaten als ausschlaggebenden Punkt für diese Entwicklung, denn »food often serves as a cathexis for emotions, and [...] familiar foods can ease a troubled heart«[151]. Keine Speise und kein anderes Getränk waren so beliebt wie Coca-Cola. »Indeed, servicemen's writings indicate that Coke was such a powerful talisman of the United States that it reminded them of actual moments of their experience as civilians. [...] Again and again, soldiers noted the connection between Coca-Cola and their local gathering place.«[152] Pendergrast schreibt den Erfolg des Getränks außerdem seiner relativen Knappheit zu, die das Verlangen danach steigerte.[153]

Auch der Doughnut war für die amerikanischen Besatzungstruppen sowohl während des Zweiten Weltkrieges als auch während der Besatzungszeit mehr als ein süßes Gebäckstück aus Mehl, Zucker, Ei-Ersatz, Milchpulver, Wasser und ein wenig Salz: »Next to the women themselves [the Red Cross Girls], doughnuts and the coffee that accompanied them were among the GIs'most beloved symbols of home.«[154] Alle amerikanischen Clubs boten ihren Gästen die beliebten Gebäckkringel und Kaffee. Im *American Red Cross Club Bürgerbräukeller* in München produzierte eine Doughnut-Maschine im Januar 1946 bis zu 4500 Stück pro Stunde.[155] Und die Clubleiterin des *American Red Cross Eagle Club*, der im ehemaligen Kurhaus in Wiesbaden eingerichtet war, gab an, dass die schätzungsweise 3000 bis 4000 täglichen Gäste etwa 3000 Doughnuts und 1500 Liter Kaffee konsumierten.[156] Der *Dry Dock Club* in Bremen warb damit, dass er »the last coffee and doughnut stop on this side of the ocean for homegoing GIs in the Enclave«[157] war. Während einige Angestellte des Roten Kreuzes nach einem langen Arbeitstag Doughnuts weder sehen

148 Vgl. ebd., S. 116.

149 Zit. nach Pendergrast, For God, Country and Coca-Cola, S. 246.

150 Zit. nach ebd., S. 259.

151 Weiner, Consumer Culture and Participatory Democracy, S. 119.

152 Ebd., S. 120.

153 Vgl. Pendergrast, For God, Country and Coca-Cola, S. 259.

154 Madison, Slinging Doughnuts for The Boys, S. 45.

155 Vgl. Wildman, Winnie, Club Narrative Report for December 1945, 12.1.1946, RG 200, National Archives Gift Collection, Records of the American National Red Cross, 1935–1946, Box 1530, Folder: Bürgerbräukeller München, NACP.

156 Vgl. American Red Cross, Broschüre Eagle Club Wiesbaden, 1946, RG 200, National Archives Gift Collection, Records of the American National Red Cross, 1935–1946, Box 1411, Folder: Wiesbaden (The Eagle Club), NACP.

157 Public Relations Office, Bremen Port Command, Bremen Port Command's GI's Paradise, S. 27.

noch riechen wollten, waren sie für die meisten amerikanischen Soldaten ein beliebter Begleiter während ihres Militärdienstes.[158]

Weitere nationaltypische Produkte wie Sandwiches oder die äußerst beliebten *Birthday Cakes*, die es in vielen Clubs anlässlich von Geburtstagen gab, prägten die kulinarischen Erfahrungen der soldatischen Mehrheit in den amerikanischen Clubs. Die Offiziersclubs boten nicht selten darüber hinaus gehobenes Essen an. Im Dezember 1947 erreichte eine Lieferung mit insgesamt 600 Pfund lebenden Hummern, Shrimps und Krabben aus Norwegen den amerikanischen Sektor Berlins. Der größte Teil davon war für den Offiziersclub im Harnack-Haus in der Ihnestraße in Berlin-Dahlem vorgesehen.[159] Der *GI Country Club* in der Königsteiner Straße in Oberursel im Taunus bot den Soldaten und ihren Begleitungen beispielsweise am Sonntag, dem 4. November 1945, zum Frühstück Tomatensaft, Porridge, Omelett mit Speck, Brot, Butter und Marmelade. Zum Mittagessen gab es Fruchtsaft, Schweinerückensteak in Sahnesoße mit Petersilie, dazu Sauerkraut oder Kartoffeln, und zum Nachtisch Kirschen. Nachmittags konnten Hühnchen mit einer Pilzsoße, gebutterter Reis und Früchte bestellt werden. Ab 21 Uhr konnten die Gäste Sandwiches essen.[160] Die Bar war zwischen 11.00 und 22.00 Uhr geöffnet und servierte Bier, Coca-Cola und Cognac.[161]

Speisen und Getränke waren stets günstig, sodass sich alle Truppenangehörigen die Mahlzeiten, Snacks und Getränke leisten konnten. Ein Memorandum des *Army Exchange Services* vom 25. Juli 1947 legte allgemeingültige Preise für die *American Snack Bar Installations* fest, wonach ein Sandwich mit Salami beispielsweise 10 Cent kostete; ein Sandwich mit Truthahn war das teuerste mit 30 Cent. Alkoholfreie Getränke variierten zwischen 5 und 15 Cent.[162] Die Clubs selbst konnten die Produkte günstig über den *Army & Air Force Exchange Service* beziehen. Da sie keinen Profit erwirtschaften mussten, profitierten die Angehörigen der Militärregierung direkt von den günstigen Preisen.[163] Die Gerichte sollten stets in gleicher Art und Weise in allen *Snack Bars* angerichtet und serviert werden. Hierzu fanden sich konkrete Anweisungen im Memorandum wieder. Die Brotscheiben sollten beispielweise immer gleich dick sein, dünn mit Butter bestrichen und mit 2 Unzen (56 Gramm) Käse oder Fleisch und mit 3 Unzen (85 Gramm) anderer Füllungen wie Fleischsalat oder ähnlichem belegt sein. Anschließend wurde die Rinde gekappt und das

---

158 Vgl. Madison, Slinging Doughnuts for The Boys, S. 51, 153.

159 Vgl. Fresh Seafood to Be Flown from Norway for EC Clubs, in: Stars and Stripes (European Edition, Pfungstadt), No. 1, 5.12.1947, S. 4.

160 Vgl. GI Country Club Oberursel, Speisekarte des GI Country Clubs in Oberursel am 4.11.1945, Anna Nydes Collection, Box 1, Folder 31, USAHEC.

161 Vgl. GI Country Club Oberursel, Broschüre: Welcome to Your Club, Anna Nydes Collection, Box 1, Folder 31, USAHEC.

162 Vgl. Headquarters US Forces, European Theater, Army Exchange Service Technical Memorandum Nr. 78, Menu and Price List for AES Snack Bar Installations, 13.11.1946, RG 200, National Archives Gift Collection, Records of the American National Red Cross, 1935–1946, Box 1882, NACP.

163 Die Clubs konnten die Waren 20 % günstiger beziehen. Vgl. Technical Memorandum Nr. 27, 19.3.1947, RG 200, National Archives Gift Collection, Records of the American National Red Cross, 1935–1946, Box 1882, NACP.

Sandwich diagonal durchgeschnitten.[164] So erhielten die angebotenen Speisen in amerikanischen *Snack Bars* eine Uniformität.

Auch die britischen Besatzerinnen und Besatzer konnten dank des günstigen Einkaufspreises für wenig Geld sehr gutes Essen in den Clubs bekommen. »[The clubs] get rations almost for nothing and what you pay for is the band, the waiters and the drinks … a very reasonable way of living«[165], stellte der britische Captain Colby fest. Ebenso wie Speisen waren auch die Getränke günstig. Dass von Champagner als »the usual drink«[166] gesprochen wurde, traf wohl in den Jahren unmittelbar nach Kriegsende neben den britischen Offiziersclubs an sehr wenigen anderen Orten zu. Die Britin Edna Wearmouth probierte im März 1947 das erste Mal in ihrem Leben Champagner.[167] Wie der Komfort der Inneneinreichung in den britischen Clubs war auch das angebotene Essen weit über dem Standard in Großbritannien. In einem Brief schrieb die Britin Phyll Braithwait am 13. Juni 1949 über ein Essen im *Lemgo Club*:

> »We started off with a perfectly delicious shrimp cocktail […], than a lovely creamy tomato soup followed by roast chicken […]. The wine was Cote du Rhone [sic!]. The sweet – also prepared in front of us – was Ananas Americaine which consists of rounds of pineapple in a dish over a flame, brandy and apricot brandy were then poured over them until they were well soaked, then put a plate with two dollops of ice cream, whipped cream and a dash of fruit juice in the center. Oh boy, oh boy, was that good. Coffee and brandy completed the meal.«[168]

Die günstigen Preise führten zu einem erhöhten Alkoholkonsum, sodass die Rationierung von einer Viertel Flasche Whisky, jeweils einer Flasche englischem Gin, deutschem Gin und Brandy sowie zwischen einer Viertel und einer Flasche Schnaps pro Monat und Person sowie Wein nach Belieben in einigen Clubs nicht ausreichte. Die Clubs waren jedoch in der Verantwortung, mit den an sie verteilten Beständen zu haushalten.[169] Die Versorgung der britischen Offiziere und Soldaten mit Bier hatte die *Naafi* bereits während des Zweiten Weltkrieges beschäftigt. »The beer supply was a constant headache – figuratively speaking. To the troops beer is not just an indulgence but a necessity, a lubricant of morale, an extra propellant at the moment of action.«[170] Sie beschlagnahmten daher nach Möglichkeit lokale Brauereien in Deutschland, um kein teures Flaschenbier verschicken zu müssen.[171]

---

164 Vgl. Headquarters US Forces, European Theater, Army Exchange Service Technical Memorandum Nr. 78, Menu and Price List for AES Snack Bar Installations, 13.11.1946, RG 200, National Archives Gift Collection, Records of the American National Red Cross, 1935–1946, Box 1882, NACP.

165 Captain Reginald Colby, Tagebucheinträge undatiert zwischen dem 15. September 1945 und dem 30. April 1946, Private Papers Captain Reginald Colby, Box 10, IWM.

166 Braithwaite, Phyll, Letter to My Girls, 21.9.1945, Private Papers of Miss Phyll Braithwaite, IWM.

167 Vgl. Wearmouth, Edna, Brief an ihren Vater, 23.3.1947, Private Papers of Edna Wearmouth, IWM.

168 Bouman, Mary, Brief, 13.6.1949, Private Papers Miss Mary Bouman, IWM.

169 Vgl. Letter for CAO on Proposed Amalgamation of Service and CCG Clubs, 2.4.1948, FO 1035/15, TNA.

170 Miller, Service to the Services, S. 55.

171 Vgl. ebd.

Nationale Unterschiede zwischen den Besatzungsmächten fielen besonders den Besatzerinnen und Besatzern auf, die, wie etwa in Frankfurt a.M., auch mit Angehörigen anderer Besatzungsmächte in Kontakt kamen. Die bereits erwähnte Edna Wearmouth besuchte im November 1947 ein Konzert im *Palmgarden Club* und berichtete ihrem Vater über die unterschiedlichen Essgewohnheiten: »In the afternoon we went to an orchestral concert in the Palm Gardens. [...] The Americans don't have afternoon tea, you know, but they served coffee and cake at this afternoon.«[172] Die andere Esskultur verdeutlichte der jungen Britin, dass sie sich in einem amerikanischen Club aufhielt, in dem entsprechende kulinarische Rituale eingehalten wurden. Die Clubs waren demnach auch Räume, in denen sich eine nationale Identität durch Zugehörigkeit und Abgrenzung manifestierte. Das galt insbesondere für deutsche Gäste, die in den amerikanischen und britischen Clubs mit fremden Speisen, Getränken und damit verbundenen Praktiken in Kontakt kamen. Die Clubs förderten die nationale Zugehörigkeit und ermöglichten anderen Personen die Teilhabe an fremdem Essen. Um noch einmal Maren Möhrings Worte zu nutzen: Essen zeigte »the (kn)own« und »the other«[173] und produzierte so Identitäten.

Die französischen *foyers* waren geschlossene Orte, zu denen Deutsche über einen langen Zeitraum keinen Zutritt hatten. Der Alkoholkonsum prägte die Aufenthalte in den *foyers*, auch wenn Alkohol knapp und nicht immer in allen Clubs verfügbar war[174] – anders als das Arrangement der Bars oftmals suggerierte, wie im vorherigen Kapitel gezeigt. Im Jahr 1949 trank jeder Soldat durchschnittlich 22 Liter Wein und zwei Liter Schnaps, im darauffolgenden Jahr 31 Liter Wein und 1,9 Liter Schnaps.[175] Die in Frankreich sehr beliebten verschiedenen alkoholischen Getränke zum Aperitif waren 1950 mit einem Liter pro Mann pro Monat rationiert, und gerade einmal 0,75 Liter Likör konnten die Männer pro Trimester trinken.[176] Obgleich den Angehörigen der französischen Besatzungsmacht weniger Güter zur Verfügung standen, bestätigten auch sie ihre nationale Identität stark über sorgfältig ausgewählte Lebensmittel, so Karen Adler.

> »Diners at a French banquet [...] were served, among other dishes, a ›French-style platter‹, ›Toulouse-style roast beef‹, ›Paris potatoes‹, ›Agen prunes‹, ›Provencal cakes‹, champagne, southern French white wine and cognac. It is not just the Frenchness of this food that is splendidly reiterated; this menu is a solid Republican affair [Herv.i.O.].«[177]

Jedoch war die Auswahl dieser Speisen in den meisten Fällen kaum in den *foyers* der einfachen Soldaten zu bekommen, sondern vielmehr den Offizieren vorbehalten. Noch im Juni 1946 hieß es in Berichten über die Verfassung der französischen Besatzungsarmee, dass es an Kleidung und Lebensmitteln mangelte.[178] Den *foyers* fehle es an vielen Dingen,

172 Wearmouth, Edna, Brief an ihren Vater, 25.11.1947, Private Papers of Edna Wearmouth, IWM.

173 Möhring, Transnational Food Migration and the Internalization of Food Consumption, in: Trentmann u. Nützenadel (Hg.), Food and Globalization, S. 138.

174 Vgl. Fiche pour M. le Chef d'Escadron, Objet: Service social, 17.1.1948, GR 3 U 154, SHD.

175 Vgl. Bordereau d'envoi, 9.2.1950, GR 9 R 389, SHD.

176 Vgl. Général Tasle, Surveillance des foyers, 20.3.1950, GR 3 U 47, SHD.

177 Adler, Selling France to the French, S. 590.

178 Vgl. Objet: Reponse aux rapports sur le Moral des Unités subordonnées, 10.7.1946, GR 3 U 154, SHD.

und Markenprodukte seien kaum vorhanden, so ein weiterer Bericht.[179] Die Knappheit der begehrten französischen Speisen und Getränke mag daher ihren symbolischen Wert der Heimat noch erhöht haben.

5.2.2 Einkaufen fast wie zu Hause

Amerikanische Clubs hatten seit Beginn der Besatzung gelegentlich *gift shops* in ihren Räumen untergebracht. Dort konnten die Soldaten zum Beispiel Souvenirs kaufen. Diese kleinen Verkaufsstände ergänzten das Angebot der großen Einkaufsläden des *Army & Air Force Exchange Service (PX-Läden)*. Das Foto eines *gift shops* im *Club 48* im bayrischen Berchtesgaden zeigt weiße Regale, die unter anderem mit Vasen und Tellern gefüllt waren. Die zwei abgebildeten Soldaten sprechen mit einer amerikanischen Angestellten und schauen gemeinsam auf eine Schweizer Uhr, die zum Verkauf steht.[180] Auch Kuckucksuhren waren als Andenken bei den amerikanischen Soldaten sehr beliebt. Amerikanerinnen und Amerikaner kauften im Gegensatz zu Angehörigen der britischen und französischen Besatzungsmacht vermehrt auch Souvenirs, die sie nicht an ihre eigene Heimat, sondern an die Zeit in Deutschland erinnern sollten. Die Armee befürwortete die *gift shops*, da sie hoffte, die Soldaten würden so weniger Geld auf dem Schwarzmarkt ausgeben.

Die britische Besatzungsmacht richtete, sobald sich die Versorgungslage zum Ende der 1940er Jahre verbessert hatte, ebenfalls in einigen Clubs Verkaufsläden ein. Davor galt, dass Zigaretten, Schokolade, Wein, Schnaps und Seife nicht in den Clubs, sondern in den Kantinen der Armee ausgeteilt wurden.[181] Die teilweise auch als »family shops«[182] bezeichneten Läden der *Naafi* boten hauptsächlich importierte Waren aus Großbritannien an, nachdem diese nicht mehr ausschließlich in Rationen verfügbar waren. Neben Lebensmitteln, darunter Schokolade und Alkohol, konnten die Angehörigen der Besatzungsmacht auch Kleidung, Kosmetika, Haushaltswaren und Souvenir-Artikel zu günstigen Preisen erwerben.

In den französischen *foyers* konnten in der Regel keine Produkte zum Mitnehmen gekauft werden. Einige Soldaten kauften jedoch vermehrt Alkohol, den sie dann verbotenerweise nicht in den *foyers*, sondern außerhalb tranken.[183] Für die allgemeine Versorgung der Truppen waren die *économats des armées* zuständig, die vereinzelt in die *foyers* integriert waren.[184] Hier kauften Französinnen und Franzosen Produkte des alltäglichen Bedarfs. Deutschen, selbst jenen, die seit 1946 in den *foyers* arbeiteten, war es verboten, in den *économats* einzukaufen.[185] Bis 1949 durften umgekehrt Französinnen und Franzo-

179 Vgl. Note de Service, Foyers, 14.2.1947, GR 3 U 154, SHD.

180 Foto 6, *Club 48* in Berchtesgaden, in: Fotosammlung Henry Milne, Private Collection of Henry Milne, Box 53, USAHEC.

181 Vgl. Memorandum of Agreement between Foreign Office and NAAFI Relating to the Conduct of Official Clubs for the Staff of Control Commission, FO 1035/14, TNA.

182 Vgl. Ahrens, Die Briten in Hamburg, S. 197.

183 Vgl. Notiz des Generals Driesen, 18.6.1948, GR 3 U 39, SHD.

184 Foto 1524, Foyer du 12ème Dragon, Reutlingen, in: Forces Françaises en Allemagne, Concours des plus beaux foyers des F.F.A., 9.12.1951, 51.A.120, ECPAD.

185 Vgl. Adler, Selling France to the French, S. 582.

sen nicht in deutschen Geschäften einkaufen, sodass die *économats* die Abschottung der französischen Gemeinschaft in Deutschland verstärkten.[186] Es entstand eine »durable version of a French home in Germany«[187]. Da die *foyers* und die *économats* dieselben Produkte an die gleiche Kundschaft ausgaben, hielt der Leiter der zivilen Militärregierung, Émile Laffon, es im Januar 1946 für unnötig, neben den *économats* auch in den *foyers* Güter zu verkaufen.[188]

Die drei westalliierten Besatzungsmächte gingen demnach unterschiedlich mit dem Verkauf von Konsumgütern in den Räumlichkeiten der Clubs um. Allerdings war es allen drei Militärregierungen ein Anliegen, aus der Heimat stammende Produkte für die Angehörigen der Besatzungsmächte verfügbar zu machen.

5.3 Vergnügung in den Clubs: Die Veranstaltungen

Offiziere und Soldaten konnten an Veranstaltungen unterschiedlichster Art teilnehmen und so ihre Aufenthalte abwechslungsreich gestalten. Die Art der Unterhaltungsprogramme unterschied sich zum Teil erheblich voneinander. Während die amerikanischen Offiziere und Soldaten sich zum Beispiel bei sogenannten *Floor Shows* von deutschen und internationalen Künstlerinnen und Künstlern mit diversen Darbietungen amüsieren konnten[189], konnten sie bei Talentshows selbst auf der Bühne stehen.[190] Der *At Ease Club* in Bremen etwa nutzte die vielfältigen Fähigkeiten der dort stationierten Soldaten: »Along with the large variety of fine entertainment to be had at the At Ease Club, was a show which was set forth for the purpose of bringing out the talent among the GIs in the Club.«[191]

Konzerte, Tanzveranstaltungen sowie Gesellschaftsspiele und Unterhaltungsprogramme, die unter anderem verschiedene Wettbewerbe beinhalteten, boten ein äußerst abwechslungsreiches Programm.[192] Die Veranstaltungsthemen beeinflussten dabei das Verhalten der Gäste, indem sie gewisse Verhaltensformen förderten und andere auszuschließen versuchten. Interessant ist dabei, dass je nach Veranstaltung unterschiedliche

---

186 Vgl. ebd., S. 582.

187 Ebd., S. 591.

188 Vgl. Général Laffon, Distribution aux ressortissants français de la Zone française d'occupation, de produits d'usage courant non alimentaires, 23.1.1946, Administrateur général, CADLC.

189 Im *Big Wheel Club* in Weiden traten zum Beispiel ein Messerwerfer, ein Akkordeonspieler, ein sprechender Papagei sowie ein dressierter Hund auf. Vgl. Monthly Report February-March 1948, RG 200, National Archives Gift Collection, Records of the American National Red Cross, 1946–1964, Box 1925, Folder: 900.11/6161, Big Wheel Club Weiden, NACP.

190 »The trend in Service Clubs for the month of August has been the use of soldier talent for self-entertainment. This has included EM Hill-Billy and dance bands, barber shop quarters, individual acts such as piano playing accordion playing and so on.« Journal Special Service Section Frankfurt Military Post 1952, RG 407, Records of the Adjutant General's Office, Army AG Command Reports – 1949–1954, Box 142, NACP.

191 Beschriftung des Fotos 15887, in: Fotosammlung Henry Milne, Private Collection of Henry Milne, Box 53, USAHEC.

192 Siehe hierzu zum Beispiel das Programm des *Palmgarden Club* in Frankfurt a.M., in: Palmgarden Weekly, Programm 25.-31. August 1946, 24.8.1946, S. 4, S3-9137, ISG FFM.

Gefühle zum Ausdruck gebracht werden konnten. So standen beispielsweise bei einem Tanzabend, zu dem alle Gäste als Piraten verkleidet erschienen, andere Gefühle im Mittelpunkt als bei einem Wettbewerb, der das schönste in der Heimat geborene Baby der Anwesenden oder die attraktivste Partnerin kürte. Analytisch lässt sich das mit Benno Gammerls Konzept der *Emotional Styles* fassen. Es betont den Zusammenhang zwischen bestimmten Räumen und den in ihnen gültigen Gefühlsrepertoires. »How specific emotions like grief, happiness or affection are generated, handled and expressed depends to a large degree on *where* they occur [Herv.i.O.].«[193] Supermärkte erfordern beispielsweise ein anderes Emotionsmanagement als der Arbeitsplatz oder ein Freizeitort wie der Strand.[194] Die unterschiedlichen *Emotional Styles*, wobei *style* dem Bourdieu'schen Habitus sehr nahe kommt, sind zwischen den Individuen und der Gemeinschaft zu positionieren.[195] »Emotional styles encompass [...] the experience, fostering, and display of emotions, and oscillate between the discursive patterns and embodied practices as well as between common scripts and specific appropriations.«[196]

Der Offiziers- oder Soldatenclub stellte an sich bereits einen Raum mit einem spezifischen emotionalen Stil dar. Dieser zeichnete sich dadurch aus, dass die Clubs Freizeitorte im Militäralltag waren, an denen das Wohlbefinden der Gäste im Mittelpunkt stand. Das beeinflusste das Auftreten und Verhalten der Gäste, die zur Erholung und um sich zu amüsieren in die Clubs kamen. Doch an Gammerl anknüpfend wird das Kapitel zeigen, dass die einzelnen Veranstaltungen jeweils auch spezifischen emotionalen Stilen unterlagen. Allen Veranstaltungen gemein war das Ziel, den Offizieren und Soldaten zum einen Ablenkung zu bieten, zum anderen die nationale Gemeinschaft zu stärken und eine Brücke in die Heimat zu schlagen. Dem Quellenmaterial geschuldet bezieht sich dieses Kapitel hauptsächlich auf amerikanische Clubs und eine Auswahl ihrer Unterhaltungsprogramme. Diese werden durch einige Beispiele aus britischen Clubs ergänzt. Für die französischen *foyers* liegt kein Quellenmaterial vor, das konkrete Auskunft über den Inhalt von Veranstaltungen gibt.

5.3.1 Der Soldat als Musikliebhaber: Konzerte

Musik war die Konstante aller Unterhaltungsprogramme. Sie gehörte in den verschiedensten Formen zum Cluballtag. Sie unterhielt die Gäste und symbolisierte gleichzeitig unterschiedliche kulturelle Traditionen.[197] Das amerikanische Rote Kreuz betonte daher im *Program Handbook*, das jede Clubleiterin erhielt:

> »Music is the most important one thing in Club Program. In referring to music we do not necessarily mean a large band or orchestra. They have their place but so does

193 Gammerl, Emotional styles, S. 164.

194 Vgl. ebd.

195 Vgl. ebd., S. 163.

196 Ebd.

197 Vgl. Zalfen, Sarah u. Müller, Sven Oliver, Eine Fortsetzung des Krieges mit musikalischen Mitteln? Hegemoniale Funktionen von Musik in Europa der Weltkriege, in: dies. (Hg.), Besatzungsmacht Musik, S. 9–30, hier S. 17.

a lone pianist, accordionist, a string trio, recordings, radio music, jam sessions, song fests, a soldier chorus etc. [...] our soldiers need the lift that comes only from music.«[198]

Das Handbuch empfahl, Klavierspielende und andere Solokünstlerinnen und -künstler für die musikalische Unterhaltung am Nachmittag einzustellen und größere Bands sowie Orchester für Abendkonzerte oder Tanzveranstaltungen zu engagieren.[199] Dieser Richtlinie folgten die Clubs in der Regel. Neben den begehrten Armee-Bands, die nur einen kleinen Teil aller Konzerte abdecken konnten, spielten einige ausländische Musikerinnen und Musiker in den Clubs. Den größten Teil der Bands und Orchester machten jedoch deutsche Musikerinnen und Musiker aus.[200] Wie der Eintrag im Handbuch des amerikanischen Roten Kreuzes vermuten lässt, wurde nach Möglichkeit zu jeder Zeit Musik in den Clubs gespielt. Sie variierte von Klavierstücken, gespielt von einem Pianisten in der Lounge des Clubs, bis hin zur Tanzmusik und Jazz am Abend. Die Musikerinnen und Musiker wurden entsprechend den Veranstaltungen eingesetzt. Ihre Musik untermauerte die gewünschte Stimmung und unterstrich die unterschiedlichen emotionalen Stile. Die Verbindung zwischen Musik und Emotionen wird seit jeher betont. Ausdrücke wie *Musik verbindet* oder *Musik kennt keine Grenzen* halten sich im Sprachgebrauch und unterstreichen die Annahme, dass Musik als verbindendes Element zwischen verschiedenen Akteurinnen und Akteuren wirkt. Ansätze der *Sound History* haben zudem die Funktion von Musik als Mittel politischer Identitätsstiftung herausgestellt.[201] Beiträge der Emotionsgeschichte sind daran interessiert, den Einfluss von Musik auf Gefühlswelten und Gemeinschaften sowie ihre Historizität zu untersuchen.[202] Dennoch lässt sich die Natur der Verbindung zwischen Musik und Gefühlen schwer greifen.[203] Die Reaktionen auf bestimmte Musikstücke sind nicht nur von Kultur zu Kultur unterschiedlich, sondern unterscheiden sich auch zwischen den Individuen erheblich. Eine Verallgemeinerung ist daher kaum möglich.[204] Dennoch lohnt die Betrachtung einzelner Fälle, bei denen Musik emotionale Reaktionen bei den Zuhörenden und Musizierenden in den Clubs hervorrief, da sie das Verhältnis zwischen ihnen beeinflussten.

Wie in vielen anderen Clubs auch, konnten die Besatzungsangehörigen im amerikanischen *Crossroads Club* in Stuttgart am Sonntagnachmittag zu Kaffee und Kuchen in der Lounge zusammenkommen und sich in gepolsterten Sesseln niederlassen, während Musiker der Stuttgarter Oper Klavier, Cello, Klarinette oder Harfe spielten. Die bereits in Kapitel 5.1.1 erwähnte *Classical Coffee Hour* war bei den Gästen sehr beliebt: »It's rather

198 American Red Cross, Program Handbook ACR Clubs, Program Division European Theater, [1944–1945], S. 8–9, RG 200, National Archives Gift Collection, Records of the American National Red Cross, 1935–1946, Box 1411, Folder: Program Handbook, ARC Club Program Division, NACP.

199 Vgl. ebd.

200 Siehe hierzu Kap. 3.2.2.

201 Siehe Bendikowski, Tillmann (Hg.), Die Macht der Töne. Musik als Mittel politischer Identitätsfindung im 20. Jahrhundert, Münster 2003.

202 Siehe Zalfen u. Müller (Hg.), Besatzungsmacht Musik.

203 Vgl. Zalfen u. Müller, Eine Fortsetzung des Krieges mit musikalischen Mitteln?, in: dies. (Hg.), Besatzungsmacht Musik, S. 17.

204 Vgl. ebd., S. 18.

nice to sit comfortably, hear your favorite classics and eat too.«[205] Neben dem Raumarrangement in der Lounge förderte auch die Musik die ruhige, entspannte Stimmung. Es wurden weder laute Gespräche geführt, noch tanzten die Anwesenden. Bei Abendkonzerten dominierte hingegen eine ausgelassene Stimmung, wenn es sich nicht um ein klassisches Orchesterkonzert handelte. Gaben Tanzorchester oder Bands Konzerte, dann tanzten die Gäste den modernen *Jitterbug* oder andere Standardtänze.[206]

Selbst bei einem Treffen verschiedener Militärgeistlicher spielte Musik eine große Rolle. Der in der britischen Besatzungszone lebende und von der Militärregierung engagierte deutsche Musiker Ladi Geisler erarbeitete eine Liste klassischer Stücke, die er während des Treffens spielte.[207] Im späteren Verlauf forderten die Anwesenden die Band auf, Boogie-Woogie zu spielen, woraufhin sich die Stimmung unter den Gästen zunehmend entspannte. Es entwickelten sich im Anschluss Gespräche zwischen den britischen Geistlichen, den Offizieren, die das Treffen organisiert hatten, und den deutschen Musikern. Die Musik hatte Einfluss auf das soziale Miteinander genommen und Anknüpfungspunkte für Gespräche geliefert.[208]

Die Musikwissenschaftler Michael Grossbach und Eckart Altenmüller beschreiben, dass gemeinsames Musizieren eine »Verbundenheit«[209] zwischen den Musikerinnen und Musikern hervorruft. Im *Round Up Club* in Frankfurt a.M. taten sich im November 1946 spontan Offiziere und einfache Soldaten zusammen, um ein Konzert zu geben. Das war so besonders, dass die Clubleiterin es in ihrem Monatsbericht vermerkte, da sonst die Konflikte zwischen den Angehörigen der verschiedenen Dienstränge den Umgang miteinander dominierten: »We had exceptional jam sessions put on by a mixed group of officers and GI's. It was good to see them mingle together without that feeling of hostility and unpleasantness that is so often evident.«[210]

Auch deutsche Musikerinnen und Musiker spielten gelegentlich mit Musikern der amerikanischen Besatzungsmächte. Im *Club Bürgerbräukeller* in München waren bereits im Oktober 1945 Orchester zu hören, die sowohl aus Deutschen als auch aus Amerikanern bestanden.[211] Gemeinsame Auftritte mit Amerikanern oder Proben deutscher Bands, bei denen amerikanische Soldaten zuhörten, mitmachten oder Tipps gaben, haben bis heute einen festen Platz im Gedächtnis der Musikerinnen und Musiker an die frühe Nachkriegszeit und hatten großen Einfluss auf ihre musikalische, aber auch persönliche Ent-

205 Monthly Narrative Report, 20.2.-20.3.1946, RG 200, National Archives Gift Collection, Records of the American National Red Cross, 1935–1946, Box 1530, Folder: Crossroads Club, NACP.

206 Siehe hierzu Kap. 5.3.2, in dem einige Tanzveranstaltungen untersucht werden.

207 Vgl. Geisler u. Klußmeier, Ladi. Weltstar aus Hamburg, S. 10.

208 Vgl. ebd.

209 Grossbach, Michael u. Altenmüller, Eckart, Musik und Emotionen. Zu Wirkung und Wirkort von Musik, in: Bendikowski (Hg.), Die Macht der Töne, S. 13–22, hier S. 17.

210 Camp 20 Grand Round Up Club, RG 200, National Archives Gift Collection, Records of the American National Red Cross, 1946–1964, Box 1926, Folder: Round Up Club, NACP.

211 Vgl. Wildman, Winnie, Monthly Narrative Report of October 1945, RG 200, National Archives Gift Collection, Records of the American National Red Cross, 1935–1946, Box 1530, Folder: Bürgerbräukeller München, NACP.

wicklung.[212] Der Jazzmusiker Benno Walldorf schrieb 1980 in seinem Buchmanuskript, dass eines Abends Anfang der 1950er Jahre ein Soldat zu ihm auf die Bühne kam und fragte, ob er mitspielen dürfe. Er sei Pianist und Bassist. Es war der später bekannt gewordene Jazzmusiker Donald Tee Carson.[213]

Die britische Militärregierung gestattete hingegen das gemeinsame Musizieren nur dann, wenn die Bandleiter britisch waren.[214] Die Musik wirkte in einigen Fällen als verbindendes Element zwischen den Akteurinnen und Akteuren, das sich über die Kriegsfeindschaft hinwegsetzte. Die emotionale Wirkmächtigkeit lässt sich demnach anhand individueller Musikwahrnehmungen und Reaktionen beschreiben.[215] Die deutsche Band *Jazz Club Rhythm* tourte bereits im Spätsommer 1945 für die amerikanische Besatzungsmacht durch die Rhein-Main-Region und spielte in verschiedenen Clubs. In einem Reisebericht, der in der Zeitschrift *Jazz Club News*, herausgegeben von Horst Lippmann, veröffentlicht wurde, beschreibt das Bandmitglied Fred Noll den Verlauf eines Konzertes für afroamerikanische Truppen in Karlstadt. Der Pianist Günter Boas schlug vor, afroamerikanische Volkslieder zu spielen. Noll berichtet von den Reaktionen der Clubgäste:

> »Die Unterhaltung der einzelnen Paare brach ab, alle lauschten gespannt den warmen, schwermütigen Klängen. Die N[...] bekamen verklärte Augen, in denen man die Gedanken an die ferne Heimat lesen konnte. Und dann geschah das für uns schier unglaubliche. [Ein Soldat] [...] fing bitterlich an zu weinen. Für ihn war alle zurückgehaltene Sehnsucht nach der Heimat, nach den Lieben zu Hause in diesem Lied zum Durchbruch gekommen.«[216]

Diese Reaktion auf ein bestimmtes Lied unterstreicht das emotionale Potenzial von Musik und verdeutlicht ebenso die individuelle Bindung zu ihr. Aber auch der Raum, in dem die Emotionen ausgedrückt wurden, war von großer Bedeutung, denn es ist fraglich, ob das Ereignis außerhalb des Clubs hätte stattfinden können. Denn gerade der Soldatenclub sollte ein Raum der Heimatverbundenheit sein. Darüber hinaus schien das gesamte Publikum berührt gewesen zu sein; es handelte sich mit großer Wahrscheinlichkeit um ein bekanntes Lied, das die Geschichte der afroamerikanischen Gemeinschaft behandelte. Die Gäste empfanden den Club als sicheren Raum, in dem sie sich dem Gefühl des Heimwehs hingeben konnten. Das Konzert und die Musikauswahl förderten diesen Prozess, wenn auch spontan und unabsichtlich. Zwischen der Band und einigen Soldaten entwickelte sich im Anschluss an das Konzert ein reger Austausch. Einige Soldaten

---

212 Siehe hierzu die transkribierten Interviews im Anhang der Dissertation von: Taubenberger, Martina, »The Sound of Democracy – The Sound of Freedom«. Jazz-Rezeption in Deutschland (1945–1963), Dissertation, Johannes Gutenberg-Universität Mainz, 2009, S. 235–687.

213 Vgl. Walldorf, Benno, Unveröffentlichtes Manuskript, ca. 1980, S. 27, Sammlung Benno Walldorf, LRMA.

214 Vgl. Control Commission for Germany, Inter-Service Instructions on Relations with Germans, 22.5.1947, FO 1032/1367, TNA.

215 Vgl. Brauer, Juliane, Häftlingsorchester in den nationalsozialistischen Konzentrations- und Vernichtungslagern. Musikalische Gewalt und Emotionsmanagement mit Musik, in: Zalfen u. Müller (Hg.), Besatzungsmacht Musik, S. 187–206, hier S. 192.

216 Noll, Bilanz, in: Lippmann (Hg.), Die Jazz-Club News, S. 5f.

erschienen zu den Proben der Band am nächsten Tag und zeigten den deutschen Musikern technische Feinheiten auf dem Schlagzeug und dem Bass.[217] Das geteilte Interesse an Musik war in einigen Fällen wichtiger als die Hierarchie zwischen Angehörigen der Besatzungsmacht und Deutschen, sodass sich ein Austausch auf individueller Ebene ergeben konnte.

Die deutschen Bands gaben sich Mühe, *authentische* amerikanische Musik zu spielen. Als authentisch wurden Coverversionen von Liedern angesehen, die den in den USA populären Stücken so ähnlich wie möglich sein sollten. Doch einige stießen dabei an ihre musikalischen Grenzen, sodass amerikanische Soldaten mit den Bands probten. Im bayrischen Fürstenfeldbruck leitete ein Soldat eine deutsche Band, die alle zwei Wochen auftrat. »He is very proud of his band, in that they can now play American music.«[218] In der unterfränkischen Stadt Lohr probten einige der dort stationierten Soldaten mit einer deutschen Band, damit sie den Ansprüchen der Clubgäste gerecht werden konnte.[219] Auch im britisch besetzten Bünde übernahm ein britischer Besatzungssoldat die Leitung einer Band, denn »one of the difficulties organisers of amusements for British troops and civilians in Germany have to face is that for years the Germans have not been allowed to play any form of ›hot‹ music with the result that our youth of today feel a little lost in a world of Danubian waltzes [Herv.i.O.]«[220]. Durch die britische Anleitung erweiterte die deutsche Band ihr Repertoire in kurzer Zeit und sorgte in Bünde täglich für die musikalische Begleitung durch den Abend. Doch längst nicht bei allen Konzerten wurde moderne, amerikanische oder britische Musik gespielt. Der deutsche Pianist Walter Gieseking äußerte gegenüber der Zeitung *Stars and Stripes*, dass er nicht genügend Aufträge habe. Daraufhin schrieb der amerikanische Soldat James Parkhill im Juli 1945 einen Leserbrief, in dem er darum bat, hochklassige Musik hören zu können:

> »Some of us in Germany since the first days of entry have had no chance to hear good music. It would seem as if the Germans' pride in their music (I say ›their‹ but music is an international language) would welcome the opportunity for displaying their achievements. I am one of many who found concerts of good music a ›must‹ [Herv.i.O.].«[221]

Im weiteren Verlauf der Besatzungsjahre boten die Clubs des amerikanischen Roten Kreuzes und der Armee ihren Gästen eine große Vielfalt an Musik; deutsche Musikerinnen und Musiker waren hierbei allgegenwärtig und prägten die musikalische Unterhaltung. Die deutschen Bands spielten zu zahlreichen Anlässen, auch zu ameri-

217 Vgl. ebd.

218 Groves, Marguerite A., Program Report for June, RG 200, National Archives Gift Collection, Records of the American National Red Cross, 1935–1946, Box 1530, Folder: ETO (Germany) Fürstenfeldbruck Club, NACP.

219 Vgl. Narrative Report, 1.2.1946, RG 200, National Archives Gift Collection, Records of the American National Red Cross, 1935–1946, Box 1531, Folder: Lohr EM, NACP.

220 O.A., Activities in Bünde, in: CCG Gazette Germany, Produced under the direction of the Welfare Officers, No. 81, 30.10.1945.

221 Parkhill, James H., Music, in: Stars and Stripes (German Edition, Pfungstadt), No. 100, 13.7.1945, S. 2.

kanischen Nationalfeiertagen wie *Washington's Birthday* am 22. Februar jeden Jahres.[222] Sie sorgten für die Unterhaltungs- und Tanzmusik, doch dass sie auch die amerikanische Nationalhymne spielten, sorgte für Diskussionen. Erstaunlicherweise meldete die Hauptverwaltung des amerikanischen Roten Kreuzes erst im Juni 1947, dass deutsche Bands in der Regel in der gesamten amerikanischen Besatzungszone die Nationalhymne spielten. Das müsse sich ändern, nur amerikanischen Militärbands sollte dies gestattet sein.[223] Auch in der britischen Besatzungszone spielten deutsche Bands die Hymne. Der Brite Captain Colby beschreibt in seinen Erinnerungen an die Jahre 1945 bis 1948 in Berlin: »The dancing only stopped when the playing of God Save the King [started] – by a German band.«[224] Und auch die Britin Mary Boumann erwähnte die Nationalhymne in einem Brief an ihre Eltern: »By the way, at all functions [in Herford] I have been to so far, the German band plays our National Anthem.«[225] Das war ein Moment, in dem die Besatzerinnen und Besatzer daran erinnert wurden, dass die Deutschen, die sie im Krieg besiegt hatten, nun für sie musizierten. Das Spielen der *Marseillaise* brachte einen regelrechten Einschnitt im Ablauf klassischer Konzerte im Offiziersclub im Kurhaus in Baden-Baden mit sich. Dort trat jeden Sonntagnachmittag ein Symphonieorchester auf. Das Konzert begann mit der *Marseillaise*, die der deutsche Dirigent jedoch nicht dirigieren durfte. Hierzu kam der Vorsitzende der Abteilung Musik der Generalverwaltung, der ebenfalls Musiker war, auf die Bühne, so erinnerte sich der Zeitzeuge Pierre Bolotte. »Jamais on n'aurait obligé le chef de l'orchestre allemand à diriger la Marseillaise. C'est pour vous dire, ça moi, ça m'amusait beaucoup chaque fois parce que c'était prodigieux comme hypocrisie magnifique.«[226] Keine Besatzungsmacht wollte das Spielen der Nationalhymne (vollständig) in die Hände deutscher Musiker übergegeben – bisweilen vielleicht aus Respekt gegenüber den Deutschen, aber wahrscheinlich doch eher aus Nationalstolz.

Während der Konzerte, Musiknachmittage oder Tanzabende stand die Nationalität der Musizierenden ansonsten aber eher im Hintergrund. Die Musik und ihr Unterhaltungswert waren relevant, um die vielfältigen Bitten der Offiziere und Soldaten nach klassischer Musik, Tanzmusik, Swing oder Jazz zu erfüllen. Trotz der Knappheit an Musizierenden aus dem eigenen Land war Musik einer der wichtigsten Bausteine im Unterhaltungsprogramm der Truppen, der dank der deutschen Musikerinnen und Musiker

222 Vgl. Hughes, Katherine, Program Report February 1946, 2.3.1946, RG 200, National Archives Gift Collection, Records of the American National Red Cross, 1935–1946, Box 1531, Folder: Rainbow Corner Berlin, NACP.

223 Vgl. American Red Cross Headquarters, European Command, Playing of National Anthem in Clubs, 13.6.1947, RG 200, National Archives Gift Collection, Records of the American National Red Cross, 1935–1946, Box 1882, Folder: 900.031 EA Club Department, NACP.

224 Captain Reginald Colby, Buchmanuskript. Kapitel 3: Berlin under Four Flags, Private Papers Captain Reginald Colby, Box 10, IWM.

225 Mary Bouman, Brief an ihre Eltern, 29.1.1946, Private Papers Miss Mary Bouman, IWM.

226 Interview mit Pierre Bolotte, Archives Orales, 3 K 49, SHD. Herzlichen Dank an Julia Wambach für den Hinweis auf dieses Dokument.

sichergestellt werden konnte: »Music plays an important part in our life as it is one of the few commodities easily procured in Germany.«[227]

5.3.2 Der feierlustige Soldat: Arabian Nights, Eskimos Dances und Bavarian Nights

Tanzabende waren die am besten besuchten Veranstaltungen in den Clubs. In einem Monatsbericht, der das Geschehen in allen Clubs im amerikanischen Besatzungsgebiet zusammenfasste, resümierten die Angestellten der Abteilung *Special Services* im August 1947: »Dances, as always, top the list in popularity.«[228] Die Lieblingsunterhaltung der Offiziere und Soldaten war durch den Mangel an Tanzpartnerinnen stets eine organisatorische Herausforderung, der sich die Angestellten der Clubs jedoch mit Eifer stellten.[229] Sie luden meist alle Frauen, die in der Region für die Westalliierten stationiert waren, sowie Ehefrauen und weitere Angehörige zu den Tänzen ein. Auch deutsche Frauen konnten, wie die vorherigen Kapitel zeigten, als Teil einer Gruppe oder als Begleitung eines Amerikaners mit Hilfe des Gesellschaftspasses teilnehmen.[230] Während der Tänze sollten die Offiziere und Soldaten frei von den Sorgen ihres dienstlichen Alltags feiern können – die Tanzveranstaltungen waren ein Symbol für das zivile Leben.

Sie fanden in den meisten Clubs mindestens einmal pro Woche statt. Im *Big Wheel Club* in Weiden wurde sogar jeden Dienstag, Donnerstag und Sonntag getanzt.[231] Viele der Tänze folgten einem bestimmten Thema, das sich sowohl in der Dekoration als auch in der (Ver-)Kleidung der Gäste spiegelte. Das entsprach den Richtlinien der Militärregierung, die die Angestellten der Clubs zu Themenabenden motivierten, wie in einem Handbuch der *Air Force* für das Clubpersonal nachzulesen ist: »Choose a theme, seasonal or otherwise, to give basis for creating a particular atmosphere, designs for posters, and other publicity, decorations, refreshments, favors, invitations, dance programs, and novelty mixers and entertainment.«[232] Der *Ansbach Club* lud im Frühjahr 1948 viermal die Woche zum Tanzen ein, einer der Tänze war stets ein Thementanz.[233] Die Vielfalt reichte von einem *Barn Dance,*[234] bei dem ausschließlich Country-Musik gespielt wurde, über

227 Monthly Narrative Report for Clubs in Occupied Territory, August 1947, RG 200, National Archives Gift Collection, Records of the American National Red Cross, 1946–1964, Box 1896, Folder: 900.118 Club Department Reports, NACP.

228 Ebd.

229 Vgl. Program Report, 31.10.1945, RG 200, National Archives Gift Collection, Records of the American National Red Cross, 1935–1946, Box 1530, Folder: ETO (Germany) Fürstenfeldbruck Club, NACP.

230 Siehe hierzu Kap. 3.3 und 4.2.2.

231 Vgl. Monthly Report February-March 1948, RG 200, National Archives Gift Collection, Records of the American National Red Cross, 1946–1964, Box 1925, Folder: 900.11/6161, Big Wheel Club Weiden, NACP.

232 Department of the Air Force, Personnel Services, S. 42.

233 Vgl. Club Directors Monthly Report 21.2.-20.3.1948, 20.3.1948, RG 200, National Archives Gift Collection, Records of the American National Red Cross, 1946–1964, Box 1925, Folder: 900.11 Ansbach Town Club, NACP.

234 Vgl. American Red Cross Staff, The ARC Light, Ansbach Bavaria, No. 38, 20.3.1948.

einen *Saint Patrick's Dance* bis hin zum *Dance of the March Winds* und einem *May Dance*, die das Frühjahr begrüßten.[235]

Beliebte Themen waren Abende, an denen andere Nationen und Kulturen im Mittelpunkt standen. Ungeachtet der aus heutiger Sicht stereotypischen und teilweise diskriminierenden Darstellung, feierten die Soldaten zum Beispiel eine *Arabian Night*. Ali Baba und die 40 Räuber wurden als lebensgroße Figuren auf der Bühne platziert. Auch Aladin mit seiner Lampe war als Dekorationselement vorhanden. »Turbans may be fashioned with crepe paper and given to the guests as they enter the hall. Some Arabic costumes are nothing more than plain white sheets, thrown around the body and one cover over the head, with only a small slit for the eye.«[236] Die Themenabende sollten die Fantasie anregen und Abwechslung in den Alltag bringen. Der *Starnberg Club* feierte im Januar 1946 ebenfalls neben einem *Candlelight Dance* eine *Arabian Night*[237], und auch im *Pyramid Service Club* nahmen die Soldaten im November 1952 an diesem Thementanz teil.[238] Im *Corral Club* war insbesondere der *Persian Harem Dance* beliebt. Hierbei dekorierten die Angestellten den Club nach ihren Vorstellungen der fremden Kultur und richteten die Speisen nach dem Thema des Abends aus:

> »The lounge was cleared of all furnisher except a few sofas in corners, and the lights were dimmed. GI mattresses covered with blankets and pillows were placed on the floor, and a table transformed into a pushcart was set to one side where the buffet supper was served. Small, spicy meatballs, Persian salad, and Eucalyptus Punch (fruit juice to you) composed the Persian meal.«[239]

Etwas vertrauter waren die in Bayern stationierten Soldaten zwar schon mit der bayrischen Kultur, aber dennoch hatte die *Bavarian Night* im *Henry Kaserne Club* noch immer den Reiz des Anderen. Das Schild am Eingang der Lokalität wurde durch ein anderes mit der Aufschrift »ARC Gasthaus« ersetzt. Die Gäste erschienen in Lederhosen; auf der Speisekarte standen Kartoffelsalat, Käse und Punsch.[240]

Im bereits erwähnten *Corral Club* fand außerdem ein *Eskimos Dance* statt. Hierzu hatten die Angestellten des Clubs einen Künstler beauftragt, ein großes Iglu aus Papier zu bauen, »and Eskimos crawled in and out of it all evening«[241]. Die erwachsenen Männer

---

235 Vgl. Club Directors Monthly Report 21.2.-20.3.1948, 20.3.1948, RG 200, National Archives Gift Collection, Records of the American National Red Cross, 1946–1964, Box 1925, Folder: 900.11 Ansbach Town Club, NACP.

236 Department of the Air Force, Personnel Services, S. 43.

237 Vgl. Monthly Report January 1946, RG 200, National Archives Gift Collection, Records of the American National Red Cross, 1935–1946, Box 1531, Folder: Starnberg Club, NACP.

238 Vgl. Special Services Weekly Bulletin, 15.11.1952, RG 338, Seventh Army, Special troops, Serial issues 1950–1957, Box 10, NACP.

239 Monthly Report, 21.7.1947, RG 200, National Archives Gift Collection, Records of the American National Red Cross, 1946–1964, Box 1925, Folder: Corral Club Ulm, NACP.

240 Vgl. Program Report 21.2.-21.3.1948, RG 200, National Archives Gift Collection, Records of the American National Red Cross, 1946–1964, Box 1926, Folder: Henry Kaserne Club, Munich, NACP.

241 Program Report for the Periode December 21-January 20, 1948, RG 200, National Archives Gift Collection, Records of the American National Red Cross, 1946–1964, Box 1926, Folder: Corral Club Ulm, NACP.

hatten die Gelegenheit, dem inneren Kind in sich freien Lauf zu lassen. Auch bei den beliebten *Pirate's Dances* standen das Verkleiden und Spielen im Vordergrund. Der Höhepunkt der Abende war die Schatzsuche, bei der die mit einem Kopftuch und einem Säbel verkleideten Soldaten begeistert mitmachten.[242] Das Verkleiden bereitete den Soldaten anscheinend große Freude, da es sie von ihrer Uniform erlöste, die sie sonst auch bei den Clubbesuchen tragen mussten.[243] Auch Karnevalfeiern und Umzüge waren daher sehr beliebt und wurden in nahezu allen Clubs angeboten.

Viele Clubs veranstalteten ferner sogenannte *Hawaiian Nights*. Im *American Red Cross Club Nürnberg* spielte eine Band themenbezogen hawaiianische Musik. »Lots of girls came in long dresses – which the boys love – and we made – leis for the boys – in red and white and green crepe paper. Lads loved wearing them – and it does so much for the spirit of the party.«[244] Das Auftreten und Aussehen der Frauen bei den *Hawaiian Nights* war freizügiger als üblich, wie die Ernennung des *Man of the Week* im *Old Heidelberg Club* im April 1947 zeigte. Passend zum Thema fiel die Wahl auf den Soldaten James Cerenio aus Honolulu. Als er auf die Bühne geholt wurde, kamen alle Hostessen einzeln zu ihm, um ihn auf die Wange zu küssen. »This, I should add, is an old Hawaiian custom«, schrieb die Clubleiterin rechtfertigend in ihrem Bericht.[245]

Über sexuelle Handlungen oder Freizügigkeiten während der Veranstaltungen finden sich keine Bemerkungen in den Monatsberichten. Wahrscheinlich aber gab es sie ebenso wie Belästigungen der Angestellten, die ebenfalls nicht dokumentiert sind. Der Paartanz ist zwar nicht immer direkt mit Sexualität verknüpft, aber für viele Männer waren die Tanzabende Gelegenheiten, verbal und körperlich mit Frauen in Kontakt zu kommen. Und auch die anwesenden Frauen konnten den Körperkontakt suchen. Daher hatte das Tanzen in den Clubs auch eine erotische Komponente. Besonders Swingtänze wie der *Jitterbug* waren in der Nachkriegszeit und auch in den Clubs der amerikanischen und britischen Besatzungsmacht beliebt. In den USA war der Jazz bis in das dritte Jahrzehnt des 20. Jahrhunderts vor allem »funktionale Tanzmusik« gewesen, stellt der Musikwissenschaftler Wolfgang Sandner fest.[246] Erst Ende der 1930er Jahre löste sich die Jazzmusik vom Tanz und wurde zur Kunst. Die Form der Jazzmusik, die hauptsächlich in den Clubs gespielt wurde, war jedoch Unterhaltungsmusik, zu der vor allem getanzt werden konnte. Dennoch bewerteten auch deutsche Jazzmusikerinnen und -musiker der damaligen Stunde Jazz nicht primär als Tanzmusik. Sie sahen das Tanzen »vielmehr als Ausdruck intensiv empfundener Körperlichkeit dieser Musik«[247]. Letztlich wurde in

242 Vgl. Monthly Report, 21.5.-20.6.1947, RG 200, National Archives Gift Collection, Records of the American National Red Cross, 1946–1964, Box 1925, Folder: Corral Club Ulm, NACP.

243 Vgl. Monthly Report, 21.7.1947, RG 200, National Archives Gift Collection, Records of the American National Red Cross, 1946–1964, Box 1925, Folder: Corral Club Ulm, NACP.

244 Program Report, August 1946, RG 200, National Archives Gift Collection, Records of the American National Red Cross, 1935–1946, Box 1531, Folder: Nürnberg Club, NACP.

245 Vgl. Moser, Anona, Monthly Narrative Report, 19.4.1947, RG 200, National Archives Gift Collection, Records of the American National Red Cross, 1946–1964, Box 926, Folder: Old Heidelberger Club, NACP.

246 Vgl. Sandner, Wolfgang, Der Jazz und die Künste, in: ders. u.a. (Hg.), Jazz, Lilienthal 2005, S. 255–272, hier S. 259.

247 Taubenberger, »The Sound of Democracy – The Sound of Freedom«, S. 94.

den Clubs zu Swing- und Jazzmusik getanzt – unabhängig von der damaligen Diskussion über die Jazzmusik als eigene Kunstform. Bereits um die Jahrhundertwende hatten afroamerikanische Ensembles die populären Tänze europäischen Ursprungs wie *Two-Step* und Polka in die sogenannten *Rag dances* verwandelt. Unter diesem Namen wurden zahlreiche Tänze gefasst, deren Wurzeln in afrikanischen Tanzriten lagen. Sandner führt aus, dass

> »populäre Tanzformen europäischer Provenienz und afroamerikanisch inspirierte Tänze [...] bei Veranstaltungen durchaus nebeneinander bestehen, wenn etwa zu fortgeschrittener Stunde und entsprechender Gesellschaft die standardisierten, formelhaften Schrittfolgen durch jene ersetzt wurden, bei denen der ganze Körper und vor allem die in europäischen Tänzen vernachlässigten Körperpartien wie Schultern, Hüften, überhaupt die Beckenregion eingesetzt wurden«[248].

In den 1920er Jahren erlangte dann auch der *Charleston* große Popularität. Um 1927 gewann der *Lindy Hop* an Einfluss, ein Tanz, der noch mehr Raum für Improvisation bot und aus dem später unter anderem der *Jitterbug* hervorging.[249] Der *Lindy Hop* und die daraus weiterentwickelten Tänze kamen nach dem Zweiten Weltkrieg auch nach Deutschland. Nicht in allen amerikanischen und britischen Clubs, aber doch in vielen wurde Swing- und Jazzmusik gespielt und dazu getanzt. Ob nun der *Lindy Hop*, *Boogie-Woogie*, *Bebop* oder *Jitterbug*, die Tänze erfreuten sich nach dem Krieg auch in der deutschen Bevölkerung großer Beliebtheit. Während des Nationalsozialismus war neben der Jazz- und Swingmusik auch das Tanzen dazu unerwünscht gewesen. Tanzende wurden mitunter verfolgt und bestraft.[250]

Die amerikanischen Besatzungssoldaten machten die Tänze in Deutschland populär. Das Magazin *Der Spiegel* veröffentlichte am 5. Mai 1947 zwei Fotos tanzender Paare im Berliner Delphi-Palast, damals ein Tanzpalast, mit der Bildunterschrift: »Das amerikanische Tempo importierten die Ami-Soldaten nach Berlin. Im *Delphi-Palast* bringen sie ihren deutschen ›girl friends‹ den Ausdruck amerikanischer Lebensfreude, den einfallsreichen Tanz *Jitterbug*, bei [Herv.i.O.].«[251] Die Fotos zeigen junge Frauen in kurzen Kleidern und Soldaten in Uniformen, die gemeinsam tanzen. Teile des gesellschaftlichen Diskurses in Deutschland sahen die Tänze afroamerikanischen Ursprungs kritisch, denn sie würden – neben den rassistischen Vorbehalten – das Moralverständnis der Jugend herabsetzen. Die Historikerin Uta Poiger fasst in ihrer Studie zusammen, dass besonders zum Ende der 1940er Jahre und bis in die erste Hälfte der 1950er Jahre Debatten über Western, Gangster-Geschichten und Jazz die Themen waren, an denen der negative amerikanische Einfluss auf die deutschen jungen Männer und Frauen diskutiert wurden.[252] Der Moralverlust war ein Schlagwort, das auch die Freude am Tanzen anpran-

248 Sandner, Der Jazz und die Künste, in: ders.u.a. (Hg.), Jazz, S. 260.

249 Vgl. ebd., S. 261.

250 Vgl. Knauer, Wolfram, Jazz, in: La Motte-Haber, Helga de u.a. (Hg.), Dokumente zur Musik des 20. Jahrhunderts. Teil 2, Lilienthal 2011, S. 93–137, hier S. 112.

251 Das amerikanische Tempo, in: Der Spiegel, No. 18, 3.5.1947, S. 2.

252 Vgl. Poiger, Uta G., Jazz, Rock, and Rebels. Cold War Politics and American Culture in a Divided Germany, Berkeley 2000, S. 31.

gerte. Das Gesundheitsamt in Köln befragte zum Beispiel mit Geschlechtskrankheiten infizierte Frauen, ob sie Alkohol tranken, rauchten, gerne tanzten und ins Kino gingen. Von 80 Frauen und 22 Jugendlichen gaben 25 Prozent bzw. 55 Prozent an, dass sie leidenschaftlich tanzen gehen würden.[253] Im Bericht hieß es: »Dieser kurze Hinweis möge ein Schlaglicht auf die Bedeutung der Süchtigkeitsfürsorge werfen mit ihrer Aufgabe auch in der Bekämpfung der Geschlechtskrankheiten.«[254] Noch deutlicher wurde ein Vertreter des Diakonischen Werkes bei einer Tagung am 15. Januar 1948 zu sexualpädagogischen Maßnahmen gegen die Verbreitung von Geschlechtskrankheiten. Er zählte einige Gründe für die starke Zunahme von Kriminalität, sexueller Hemmungslosigkeit und Geschlechtskrankheiten auf; darunter sah er unter anderem die allgemeine Bar-Atmosphäre, Jazzmusik, mondäne Kleidung und Attraktionen sowie Alkohol und Tabak.[255]

Die während des Nationalsozialismus verfestigte rassistische Einstellung gegenüber Jazzmusik und den dazugehörigen Tänzen – eine Unterscheidung der verschiedenen Tänze fand im Diskurs nicht statt – verschwand nicht mit dem Einmarsch der Alliierten. 1954 beschrieb der Journalist Benno Wundshammer unter dem Titel *Die Goldene Pest* eine Szene in einem amerikanischen Club in Kaiserlautern. Der Text besteht aus bekannten rassistischen Vorurteilen gegenüber afroamerikanischen Soldaten. Neben Darstellungen der ›unzivilisierten‹ Männer verknüpfte er die Afroamerikaner auf herablassende Art mit triebgesteuerter Sexualität. Sie seien auf der Jagd nach weißen Frauen gewesen, die eine »allzu leichte Beute«[256] gewesen seien. Auch der Historiker Michael Kater fasst zusammen, dass Sexualität stets zur Verunglimpfung der Jazzmusik und der Tänze geführt habe:

> »The danger that a combination of African-Americans and jazz would ravage German youth, in particular the pretty German girls GIs of any color were eager to sleep with. The erotic quality of jazz had been one of its trademarks since its inception, but it could be used by foes of the genre by construing connections to milieu factors commonly associated with sexual promiscuity. This had been at the core of many Nazi arguments. And in post-war western Germany, the natural association of jazz with sex was undeniable.«[257]

Hieraus speiste sich die gesellschaftliche Kritik, die an Frauen geübt wurde, die mit amerikanischen Soldaten in deren Clubs tanzen gingen. Auch Poiger stellt fest, dass in den Augen vieler Deutscher die Beziehungen zwischen Amerikanern und deutschen Frauen und die damit einhergehenden materiellen Vorteile, »or the dances they danced with them, confirmed a link that had a long history in German anti-Americanism: the link

253 Vgl. Sozialpädagogische Maßnahmen zur Bekämpfung von Geschlechtskrankheiten, von Verwaltungsrätin Dr. Ziskoven, Gesundheitsamt Köln, CAW 560, ADW.

254 Ebd.

255 Vgl. Sexualpägogische Maßnahmen gegen die Geschlechtskrankheiten, Auszug aus dem Referat von Direktor Czeloth bei der Tagung der Deutschen Gesellschaft zur Bekämpfung der Geschlechtskrankheiten Landesgruppe Westfalen, 15.1.1948, CAW 560, ADW.

256 Wundshammer, Benno, Deutsche Chronik 1954, Stuttgart 1955, S. 155.

257 Kater, Michael, New Democracy and Alternative Culture. Jazz in West Germany after the Second World War, in: Australian Journal of Politics and History, 52, 2 (2006), S. 173–187, hier S. 184.

between consumption and the oversexualization of women«[258]. In den amerikanischen Clubs selbst waren die Tänzerinnen und Tänzer vor derartigen Anfeindungen weitgehend geschützt. Neben regelmäßigen Tanzabenden veranstalteten die Clubs auch Wettbewerbe. Der *Palmgarden Club* in Frankfurt a.M. lud am 30. August 1946 zum *Jitterbug*-Wettbewerb ein: »Anyone can enter – provided of course, you know how to jitterbug, or at least do a reasonable facsimile of same. Prizes will be awarded to the winners. Even if you don't want to enter the contest, come anyway and spectate, as well as dance to the tunes of that GI Band [...] The Ambassadors.«[259] Auch im *Wasserburg Town Club* in der oberbayrischen Stadt Wasserburg am Inn konnten sich die Tanzenden am 31. Oktober 1945 miteinander messen. Ein Paar beeindruckte das Publikum mit einem *Jitterbug* besonders, erhielt den meisten Applaus und gewann damit den Wettbewerb.[260]

5.3.3 Der Soldat als Patriot: Washington's Birthday, Memorial Day und State-Nights

»Who could let Washington's birthday go by without a ball?«[261], fragte die Clubleiterin des *Big Wheel Club* in Weiden rhetorisch in ihrem Monatsbericht vom März 1948. Tatsächlich feierten alle amerikanischen Clubs den ersten Präsidenten Amerikas am 22. Februar jeden Jahres. Der erste Feiertag zu Ehren eines Präsidenten wurde im Jahr 1879 durch einen *Act of Congress* für den *District of Columbia* festgelegt und galt seit 1885 für alle Bundesstaaten. Er gehörte damit neben Weihnachten, Neujahr, dem Nationalfeiertag am 4. Juli und *Thanksgiving* zu den offiziellen amerikanischen Feiertagen.[262]

Als erster Präsident hatte George Washington eine besondere Bedeutung für das nationale Selbstverständnis der meisten Amerikanerinnen und Amerikaner, denn er prägte durch seine Präsidentschaft die Entwicklung des Landes maßgeblich. *Washington's Birthday* war demnach ein patriotischer Tag, an dem der Stolz auf das Land und die Nation im Vordergrund stand. Trotz der Bedeutung dieses Tages stellte die Clubleiterin in Weiden fest, dass »some of the fellows hardly seemed to know why they were getting a holiday«[263]. Daher sahen sich die Angestellten in zweifacher Hinsicht in der Verantwortung: Zum einen mussten sie die unwissenden Soldaten aufklären, um ihre Bildung zu erweitern, zum anderen wollten sie allen Gästen ein patriotisches Fest bescheren.

---

258 Poiger, Jazz, Rock, and Rebels, S. 36.

259 Palmgarden Weekly, Programm 25.-31. August 1946, 24.8.1946, S3-9137, ISG FFM.

260 Vgl. Narrative Report, October 1945, 31.10.1945, RG 200, National Archives Gift Collection, Records of the American National Red Cross, 1935–1946, Box 1531, Folder: Wasserburg Town Club, NACP.

261 Monthly Report February-March 1948, RG 200, National Archives Gift Collection, Records of the American National Red Cross, 1946–1964, Box 1925, Folder: 900.11/6161, Big Wheel Club Weiden, NACP.

262 Seit 1971 heißt der Feiertag *Presidents' Day* und wird an jedem dritten Montag im Februar gefeiert. In den meisten Bundesstaaten ist es bis heute ein Feiertag. Inzwischen wird an diesem Tag aller Präsidenten Amerikas gedacht.

263 Monthly Report February-March 1948, RG 200, National Archives Gift Collection, Records of the American National Red Cross, 1946–1964, Box 1925, Folder: 900.11/6161, Big Wheel Club Weiden, NACP.

Die Dekoration der Räume war hierbei sehr wichtig. Angefangen mit Bildern, die George Washington und seine Frau Martha zeigten, über Flaggen bis hin zu Plakaten mit bekannten Zitaten Washingtons wie »Let us raise a standard to which the wise and honest can repair«[264] – der Nationalstolz war überall sichtbar. Im *Big Wheel Club* in Weiden hatten die Angestellten ein großes Banner aufgehängt, auf dem in Großbuchstaben »George Washington, father of our country« geschrieben stand.[265] Im Monatsbericht lobte die Clubleiterin sich selbst und die Angestellten dafür, die Aufgabe »bringing America completely to us« erfolgreich gemeistert zu haben.[266]

Traditionell spielte die Kirsche an *Washington's Birthday* eine große Rolle. Denn einer Geschichte aus Washingtons Kindheit zufolge bekam er als Sechsjähriger von seinem Vater ein Beil geschenkt. Er schlug alles entzwei, was ihm auf seinem Weg begegnete, auch einen englischen Kirschbaum im Garten. Als Washingtons Vater den Baum entdeckt, stellte er seinen Sohn zur Rede. Dabei fiel angeblich der noch heute bekannte Satz Washingtons: »I cannot tell a lie«, als er seinem Vater gestand, den Baum mit dem Beil zerstört zu haben. Im *Ansbach Club* waren diese zwei Szenen auf die Wand hinter der Bühne gemalt. Das erste Bild zeigte einen Jungen, der mit einem Beil die Äste eines Kirschbaums abtrennt. Auf dem zweiten Bild hat der Vater den Jungen über seine Knie gelegt und schlägt zu. Daneben stand: »I cannot tell a lie«.[267] Kirschen und Beile aus Papier schmückten den Raum und erinnerten an die Geschichte des kleinen Jungen, der aus Respekt vor seinem Vater ehrlich war und die Strafe annahm. Auch im Club in Weiden dekorierten die Angestellten die Räume mit Zitaten wie »I did it with my little hatchet«.[268] Sie hatten für die Feier sogar einen großen Kirschbaum mit Kirschen aus Papier gebastelt, der prominent auf der Bühne stand. Der *Baum* war von 23 Kuchen umgeben, die ein Soldat für den Abend gebacken hatte. Denn das traditionelle Gericht zur Feier war (und ist noch immer) Kirschkuchen.[269] Im *At Ease Club* in Bremen freuten sich die Gäste im Februar 1946 über einen 75 Pfund schweren Kuchen, der mit Hunderten Kirschen verziert war.[270]

Die Angestellten des *American Red Cross Club* in Weiden wollten bei der Feier so authentisch wie möglich auftreten. Daher beschlossen sie, ihre Haare in einer historischen Frisur zu tragen. Sie verwandelten sich mit Hilfe eines Friseurs alle zu Martha Washington und trugen Abendkleider. Die Gäste trugen Anzüge statt Uniformen. Im *Crossroads*

264 Ebd.

265 Vgl. ebd.

266 Ebd.

267 Vgl. Program Report, 21.2.-20.3.1948, RG 200, National Archives Gift Collection, Records of the American National Red Cross, 1946–1964, Box 1925, Folder: 900.11 Ansbach Town Club, NACP.

268 Vgl. Monthly Report February-March 1948, RG 200, National Archives Gift Collection, Records of the American National Red Cross, 1946–1964, Box 1925, Folder: 900.11/6161, Big Wheel Club Weiden, NACP.

269 Vgl. Anthony, Carl, New Evidence Tells Truth of George Washington's Cherry Tree Tale, unter: http://web.archive.org/web/20150710063814/http://carlanthonyonline.com/2012/02/20/new-evidence-tells-truth-of-george-washingtons-cherry-tree-tale/, letzter Zugriff am 7. April 2021.

270 Vgl. Marshall, Edna, Monthly Report At Ease Club Bremen, 7.3.1946, RG 200, National Archives Gift Collection, Records of the American National Red Cross, 1935–1946, Box 1530, Folder: At Ease Club Bremen, NACP.

Club in Stuttgart waren sogar die deutschen Kellnerinnen als Martha Washington verkleidet. Sie nahmen somit nicht nur an der Veranstaltung teil, sondern waren aktiv involviert und erlebten den amerikanischen Brauch am eigenen Körper.[271] Die Soldaten und die Angestellten des Roten Kreuzes trugen zwar keine Kostüme, dennoch hatten auch sie jeweils eine spezielle Rolle während des Banketts. Alle Gäste zogen einen Zettel aus einer Box, auf dem ihre politische Position stand: »At the main table were seats for the president, vice president and the cabinet – Secretary of State, Treasury etc. Also there were seats for the opposites of the present cabinet such as Secretary of Exterior, Sec. of Bankruptcy, Sec. of Loafing (every GI desired this part) Sec. of strikes etc.«[272] Der Präsident und sein Kabinett saßen am Kopf der Tafel.[273]

Ein weiteres beliebtes Spiel während der Feiern, das Tanz und Unterhaltung vereinte, waren *elimination dances*. Im *Ansbach Club* war der *Crossing-the-Delaware*-Stopptanz ein Höhepunkt des Abends. Auf der Tanzfläche war ein Fluss gemalt und alle Paare, die im Fluss stehen blieben, wenn die Musik angehalten wurde, schieden aus.[274] Auch der *Big Wheel Club* veranstaltete einen *hatchet elimination dance*. Der Preis für das Paar, das am längsten auf der Tanzfläche blieb, war ein Kirschkuchen. Zusätzlich gewannen über den Abend verteilt 23 Gäste jeweils einen Kuchen. Alle hatten beim Betreten des Clubs ein nummeriertes Beil aus Papier bekommen. Im Verlauf der Veranstaltung zog eine Angestellte des Clubs immer wieder Nummern, die dann einen Kuchen gewannen.[275] Einige Clubs veranstalteten zusätzlich Ratespiele, wie zum Beispiel *Washington didn't have it so good*. Hierbei ging es um modernen Komfort, den es zu George Washingtons Lebzeiten nicht gegeben hatte. Die Soldaten erinnerte es – neben dem Unterhaltungseffekt – an die Annehmlichkeiten, über die sie sowohl zu Hause in den USA als auch in Deutschland verfügen konnten.[276]

Patriotisches Verhalten war bei den Feiern zu Ehren des ersten Präsidenten erwünscht. Die Gäste konnten feiern und sich amüsieren, während die gesamte Veranstaltung Nationalstolz transportieren sollte. Der Feiertag wurde vom Großteil der amerikanischen Bevölkerung gefeiert – in den USA und in Übersee. Dass nicht alle Offiziere und Soldaten gleichermaßen patriotisch waren, steht außer Frage. Doch die Veranstaltungen in den amerikanischen Clubs sollten dieses Gefühl bekräftigen.

Auch den *Memorial Day*, der am letzten Montag im Mai begangen wird, feierte die amerikanische Besatzungsmacht in Deutschland. Die Entstehung des Gedenktages geht auf den Amerikanischen Bürgerkrieg zurück. Seit 1868 widmen die Amerikanerinnen

---

271 Vgl. Monthly Narrative Report, 20.2.-20.3.1946, RG 200, National Archives Gift Collection, Records of the American National Red Cross, 1935–1946, Box 1530, Folder: Crossroads Club, NACP.

272 Ebd.

273 Vgl. ebd.

274 Vgl. Program Report, 21.2.-20.3.1948, RG 200, National Archives Gift Collection, Records of the American National Red Cross, 1946–1964, Box 1925, Folder: 900.11 Ansbach Town Club, NACP.

275 Vgl. Monthly Report February-March 1948, RG 200, National Archives Gift Collection, Records of the American National Red Cross, 1946–1964, Box 1925, Folder: 900.11/6161, Big Wheel Club Weiden, NACP.

276 Vgl. Program Report, 21.2.-20.3.1948, RG 200, National Archives Gift Collection, Records of the American National Red Cross, 1946–1964, Box 1925, Folder: 900.11 Ansbach Town Club, NACP.

und Amerikaner ihn den im Krieg Verstorbenen. Besonders im Kontext der unmittelbaren Nachkriegszeit und innerhalb der Armee war der *Memorial Day* ein Anlass zusammenzukommen. Die amerikanischen Clubs luden zu Tanzveranstaltungen ein. Die Räume waren meist mit dem Gedenksymbol der Klatschmohnblumen dekoriert, das auf den Ersten Weltkrieg zurückzuführen ist. Oftmals fanden sich auch die ersten Sätze des Gedichts *In Flanders Fields*, das im Kontext des Ersten Weltkrieges entstanden war, als Dekoration wieder. Der kanadische Offizier John McCrae hatte es 1915 im Gedenken an einen gefallenen Freund verfasst.[277] Es beschreibt unter anderem die blühenden Mohnfelder zwischen den Grabkreuzen im belgischen Flandern.[278] In vielen Clubs wurden an diesem Tag Gottesdienste abgehalten und auch die musikalische Begleitung durch das Tagesprogramm war andächtig. Klassische Instrumente wie Klavier oder Violine sorgten für die musikalische Untermalung, die dem Gedenktag angemessen erschien. Am Abend traten klassische Orchester auf.[279] Anders war es bei den Feiern anlässlich des Sieges über Nazideutschland und der bedingungslosen Kapitulation am 8. Mai, dem *V-Day* (*Victory-Day*). Hier standen die Freude über den Sieg und der Stolz auf die Leistung der eigenen Armee im Vordergrund. Die Clubs boten Unterhaltungsshows mit diversen Künstlerinnen und Künstlern sowie Swing- und Tanzmusik.[280]

Neben den Veranstaltungen, die den nationalen Patriotismus der Besatzerinnern und Besatzer förderten, fanden sogenannte *State-Nights* statt. An diesen Abenden widmete sich der Club jeweils einem Bundesstaat und lud explizit Frauen und Männer aus diesem Staat ein. Während der Berliner *Club 48* am 5. Januar 1946 die Veranstaltungsreihe mit dem Bundesstaat Wisconsin begann,[281] entschied sich der *Crossroads Club* in Stuttgart für New York. In der Ankündigung hieß es: »It will be an excellent chance to meet the next door neighbor who has been in the same outfit and you never knew it. Or you may meet friends you never dreamed were in the ETO.«[282] Für diese besonderen Gäste wurde ein Teil des Speisesaals reserviert. Das Abendprogramm drehte sich rund um New York: Die Band war angehalten, die Wunschlieder der anwesenden New Yorkerinnen und New Yorker zu spielen, es wurden ein Film und einige Trickfilme über den Bundesstaat gezeigt, und die aus New York stammenden Gäste hatten die Gelegenheit, zu singen oder ein Instrument auf der Bühne zu spielen. Auf einer großen Karte konnten sie ihren genauen Wohnort eintragen. Auch an diesem Abend sorgte der Club für das leibliche Wohl: »A buffet style luncheon will be served, and no one will leave

---

277 Vgl. Monthly Report, 21.5,-20.6.1947, RG 200, National Archives Gift Collection, Records of the American National Red Cross, 1946–1964, Box 1925, Folder: Corral Club Ulm, NACP.

278 Das Gedicht lautet: »In Flanders fields the poppies blow/Between the crosses, row on row,/That mark our place; and in the sky/The larks, still bravely singing, fly/Scarce heard amid the guns below./We are the Dead. Short days ago/We lived, felt dawn, saw sunset glow,/Loved, and were loved, and now we lie/In Flanders fields./Take up our quarrel with the foe:/To you from failing hands we throw/The torch; be yours to hold it high./If ye break faith with us who die/We shall not sleep, though poppies grow/In Flanders fields.« McCrae, John, In Flanders Fields. Gedicht, unter: https://www.inflandersfields.be/de/in-flanders-fields-d, letzter Zugriff am 8. August 2020.

279 Vgl. Crossroads News. Weekly Red Cross Events, No. 34, Stuttgart, 25.5.1946, S. 3.

280 Vgl. Crossroads News. Weekly Red Cross Events, No. 31, Stuttgart, 4.5.1946, S. 2.

281 Vgl. Club 48 Honors Individual States, in: The Berlin Observer, 5.1.1946, S. 1.

282 Crossroads News. Weekly Red Cross Events, No. 6, Stuttgart, 10.11.1945.

hungry!«[283] Die *State-Nights* sollten Heimweh entgegenwirken, Soldaten miteinander bekannt machen und die Bindung an den Heimatstaat stärken. An diesen Abenden konnten die Soldaten sich über ihre Wohnorte austauschen, über Dinge, die ihnen besonders fehlten; sie konnten Erinnerungen an die Heimat teilen in der Hoffnung, bald dahin zurückzukehren, oder über Zukunftspläne sprechen.

All diese Veranstaltungen, ob offizielle Feier- oder Gedenktage der USA oder lokalpatriotische Anlässe wie die *State-Nights*, pflegten unterschiedliche emotionale Stile. Die Themen waren durch die Dekoration sowie das Programm in den Clubs gesetzt und die Gäste bewegten sich mit ihren Äußerungen und ihrem Verhalten innerhalb dieses Rahmens. In den Berichten finden sich keine Vermerke über unangebrachtes Verhalten. Die Gäste kamen allerdings freiwillig und im Wissen, welche Veranstaltung sie besuchten. Offiziere und Soldaten, die sich nicht mit den Themen identifizierten oder sich nicht dem emotionalen Stil der Veranstaltung anpassen wollten, blieben den Clubs an diesen Tagen vermutlich fern.

5.3.4 Der Soldat als Familienmensch: Birthday Party, Sweetheart Contest und das Weihnachtsfest

Die Offiziere und Soldaten waren nicht nur einfach Teil der offiziellen Besatzungsmacht, sondern hatten ebenso individuelle familiäre Hintergründe sowie private Interessen und Leidenschaften. Die zivile Person unter der Uniform kam meist nur in der Freizeit oder zu besonderen Anlässen in einer größeren Gruppe zum Vorschein. Bestimmte Veranstaltungen in den Clubs wollten ausdrücklich die Privatperson erreichen, um so die Soldaten auch auf einer privaten Ebene miteinander bekannt zu machen. Die Clubs waren eine Schnittstelle zwischen dem militärischen und dem zivilen Leben. Die Männer sollten als Väter, Ehemänner und Freunde auftreten. Je nach Programm standen unterschiedliche Themen im Vordergrund, die bestimmte Verhaltensweisen, Gesprächsthemen und den Ausdruck unterschiedlicher Gefühle, wie etwa Vaterstolz, begünstigten.

In den amerikanischen Clubs waren *Birthday Parties* am Ende des Monats übliche und beliebte Feste. Alle Geburtstagskinder des vergangenen Monats konnten sich bei der Clubleitung melden und erhielten bei der Feier einen Geburtstagskuchen sowie meist ein kleines Geschenk. Alle interessierten Besatzungsangehörigen konnten an den Feiern teilnehmen, sodass sie die Geburtstage und zum Teil weitere persönliche Informationen über einige Kameraden erfuhren. Im Informationsblatt des *Crossroads Club* in Stuttgart lud die Clubleitung unter der Überschrift »Birthday Party for June Babies« ein: »A special party for June birthdays is being planned for you to help compensate for the one you may have missed having at home.«[284] Während der Feier konnten sich die Gäste von einem Zeichner porträtieren lassen und ein Handleser sagte ihnen die Zukunft voraus.[285] Im *Corral Club* in Ulm führten die Hostessen ein Spiel bei den Geburtstagsfeiern ein, das auch die anderen Gäste unterhalten sollte. Als die Angestellten die Männer, die im Dezember 1948 Geburtstag gefeiert hatten, auf die Bühne ans Mikrofon baten, sollten sie

283 Ebd.

284 Crossroads News. Weekly Red Cross Events, No. 39, Stuttgart, 29.6.1946.

285 Vgl. ebd.

einen Zettel aus einem Hut ziehen und der darauf stehenden Anweisung folgen. Sie hatten sich folgende Aufgaben überlegt, um die Geschenkeübergabe für alle Anwesenden unterhaltsamer zu gestalten:

> »1. Eat your birthday cake with no utensils 2. Tell the story of how you happened to come into the Army 3. Imitate your favorite movie actor 4. Tell us what the class ›A‹ uniform is 5. Ask the ranking men at the dance for a 3 day pass 6. Find a copy of Stars & Stripes for dec. 25 7. Address a Christmas card to Evelyn [club director] and give it to her.«[286]

Auch beim *Sweetheart Contest* gaben die Soldaten persönliche Informationen über sich preis und teilten ein Stück ihres Privatlebens mit den anderen Anwesenden. Zum Valentinstag, am 14. Februar 1946, rief der *Crossroads Club* in Stuttgart dazu auf, ein Foto »of your favorite girl back home in the States« bei der Clubleitung einzureichen. »She may be your mother, your sister, your wife, the girl you are engaged to, or just your best gal.«[287] Der Höhepunkt der Veranstaltung war die Bekanntgabe der drei Gewinnerfotos durch die Angestellten des Clubs.[288] Die Jury bestand aus vier Männern und einer Frau, die in unterschiedlichen Funktionen für die Armee arbeiteten. Sie wählten eine Frau aus Los Angeles als Gewinnerin aus, der über das Telefon zwölf rote Rosen *geschickt* wurden. Die anderen beiden Frauen kamen aus Indiana und West Virginia. »Having these three American lasses reigning as the queens and sweethearts of our dance was a pleasure«, hieß es einige Tage später im Informationsblatt *Crossroads News*.[289] Durch die Fotos und die dadurch hergestellte Verbindung in die Heimat konnten die Soldaten das Verlangen, am Valentinstag bei ihren Partnerinnen oder anderen geliebten Frauen zu sein, kompensieren, und gleichzeitig kamen sie untereinander ins Gespräch, indem sie über ihre Familien, Frauen und Freundinnen redeten.

Alle amerikanischen Clubs luden am 14. Februar zu Tanzveranstaltungen ein, die die Liebe zum Thema hatte. Im *Palmgarden Club* in Frankfurt a.M. schmückte ein großes rotes Herz die Bühne. Auch der Eingang zum Tanzsaal war dekoriert: »To enter the main ballroom everyone steeped through a large frilly red and white heart.«[290] Auch einige britische Clubs wie der *Malcolm Club* in Wahn luden zu einem *Valentine's Dance* ein. Der Club war ebenfalls mit roten Herzen verziert und die Gäste tanzten. Einige weibliche Gäste kamen zur Freude der Soldaten in Abendkleidern.[291]

Sehr beliebt bei den amerikanischen Soldaten waren die *Date-Dance*-Abende. Die Tische wurden bei diesen Veranstaltungen um die Tanzfläche herum angeordnet. Wenn ein bestimmtes Signal ertönte, veränderten sich die Paarkonstellationen, sodass möglichst viele verschiedene Menschen während des Abends miteinander sprachen und

---

286 Program Report for the Periode December 21-January 20, 1948, RG 200, National Archives Gift Collection, Records of the American National Red Cross, 1946–1964, Box 1926, Folder: Corral Club Ulm, NACP.

287 Crossroads News. Weekly Red Cross Events, No. 17, Stuttgart, 26.1.1946.

288 Vgl. ebd.

289 Crossroads News. Weekly Red Cross Events, No. 72, Stuttgart, 22.2.1947.

290 Narrative Report February Palmgarden Club, 7.3.1946, RG 200, National Archives Gift Collection, Records of the American National Red Cross, 1935–1946, Box 1531, Folder: Palmgarden Club, NACP.

291 Vgl. o.A., Valentine Dance at Malcolm, in: Over to You. RAF Wahn, No. 83, 15.2.1947.

tanzten.[292] Die weiblichen Gäste waren beim amerikanischen Roten Kreuz Angestellte sowie eingeladene Britinnen und Französinnen.

Bei den *Blind-Date*-Abenden standen ebenfalls die Soldaten als Privatpersonen im Fokus, die hofften, eine Verabredung mit einer Frau zu gewinnen. Die *American Red Cross Hostesses* waren sowohl für die Planung als auch für die Umsetzung zuständig. In der Regel gewannen die Soldaten eine Verabredung mit einer von ihnen. Im *Club Eagles' Roost* im bayrischen Neubiberg waren drei der Angestellten die *Blind Dates*. Über ein Feldtelefon konnten die Soldaten Kontakt zu den Frauen, die hinter einer Trennwand saßen, aufnehmen, um nach einer Verabredung zu fragen. Einige taten das, indem sie den Frauen – zum Amüsement des Publikums – übertrieben schmeichelten. Das Publikum stimmte durch die Lautstärke des Applauses über den Gewinner ab. Das Paar wurde einander vorgestellt und fuhr in der darauffolgenden Woche einen Abend nach München.[293]

Auch beim *What do you know about women contest* im Mai 1947 im *Corral Club* stand das weibliche Geschlecht im Mittelpunkt – allerdings auf eine ganz andere Weise. An diesem Abend ging es nicht darum, den anwesenden *Red-Cross*-Angestellten zu schmeicheln, sondern um einen Austausch von Ansichten. Die Männer unterhielten sich über einzelne Themen, die das weibliche Geschlecht und Paarbeziehungen betrafen. Die Angestellten hielten im Monatsbericht fest, »that most men definitely do not prefer career women, although one boy did say: ›Yes, because it shows she has ambition in life.‹ The majority preferred slender brunettes who have a sense of humor and can cook.«[294]

Je nach Veranstaltung waren unterschiedliche Themen präsent, die das Verhalten der Gäste beeinflussten. Deutlich wird das auch am Beispiel der *Little Sweetheart Parties*, die in regelmäßigen Abständen stattfanden.[295] Die Offiziere und Soldaten brachten ihre Kinder mit in die Clubs und konnten Kontakte zu anderen Vätern knüpfen. Alle anwesenden Männer vereinte die Vaterrolle. Auch für Männer, deren Kinder nicht in Deutschland waren, boten die Abende einen Anlass, an die Familie zu denken und sich mit anderen Vätern auszutauschen. Der *American Red Cross Club* in Heidelberg lud an Ostern 1947 alle amerikanischen Kinder zur Ostereiersuche ein. Während die Kinder Eier suchten, konnten die Eltern frühstücken und sich mit anderen Familien bekannt machen.[296]

Für Offiziere und Soldaten, die während ihrer Abwesenheit Vater geworden waren, veranstalteten die Clubs *Baby Picture Contests*. Im *GI Junctino* in Karlsruhe reichten 25 Sol-

292 Vgl. Department of the Air Force, Personnel Services, S. 43.

293 Vgl. Lesman, Bette, Field Director's Report, 21.2.-17.3.1948, RG 200, National Archives Gift Collection, Records of the American National Red Cross, 1946–1964, Box 1926, Folder: Eagles' Roost Club, NACP.

294 Program Report for the Periode December 21-January 20, 1948, RG 200, National Archives Gift Collection, Records of the American National Red Cross, 1946–1964, Box 1926, Folder: Corral Club Ulm, NACP.

295 Wie beispielsweise im *Crossroads Club* in Stuttgart oder im *American Red Cross Club* in der Flak-Kaserne in München. Vgl. Crossroads News; Program Forecast, January 1948, RG 200, National Archives Gift Collection, Records of the American National Red Cross, 1946–1964, Box 1926, Folder: Flak Casern Club, NACP.

296 Vgl. Moser, Anona, Monthly Narrative Report, 19.4.1947, RG 200, National Archives Gift Collection, Records of the American National Red Cross, 1946–1964, Box 926, Folder: Old Heidelberger Club, NACP.

daten Fotos ihrer Babys ein und etwa 100 Soldaten stimmten über ein Gewinnerfoto ab.[297] Ähnlich verliefen die Veranstaltungen auch in anderen Clubs wie dem *Mittelhof Manor Club* in Berlin-Nikolassee[298], dem *American Red Cross Club* in Hammelburg in der Nähe von Würzburg[299], *The Spot* in Bremerhaven[300] und dem *Wander Inn* in Bensheim[301]. Die Väter konnten ihren Stolz über den Nachwuchs zum Ausdruck bringen, während der Rahmen der Veranstaltung gleichzeitig anbot, Heimweh, Sehnsucht nach der Familie und nach dem Baby, das viele nur von einem Foto kannten, zu thematisieren.

In anderen amerikanisch besetzten Ländern gab es ähnliche Praktiken. Eine Veranstaltung, die im besetzten Japan zum Vatertag angeboten wurde, hieß *Dad for a day*. Japanische Waisenkinder kamen an diesem Tag in die Clubs und die Soldaten verbrachten als ›Väterersatz‹ einen Nachmittag mit jeweils einem Kind.[302] In einer Beschreibung des Programms, das 1961 in einer Armeebroschüre als sehr erfolgreich beschrieben wurde, heißt es: »The council decided on a Father's day program, in the form of an Orphan's Party, which would also benefit the post enlisted personnel by bringing them into contact with children on a day when most of them might be ›homesick‹ for their own families in the states [Herv.i.O.].«[303] Auch in Deutschland versuchten die amerikanischen Clubs den Soldaten eine Möglichkeit zu geben, den Vatertag zu feiern. Am 15. Juni 1947, zum Vatertag, kamen 60 jüdische Waisenkinder in den *Corral Club*. Sie sahen zwei Filme und bekamen heiße Schokolade und Kekse serviert. Einige Soldaten verbrachten den gesamten Tag mit den Kindern.[304]

Britische Clubs veranstalteten seit August 1946 regelmäßig Feiern für deutsche Kinder.[305] Besonders zu den Weihnachtsfeiertagen gaben sich die Angestellten der Clubs und einige Angehörigen der Militärregierung große Mühe:

> »Last year [1946] some excellent Christmas parties were given for German children in various parts of the Zone and in Berlin, and it is known that many members of the Commission were generous and self-denying in foregoing rations, chocolate, sweets

297 Vgl. Green, Betty, Monthly Report, February 1946, 3.3.1946, RG 200, National Archives Gift Collection, Records of the American National Red Cross, 1935–1946, Box 1530, Folder: GI Junction Karlsruhe, NACP.

298 Vgl. Ferris, Anne, Narrative Report, November 1945, RG 200, National Archives Gift Collection, Records of the American National Red Cross, 1935–1946, Box 1531, Folder: Mittelhof Manor Club Berlin, NACP.

299 Vgl. Narrative Report, January 1946, RG 200, National Archives Gift Collection, Records of the American National Red Cross, 1935–1946, Box 1530, Folder: Lager Hammelburg Club, NACP.

300 Vgl. Narrative Report, December 1945, 29.12.1945, RG 200, National Archives Gift Collection, Records of the American National Red Cross, 1935–1946, Box 1531, Folder: The Spot Club, NACP.

301 Vgl. Narrative Report for December, RG 200, National Archives Gift Collection, Records of the American National Red Cross, 1935–1946, Box 1531, Folder: Wander Inn Bensheim, NACP.

302 Siehe Headquarters Department of the Army, Program Projects from ›Operation Service Club‹. Army Pamphlet 28–2, 23.10.1961, S. 97–100.

303 Ebd., S. 97.

304 Vgl. Monthly Report, 21.5.-20.6.1947, RG 200, National Archives Gift Collection, Records of the American National Red Cross, 1946–1964, Box 1925, Folder: Corral Club Ulm, NACP.

305 Vgl. Parties for German Children, 28.8.1946, FO 1030/172, TNA.

etc., and that some of the organisers went to infinite pains to make their parties a success.«[306]

An Weihnachten 1947 sollten wieder zahlreiche deutsche Kinder, besonders aus armen Verhältnissen und junge Kinder, in britische Clubs eingeladen werden. Es sei darauf zu achten, dass die Feiern nicht »ostentatious« seien, um negative Kommentare in der Presse zu vermeiden. Die bereitgestellten Lebensmittel mussten die Organisatorinnen und Organisatoren von ihren eigenen Rationen nehmen oder aus Resten von anderen Veranstaltungen gewinnen. Außerdem erhielten sie Spenden für ihr Vorhaben von Angehörigen der Besatzungsmacht. Extrarationen für diesen Zweck lehnte die britische Militärregierung ab.[307] Aber nicht nur zu Weihnachten fanden solche Feiern statt. Zur Zeit der Berliner Luftbrücke 1949 etwa lud der britische *Red Shield Club* in Berlin circa 50 blinde Kinder ein. Die Angestellten und einige Soldaten versorgten die Kinder mit einer Mahlzeit und spielten mit ihnen.[308]

Weihnachtsfeier im Take A Break Club in Bremen (1945)

U.S. Army Signal Corps, Public Relations Office, Bremen Port Command, Bremen Port Command's GI's Paradise, Bremen 1946.

Auch die amerikanischen Clubs luden regelmäßig Kinder zu besonderen Anlässen ein, insbesondere zu den Weihnachtsfeiertagen. Im *Corral Club* in Ulm nahmen insgesamt 700 Kinder an den Nachmittagsveranstaltungen am 22., 23. und 24. Dezember teil. Die Feier begann um 14 Uhr mit einem Chor, an den sich ein Puppenstück anschloss.

306 Christmas Parties for German Children, 15.10.1947, FO 1032/1368, TNA.

307 Vgl. ebd.

308 Siehe British Army Official Photographer, British Forces in Berlin, Germany 1949–1960, The British Forces Red Shield Club Gives a Party for Blind Children in Berlin, BER 49–131-001, IWM.

Um 14.45 Uhr bekamen die Kinder Kakao und Doughnuts serviert. Es folgte erneut ein Chor, dann wurde ein Weihnachtsgedicht vorgelesen. Um 15.30 Uhr erhielten die Kinder Geschenke von einem Weihnachtsmann und es wurde ein letztes Mal gesungen. Um 16 Uhr war die Feier beendet, die draußen wartenden Eltern nahmen ihre Kinder wieder in Empfang.[309] Solche Veranstaltungen hatten vor allem zwei Aspekte: Zum einen übernahmen die Clubs mit ihnen Verantwortung gegenüber der notleidenden deutschen Gesellschaft. Zum anderen boten sie den Soldaten die Möglichkeit, mit Kindern in Kontakt zu kommen und sich wohltätig zu engagieren.

Die Sehnsucht nach der eigenen Familie war besonders an Feiertagen groß, sodass die amerikanischen Clubs an *Thanksgiving*, Weihnachten, Silvester und Neujahr einen großen Zulauf an Gästen hatten, die diese Tage in Gemeinschaft verbringen wollten. An *Thanksgiving* Ende November stand besonders das Essen, aber auch die Religion im Vordergrund. Die Clubs bemühten sich um ein vielfältiges Buffet, das von den Gästen, auch ohne Truthahn, begeistert angenommen wurde. In vielen Clubs fand anschließend eine Tanzveranstaltung statt. Im *At Ease Club* in Bremen planten die Angestellten das Fest über einen Monat lang. Die größte Sorge war dabei nicht die Verpflegung, sondern genügend Frauen als Tanzpartnerinnen für die Soldaten zu finden.[310] Doch am 4. Dezember schrieb die Clubleiterin Eileen Dierkes in ihren monatlichen Bericht, dass auch dank der 50 britischen und amerikanischen Frauen, die zum Tanz erschienen, der *Thanksgiving*-Abend der Höhepunkt des Monats gewesen sei.[311] In vielen Orten bat der Militärgeistliche vor Ort sogar um Unterstützung, um dem Andrang angemessene Gottesdienste in den Clubs abhalten zu können.[312]

Weihnachten, Silvester und Neujahr waren ebenfalls Feiertage, an denen die Gäste zahlreich in die Clubs kamen. Die Clubleitungen sorgten für ansprechende Speisen und ein Unterhaltungsprogramm, das »as much like a Christmas in the States as possible«[313] war. Besonders die Dekoration der Clubs sollte an das Weihnachtsfest in der Heimat erinnern. Im *Take a Brake Club* in der Nähe von Bremen stand ein großer Weihnachtsbaum auf der Bühne neben einem Klavier, an dem eine Angestellte Weihnachtslieder spielte. Eine große amerikanische Flagge hing über der Bühne, die einen »touch of home«[314] versprühen sollte. Der *Palmgarden Club* in Frankfurt a.M. stattete sich ebenfalls mit großen geschmückten Weihnachtsbäumen aus und dekorierte die Fenster mit Schneekugeln

---

309 Vgl. Monthly Report, 21.12.1947-20.1.1948, RG 200, National Archives Gift Collection, Records of the American National Red Cross, 1946–1964, Box 1925, Folder: Corral Club Ulm, NACP.

310 Vgl. Dierkes, Eileen, Narrative Report October 1945, 4.11.1945, RG 200, National Archives Gift Collection, Records of the American National Red Cross, 1935–1946, Box 1530, Folder: ETO (Germany) Bad Nauheim Club, NACP.

311 Vgl. Dierkes, Eileen, Narrative Report November 1945, 4.12.1945, RG 200, National Archives Gift Collection, Records of the American National Red Cross, 1935–1946, Box 1530, Folder: ETO (Germany) Bad Nauheim Club, NACP.

312 Vgl. Monthly Narrative Report for Clubs in Occupied Territory, November 1947, RG 200, National Archives Gift Collection, Records of the American National Red Cross, 1946–1964, Box 1896, Folder: 900.118 Club Department Reports, NACP.

313 Monthly Report December, 31.12.1945, RG 200, National Archives Gift Collection, Records of the American National Red Cross, 1935–1946, Box 1530, Folder: ETO (Germany) Hess Lichtenau Club, NACP.

314 Public Relations Office, Bremen Port Command, Bremen Port Command's GI's Paradise, S. 25.

aus Baumwolle.[315] Im *American Red Cross Club* in Starnberg begannen die Angestellten Anfang Dezember mit den Vorbereitungen und verschönerten den Club aufwendig. Sechs geschmückte Weihnachtsbäume befanden sich hier. Der Baumschmuck bestand aus selbstgebastelten Pompons, bemalten Tischtennisbällen und Ketten sowie gebastelten Körben. Eiszapfen wurden aus silberfarbenem Papier und Wattebällen gefertigt.[316] Am Weihnachtsabend wurde gesungen, getanzt und gemeinsam gegessen. In vielen Clubs gehörte auch ein Weihnachtsmann, der Geschenke brachte, ebenso wie Charles Dickens' *A Christmas Carol* zum Programm.[317] Im Club in Bad Nauheim konnten die Soldaten sich Weihnachtskarten von einem Zeichner malen lassen, die sie nach Hause schickten.[318] So wurde die Verbindung zur Familie auch während der Veranstaltung aufrechterhalten. Die Räume der Clubs waren Ersatz für das heimische Wohnzimmer und die Anwesenden versuchten so die Abwesenheit der eigenen Familie auszugleichen.

Wenige Tage nach dem Weihnachtsfest bereiteten sich die Clubs auf den Jahreswechsel vor. »In changing over to a New Year's theme we replaced the Merry Christmas signs with Happy New Year, and had a gay time throwing serpentine over the light fixtures etc. The results were almost like a New Year's Eve at home«[319], schrieb Mildred Dunshee aus dem *Hersfeld American Red Cross Club* in ihrem Bericht am 10. Januar 1946. Ebenso wie zu Weihnachten war auch der *New Year's Eve* ein bedeutsamer Tag, sowohl für die Offiziere und Soldaten als auch für die Clubs. Die Gäste sollten sich wohlfühlen und einen schönen Tag verbringen können, auch wenn sie vielleicht Heimweh oder Sehnsucht nach der Familie hatten.

5.3.5 Der Soldat als Spieler: Monte Carlo Night, Horse Racing und Dagwood Contests

> »Next week our printing presses will roll off a few million dollars and we'll be set to place bets – for its Monte Carlo Night again. Many of you had a good time at the gambling tables two months ago […]. Repeat performance is at 20.00 in the lounge next Saturday, March 22. We hope you will all be in the chips again.«[320]

Die *Monte Carlo Night* war eine Veranstaltung, die in allen amerikanischen Clubs während der Besatzungszeit stattfand. Glücksspiel, bei dem Geld eingesetzt wurde, war den Besatzungsangehörigen verboten, sodass die Clubs eine Alternative anboten, damit die

315 Vgl. Narrative Report, December 1945, 2.1.1946, RG 200, National Archives Gift Collection, Records of the American National Red Cross, 1935–1946, Box 1531, Folder: Palmgarden Club, NACP.

316 Vgl. Mallory, Jane H., Narrative Report December 1945, RG 200, National Archives Gift Collection, Records of the American National Red Cross, 1935–1946, Box 1531, Folder: Starnberg Club, NACP.

317 Vgl. Narrative Report for December, RG 200, National Archives Gift Collection, Records of the American National Red Cross, 1935–1946, Box 1531, Folder: Wander Inn Bensheim, NACP.

318 Vgl. Dierkes, Eileen, Narrative Report November 1945, 4.12.1945, RG 200, National Archives Gift Collection, Records of the American National Red Cross, 1935–1946, Box 1530, Folder: ETO (Germany) Bad Nauheim Club, NACP.

319 Dunshee, Mildred, Monthly Narrative Report, 10.1.1946, RG 200, National Archives Gift Collection, Records of the American National Red Cross, 1935–1946, Box 1530, Folder: Club Hersfeld, NACP.

320 Crossroads News. Weekly Red Cross Events, No. 75, 15.3.1947, S. 2.

Soldaten unter anderem Poker, Roulette und Blackjack spielen konnten.[321] Auch wenn sie nur um Spielgeld spielten, waren die *Monte Carlo Nights* äußerst beliebt. Die Clubleitungen gaben sich bei der Umsetzung des Programms große Mühe. So berichtete eine Direktorin:

> »It is our job when we stage Monte Carlo in a service club to project ourselves in imagination into the role of manager of the house. From our enthusiasm, it is an easy step to stimulate the players and operators who assist, to the point where they treat their thousands of phony dollars with the seriousness of real money.«[322]

Die meisten Soldaten ließen sich darauf ein. Sie genossen die Risikofreudigkeit und waren ehrgeizige Spieler.[323] In *Fürstenfeldbruck Club* berichteten die Angestellten, dass es fast unmöglich war, an diesen Abenden den Club zu schließen, »so oblivious are the players, to everything but their phenomenal luck as evidenced by the gleam in the eyes of the winners and the bad breaks of those who leave, tearing their hair and consoling one another.«[324] Die Teilnehmer erhielten eine gewisse Summe an Spielgeld[325], die sie nach Belieben einsetzen konnten. Am Ende der Veranstaltung konnten die Soldaten ihr gewonnenes *Geld* bei einer Auktion einsetzen.[326] Im *Starnberg Club* wurde die *Monte Carlo Night* von einem Tanzabend begleitet.[327] Im *River Club* in Bremen sang ein Angehöriger der Besatzungsmacht während des Abends für die Gäste.[328] Die Atmosphäre während der Veranstaltungen sollte entspannt und gelöst sein, sodass die Gäste sich ungestört ihrer Risikofreudigkeit hingeben konnten.[329]

Pferderennen mit Spielzeugpferden und Würfeln waren häufig Teil der *Monte Carlo Nights*. Im *Wander Inn* in Bensheim fanden die Pferdewetten aufgrund ihrer Popularität sogar wöchentlich statt. Auch hier bekamen die Soldaten *Geld*, um auf ein Pferd ihrer

---

321 Vgl. American Red Cross, Instructions Governing the Operation of on-post and Camp Clubs on Military Reservations and off-post Clubs in Designated Leave Areas – China-India-Burma Commands, 15.3.1944, RG 200, National Archives Gift Collection, Records of the American National Red Cross, Box 1409, Folder: All Theater Club Manual, NACP.

322 Department of the Air Force, Personnel Services, S. 83.

323 Vgl. Narrative Report, 21.7.-20.8.1947, RG 200, National Archives Gift Collection, Records of the American National Red Cross, 1946–1964, Box 1925, Folder: 900.11/6161, Burg Club Sonthofen, NACP.

324 Groves, Marguerite A., Program Report for June, RG 200, National Archives Gift Collection, Records of the American National Red Cross, 1935–1946, Box 1530, Folder: ETO (Germany) Fürstenfeldbruck Club, NACP.

325 Vgl. Monthly Report January 1946, RG 200, National Archives Gift Collection, Records of the American National Red Cross, 1935–1946, Box 1531, Folder: Starnberg Club, NACP.

326 Vgl. Report August 1947, RG 200, National Archives Gift Collection, Records of the American National Red Cross, 1946–1964, Box 1926, Folder: The Spot Club, NACP.

327 Vgl. Monthly Report January 1946, RG 200, National Archives Gift Collection, Records of the American National Red Cross, 1935–1946, Box 1531, Folder: Starnberg Club, NACP.

328 Foto 15886, in: Fotosammlung Henry Milne, Private Collection of Henry Milne, Box 53, USAHEC.

329 Paul Franke hat in seiner bislang unveröffentlichen Dissertation unter anderem den Einfluss von Raumarrangement auf das Verhalten von Casinogästen nachgewiesen. Vgl. Franke, Paul, Feeling lucky. The Production of Gambling Experiences in Monte Carlo (1863–1940) and Las Vegas (1945–1976), Dissertation, Humboldt-Universität zu Berlin, 2018.

Wahl zu setzen.[330] Im *Big Wheel Club* in Weiden verlief die Rennstrecke über die Tanzfläche, die in sechs Bahnen geteilt war. Per Zufall losten die Angestellten die Nummern der Pferde und der Bahnen aus. Sechs Soldaten waren die imaginären Jockeys. Der Gewinner erhielt einen Preis nach jedem Rennen. Nach sechs Rennen wurden die besten drei erneut prämiert. Der erste Preis war ein *nylon brush set*, gefolgt von einem Band für eine Armbanduhr, und der Drittplatzierte erhielt ein Set an Bürobedarf.[331] Da Spielveranstaltungen sehr beliebt waren, ergänzten Pokerabende und Kartenspielturniere das Repertoire an (Glücks-)Spielveranstaltungen.[332] Zusätzlich richteten einzelne Clubs größere Veranstaltungen aus, die über einen ganzen Tag oder das gesamte Wochenende andauerten. Der *Wannsee Club* in Berlin organisierte ein Wochenende lang im Juli 1946 einen Rummel, bei dem die Soldaten sich bei diversen Spielen und Wettbewerben miteinander messen konnten. Sie konnten am Glücksrad drehen, an Pferdewetten teilnehmen, Dosen werfen, Enten angeln oder sich am Hau den Lukas versuchen.[333]

Abseits des Elends und der Knappheit der Nachkriegszeit in Deutschland sollten die amerikanischen Soldaten sorgenfrei Spaß haben. Sie sollten ausgelassen den angebotenen Spielen nachgehen und sich von ihrem Ehrgeiz treiben lassen. Die amerikanischen Clubs führten – selbst in Zeiten von Lebensmittelknappheit und trotz der vielen hungernden Menschen – sogar Wettessen durch. Bei sogenannten *Dagwood Contests* aßen die Soldaten so viele Sandwiches, wie sie konnten,[334] und beim *Coca-Cola Contest* tranken sie so viel Coca-Cola wie möglich.

5.4 Zwischenfazit

Die Angehörigen der Besatzungsmächte sollten sich in den Clubs wohlfühlen und nach Möglichkeit an ihre Heimat gebunden werden. Das sollte sowohl über die nach Gernot Böhme definierte Atmosphäre als auch über die Konsummöglichkeiten und die Veranstaltungsprogramme geschehen. Dabei (re-)produzierten und transportierten die Clubs bestimmte Vorstellungen der jeweiligen Nation. Wie viele Offiziere und Soldaten sich nicht von dem jeweiligen Bild angesprochen fühlten, ist unbekannt. Denn sie besuchten die Clubs wahrscheinlich einfach nicht und tauchen daher im Quellenmaterial nicht explizit auf. Eine von der *Special Service Division* während des Zweiten Weltkrieges erhobene

330 Vgl. Narrative Report for January 1946, RG 200, National Archives Gift Collection, Records of the American National Red Cross, 1935–1946, Box 1531, Folder: Wander Inn Club, NACP.

331 Vgl. Monthly Report February-March 1948, RG 200, National Archives Gift Collection, Records of the American National Red Cross, 1946–1964, Box 1925, Folder: 900.11/6161, Big Wheel Club Weiden, NACP.

332 Siehe beispielsweise Program Report 21.2.-25.3.1948, RG 200, National Archives Gift Collection, Records of the American National Red Cross, 1946–1964, Box 1926, Folder: Tip Top Club, NACP.

333 Vgl. Event Country Fair, 27.7.1946, RG 200, National Archives Gift Collection, Records of the American National Red Cross, 1935–1946, Box 1531, Folder: Wannsee Club Berlin, NACP.

334 Der *Ansbach Town Club* veranstaltete zu Beginn des Jahres 1948 einmal im Monat einen *Dagwood Sandwich Binge*. Vgl. Program Report, 21.2.-20.3.1948, RG 200, National Archives Gift Collection, Records of the American National Red Cross, 1946–1964, Box 1925, Folder: 900.11 Ansbach Town Club, NACP.

Umfrage vom Februar 1943 ergab, dass die Hälfte der befragten einfachen Soldaten selten oder nie einen *American Red Cross Club* besuchten. Allerdings waren die Clubs während des Krieges schwerer zu erreichen als nach 1945. Die Befragung stellte auch fest, dass über die Hälfte der Männer über zehn Meilen von einem Club entfernt stationiert war. Das änderte sich nach dem Krieg deutlich, sodass nun jeder Offizier und Soldat einen Club unmittelbar in der Umgebung haben sollte. Neun von zehn Soldaten, die regelmäßig in den Clubs verkehrten, gaben bei der oben erwähnten Umfrage während des Krieges jedoch an, dass das amerikanische Rote Kreuz hervorragende Arbeit leistete.[335] Viele amerikanische Truppenangehörige fühlten sich demnach von den Clubs und ihren Angeboten angesprochen. Diese erfüllten den Wunsch nach Vertrautheit und Heimischem in einem fremden Land weitab vom eigenen Zuhause.

Die Clubs waren soziale Räume, die sowohl aus Materialität als auch aus der Anordnung und der Bewegung von Personen entstanden. Die Anwesenden übten gemeinsam Praktiken ein, wie das gemeinsame Essen, Tanzen oder das angemessene Verhalten bei unterschiedlichen Veranstaltungen. Auch hier sind Abweichungen kaum überliefert und es bleibt zu vermuten, dass jene Offiziere und Soldaten, die sich nicht mit den Clubs und ihren Unterhaltungsprogrammen identifizierten, den Orten fernblieben. Deutsche Angestellte und Gäste in den Clubs wurden Teil der Gemeinschaft und waren in die Praktiken involviert. Deutsche Kellnerinnen, die zu *Washington's Birthday* als Martha Washington verkleidet waren, nahmen an ihnen bis dahin unbekannten kulturellen Praktiken teil und beeinflussten sie gleichzeitig durch ihre Präsenz. Um einen einseitigen Kulturtransfer handelte es sich jedoch nicht, obgleich die Clubs als Bastionen der jeweiligen Nationen und ihrer Kulturen galten. Bereits die Anwesenheit einiger Deutscher prägte das soziale Miteinander, und auch die Angehörigen der Besatzungsmächte passten sich an die Umgebung außerhalb der Clubs an. Schon im Juli 1947 fasste das *Club Department* der amerikanischen Militärregierung zusammen, dass »as the occupation ages, military personnel are adjusting more and more to the way of life of the occupied nation and find much in the way of German entertainment home life and companionship into which they easily fit.«[336]

Die unterschiedlichen Räumlichkeiten und ihre Dekorationen in den amerikanischen, britischen und französischen Clubs waren – je nach Möglichkeiten – sorgfältig ausgewählt und arrangiert. Unterschiedliche Räume bildeten Rückzugsorte für verschiedene Anliegen; wer sich nach Ruhe sehnte, zog sich in die Lese- und Schreibräume zurück, wer Gesellschaft suchte, konnte in den Spielezimmern Seinesgleichen finden. Gemein hatten alle Räumlichkeiten, dass sie sich deutlich von der Umwelt außerhalb der Clubs im Deutschland der Nachkriegszeit abgrenzten. Die Clubs kompensierten Bedürfnisse und Wünsche der Besatzungsangehörigen, sie waren Gegenorte zu der Nachkriegsrealität auf den deutschen Straßen.

---

335 Vgl. Special Service Survey, What the Soldiers Think about the Red Cross in ETO, 17.2.1943, RG 200, National Archives Gift Collection, Records of the American National Red Cross, 1935–1946, Box 1411, Folder: Special Service Survey, NACP.

336 Monthly Narrative Report for Clubs in Occupied Territory, June 1947, RG 200, National Archives Gift Collection, Records of the American National Red Cross, 1946–1964, Box 1896, Folder: 900.118 Club Department Reports, NACP.

Das auf die jeweilige Nation abgestimmte Konsumangebot hatte eine zweifache Intention. Zum einen verstärkte es die Heimatbindung, zum anderen war es Belohnung und Motivation für die Angehörigen der Besatzungsmächte. Sie erhielten knappe Güter und Waren, nach denen sich viele Menschen in den ersten Jahren der Nachkriegszeit vergeblich sehnten. Die Offiziere und Soldaten konnten in den Clubs das Fehlen der Heimat und Vertrautheit auch durch Konsumgüter ausgleichen – ein Tausch, von dem die Militärregierungen zu profitieren hofften, da er die Motivation und Disziplin der Angehörigen der Besatzungsmächte aufrechterhalten sollte.

Die Veranstaltungen in den Clubs boten den Gästen eine breite Palette an Ablenkungsmöglichkeiten. Die unterschiedlichen Programme und Veranstaltungen der amerikanischen Besatzungsmacht versuchten, für diverse Bedürfnisse und Wünsche eine Art Ventil zu finden. Daher variierten die Inhalte stark. Ob feierlustiger Soldat oder von Heimweh geplagter Familienvater, alle sollten ihren Gefühlen Ausdruck verleihen können. Die Angestellten der Clubs schufen die Räume hierfür und die Soldaten bedienten sich der unterschiedlichen Gefühlsrepertoires, die für die jeweiligen emotionalen Stile der Veranstaltungen zur Verfügung standen.

Im Jahr 1961 veröffentlichte das *Department of the Army* die bereits erwähnte Broschüre *Program Projects from ›Operation Service Club‹*. Sie zeigt, dass einzelne Programme wie etwa der *Pirate's Dance*, *Birthday Parties* oder die *Children's Christmas Party* auch über 15 Jahre nach dem Beginn der Besatzung Deutschlands regelmäßig in amerikanischen *Service Clubs* weltweit stattfanden. Die Clubs blieben Räume, in denen Verbundenheit unter den Truppenangehörigen, aber auch mit der Nation sowie der Familie in der Heimat hergestellt wurde.

Das Kapitel hat zudem gezeigt, dass die drei Westalliierten unterschiedliche Prioritäten setzten. Amerikanerinnen und Amerikaner fanden in ihren Clubs viele bekannte und vertraute Elemente vor. Neben den Einrichtungen, die nicht selten an ein gemütliches Wohnzimmer erinnern sollten, halfen Coca-Cola, Doughnuts und Sandwiches, das Heimatgefühl zu stimulieren. Die britischen Clubs der Armee waren hingegen oft nobler, als die Angehörigen der Besatzungsmacht es aus der Heimat gewohnt waren. Auf viele wirkten sie weniger wie ein Zuhause in der Fremde als vielmehr wie ein luxuriöser Ort, von dem die Familie daheim in den ersten Jahren nach Kriegsende nur träumen konnte. Die verfügbaren Speisen wurden vor dem Hintergrund der vielen hungernden Menschen nach dem Krieg von einigen Soldaten als unangebracht, von anderen dagegen als Recht der Siegermacht empfunden. Die französische Besatzungsmacht war in den ersten Jahren nach Beginn der Besatzung materiell am schlechtesten ausgestattet. Dennoch verfügten die einzelnen Divisionen stets über ein *foyer*. Auch wenn Speisen und Getränke zunächst knapp waren, sollte kein Eindruck von Mangel entstehen. Wie in den amerikanischen und britischen Clubs standen auch in den französischen *foyers* die Geselligkeit, die Ablenkung vom Alltag, die Verbundenheit untereinander sowie die Heimatbindung im Mittelpunkt.

6. Bilder der Offiziers- und Soldatenclubs in der deutschen Nachkriegszeit

Die Clubs der westalliierten Besatzungsmächte riefen innerhalb der deutschen Gesellschaft unterschiedliche Assoziationen hervor, die mitunter bis heute Wirkungskraft besitzen. Sie wurden in gesellschaftlichen Diskursen mit Bedeutung aufgeladen. Die Bilder der Clubs verbanden die Orte selbst mit der deutschen Nachkriegsgesellschaft und wirkten gleichzeitig auf sie ein. Dieses Kapitel zeigt unterschiedliche, zum Teil bislang unerwähnte Perspektiven auf die westalliierten Offiziers- und Soldatenclubs und ordnet diese in den jeweiligen Kontext ein.

Für einen Teil der deutschen Gesellschaft waren die Clubs eine Projektionsfläche in der Debatte über den Niedergang der Sexualmoral (Kapitel 6.1). Die sozialen Interaktionen in den Clubs, wie etwa das Tanzen, galten innerhalb dieses Diskurses als unmoralisch. Freundschaftliche, amouröse oder andere intime Beziehungen zwischen deutschen Frauen und westalliierten Männern führten zu Diskussionen über Moral und Sittlichkeit. Der kurze Zeitraum der unmittelbaren Nachkriegsjahre, der Neuverhandlungen von Geschlechterrollen, Sexualität und Freiheit aufgrund der durch den Krieg und die Besatzung entstandenen Umstände zuließ, endete mit dem Beginn des wirtschaftlichen Aufschwungs nach der Währungsreform, der auch die ökonomische Lage der westdeutschen Gesellschaft verbesserte. Beziehungen zu westalliierten Soldaten mit dem Aspekt der Versorgung zu legitimieren, hatte gänzlich an Gültigkeit verloren. Einige zeitgenössische Berichte und fiktionale Erzählungen verdeutlichen die Konnotation mit dem Unmoralischen.

Für deutsche Musikerinnen und Musiker sowie Jazz-Begeisterte und Teile der intellektuellen deutschen Mittel- und Oberschicht waren die Clubs hingegen Orte kultureller und intellektueller Zusammenkünfte (Kapitel 6.2). So gab es zum Beispiel Begegnungen mit ausländischen Musikerinnen und Musikern, und die in den Clubs entstandenen Kontakte und Netzwerke wurden auch außerhalb der westalliierten Clubs weitergeführt, wie die Beispiele des *Domicile du Jazz* in Frankfurt a.M. und des *Anglo-German Swing Club* in Hamburg zeigen. Internationale Vereine und Institutionen, wie etwa die *Anglo-German Clubs*, festigten die Assoziation der britischen Offiziersclubs als Begegnungsstätten einer männlichen intellektuellen Elite.

Ein Gegenbild der westalliierten Offiziers- und Soldatenclubs entwarfen Berichte einiger Inoffiziellen Mitarbeiter des Ministeriums der Staatssicherheit (MfS) der DDR, die die Clubs ausspionierten. Dort trafen sich westalliierte Offiziere und Soldaten, die sich auch über militärische Operationen und den soldatischen Alltag austauschten. Außerdem sah das MfS in den Clubs Versammlungsorte der westlichen Geheimdienste. Daher spielten die westalliierten Clubs im Machtgefüge des Kalten Krieges eine kleine, aber dennoch aufschlussreiche Rolle. Sie symbolisierten für die Gegenseite die kapitalistische Welt, indem sie die jeweilige Nation sowie ihre kulturelle Prägung repräsentierten, Rituale verfestigten und Konsumgüter aus den jeweiligen Ländern anboten (Kapitel 6.3).

6.1 Unmoralische Orte

Wie die Besatzung durch die Westalliierten selbst nahm die deutsche Bevölkerung auch die Clubs von Beginn an unterschiedlich wahr. Ein Teil empfand das Einrücken der alliierten Truppen – insbesondere der amerikanischen Besatzungsmacht – als Befreiung, andere sahen sie als Kriegsfeinde an, denen sie sich beugen mussten.[1] Amerikanische Umfragen und Studien aus der frühen Nachkriegszeit zeigen, dass die Haltung der Deutschen von Bewunderung bis zu Abscheu reichte.[2] Sie sei bei vielen Deutschen unter anderem von vorherigen Zusammentreffen mit Angehörigen der Besatzungsmächte abhängig gewesen, so die Erklärung einer weiteren zeitgenössischen amerikanischen Studie.[3] Entscheidend waren darüber hinaus die Beeinflussung durch die nationalsozialistische Propaganda, die Haltung zum Faschismus sowie die geografische Region, das Alter und Geschlecht.

Die Beschlagnahmungen von Wohnhäusern sowie anderen Gebäuden, auch zum Zwecke der Einrichtung von Offiziers- und Soldatenclubs, und der damit einhergehende Ausdruck von Überlegenheit der Siegermächte missfielen Teilen der deutschen Gesellschaft. Außerdem waren die Clubs Vergnügungsorte, an denen Geschlechterrollen (neu) verhandelt wurden. Viele Deutsche lehnten diese Entwicklung ab. Petra Goedde stellt die These auf, dass es einen Unterschied in der Akzeptanz der Besatzungsmächte zwischen deutschen Männern und deutschen Frauen gegeben hat. Frauen und auch Kinder seien eher bereit gewesen, die Anwesenheit der Truppen zu akzeptieren, da sie ihre Rolle innerhalb der Gesellschaft nicht infrage stellten. Frauen profitierten darüber

1 Zur Diskussion um die Bedeutung des Jahres 1945 als Jahr bzw. des 8. Mai als Tag der Befreiung siehe unter anderem Kleßmann, Christoph, 1945 – welthistorische Zäsur und »Stunde Null«, in: Docupedia-Zeitgeschichte, Version 1, 15.10.2010, unter: http://docupedia.de/zg/klessmann_1945_v1_de_2010, letzter Zugriff am 25. März 2021; Kocka, Jürgen, Zerstörung und Befreiung: das Jahr 1945 als Wendepunkt deutscher Geschichte, in: Politik und Kultur, 13, 5 (1986), S. 45–64.

2 Die von Anna und Richard Merritt herausgegebenen Umfragen der OMGUS aus den Jahren 1946 bis 1949 geben Aufschluss über die durch die amerikanische Besatzungsmacht ermittelte Haltung der Deutschen unter anderem in Bezug auf die Entnazifizierung, die Nahrungsrationen oder auch gegenüber afroamerikanischen Truppen der amerikanischen Militärregierung. Vgl. Merritt, Anna J. u. Merritt, Richard L. (Hg.), Public Opinion in Occupied Germany. The OMGUS Surveys, 1945–1949, Illinois 1970.

3 Vgl. Geis u. Gray, The Relations of Occupation Personnel with the Civil Population, 1946–1948, S. 11.

hinaus oftmals in ökonomischer Hinsicht von den Besatzern. Viele Männer hingegen sahen ihre gesellschaftliche Stellung bedroht,[4] da die Angehörigen der Besatzungsmächte zunehmend auch als Versorger und Beschützer auftraten.[5] Das wird besonders für die aus Kriegsgefangenschaft heimkehrenden Männer beschrieben, die sich ein unverändertes und vertrautes Zuhause wünschten. Dass sich während ihrer Abwesenheit vieles verändert hatte und mitunter andere Menschen, häufig die Angehörigen der Besatzungsmächte, ihre Funktionen sowohl im Privatleben als auch im öffentlichen Raum eingenommen hatten, löste unbehagliche Gefühle wie Wut und Hass aus. Diese negativen Emotionen manifestierten sich vorrangig im Umgang mit Frauen, die Beziehungen zu Angehörigen der Besatzungstruppen pflegten.

Dieses Kapitel stellt dar, wie Teile der deutschen Bevölkerung auf diese Beziehungen reagierten und mit welchen Bildern diese belegt waren. Die Diskussion um die Clubs der Siegermächte stand stellvertretend für die Verurteilung dieser Beziehungen und fungierte als Projektionsfläche im Sittlichkeitsdiskurs. Trotz der Bemühungen der Militärregierungen, ihre Clubs frei von ›zweifelhaften‹ Personen oder Handlungen zu halten, befeuerten zeitgenössische literarische Darstellungen oft genau dieses Bild. Es zeigt unmoralische, zumindest aber anrüchige Orte, an denen sich deutsche Frauen mit westalliierten Männern einließen und hedonistischen Vergnügungen hingaben.

6.1.1 »Ami- und Tommy-Liebchen« und die westalliierten Soldatenclubs: Projektionsfläche der Debatte um den Niedergang der Sexualmoral

Neuere Forschungen zur Geschichte der Sexualität in Deutschland im 20. Jahrhundert haben gezeigt, dass sie stets ein Kernbereich gesellschaftlicher Ordnung war.[6] Sexualität ist, so die Historikerin Sybille Steinbacher, beständig mit einem Ordnungsimperativ verbunden und »dient dazu, Gesellschaftsauffassungen zu normieren und weltanschauliche Zukunftsentwürfe zu entfalten«[7]. Das erklärt, wieso sexuelle, intime und emotionale Beziehungen zwischen deutschen Frauen und Soldaten sowohl während der Besatzungszeit als auch retrospektiv sehr viel Aufmerksamkeit erhielten.[8]

Diese Beziehungen spalteten die Meinungen. Das Magazin *Stern* veröffentlichte in seiner ersten Ausgabe vom 1. August 1948 einen Artikel, dessen Autorin sich selbstbewusst mit der kursierenden Frage »Hat die deutsche Frau versagt?«[9] auseinandersetzte.

---

4 Es lassen sich jedoch zahlreiche Beispiele finden, in denen deutsche Männer der amerikanischen Besatzungsmacht positiv gegenüberstanden. Exemplarisch sei hier auf den *Cosmopolitan Club* in Bad Kissingen hingewiesen, der am 19. Juni 1946 von sechs amerikanischen Offizieren und ca. 25 deutschen Männern als erste deutsch-amerikanische Organisation gegründet werden und Männer beider Nationalitäten berücksichtigen sollte. Die amerikanische Militärregierung fürchtete jedoch die Reaktion der Bevölkerung auf die Freundschaft zwischen den amerikanischen Repräsentanten und Gruppen der deutschen Bevölkerung, sodass es nicht zur Gründung kam. Vgl. ebd., S. 14f.

5 Vgl. Goedde, GIs and Germans, S. XXI.

6 Vgl. Steinbacher, Sybille, Wie der Sex nach Deutschland kam. Der Kampf um Sittlichkeit und Anstand in der frühen Bundesrepublik, München 2011, S. 8.

7 Ebd., S. 9.

8 Siehe hierzu Goedde, GIs and Germans.

9 Jo, Hat die deutsche Frau versagt?, in: Stern, Nr. 1, 1.8.1948, S. 14.

Sie stellte heraus, dass es sich hierbei um eine moralische Frage handelte, die das Verhalten der Geschlechter untereinander aus einer männlichen Perspektive heraus kritisierte. Die Autorin prangerte an, dass es den deutschen Mann

> »infolge seiner langjährig genossenen rassenpolitischen Schulung besonders schockier[t], dass auch die schwarzen Soldaten der amerikanischen Armee ihre ›Frolleins‹ finden. Er möchte sich vielleicht einreden, dass eben Schokolade und Camels heute alles vermöchten. Würde er sich aber die Mühe machen, jene Mädchen zu fragen [...], so würde er hören, dass die einfache menschliche Güte, die Hilfsbereitschaft und Zartheit gerade der amerikanischen Bürger [...] die Neigung der deutschen Mädchen gewonnen hat [Herv.i.O.]«[10].

Der Artikel griff den geführten Diskurs auf und stieß gleichzeitig weitere Diskussionen über Beziehungen zwischen deutschen Frauen und Angehörigen der westalliierten Siegermächte an, insbesondere auch afroamerikanischen Soldaten.[11]

Viele deutsch-westalliierte Paare nutzten die Clubs, sofern die Zutrittsbeschränkungen es zuließen, um gemeinsam zu tanzen und auszugehen. Denn während Beleidigungen und mitunter sogar Übergriffe in deutschen Bars keine Seltenheit waren, konnten sie sich in die amerikanischen und britischen Clubs zurückziehen. Dort waren die Paare entweder willkommen oder wortlos geduldet; es sind in jedem Fall keine Aufzeichnungen über ausgrenzendes oder aggressives Verhalten ihnen gegenüber überliefert. Die Beziehungen zwischen Angehörigen der Westalliierten und Deutschen konnten sich in den Clubs festigen.[12] So stellte das Magazin *Der Spiegel* für den amerikanischen Sektor Berlins zur Zeit der Vergabe der Gesellschaftspässe[13] im Februar 1947 fest:

> »Die meisten der Mädchen [die sich auf einen *social pass* bewerben] sehen durch den Pass eine Möglichkeit, mit ihren Freunden in angenehmer Umgebung zusammen sein zu können. Manche wollen ihre bisher flüchtigen Berührungen mit amerikanischen Staatsangehörigen und Produkten durch den Besuch eines Klubs intensivieren.«[14]

In jedem Fall wurden die Clubs von Teilen der deutschen Öffentlichkeit auch als Begegnungsräume zwischen deutschen Frauen und westalliierten Männern angesehen, deren Beziehungen als unmoralisch bewertet wurden. Auch nach dem Zweiten Weltkrieg verbreiteten alsbald parteiübergreifend Politikerinnen und Politiker, Kirchenvertreter, Fürsorgerinnen, Journalistinnen und Journalisten, Juristinnen und Juristen sowie Medizinerinnen und Mediziner ihre konservative Auffassung von Sexualität. Sie definierten die Ehe zwischen Mann und Frau als Norm, in der amouröse, mitunter kurzweilige Beziehungen zwischen deutschen Frauen und westalliierten Männern keinen Platz fanden.[15]

---

10 Ebd.

11 Siehe hierzu Steinbacher, Wie der Sex nach Deutschland kam, S. 98–100.

12 Siehe hierzu die an der Freien Universität Berlin entstandene Masterarbeit der Autorin: Eggers, Lena, A higher Type Girl. Der Gesellschaftspass im amerikanischen Sektor Berlins am Beispiel der Schöneberger Antragstellerinnen und Antragsteller, Masterarbeit, Freie Universität Berlin, 2016.

13 Siehe hierzu Kap. 4.2.2.

14 O.A., Salonfähige Mädchen. Pässe für girl-friends, in: Der Spiegel, No. 7, 15.2.1947, S. 6.

15 Steinbacher zeigt in ihrer Studie eindrücklich, dass Sexualität auch in den 1950er Jahren ein großes Thema und eines der zentralen Felder politischer und sozialer Auseinandersetzungen war. Inso-

Zwar gingen im Verlauf der Besatzungsjahre aus intimen Beziehungen zwischen deutschen Frauen und Angehörigen der Besatzungsmächte in allen drei westalliierten Besatzungszonen auch offizielle Ehen hervor, doch war das erst nach der Aufhebung des Heiratsverbots der westalliierten Militärregierungen möglich.

Die Regelungen der Heirat zwischen Angehörigen der Besatzungsmächte und deutschen Frauen unterschieden sich je nach Besatzungsmacht und waren erstaunlich unübersichtlich organisiert, was die historische Aufarbeitung zum Beispiel hinsichtlich der Anzahl der Eheschließungen erschwert.[16] Die amerikanische Militärregierung gestattete im Dezember 1946 die Heirat zwischen Angehörigen der amerikanischen Besatzungsmacht und deutschen Frauen. Dennoch mussten Genehmigungen eingeholt werden, die nicht immer oder nur sehr verzögert ausgestellt wurden. Hierbei wurden insbesondere die afroamerikanischen Besatzungsangehörigen benachteiligt. Sie erhielten weitaus seltener die benötigte Erlaubnis.[17] Bis Juni 1950 waren 14.175 deutsche Ehefrauen, sechs Ehemänner und 750 Kinder »of citizen members of United States Armed Forces« unter dem sogenannten *War Brides Act* in die USA eingereist. Der *War Brides Act* wurde als *Public Law No. 271* im Dezember 1945 verabschiedet. Er sah ursprünglich vor, dass Angehörige der Amerikanerinnen und Amerikaner aus verbündeten Staaten ihren Partnerinnen und Partnern folgen durften.[18]

Die britische Militärregierung legalisierte nach kontroversen Diskussionen Hochzeiten im März 1947. Allerdings war es auch fortan für einige Paare schwierig, den bürokratischen Ansprüchen zu genügen, da etliche Dokumente benötigt wurden und die Vorgesetzten zustimmen mussten.[19] Die Regelungen waren kompliziert und behandelten nicht alle Personen gleich. Es wurden beispielsweise Unterschiede zwischen den Armeeangehörigen und den zivilen Angehörigen der Militärregierung gemacht. Mit einer Änderung im *Nationality Act* 1948 legte die britische Regierung fest, dass Ehefrauen nicht unmittelbar mit der Hochzeit die britische Staatsangehörigkeit erhielten. Das diente seither als Argument gegen die offizielle Erlaubnis der Eheschließung.

Auch für Angehörige der französischen Besatzungsmacht galt ein Heiratsverbot, das schrittweise seit 1947 gelockert wurde. Zivile Angehörige mussten seit Februar 1947 ihren Dienst im Falle einer Eheschließung mit einer oder einem Deutschen nicht mehr verlassen. Für Soldaten erlangte diese Regelung im August 1948 Gültigkeit, eine Genehmigung

---

fern handelt es sich nicht um eine Epoche der Prüderie, in der vermeintlich nicht über Sexualität diskutiert wurde, wie mit einer Periodisierung der nachkommenden 68er-Generation und ihrer Fokussierung auf Sexualität oft nahegelegt wird.

16 Siehe hierzu den Sammelband Weiß u. Cohen (Hg.), Es begann mit einem Kuß.

17 Vgl. Goedde, Petra, Gender, Race, and Power. American Soldiers and the German Population, in: Junker u.a. (Hg.), The United States and Germany in the Era of the Cold War, 1945–1990, Volume 1, S. 515–521, hier S. 517.

18 Vgl. ebd.

19 Christopher Knowles zeichnet in einem Aufsatz den langen Weg eines britisch-deutschen Paares vom Antrag bis zur Eheschließung im März 1947 im niedersächsischen Lüneburg nach. Vgl. Knowles, Marriage with ›ex-enemy Aliens‹, in: Fäßler u.a. (Hg.), Briten in Westfalen, S. 227–228. Siehe hierzu auch Kap. 4 *Regulating Marriage in the British Zone* und Kap. 5 *Marriage to Ex-enemy Occupiers* in Smith, Barbara, The Rules of Engagement. German Women and British Occupiers, 1945–1949, Dissertation, Wilfried Laurier University, 2009.

war noch immer notwendig. Diese wurde oftmals nicht erteilt oder der Prozess unnötig verlangsamt.[20] Erst am 1. März 1952 sprach das Verteidigungsministerium eine Anordnung aus, nach der »Deutsche nunmehr nach den Regeln für Angehörige befreundeter Nationen zu behandeln«[21] seien. Laut Hudemann berichtete die französische Zeitung *Le Monde* bereits Ende 1946 von 5000 bis 6000 Anträgen von Besatzungsangehörigen, obwohl damals das Verbot noch bestanden hatte. Unklar ist allerdings dabei, ob und wie viele ehemalige französische Kriegsgefangene ihre aus den Kriegsjahren stammenden Beziehungen legalisieren wollten.[22]

Wie bedeutsam die westalliierten Clubs für die einzelnen (Ehe-)Paare gewesen sind, mag variiert haben. Ein Foto aus den 1950er Jahren zeigt ein deutsch-amerikanisches Ehepaar vor einem *NCO Club* in Landstuhl, das dort seine Hochzeit feierte.[23] Die Deutsche Johanna Noack arbeitete als Kellnerin in der *Snack Bar* eines Clubs in Heidelberg, wo sie ihren späteren Ehemann, den Amerikaner Eddy Roberts, kennenlernte.[24] Ebenso wie Johanna Noack verließen viele der Ehefrauen, die teils *Kriegsbräute* genannt wurden, Deutschland und folgten ihren Ehemännern in deren Heimatländer.[25] Andere blieben alleine in Deutschland zurück, nicht selten mit den gemeinsamen Kindern, die fortan mit dem Stigma des *Besatzungskindes*[26] lebten.

Doch für einige Frauen hatte das Konzept der Ehe ohnehin an Stellenwert verloren. Der Krieg und seine Folgen hatten zu einem Wandel der Geschlechterverhältnisse und des Selbstbewusstseins vieler Frauen geführt. Sie hatten über einen langen Zeitraum die alleinige Verantwortung für ihr Leben, das Leben ihrer Kinder und weiterer Angehöriger übernommen. Sie hatten Arbeiten ausgeführt, die zuvor von der männlichen Bevölkerung übernommen worden waren. Das änderte sich vorerst auch nach Ende des Krieges nicht. Einige Frauen hatten neue Freiheiten entdeckt und gelernt, ihren eigenen Bedürfnissen nachzugehen.[27] Dies traf auch auf den Bereich der Sexualität zu und einige Frau-

20 Siehe hierzu Picaper, Jean-Paul, In den Fangseilen der militärischen Vorschriften. Zwei deutsch-französische Ehen, in: Weiß u. Cohen (Hg.), Es begann mit einem Kuß, S. 57–62.

21 Hudemann, Heimliche Liebe, in: Weiß u. Cohen (Hg.), Es begann mit einem Kuß, S. 35.

22 Vgl. ebd., S. 34.

23 Abgedruckt in Höhn, GIs and Fräuleins, S. 149.

24 Vgl. Domentat, »Hallo Fräulein«, S. 23–26.

25 Tamara Domentat interviewte in den 1990er Jahren etwa drei Dutzend deutsche Frauen, die zwischen 1945 und 1990 mit amerikanischen Soldaten liiert waren. Einige von ihnen folgten ihren Ehemännern in die USA. Vgl. ebd.

26 Zum Umgang mit den *Besatzungskindern* siehe Satjukow, Silke u. Gries, Rainer, Bankerte! Besatzungskinder in Deutschland nach 1945, Frankfurt a.M. 2015; Baur-Timmerbrinnk, Ute, Wir Besatzungskinder. Töchter und Söhne alliierter Soldaten erzählen, Berlin 2015; Fehrenbach, Heide, »Ami-Liebchen« und »Mischlingskinder«. Rasse, Geschlecht und Kultur in der deutsch-amerikanischen Begegnung, in: Neumann, Klaus (Hg.), Nachkrieg in Deutschland, Hamburg 2001, S. 178–205; Lee, Sabine, A Forgotten Legacy of the Second World War. GI Children in Post-war Britain and Germany, in: Contemporary European History, 20, 2 (2011), S. 157–181.

27 Zum Selbstverständnis alleinstehender Frauen nach Ende des Krieges siehe zum Beispiel: Meyer, Sibylle u. Schulze, Eva (Hg.), Wie wir das alles geschafft haben. Alleinstehende Frauen berichten über ihr Leben nach 1945, München 1985; Freier, Anna-Elisabeth u. Kuhn, Annette (Hg.), Frauen in der Geschichte. »Das Schicksal Deutschlands liegt in den Händen seiner Frauen« – Frauen in der deutschen Nachkriegsgeschichte, Düsseldorf 1984.

en, so die Historikerin Dagmar Herzog, »erlebten die Monate nach Kriegsende […] offenbar als eine Periode angenehmer ›erotischer Freizügigkeit‹. Während die einen nachweislich unter dem Krisenzustand litten, frönten andere ebenso nachweislich rückhaltlos und begeistert dem sexuellen Vergnügen und der sexuellen Freiheit [Herv.i.O.].«[28] Doch Frauen konnten dies nicht tun, ohne dass eine Debatte um Sittlichkeit und Anstand entbrannte, die die Rückkehr zum patriarchalisch-hierarchischen Familienmodell anstrebte.[29] Sie standen im Zentrum des Sittlichkeitsdiskurses.[30]

In ihrer Studie *Frauen unter Kontrolle* beschreibt die Historikerin Michaela Freund-Widder, dass besonders Frauen, die mit Alliierten liiert waren, als »Frauen ohne Moral« verurteilt wurden.[31] Die deutsche Polizei führte vermehrt Razzien in deutschen Tanzlokalen durch, in denen sich auch Angehörige der Westalliierten aufhielten, da sie in diesen Lokalen viele Prostituierte oder mit Geschlechtskrankheiten infizierte Frauen vermutete. Da sie für die Clubs der Westalliierten nicht zuständig war und somit keinen Zugriff auf diese hatte, konnten sich deutsche Frauen an diesen Orten sicherer fühlen. Wie eine Razzia in einer deutschen Bar ablief, konnten Leserinnen und Leser der Berliner Frauenzeitschrift *Sie* am 20. Oktober 1946 entnehmen. Die Fürsorgerin Else Feldbinder erläutert darin das Geschehen in einer Tanzbar im Westen Berlins, das aus ihrer Sicht »das traurige Bild des sittlichen Niedergangs, das Ansteigen der Kurve der Amoralität«[32] bestätigte. Ihre Schilderung der Bar spiegelt gleichzeitig ihre Interpretation von Vergnügung und dem Drang nach Leichtigkeit. Das Ganze sei ein Zustand gewesen, dem entschieden entgegengewirkt werden müsse.

> »Die drangvollste Enge ist auf die spiegelglatte Tanzfläche konzentriert, auf der sich die Paare wildgrotesk gebärden oder völlig ineinander versunken sind […]. Die Gesichter der Mädchen fast ausnahmslos jung und hübsch überspielt von einer flirrenden Leere des Kopfes und des Herzens belebt sich im Talmiglück, das für Minuten und kurze Stunden über sie kommt. Vergiß Dich selbst – steht auf diesem Vergnügungspalast und jede folgt diesem Gebiet mit einem wilden unbewussten Jammer mit taumeliger Ziellosigkeit, mit kaltem Zynismus, dem letzten Ausfluß unheilbarer seelischer Verlassenheit.«[33]

Die Polizei forderte im Zuge der Razzia alle anwesenden Frauen auf, sich auszuweisen. Alleinstehende mussten sich einem Test auf Geschlechtskrankheiten im Gesundheits-

28 Herzog, Dagmar, Die Politisierung der Lust. Sexualität in der deutschen Geschichte des 20. Jahrhunderts, München 2009, S. 88.

29 Vgl. Steinbacher, Wie der Sex nach Deutschland kam, S. 15f.

30 Auch die Diskussionen über Maßnahmen zur Einschränkung von Geschlechtskrankheiten zeigen deutlich, dass Frauen als ›Übertragungsquellen‹ ausgemacht wurden, die Männer infizierten. Das trifft sowohl auf die Diskurse innerhalb der deutschen Gesellschaft als auch auf den Umgang der Westalliierten mit Geschlechtskrankheiten zu. Magdalena Saryusz-Wolska und Anna Labentz haben das anschaulich im Kapitel »Geschlechtskrankheiten. Veronikas, Spirochäten und keine Kondome« herausgearbeitet. Siehe Saryusz-Wolska u. Labentz, Bilder der Normalisierung, besonders S. 130–144.

31 Vgl. Freund-Widder, Frauen unter Kontrolle, S. 118.

32 Feldbinder, Else, Zwischen Tanzbar und Gesundheitsamt, in: Sie, No. 46, 20.10.1946, S. 9.

33 Ebd.

amt unterziehen. Ehefrauen in Begleitung ihres Ehemanns konnten nach Hause gehen – es befand sich jedoch lediglich ein Ehepaar in der Bar. Die anderen 302 Frauen wurden auf Lastwagen zu den Gesundheitsämtern in den Berliner Bezirken Charlottenburg und Wilmersdorf gefahren. Ein Liebespaar fiel der Fürsorgerin auf, da der amerikanische Soldat noch auf dem Lieferwagen die Hand seiner Begleitung hielt. Else Feldbinder machte in diesem Fall ausnahmsweise »echte Zuneigung«[34] zwischen den beiden aus. Razzien dieser Art waren für deutsche Frauen erniedrigend. Ihre Motivation, tanzen zu gehen, war für das Vorgehen der Polizei gänzlich irrelevant.[35] Jede von ihnen, die sich ohne Ehemann in einem Tanzlokal aufhielt, wurde der Prostitution oder zumindest des unsittlichen Umgangs mit Männern verdächtigt.

Entgegen der eingangs zitierten Autorin im Magazin *Der Stern*, der zufolge die Frage nach dem Versagen der deutschen Frau einer männlichen Perspektive entsprang, lassen sich durchaus auch Abwertungen seitens weiblicher Beobachterinnen finden. So bezeichneten einige Leserinnen der Frauenzeitschrift *Constanze*, die bis zum Ende der 1940er Jahre eigentlich eher für eine liberale Einstellung stand, Frauen, die mit westalliierten Soldaten zusammen waren, als »Abschaum, mit deren Moral es leider nicht weit her ist«[36]. Diese Einstellung spiegelte sich auch im alltäglichen Umgang wider. Die Verunglimpfung von Beziehungen zwischen deutschen Frauen und Angehörigen der Siegermächte begann ebenso schnell wie die Fraternisierung selbst. Die Zeitzeugin Frieda Berger berichtete, dass die Bäckerin in ihrem Ort sie nicht bediente, da sie sich mit einem Amerikaner traf. Sie solle sich ihre Nahrung von ihrem amerikanischen Liebhaber besorgen, entgegnete die Bäckerin auf ihre Bestellung.[37] An Liebe oder andere Formen der Zuneigung glaubten Außenstehende wohl in den wenigsten Fällen. »Ach, die geht nur mit dem, damit sie Strümpfe kriegt und Schokolade«, sagten Bekannte einer Berlinerin, die sich in einem Interview aus dem Jahr 1998 daran erinnerte.[38] So waren viele Betroffene im Alltag Beleidigungen ausgesetzt. Der Berliner Eberhard Schönknecht erinnert sich, dass sie sich schon als Schuljungen bösartig gegenüber deutschen Frauen mit einem amerikanischen Partner verhielten:

> »Wir Jungen waren intolerant und neidisch zugleich. Wir nannten die ›Fräuleins‹ schon ›Ami-Flittchen‹, ohne deren Beweggründe wirklich zu begreifen. Es passte nicht in das überkommene Ordnungsbild unserer eigenen Erziehung, dass sich deutsche Frauen und Mädchen den Siegern ›an den Hals warfen‹ [Herv.i.O.].«[39]

---

34 Ebd.

35 Vgl. Höhn, »You Can't Pin Sergeant's Stripes on an Archangel«, in: Höhn u. Moon (Hg.), Over there, S. 122.

36 Zit. nach Hoffmann, Stephanie, »Darüber spricht man nicht«? Die öffentliche Diskussion über die Sexmoral in den 50er Jahren im Spiegel der Frauenzeitschrift »Constanze«, in: Meyer-Lenz, Johanna (Hg.), Die Ordnung des Paares ist unbehaglich. Irritationen am und im Geschlechterdiskurs nach 1945, Hamburg 2000, S. 57–83, hier S. 70.

37 Vgl. Frieda Berger Webb, zit.n. Goedde, GIs and Germans, S. 112.

38 Ausschnitte von Zeitzeugen-Gesprächen, Bestand: Ausstellung *Worüber kaum gesprochen wurde*, ACW.

39 Schönknecht, Jugend in der Nachkriegszeit, in: Zur Nieden, Schönknecht u. Schönknecht (Hg.), Weiterleben nach dem Krieg, S. 123.

Geläufige Aphorismen wie »Für eine Schachtel Lucky Strike, da macht sie ihre Beine breit«[40] oder »Jeds Ami-Hürle hot a Armbandührle, aber unser oiner, der hat nix«[41] drückten zudem Neid und Missgunst aus. Das Narrativ des Tauschhandels von körperlichen Gefälligkeiten gegen Materialität behauptet sich bis heute hartnäckig und wird auch in der Forschung teils undifferenziert aufgegriffen.[42] Es bezieht sich besonders auf Beziehungen zu amerikanischen Besatzungsangehörigen, jedoch litten Frauen, die Beziehungen zu britischen und französischen Besatzungsangehörigen pflegten, mitunter ebenso unter Anfeindungen und Beleidigungen.[43] Eine Berlinerin erinnerte sich in einem 1994 geführten Interview, dass die öffentliche Meinung über Frauen, die mit britischen Besatzungsangehörigen zusammen waren, oft negativ ausfiel: »Das sind eben Tommyliebchen«[44], hieß es abfällig im Freundes- und Bekanntenkreis. Neben Beleidigungen und öffentlicher Stigmatisierung kam es vereinzelt in den ersten Monaten nach Kriegsende sogar zu gewalttätigen Übergriffen gegen die Paare. Einigen Frauen wurde der Kopf geschoren und die Männer wurden verprügelt.[45] In Kassel fand die amerikanische Militärregierung Wandanschläge, die dazu aufforderten, »to cut all the hair off German women day and night until every girl comes to her senses.«[46] Die Militärregierung vermutete ehemalige Mitglieder der Hitler-Jugend oder Wehrmachtsangehörige hinter den Aufrufen.[47]

Die Gründe, wieso deutsche Frauen Beziehungen zu westalliierten Männern eingingen, scheinen für ihre Verurteilung weitgehend irrelevant gewesen zu sein. Bis auf einige dokumentierte Einzelfälle können sie auch nur vermutet werden. Fest steht hingegen, dass die Bandbreite an Beweggründen für jene Beziehungen groß gewesen ist. Materieller Profit, der Wunsch nach Sicherheit, einem (Ehe)Partner sowie Zuneigung, Verliebtheit und Liebe waren unter anderem darunter zu finden – sehr wahrscheinlich waren es zudem stets mehrere Faktoren, die zu einer engen Beziehung führten.

40 Ebd.

41 Zit. nach Glauning, Christine u. Petzold, Frauke, Frieden, Freude, Eierkuchen? Frauenalltag in der Heilbronner Nachkriegszeit. Eine Ausstellung in den Städtischen Museen Heilbronn vom 29.11.1991-2.2.1992, Heilbronn 1991, S. 55.

42 So schreibt etwa der Historiker Keith Lowe in seinem 2014 erschienen Buch verallgemeinernd: »Für eine ganze Generation junger deutscher Frauen wurde es vollkommen normal, für einen Schokoladeriegel Sex mit alliierten Soldaten zu haben.« Lowe, Keith, Der wilde Kontinent. Europa in den Jahren der Anarchie 1943–1950, Stuttgart 2014, S. 67.

43 Siehe hierzu die Unterlagen zur Ausstellung *Worüber kaum gesprochen wurde*, die in Berlin-Charlottenburg in der Villa Oppenheim im Jahr 1997 gezeigt wurde.

44 Interview mit E.v.A., 6.12.1994, Bestand: Ausstellung *Worüber kaum gesprochen wurde*, ACW.

45 Auch in der amerikanischen Besatzungszone kam es zu gewalttätigen Übergriffen, bei denen Frauen die Haare geschoren wurden. Siehe Biddiscombe, Dangerous Liaisons, S. 618–625. Zur Demütigung durch das Abschneiden oder Scheren der Haare siehe auch Frevert, Ute, Die Politik der Demütigung. Schauplätze von Macht und Ohnmacht, Frankfurt a.M. 2017, S. 12.

46 Lewis, Richard, Fraternizing Frauleins Threatened, in: Stars and Stripes (German Edition, Pfungstadt), No. 177, 28.9.1945, S. 2.

47 Vgl. ebd. Auch in Hamburg vermerkte die britische Militärregierung, dass drei deutsche Männer verhaftet worden seien, da sie deutschen Frauen, die mit britischen Soldaten ausgingen, die Haare abgeschnitten hätten. Vgl. War Diary September 1945, Hamburg, WO 171/8026, TNA.

Neben den deutschen Frauen wurden auch die Angehörigen der Besatzungsmächte als Ursprung des ›Fehlverhaltens‹ ausgemacht. Bei ihnen suchten unter anderem Vertreterinnen und Vertreter der katholischen und evangelischen Kirche oftmals die Verantwortung für den ›Niedergang der Moral‹ und die ›sexuelle Gefährdung der Jugend‹. Die Präsenz der Besatzer führe zumindest zu einer Verstärkung dieser ungewünschten Tendenz.[48] Immer wieder betonten zum Beispiel Fürsorgerinnen der Inneren Mission der evangelischen Kirche den Zusammenhang zwischen den Besatzungstruppen und der Prostitution. In einem Brief des deutsch-evangelischen Frauenbundes an verschiedene Abgeordnete des Deutschen Bundestages hieß es im September 1951: »Die Besatzung zieht das Dirnentum an.«[49] Auch die Historikerin Elizabeth Heinemann fasst zusammen: »The press and social workers routinely characterized women who claimed to be engaged to occupation soldiers as prostitutes.«[50]

Die Gründe für den »Verlust moralischen Handelns« deutscher Frauen, der sich auch in der Krise und dem Zerfall der Ehe widerspiegelte, sahen die Kirchenvertreterinnen und -vertreter zudem in der »verhängnisvolle[n] Freizeitgestaltung, die von den sexual-erregenden und sexual-steigernden Reizmitteln Alkohol und Tabak und in den übrigen Formen (Kino, Musik, Jazz! Kabarett etc.) von sexuellen Reizen ganz überdeckt sind [Herv.i.O.]«[51]. Auch die allgemeine »Bar-Atmosphäre: Jazz Musik, mondäne Kleidung, mondäne Attraktionen, Alkohol, Tabak, wobei starker Alkoholgenuss die auslösende Ursache des hemmungs- und vorsichtslosen sexuellen Verkehrs ist«, trage zum Niedergang der Moral bei.[52]

Die Umgebung der westalliierten Clubs wurde stets als Gefahrenzone bewertet, in der sich Mädchen und junge Frauen »herumtrieben«[53]. Die Clubs symbolisierten durch die dort gespielte Musik, die Modetänze sowie den Kontakt zu den Offizieren und Soldaten einen Ort der Gefährdung. So äußerte sich auch der katholische Pfarrer von Neckargemünd am 9. März 1946 kritisch: »Unsere weibliche Jug[en]d einschl. junge Frauen vollkommen haltlos: eine W[it]we, deren Mann an Weihn. 45 gestorben ist, hat jetzt an Fastnacht bei den Am[erikanern] getanzt! 4 Kinder! Nur ich finde etwas dabei [Herv.i.O.].«[54] Hierbei ist allerdings nicht eindeutig ersichtlich, ob es sich um eine Tanzveranstaltung in einem amerikanischen Soldatenclub oder in einer anderen Lokalität handelte.

---

48 Siehe hierzu beispielsweise die auf Berlin bezogenen Artikel: H., Hilde, Sechzehnjährige auf Abwegen, in: Tagesspiegel, 25.1.1946, S. 4; S., M., Unter den Laternen von Berlin, in: Tagesspiegel, 1.4.1947, S. 6.

49 Aus einem Brief des Deutsch-Evangelischen Frauenbundes an verschiedene Abgeordnete des Deutschen Bundestages, 17.9.1951, CAW 585, ADW.

50 Heineman, What Difference Does a Husband Make?, S. 98.

51 Sexualpägogische Maßnahmen gegen die Geschlechtskrankheiten, Auszug aus dem Referat von Direktor Czeloth bei der Tagung der Deutschen Gesellschaft zur Bekämpfung der Geschlechtskrankheiten Landesgruppe Westfalen, 15.1.1948, CAW 560, ADW.

52 Ebd.

53 Vgl. Abschrift Tagung der Gefährdetenfürsorge in Rummelsberg, Bericht über die Lage in Nürnberg, 23.1.1948, CAW 560, ADW.

54 An dieser Stelle gilt mein herzlicher Dank Johannes Kuber, der mich auf dieses und die folgenden beiden Dokumente aufmerksam gemacht hat. Pfarrer Rainmund Schlindwein (Neckargemünd), Berichte über Kriegsereignisse, 9.3.1946, B2-35/148, EAF.

Auch in der französischen Besatzungszone nahmen katholische Geistliche die Beziehungen zwischen deutschen Frauen und Besatzungssoldaten wahr und glaubten diese verurteilen zu müssen. Pfarrer Zimmermann aus Bingen berichtete am 14. August 1945, er habe auf der Kanzel die Frauen und Mädchen ermahnt, ihre deutsche Ehre, frauliche Würde und ehrliche Treue zu wahren. Daraufhin habe er vom französischen Ortskommandanten einen Verweis erhalten und ihm sei mit Inhaftierung gedroht worden, wenn er weitere Erklärungen abgebe.[55] Das Beispiel verdeutlicht die Rolle der katholischen Geistlichen als Vermittler zwischen den Besatzungsmächten und der deutschen katholischen Gemeinde, während es zugleich die politische Hierarchie hervorhebt.[56] Dennoch gab es auch andere Einschätzungen bei geistlichen Amtsträgern. Pfarrer Traub aus dem französisch besetzten Neufra hielt am 27. Juni 1945 fest: »Etliche Mädchen und besonders evakuierte Frauen haben schon intimeren Anschluss an die Besatzungstruppen gefunden, von denen sie zum Essen und Tanzen geholt werden. Anstößiges im Verhalten ist mir bis jetzt noch nicht bekannt geworden.«[57] Diese Unterschiede unterstreichen zum einen die subjektive Wahrnehmung und Bewertung der multiplen Beziehungen zwischen deutschen Frauen und Westalliierten. Zum anderen können sie auch als ein Hinweis auf die je nach Stadt oder Region differierenden lokalen Umstände gelesen werden.

All diese Beispiele zeigen, dass die westalliierten Offiziers- und Soldatenclubs als Projektionsfläche für die größere Debatte um (weibliche) Sittlichkeit fungierten. Dabei ging es nicht um das tatsächliche Geschehen in den Clubs, sondern um die Verurteilung der unmoralischen Begegnungsorte, an denen sich deutsche Frauen und westalliierte Männer trafen.

6.1.2 Zeitgenössische Darstellungen als Katalysator des Bildes der Unmoral

Einige Texte der 1940er und der 1950er Jahre beschäftigten sich mit diesem Bild der ›unsittlichen‹ deutschen Frau, sowie mit den amerikanischen Soldatenclubs als Orte der Unmoral. Als rezipierte Artikel oder Romane waren sie Teil des öffentlichen Diskurses und beeinflussten die Wahrnehmung der deutschen Zeitgenossinnen und Zeitgenossen. Insbesondere die Clubs der afroamerikanischen Soldaten evozierten rassistische Be- und Zuschreibungen. Nicht selten wurde das Geschehen in diesen Clubs von jenem in den Offiziers- und Soldatenclubs für weiße amerikanische Truppen abgegrenzt. Im Folgenden werden zwei Einträge in Almanachen der Jahre 1947 und 1954, die in dieser Studie bereits kurz angerissenen worden sind, sowie zwei erfolgreiche Romane der Nachkriegs-

55 Vgl. Pfarrer Heribert Zimmermann (Bingen), Berichte über Kriegsereignisse, 14.8.1945, B2-35/151, EAF.

56 Zur Rolle der katholischen Kirche als vermittelnde Instanz zwischen der amerikanischen und französischen Besatzungsmacht und der deutschen Bevölkerung siehe Kuber, Johannes, »We Are Glad They Are Here, But We Are Not Rejoicing!« The Catholic Clergy under French and American Occupation, in: Erlichman u. Knowles (Hg.), Transforming Occupation in the Western Zones of Germany, S. 233–250, sowie seine bislang unveröffentlichte an der RWTH Aachen entstandene Dissertation: »Die Pfarrer in der Zusammenbruchgesellschaft. Der katholische Klerus des Erzbistums Freiburg zwischen Krieg und Besatzung, 1939–1948«.

57 Pfarrer Albert Traub (Neufra), Berichte über Kriegsereignisse, 27.6.1945, B2-35/151, EAF.

zeit, *Tauben im Gras* (1951) von Wolfgang Koeppen und *Off Limits* von Hans Habe (1955), betrachtet.

Im Jahr 1947 verfasste der spätere Filmproduzent und Drehbuchautor Kurt J. Fischer den Artikel *US-Zone 1947* für den von Hans A. Rümelin herausgegebenen Almanach *So lebten wir ... Ein Querschnitt durch 1947*. Fischer geht in verschiedenen Passagen seines Beitrags auf amerikanische Soldatenclubs ein. Er nennt sie stets im Zusammenhang mit deutschen Frauen, die er abwertend beschreibt:

> »Die Mädchen: ›girls‹, rote Lippen, rote Fingernägel, rote Fußnägel, hohe Absätze, ausgeschnittene Kappen, knallige Pullover, rote Mäntel, buntschillernde Kopftücher, PX-Waren, Geschenke aus einem halben Dutzend Hände in zwei Jahren, alle von Joe, Jimmy, Charles und wieder Joe [...] [Herv.i.O.].«[58]

Deutsche Frauen, die einen amerikanischen Gesellschaftspass besaßen, beschreibt Fischer nicht als feste Begleitungen oder Partnerinnen amerikanischer Offiziere und Soldaten, sondern als Frauen, die vor den Clubs warteten, um mit einem beliebigen Amerikaner mitgehen zu können. »Dann essen sie Eis und trinken Gin, tanzen Swing und Jitterbug, träumen vom Auswandern.«[59] Er unterfüttert mit seinen Darstellungen das Bild der amerikanischen Clubs als Orte, an denen sich nur deutsche Frauen mit unlauteren Motiven aufhielten. Für die Clubs der afroamerikanischen Soldaten beschreibt er: »Heiße Luft drängt sich zu Schwaden. Süßlicher Zigarettenschwall hängt über den wild Tanzenden. Gin. Whisky. Die N[...]-Band spielt wie rasend. Pausenlos. Swing. Jitterbug. Boogie Woogie.«[60] Durch diese Erzählung verknüpft er die modernen amerikanischen Tänze, die oft als »wild« beschrieben wurden, mit einer bestimmten ethnischen Gruppe und bediente damit zeitgenössische und zum Teil noch heute existierende rassistische Vorurteile.[61]

Sieben Jahre nach Fischers Beitrag verfasste der Journalist Benno Wundshammer, der als Kriegsberichterstatter der Wehrmacht Karriere gemacht hatte, den bereits erwähnten Artikel *Die Goldene Pest* in der *Chronik* des Jahres 1954. Der Text wurde von einer Fotografie begleitet, die ein tanzendes Paar, eine deutsche Frau und einen afroamerikanischen Soldaten, in einem Soldatenclub in Kaiserslautern zeigt. Wundshammer beschreibt zunächst eine Szene in jenem Soldatenclub mit einer entschieden rassistischen Sprache. Hierbei betont er die unterschiedlichen Hautfarben der Gäste.[62]

> »Die Musikanten der Jazz-Band wanden sich, als hätten sie Bauchkrämpfe [...]. Im dunkelroten Licht der verhangenen Tiefstrahler tanzte eine fast nackte Frau. Ihre schweißgebadete weiße Haut glänzte. Mit wilden Bewegungen schüttelte sie die Haare ins Gesicht, wedelte mit den Armen und sank schließlich zu Boden wie eine zuckende Schlan-

---

58 Fischer, US-Zone 1947, in: Rümelin (Hg.), So lebten wir, S. 4.

59 Ebd., S. 6.

60 Ebd., S. 8.

61 Zum Umgang des nationalsozialistischen Regimes mit der Jazz- und Swingszene siehe Polster, Bernd u.a. (Hg.), »Swing Heil«. Jazz im Nationalsozialismus, Berlin 1989; Beyer, Wolfgang u. Ladurner, Monica, Im Swing gegen den Gleichschritt. Die Jugend, der Jazz und die Nazis, St. Pölten 2011; Kater, Gewagtes Spiel.

62 Vgl. Wundshammer, Deutsche Chronik 1954, S. 115–116.

ge. Die N[...] ringsum pfiffen und johlten entfesselt [...]. Sie warfen Blumen, Schokolade, Apfelsinen und ganze Pralinenschachteln auf das winzige Tanzparkett.«[63]

In dieser Passage finden sich zahlreiche Anspielungen, die den Soldatenclub als sittlich anstößigen Ort charakterisieren. Die Reaktionen der afroamerikanischen Soldaten auf die tanzende weiße Frau beschreibt Wundshammer als »wild« und ungehalten, womit er das rassistische Bild der ›Unzivilisierten‹ untermauert. Außerdem seien sie alle auf der »Jagd nach weißen Frauen«[64] gewesen. Die anwesenden Frauen bezeichnet der Verfasser als »leichte Beute« und beschreibt ihre Erscheinungen mit Spott.

> »Ihre bunten Flitterfähnchen enthüllten mehr, als sie verbergen konnten. Diese Ladies schienen aus amerikanischen Magazinen geschnitten zu sein, nur ein wenig karikiert [...]. Da stolzierte eine üppige Blondine mit den wollüstigen Formen einer Marilyn Monroe, aber sie hatte die Hände eines Kohlearbeiters.«[65]

Wundshammer macht seine Abneigung gegenüber deutschen Frauen, die sich insbesondere mit afroamerikanischen Soldaten in den Clubs zum Tanzen trafen, deutlich. Er verortet ihre soziale Herkunft unhinterfragt in der Unterschicht, wenn er schreibt: »[A]ber wenn sie den Mund öffnete [...], dann entströmt den Lippen die rauhe und heisere Sprache der Gosse.«[66] Der Titel des Textes *Die Goldene Pest*[67] verweist darauf, dass die amerikanischen Besatzungstruppen viel Geld in die pfälzische Region brachten, als im Jahr 1950 deren Ausbau, insbesondere um die kleine Stadt Baumholder herum, als großer Truppen- und Übungsstützpunkt der amerikanischen Armee begann. Mit den Soldaten und dem Geld kamen, so Wundshammer, auch die Prostituierten und *Fräuleins*[68]. Er resümiert: »Die Moral sank, und die Kriminalität stieg.«[69] Unverkennbar ist seine Verachtung, die sich zum einen gegen die afroamerikanischen Gäste und zum anderen gegen jene Frauen richtete, die in den Clubs verkehrten.

Der Schriftsteller Wolfgang Koeppen veröffentlichte im Jahr 1951 den Roman *Tauben im Gras*.[70] Die Geschichte spielt in einer deutschen Stadt unter amerikanischer Besat-

---

63 Ebd., S. 115.

64 Ebd.

65 Ebd.

66 Ebd., S. 116.

67 Im Jahr 1954 erschien ebenfalls der gleichnamige deutsche Film unter der Regie von John Brahm, der die wirtschaftlichen und gesellschaftlichen Folgen der Stationierung der US-Armee in Westdeutschland anhand der kleinen Gemeinde Baumholder in Rheinland-Pfalz thematisierte. Geldrausch, sexuelle Hemmungslosigkeit und Kriminalität stehen im Zentrum der Erzählung. Siehe hierzu Brauerhoch, »Fräuleins« und GIs, S. 439–459.

68 Obgleich der Begriff des *Fräuleins* bis 1971 als Begriff für eine unverheiratete Frau geläufig war, wurde er im Diskurs der Nachkriegsjahre doch als ein Stigma genutzt. In diesem Zusammenhang gab sich ein *Fräulein* – so die zeitgenössische Zuschreibung – »hedonistisch, exhibitionistisch Vergnügung hin, die mit Scham, Untreue und Eheverlust assoziiert wurde.« Brauerhoch, »Fräuleins« und GIs, S. 11. Siehe hierzu auch Biddiscombe, Perry, Dangerous Liaisons. The Anti-Fraternization Movement in the U.S. Occupation Zones of Germany and Austria, 1945–1948, in: Journal of Social History, 34, 3 (2001), S. 611–647.

69 Wundshammer, Deutsche Chronik 1954, S. 116.

70 Es ist der erste Teil einer Roman-Trilogie, die sich der Besatzungszeit und den frühen Jahren der Bundesrepublik widmet.

zung. Das Café Schön, ein Soldatenclub für afroamerikanische Soldaten, ist ein wichtiger Schauplatz der Erzählung. Er dient als Projektionsfläche deutscher Reaktionen sowohl auf die Besatzung als auch insbesondere auf die afroamerikanischen Besatzungssoldaten. Koeppen beschreibt den Ort als »Club der amerikanischen N[...]soldaten«[71] und deren »Amihuren«[72]. Die roten Vorhänge hinter den Fensterscheiben suggerieren eine Nähe des Clubs zu einem zwielichtigen Ort wie etwa einem Bordell.[73] Im Club spielt eine deutsche Kapelle Jazzmusik, zu der die Gäste tanzen.[74]

> »Sie [ein tanzendes Paar] glitten wie ein Leib im Tanz über das Parkett, wie eine vierfüßige sich windende Schlange. Sie waren beide erregt [...]. Die Schlange mit den vier Beinen, die so geschmeidig sich windende Schlange, wurde von allen bewundert. Nie würden sie sich aus dieser Umschlingung lösen. Die Schlange hatte vier Beine und zwei Köpfe, ein weißes und ein schwarzes Gesicht.«[75]

In dieser Passage schwingt die zeitgenössisch oftmals als unmoralisch wahrgenommene Verbindung zwischen dem Tanzen zu Jazzmusik und sexuellen Spannungen zwischen den Tanzenden mit. Das wird an dieser Stelle durch die Betonung der äußeren Merkmale der Tanzenden noch um einen Verweis auf die Zuschreibung der »wilden« Afroamerikaner erweitert, wie es an anderer Stelle des Romans heißt.[76]

Auch die Romanfiguren Carla und ihr afroamerikanischer Freund Washington Price, die ein gemeinsames Kind erwarten, sind Gäste im Club. »[Sie] waren in den N[...]club gegangen, um die Zukunft zu feiern, die Zukunft, in der niemand mehr unerwünscht ist [...]. Sie glaubten, daß sie diese Zukunft erleben würden, die Zukunft, in der niemand, wer er auch sein mochte und wie er leben würde, unerwünscht wäre«[77], schreibt Koeppen – eine Kritik an der Kontinuität des Rassismus innerhalb der deutschen Gesellschaft nach dem Krieg. Dass es sich bei Carlas und Washingtons Wunsch um eine reine Illusion handelt, verdeutlicht der Fortgang der Erzählung. Das Gerücht, ein afroamerikanischer Soldat habe ein Kind getötet, bringt eine aufgebrachte alkoholisierte Menge dazu, den Club der Afroamerikaner zu stürmen und die Gäste mit Steinen zu bewerfen. Ihnen hat anscheinend nur ein Anlass gefehlt, um ihre Wut zu entladen. Denn sowohl die Präsenz der Afroamerikaner als auch des Clubs beschreibt der Autor als permanentes Ärgernis: »Die N[...] in Uniform, ihr Club, ihre Mädchen, waren sie nicht ein schwarzes Symbol der Niederlage, der Schmach des Besiegtseins, waren sie nicht das Zeichen der Erniedrigung und der Schande?«[78] Der Mob stürmt in Richtung des Clubs, aus dem Jazzmusik zu hören ist, und skandiert: »Schluß mit der N[...]musik«[79]. Die afroamerikanischen Gäste reagieren auf die Attacke mit Apathie und bilden so einen Kontrast zu der Aggressi-

71 Koeppen, Wolfgang, Tauben im Gras. Roman, Frankfurt a.M. 2008, S. 192.

72 Ebd.

73 Vgl. ebd., S. 209.

74 Vgl. ebd., S. 193.

75 Ebd., S. 203.

76 An einer Stelle des Romans beschreibt eine Figur die afroamerikanischen Soldaten wie folgt: »Sie sind wie die wilden Tiere. Sie sind wie wilde reißende Tiere.« Ebd., S. 205.

77 Ebd., S. 202.

78 Ebd., S. 208.

79 Ebd., S. 209.

on der deutschen Angreifer. Wolfgang Koeppen nutzt den Club der afroamerikanischen Soldaten in seiner Erzählung als Projektionsfläche solcher Feindseligkeiten gegenüber Afroamerikanern, aber auch gegenüber deren deutschen Partnerinnen.

Als letztes Beispiel einer zeitgenössischen Darstellung dient eine Passage aus *Off Limits. Roman der Besatzung Deutschlands*. Verfasst wurde der Roman von dem in Österreich geborenen und 1940 in die USA emigrierten Hans Habe. Die Erzählung orientierte sich an den damaligen Lebensumständen und Erfahrungen des Autors. Habe war als leitender Presseoffizier bis 1946 in der amerikanischen Besatzungszone tätig und für die Gründung und Leitung der *Neuen Zeitung* verantwortlich. Seine Beobachtungen als Journalist vermischte er in dem Roman mit privaten Erfahrungen. *Off Limits* erschien im Jahr 1955 als Fortsetzungsroman in der Münchener Illustrierten *Revue* und hatte großen Erfolg. Besonders interessant ist eine Passage, in der er über die amerikanischen Gesellschaftspässe und ihre Inhaberinnen schreibt.

> »Im beschlagnahmten Restaurant ›Seehaus‹ am künstlichen Wasser des Englischen Gartens zu München tanzten jetzt allabendlich amerikanische Offiziere zu den Klängen eines deutschen Jazzorchesters, und dass diese Mädchen eines ›Sittlichkeits-Passes‹ bedurften, war kaum noch als Demütigung der Deutschen gedacht: ein Schwächebekenntnis der siegreichen Armee war es eher, die sich in ihrem schwankenden Kahn vor jeder Loreley der Straßenecken fürchtete. Dass freilich gerade diese Loreleys den ›Sittlichkeits-Pass‹ erhielten – es ging der schwache Scherz um, dass V.D., die Abkürzung für ›venereal disease‹, Geschlechtskrankheit, eigentlich ›Veronika Dankeschön‹ bedeutet – war selbstverständlich, weil sich Mädchen und Frauen von einiger Haltung nicht um solch gestempelte Bescheinigung ihres Anstandes bewarben [Herv.i.O.].«[80]

Habes Ausführungen erwecken den Eindruck, als wären die deutschen Frauen, die sich um einen Gesellschaftspass bewarben, gerade jene Frauen gewesen, zu denen die amerikanischen Offiziere und Soldaten keinen Kontakt pflegen sollten: Frauen, die der Prostitution verdächtigt wurden oder keinen einwandfreien Leumund vorweisen konnten. Seine Darstellung widerspricht den Erkenntnissen dieses Buches aus Kapitel 4.2.2, dass das Vergabesystem der Gesellschaftspässe den Kontakt zwischen Angehörigen der amerikanischen Besatzungsmacht und vorwiegend bürgerlichen Frauen mit einer guten Reputation förderte, Frauen ohne den gewünschten sozialen Hintergrund hingegen ausschloss. Dennoch unterstreicht es die Sorge vieler Zeitgenossinnen, dass der Gesellschaftspass von ihrem Umfeld als eine Bescheinigung verstanden werden konnte, die der registrierten Prostitution gleichkam. Obgleich Habes Roman erst 1955 erschien, also sieben Jahre nachdem die Regelung des Gesellschaftspasses an Gültigkeit verloren hatte, verfestigte er mit seinen Ausführungen retrospektiv das Bild, dass sich Frauen mit unredlichen Motivationen darum bemühten, nicht aber feste Partnerinnen, Freundinnen oder Bekannte von Angehörigen der Besatzungsmacht, die lediglich gemeinsam tanzen gehen und Zeit verbringen wollten.

Es bleibt festzuhalten, dass diese Texte die Clubs, insbesondere jene der afroamerikanischen Soldaten, als unmoralische Orte darstellen, an denen Musik, Alkohol, Tanz

80 Habe, Hans, Off Limits. Roman der Besatzung Deutschlands, Wien 1955, S. 441.

und haltloses, mitunter sexuelles Miteinander dominierten. Bei der Beschreibung jener deutschen Frauen, die die Clubs besuchten, dominiert die Erzählung der deutschen *Fräuleins* mit unlauteren Motiven. Insbesondere deutsche Frauen, die mit afroamerikanischen Soldaten liiert waren oder mit ihnen tanzen gingen, verhielten sich nach Auffassung einiger deutscher, aber auch weißer amerikanischer Zeitgenossinnen und Zeitgenossen unmoralisch.[81] Die Historikerin Susanne zur Nieden sieht zwei Gründe für die mehrheitliche Fokussierung auf dieses Bild und das darin evozierte unmoralische Verhalten. Zum einen ermöglichte es, die Frage nach der eigenen Verantwortung während der NS-Zeit und des Krieges abzuwenden, indem der Blick auf eine andere Gruppe gerichtet wurde. Zum anderen waren die – auch in den angeführten Beispielen deutlich gewordenen – oftmals rassistischen Darstellungen der Versuch, nach dem verlorenen Krieg wenigstens einen Teil des »German dream of racial superiority«[82] zu retten. Die gedemütigten Verlierer des Krieges zogen es vor, sich im Bild des *Fräuleins* zu spiegeln, um sich überlegen fühlen und am Gedanken der (rassischen) Überlegenheit festhalten zu können. So wurde laut zur Nieden das »Scheitern deutscher Frauen« zum Thema Nummer eins in der Nachkriegszeit.[83]

6.1.3 Exkurs: Filmische Darstellungen des *Fräuleins*

Auch einige filmische Darstellungen lassen sich in den Diskurs um den Verfall der Moral und die Rolle der deutschen *Fräuleins* einordnen. Allerdings gehen die Filme nicht auf die westalliierten Offiziers- und Soldatenclubs selbst ein, sodass an dieser Stelle nur ein knapper Exkurs anhand zweier bekannter deutscher und eines erfolgreichen amerikanischen Films erfolgt.

Einige in Deutschland gezeigte Filme zeichneten die Figur des *Fräuleins* eher als eine entsexualisierte Figur denn als Sexualsymbol und Verkörperung der Unmoral, so die Medienwissenschaftlerin Annette Brauerhoch. Ein Beispiel hierfür ist der 1949 erstmals vorgeführte Film HALLO, FRÄULEIN! von Rudolf Jugerts. Er erzählt die Geschichte einer deutschen Sängerin, gespielt von Margot Hielscher, die mit einer amerikanischen Jazz-Band durch das zerstörte Nachkriegsdeutschland tourt. In der Komödie komme dem *Fräulein* eine verblüffend unwichtige Rolle zu, so Brauerhoch. Im Mittelpunkt stehe vielmehr die Auseinandersetzung zwischen Männern.[84] Eine Liebesgeschichte rahmt die Erzählung, wobei die Hauptfigur, die Sängerin Maria Neuhaus, in einer Dreiecksgeschichte entgegen dem *Fräulein*-Bild den deutschen Mann dem Amerikaner vorzieht. Dennoch wird auch in diesem Film in einer flüchtigen Szene der ›Fraternisierungsversuch‹ eines *Fräuleins* dargestellt. Eine junge deutsche Frau lehnt an einer Wand und ruft einen amerikanischen Soldaten zu sich heran, um mit ihm zu flirten. Die beiden werden durch seinen Vorgesetzten unterbrochen. Einige Szenen später ist dieselbe Frau zu sehen, wie sie mit dem Soldaten im Halbschatten steht und offenbar an das Ziel ihrer Bestrebungen

81 Vgl. Schroer, Timothy L., Recasting Race after World War II. Germans and African Americans in American-Occupied Germany, Boulder, Colorado 2007, S. 122ff.
82 Zur Nieden, Erotic Fraternization, in: Hagemann u. Schüler-Springorum (Hg.), Home/Front, S. 307.
83 Vgl. ebd., S. 307.
84 Vgl. Brauerhoch, »Fräuleins« und GIs, S. 394f.

gekommen ist. Der Soldat ist lediglich von hinten und im Schatten zu sehen, die Frau hingegen erstrahlt in einem Lichtkegel. Brauerhoch stellt hier die nachvollziehbare Verbindung zur ikonografischen Darstellung einer Prostituierten unter einer Straßenlaterne her, was die Frau kriminalisiert.[85] Dennoch ist diese Szene nur ein kurzer Ausschnitt des Filmes und spiegelt eher einen flüchtigen Moment. Brauerhoch resümiert für den bundesdeutschen Film in den 1950er Jahren:

> »Verweigert sich der deutsche Film den ›Fräuleins‹ als Hauptfiguren, zeigt er sie in Nebenfiguren mit all dem Leben, das er ihnen absprechen möchte und das ihn dennoch inspiriert. Es verstieße gegen den […] Sittenkodex und re-etablierte kinematographische Konventionen, das ausschweifende Liebesleben einer ungebundenen Frau zu zeigen und sie dabei als Hauptfigur gelten oder leben zu lassen [Herv.i.O.].«[86]

Dies galt jedoch nicht für amerikanische Filmproduktionen wie etwa Billy Wilders bekannte Satire A FOREIGN AFFAIR, in der die Hauptfigur Erika von Schlütow, gespielt von Marlene Dietrich, das deutsche *Fräulein* als sexualisiert, hedonistisch und selbstsüchtig handelnd darstellt. Wilder nutzte für seinen Film Originalaufnahmen des zerstörten Berlins, die er während seiner Stationierung in Berlin im Jahr 1945 gedreht hatte. Während der Film 1948 in die amerikanischen Kinos kam – jedoch ohne den gewünschten Erfolg zu erzielen –, wurde er erst im Mai 1977 im deutschen Fernsehen ausgestrahlt, und erst 1991 war er in deutschen Kinos zu sehen.[87] Daher war er für den zeitgenössischen öffentlichen deutschen Diskurs in der unmittelbaren Nachkriegszeit irrelevant.

Wilder zeigt eine Dreiecksgeschichte zwischen der deutschen Nachtclubsängerin Erika von Schlütow, einem amerikanischen Besatzungsoffizier und einer amerikanischen Kongressabgeordneten, die nach Berlin reist, um die Disziplin der Besatzungstruppen zu untersuchen.[88] Letztere ist schockiert über die ›unmoralischen‹ Zustände im amerikanischen Sektor. Insbesondere über den Schwarzmarkt und die Beziehungen zwischen Besatzungssoldaten und deutschen Frauen zeigt sie sich entsetzt.

Die Historikerin Ulrike Weckel betont in einem Aufsatz, dass der Film sich durch seine Mehrdeutigkeit auszeichnet. Die Geschichte würde weniger explizit in Worten erzählt, als dass die Zuschauerinnen und Zuschauer sie eigenständig mit Sinn füllen müssten.[89] Der Film hätte für das amerikanische und deutsche Publikum der Nachkriegszeit, falls sie ihn zu sehen bekommen hätten, gleichermaßen Reflexionen über ihr jeweiliges Verhalten anstoßen können. Zum einen versucht der amerikanische Besatzungsoffiziers seine Geliebte, die Nachtclubsängerin, die sich während des Nationalsozialismus mit

85 Vgl. ebd., S. 415.

86 Ebd., S. 416.

87 Vgl. Weckel, Ulrike, Teaching Democracy on the Big Screen. Gender and the Reeducation of Postwar Germans in A Foreign Affaire and The Big Lift, in: Hagemann, Karen u. Michel, Sonya (Hg.), Gender and the Long Postwar. The United States and the Two Germanys, 1945–1989, Washington D.C. 2014, S. 95–116, hier S. 99.

88 Für eine Analyse des Films mit dem Fokus auf die Rolle der *Fräuleins* siehe Brauerhoch, »Fräuleins« und GIs, S. 368–389.

89 Vgl. Weckel, Teaching Democracy on the Big Screen, in: Hagemann u. Michel (Hg.), Gender and the Long Postwar, S. 96.

NS-Offizieren umgab, vor dem Entnazifizierungsverfahren zu schützen. Damit konterkariert er die offiziellen Bestrebungen der Alliierten, eine allumfassende Entnazifizierung der deutschen Bevölkerung zu erzielen. Zum anderen steht die massenhafte Fraternisierung amerikanischer Soldaten mit deutschen Frauen im Mittelpunkt der Erzählung. Die Deutschen hingegen scheinen keine Lehre aus dem verlorenen Krieg und der Besatzung gezogen zu haben, sie zeigen in den Darstellungen Wilders keinerlei Reue.[90]

Zahlreiche Szenen des Schwarzhandels und der Fraternisierung finden im deutschen Nachtclub Lorelei statt, der jedoch keinen offiziellen amerikanischen Soldatenclub darstellt. Dort treffen sich die amerikanischen Soldaten zum Feiern, Trinken und Tanzen mit deutschen Frauen. Produkte, die auf dem Schwarzmarkt getauscht wurden, tauchen dort wieder auf. Auch eine Razzia der amerikanischen Militärpolizei ist Teil der Erzählung, bei der alle anwesenden Frauen kontrolliert und größtenteils verhaftet werden. Der Club Lorelei dient in der Satire als Raum, in dem Fraternisierung, illegaler Tauschhandel, aber auch das Streben nach Leichtigkeit und einer besseren Zukunft zusammenkommen.

Ein bis heute in Deutschland populäres Beispiel dafür, dass die Themen Frauen, Moral und Nachtclubs während der Nachkriegszeit auch Jahrzehnte später noch filmisch verarbeitet wurden, ist Rainer Werner Fassbinders Die Ehe der Maria Braun aus dem Jahr 1979. Der Film erzählt die Geschichte von Maria Braun, die ihren Mann Hermann im Bombenhagel des Zweiten Weltkrieges heiratet. Nur einen Tag später muss Hermann an die Front. Nach dem Krieg wird er durch einen Kameraden für tot erklärt. Maria ist auf sich allein gestellt und beginnt nach dem Krieg in der *Moonlight Bar* zu arbeiten. Der Club wird ausschließlich von amerikanischen Soldaten besucht. Es handelt sich hierbei allerdings nicht um einen offiziellen Club der amerikanischen Armee oder des amerikanischen Roten Kreuzes, sondern um eine von einem Deutschen geführte Bar, zu der Deutsche jedoch keinen Zutritt haben.

Der Vorwurf der Prostitution ist ein allgegenwärtiges Thema, wenn es um die *Moonlight Bar* geht. Als Maria ihre Mutter beispielsweise bittet, ihr ein Kleid umzunähen, das sie während der Arbeit in der Bar tragen möchte, kommentiert diese: »Sieh zu, dass dir wenigstens einer ein paar schöne Strümpfe schenkt, wenn du dich schon auf so etwas einlässt.«[91] Bei Marias Einstellung fordert der Chef der Bar ein Gesundheitszeugnis. Außerdem untersagt er ihr, während der Arbeit ihren Ehering zu tragen.[92] Auch der Arzt, von dem sie sich das Gesundheitszeugnis ausstellen lässt, verbindet die Arbeit als Bardame unmittelbar mit Prostitution. Maria versucht stets, sich davon loszusagen, und beharrt darauf, dass sie die Arbeit macht, um Geld zu verdienen und auf ihre große Liebe Hermann zu warten.

An einem Abend, an dem zwei Paare miteinander tanzen und die anderen Gäste ruhig an ihren Biergläsern nippen, lernt Maria den Amerikaner Bill kennen. Die beiden

90 Vgl. ebd., S. 103f.

91 Die Ehe der Maria Braun. Fassbinder, Rainer Maria, BRD 1979, Minute 18.

92 Vgl. ebd., Minute 19.

beginnen zu tanzen.[93] »Es war dunkel in der Bar. Rötlich gedämpftes Licht löste die tanzenden Paare in schemenhafte Umrisse auf. Es roch nach Schweiß und Bier und Whisky. Es roch nach dem süßlichen Duft amerikanischer Zigaretten und nach dem Ziegelstaub der zerstörten, zerbombten Stadt«[94], so beschreibt der Schriftsteller Gerhard Zwerenz die Szene in seiner Nacherzählung des Films.[95] Bill und Maria beginnen eine intime Beziehung und Maria wird schwanger. Sie beschließt, dass Kind zu behalten, obgleich sie ihren für tot erklärten Ehemann liebt und noch immer an seine Rückkehr glaubt. Als es zum unverhofften Wiedersehen kommt, geraten Bill und Hermann aneinander, woraufhin Maria den Amerikaner erschlägt. Hermann nimmt die Tat auf sich und geht ins Gefängnis. Maria ist wieder auf sich allein gestellt, verliert das ungeborene Kind und beginnt eine Karriere in einer Textilfabrik, die zeitgleich mit dem Beginn des Wirtschaftswunders Fahrt aufnimmt. Sexualität spielt auch hier eine große Rolle, da sie rasch die Geliebte ihres Chefs wird.

Die *Moonlight Bar* spielt nach Bills Tod in der Erzählung keine Rolle mehr. Sie steht zum einen für einen Ort, an dem deutsche Frauen Amerikaner kennenlernen können, um mit ihnen Tauschgeschäfte einzugehen, die zeitgenössisch, aber auch retroperspektiv als Prostitution verurteilt wurden. Maria wehrt sich in der Erzählung jedoch vehement gegen diese Anschuldigung und beteuert, dass sie Bill »liebgehabt habe«[96]. Sie wollte sich nicht von ihm aushalten und verpflegen lassen, sondern gibt amouröse oder zumindest freundschaftliche Gefühle als Motiv für die Beziehung an. Zum anderen steht die Bar symbolisch für den Niedergang der Moral der deutschen Frauen, die dort arbeiten und den Kontakt zu amerikanischen Soldaten suchen. Fassbinder versucht mit seiner Erzählung weitverbreitete Vorurteile gegenüber den Verhältnissen zwischen deutschen Frauen und amerikanischen Soldaten zu brechen, etwa indem Maria auf ihre emotionale und nicht materiell fundierte Beziehung zu Bill beharrt.

Diese drei Beispiele verdeutlichen, dass die moralische Frage nach den Beziehungen zwischen deutschen Frauen und insbesondere amerikanischen Besatzungsangehörigen nicht nur während der unmittelbaren Nachkriegszeit, sondern auch darüber hinaus Relevanz besaß. Sowohl das Verhältnis zwischen deutschen Frauen und Besatzern als auch der gesellschaftliche Umgang mit diesen umstrittenen Beziehungen wurden in fiktionalen Darstellungen behandelt. Fassbinders Die Ehe der Maria Braun wird beispielsweise auch heute noch als Theaterstück auf unterschiedlichen deutschen Bühnen aufgeführt.[97]

---

93 Zur Darstellung des afroamerikanischen Protagonisten Bill siehe O'Sickey, Ingeborg Majer, Representing Blackness. Instrumentalizing Race and Gender in Rainer Werner Fassbinder's The Marriage of Maria Braun, in: Women in German Yearbook, 17 (2001), S. 15–29.

94 Zwerenz, Gerhard, Die Ehe der Maria Braun. Roman, nach einem Film von Rainer Werner Fassbinder mit Hanna Schygulla in der Hauptrolle, München 1979, S. 38.

95 Die Ehe der Maria Braun, Minute 26.

96 Ebd.

97 Die Schaubühne am Lehniner Platz in Berlin zum Beispiel zeigt das Stück unter der Regie von Thomas Ostermeier seit 2014. Vgl. Schaubühne Berlin, Die Ehe der Maria Braun, unter: https://www.schaubuehne.de/de/produktionen/die-ehe-der-maria-braun-2.html, letzter Zugriff am 20. April 2021.

6.2 Orte kultureller und intellektueller Begegnungen

Während für viele Deutsche die Clubs eine Projektionsfläche blieben, bedeuteten sie für diejenigen Deutschen, die sie tatsächlich betreten durften, oft etwas ganz Anderes. So waren sie unter anderem Räume der Begegnung und des Austauschs. Insbesondere für deutsche Musiker und wenige Musikerinnen waren die Clubs der amerikanischen Besatzungsmacht in den ersten Jahren nach Kriegsende Ausgangspunkt ihrer musikalischen Karrieren und ihres Lebensunterhalts. Aus den Engagements ergaben sich sowohl berufliche als auch freundschaftliche Beziehungen, die über mehrere Jahre oder sogar Jahrzehnte bestanden. Für viele deutsche Musizierende waren die Clubs daher äußerst positiv besetzt. Diese Erfahrungen und der Einfluss auf ihre Lebenswege prägten ihre Bilder der Clubs, die sie in die deutsche Nachkriegsgesellschaft transportierten und die auch an anderen Orten Wirkungskraft entfalteten. Das *Domicile du Jazz* und der *Anglo-German Jazz Club* sind zwei Beispiele hierfür. Sie belegen zum einen die institutionellen Netzwerke, die aus den Auftritten in den Clubs entstanden. Zum anderen zeigen sie deren Wert für die involvierten Individuen und erklären, wie das teilweise idealisierte Bild der Clubs entstand. Die Entstehungsgeschichten einiger internationaler Gemeinschaften und Vereine sind darüber hinaus eng mit den westalliierten Offiziers- und Soldatenclubs verknüpft und beeinflussten deren Repräsentation und Wahrnehmung innerhalb dieser Gemeinschaften.

6.2.1 Das Domicile du Jazz in Frankfurt a.M. und der Anglo-German Swing Club in Hamburg

Die Begegnungen zwischen deutschen und amerikanischen oder britischen Musikerinnen und Musikern in den Clubs, in denen Swing und Jazzmusik gespielt wurde, beeinflussten zahlreiche Lebens- und Karrierewege deutscher Jazz-Künstlerinnen und -Künstler.[98] Die dortigen Auftritte prägten sie sowohl auf persönlicher als auch auf musikalischer Ebene. Die Clubs »waren wie eine Schule, in der man nachweisen musste, dass man die Sprache des authentischen Jazz beherrschte, bevor man als Jazzmusiker ernst genommen werden konnte«, so der Musikwissenschaftler und Leiter des Jazzinstituts Darmstadt Wolfram Knauer über die amerikanischen Clubs.[99] Ohne die Kontakte zwischen Deutschen und den Angehörigen der amerikanischen Besatzungsmacht, die die deutschen Musiker durch »eine Art musikalische Lehre gehen ließen«[100], so Knauer weiter, sei der deutsche Jazz nicht denkbar gewesen. Demnach waren die amerikanischen, aber auch die britischen Clubs für deutsche Jazz- und Swingmusikerinnen und -musiker weitaus mehr als potenzielle Auftrittsorte. In ihnen lag die Hoffnung der Musikerinnen und Musiker, sich musikalisch verwirklichen zu können. Der Jazzmusiker Günther Boas schrieb hierzu 1945 in dem Informationsblatt *Die Jazz-Club News*: »Wir haben das große Glück, uns im amerikanisch besetzten Gebiet zu befinden, in welchem

98 Wie das Kap. 3 bereits gezeigt hat, traten in den französischen *foyers* weniger Deutsche auf.

99 Knauer, Wolfram, Jazz im Krieg. Die einfachen Soldaten wollten Swing, die Offiziere Schmalz, in: Frankfurter Allgemeine Zeitung, Nr. 188, 15.8.2003, S. 51.

100 Ebd.

unsere Interessensgebiete nur gefördert werden.«[101] Für die Musizierenden, die mit Hilfe der amerikanischen und britischen Clubs erfolgreich wurden, sollte sich diese Hoffnung bestätigen.

Der bereits in Kapitel 3 vorgestellte Carlo Bohländer war einer von ihnen. Er führte die Kontakte auch außerhalb der amerikanischen Clubs in und um Frankfurt a.M. weiter. Im August 1952 gründete er den noch heute existierenden Jazzkeller, das *Domicile du Jazz*, in der Kleinen Bockenheimer Straße 18a. Hier trafen sich fortan deutsche und amerikanische Jazzbegeisterte, um Jazz zu hören oder zu spielen. Die englischsprachige Zeitschrift *Overseas Weekly*, die in Frankfurt a.M. zwischen 1950 und 1975 erschien, berichtete regelmäßig über das *Domicile du Jazz*. Zur Entstehungsgeschichte des Jazzkellers hieß es in einem Artikel vom 29. Juni 1957: »Frankfurt musicians wanted a spot to play what they wanted when they wanted it.«[102] Der Keller war nicht-kommerziell ausgerichtet, Bands waren nicht vertraglich gebunden: »All the musicians just stop by. Everything's improvised. And nobody knows what'll be on the next night. Chances are, it'll be good. You don't have to be another Armstrong to sit in on a session at the Domicile, but you've got to be a pro or a talented amateur.«[103]

Das *Domicile du Jazz* wurde über die Jahre ein prominenter deutsch-amerikanischer Treffpunkt für Jazzliebhaberinnen und -liebhaber. Er bot allen Interessierten einen Raum zum Austausch. Bohländer beschreibt in einem Aufsatz über den Jazz in Frankfurt a.M., dass mit der Währungsreform 1948 und dem damit etablierten monetären System der Deutschen Mark immer mehr ausländische Musikerinnen und Musiker nach Deutschland kamen, um in amerikanischen Clubs aufzutreten. So ergaben sich mehr und mehr Kontaktmöglichkeiten zwischen deutschen und ausländischen, besonders amerikanischen Jazzmusikerinnen und -musikern.[104] Denn häufig spielten sie im Anschluss an ihren Auftritt noch mit deutschen Kollegen in den amerikanischen Clubs oder etwa im *Domicile*.[105] Der Bauingenieur Willi Geipel, der das *Domicile* 1956 übernahm, schreibt in einem unveröffentlichten Aufsatz über die Geschichte des Kellers, dass in den ersten Jahren das Publikum zu 70 bis 80 Prozent aus Angehörigen der amerikanischen Streitkräfte bestand. Im Laufe der Jahre sei dieser Prozentsatz jedoch zurückgegangen.[106] Aber auch die internationalen Künstlerinnen und Künstler, die in den *Service Clubs* der amerikanischen Armee spielten, waren laut Geipel oftmals als Gäste im *Domicile* anzutreffen:

> »Viele dieser Gruppen ließen sich von den Bussen des Special Service nach getaner Arbeit direkt ins Domicile fahren. Auf diese Weise kam es dort oft zu phantastischen Jam

101 Boas, Günter, Die Planung und Verwirklichung des Jazz Clubs, in: Die Jazz-Club News, Frankfurt a.M. 1945, S. 2–3, hier S. 2.

102 O.A., Frankfurt's Domicile du Jazz Ain't far from Basin Street, in: The Oversea Weekly, 29.9.1957.

103 Ebd.

104 Vgl. Bohländer, The Evolution of Jazz Culture in Frankfurt, in: Budds (Hg.), Jazz and the Germans, S. 174.

105 Vgl. Edelhagen u. Holzt-Edelhagen, Die Big-Band-Story, S. 12f.

106 Vgl. Geipel, Willi: 1952–2002. 50 Jahre Jazzkeller Frankfurt a.M., S. 1, AM 2 8, ISG FFM.

> Sessions mit den gerade anwesenden einheimischen Musikern […] das Domicile wurde so zu einem wichtigen Ort der Begegnung zwischen Musikern aus aller Welt.«[107]

Gleichzeitig wurden im *Domicile* Freundschaften weitergeführt oder neu geschlossen. Carlo Bohländer erhielt am 12. Dezember 1952 einen Brief, vermutlich vom Jazz-Musiker Bill Harris aus Chicago, in dem ihm für die wundervolle Zeit in Frankfurt a.M. gedankt wurde. »In your home town where the many warm friendships that were made right in your club [*Domicile*], Pafi, Ginny, John and the many others too numerous to name. I shall treasure yours and their friendship always.«[108] Einige der in den Clubs geschlossenen Freundschaften blieben lange Zeit bestehen. Sie gingen über die Phase bis Mitte der 1950er Jahre hinaus, in der die Clubs der Westalliierten die einzige Einkommensmöglichkeit für die deutschen Musikerinnen und Musiker boten.[109] Die deutsche Jazzszene entwickelte sich fortan vorwiegend in deutschen Bars weiter. Der Austausch zwischen den amerikanischen Musizierenden, die in den Clubs der Besatzungsmacht auftraten, und den Deutschen blieb dennoch weiterhin bestehen. Das *Domicile* war in Jazzkreisen weltweit populär und selbst Louis Armstrong besuchte den Keller im Jahr 1957.[110]

Auch die Geschichte des Hamburger *Anglo-German Swing Club* weist auf die Bedeutung der Soldatenclubs für Musikbegeisterte hin. Auch wenn der Verein nicht unmittelbar aus den Offiziers- und Soldatenclubs hervorging, stand er doch durch die Musik mit ihnen in Verbindung. Der *Anglo-German Swing Club* gehörte zum britischen Radiosender *British Forces Network (BFN)*[111], der die Angehörigen der britischen Besatzungsmacht in Deutschland mit Musik und Wortbeiträgen an die Heimat binden und unterhalten sollte. Die Sendung *Seventeen-hundred-Club* (17.00-Uhr-Club), die sich Jazz und Swing widmete, war äußerst beliebt und unter den Zuhörenden waren viele Deutsche. Der *BFN* sendete in der zweiten Hälfte des Jahres 1948 jeden Mittwoch eine Jazz-Sendung, in der Live-Musik vor Publikum gespielt wurde.[112] Auch die deutschen Zuhörerinnen und Zuhörer nahmen das Format begeistert an, sodass bald mehr als 350 Gäste regelmäßige zur Aufzeichnung der Sendung erschienen.

Der Programmdirektor des *BFN*, Neville Powley, ergriff daraufhin die Initiative und beantragte die Gründung eines eigenen Vereins zur Förderung der Jazz- und Swingmusik. »Im Herbst 1948 begann sich aus dieser Initiative heraus ein englisch-deutscher, der *Anglo-German Swing Club*, zu gründen. Dabei spielten auch britisch-deutsche Musiker-Combos.«[113] Anfang April 1949 wurde der Verein offiziell gegründet. Die Anzahl der hauptsächlich männlichen Mitglieder war auf 250 begrenzt. Viele der deutschen Musiker, die sich im Verein engagierten oder für den *Anglo-German Swing Club* auftraten,

---

107 Ebd., S. 4.

108 Brief an Carlo Bohländer, Chicago, 12.12.1952, Sammlung Carlo Böhlander, JID.

109 Vgl. Interview mit Albert Mangelsdorff, in: Taubenberger, »The Sound of Democracy – The Sound of Freedom«, S. 260–291, hier S. 267.

110 Siehe das abgedruckte Foto bei Geipel, Willi: 1952–2002. 50 Jahre Jazzkeller Frankfurt a.M., S. 53, AM 2 8, ISG FFM.

111 Zur Geschichte des *BFN* siehe Grace, Alan, This is the British Forces Network. The Story of Forces Broadcasting in Germany, Stroud 1996.

112 Vgl. Ansin, Horst (Hg.), Anglo-German Swing Club. Als der Swing zurück nach Hamburg kam: Dokumente 1945 bis 1952, Hamburg 2002, S. 8.

113 Ebd., S. 9.

spielten ebenfalls in britischen Soldatenclubs, wie der in dieser Arbeit bereits erwähnte Ladi Geisler und Günter Fuhlisch.[114] Geisler konstatiert, dass der *BFN* in den Jahren 1947 und 1948 für Musiker das kulturelle Zentrum Hamburg gewesen sei, auch wegen der vielen Soldatenclubs in der Umgebung.[115] Die deutschen Musiker, die sich im *Anglo-German Swing Club* engagierten, brachten ihre Erfahrungen aus den Clubs mit und teilten sie mit den anderen Mitgliedern. Bekanntschaften, die in den Clubs entstanden, konnten vertieft werden. Wie auch im amerikanischen Fall waren es hauptsächlich die Erfolgsgeschichten der Musikerinnen und Musiker, die erzählt wurden. Die Mitglieder des Vereins trafen sich im *Studio E* der Hamburger Musikhalle, des Gebäudes des *BFN*. Sie konnten Schallplatten hören und miteinander ins Gespräch kommen. Der *Anglo-German Swing Club* veranstaltete neben Konzerten auch Vorträge für seine Mitglieder.

Mit der Gründung der Bundesrepublik Deutschland und dem schrittweisen Abzug der britischen Truppen aus Deutschland zog die *BFN*-Zentrale 1954 nach Köln. Und auch der »wildeste Heißhunger der Deutschen auf die neue […] Kultur war nach einiger Zeit gestillt«[116]. Es folgte eine Rückkehr zur Normalität, und zu dieser, so Ansin, gehörte nicht in erster Linie der Jazz.[117] Dennoch zeigt die Geschichte des *Anglo-German Swing Club*, wie Musik zu einem Annäherungspunkt zwischen Deutschen und Angehörigen der Besatzungsmacht wurde und dass die Soldatenclubs Ursprung vieler zwischenmenschlicher Kontakte waren. Die Auftritte bei der amerikanischen und der britischen Besatzungsmacht haben einen festen Platz in den (Erfolgs-)Erzählungen der deutschen Musikerinnen und Musiker. Neben der Vitalität und Sinnlichkeit des Jazz, die für viele junge Menschen die Befreiung von Ängsten und Zwängen bedeutete, boten die Engagements in den Soldatenclubs finanzielle Freiheit und damit wirtschaftliche Unabhängigkeit. Auf dieser Grundlage konnte sich die Jazzszene in Deutschland entwickeln, so die Kulturwissenschaftlerin Martina Taubenberger.[118]

6.2.2 Deutsch-britische Vereine: Die Anglo-German Clubs

Insbesondere britische Offiziersclubs wurden innerhalb der deutschen Gesellschaft teilweise mit einer besonderen Assoziation belegt. Die Gebäude, in denen die Clubs eingerichtet waren, dienten nicht selten auch als Räumlichkeiten für elitäre Diskussionsrunden mit Deutschen.[119] Einige Gebäude wurden sogar vollständig von deutsch-britischen Vereinen übernommen. Dadurch wirkten die Offiziersclubs wie Orte, an denen sich eine ausgewählte deutsche Elite mit Offizieren der Besatzungsmacht traf und von diesen Kontakten profitierte. Unabhängig davon, dass diese Diskussionsgruppen sie lediglich als äußeren Rahmen für ihre Treffen nutzten und nicht Teil der Freizeitprogramme für

114 Vgl. ebd., S. 11.

115 Vgl. Ladi Geisler, zit. nach ebd.

116 Ebd., S. 13.

117 Vgl. ebd.

118 Vgl. Taubenberger, »The Sound of Democracy – The Sound of Freedom«, S. 211f.

119 Ein Beispiel hierfür ist auch die in Kap. 3 erwähnte Diskussionsrunde zwischen den deutschen Hostessen in Marburg und den Betreiberinnen des amerikanischen *Corner House Clubs*. Sie verbrachten zahlreiche Stunden gemeinsam in den Clubs, um sich über ihre Lebensweisen auszutauschen und mehr über die USA, das politische System sowie das Bildungssystem zu erfahren.

die Angehörigen der Besatzungsmacht waren, entstand das Bild eines elitären Ortes.[120] Es handelte sich demnach um zwei unterschiedliche Institutionen, die sich jedoch in der Wahrnehmung bis heute überlagern. Daher lohnt ein Blick auf die Entstehung und Ziele der *Anglo-German Clubs* in der britischen Besatzungszone, um sie von den Offiziers- und Soldatenclubs abgrenzen zu können.

Da die britische Besatzungsmacht ihre Offiziers- und Soldatenclubs erst 1950 regelmäßig für deutsche Gäste öffnete, suchte sie zuvor nach Alternativen, die deutsch-britische Beziehung zu institutionalisieren und den Austausch auf persönlicher Ebene voranzutreiben.[121] Die britische Besatzungsmacht wollte ihr Ansehen innerhalb der deutschen Bevölkerung verbessern, denn ihre Beliebtheit sank seit 1946 aufgrund der wirtschaftlichen Demontage und der Beschlagnahmungen immer weiter, bis sie in den Wintern 1946/47 und 1947/48 ihren niedrigsten Stand erreichte.[122] Diesem Anliegen dienten die *Anglo-German Clubs*. Ihr offizielles Ziel war ein interkultureller Austausch im Sinne der *Re-Education*, was sie maßgeblich von den Offiziers- und Soldatenclubs unterschied, die den Angehörigen der Besatzungsmacht in ihrer Freizeit Unterhaltung boten. Um die Mentalität der Deutschen nachhaltig zu verändern, erarbeiteten alle drei Westalliierten umfangreiche Demokratisierungsprogramme für die deutsche Bevölkerung. In den seit 1947 gegründeten Amerika-Häusern sollten die Deutschen sich beispielsweise mit der Geschichte und Tradition der USA vertraut machen, denn diese Erzählung war fest mit dem amerikanischen Demokratieverständnis verbunden. Die Historikerin Rebecca Boehling stellt fest, die Amerika-Häuser »had an impact that went far beyond anticommunism«[123]. Sie waren ein »window to the West«[124]. Bis zu 14 Millionen Deutsche besuchten in den 1950er Jahren die Häuser mit ihren vielfältigen Veranstaltungen und den umfangreichen Bibliotheken.[125] In der französischen Besatzungszone entstanden seit 1949 die *Instituts français*, die als Orte des geistigen Austauschs und der gegenseitigen Annäherung dienten. In der britischen Besatzungszone erfüllten seit Beginn des Jahres 1946 die *British Information Centers* diesen Zweck.[126] Die in ihnen ausliegende Zeitung *Die Brücke* bot Deutschen aus dem Englischen übersetzte Artikel britischer Druckmedien. Die *Anglo-German Clubs* waren ein weiterer Baustein der *Re-Education*.

Die Gründung der *Anglo-German Clubs* stand insofern mit den Offiziers- und Soldatenclubs in Verbindung, als ihre Existenz als Argument gegen eine Öffnung der Solda-

120 Frances Rosenfeld betont, dass mehr Deutsche deutsch-britischen Diskussionsrunden beitreten wollten, als freie Plätze zur Verfügung standen. Daher wurde eine kleine Gruppe englischsprachiger Deutscher aus der Mittel- und Oberschicht ausgewählt. Vgl. Rosenfeld, The Anglo-German Encounter in Occupied Hamburg, S. 218f.

121 Zum Prozess der Cluböffnung siehe Kap. 4.2.3.

122 Vgl. Rosenfeld, The Anglo-German Encounter in Occupied Hamburg, S. 215.

123 Boehling, Rebecca, U.S. Cultural Policy and German Culture during the American Occupation, in: Junker u.a. (Hg.), The United States and Germany in the Era of the Cold War, 1945–1990, Volume 1, S. 388–393, hier S. 390.

124 Zit. nach ebd.

125 Vgl. ebd.

126 Bis 1948 hatte die britische Besatzungsmacht 64 Infozentren gebaut. *Siehe hierzu Kap. 4 Putting Britain in the ›Shop Window‹: Die Brücke, 1946–48*, in: Rosenfeld, The Anglo-German Encounter in Occupied Hamburg, S. 159–203.

tenclubs für deutsche Gäste herangezogen wurde. Mit ihnen gebe es bereits einen Rahmen, in dem britische Staatsangehörige und Deutsche auf Augenhöhe miteinander in Austausch treten könnten. Das unterstreicht, wie sehr die Offiziers- und Soldatenclubs zum einen in den größeren Kontext der Besatzung eingebunden waren und zum anderen als Entscheidungskriterien bei diversen Überlegungen zum Umgang mit der deutschen Bevölkerung berücksichtigt wurden.

Die Geschichte der *Anglo-German Clubs* zeigt jedoch auch, dass sie sich an eine andere Zielgruppe richteten als die Soldatenclubs. »The British effort to reach out to Germans in Anglo-German groups and clubs ultimately involved a small, generally middle-class, English-speaking segment of the population.«[127] Diese Vereine boten den deutschen Teilnehmern – Frauen waren nicht zugelassen – die Möglichkeit, Kontakte zu britischen Offizieren aufzunehmen. Soldaten wurden nicht in die britisch-deutschen Aktivitäten einbezogen. Mitunter ermöglichten diese Kontakte sowohl soziale als auch berufliche Vorteile. Die Teilnahme markierte einen sozialen Status der Anwesenden, da die Clubs nur auf Einladung oder nach einer Nominierung zugänglich waren.[128] Der erste *Anglo-German Club* wurde im Oktober 1946 in Hamburg gegründet und bestand mehrheitlich aus englisch-sprechenden deutschen Akademikern und britischen Offizieren.[129]

Zugleich dienten auch die Offiziersclubs als Orte für Diskussionsrunden, weshalb eine klare Trennung der Institutionen und ihrer Ziele für außenstehende Deutsche undurchsichtig war. Im britisch besetzten Hamburg etwa wurde der *Anglo-German Club* am 1. Juli 1948 in einer beschlagnahmten Villa am Harvestehuder Weg 44 eingerichtet.[130] Das Haus war zuvor als Offiziersclub genutzt worden. Die Historikerin Rosenfeld schreibt außerdem, dass britisch-deutsche Diskussionsrunden zum Beispiel auch im *Officer's Tea Room* im *Carlisle Club*, einem britischen Offiziersclub in Hamburg, stattfanden.[131] Das führte dazu, dass die Offiziersclubs als Begegnungsorte einer intellektuellen deutsch-britischen Elite verstanden wurden, unabhängig davon, dass deutsche Gäste erst allmählich zu Beginn der 1950er Jahre Zutritt zu britischen Offiziers- und Soldatenclubs erhielten.

6.3 Treffpunkte der ideologischen »Klassenfeinde«

Die Offiziers- und Soldatenclubs in Deutschland sind seit dem Ersten Weltkrieg ein Phänomen der Kriegs- und Besatzungszeiten, dem im Verlauf des sich zuspitzenden Kalten Krieges sowohl auf westlicher als auch auf sowjetischer Seite jeweils unterschiedliche Bedeutungen zugesprochen wurden, die eng mit der politischen Entwicklung verbunden waren. Zunächst hatten die vier alliierten Mächte in der Bekämpfung des nationalsozialistischen Deutschlands ein gemeinsames Ziel, das mit der bedingungslosen Kapi-

127 Vgl. Rosenfeld, The Anglo-German Encounter in Occupied Hamburg, S. 219.

128 Vgl. ebd., S. 231.

129 Vgl. ebd., S. 248.

130 Zur Geschichte des *Anglo-German-Club* in Hamburg siehe Ahrens, Die Briten in Hamburg, S. 419–426.

131 Vgl. Rosenfeld, The Anglo-German Encounter in Occupied Hamburg, S. 249.

tulation der deutschen Wehrmacht und der Zerschlagung des Nationalsozialismus erreicht worden war. Das »unnatürliche Bündnis«[132] zwischen den USA und der Sowjetunion verlangte gegenseitiges Entgegenkommen und war von Beginn an instabil.[133] Die Differenzen zwischen den USA und der Sowjetunion traten nach Ende des Krieges wieder deutlich hervor. Die Fronten verhärteten sich zunehmend. Das besetzte Deutschland lag in der Mitte Europas und bildete die Trennlinie zwischen den Großmächten. Auch wenn rückblickend der Weg zu zwei deutschen Staaten und zu der damit verbundenen Teilung Europas und der Welt wie vorbereitet wirke, wie der Historiker Bernd Stöver schreibt, gebe es gleichzeitig keinerlei Belege, die eine solche Zwangsläufigkeit bestätigen würden.[134] Vielmehr seien es insbesondere zwei Krisen gewesen, die den Prozess der Blockbildung vorantrieben: die erste Berlin-Krise 1948/49 und der Krieg im geteilten Korea von 1950 bis 1953. Auf die erste Blockade West-Berlins, die in der kompletten Abriegelung der Westsektoren gipfelte, reagierten die Westalliierten mit der Berliner Luftbrücke. Auf Initiative von US-Militärgouverneur Lucius D. Clay wurden vom 24. Juni 1948 bis zum 30. September 1949 rund zwei Millionen Tonnen lebenswichtiger Güter über den Luftweg nach Berlin gebracht. Die Blockade forcierte die Teilung der Stadt und war der erste Höhepunkt des Kalten Krieges.[135] Die West-Berlinerinnen und West-Berliner nahmen die Westalliierten, insbesondere die amerikanische Besatzungsmacht, in der Folge stärker als zuvor als Schutz wahr. Das begünstigte die Annäherung zwischen den Angehörigen der westlichen Besatzungsmächte und der Berliner Bevölkerung.[136] Mit der Gründung der beiden deutschen Staaten 1949 waren sowohl die Spaltung des Landes als auch die Frontstellung der Großmächte im Kalten Krieg besiegelt.

Die westalliierten Offiziers- und Soldatenclubs nehmen in der Geschichte der politischen Machtspiele, die in Deutschland unter anderem durch die Abriegelung West-Berlins zum Nachteil der deutschen Bevölkerung ausgetragen wurden, eine kleine, aber nicht unerhebliche Rolle ein. So repräsentierten sie in der Systemkonfrontation die Werteordnung der westlichen, kapitalistischen Welt. Zum Teil versuchten die Westalliierten auch die Clubs dafür zu nutzen, die deutsche Bevölkerung an sich zu binden und ihr Ansehen zu steigern, etwa durch besondere Feste oder Anlässe, die deutschen Besucherinnen und Besuchern offenstanden. Das galt insbesondere für die Stadt Berlin, die wie keine andere von der Spaltung betroffen war. Ein Blick auf die großen Presseorgane der DDR[137] zeigt, dass die westalliierten Soldatenclubs äußerst selten beachtet wurden. Die wenigen veröffentlichten Artikel waren von einer negativen Berichtserstattung gekennzeichnet, die die ›kapitalistischen Elemente‹ der Clubs betonte. Fernab der medialen Öffentlichkeit hatten jedoch die kommunistischen Geheimdienste durchaus ein Interesse an den westalliierten Clubs. Das MfS setzte Inoffizielle Mitarbeiter auf sie an, um möglichst viel über die Programme, Angebote, die Gäste sowie die Interaktionen im Inneren

132 Stöver, Bernd, Der Kalte Krieg. 1947–1991: Geschichte eines radikalen Zeitalters, München 2011, S. 17.

133 Vgl. ebd.

134 Vgl. ebd., S. 32.

135 Zur Berlin-Blockade siehe u.a. Prell, Uwe u. Wilker, Lothar (Hg.), Berlin-Blockade und Luftbrücke 1948/49. Analyse und Dokumentation, Berlin 1987.

136 Siehe hierzu Eisenhuth, Die Schutzmacht, S. 10–11.

137 Ausgewertet wurden die *Neue Zeit*, das *Neue Deutschland* sowie die *Berliner Zeitung*.

der Clubs zu erfahren. Die Stasi vermutete in ihnen zudem Treffpunkte der westlichen Geheimdienste.

6.3.1 Die Clubs im Spannungsfeld des Ost-West-Konflikts

Die Clubs repräsentierten die jeweiligen Länder sowie ihre politischen, ideologischen und kulturellen Werteordnungen. Insbesondere die amerikanischen vertraten durch den Verkauf bekannter Güter und Marken die amerikanische Konsumwelt. Über die Clubs kamen ausländische Kulturelemente nach Deutschland. Inwiefern die Geschichte der späteren Bundesrepublik eine Geschichte der *Amerikanisierung* ist, wird in der Forschung kontrovers diskutiert. Die *Tübinger Schule* um Anselm Doering-Manteuffel führt den Erfolg der Demokratie in der Bundesrepublik nicht allein auf den Einfluss der amerikanischen Besatzungsmacht zurück, sondern betont vielmehr die Herausbildung einer gemeinsamen Werteordnung in Westeuropa und den USA infolge von Austauschprozessen zwischen den jeweiligen Eliten.[138] Andere Historikerinnen und Historiker hingegen unterstreichen die amerikanische Prägung aufgrund der außerordentlich starken Präsenz des US-Militärs und dessen American Way of Life. Dies gelte – so Maria Höhn – besonders für den Zeitraum von 1945 bis 1949.[139] Die Angehörigen der amerikanischen Besatzungsmacht nahmen durch Kleidungsstil, Umgangsformen, Freizeitgestaltung und Konsumverhalten alltäglich Einfluss auf die deutsche Bevölkerung. Die Historikerin Victoria de Grazia spricht der amerikanischen Besatzungsmacht hingegen keine entscheidende Bedeutung zu. Sie verweist vielmehr auf den Kampf der Systeme im Kalten Krieg als Katalysator der Amerikanisierung im Westen.[140]

Die hier vorliegende Studie knüpft sowohl an die Überlegungen eines Kulturtransfers als auch an die Relevanz der Systemkonkurrenz im Zuge des Kalten Krieges an. Auch in den Offiziers- und Soldatenclubs fand ein solcher Kulturtransfer statt, denn die deutschen Angestellten und Gäste nahmen an den unterschiedlichen Unterhaltungsangeboten der jeweiligen Nation Teil und kamen mit Angehörigen der Westalliierten in Kontakt. Wie in den vorangegangenen Kapiteln erläutert, gaben sich die Angestellten der Clubs große Mühe, in den Clubs eine Verbindung zur jeweiligen Heimat herzustellen. Dies sollte über die Inneneinrichtung und Dekoration der Räumlichkeiten, über vertraute Speisen, Getränke und Konsumgüter sowie durch das Unterhaltungsprogramm erreicht werden. Diese Elemente waren dabei nicht nur für das Selbstverständnis der westalliierten Gäste ausschlaggebend, sondern prägten auch das Bild, das in der DDR von den Clubs als Symbol der kapitalistischen Welt vorherrschte.

Die amerikanische Besatzungsmacht war zum Beispiel stolz auf die gute Versorgungslage, die sie ihren Clubgästen anbieten konnte. Die Wahrnehmung der amerikanischen Clubs durch die DDR-Presse war hingegen eine andere. Der Überfluss und die hohen Kosten standen im Fokus. In einer kurzen Mitteilung über die Eröffnung des

---

138 Vgl. Doering-Manteuffel, Anselm, Wie westlich sind die Deutschen? Amerikanisierung und Westernisierung im 20. Jahrhundert, Göttingen 1999.

139 Vgl. Höhn, GIs and Fräuleins, S. 21.

140 Grazia, Victoria de, Das unwiderstehliche Imperium. Amerikas Siegeszug im Europa des 20. Jahrhunderts, Stuttgart 2010.

Crossroads Club in Stuttgart vom 17. August 1949 titelte das *Neue Deutschland* kritisch: »Auf Konto Besatzungskosten«[141]. Auch die *Berliner Zeitung* veröffentlichte, viele Jahre später, am 13. März 1957 einen Artikel mit dem Titel *Die Deutschen zahlen und bedienen*. Der Bericht über einen neu eröffneten Club in einer amerikanischen Wohnsiedlung in Heidelberg gibt Einblicke in die offizielle Haltung der DDR-Führung zu den amerikanischen Vergnügungsorten:

> »Den Besucher des Clubs laden gleich im Foyer tiefe Sessel zum Betrachten eines Springbrunnens nebst Blumenarrangement ein. Die insgesamt 100 qm Parkettfußboden sind auf Hochglanz poliert, 120 deutsche Angestellte stehen zur Bedienung der Herrschaften aus Übersee bereit. Im großen Ballsaal verbreiten sechs Kronleuchter, von denen jeder die Kleinigkeit von 5800 WM [Westmark] kostet, ein verschwenderisches Licht [...]. Wenn noch eine vollautomatische Kaffeemaschine in der Snack-Bar, in der gleichzeitig Sodawasser und Cola aus Hähnen quellen, erwähnt wird, brauchen wohl das Jagdzimmer, ein im Rokoko-Stil gehaltenes Puderzimmer und die anderen Räumlichkeiten des Hauses nicht näher beschrieben werden.«[142]

Neben dem Vorwurf der Verschwendung und des unnötigen Luxus wurden die hohen Kosten von angeblich etwa vier bis fünf Millionen Westmark betont, die der westdeutschen Bevölkerung zur Last gelegt würden: »Auch für so etwas muß der westdeutsche Steuerzahler erhöhte Besatzungskosten aufbringen.«[143] Ein weiteres Charakteristikum, das aus Sicht der DDR einen Angriffspunkt bot, war die Zutrittsbeschränkung des Clubs, der nur für die oberen Ränge zugänglich war.

Neben der Inneneinrichtung und den Konsumgütern stand auch die Freizeitgestaltung, insbesondere die musikalische, stellvertretend für den westlichen Lebensstil. Die Führung der DDR sah im Jazz eine imperialistische Gefahr und lehnte die von den Clubs repräsentierten westlichen Einflüsse ab.[144] Am 8. Oktober 1948 berichtete das *Neue Deutschland* von einer »Horde halbwüchsiger Jungen und Mädel«, die in den Straßen der Berliner Stadtteile Friedenau und Schöneberg »Plakate und Transparente der östlich lizenzierten Presse« abgerissen hatten. Der Artikel führte dieses Verhalten auf die Verbindung der »Rowdys« zum amerikanisch geführten *German Youth-Club* zurück, der Tanz-, Swing- und Jazzmusik förderte.[145]

Ein Artikel vom 16. August 1956 über die brutale Vergewaltigung eines 15-jährigen Mädchens durch sieben amerikanische Soldaten und den anschließenden Prozess verband darüber hinaus die amerikanischen Clubs mit der Vorstellung des Gangstertums. Unter der Überschrift *Invasion des Gangstertums* beschrieb der Artikel, dass die Angehörigen der Besatzungsmacht mit dem Mädchen während des Prozesses vor dem Militärgericht herablassend umgegangen seien. Laut dem Artikel fand die Befragung im großen

141 O.A., Auf Konto Besatzungskosten, in: Neues Deutschland, Nr. 191, 17.8.1949, S. 2.

142 O.A., Die Deutschen zahlen und bedienen, in: Berliner Zeitung, Nr. 617, 13.3.1957, S. 2.

143 Ebd.

144 Zum Jazz in der DDR siehe Bratfisch, Rainer (Hg.), Freie Töne. Die Jazzszene in der DDR, Berlin 2005.

145 O.A., Rowdy-Club Schöneberg, in: Neues Deutschland, Nr. 235, 8.10.1948, S. 2.

Festsaal des *Service Club* in der Würzburger Besatzungskaserne statt, der zu einem provisorischen Gerichtssaal umfunktioniert worden sei. »Unter dem aufgeblähten Sternenbanner liegt in einem Lehnstuhl an der Stirnseite des Service-Club-Saals der Gerichtsoffizier«[146], hieß es abwertend und anklagend zugleich. Auch wenn der Ort des Clubs nicht im Zusammenhang mit der Vergewaltigung stand, fungierte er im Artikel als moralisch anstößiger Ort, da er die dargestellte Überlegenheit und das arrogante Auftreten der amerikanischen Besatzungsangehörigen repräsentierte.

Während die meisten Leserinnen und Leser dieser Artikel in der DDR keine Möglichkeit hatten, eigene Erfahrungen in den Clubs zu sammeln, herrschte in der Stadt Berlin seit Kriegsende im Vergleich zu den vier Besatzungszonen eine besondere Situation. Dort waren alle vier Siegermächte stationiert, die die Stadt in vier Sektoren aufgeteilt hatten. Nur in Berlin konnten Deutsche, die in der sowjetischen Besatzungszone lebten, im Alltag auch den amerikanischen, britischen und französischen Truppen begegnen. Während im ersten Jahr der Besatzung Vertreterinnen und Vertreter aller vier Siegermächte die unterschiedlichen Clubs in Berlin besuchten – meist Offiziere, die sich zum Essen trafen –, ebbte dieser kollegiale Umgang mit dem sich verschärfenden Ost-West-Konflikt ab. Der britische Captain Colby erinnerte sich, dass am britischen Offiziersclub *Embassy* in Berlin-Grunewald eine Texttafel angebracht war, auf der in Russisch und Französisch geschrieben stand, dass Offiziere nur als Gäste eines britischen Offiziers Zutritt erhielten. Colby selbst lud einige Male sowjetische Offiziere ein.[147]

Die Berlinerin Grete H., die nach dem Krieg bei der sowjetischen Militäradministration im Kasernenkomplex in Berlin-Karlshorst arbeitete, beschrieb in einem Interview aus den 1990er Jahren die Nachkriegsjahre »als eine spannende und ›wilde‹ Zeit [Herv.i.O.]«[148]. Sie lebte im sowjetischen Sektor, ging aber oft mit einer Freundin, die im amerikanischen Sektor in Zehlendorf wohnte, in den dortigen amerikanischen Clubs feiern. »Wir sind ja schon rüber zu den Amis gegangen zum Tanzen. Für die Russen war es verboten. Da waren wir ganz wild drauf!«[149] Einige Deutsche scheuten auch lange Wege durch das zerstörte Berlin nicht, um im amerikanischen Ambiente feiern zu können. Die Abwanderung und Übersiedlung der Bevölkerung Ost-Berlins in den West-Teil der Stadt missfiel der sowjetischen Besatzungsmacht von Beginn an und stellte die Führung der später gegründeten DDR vor erhebliche Probleme, denen sie mit dem Bau der Berliner Mauer im August 1961 ein Ende bereiten wollte. Auch Greta H. siedelte 1949 nach West-Berlin über.

Im weiteren Verlauf der Nachkriegsjahrzehnte öffneten die westalliierten Clubs ihre Türen zu immer mehr Gelegenheiten für die gesamte deutsche Bevölkerung. Der amerikanische Offiziersclub im Harnack-Haus in Berlin-Dahlem lud die West-Berlinerinnen und West-Berliner zum Beispiel zu diversen kulturellen Veranstaltungen ein. In

---

146 Otto, W., Invasion des Gangstertums, in: Neues Deutschland, Nr. 195, 16.8.1956, S. 2.

147 Vgl. Captain Reginald Colby, Tagebucheinträge 15. September-30. April 1946, Private Papers Captain Reginald Colby, Box 10, IWM.

148 Meyer-Lenz, Johanna, Interview mit Grete H., in: dies. (Hg.), Die Ordnung des Paares ist unbehaglich, S. 173–213, hier S. 182.

149 H., Greta, zit. nach ebd., S. 204.

den 1950er Jahren fanden dort etwa die Berliner Filmfestspiele statt.[150] Die Clubs trugen durch Veranstaltungen mit der und für die deutsche Bevölkerung zum gegenseitigen Austausch bei. Für die sowjetische Militäradministration und nach ihrer Gründung 1949 für die Führung der DDR repräsentierten sie hingegen die kapitalistische Ideologie gerade auch in ihrer negativen Ausprägung.

6.3.2 Als IM für die Staatssicherheit der DDR im Soldatenclub

Neben militärischen Zentren, zu denen auch diverse Einrichtungen der Westalliierten gehörten, standen auch Offiziers- und Soldatenclubs in der Bundesrepublik Deutschland im Visier des MfS. Um die Macht der Sozialistischen Einheitspartei Deutschlands (SED) zu sichern, agierte das MfS gegen alle (vermeintlichen) Feinde im Inneren, aber auch außerhalb der DDR.[151] Am Beispiel der Clubs wird deutlich, dass die Stasi auf der Suche nach ›Beweisen‹ für feindliche Aktivitäten war. Sie beauftragte IMs[152], Informationen zusammenzutragen, die bestätigen sollten, dass die Clubs als Treffpunkte für die westlichen Geheimdienste genutzt wurden. Die eingesetzten IMs sollten außerdem Auskünfte über die Gebäude und deren Lage liefern. Sie erstellten Berichte über die Bewachung der Clubs, über die Gäste und deren Begleitungen, sowie über die allgemeine Stimmung innerhalb der Besatzungsarmeen. Auch die Inneneinrichtungen wurden mitunter kleinteilig beschrieben und das Raumarrangement mit Skizzen und Fotos visualisiert. Die immer wiederkehrende Frage der Stasi an ihre IMs, ob und in welcher Regelmäßigkeit sich in den Clubs Angehörige des amerikanischen Geheimdienstes aufhielten, untermauert das von der Stasi ›gewünschte‹ Bild der Soldatenclubs als Zentren feindlicher Aktivität, welches die überlieferten Berichte der IMs jedoch nicht bestätigen. Es dominieren vielmehr die Beschreibungen der Orte und Innenräume, sowie der Gäste und der allgemeinen Stimmung im Club.

Die überlieferten Akten des IM »Kurt Hones«[153] zeigen, dass die Stasi in amerikanischen Clubs beschäftigte deutsche Musiker wie ihn anwarb, um die Orte auszukundschaften. Der in Berlin geborene und damals in Ost-Berlin lebende »Kurt Hones« ver-

150 Vgl. o.A., Offizierscasino der US-Armee. 1945–1994, unter: https://www.harnackhaus-berlin.mpg.de/geschichte/offiziersclub-der-us-army, letzter Zugriff am 10. März 2021.

151 Für das MfS arbeiteten seit seiner Gründung im Februar 1950 zwei verschiedene Gruppen: zum einen die Hauptamtlichen Mitarbeiter, das bedeutet die Festangestellten, zum anderen eine große Anzahl Inoffizieller Mitarbeiter (IM). Sie verpflichteten sich in der Regel durch eine schriftliche Vereinbarung, konspirativ, das bedeutet verdeckt und geheim für das MfS zu arbeiten. Sie sollten Informationen zur »Feindbekämpfung« zusammentragen und nach Möglichkeit Einfluss auf gesellschaftliche Entwicklungen nehmen Vgl. Gieseke, Jens, Hauptamtliche Mitarbeiter, in: Dümmel, Karsten u. Piepenschneider, Melanie (Hg.), Was war die Stasi? Einblicke in das Ministerium für Staatssicherheit der DDR, Berlin 2014, S. 69–75, hier S. 69; Vgl. Gieseke, Jens, Die Stasi. 1945–1990, München 2011, S. 112.

152 Zu der Rekrutierung, der Ausbildung und den Aufgaben der IMs siehe Müller-Enbergs, Helmut, Inoffizielle Mitarbeiter des Ministeriums für Staatssicherheit, Teil 1. Richtlinien und Durchführungsbestimmungen, Berlin 2010; Müller-Enbergs, Helmut, Inoffizielle Mitarbeiter des Ministeriums für Staatssicherheit, Teil 2. Anleitungen für die Arbeit mit Agenten, Kundschaftern und Spionen in der Bundesrepublik Deutschland, Berlin 2011.

153 An dieser Stelle danke ich Julia Wigger für den Hinweise auf die Akten des IM »Kurt Hones«.

pflichtete sich im Juni 1956 zur Zusammenarbeit mit dem MfS. Er wurde »auf der Basis der Überzeugung geworben«, wie es im »Auskunftsbericht« heißt, den die Hauptabteilung II[154] anfertigte. Er habe eine positive Einstellung zum Sozialismus und sei von dessen Stärke überzeugt. Im April 1955 ging er in die Bundesrepublik, um ein Engagement bei der amerikanischen Besatzungsmacht in deren Clubs wahrzunehmen. Aus diesem Grund sah das MfS vor, »durch den GI [Geheimen Informanten][155] amerikanische Geheimdienststellen und militärische Objekte in Westdeutschland aufzuklären«, so die Beschreibung der »operativen Zusammenarbeit«[156]. Außerdem sollte er besonders in Musiker- und Künstlerkreisen Personen sowie seine Bekannten in der Bundesrepublik »aufklären«[157] und gegebenenfalls mit dem MfS in Kontakt bringen.

Der IM schrieb fortan Berichte über die Clubs, in denen er spielte. Er beschrieb sachlich die Gebäude, das Personal und die Gäste. Am 2. Oktober 1956 verfasste er einen Bericht über den *Main River Club* in Hanau, dem er eine Skizze beifügte, die das Gelände rund um das Gebäude sowie die Wege darstellte. Selbst die Art des Daches, in diesem Fall ein ziegelgedeckter Spitzgiebel, hielt er fest. Er informierte das MfS, dass es sich um einen täglich geöffneten Club für Unteroffiziere handele, in dem mittwochs, sonnabends und sonntags Musik gespielt werde. Auch »deutsche girlfriends« seien in Begleitung der US-Angehörigen gestattet. Inwiefern die deutschen Frauen das Verhalten der amerikanischen Gäste in den Clubs beeinflussten oder auf welche Art und Weise die Paare miteinander interagierten, beschrieb er jedoch nicht. Es folgt eine Darstellung des deutschen Personals mit dem Hinweis, dass es sehr schnell wechsele und so keine längerfristige Kontaktaufnahme möglich gewesen sei. Der Verweis darauf, dass Angehörige der Militärpolizei in diesem Club verkehrten, interessierte das MfS wohl am meisten.[158]

Am 24. Oktober 1956 erhielt »Kurt Hones« den nächsten Auftrag des MfS: »Sie fahren mit dem fahrplanmäßigen Interzonenzug D 2 am 29. Oktober 56 nach Frankfurt a.M. und treten im Auftrag des MfS Ihr Engagement in der Casino Bar in Mannheim an.«[159] Während des Aufenthalts in der Bundesrepublik sollte der IM Kontakte zu verschiedenen Personen unter anderem im *Main River Club* festigen, um mehr über sie und ihre Vergangenheit zu erfahren. Außerdem forderte das MfS:

> »Achten Sie während Ihres Aufenthaltes auf Truppenverschiebungen und Manöver der US-Streitkräfte sowie der westdeutschen Wehrmacht. Suchen Sie in Erfahrung zu bringen, wie die Stimmung und Moral unter den bezeichneten Verbänden ist. Achten Sie

154 Die Hauptabteilung II war für die Spionageabwehr zuständig und betrieb selbst Spionage im »Operationsgebiet«.

155 In den frühen Jahren der DDR lauteten die offiziellen Bezeichnungen »Geheimer Mitarbeiter« (GM) und »Geheimer Informant« (GI), die direkt aus der sowjetischen Geheimpolizeisprache stammten. 1968 trat dann die Bezeichnung »Inoffizieller Mitarbeiter« (IM) an deren Stelle. Vgl. Gieseke, Die Stasi, S. 113. Zur sprachlichen Vereinheitlichung wird hier stets von IMs gesprochen.

156 Auskunftsbericht GI »Kurt Hones«, 16.9.1964, MfS AIM 4456/70, Blatt 133–134, BStU.

157 Aufklärung bedeutete in diesem Falle die Überprüfung der Eignung von IM-Kandidaten. Vgl. Müller-Enbergs, Helmut, Aufklärung, unter: https://www.bstu.de/mfs-lexikon/detail/aufklaerung/, letzter Zugriff am 7. April 2021.

158 Vgl. Bericht über den *Main River Club* von GI »Kurt Hones«, 2.10.1956, MfS AIM 4456/70 a/I, Blatt 66, BStU.

159 Auftrag für GI »Kurt Hones«, 24.10.1956, MfS AIM 4456/70 a/I, Blatt 132–133, BStU.

[...] auf die Stimmung der Bevölkerung zu aktuellen Tagesfragen, der Wehrpflicht und den internationalen Fragen.«[160]

Wie diese Anweisung zeigt, ging es dem MfS vorrangig darum, etwas über die Stimmung innerhalb der Besatzungsarmee zu erfahren. Die Clubs schienen als Orte für die Stasi interessant zu sein, da die Soldaten dort auch privat miteinander ins Gespräch kamen und eventuell ihre Meinungen oder Details des Besatzungsalltags teilten. Bemerkungen zur allgemeinen Stimmung unter den Gästen in den Clubs fanden daher Einzug in die Berichte. Im Dezember 1956 war »Kurt Hones« wieder in Westdeutschland und gab Informationen über den amerikanischen *Patton EM Club* in Mainz-Gonsenheim weiter. Der Club war in einem eigenständigen Gebäude innerhalb eines geschlossenen Kasernengeländes gelegen und für deutsche Gäste unzugänglich. Der IM konnte den Club gemeinsam mit der dort beschäftigten deutschen Kapelle betreten, um die anwesenden Gäste zu belauschen. Allabendlich kippe die Stimmung im Club unter Alkoholeinfluss und es komme zu Streitereien, berichtete er. »Der Klub verfügt über ein eigenes ›Rollkommando‹, die mit Gummiknüppeln die Ruhe herstellen [Herv.i.O.].«[161] Das unterstreicht das Bild der Clubs als Orte, an denen übermäßig Alkohol getrunken wurde und Schlägereien an der Tagesordnung waren. Für das MfS konnte dies als ein Beleg für die ›unmoralischen‹ Facetten des Clublebens gelten. Der IM berichtete außerdem über eine angespannte Stimmung, da durch Manöver eine höhere Dienstbelastung eingetreten und keiner der Gäste mit der Durchführung einverstanden gewesen sei.[162]

Knapp zwei Jahre später entschied das MfS, den IM nicht weiter in Westdeutschland einzusetzen. Die lediglich kurzen Engagements in den amerikanischen Clubs schlossen das Verweilen an einem Ort aus, sodass keine langfristigeren Kontakte geknüpft werden konnten. Außerdem wollte der IM, dass seine Ehefrau, die nichts von seiner Arbeit für das MfS wusste, ihn alle sechs Wochen während seiner Aufenthalte in Westdeutschland besuchen kommen dürfe. Letztlich vermutete das MfS auch, dass bereits eine »Dekonspiration« des IM eingetreten sei. Aus diesen Gründen wurde IM »Kurt Hones« fortan nur noch im Raum Ost-Berlin eingesetzt.[163] Die Zusammenarbeit wurde im April 1970 durch das MfS eingestellt, da »Hones« durch seine Arbeit als Musikredakteur beim Deutschen Fernsehfunk zeitlich stark ausgelastet war. Bereits seit 1966 hatten kaum mehr Treffen stattgefunden.[164]

Wie »Kurt Hones« war auch IM »Ortmann« auf westalliierte Soldatenclubs angesetzt. Er fertigte 1964 eine Reihe von Fotos des Harnack-Hauses in Berlin-Dahlem an, die er bei einem Treffen an seinen Führungsoffizier übergab. Die Fotos zeigen sowohl das Gebäude von der Straße aus als auch den Innenbereich und die Terrasse, die nur durch das Gebäude zugänglich war. Ein Foto, das von dem auf der Bühne stehenden Schlag-

160 Ebd., S. 132–133.

161 Bericht von GI »Kurt Hones« über den *Patton EM Club*, 6.12.1956, MfS AIM 4456/70 A/I, Blatt 219, BStU.

162 Vgl. ebd., S. 219.

163 Vgl. Einschätzung der Zusammenarbeit mit GI »Kurt Hones« und Vorschlag zwecks weiterem Einsatz, 20.11.1958, MfS AIM 4456/70, P/I, Blatt 87–88, BStU.

164 Vgl. Abschlussbericht IM »Kurt Hones«, 22.4.1970, MfS AIM 4456/70, P/I, Blatt 159–160, BStU.

zeug aufgenommen wurde, lässt die Vermutung aufkommen, dass auch IM »Ortmann« als Musiker im Club im Harnack-Haus beschäftigt war.[165]

In Wiesbaden wurde im September 1956 der *Eagle Club* durch einen anderen IM ausgekundschaftet, der in einem Bericht die Innenräume detailliert beschrieb.[166] Außerdem war der *Roker Club* in Wiesbaden im Visier des MfS.[167] Bei der Suche nach Dienststellen des amerikanischen Geheimdienstes in drei Wiesbadener Straßen berichtete ein IM von dem Offiziersclub *New Eagle Club* in der Paulinenstraße 7.[168] Auch vom *Silver Wings Club* am Columbiadamm in Berlin-Tempelhof wurde berichtet. Das eigentliche Ziel des IM war jedoch das gesamte Gelände um den Flughafen Tempelhof, insbesondere der Deutsche Jugendklub. In einer Skizze trug IM »Lupe« im März 1958 alle wichtigen Gebäude um den Flughafen herum ein und notierte alle einsehbaren Kennzeichen der parkenden Autos auf dem Gelände – es waren ausschließlich amerikanische Fahrzeuge.[169]

Doch das MfS setzte längst nicht nur auf ›freiwillige‹ Auskünfte von IMs, die bei weitem nicht immer ohne gewaltsames Einwirken oder Drohungen für die Stasi arbeiteten, sondern versuchte auch in Verhören, Informationen über den »Klassenfeind« und die westlichen Mächte von politischen Häftlingen zu erlangen. Im Sommer 1960 verhörten die Mitarbeiter des MfS einen Monat lang immer wieder eine 26-jährige Frau, die als Stenotypistin seit Dezember 1955 im amerikanischen Hauptquartier in Berlin arbeitete. Sie war in der amerikanischen Sichtungsstelle im Flüchtlingslager Berlin-Marienfelde tätig und bearbeitete die Unterlagen ankommender Geflüchteter aus der DDR. Auf welche Art und Weise sie in Haft genommen wurde, geht aus den Akten nicht hervor. Im November 1957 hatte sie erfahren, so gab sie es während des ersten Verhörs an, dass sie dort unwissentlich für den amerikanischen Geheimdienst *Counter Intelligence Corps (CIC)* arbeitete. Neben Fragen zu ihrer Person, ihrem politischen Hintergrund, ihrer Arbeit in Marienfelde und den amerikanischen Spionageaktivitäten in Bezug auf die DDR musste die junge Frau Auskünfte über Orte geben, an denen sich Mitarbeiterinnen und Mitarbeiter des amerikanischen Geheimdienstes trafen. Sie nannte unter anderem den amerikanischen *Club 50* in Berlin-Dahlem, den *Stork Club* und den *Starlight Grove Club* in Berlin-Lichterfelde sowie das Harnack-Haus in Berlin-Dahlem, in dem Offiziere und wichtige Personen der amerikanischen Militärregierung und laut Protokoll auch des amerikanischen Geheimdienstes verkehrten. Neben den amerikanischen Einrichtungen nannte sie den *French Club* in der Seestraße, der als Nachfolger des *Bir-Hakims* hauptsächlich den Angehörigen der französischen Besatzungsmacht offenstand, sowie das *Maison de France* auf dem Kurfürstendamm, in dem sie bei einem Besuch selbst Mitarbeiter des amerika-

165 Vgl. Treffbericht und Fotos des Harnack-Hauses, 5.8.1964, MfS AIM 3425/67 6 AA/2, Blatt 34–38, BStU.

166 Vgl. Erläuterungen zur Innenskizze des *Eagle Club*, September 1956, MfS HA II 43889, Blatt 24–25, BStU.

167 Vgl. Bericht über den *Linsey Club Rocker* in Wiesbaden, 23.4.1964, MfS HA II 43889, Blatt 57, BStU.

168 Vgl. Tonbandabschrift zum Offiziersclub *New Eagle Club* in Wiesbaden, MfS HA II 43889, Blatt 66–67, BStU.

169 Vgl. Bericht zur Ermittlung in Berlin Tempelhof, Columbia Damm, 12.3.1958, MfS HA II 47055, Blatt 53, 56–60, BStU.

nischen Geheimdienstes und deren Partnerinnen getroffen hatte.[170] Ob die Stenotypistin die genannten Clubs tatsächlich als Treffpunkte des amerikanischen Geheimdienstes einschätzte oder möglicherweise angewendeten Verhörmethoden wie Schlafentzug, Isolation, Androhung von oder tatsächlicher physischer sowie psychischer Gewalt durch ihre Angaben zu entgehen versuchte, kann nicht geklärt werden. Die Aufträge an die IMs sowie die Verhörprotokolle zeigen, dass die Stasi in den Clubs der Westalliierten geheimdienstliche Aktivitäten vermutete und das zu bestätigen versuchte.

Obgleich die USA der größte Feind der DDR waren, setzte das MfS seine IMs auch auf britische und französische Einrichtungen an. Der *Red Chield Club* in der Olympischen Straße 8 im britischen Sektor Berlins im Bezirk Charlottenburg wurde im September 1956 ausgespäht und von außen fotografiert. Die Lage des Hauses sowie die Beschaffenheit des vierstöckigen Gebäudes selbst wurden festgehalten und eine Skizze angefertigt. Ebenso wurde ein möglicher Beobachtungsposten hinter einer Litfaßsäule ca. 50 Meter vom Club entfernt ausgemacht. Als einziger Hinweis auf den Club befand sich in der Reichsstraße ein Schild mit der Aufschrift »HQ Berlin/British Sector/Red Chield Club« sowie mit einem Pfeil. In das Innere des Clubs konnte das MfS in diesem Fall keinen Zugang finden.[171] Anders war dies beim Auftrag des IM »Hans«, der sich am 22. Februar 1963 Zutritt zum französischen *foyer de garnison* in der Seestraße Ecke Müllerstraße in Berlin-Wedding verschaffte, um mit »uniformierten Franzosen Kontakt aufzunehmen«[172]. Er berichtete seinem Führungsoffizier vier Tage später, wie der Club eingerichtet war und welche Gäste anwesend waren:

> »Der Club selbst besteht aus zwei Räumen […]. Die Garderobe befindet sich beim Eingang links. Der Club ist gut eingerichtet, mit Tischen und Stühlen, eine Tanzfläche gibt es nicht. Musik wird von Schallplatte oder Radio gespielt. Ein Orchester war nicht vorhanden. In den beiden Räumen des Clubs waren etwa 200 Personen anwesend, 120 Uniformierte, davon etwa 20 Offiziere, 50 Zivilisten (männliche Personen und etwa 30 Frauen). Soweit ich feststellen konnte, handelt es sich bei den Militärangehörigen fast ausschließlich um Franzosen. Die weiblichen Personen waren alle in Begleitung, bzw. betraten in Begleitung von männlichen Personen den Club.«[173]

IM »Hans« stellte fest, dass keiner der Anwesenden sich für ihn interessierte. Er sprach lediglich mit dem Kellner über seine Bestellung.[174] Als er am 7. März das *foyer* erneut aufsuchte, hatte die französische Militärregierung eine Verordnung erlassen, laut der fortan weder Getränke noch Speisen an Deutsche oder andere Ausländer ausgegeben wer-

170 Vgl. Verhörprotokolle einer Stenotypistin, die für die amerikanische Militärregierung im Flüchtlingsaufnahmelager in Berlin Marienfelde arbeitete, MfS – AS Nr. 112/77 Bd. 1, Blatt 454–461, 480–493, BStU.

171 Vgl. Bericht über den *Red Chield Club*, Olympische Straße 8 in Berlin, 26.9.1956, MfS AS 2489/67, Blatt 49–53, BStU.

172 Mehlhorn, Hauptmann, Bericht zum Treffen mit GM »Hans« am 14.3.1963, 15.3.1963, MfS HA VIII 7683, Blatt 8, BStU.

173 Mehlhorn, Hauptmann, Bericht zum Treffen mit GM »Hans« am 26.2.1963, 27.3.1963, MfS HA VIII 7683, Blatt 7, BStU.

174 Vgl. ebd.

den durften. Der IM suchte daraufhin das *foyer* nicht noch einmal auf.[175] Das MfS setzte einen anderen IM auf das *foyer* an, der in Begleitung »weiterer Franzosen« Einlass erhielt. IM »Andre« war vermutlich selbst Franzose, der in Ost-Berlin lebte. Er konnte im *foyer* ohne Probleme etwas bestellen.[176] Auch der Offiziersclub *Pavillon du Lac* in Berlin-Tegel sowie das französische Kulturzentrum *Maison de France* am Kurfürstendamm waren Ziele des MfS, da auch hier die westlichen Geheimdienste vermutet wurden.[177] Das Wohnviertel *Quartier Napoléon*, in dem sich auch *foyers* für Offiziere und Soldaten befanden, wurde mindestens von einem Italiener mit dem Decknamen »Ambroselli«, der 1959 als Zivilangestellter dort arbeitete, ausgespäht.[178] Knapp 20 Jahre später, im November 1979, nahm IM »Rüdiger Arndt« eine Stelle im *Quartier Napoléon* an und verfolgte das Ziel, Zutritt zum Offiziersclub zu erhalten, in dem man nicht nur billig essen, sondern auch billig einkaufen konnte, so der IM.[179]

All diese Beispiele demonstrieren das Interesse der Staatsicherheit der DDR an den Clubs der amerikanischen, britischen und französischen Truppen in der Bundesrepublik, über die sie möglichst viele Informationen zusammentragen wollten. Auch in Westdeutschland waren der Kalte Krieg und die damit verbundene Spionage und Gegenspionage als Teil der Systemauseinandersetzung zwischen Ost und West allgegenwärtig. Die westalliierten Offiziers- und Soldatenclubs sind ein Beispiel für die Westarbeit des MfS, die die westalliierten Mächte im Fokus hatte. Die vorhandenen Akten verdeutlichen insbesondere zwei Dinge: Zum einen zeigen die Berichte der IMs, dass die Clubs, wie viele andere Stellen der Westmächte und deutsche Institutionen, vom Kalten Krieg und der Arbeit der verschiedenen Geheimdienste betroffen waren, zum anderen sprach die Stasi den Clubs eine Bedeutung als Treffpunkte der Geheimdienste zu, die sich in den Berichten der IMs hingegen nicht bestätigen lassen.

6.4 Zwischenfazit

Die westalliierten Offiziers- und Soldatenclubs weckten unterschiedliche, teilweise konträre Assoziationen, die von persönlichen Erfahrungen, Vorstellungen und Wünschen beeinflusst wurden. Für deutsch-westalliierte Paare waren die Clubs oftmals Rückzugsorte, an denen sie zusammen sein und tanzen konnten, ohne dass die deutschen Frauen eine Razzia und deren Konsequenzen fürchten mussten. Für deutsche Fürsorgerinnen und Seelsorgerinnen der beiden Kirchen sowie für Vertreterinnen und Vertreter einer konservativen Sexualmoral repräsentierten sie einen Ort des Niedergangs der Sittlichkeit. Das Bild der deutschen Frau, die darin ›versagte‹, sich moralisch einwandfrei zu

175 Vgl. Mehlhorn, Hauptmann, Bericht zum Treffen mit GM »Hans« am 14.3.1963, 15.3.1963, MfS HA VIII 7683, Blatt 8, BStU.

176 Vgl. Bericht des IM »Andre«, 11.1.1967, MfS HA VIII 7683, Blatt 38, BStU.

177 Siehe hierzu Material über die französischen Streitkräfte in Berlin, MfS HA I 3659, Blatt 15–20, 25–31, BStU.

178 Vgl. Skizze vom *Quartier Napoléon* von IM »Ambroselli«, MfS HA II 34414, Blatt 33–34, BStU.

179 Vgl. Bericht von IM »Rüdiger Arndt«, betr.: Quartier Napoleon, 29.11.1978, MfS HA II 34414, Blatt 37–38, BStU.

verhalten, war auch in zeitgenössischen Artikeln und in der Literatur ein wiederkehrendes Motiv. Die untersuchten Texte verdeutlichen zudem den fest verankerten Rassismus einiger deutscher Autoren, der in den Schilderungen afroamerikanischer Soldaten und ihrer deutschen Begleitungen unmissverständlich zum Ausdruck kam.

Anders bewerteten deutsche Musikerinnen und Musiker die Clubs, in denen sie spielten. Hier entstand die Möglichkeit einer musikalischen Karriere und es eröffneten sich Kontakte zu ausländischen Musizierenden; die Clubs standen für berufliche und freundschaftliche Beziehungen, die über längere Zeit Bestand hatten. Sie waren zum Symbol für beruflichen Erfolg und freundschaftliche Verbindungen geworden. Die Kulturwissenschaftlerin Martina Taubenberger stellt fest, dass deutsche Musizierende, die längere Zeit ein Engagement bei der amerikanischen Besatzungsmacht hatten, diese nahezu unreflektiert bewunderten und alles Amerikanische freudig begrüßten. Viele von ihnen hatten ein grundlegend positives Amerikabild.[180] Ähnliches lässt sich für Mitglieder der *Anglo-German Clubs* festhalten. Ausgewählte deutsche Männer der Elite konnten mit britischen Offizieren in kulturellen und intellektuellen Austausch treten. Auch wenn die Geschichte dieser Elitentreffen nicht unmittelbar mit dem alltäglichen Geschehen in den Offiziers- und Soldatenclubs verbunden war, beeinflusste sie doch deren Bild, da die Diskussionsrunden oftmals in den Clubgebäuden stattfanden.

Im Zuge des Kalten Krieges erlangte das Bild der Clubs als Symbole der kapitalistischen Welt für die Führung der DDR an Relevanz. Die ostdeutsche Presse zeichnete ein Bild der amerikanischen Clubs als Ort der Verschwendung und des Überflusses. Die Staatssicherheit wollte in ihnen Orte sehen, an denen sich Vertreterinnen und Vertreter der westlichen Geheimdienste trafen. Entsprechend gab es Bemühungen, sie durch IMs ausspionieren zu lassen. Zudem boten die Clubs die Möglichkeit, etwas über die Stimmung unter den Soldaten des »Klassenfeindes« zu erfahren. Die Bandbreite an unterschiedlichen Assoziationen, die die Offiziers- und Soldatenclubs hervorriefen, war groß. Als Vergnügungsorte der westalliierten Siegermächte waren sie Symbole der Besatzung und des verlorenen Krieges, aber auch der westlichen, kapitalistischen Einflüsse, die positive wie negative Reaktionen innerhalb der deutschen Gesellschaft hervorriefen.

180 Vgl. Taubenberger, »The Sound of Democracy – The Sound of Freedom«, S. 208.

7. Schlussbetrachtung

Am Anfang dieser Arbeit stand die Frage danach, welche Rolle die westalliierten Offiziers- und Soldatenclubs im Gefüge der Besatzung spielten, welche sozialen Interaktionen sich in ihnen zutrugen und welche gesellschaftlichen Funktionen sie erfüllten. Waren es von den Militärregierungen kontrollierte Vergnügungsräume, die moralisch einwandfreie Unterhaltungsangebote ermöglichten, oder doch Orte sittlich-anstößigen Verhaltens, wie es einige deutsche Zeitgenossinnen und Zeitgenossen darstellten? Die Siegermächte verstanden ihre Clubs nicht nur als moralisch unbedenklich, sondern ebenso als Freizeitorte, die die Disziplin ihrer Angehörigen zu stärken vermochten. Einige Deutsche sahen in ihnen hingegen den Inbegriff des unmoralischen Verhaltens deutscher Frauen und westalliierter Besatzer. Dieser gegensätzlichen Wahrnehmung ist dieses Buch auf den Grund gegangen, indem es rekonstruierte und analysierte, was sich in den Clubs zutrug, welche Akteurinnen und Akteure involviert waren und wie diese den Cluballtag gestalteten. Die Studie hat die amerikanischen, britischen und französischen Offiziers- und Soldatenclubs während der Besatzung Deutschlands in den Jahren 1945 bis 1955 dargestellt und ihre vielschichtigen militärischen sowie gesellschaftlichen Funktionen beschrieben. Die Clubs waren Arbeits- und Freizeitwelten; sie fungierten als Kompensationsräume für materielle wie immaterielle Güter und Ressourcen.

Die Clubs der drei westalliierten Besatzungsmächte können, wenn auch in unterschiedlicher Ausprägung, als Grenzräume zwischen dem Militärischen und dem Zivilen betrachtet werden. Zwar wurden sie entweder von den Armeen direkt oder durch Organisationen betrieben, die dem Militär unterstellt waren, dennoch sollten sie den Offizieren und Soldaten einen möglichst zivilen Raum bieten, in dem die Gäste als Privatpersonen auftreten konnten. Verkleidungspartys ermöglichten den amerikanischen Soldaten, die zumindest in Berlin bis zum 1. November 1953 auch in ihrer Freizeit Uniform tragen mussten,[1] eben diese zu überdecken und für einen gewissen Zeitraum in eine andere Rolle zu schlüpfen. In den britischen Clubs waren kaum militärische Symbole zu finden. Hingegen wurden in den französischen *foyers* Abzeichen der jeweiligen Divisionen als Dekorationselemente eingesetzt, die den Zusammenhalt der Truppe und die militärische Präsenz Frankreichs weltweit betonten; aber auch hier sollten die betreffenden

1 Vgl. Eisenhuth, Die Schutzmacht, S. 206.

Räume einen möglichst zivilen Charakter aufweisen. Das entsprach dem Ziel, das Wohlbefinden der Truppenangehörigen zu fördern und das Gefühl einer Heimat in der Fremde zu vermitteln. Im Raum des Clubs trafen sich daher die militärische und die zivile Welt der Angehörigen der Besatzungsmächte.

Die für das Freizeitprogramm zuständigen Personen der Militärregierungen bezweckten mit dem Aufbau der Clubs die Kontrolle über die eigenen Besatzungstruppen. Außerdem sollten diese Einrichtungen durch ihre multiplen Funktionen auch die Disziplin der Besatzungsangehörigen stärken. Ihr Zweck bestand darin, Räume der Gemeinschaft und des Zusammenhalts der Angehörigen der Besatzungsmächte zu schaffen. In den amerikanischen Clubs war der Anspruch, die Heimatbindung und die Identifikation mit der eigenen Nation zu bekräftigen, besonders dominant. Die französischen *foyers* zeichneten sich dadurch aus, dass sie oftmals von den Soldaten eigenständig eingerichtet und instandgehalten wurden, sodass ihre Organisation weniger institutionalisiert als vielmehr improvisiert war. Die französischen Soldaten wirkten aktiv an der Gestaltung des Inneren der Freizeiträume mit, was ihre Verbundenheit mit den Orten bekräftigte.

Für die Angehörigen der westlichen Besatzungsmächte waren die Clubs fester Bestandteil des Besatzungsalltags und damit auch ihrer Erfahrung als Besatzerin oder Besatzer. Ob die genannten Bestrebungen der Militärregierungen tatsächlich bei allen Gästen die erwünschte Wirkung erzielten, kann nur punktuell belegt, aber nicht pauschal bestätigt werden. Viele Beispiele haben gezeigt, dass zahlreiche Angehörige der Besatzungsmächte die Clubs als vertraute, heimische Räume innerhalb des Besatzungsalltags wahrnahmen, die sie gerne und regelmäßig aufsuchten, auch weil sie dort auf weibliche Gesellschaft treffen konnten.

Das noch immer männlich dominierte Forschungsfeld der Militärgeschichte hat Frauen und ihren Rollen im Besatzungsalltag bislang wenig Beachtung geschenkt. Umso wichtiger ist es, weibliche Angehörige der Besatzungsmächte, seien es militärische oder zivile Angestellte oder auch Ehefrauen und Partnerinnen, als aktiv handelnde Personen im Besatzungsgeflecht nicht länger zu vernachlässigen. Werden Geschlechterverhältnisse und deren Aushandlungsprozesse betrachtet, zeigt sich die große Bedeutung der Offiziers- und Soldatenclubs für Fragen nach weiblicher Handlungsmacht. Die in diesem Buch untersuchte Arbeit der amerikanischen Clubdirektorinnen und Hostessen – das Bereitstellen einer gemütlichen, vertrauten und heimischen Umgebung sowie die Fürsorge um die Offiziere und Soldaten – entsprach einer von der Gesellschaft als spezifisch weiblich wahrgenommenen Tätigkeit. Den Frauen ermöglichte diese Aufgabe jedoch auch eine Emanzipation von den familiären oder gesellschaftlichen Strukturen in ihren Heimatländern, sodass sie zwischen emanzipatorischer Selbstbehauptung einerseits und Unterordnung in das männlich dominierte Verständnis von Geschlechterbeziehungen andererseits oszillierten. Ihre Aufgaben waren von vielen Herausforderungen geprägt, auf die sie nicht vollumfänglich vorbereitet wurden. Die Frauen mussten ihre Gefühle gegenüber den Clubgästen kontrollieren. Auch wenn Gäste unfreundlich oder aufdringlich waren, galt es, ihnen den höchstmöglichen Komfort zu bieten. Die Frauen sollten stets mit einem Lächeln auf den Lippen für die männlichen Gästen da sein – unabhängig von deren Verhalten. Sie hatten somit Gefühlsarbeit zu leisten, die eng an die zeitgenössischen Genderstereotype geknüpft war.

Die Präsenz deutscher Frauen, die als Begleitungen oder Tanzpartnerinnen Zutritt zu den Clubs erlangten, trug ebenfalls zu Aushandlungen von Geschlechterverhältnissen bei. Während die Militärregierungen diese Frauen lediglich als Mittel ansahen, um den Drang der Offiziere und Soldaten nach weiblicher Gesellschaft zu stillen, waren sie aktive Akteurinnen, die die sozialen Interaktionen prägten und eigene Interessen verfolgten. Diese reichten von der Suche nach einem Versorger, Partner oder Ehemann über den Wunsch danach, sich einige Stunden in beheizten Gebäuden aufzuhalten, und die Hoffnung, von Speisen und Getränken in den Clubs profitieren zu können, bis zum Streben nach Vergnügung, Tanz und Ablenkung und zu der Neugierde, eine neue Kultur und fremde Menschen kennenzulernen. Sie profitierten ebenso wie die Offiziere und Soldaten von ihrer Anwesenheit in den Clubs. Frauen, die Teil deutscher Hostessengruppen waren, wie etwa im *Corner House Club* in Marburg, konnten zudem Bekanntschaft mit den amerikanischen Hostessen und Clubleiterinnen machen. Die Frauen tauschten sich in Diskussionsrunden über das Leben in den USA und Deutschland aus. So entstanden neue soziale Gefüge und Beziehungen. Diese Zusammentreffen begünstigten außerdem die informelle Annäherung zwischen den Nationen, die im Zuge des Kalten Krieges vom führenden Personal der Militärregierung und der Regierung als zunehmend wichtiger eingestuft wurde.

Das sind nur einige Beispiele dafür, dass die Clubs in Zeiten materieller und immaterieller Knappheit Räume des Austauschs waren. Neben den Clubangestellten und den weiblichen deutschen Gästen gingen auch die deutschen Angestellten einen Tauschhandel ein, aus dem sie selbst ebenso wie die Clubleitungen und die Gäste einen Gewinn zogen. Denn es herrschte sowohl Mangel an Instandhaltungspersonal als auch an Unterhaltungskünstlerinnen und -künstlern. Besonders deutsche Musizierende waren gefragt, da die Militärregierungen nicht ausreichend Kunstschaffende aus ihren eigenen oder aus anderen Ländern engagieren konnten. Diese Abhängigkeitssituation veränderte die Hierarchie zwischen Besatzerinnen und Besatzern einerseits und Besetzten andererseits, hatten doch einige der Letzteren gefragte Fähigkeiten anzubieten, die in den Clubs dringend benötigt wurden. Die Musiker und einige wenige Musikerinnen befanden sich so in guten Verhandlungspositionen, wenn es um ihre Anstellung, die Vergütung und die Rahmenbedingungen ihrer Auftritte ging. In den Clubs wurden überdies die politischen Machtverhältnisse durch die sozialen Nahbeziehungen der Akteurinnen und Akteure uneindeutiger. Sie sind daher ein Beispiel für Dynamiken und Aushandlungsprozesse zwischen den Angehörigen der Siegermächte und der deutschen Bevölkerung, die die allgemeine Situation und die alltäglichen Begegnungen während der Besatzungszeit prägten.

Das wirkte sich auch auf die Bedeutung der Clubs für jene Deutsche aus, die dort arbeiteten oder sie als Gäste besuchten. Sie betrachteten den Zutritt und das soziale Geschehen im Inneren als Chance, neue Kontakte zu knüpfen und Teil einer exklusiven Gemeinschaft zu werden. Für viele Deutsche, die zumeist keine direkten Erfahrungen mit den Clubs hatten, waren sie hingegen eine Projektionsfläche für einen aufflammenden Moraldiskurs. Die Tatsache, dass nicht alle Deutschen die Clubs besuchen konnten, schürte die Imaginationskraft. Es entstanden Vorstellungen und stereotypische Bilder von Orten, an denen sittlich-anstößiges Verhalten überwog und sich die jungen deutschen Frauen in unmoralischer Weise den westalliierten Soldaten näherten. Insbesondere die Clubs der afroamerikanischen Soldaten standen im Mittelpunkt dieses Narrativs. Die amerikanischen Clubs dominierten dieses Bild, während auf die britischen Clubs hierbei nur äußerst selten Bezug genommen wurde. Die französischen *foyers* fanden in diesem Zusammenhang keine Erwähnung. Daraus folgt jedoch, dass die Assoziationen der amerikanischen Clubs mitunter derart hervorstachen, dass sie für die britischen und französischen Clubs übernommen wurden, obgleich diese Studie gezeigt hat, dass differenziert werden muss.

Die drei Westalliierten folgten in der generellen Organisation und Struktur der Clubs unterschiedlichen Wegen. Der Vergleich hat die Eigenständigkeit der Siegermächte hervorgehoben. Jede Besatzungsmacht handelte entsprechend ihrer Vorstellung vom Besatzungsalltag und vom Umgang mit der deutschen Bevölkerung. Daraus resultierten unterschiedliche Schwerpunkte der jeweiligen Vergnügungsorte: In den amerikanischen Clubs ragte die von der Besatzungsmacht angestrebte Identifikation mit der amerikanischen Nation hervor, die britischen Clubs boten den Gästen ein hohes Maß an Komfort und Luxus, das den gewohnten Lebensstandard in Großbritannien überstieg, und die französischen *foyers* folgten keinem bestimmten Standard, sondern waren improvisiert und individuell eingerichtet.

Auch die verschiedenen Einlasskriterien und Zutrittsbeschränkungen haben gezeigt, dass die Mächte unabhängig voneinander agierten. Während zunächst alle drei Westmächte die Clubs nach Dienstgraden aufteilten, verlor sich diese Praktik in den britischen Clubs im Laufe der Zeit; ein Grund war der hohe Anteil an zivilen Mitarbeiterinnen und Mitarbeitern der britischen Besatzungsmacht. Offiziell erfolgte innerhalb der amerikanischen Armee im Jahr 1948 die Integration der afroamerikanischen Truppen, doch der Alltag der Besatzung war weiterhin stark von der Segregation geprägt, die sich unter anderem in den nach Ethnizität getrennten Clubs spiegelte. Auch für die sogenannten Kolonialsoldaten der französischen Armee hatte die Militärregierung mit den *cafés maures* einen abgeschirmten Ort geschaffen. Ob deutsche Gäste zugelassen werden sollten, entschieden die Westmächte ebenfalls unterschiedlich. Die amerikanischen Clubs öffneten offiziell und systematisch mit der Vergabe von Gesellschaftspässen seit 1947 ihre Türen für Deutsche, an einigen Standorten bereits sogar deutlich früher. Die britischen Clubs gewährten der deutschen Bevölkerung zögerlicher und zunächst nur zu ausgewählten Veranstaltungen Zutritt, bevor sich im März 1950 der britische Militärgouverneur für eine generelle Öffnung der Clubs aussprach. Französische *foyers* gestatteten erst seit 1952 Deutschen bei ausgewählten Veranstaltungen Einlass.

Der Vergleich der drei Westalliierten ermöglicht differenzierte Aussagen über das jeweilige Verständnis von Besatzung und deren Konsequenzen, so etwa vom angemessenen Umgang mit der deutschen Bevölkerung. Neben den neuen Einblicken in eine vergleichende Geschichte der amerikanischen, britischen und französischen Offiziers- und Soldatenclubs fügt diese Studie der Forschung zur Besatzungszeit in Deutschland weitere Facetten hinzu. Zum einen zeigt sie bislang kaum dargestellte Aspekte des Alltags der Besatzungsangehörigen in Deutschland. Zum anderen beschreibt sie die Anpassungsfähigkeit der Besatzungsmächte im Umgang mit der deutschen Bevölkerung. Die deutschen Männer und Frauen besaßen durchaus Handlungsmacht, die sie einsetzten, um eigene Belange gegenüber Vertreterinnen und Vertretern der Besatzungsmächte durchzusetzen. Die Besatzung bedeutete für sie einen Bruch mit vielen alltäglichen Praktiken und Routinen. Die deutsche Bevölkerung musste sich an einen neuen Zustand unter schwierigen sozialen und politischen Bedingungen anpassen. Zudem stand sie vor der Frage, wie sie sich als Kollektiv und auch als Individuen in der Besatzungssituation verhalten sollten. Die sozialen Interaktionen im Cluballtag lassen die an diesen Ort geknüpften Handlungsspielräume aller Beteiligten, der Angehörigen der Westalliierten und der Deutschen, im Besatzungszustand erkennen. Zudem erfolgten soziale Begegnungen, die auch außerhalb der Clubs Wirkungskraft besaßen. Die Geschichte des *Domicile du Jazz* in Frankfurt a.M. etwa zeigt, dass persönliche Kontakte zwischen deutschen und westalliierten Musikern teilweise in den Clubs entstanden, aber auch an anderen Orten weitergeführt wurden. Gleiches gilt für freundschaftliche, amouröse und intime Beziehungen, die in den Clubs ihren Ausgang nahmen oder intensiviert wurden, in den meisten Fällen aber nicht an diesen Ort gebunden waren, sondern sich an anderen Orten innerhalb der deutschen Gesellschaft weiterentwickelten.

Die Ergebnisse dieser Arbeit untermauern so den von Camilo Erlichmann und Christopher Knowles vertretenen Ansatz, Besatzung als »dynamic power relation between the Western Allies and the local German population«[2] zu verstehen. Auch wenn die Westalliierten den Krieg gewonnen und Deutschland vollständig besetzt hatten, war ihre Macht nicht absolut. Die Gestaltung des alltäglichen Miteinanders war durch Handlungsspielräume geprägt, auf die die Deutschen Einfluss nahmen – ein Umstand, der sich nicht zuletzt in den Offiziers- und Soldatenclubs zeigte.

Dem Buch liegt die politische Zäsur des Jahres 1955 als Endpunkt zugrunde. Doch die Geschichte der westalliierten Clubs in Deutschland endete keineswegs nach dem Inkrafttreten der Pariser Verträge im Mai 1955 und dem damit einhergehenden Erlöschen des Besatzungsstatutes. Die Truppen verblieben in Deutschland und ihre Anwesenheit wurde fortan in einem vertragsrechtlichen Stationierungsrecht geregelt. Die Regierungen hielten auch weiterhin an den Vergnügungsorten der Offiziers- und Soldatenclubs fest. Eine rückläufige Tendenz der Clubs ist dennoch erkennbar, die unter anderem mit der kleiner werdenden Zahl der stationierten Truppen zu begründen ist. Bereits seit Ende der 1940er Jahre wurden viele beschlagnahmte Gebäude, in denen Clubs eingerichtet waren, an die deutschen Behörden zurückgegeben. Die französische Militärregierung gab beispielsweise das Kurhaus in Baden-Baden 1949 wieder frei.[3] In Frankfurt a.M. konnte die Stadt seit Juni 1953 das Gesellschaftshaus des Palmengartens, in dem zuvor der amerikanische *Palmgarden Club* untergebracht war, wieder für Veranstaltungen nutzen.[4] Andere Clubs existierten noch viele weitere Jahre. Der britische *Naafi Club, Summit House Berlin* am Theodor-Heuss-Platz in Berlin-Charlottenburg war etwa bis 1987 in Be-

---

2 Erlichman u. Knowles, Introduction, in: dies. (Hg.), Transforming Occupation in the Western Zones of Germany, S. 5.

3 Vgl. o.A., Erweiterung und Weltkriege, 1912–1949, unter: https://kurhaus-badenbaden.de/de/erweiterung-und-weltkriege, letzter Zugriff am 10. März 2021.

4 Vgl. o.A., Der Palmengarten freigegeben, in: Frankfurter Allgemeine Zeitung, 11.7.1953, S. 13.

trieb.[5] Der amerikanische Club im Harnack-Haus in Berlin-Dahlem blieb sogar bis zum Abzug der amerikanischen Streitkräfte 1994 bestehen.[6]

Die verbliebenen Clubs zeichneten sich in dreierlei Hinsicht aus. Erstens verloren sie die Vormachtstellung als Vergnügungsorte für die Angehörigen der Besatzungsmächte, da sie längst nicht mehr die einzige Vergnügungsmöglichkeit darstellten. Viele in Deutschland stationierte Offiziere und Soldaten besuchten deutsche Bars, Kneipen und Clubs, um sich in ihrer Freizeit zu amüsieren und auszugehen. Zweitens untermauerten sie dennoch auch in den folgenden Jahrzehnten den Gedanken des Zusammenhalts einer nationalen Gemeinschaft im Ausland. Sie unterstützten dadurch den Prozess der Herausbildung alliierter Parallelgesellschaften, der seit Mitte der 1950er Jahre das Bild des Zusammen- und Nebeneinanderlebens der Truppen und der deutschen Bevölkerung prägte.[7] Während auf der einen Seite der offizielle Kontakt zwischen den Truppenangehörigen und der deutschen Bevölkerung immer mehr begünstigt wurde, bildeten sich auf der anderen Seite autonome amerikanische, britische und französische Gemeinschaften heraus. Eigene Bauprojekte, Wohnsiedlungen, Schulen, Einkaufszentren sowie Clubs und weitere Freizeitorte begünstigten diese Entwicklung der Abschottung. Allerdings waren die Clubs, drittens, auch weiterhin wichtige Kontakträume für Deutsche und Angehörige der Truppen – sowohl auf formeller als auch auf informeller Ebene.[8] Da sich sowohl die Versorgungslage als auch die weltpolitische Situation im Vergleich zur Besatzungszeit verändert hatte, verschob sich die Bedeutung der Clubs für Deutsche. Für Musikerinnen und Musiker boten sie zwar noch immer Auftrittsmöglichkeiten, doch der ausgeprägte Bedarf an Unterhaltungskünstlerinnen und -künstlern ging zurück. Für die Deutschen waren die Clubs zu einer von vielen Auftrittsmöglichkeiten geworden, um zu musizieren und Geld zu verdienen. Die allgemeine Situation der Knappheit war spezifisch für die erste Zeit der Besatzung bis Anfang der 1950er Jahre. Während in dieser Phase die Clubs als Kompensationsräume für materiellen Mangel mitunter eine existenzielle Rolle einnahmen, gewann die bereits zuvor viel genutzte Möglichkeit, immaterielle Bedürfnisse zu befriedigen, mehr und mehr an Gewicht. Die Motivationen, soziale Beziehungen zu knüpfen und Erfahrungen mit einer fremden Kultur zu machen, rückten zunehmend in den Vordergrund.

Die gespielte Musik und die Feiern zogen im Laufe der Jahre zahlreiche Deutsche in die Clubs. Verschiedene Menschen unterschiedlicher kultureller Herkunft kamen miteinander in Kontakt und identifizierten sich über das gemeinsame Feiern als Gruppe. »Jede Party ist Ausdruck ihrer Epoche«[9], schreibt der Soziologe Heinz Bude und betont damit die historische Bedeutung und Wandelbarkeit von Feiern sowie der Art und Weise, wie und wo Menschen zusammenkommen. Auch die Clubs der Westalliierten entwickelten sich im Laufe der Jahrzehnte weiter. Bereits in der Zeit zwischen 1945 und 1955 waren

---

5 Vgl. o.A., Summit House – NAAFI Club, unter: https://www.berlin.de/landesdenkmalamt/denkmale/denkmale-der-alliierten/grossbritannien/charlottenburg-wilmersdorf/summit-house-naafi-club-647979.php, letzter Zugriff am 10. März 2021.

6 Vgl. Offizierscasino der US-Armee.

7 Siehe hierzu Seiler, Signe, Die GIs. Amerikanische Soldaten in Deutschland, Reinbek bei Hamburg 1985.

8 Für den amerikanischen Fall siehe Eisenhuth, Die Schutzmacht, S. 210f.

9 Bude, Heinz, Soziologie der Party, in: Zeitschrift für Ideengeschichte, IX, 4 (2015), S. 5–11, hier S. 8.

Tanzveranstaltungen und Musik bei den Gästen sehr beliebt. Den Cluballtag prägten jedoch das Ziel der Heimatbindung und der Stärkung der nationalen Gemeinschaft in einem fremden Land sowie der kontrollierte Kontakt zur deutschen Bevölkerung. Die Art und Weise der Feiern, die während dieser Zeit stattfanden, sagen nicht nur etwas über das Clubleben, die vollzogenen Rituale und eingeübten Praktiken aus, sondern sie stehen ebenso für das Alltagsleben der Besatzungsangehörigen und der Deutschen während der alliierten Besatzungszeit. Ganz im Sinne Budes sind die Wesensart und der Ablauf einer Feier Ausdruck einer bestimmten historischen Situation. In den anschließenden Jahrzehnten nahm die Musik eine immer wichtigere Rolle ein. Das AlliiertenMuseum Berlin zeigte 2013 die Sonderausstellung *Von G.I. Blues zu G.I. Disko*, in der die Ausstellungsmachenden, zu denen auch zwei Berliner Diskjockeys gehörten, die musikalische Entwicklung der Clubs von Jazz und Blues über Soul und Funk bis hin zu Hip-Hop und schließlich elektronischer Musik skizzierte. Die Ausstellung beschrieb die Kultur der »G.I. Clubs« als Blaupause für die Entwicklung der Berliner Clubkultur und zeichnete damit ihre große Wirkungsmacht auf die deutsche Gesellschaft nach.[10] Ohne die Einflüsse der amerikanischen Soldatenclubs sei die Entwicklung der unterschiedlichen Musikstile in Deutschland anders verlaufen, so das Narrativ der Ausstellung. Die Evolution des Hip-Hop in Deutschland sei beispielsweise schwer denkbar ohne den direkten Einfluss der amerikanischen Soldaten auf die deutsche Musik- und Jugendkultur.[11]

Neben dieser besonderen Funktion als Übertragungsraum von Kultur hatten die Clubs seit 1945 auch einen repräsentativen Status inne. Doch diese Symbolkraft als Einrichtungen der Westalliierten führte seit Beginn der 1970er Jahre dazu, dass einige Gebäude Ziel terroristischer Anschläge wurden. Der amerikanische Offiziersclub im Harnack-Haus war am 11. April 1972 Schauplatz eines missglückten Terroranschlags von Mitgliedern der *Bewegung 2. Juni*.[12] Eine am Kellerfenster angebrachte Bombe detonierte nicht zum geplanten Zeitpunkt. Ein Mitglied der linksterroristischen Vereinigung rief die Polizei, um zu verhindern, dass Unbeteiligte sterben würden.[13] Auch in den 1980er Jahren blieb die terroristische Bedrohung der Orte bestehen. Stefanie Eisenhuth verweist auf weitere Anschläge und Drohungen gegen den *Silver Wings Club* auf dem Flughafengelände Berlin-Tempelhof und erneut gegen das Harnack-Haus.[14] Am 25. August 1983 war das *Maison de France* am Berliner Kurfürstendamm, das in seiner Position als französisches Kulturzentrum auch ein Ort des geistigen Austauschs war, Ziel eines Anschlags. Auch hier war ein Club untergebracht.[15] Knapp zwei Jahre später, am 5. April 1985, detonierte eine Bombe in der Diskothek *LaBelle* in Berlin-Friedenau. Sie war zwar kein offizieller amerikanischer Soldatenclub, aber ein beliebter Treffpunkt amerikanischer Soldaten, die der Anschlag treffen sollte. Im Auftrag des libyschen Geheimdienstes ließ eine Terrorzelle eine Bombe im Inneren der Diskothek explodieren.

---

10 Vgl. Böttcher, Martin, Als die GIs uns den Blues brachten, unter: https://www.deutschlandfunkkultur.de/als-die-gis-uns-den-blues-brachten.1013.de.html?dram:article_id=248064, letzter Zugriff am 2. März 2021.

11 Vgl. ebd.

12 Vgl. Kraushaar, Wolfgang, Verena Becker und der Verfassungsschutz, Hamburg 2010, S. 48f.

13 Vgl. o.A., Anarchisten. Im Loch, in: Der Spiegel, No. 32, 31.7.1972, S. 28–29.

14 Vgl. Eisenhuth, Die Schutzmacht, S. 395.

15 Vgl. Hasselmann, Jörg, Im Dienste des Schakals, in: Der Tagesspiegel, 25.8.2008.

Drei Menschen starben und über 200 wurden teils schwer verletzt.[16] Die Clubs der amerikanischen, britischen und französischen Truppen symbolisierten, wie auch andere alliierte Einrichtungen in Deutschland, die jeweilige Nation und wurden dadurch zu Angriffszielen.

An die Untersuchung der westalliierten Offiziers- und Soldatenclubs in Deutschland zwischen 1945 und 1955 ließen sich verschiedene weiterführende Studien anschließen. Insbesondere die Erweiterung um eine globale Perspektive wäre gewinnbringend. Denkbar ist etwa ein Vergleich zwischen den amerikanischen Soldatenclubs in Deutschland, Japan und Korea nach dem Zweiten Weltkrieg oder auch weltweit. So ließen sich Aussagen über eine allgemeingültige Organisation des Cluballtags durch die amerikanische Regierung treffen, deren Spezifizität wahrscheinlich im Umgang mit der einheimischen Bevölkerung zu finden wäre. Eine solche Untersuchung würde neue Perspektiven auf den Zusammenhang der Kategorie *Race* und der Besatzungen gewähren, die wiederum Antworten auf die Frage nach der Besonderheit der amerikanischen Besatzung in Deutschland geben könnte. Auch eine zeitliche Ausdehnung bei der Betrachtung der Clubs wäre ein spannendes Forschungsunternehmen, das beispielsweise Veränderungen in der zweiten Hälfte des 20. Jahrhunderts erfassen könnte. Vorstellbar ist eine größere Studie zu den westalliierten Clubs in Deutschland von 1945 bis zum Truppenabzug in den 1990er Jahren. Sie könnte dazu beitragen, zum einen Veränderungen im Alltagsleben der in Deutschland stationierten Soldaten aufzuzeigen und zum anderen die alltäglichen Kontakte und deren Entwicklung zur deutschen Bevölkerung im zeitlichen Verlauf über mehrere Dekaden darzustellen. Damit würden die bereits vorhandenen Forschungen zur Nachkriegszeit erweitert, die den Fokus auf die Kategorien *Race* und *Gender* legen. Auch ein *Oral-History*-Projekt hätte ein interessantes Vorhaben dargestellt, in dem amerikanische, britische, französische sowie deutsche Zeitzeuginnen und Zeitzeugen nach ihren Erfahrungen mit den Clubs und deren Bedeutung für ihr Alltagsleben sowie den Kontakt zur anderen Nation hätten befragt werden können. Auf diese Art und Weise hätte sich das bereits vorliegende Quellenmaterial zur Wahrnehmung und Bedeutung der Clubs für Einzelpersonen ergänzen lassen. Für den hier betrachteten Zeitraum ist es dazu allerdings zu spät, da entsprechende Interviews angesichts des Alters der damaligen Zeitzeuginnen und Zeitzeugen vor einigen Jahren hätten geführt werden müssen. Bei einer zeitlichen und räumlichen Ausweitung des Phänomens der Clubs ist ein solches Vorhaben auch heute noch möglich.

Darüber hinaus bedarf es weiterer empirischer Untersuchungen, die die militärische Besatzung und ihre Funktionsweisen in den alltäglichen Interaktionen und Aushandlungsprozessen zwischen den Angehörigen der Besatzungsmacht und der deutschen Bevölkerung betrachten, um so die lokalen Dynamiken in den Fokus zu nehmen. Noch immer schauen die militärhistorische Forschung und die Besatzungsforschung zumeist entweder auf die Teilung Deutschlands und fragen so nach der Rolle der Besatzung im Kalten Krieg und für die Integration der Bundesrepublik in die westliche Wertegemeinschaft, oder sie verstehen die Besatzung als Teil des größeren Narrativs der Nachkriegs-

16 Vgl. Anker, Jens, »LaBelle« und »Maison de France«: Terror in Berlin, unter: https://www.morgenpost.de/politik/article209058641/LaBelle-und-Maison-de-France-Terror-in-Berlin.html, letzter Zugriff am 10. März 2021.

zeit in Europa, in dessen Mittelpunkt die Herausforderungen europäischer Staatsbürger nach dem Holocaust und dem Zweiten Weltkrieg stehen. Die Besatzung als »ruling techniques, social interactions and everyday life«[17] wird immer noch selten untersucht. Die vorliegende Studie hat durch ihre Fokussierung auf die alltäglichen sozialen Interaktionen in den Offiziers- und Soldatenclubs im Geflecht der westalliierten Besatzung die Handlungsmacht sowohl auf Seiten der Angehörigen der Besatzungsmächte als auch auf Seiten der deutschen Bevölkerung betont und trägt so hoffentlich zu einer neuen Stoßrichtung innerhalb der Besatzungsforschung bei.

17 Erlichman u. Knowles, Introduction, in: dies. (Hg.), Transforming Occupation in the Western Zones of Germany, S. 4.

Quellenverzeichnis

Archivquellen

Archiv Charlottenburg-Wilmersdorf, Berlin (ACW)

- Bestand: Ausstellung Worüber kaum gesprochen wurde (1994)

Archiv des Diakonischen Werkes, Berlin (ADW)

- Bestand: CAW: Central-Ausschuss, Geschäftsstelle Bethel, 1945–1957
  - 559
  - 560
  - 585
  - 597

Archiv Tempelhof-Schöneberg, Berlin (ATS)

- Bestand: Nachkriegsgeschichte in Schöneberg

Behörde des Bundesbeauftragten für die Unterlagen des Staatssicherheitsdienstes der ehemaligen DDR (BStU)

- MfS AIM 4456/70
- MfS AIM 3425/67 6 AA/2
- MfS – AS Nr. 112/77 Bd. 1
- MfS AS 2489/67
- MfS HA I 3659
- MfS HA II 34414
- MfS HA II 43889
- MfS HA II 47055
- MfS HA VIII 7683

Le centre des Archives diplomatique de La Courneuve, Paris (CADLC)

- Bestand: Affaires budgétaires
    - AB 90/1
- Bestand: Affaires culturelles
    - AC 519/1
    - AC 500/2
- Bestand: Administrateur général
    - ADM 66
- Bestand : Commissariat général des Territoires occupés
    - CGTO 19
- Bestand: BADE
    - 1BAD146
    - 2BAD305

Établissement de Communication et de Production Audiovisuelle de la Défense, Ivry-sur-Seine (ECPAD)

- Bestand : Forces Française en Allemagne
    - F.F.A., 51.A.118
    - F.F.A., 51.A.120
    - F.F.A., 52.A.22

Erzbischöfliches Archiv Freiburg (EAF)

- Bestand: Ordinariatsakten: B2-35
    - 148
    - 151

Imperial War Museum, London (IWM)

- BAOR Collection
    - K08/840
    - K 13/1342
    - LBY K. 13/1340
- Private Papers of Miss Mary Bouman, Documents.16779
- Private Papers of Miss P. Braithwaite, Documents.13545
- Private Papers Captain Reginald Colby, Documents.11288
- Private Papers of Flying Office Peter H.U, Documents.16933
- Private Papers of Edna Wearmouth, Documents.5413
- Private Papers of Air Vice-Marshal B.C. Yarde, Documents.1472
- Bilder:
    - BER 49–131-001
    - BER 49–166-004
    - D 44296

- Interview:
  - Interview mit Joan King, 30653

Institut für Stadtgeschichte Frankfurt a.M. (ISG FFM)

- Bestand: Albert Mangelsdorf, Jazzarchiv
  - AM 2 8
- Bestand: Magistratsakten
  - 8586
- Bestand: Palmengarten
  - 15
- Bestand: Sammlung Ortsgeschichte
  - S3/244
  - S3-9137

Jazzinstitut Darmstadt (JID)

- Sammlung Carlo Bohländer
- Sammlung Helmut Duyster
- Sammlung Erwin Glier

Landesarchiv Berlin (LAB)

- C Rep. 303–09 Nr. 43
- C Rep. 303–09 Nr. 44
- F Rep. 280-LAZ-Sammlung 8306

Lippmann+Rau-Musikarchiv, Eisenach (LRMA)

- Sammlung Benno Walldorf

National Army Museum, London (NAM)

- Bestand Adrian Tennant Cooper:
  - 2003–02-331
- Papers of Isabelle Robertson Beddington

Royal Air Force Museum London (RAFM)

- Malcolm Club Policy, Sept. 1948 – Sept. 1955, X 005–0936/018

Service Historique de la Défense, Château de Vincennes, Paris (SHD)

- Bestand: Haute-Commission Alliée en Allemagne, Commandement supérieur des Troupes Françaises d'Occupation en Allemagne, Commandement en Chef des Troupes Françaises en Allemagne, 1941–1981

- GR 3 U 33: Organisation des forces alliées stationnées en Allemagne (1949–1970)
- GR 3 U 39: Note concernant la protection du moral; notes de base concernant la discipline (1945–1955)
- GR 3 U 47: Organisation, rôle et activités du Service social; rapport annuels de l'action social; organisation et activité de la Croix-Rouge française en Allemagne (1945–1955)
- GR 3 U 154: Rapports sur le moral reçus du 2éme-5éme bureau (1945–1958)

- Bestand: Série P: Seconde Guerre mondiale, 1939–1946
  - GR 6 P 3: La réorganisation et le fonctionnement de Service social de l'armée
  - GR 7 P 72: Organisation Service social. Alger
- Bestand: Série R: Cabinet du ministre et organisme rattachés
  - GR 9 R 25: Popotes, cantines, cercles et foyer (1940–1945)
  - GR 9 R 46: Service social de l'armé (1941–1947)
  - GR 9 R 389: Importation du Service social des TOA (1951)
- Bestand: Archives Orales:
  - Interview mit Pierre Bolotte, Archives Orales, 3 K 49

Stadtarchiv Würzburg (StA WÜ)

- Bestand: Polizeidirektion Würzburg
  - M1A, Nr. 5

Stadtentwicklungsamt Tempelhof-Schöneberg, Fachbereich Vermessung und Geoinformation

- Übersichtskarte der beschädigten und bewohnbaren Gebäude in Schöneberg um 1946

Staatsarchiv Bremen (STAB)

- Bestand: Office of Military Government, *Bremen* (OMGBE (US))
- Bestand: 3-J.4
  - 280

The National Archives (TNA), London

- Bestand: Foreign Office:
  - FO 936, Control Office for Germany and Austria and Foreign Office, German Section
  - FO 1005, Foreign Office and predecessors: Control Commission for Germany (British Element)
  - FO 1012, Control Office for Germany and Austria and Foreign Office: Control Commission for Germany (British Element), Berlin: Records

   - FO 1014, Control Office for Germany and Austria and Foreign Office: Control Commission for Germany (British Element), Hansestadt Hamburg: Records
   - FO 1030, Control Commission for Germany (British Element): Various Private Office Papers and Administration and Local Government Branch Files
   - FO 1032, Economic and Industrial Planning Staff and Control Office for Germany and Austria and Successor: Control Commission for Germany (British Element), Military Sections and Headquarters Secretariat: Registered Files (HQ and other series)
   - FO 1035, Control Office for Germany and Austria and Foreign Office: Control Commission for Germany (British Element), Office of the Chief Administrative Officer: Files
   - FO 1038, Control Office for Germany and Austria and Foreign Office: Control Commission for Germany (British Element), Military Divisions: Files
   - FO 1049, Control Office for Germany and Austria and Foreign Office: Control Commission for Germany (British Element), Political Division: Records
   - FO 1060, Control Office for Germany and Austria and Foreign Office: Control Commission for Germany (British Element), Legal Division, and UK High Commission, Legal Division: Correspondence, Case Files, and Court Registers
   - FO 1065, Foreign Office: Control Commission for Germany (British Element), Personnel Administration, Maintenance, and Organisation Branches and predecessors: Registered Files (HQ, CAO and other Series)
   - FO 1068, Control Office for Germany and Austria and Foreign Office: Control Commission for Germany (British Element), Welfare Directorate: Registered Files (ZECO, CAO and other Series)
- Bestand: War Office:
   - WO 171, War Office: Allied Expeditionary Force, North West Europe (British Element): War Diaries, Second World War

U.S. Army Heritage and Education Center, Carlisle (Pennsylvania), USA (USAHEC)

- Collection Anna Nydes
- Collection Betty Olson
- Collection Floyd Parks
- Private Collection Henry Milne (Fotosammlung Henry Milne)
- Private Papers of Howard Silbar
- Policy Files on Discrimination in the Army

U.S. National Archives and Records Administration in College Park, Maryland, USA (NACP)

- RG 107, Secretary of War
- RG 200, National Archives Gift Collection
   - Records of the American National Red Cross, 1935–1946
   - Records of the American National Red Cross, 1946–1964
- RG 225, Joint Army and Navy Committee on Welfare and Recreation
- RG 260, Records of U.S. Occupation Headquarters, World War II, 1923–1972

  - o Allied Kommandatura, Records Relating to Labor Meeting
  - o Board and Claims Administrative Files of the Personnel and Administrative Division, 1946–1948
  - o General Correspondence, 1944–1945
  - o General Correspondence, 1944–1947
  - o General Correspondance, 1945–1949
  - o General Correspondence, 1946–1947
  - o General Correspondence, 1946–1948
  - o General Records, 1947–1949
  - o General Records, 1947–1950
  - o Records of the Education & Cultural Relations Division
  - o Records Pertaining to Youth Activities and Organizations, 1945–1949
  - o Records Relating to the Functions of the Governmental Affairs Advisor
- RG 331, Records of Allied Operational and Occupation Headquarters, World War II, 1907–1966, General Staff G-1 Dividion Administrative Section
- RG 338, Seventh Army, Special troops, Serial issues 1950–1957
- RG 407, Records of the Adjutant General's Office, Army AG Command Reports – 1949–1954
- RG 498, OMGUS, Historical Division, Program Files; Special Service, 1945–1946
- RG 549, Records of United States Army, Europe, 1942–1991, Headquarters, European
  - o Command, General Staff, Special Service Division

Quellen aus Privatbesitz

- Tagebuch Christa Ronke

Gedruckte Quellen: Zeitungen und Zeitschriften

Air Division Times, 1946
Air Line (Berlin Gatow), 1945–1947
ARC Spot Club Briefs, Bremerhaven, 1947
Berlin Bulletin, 1948
Berliner Zeitung, 1947
CCG Gazette Germany, 1945–1946
Chicago Bee Sunday, 1945
Courage, 1982
Crossroads News, Stuttgart, 1945–1948
Der Spiegel, 1947–1948; 1972
Der Tagesspiegel, 1947; 2008; 2015; 2018
Dog Tag, 1945
Fassberger Wochenblatt, 1946
Frankfurter Allgemeine Zeitung, 1949; 1953; 2003;
Garrison Guardian Krefeld, 1945

Melodie, 1947
Neues Deutschland, 1948–1949; 1956
Over and Here, 1945
Overseas Women, 1945
Over to You. RAF Wahn, 1946–1947
Park Parade, 1946
Red Cross Bulletin, 1919
Red Cross Weekly, 1945
Revue de la 5ème Division blindée, 1950
Revue d'Information des Forces Français d'Allemagne, 1947; 1950
Sie, 1946
Stars and Stripes, European Edition, 1945–1948
Stars and Stripes, German Edition, 1945–1948
Stars and Stripes, Midweek. Southern Germany Edition, 1945–1946
Stern, 1948
Tale Spin. The Magazin of RAF Station Lübeck, 1945
The ARC Light, Ansbach Bavaria, 1948
The Berlin Observer, 1946; 1948
The British Zone Review, 1945; 1947
The Grooper, 1945
The Oversea Weekly, 1957
The Springfield Union, 1946

Gedruckte Quellen: Diverse Publikationen

Boas, Günter, Die Planung und Verwirklichung des Jazz Clubs, in: Die Jazz-Club News, Frankfurt a.M. 1945, S. 2–3.

British Air Force of Occupation, Monthly Intelligence Summary, September 1946, Vol. 1, No. 4.

British/American/French Nutrition Survey Committee, Nutrition Survey of Western Germany, May 1946, in: Monthly Report of the Control Commission for Germany (British Element) 1946, S. 51–53.

Carson, Julia Margaret Hicks, Home away from Home. The Story of the USO, New York 1946.

Commandement en Chef français en Allemagne, Circulaire portant règlementation du droit de réquisition en zone française d'occupation, No. 2100, Baden-Baden 1947.

Control Commission for Germany, Monthly Report April 1950, No. 4, Vol. 5.

Control Commission for Germany, Appendix 10a: Official Ration Scales for February 1948, in: Control Commission for Germany February 1948 – Monthly Report of the Control 1948.

Control Commission for Germany, Monthly Reports, Report August, 1949, No. 8, Vol. 4.

Control Commission for Germany, Monthly Reports, Report October, 1949, No. 10, Vol. 4.

Control Commission for Germany, Monthly Report January 1950, 1950, No. 1, Vol. 5.

Currie, Colonel Walter J., Report of the General Board, Study No. 113, Special Service Organization, December 1945.

Currie, Colonel Walter J., Report of the General Board, Study No. 114, Special Services Companies, December 1945.

Currie, Colonel Walter J. u.a., Report of the General Board, Study No. 117, Live Entertainment, December 1945.

Currie, Colonel Walter J. u. Latham, Captain Edward, Report of the General Board Study No. 121, Special Service Clubs, December 1945.

Currie, Colonel Walter J. u. Lazerow, Captain Samuel, Report of the General Board, Study No. 120, Handicraft.

Currie, Colonel Walter J. u. Lazerow, Captain Samuel, Report of the General Board, Study No. 118, Library Service, December 1945.

Dagerman, Stig, Deutscher Herbst. Reiseschilderung, Frankfurt a.M. 1987.

Department of Army, In-Service Training Guide for Army Service Club Personnel. Army Pamphlet PAM 21–60, Washington D.C. 1953

Department of the Air Force, Personnel Services. The Air Force Service Club Program, Washington D.C. 1954.

Fischer, Kurt J., US-Zone 1947, in: Rümelin, Hans A. (Hg.), So lebten wir. Ein Querschnitt durch 1947, Willsbach 1947, S. 3–27.

Frederiksen, Oliver J., The American Military Occupation of Germany. 1945–1953, Frankfurt a.M. 1953.

Geis, Margaret L. u. Gray, George J., The Relations of Occupation Personnel with the Civil Population, 1946–1948, Karlsruhe 1951.

Habe, Hans, Off Limits. Roman der Besatzung Deutschlands Wien 1955.

Headquarters Department of the Army, Program Projects from ›Operation Service Club‹. Army Pamphlet 28–2, 23.10.1961

Kellerhoff, Sven Felix (Hg.), Handbuch für amerikanische Soldaten in Deutschland 1944, München 2015.

Koeppen, Wolfgang, Tauben im Gras. Roman, Frankfurt a.M. 2008.

Lippmann, Horst, Jazz in Groß-Hessen, in: ders (Hg.), Die Jazz-Club News, Frankfurt a.M. 1945, S. 11–14.

Lippmann, Horst, Jazz in Groß-Hessen, in: ders (Hg.), Die Jazz-Club News, Oktober/November 1945, Frankfurt a.M. 1945, S. 27–29.

Noll, Fred, Bilanz. Auf »Show« mit dem »Jazz-Club-Rhythm«, in: Lippmann, Horst (Hg.), Die Jazz-Club News 1945, S. 4–6.

O.A., Hot Club Heidelberg, in: Lippmann, Horst (Hg.), Hot-Club News Juli/1947.

President of the United Service Organizations (Kimball, L.F.), Five Years of Service. Report of the President, New York 1946.

Public Relations Office, Bremen Port Command, Bremen Port Command's GI's Paradise, Bremen 1946.

Rümelin, Hans A. (Hg.), So lebten wir. Ein Querschnitt durch 1947, Willsbach 1947.

Recreation Services (Hg.), Mother, May I Go Out to Dance? Suggestions for Junior Hostesses, Washington D.C. 1951.

Sir Jock, Kennedy, Malcolm Clubs. R.A.F., o.V. 2004.

Special Services, Berlin District Activities. A Seasonal Bulletin edited by the Special Services Office, U.S. Headquarters, Berlin District, [October 1945].

Special Service Division, Soldiers Shows. Reception Center Blackouts, Parodies, Revues, Washington D.C. 1944.

Special Service Division, Soldier Shows, Washington D.C. 1945.

Special Service Division, Soldier Shows. 26 Weeks Entertainment Program for Service Commands. Part 10, Washington D.C. June 1945.

Special Service Division, Soldier Shows. 26 Weeks Entertainment Program for Service Commands. Part 11, Washington D.C. July 1945.

Special Service Division, Soldier Shows. Production Ideas for G.I. Variety Shows, Washington D.C. 1945.

Starr, Joseph R., Fraternization with the Germans in World War II, Frankfurt a.M. 1947.

The Political Warfare Executive, Instructions for British Servicemen in Germany, University of Oxford 2007.

Thurnwald, Hilde, Gegenwartsprobleme Berliner Familien. Eine soziologische Untersuchung an 498 Familien, Berlin 1948.

United States Army, Europe and Seventh Army. Special Services, An Introduction to the US Army Service Club Program in Europe, [1960er Jahre].

Vaccaro, Tony, Entering Germany. 1944–1949, Köln 2001.

White, William Lindsay, Report of the Germans, New York 1947.

Wundshammer, Benno, Deutsche Chronik 1954, Stuttgart 1955.

Digitale Quellen

Abkommen betreffend die Gesetze und Gebräuche des Landkriegs, 18.10.1907. Haager Landkriegsordnung, unter: https://www.1000dokumente.de/index.html?c=dokument_de&dokument=0201_haa&object=translation&st=&l=de, letzter Zugriff am 23. März 2021

Anker, Jens, »LaBelle« und »Maison de France«: Terror in Berlin, unter: https://www.morgenpost.de/politik/article209058641/LaBelle-und-Maison-de-France-Terror-in-Berlin.html, letzter Zugriff am 10. März 2021.

Anthony, Carl, New Evidence Tells Truth of George Washington's Cherry Tree Tale, unter: http://web.archive.org/web/20150710063814/http://carlanthonyonline.com/2012/02/20/new-evidence-tells-truth-of-george-washingtons-cherry-tree-tale/, letzter Zugriff am 7. April 2021.

Army Information Branch, Army Service Forces United States Army, Pocket Guide to Germany, unter: https://archive.org/details/PocketGuideToGermany/page/n25/mode/2up?view=theater, letzter Zugriff am 24. März 2021

Böttcher, Martin, Als die GIs uns den Blues brachten, unter: https://www.deutschlandfunkkultur.de/als-die-gis-uns-den-blues-brachten.1013.de.html?dram:article_id=248064, letzter Zugriff am 2. März 2021.

Conrad, Andreas, Sechs Schüsse auf den Dirigenten, in: Der Tagesspiegel, 14.5.2015, https://www.tagesspiegel.de/berlin/berliner-philharmoniker-sechs-schuesse-auf-den-dirigenten/11769554.html, letzter Zugriff am 24. März 2021.

Harvey, Alan, Official Sad Sack Website, unter: http://sadsack.net/, letzter Zugriff am 7. April 2021.

Heidelberger Geschichtsverein e.V., Zeittafel zur Heidelberger Geschichte ab 1945, unter: www.s197410804.online.de/Zeiten/1945.htm, letzter Zugriff am 6. April 2021.

L'artilleur de Metz, unter: https://tout-metz.com/artilleur-de-metz.php, letzter Zugriff am 7. April 2021.

Le Ministre de la Defense, Cercles et foyers, dispositions générales, unter: https://www.codes-et-lois.fr/code-de-la-defense/toc-ministere-defense-organismes-tutelle-etablissements-publics-b87d43f-texte-integral, letzter Zugriff am 6. April 2021.

McCrae, John, In Flanders Fields. Gedicht, unter: https://www.inflandersfields.be/de/in-flanders-fields-d, letzter Zugriff am 8. August 2020.

Mills, A.J. u.a., Take Me Back to Dear Old Blighty, unter: https://www.firstworldwar.com/audio/takemebacktodearoldblighty.htm, letzter Zugriff am 7. April 2021.

Müller-Enbergs, Helmut, Aufklärung, unter: https://www.bstu.de/mfs-lexikon/detail/aufklaerung/, letzter Zugriff am 7. April 2021.

O.A., Erweiterung und Weltkriege, 1912–1949, unter: https://kurhaus-badenbaden.de/de/erweiterung-und-weltkriege, letzter Zugriff am 10. März 2021.

O.A., Offizierscasino der US-Armee. 1945–1994, unter: https://www.harnackhaus-berlin.mpg.de/geschichte/offiziersclub-der-us-army, letzter Zugriff am 10. März 2021.

O.A, Summit House – NAAFI Club, Landesdenkmalamt Berlin, unter: https://www.berlin.de/landesdenkmalamt/denkmale/denkmale-der-alliierten/grossbritannien/charlottenburg-wilmersdorf/summit-house-naafi-club-647979.php, letzter Zugriff am 10. März 2021.

Onur Özturan, Dr. Reinhold Lange, unter: www.spd.berlin/landesverband/unsere-geschichte/personen-1/l-z/lange-dr-reinhold, letzter Zugriff am 8. Januar 2016.

Schaubühne Berlin, Die Ehe der Maria Braun, unter: https://www.schaubuehne.de/de/produktionen/die-ehe-der-maria-braun-2.html, letzter Zugriff am 20. April 2021.

Peter Strotmann, Aus den Weserterrassen wurde der *River Club*, unter: https://wkgeschichte.weser-kurier.de/aus-den-weserterrassen-wurde-der-river-club/, letzter Zugriff am 7. April 2021.

Filmquellen

A Foreign Affair (USA 1948)

Hallo, Fräulein! (BRD 1949)

Die Ehe der Maria Braun (BRD 1979)

Le Blanchiment des troupes coloniales (FR 2016)

Literaturverzeichnis

Adler, Karen, Selling France to the French: The French Zone of Occupation in Western Germany, in: Contemporary European History, 21, 4 (2012), S. 575–595.

Adler, Karen, Indigènes after Indigènes. Post-war France and its North African Troops, in: European Review of History: Revue européenne d'histoire, 20, 3 (2013), S. 463–478.

Ahrens, Michael, Die Briten in Hamburg. Besatzerleben 1945–1958, Hamburg 2011.

Airy, Helen, Doughnut Dollies. American Red Cross Girls during World War II, Santa Fe 1995.

Allmendinger, Paul, Erwin Lehn. Bandleader. Ein Leben zwischen Jazz und Stars, Ludwigsburg 2001.

Alvah, Donna, Unofficial Ambassadors. American Military Families Overseas and the Cold War, 1946–1965, New York 2007.

Alvah, Donna, U.S. Military Families Abroad in the Post-Cold War ear and the »New Global Posture«, in: Höhn, Maria u. Moon, Sŭng-suk (Hg.), Over there. Living with the U.S. Military Empire from World War Two to the Present, Durham 2010, S. 149–175.

Andrews, Maxene u. Gilbert, Bill, Over Here, over There. The Andrews Sisters and the USO Stars in World War II, New York 1993.

Ansin, Horst (Hg.), Anglo-German Swing Club. Als der Swing zurück nach Hamburg kam: Dokumente 1945 bis 1952, Hamburg 2002.

Arndt, Susan, AfrikaBilder. Studien zu Rassismus in Deutschland, Münster 2001.

Arndt, Susan u. Hornscheid, Antje (Hg.), Afrika und die deutsche Sprache. Ein kritisches Nachschlagewerk, Münster 2004.

Arndt, Susan u. Ofuatey-Alazard, Nadja (Hg.), Wie Rassismus aus Wörtern spricht. (K)Erben des Kolonialismus im Wissensarchiv deutsche Sprache: ein kritisches Nachschlagewerk, Münster 2015.

Balla, Bálint, Soziologie der Knappheit. Zum Verständnis individueller und gesellschaftlicher Mängelzustände, Stuttgart 1978.

Bauman, Zygmunt, Leben als Konsum, Hamburg 2007.

Baur-Timmerbrinnk, Ute, Wir Besatzungskinder. Töchter und Söhne alliierter Soldaten erzählen, Berlin 2015.

Bendikowski, Tillmann (Hg.), Die Macht der Töne. Musik als Mittel politischer Identitätsfindung im 20. Jahrhundert, Münster 2003.

Berliner Geschichtswerkstatt (Hg.), Die Rote Insel. Berlin-Schöneberg, Bruchstücke zur Stadtgeschichte, Berlin 2008.

Beyer, Wolfgang u. Ladurner, Monica, Im Swing gegen den Gleichschritt. Die Jugend, der Jazz und die Nazis, St. Pölten 2011.

Biddiscombe, Perry, Dangerous Liaisons. The Anti-Fraternization Movement in the U.S. Occupation Zones of Germany and Austria, 1945–1948, in: Journal of Social History, 34, 3 (2001), S. 611–647.

Blankenburg, Gudrun, Friedenau – Künstlerort und Wohnidyll. Die Geschichte eines Berliner Stadtteils, Berlin 2006.

Blum, Bettina, »My Home, Your Castle«. British Requisitioning of German Homes in Westphalia, in: Erlichman, Camilo u. Knowles, Christopher (Hg.), Transforming Occupation in the Western Zones of Germany. Politics, Everyday Life and Social Interactions, 1945–55, London 2018, S. 115–132.

Blum, John Morton, V was for Victory. Politics and American Culture during World War II, San Diego 1977.

Boehling, Rebecca, U.S. Cultural Policy and German Culture during the American Occupation, in: Junker, Detlef u.a. (Hg.), The United States and Germany in the Era of the Cold War, 1945–1990. A Handbook. Volume 1: 1945–1968, Cambridge 2004, S. 388–393.

Bohländer, Carlo, The Evolution of Jazz Culture in Frankfurt, in: Budds, Michael (Hg.), Jazz and the Germans. Essays on the Influence of Hot American Idioms on 20th-Century German Music, Hillsdale, New York 2002, S. 167–178.

Böhme, Gernot u.a., Atmospheres, Art, Architecture. A Conversation between Gernot Böhme, Christian Borch, Olafur Eliasson & Juhani Pallasmaa, in: Borch, Christian (Hg.), Architectural Atmospheres, Berlin 2014, S. 90–106.

Böhme, Gernot u. Thibaud, Jean-Paul, The Aesthetics of Atmospheres, London 2017.

Börchers, Sabine, Wo Frankfurts Bürger feiern. Das Gesellschaftshaus im Palmengarten, Frankfurt a.M. 2012.

Bourdieu, Pierre, Ökonomisches Kapital, kulturelles Kapital, soziales Kapital, in: Kreckel, Reinhard (Hg.), Soziale Ungleichheiten, Göttingen 1983, S. 183–198.

Brandwood, Geoffrey K. u.a., Licensed to Sell. The History and Heritage of the Public House, Swindon 2004.

Bratfisch, Rainer (Hg.), Freie Töne. Die Jazzszene in der DDR, Berlin 2005.

Brauer, Juliane, Häftlingsorchester in den nationalsozialistischen Konzentrations- und Vernichtungslagern. Musikalische Gewalt und Emotionsmanagement mit Musik, in: Zalfen, Sarah u. Müller, Sven Oliver (Hg.), Besatzungsmacht Musik. Zur Musik- und Emotionsgeschichte im Zeitalter der Weltkriege (1914–1949), Bielefeld 2012, S. 187–206.

Brauerhoch, Annette, »Fräuleins« und GIs. Geschichte und Filmgeschichte, Frankfurt a.M. 2006.

Brooklyn, Bridget, The Soldiers'Club, 1915–1923, in: Journal of Australian Studies, 24, 64 (2000), S. 177–186.

Brumter, Christian, Les Français à Berlin. 1945–1994, Paris 2015.

Bude, Heinz, Soziologie der Party, in: Zeitschrift für Ideengeschichte, IX, 4 (2015), S. 5–11.

Burchardt, Lothar, Konstanz zwischen Kriegsende und Universitätsgründung. Hungerjahre, »Wirtschaftswunder«, Strukturwandel, Konstanz 1996.

Carlier, Omar, Le café maure. Sociabilité masculine et effervescence citoyenne; (Algérie XVIIe – XXe siècles), in: Annales: histoire, sciences sociales, 45 (1990), S. 975–1003.

Carruthers, Susan, The Good Occupation. American Soldiers and the Hazards of Peace, Cambridge 2016.

Cicottini, Gwendoline, Tagungsbericht: Gender Relationships between Occupiers and Occupied during the Allied Occupation of Germany (1945–1955), 6.7.2019-7.7.2019 Freiburg, unter: https://www.hsozkult.de/searching/id/tagungsberichte-8408, letzter Zugriff am 23. März 2021.

Coffey, Frank, Always Home. 50 Years of the USO – the Official Photographic History, Washington D.C. 1991.

Cole, Lieut. Colonel Howard N., Naafi in Uniform, Hampshire 1982.

Cowling, Daniel, »Gosh...I think I'm in a Dream!« Subjective Experiences and Daily Life in the British Zone, in: Erlichman, Camilo u. Knowles, Christopher (Hg.), Transforming Occupation in the Western Zones of Germany. Politics, Everyday Life and Social Interactions, 1945–55, London 2018, S. 211–229.

Daston, Lorraine, The Moral Economy of Science, in: Osiris, 10 (1995), S. 2–24.

Derix, Simone, Die Knappheit der Vermögenden. Ökonomische Perspektiven auf den Familiennamen, in: Zeitschrift für Kulturwissenschaften, 1 (2011), S. 35–43.

Doering-Manteuffel, Anselm, Wie westlich sind die Deutschen? Amerikanisierung und Westernisierung im 20. Jahrhundert, Göttingen 1999.

Domentat, Tamara, »Hallo Fräulein«. Deutsche Frauen und amerikanische Soldaten, Berlin 1998.

Domentat, Tamara, Foreign Affairs. Deutsch-amerikanische Liebesgeschichten zwischen Fraternisierungsverbot und Hochzeitsstreß, in: dies. (Hg.), Coca-Cola, Jazz & AFN. Berlin und die Amerikaner, Berlin 1995, S. 153–166.

Dregni, Michael, Django. The Life and Music of a Gypsy Legend, Oxford (UK) 2010.

Dümmel, Karsten, »Schild und Schwert der SED«. Was war die Stasi?, in: Dümmel, Karsten u. Piepenschneider, Melanie (Hg.), Was war die Stasi? Einblicke in das Ministerium für Staatssicherheit der DDR, Berlin 2014, S. 11–13.

Edelhagen, Viola u. Holzt-Edelhagen, Joachim, Die Big-Band-Story. Die Big-Bands nach 1945 in der BRD, Frankfurt a.M. 1988.

Eggers, Lena, A higher Type Girl. Der Gesellschaftspass im amerikanischen Sektor Berlins am Beispiel der Schöneberger Antragstellerinnen und Antragsteller, Masterarbeit, Freie Universität Berlin, 2016.

Eggers, Lena, Tagungsbericht: The Allied Occupation of Germany Revisited. New Research on the Western Zones of Occupation, 1945–49, 29.9.-30.9.2016, London, unter: https://www.hsozkult.de/conferencereport/id/tagungsberichte-6838, letzter Zugriff am 30. März 2021.

Eisenhuth, Stefanie, Die Schutzmacht. Die Amerikaner in Berlin 1945–1994, Göttingen 2018.

Erlichman, Camilo u. Knowles, Christopher (Hg.), Transforming Occupation in the Western Zones of Germany. Politics, Everyday Life and Social Interactions, 1945–55, London 2018.

Erlichman, Camilo u. Knowles, Christopher, Introduction: Reframing Occupation as a System of Rule, in: dies (Hg.), Transforming Occupation in the Western Zones of Germany. Politics, Everyday Life and Social Interactions, 1945–55, London 2018, S. 3–24.

Etzemüller, Thomas, Social Engineering als Verhaltenslehre des kühlen Kopfes. Eine einleitende Skizze, in: ders. (Hg.), Die Ordnung der Moderne. Social Engineering im 20. Jahrhundert, Bielefeld 2009, S. 11–40.

Fassin, Didier, Compassion and Repression. The Moral Economy of Immigration Policies in France, in: Cultural Anthropology, 20, 3 (2005), S. 362–387.

Fassin, Didier, Les économies morales revisitées, in: Annales. Histoire, Science Sociales, 64, 6 (2009), S. 1237–1266.

Fäßler, Peter E. u.a. (Hg.), Briten in Westfalen. Besatzer, Verbündete, Freunde?, Paderborn 2019.

Fay, Jennifer, »That's Jazz Made in Germany!«. Hallo, Fräulein! and the Limits of Democratic Pedagogy, in: Cinema Journal, 44, 1 (2004), S. 3–24.

Fehrenbach, Heide, »Ami-Liebchen« und »Mischlingskinder«. Rasse, Geschlecht und Kultur in der deutsch-amerikanischen Begegnung, in: Neumann, Klaus (Hg.), Nachkrieg in Deutschland, Hamburg 2001, S. 178–205.

Franke, Paul, Feeling lucky. The Production of Gambling Experiences in Monte Carlo (1863–1940) and Las Vegas (1945–1976), Dissertation, Humboldt-Universität zu Berlin, 2018.

Freier, Anna-Elisabeth u. Kuhn, Annette (Hg.), Frauen in der Geschichte. »Das Schicksal Deutschlands liegt in den Händen seiner Frauen« – Frauen in der deutschen Nachkriegsgeschichte, Düsseldorf 1984.

Freund-Widder, Michaela, Frauen unter Kontrolle. Prostitution und ihre staatliche Bekämpfung in Hamburg vom Ende des Kaiserreichs bis zu den Anfängen der Bundesrepublik, Münster 2003.

Frevert, Ute, Frauen-Geschichte. Zwischen bürgerlicher Verbesserung und neuer Weiblichkeit, Frankfurt a.M. 1986.

Frevert, Ute, Die Politik der Demütigung. Schauplätze von Macht und Ohnmacht, Frankfurt a.M. 2017.

Frevert, Ute, Introduction, in: dies. (Hg.), Moral Economies, Göttingen 2019, S. 7–12.

Führe, Dorothea, Die französische Besatzungspolitik in Berlin von 1945 bis 1949. Déprussianisation und Décentralisation, Berlin 2001.

Gammerl, Benno, Emotional Styles: Concepts and Challenges, in: Rethinking History, 16, 2 (2012), S. 161–175.

Geisler, Ladi u. Klußmeier, Gerhard, Ladi. Weltstar aus Hamburg. Ladi Geisler in Selbstzeugnissen, Bildern und Dokumenten, Hamburg 2014.

Gerhardt, Uta, Soziologie der Stunde Null. Zur Gesellschaftskonzeption des amerikanischen Besatzungsregimes in Deutschland 1944–1945/1946, Frankfurt a.M. 2005.

Gieseke, Jens, Die Stasi. 1945–1990, München 2011.

Gieseke, Jens, Hauptamtliche Mitarbeiter, in: Dümmel, Karsten u. Piepenschneider, Melanie (Hg.), Was war die Stasi? Einblicke in das Ministerium für Staatssicherheit der DDR, Berlin 2014, S. 69–75.

Glauning, Christine u. Petzold, Frauke, Frieden, Freude, Eierkuchen? Frauenalltag in der Heilbronner Nachkriegszeit. Eine Ausstellung in den Städtischen Museen Heilbronn vom 29.11.1991-2.2.1992, Heilbronn 1991.

Glöckner, Ann-Kristin, Shared Spaces. Social Encounters between French and Germans in Occupied Freiburg, 1945–55, in: Erlichman, Camilo u. Knowles, Christopher (Hg.), Transforming Occupation in the Western Zones of Germany. Politics, Everyday Life and Social Interactions, 1945–55, London 2018, S. 191–210.

Goedde, Petra, GIs and Germans. Culture, Gender and Foreign Relations, 1945–1949, New Haven 2003.

Goedde, Petra, Gender, Race, and Power. American Soldiers and the German Population, in: Junker, Detlef u.a. (Hg.), The United States and Germany in the Era of the Cold War, 1945–1990. A Handbook. Volume 1: 1945–1968, Cambridge 2004, S. 515–521.

Grace, Alan, This is the British Forces Network. The Story of Forces Broadcasting in Germany, Stroud 1996.

Grazia, Victoria de, Das unwiderstehliche Imperium. Amerikas Siegeszug im Europa des 20. Jahrhunderts, Stuttgart 2010.

Green, Anne Bosanko, One Woman's War. Letters Home from the Women's Army Corps, 1944–1946, St. Paul 1989.

Gries, Rainer, Die Rationen-Gesellschaft. Versorgungskampf und Vergleichsmentalität. Leipzig, München und Köln nach dem Kriege, Münster 1991.

Grossbach, Michael u. Altenmüller, Eckart, Musik und Emotionen. Zu Wirkung und Wirkort von Musik, in: Bendikowski, Tillmann (Hg.), Die Macht der Töne. Musik als Mittel politischer Identitätsfindung im 20. Jahrhundert, Münster 2003, S. 13–22.

Grossmann, Atina, Jews, Germans, and Allies. Close Encounters in Occupied Germany, Princeton 2007.

Großmann, Till u. Nielsen, Philipp (Hg.), Architecture, Democracy, and Emotions. The Politics of Feeling since 1945, London 2019.

Hamon, Marie, Les Archives de l'Occupation française en Allemagne et en Autriche à Colmar, in: Francia, 16, 3 (1989), S. 98–99.

Hardier, Thierry u. Jagielski, Jean-François, Oublier l'apocalypse? Loisirs et distractions des combattants pendant la Grande Guerre, Paris 2014.

Harrison, Mark, The British Army and the Problem of Venereal Disease in France and Egypt during the First World War, in: Medical History, 39, 2 (1995), S. 133–158.

Heineman, Elizabeth D., What Difference Does a Husband Make? Women and Marital Status in Nazi and Postwar Germany, Berkeley 2003.

Hellmann, Kai-Uwe, Zur Historie und Soziologie des Markenwesens, in: Jäckel, Michael (Hg.), Ambivalenzen des Konsums und der werblichen Kommunikation, Wiesbaden 2007, S. 53–71.

Henke, Klaus-Dietmar, Die amerikanische Besetzung Deutschlands, München 1996.

Herzog, Dagmar, Die Politisierung der Lust. Sexualität in der deutschen Geschichte des 20. Jahrhunderts, München 2009.

Hochschild, Arlie Russell, The Managed Heart. Commercialization of Human Feeling, Berkeley 1983.

Hochschild, Arlie Russell, Das gekaufte Herz. Zur Kommerzialisierung der Gefühle, Frankfurt a.M. 1990.

Hoffmann, Stephanie, »Darüber spricht man nicht«? Die öffentliche Diskussion über die Sexmoral in den 50er Jahren im Spiegel der Frauenzeitschrift »Constanze«, in: Meyer-Lenz, Johanna (Hg.), Die Ordnung des Paares ist unbehaglich. Irritationen am und im Geschlechterdiskurs nach 1945, Hamburg 2000, S. 57–83.

Höhn, Maria, GIs and Fräuleins. The German-American Encounter in 1950s West Germany, North Carolina 2002.

Höhn, Maria, »The American Soldier Dances, the German Soldier Marches«. The Transformation of German Views on GIs, Masculinity, and Militarism, in: Höhn, Maria u. Moon, Sŭng-suk (Hg.), Over There. Living with the U.S. Military Empire from World War Two to the Present, Durham 2010, S. 258–279.

Höhn, Maria, »You Can't Pin Sergeant's Stripes on an Archangel«. Soldiering, Sexuality, and U.S. Army Policies in Germany, in: Höhn, Maria u. Moon, Sŭng-suk (Hg.), Over There. Living with the U.S. Military Empire from World War Two to the Present, Durham 2010, S. 109–145.

Höhn, Maria u. Klimke, Martin, A Breath of Freedom. The Civil Rights Struggle, African American GIs, and Germany, New York 2010.

Höhn, Maria u. Klimke, Martin, Ein Hauch von Freiheit? Afroamerikanische Soldaten, die US-Bürgerbewegung und Deutschland, Bielefeld 2016.

Höhn, Maria u. Moon, Seungsook, The Politics of Gender, Sexuality, Race, and Class in the U.S. Military Empire, in: Höhn, Maria u. Moon, Sŭng-suk (Hg.), Over There. Living with the U.S. Military Empire from World War Two to the Present, Durham 2010, S. 1–36.

Holzt-Edelhagen, Joachim, Das Orchester Kurt Edelhagen, Frankfurt a.M. 1990.

Houghton, Andrew u. Holmes, Richard, Discipline, in: Holmes, Richard u.a. (Hg.), The Oxford Companion to Military History, Oxford (UK) 2001, S. 261–262.

Hudemann, Rainer, Sozialpolitik im deutschen Südwesten zwischen Tradition und Neuordnung 1945–1953. Sozialversicherung und Kriegsopferversorgung im Rahmen französischer Besatzungspolitik, Mainz 1988.

Hudemann, Rainer, Heimliche Liebe. Französische Soldaten und deutsche Frauen, in: Weiß, Florian u. Cohen, Deborah (Hg.), Es begann mit einem Kuß. Deutsch-alliierte Beziehungen nach 1945 =It started with a kiss = Tout a commencé par un baiser, Berlin 2005, S. 28–37.

Hunt, Geoff u. Satterlee, Saundra, The Pub, the Village and the People, in: Human Organization, 1 (1986), S. 62–74.

Hüser, Dietmar, Frankreichs »doppelte Deutschlandpolitik«. Dynamik aus der Defensive – Planen, Entscheiden, Umsetzen in gesellschaftlichen und wirtschaftlichen, innen- und außenpolitischen Krisenzeiten: 1944–1950, Berlin 1996.

Junker, Detlef u.a. (Hg.), The United States and Germany in the Era of the Cold War, 1945–1990. A Handbook. Volume 1: 1945–1968, Cambridge 2004.

Kaelble, Hartmut, Der historische Vergleich. Eine Einführung zum 19. und 20. Jahrhundert, Frankfurt a.M. 1999.

Kaelble, Hartmut, Historischer Vergleich, in: Docupedia-Zeitgeschichte, 14.8.2012, unter: https://doi.org/10.14765/zzf.dok.2.271.v1, letzter Zugriff am 23. März 2021.

Kater, Michael H., Gewagtes Spiel. Jazz im Nationalsozialismus, Köln 2017.

Kater, Michael, New Democracy and Alternative Culture. Jazz in West Germany after the Second World War, in: Australian Journal of Politics and History, 52, 2 (2006), S. 173–187.

Kessel, Martina, L'empêcheur de la danse en ronde. Französische Deutschlandpolitik 1945–1947, in: Martens, Stefan (Hg.), Vom »Erbfeind« zum »Erneuerer«. Aspekte und Motive der französischen Deutschlandpolitik nach dem Zweiten Weltkrieg, Sigmaringen 1993, S. 65–85.

Kleiner, Stephanie, Klänge von Macht und Ohnmacht. Musikpolitik und die Produktion von Hegemonie während der Rheinlandbesatzung 1918 bis 1930, in: Zalfen, Sarah u. Müller, Sven Oliver (Hg.), Besatzungsmacht Musik. Zur Musik- und Emotionsgeschichte im Zeitalter der Weltkriege (1914–1949), Bielefeld 2012, S. 51–83.

Kleinschmidt, Johannes, »Do not fraternize«. Die schwierigen Anfänge deutsch-amerikanischer Freundschaft 1944–1949, Trier 1997.

Kleinschmidt, Johannes, Amerikaner und Deutsche in der Besatzungszeit – Beziehungen und Probleme, in: Haus der Geschichte Baden-Württemberg u. Landeszentrale für politische Bildung Baden-Württemberg (Hg.), Besatzer – Helfer – Vorbilder. Amerikanische Politik und deutscher Alltag in Württemberg-Baden 1945 bis 1949. Dokumentation des Symposiums vom 11.10.1996 im Stuttgarter Rathaus, Stuttgart 1997, S. 35–53.

Kleßmann, Christoph, 1945 – welthistorische Zäsur und »Stunde Null«, in: Docupedia-Zeitgeschichte, Version 1, 15.10.2010, unter: http://docupedia.de/zg/klessmann_1945_v1_de_2010, letzter Zugriff am 25. März 2021.

Klopprogge, Nadja, The Sexualized Landscape of Post-War Germany and the Politics of Cross-Racial Intimacy in the US Zone, in: Erlichman, Camilo u. Knowles, Christopher (Hg.), Transforming Occupation in the Western Zones of Germany. Politics, Everyday Life and Social Interactions, 1945–55, London 2018, S. 171–189.

Klostermann, Anne-Cathrin u. Koc, Sibel, Tagungsbericht: Der Alltag der Ausnahme. Besatzungsregime im 20. Jahrhundert, 7.12.2017-8.12.2017 Köln, unter: https://www.hsozkult.de/conferencereport/id/tagungsberichte-7605, letzter Zugriff am 12. Februar 2019.

Klotter, Christoph, Identitätsbildung über Essen. Ein Essay über »normale« und alternative Esser, Wiesbaden 2016.

Knauer, Wolfram, Jazz, in: La Motte-Haber, Helga de u.a. (Hg.), Dokumente zur Musik des 20. Jahrhunderts. Teil 2, Lilienthal 2011, S. 93–137.

Knowles, Christopher, Winning the Peace. The British in Occupied Germany, 1945–1948, London 2017.

Knowles, Christopher, Marriage with ›ex-enemy Aliens‹. Marriage between British Servicemen and German Women after the End of the Second World War, in: Fäßler, Peter E. u.a. (Hg.), Briten in Westfalen. Besatzer, Verbündete, Freunde?, Paderborn 2019, S. 217–237.

Kocka, Jürgen, Zerstörung und Befreiung: das Jahr 1945 als Wendepunkt deutscher Geschichte, in: Politik und Kultur, 13, 5 (1986), S. 45–64.

Kramm, Robert, Sanitized Sex. Regulating Prostitution, Venereal Disease, and Intimacy in Occupied Japan, 1945–1952, Oakland 2017.

Kramm, Robert, Reine Körper. Praktiken der Regulierung von Prostitution, Geschlechtskrankheiten und Intimität während der frühen US-Okkupation Japans, in: Geschichte und Gesellschaft, 40, 4 (2014), S. 493–522.

Kraushaar, Wolfgang, Verena Becker und der Verfassungsschutz, Hamburg 2010.

Kuber, Johannes, »We Are Glad They Are Here, But We Are Not Rejoicing!« The Catholic Clergy under French and American Occupation, in: Erlichman, Camilo u. Knowles, Christopher (Hg.), Transforming Occupation in the Western Zones of Germany. Politics, Everyday Life and Social Interactions, 1945–55, London 2018, S. 233–250.

Kubes, Tanja, Fieldwork on High Heels. Eine ethnographische Studie über Hostessen auf Automobilmessen, Bielefeld 2018.

Lattard, Alain, Zielkonflikte Französischer Besatzungspolitik in Deutschland. Der Streit Laffon-Kœnig 1945–1947, in: Vierteljahrshefte für Zeitgeschichte, 39, 1 (1991), S. 1–35.

Lee, Sabine, A Forgotten Legacy of the Second World War. GI Children in Post-war Britain and Germany, in: Contemporary European History, 20, 2 (2011), S. 157–181.

Link, Jürgen, Versuch über den Normalismus. Wie Normalität produziert wird, Opladen 1997.

Lorei, Madlen u. Kirn, Richard, Frankfurt und die drei wilden Jahre. Ein Bericht, Frankfurt a.M. 1962.

Löw, Martina, Raumsoziologie, Frankfurt a.M. 2001.

Lowe, Keith, Der wilde Kontinent. Europa in den Jahren der Anarchie 1943–1950, Stuttgart 2014.

Lüth, Erich, Das Atlantic Hotel zu Hamburg, 1909–1984. Ein Augenzeuge berichtet, München 1984.

Lüdtke, Alf u. Wildt, Michael, Einleitung, in: dies (Hg.), Staats-Gewalt: Ausnahmezustand und Sicherheitsregimes. Historische Perspektiven, Göttingen 2008, S. 9–38.

Madison, James H., Slinging Doughnuts for the Boys. An American Woman in World War II, Bloomington 2007.

Martens, Stefan (Hg.), Vom »Erbfeind« zum »Erneuerer«. Aspekte und Motive der französischen Deutschlandpolitik nach dem Zweiten Weltkrieg, Sigmaringen 1993.

Maulucci, Thomas W. u. Junker, Detlef, GIs in Germany, The Social, Economic Cultural, and Political History of the American Military Presence, Cambridge 2013.

Mauss, Marcel, The Gift. The Form and Reason for Exchange in Archaic Societies, London 2002.

McCarthy, Kathleen D., Parallel Power Structures: Women and the Voluntary Sphere, in: dies. (Hg.), Lady Bountiful Revisited. Women, Philanthropy, and Power, New Brunswick 1990, S. 248–264.

Meinen, Insa, Wehrmacht und Prostitution während des Zweiten Weltkriegs im besetzten Frankreich, Bremen 2002.

Merritt, Anna J. u. Merritt, Richard L. (Hg.), Public Opinion in Occupied Germany. The OMGUS Surveys, 1945–1949, Illinois 1970.

Meyer, Sibylle u. Schulze, Eva (Hg.), Wie wir das alles geschafft haben. Alleinstehende Frauen berichten über ihr Leben nach 1945, München 1985.

Meyer-Lenz, Johanna, Interview mit Grete H., in: dies. (Hg.), Die Ordnung des Paares ist unbehaglich. Irritationen am und im Geschlechterdiskurs nach 1945, Hamburg 2000, S. 173–213.

Michalski, Bettina, Louise Schroeders Schwestern. Berliner Sozialdemokratinnen der Nachkriegszeit, Bonn 1996.

Miller, Harry, Service to the Services. The Story of Naafi, London 1971.

Miot, Claire, The Officer for Muslim Military Affairs in the First French Army, 1944–45. An Agent of Control or an Intermediary?, in: Bougarel, Xavier u.a. (Hg.), Combatants of Muslim Origin in European Armies in the Twentieth Century. Far From Jihad, London 2017, S. 161–181.

Moeller, Robert G., Writing the History of West Germany, in: ders (Hg.), West Germany under Construction. Politics, Society, and Culture in the Adenauer Era, Ann Arbor 1997, S. 1–30.

Möhring, Maren, Transnational Food Migration and the Internalization of Food Consumption. Ethnic Cuisine in West Germany, in: Trentmann, Frank u. Nützenadel, Alexander (Hg.), Food and Globalization: Consumption, Markets and Politics in the Modern World, Oxford (UK) 2008, S. 129–150.

Möhring, Maren u.a., Und nicht zu knapp – zur Einführung, in: Zeitschrift für Kulturwissenschaften, 5, 1 (2011), S. 7–17.

Monckton, Herbert Anthony, A History of the English Public House, London 1969.

Moon, Sŭng-suk, Regulating Desire, Managing the Empire. U.S. Military Prostitution in South Korea, 1945–1970, in: Höhn, Maria u. Moon, Sŭng-suk (Hg.), Over There. Living with the U.S. Military Empire from World War Two to the Present, Durham 2010, S. 39–77.

Morley, Nathan, The Naafi Story. Canteen Army, Großbritannien, Selbstverlag 2019.

Mühlhäuser, Regina, Eroberungen. Sexuelle Gewalttaten und intime Beziehungen deutscher Soldaten in der Sowjetunion, 1941–1945, Hamburg 2012.

Müller-Enbergs, Helmut, Inoffizielle Mitarbeiter des Ministeriums für Staatssicherheit, Teil 1. Richtlinien und Durchführungsbestimmungen, Berlin 2010.

Müller-Enbergs, Helmut, Inoffizielle Mitarbeiter des Ministeriums für Staatssicherheit, Teil 2. Anleitungen für die Arbeit mit Agenten, Kundschaftern und Spionen in der Bundesrepublik Deutschland, Berlin 2011.

Müller-Enbergs, Helmut, Inoffizielle Mitarbeiter, in: Dümmel, Karsten u. Piepenschneider, Melanie (Hg.), Was war die Stasi? Einblicke in das Ministerium für Staatssicherheit der DDR, Berlin 2014, S. 76–79.

Naafi, Celebrating 90 Years of NAAFI Serving the Services, Darlington 2010.

Naimark, Norman M., Die Russen in Deutschland. Die sowjetische Besatzungszone 1945 bis 1949, Berlin 1997.

Neumann, Gerhard, Jede Nahrung ist Symbol. Umrisse einer Kulturwissenschaft des Essens, in: Wierlacher, Alois u.a. (Hg.), Kulturthema Essen. Ansichten und Problemfelder, Berlin 1993, S. 347–444.

Nielsen, Philipp, Building Bonn. Affects, Politics, and Architecture in Postwar West Germany, in: Großmann, Till u. Nielsen, Philipp (Hg.), Architecture, Democracy, and Emotions. The Politics of Feeling since 1945, London 2019, S. 39–57.

Ogette, Tupoka, exit RACISM. Rassismuskritisch denken lernen, Münster 2017.

O'Sickey, Ingeborg Majer, Representing Blackness. Instrumentalizing Race and Gender in Rainer Werner Fassbinder's The Marriage of Maria Braun, in: Women in German Yearbook, 17 (2001), S. 15–29.

Paterson, Sarah, The Children of Operation Union. Setting up the Initial Infrastructure for British Families in Germany, 1946–1949, in: Fäßler, Peter E. u.a. (Hg.), Briten in Westfalen. Besatzer, Verbündete, Freunde?, Paderborn 2019, S. 197–214.

Paul, Gerhard, Das visuelle Zeitalter. Punkt und Pixel, Göttingen 2016.

Pearlman, Samantha Joy, »Something for the Boys«. An Analysis of the Women of the USO Camp Shows, Inc. and Their Performed Gender, Bachelorarbeit, Wesleyan University 2011.

Pedron, Anna-Maria, Amerikaner vor Ort. Besatzer und Besetzte in der Enklave Bremen nach dem Zweiten Weltkrieg, Bremen 2010.

Pendergrast, Mark, For God, Country and Coca-Cola. The Definitive History of the Great American Soft Drink and the Company That Makes It, New York 2013.

Pernau, Margrit, Space and Emotion. Building to Feel, in: History Compass, 12, 7 (2014), S. 541–549.

Petesch, Angela, War through the Hole of a Donut, Madison (Wisconsin) 2006.

Picaper, Jean-Paul, In den Fangseilen der militärischen Vorschriften. Zwei deutsch-französische Ehen, in: Weiß, Florian u. Cohen, Deborah (Hg.), Es begann mit einem Kuß. Deutsch-alliierte Beziehungen nach 1945 = It started with a kiss = Tout a commencé par un baiser, Berlin 2005, S. 57–62.

Poiger, Uta G., Jazz, Rock, and Rebels. Cold War Politics and American Culture in a Divided Germany, Berkeley 2000.

Polster, Bernd u.a. (Hg.), »Swing Heil«. Jazz im Nationalsozialismus, Berlin 1989.

Prell, Uwe u. Wilker, Lothar (Hg.), Berlin-Blockade und Luftbrücke 1948/49. Analyse und Dokumentation, Berlin 1987.

Putney, Martha S., When the Nation Was in Need. Blacks in the Women's Army Corps during World War II, Metuchen, N.J. 1992.

Ramsey, Julia A., »Girls« in Name Only. A Study of American Red Cross Volunteers on the Frontlines of World War II, Masterarbeit, Auburn University Alabama, 2011.

Reckwitz, Andreas, Affective Spaces. A Praxeological Outlook, in: Rethinking History, 16, 2 (2012), S. 241–258.

Reinisch, Jessica, The Perils of Peace. The Public Health Crisis in Occupied Germany, Oxford (UK) 2013.

Ridder, Peter, Tagungsbericht: Foreign Rule in Western Europe. Towards a Comparative History of Military Occupation 1940–1949, 17.1-18.1.2015 Köln, unter: https://www.hsozkult.de/conferencereport/id/tagungsberichte-5934, letzter Zugriff am 14. Dezember 2020.

Rosenfeld, Frances A., The Anglo-German Encounter in Occupied Hamburg. 1945–1950, Dissertation, Columbia University, 2006.

Rudeck, Lena, Zutritt nur für Ausgewählte. Amerikanische Soldatenclubs und der Gesellschaftspass in Berlin am Beispiel der Schöneberger Antragstellerinnen und Antragsteller, 1947–1948, in: Hochmuth, Hanno u. Nolte, Paul (Hg.), Stadtgeschichte als Zeitgeschichte. Berlin im 20. Jahrhundert, Göttingen 2019, S. 143–167.

Sandner, Wolfgang, Der Jazz und die Künste, in: ders. u.a. (Hg.), Jazz, Lilienthal 2005, S. 255–272.

Saryusz-Wolska, Magdalena u. Labentz, Anna, Bilder der Normalisierung. Gesundheit, Ernährung und Haushalt in der visuellen Kultur Deutschlands 1945–1948, Bielefeld 2017.

Satjukow, Silke, Besatzer. »Die Russen« in Deutschland 1945–1994, Göttingen 2008.

Satjukow, Silke u. Gries, Rainer, Bankerte! Besatzungskinder in Deutschland nach 1945, Frankfurt a.M. 2015.

Schildt, Axel, Die Sozialgeschichte der Bundesrepublik Deutschland bis 1989/90, München 2007.

Schönknecht, Eberhard, Jugend in der Nachkriegszeit. Berlin 1945–1948, in: Zur Nieden, Susanne u. Schönknecht, Helga und Eberhard (Hg.), Weiterleben nach dem Krieg. Schöneberg/Friedenau, Berlin 1992, S. 112–136.

Schroer, Timothy L., Recasting Race after World War II. Germans and African Americans in American-Occupied Germany, Boulder, Colorado 2007.

Schultchen, Heinz, Hunger! Hunger! Hunger!, in: Bezirksamt Neukölln (Hg.), Mit Kohldampf auf den Trümmerberg. Die Nachkriegszeit in Berlin-Neukölln, Berlin 1990, S. 29–40.

Schwab, Jürgen u. Hertel, Harald (Hg.), Der Frankfurt-Sound. Eine Stadt und ihre Jazzgeschichte(n), Frankfurt a.M. 2004.

Seiler, Signe, Die GIs. Amerikanische Soldaten in Deutschland, Reinbek bei Hamburg 1985.

Smith, Barbara, The Rules of Engagement. German Women and British Occupiers, 1945–1949. Dissertation, Wilfried Laurier University, 2009.

Steinbacher, Sybille, Wie der Sex nach Deutschland kam. Der Kampf um Sittlichkeit und Anstand in der frühen Bundesrepublik, München 2011.

Stöver, Bernd, Der Kalte Krieg. 1947–1991: Geschichte eines radikalen Zeitalters, München 2011.

Stüber, Gabriele, Der Kampf gegen den Hunger 1945–1950. Die Ernährungslage in der britischen Zone Deutschlands, insbesondere in Schleswig-Holstein und Hamburg, Neumünster 1984.

Takeuchi, Michiko, »Pan-Pan Girls« Performing and Resisting Neocolonialism(s) in the Pacific Theater. U.S. Military Prostitution in Occupied Japan, 1945–1952, in: Höhn, Maria u. Moon, Sŭng-suk (Hg.), Over There. Living with the U.S. Military Empire from World War Two to the Present, Durham 2010, S. 78–108.

Tanner, Jakob, Italienische »Makkaroni-Esser« in der Schweiz. Migration von Arbeitskräften und kulinarische Traditionen, in: Wierlacher, Alois u.a. (Hg.), Kulturthema Essen. Ansichten und Problemfelder, Berlin 1993, S. 473–497.

Taubenberger, Martina, »The Sound of Democracy – The Sound of Freedom«. Jazz-Rezeption in Deutschland (1945–1963), Dissertation, Johannes Gutenberg-Universität Mainz, 2009.

Thompson, Edward P., The Moral Economy of the English Crowd in the Eighteenth Century, in: Past & Present, 50 (1971), S. 76–136.

Tollefsen, Trond Ove, The British-German Fight over Dismantling. The Removal of Industrial Plants as Reparations after the Second World War and Its Political Repercussions. Dissertation, Universität Florenz, 2016.

Tönsmeyer, Tatjana, Besatzungsgesellschaften. Begriffliche und konzeptionelle Überlegungen zur Erfahrungsgeschichte des Alltags unter deutscher Besatzung im Zweiten Weltkrieg, in: Docupedia-Zeitgeschichte (18.12.2015.), unter: http://docupedia.de/zg/toensmeyer_besatzungsgesellschaften_v1_de_2015, letzter Zugriff am 23. März 2021.

Treadwell, Mattie E., The Women's Army Corps, Washington D.C. 1954.

Treber, Leonie, Mythos Trümmerfrauen. Von der Trümmerbeseitigung in der Kriegs- und Nachkriegszeit und der Entstehung eines deutschen Erinnerungsortes, Bonn 2015.

Trittel, Günter J., Hunger und Politik, Frankfurt a.M. 1990.

Verheyen, Nina, Diskussionslust. Eine Kulturgeschichte des »besseren Arguments« in Westdeutschland, Göttingen 2010.

Vowinckel, Annette, Agenten der Bilder. Fotografisches Handeln im 20. Jahrhundert, Göttingen 2016.

Vuic, Kara Dixon, The Girls Next Door. Bringing Home Front to the Front Lines, Cambridge 2019.

Wambach, Julia, Vichy in Baden-Baden: The Personnel of the French Occupation in Germany after 1945, in: Contemporary European History, 28, 3 (2019), S. 319–341.

Weckel, Ulrike, Teaching Democracy on the Big Screen. Gender and the Reeducation of Postwar Germans in A Foreign Affaire and The Big Lift, in: Hagemann, Karen u. Michel, Sonya (Hg.), Gender and the Long Postwar. The United States and the Two Germanys, 1945–1989, Washington D.C. 2014, S. 95–116.

Weiner, Mark, Consumer Culture and Participatory Democracy. The Story of Coca-Cola during World War II, in: Food and Foodways, 6, 2 (1996), S. 109–129.

Weiß, Florian u. Cohen, Deborah (Hg.), Es begann mit einem Kuß. Deutsch-alliierte Beziehungen nach 1945 = It started with a kiss = Tout a commencé par un baiser, Berlin 2005.

Welch, David, Priming the Pump of German Democracy. British »Re-education« Policy in Germany after the Second World War, in: Turner, Ian D. (Hg.), Reconstruction in Post-war Germany. British Occupation Policy and the Western Zones, 1945–55, Oxford (UK) 1989, S. 215–238.

Weyerer, Godehard, CARE Packages: Gifts from Overseas to a Defeated and Debilitated Nation, in: Junker, Detlef u.a. (Hg.), The United States and Germany in the Era of the Cold War, 1945–1990. A Handbook. Volume 1: 1945–1968, Cambridge 2004, S. 522–527.

Wick, Joe u.a., Die Joe-Wick-Story. Von ihm selbst erzählt, Menden 1987.

Wierlacher, Alois u.a. (Hg.), Kulturthema Essen. Ansichten und Problemfelder, Berlin 1993.

Willis, F. Roy, The French in Germany, 1945–1949, Stanford 1962.

Winchell, Meghan K., Good Girls, Good Food, Good Fun. The Story of USO Hostesses during World War II, Chapel Hill, N.C. 2008.

Wolffram, Knud, Tanzdielen und Vergnügungspaläste. Berliner Nachtleben in den dreißiger und vierziger Jahren: von der Friedrichstraße bis Berlin W, vom Moka Efti bis zum Delphi, Berlin 2001.

Wolfrum, Edgar, Französische Besatzungspolitik und deutsche Sozialdemokratie. Politische Neuansätze in der »vergessene Zone« bis zur Bildung des Südweststaates 1945–1952, Düsseldorf 1991.

Wolfrum, Edgar, Französische Besatzungspolitik in Deutschland nach 1945. Neuere Forschungen über die »vergessene Zone«, in: Neue Politische Literatur, 35 (1990), S. 50–62.

Wolfrum, Edgar, Das Bild der »düsteren Franzosenzeit«. Alltagsnot, Meinungsklima und Demokratisierungspolitik in der französischen Besatzungszone nach 1945, in: Martens, Stefan (Hg.), Vom »Erbfeind« zum »Erneuerer«. Aspekte und Motive der französischen Deutschlandpolitik nach dem Zweiten Weltkrieg, Sigmaringen 1993, S. 87–113.

Zalfen, Sarah u. Müller, Sven Oliver (Hg.), Besatzungsmacht Musik. Zur Musik- und Emotionsgeschichte im Zeitalter der Weltkriege (1914–1949), Bielefeld 2012.

Zalfen, Sarah u. Müller, Sven Oliver, Eine Fortsetzung des Krieges mit musikalischen Mitteln? Hegemoniale Funktionen von Musik in Europa der Weltkriege, in: dies. (Hg.), Besatzungsmacht Musik. Zur Musik- und Emotionsgeschichte im Zeitalter der Weltkriege (1914–1949), Bielefeld 2012, S. 9–30.

Ziemke, Earl Frederick, The U.S. Army in the Occupation of Germany. 1944–1946, Washington D.C. 1990.

Zur Nieden, Susanne, Geschichten vom »Fräulein«, in: Feministische Studien, 13, 2 (1995), S. 25–33.

Zur Nieden, Susanne, Erotic Fraternization. The Legend of German Women's Quick Surrender, in: Hagemann, Karen u. Schüler-Springorum, Stefanie (Hg.), Home/Front. The Military, War, and Gender in Twentieth-Century Germany, Oxford (UK) 2002, S. 297–310.

Zwerenz, Gerhard, Die Ehe der Maria Braun. Roman, nach einem Film von Rainer Werner Fassbinder mit Hanna Schygulla in der Hauptrolle, München 1979.

Abkürzungsverzeichnis

ACW	Archiv Charlottenburg-Wilmersdorf, Berlin
ADW	Archiv des Diakonischen Werkes
AFN	American Force Network
ARC	American Red Cross
ATS	Archiv Tempelhof-Schöneberg, Berlin
BAOR	British Army of the Rhine
BFN	British Forces Network
BStU	Die Behörde des Bundesbeauftragten für die Stasi-Unterlagen
CADLC	Le centre des Archives diplomatiques du ministère des Affaires étrangères, La Courneuve
CARE	Cooperative for American Remittances to Europe
CCG	Control Commission for Germany (British Element)
CIC	Counter Intelligence Corps
DDR	Deutsche Demokratische Republik, Deutsche Demokratische Republik
DP	Displaced Persons
EAF	Erzbischöfliches Archiv Freiburg
ECPAD	Établissement de Communication et de Production Audiovisuelle de la Défense
ENSA	Entertainments National Service Association
ETO	European Theater of Operations
FFA	Les Force Françaises en Allemagne
G.Q.G.	Grand Quartier Général
GI	Bezeichnung für einen einfachen US-Soldaten (Akronym)
GM	Geheimer Mitarbeiter
HCH	Hot Club Heidelberg
IM	Inoffizielle Mitarbeiter
IWM	Imperial War Museum London
JID	Jazzinstitut Darmstadt
LoC	Library of Congress
LRMA	Lippmann+Rau-Musikarchiv
MfS	Ministerium für Staatssicherheit

Naafi	Navy, Army, and Air Force Institutes
NACP	National Archive and Records Administration in College Park, Maryland
NAM	National Army Museum
NARA	National Archives and Records Administration
NATO	North Atlantic Treaty Organization
NCO Club	Non-Ccommissioned Officers' Club
NSDAP	Nationalsozialistische Deutsche Arbeiterpartei
OMGBS	Office of Military Gouvernment Berlin Sector
OMGUS	Office of Military Government of Germany, United States
POW	Prisoners of War
RAF	Royal Air Force
RAFM	Royal Air Force Museum
SA	Sturmabteilung
SHAEF	Supreme Headquarters, Allied Expeditionary Force
SHD	Service Historique de la Défense
SOP	Standing Operating Procedures
TNA	The National Archives, London
Toc H	Talbot House
UNRRA	United Nations Relief and Rehabilitation Administration
USAHEC	US. Army Heritage and Education Center, Carlisle, Pennsylvania
USFET	(Headquarters of the) United States Forces in the European Theater
USO	United Service Organizations
WAC	Women Army Corps
WWAF	Women's Auxiliary Air Force
YMCA	Young Men's Christian Association

Abbildungsverzeichnis

In einigen Fällen war es trotz intensiver Recherchen nicht möglich Bildrechte abschließend zu klären. In diesen Fällen ist die Autorin bereit, rechtmäßige Ansprüche abzugelten.